Moriz Carriere

Die Kunft

im Zusammenhang der Kulturentwickelung

Moriz Carriere

Die Runft
im Zufammenhang der Kulturentwidelung

ISBN/EAN: 9783741173677

Hergestellt in Europa, USA, Kanada, Australien, Japan

Cover: Foto ©Andreas Hilbeck / pixelio.de

Manufactured and distributed by brebook publishing software (www.brebook.com)

Moriz Carriere

Die Kunft

Die Kunst

im

Zusammenhang der Culturentwickelung

und

die Ideale der Menschheit.

Von

Moriz Carriere.

Dritter Band.
Das Mittelalter.

Zweite Abtheilung.
Das europäische Mittelalter.

Zweite neu durchgesehene Auflage.

Leipzig:
F. A. Brockhaus.
1872.

Das europäische Mittelalter

in

Dichtung, Kunst und Wissenschaft.

Ein Beitrag zur Geschichte des menschlichen Geistes.

Von

Moriz Carriere.

Zweite neu durchgesehene Auflage.

Leipzig:
F. A. Brockhaus.
1872.

Vorwort.

Auch in diesem Theile meines Werks habe ich mich bemüht die eigenen Gedanken, Anschauungen und Forschungen mit den Ergebnissen der gegenwärtigen Wissenschaft zu verschmelzen, sodaß ich im Thatsächlichen und Besondern stets das Gesicherte und bei den einzelnen Fachmännern Bewährte biete, während die Entdeckung der innern Zusammenhänge, der leitenden Ideen und danach die Organisation der Stoffesfülle zu einem harmonischen Ganzen der Zweck meines Buchs ist. Innerhalb der großen Linien des Vernunftwahren und Gesetzlichen soll die persönliche Freiheit, die Eigenthümlichkeit der wirkenden Kräfte ihr Recht haben; sie zu bestimmen bedarf es der vielfältigen Thätigkeit in der Literatur- und Kunstgeschichte, der Monographien und Abhandlungen aller Art, und wenn auch meine eigene Lectüre der Dichter und Denker, meine eigene Anschauung der Bau- und Bildwerke die erste Quelle der Darstellung ist, so habe ich gern meine Eindrücke und Urtheile ergänzt, berichtigt und geläutert durch das was die ausgezeichnetsten Forscher im einzelnen errungen haben, und immer wieder gern ein erstes entscheidendes und maßgebendes Wort auch seinen Urheber selbst sagen lassen; den rechten Ausdruck für den Kunststil einer Epoche oder eines Meisters zu finden das ist eine Entdeckung für die Geschichte des Geistes, wie die Erfassung und Ergründung einer elektrischen Erscheinung, eines chemischen Vorgangs eine Entdeckung für die Naturlehre ist.

Der Gedanke den ich seit vielen Jahren in meinen Vorlesungen darlege und längst im Druck veröffentlicht habe, daß nämlich die einzelnen Künste wie das System der Aesthetik sie entwickelt, so auch in der Geschichte der Reihe nach tonangebend werden, er bewährt sich auch hier und ich sehe mit Freuden daß er in die Literatur eingeht; vielleicht geschieht es auch so mit dem andern Princip das durch mein Buch sich hinzieht, ohne daß ich es Andersdenkenden aufdringlich werden lasse, daß nämlich alles Große im Leben, in der Kunst und Wissenschaft wie in der Religion sich im Zusammenwirken göttlicher und menschlicher Kraft vollzieht; die Vorsehung greift aber nicht von außen her durch Wunder und gewaltsam in den Gang der Dinge, sondern sie ist die natürliche und sittliche Weltordnung selbst, und ihr besonderes Walten geschieht von innen heraus durch begeisternde Antriebe, durch erleuchtende Regungen in der Menschenseele; diese hat die Aufgabe solche zu verstehen und zu entfalten.

Die Ideale des Mittelalters hat Dante zusammengefaßt und herrlich ausgesprochen; ich habe ihn daher ausführlich behandelt, und von Karl dem Großen an schon Fäden gezogen die zu ihm hinleiten, wie andererseits Giotto und Orcagna seinen Einfluß auf die Malerei bezeugen, und später die größten Meister bezeugen werden. Zeitalter sind nicht durch Mauern und Klüfte getrennt, sondern sie gehen ineinander über; darum habe ich was auch durch das 15. Jahrhundert hin specifisch mittelalterlich erscheint hier angefügt, anderes aber, wie die Erweckung des Alterthums, das Volkslied, der Realismus der bildenden Kunst bleibt der Periode der Renaissance und Reformation vorbehalten.

Auch diese Abtheilung habe ich einer sorgfältigen Durchsicht unterworfen und manches Neue eingefügt. Für freundliche Mittheilungen in Bezug auf das slawische und das germanische Alterthum sage ich Professor Leskien in Leipzig und Dr. Max Rieger in Darmstadt ergebensten Dank.

München, im October 1872.

Moriz Carriere.

Inhaltsübersicht.

	Seite
Vorwort	V—VI

Die neueren Völker.

A. Das Slawenthum.

Die Slawen sind passiver als die Germanen, ruhiger als die Kelten. Ackerbau, Familienliebe; Sprache. Die der deutschen und altitalischen nahverwandte Mythologie. Der lichte und dunkle Gott. Naturgefühl und Naturgeister. Russische, preußische, wendische, serbische Besonderheiten. Das Volkslied und seine Melodie; litauische, lettische, böhmische, dänische, russische Lyrik. Russische Heldensage. Die Königinhofer Handschrift. Die Poesie der Serben: Frauen- und Heldenlieder; Marko; die Schlacht auf dem Amselfeld . . 1—50

B. Der finnische Stamm.

Land, Volk, Mythologie. Das finnische Epos Kalewala, das estnische Kalewi-Poeg . . . . 50—68

C. Das Keltenthum.

Beweglicher Sinn und Wanderungen der Kelten. Gegensatz des Kymrischen und Gallischen. Grundzüge der Mythologie: Feen und Elfen. Das Druidenthum. Die Steinpfeiler und Steinringe. Die Britten. Wales und seine Barden. Merlin der Zauberer. Die irische Finsage und ihre Uebertragung nach Schottland. Ossian. Die Volkslieder der Bretagne. Der Reim und seine Bedeutung als Kunstform . . . 68—100

D. Das Germanenthum.

Persönliche Selbständigkeit und Gemüth; Naturgefühl. Gemeinsames Singen; Stabreim und Runen. Entwicklung der Mythologie; Thyr, Donar, Wodan. Die Walkyrien. Stan-

dinavische Häuser und Götterbilder. Jsland und die Edda;
Göttersage und Götterdämmerung; Helgi- und Sigurdlieder;
Spruchweisheit. Die Classen der Standinavier. Die Heims-
kringlasage . . . . 100—127

Die Völkerwanderung.

Providentielles Zusammentreffen der Zustände in der alten
Culturwelt und bei den frischen Völkern. Die Bewegung
derselben. Theoderich der Gothe als Erbe und Fortsetzer antiker Bildung; Boethius. Das Christenthum; Ulfila's Bibelübersetzung. Bauten; Anfänge bildender Kunst; das Linienornament. Der Heldengesang als die Stimme der Zeit.
Mythologische und historische Grundlage des deutschen Volksepos in der Dietrich- und Siegfriedsage. Das Hildebrandslied und der Beowulf . . . . 128—147

Karl der Große und die Zeit der Karolinger.

Karl der Große in der Geschichte; das Ideal des Mittelalters
im römischen Reich christlich germanischer Nation; Kaiser und
Papst. Karl's Pflege von Kunst und Wissenschaft. Alfred der
Große und die englische Verfassung. Scotus Erigena. Karl's
Bauten und ihr Bilderschmuck. Irische und angelsächsische Mi-
niaturen. Die romanischen Sprachen. Der Heliand, Otfried's
Christ, Rhnewulf. Karl der Große in der Sage; Nieder-
schlag aller Göttermythen und Vereinigung der Erzählungen
von Karl Martell und Karl dem Einfältigen auf ihn; die
Haimonskinder; Ogier; Roland. Turpin's Chronik . . . 147—166

Grundzüge mittelalterlicher Weltanschauung.

Das Mittelalter der Germanen und der Menschheit. Vielsältige
Vermittelung zwischen antiker Bildung, christlicher Religion
und frischer Volksthümlichkeit. Der feudale Staat und die
Kirche. Die Gemüthsinnerlichkeit und die Aeußerlichkeit des
Lebens. Die Naturauffassung. Die Scholastik. Symbolik. 166—178

Die Gründung des deutschen Kaiserthums und der römischen Hierarchie.

Heinrich und die Ottonen. Päpstin Johanna. Culturzusammenhang von Deutschland und Italien. Gregor VII. und die
Priesterherrschaft. Die Kirche an der Spitze der Zeit . . . 178—188

Der romanische Stil in bauender und bildender Kunst.

A. Die Architektur.

Mittelalterliche Baukunst. Der romanische Stil als Vermittelung mehrerer Principien und sein hieratisch kirchliches Ge-

präge. Der gegliederte Pfeiler, der Rundbogen und das
Kreuzgewölbe. Ornamentik. Bauwerke in Deutschland, Frankreich, England, Sicilien, Italien, Spanien . . . . 189—211

B. Plastik und Malerei.

Ihre Eigenthümlichkeit. Elfenbeinschnitzerei und Erzguß. Die
Eglsternsteine. Wandmalerei in Kirchen. Anfänge weltlicher
Kunst . . . . 211—216

Wissenschaft und Dichtung in der Periode des romanischen Stils.

Die Kirche Culturträgerin. Die Anfänge der Scholastik: An-
selm von Canterbury; Realismus und Nominalismus.
Hrotsvitha von Gandersheim. Die Heldensage in lateinischer
Nachdichtung: Waltharius; Ruodlieb. Thiersagen. Der
Cardinal Damiani . . . . 217—227

Die Kreuzzüge und ihre Folgen für Staat und Kirche.

Ihre weltgeschichtliche Bedeutung; begonnen von der Kirche endeten
sie mit dem Sieg des Ritterthums und dem Aufblühen der
Städte. Die reale Geschichte und die ausschmückende Sage.
Die Hohenstaufen, ihr Glanz und tragisches Geschick. Inno-
cenz III. und Franz von Assisi; die Inquisition; das ewige
Evangelium. Englands Magna Charta und das französische
Parlament bekunden das Aufstreben weltlicher Freiheit . . . 227—241

Rittertum und Frauendienst; Troubadours und Minnesänger.

Die Ritterwürde und die Courtoisie. Stellung der Frauen.
Gemüth und Liebe Mittelpunkt der Poesie. Der Minnedienst,
seine conventionellen Formen und Verirrungen. Wächter-
und Tagellieder. Troubadours und Minnesänger. Die formale Kunst der Liebeslyrik, ihre Verbreitung von der Provence nach Nordfrankreich, Deutschland, Italien, Spanien.
Die Elsbenlesen. Bertram de Born und Walther von der
Vogelweide. Marienlieder. Das malerische Element im
Leben und in der Dichtung . . . . 241—269

Weltliche und religiöse Lyrik der Geistlichen.

Bernher von Tegernsee. Abälard und Heloise. Ein neuer
Blütentrieb der lateinischen Sprache. Die Poesie der fahrenden Kleriker; der Erzpoet und seine Beichte. Jacopone
und Thomas von Celano . . . . 269—277

Die epische Dichtung.

Volksthümliche und höfische Poesie . . . . 277—279

Inhaltsübersicht.

**A. Das französische Volksepos; Rolands-
lied und Albigenserkrieg.**

Die chansons de geste. Das Lied von RoncevaL. Huon und
Oberon. Graf Montfort und der Kampf um Toulouse . . . 279—289

B. Spanische Nationalpoesie.

Der spanische Volkscharakter. Die Romanzen. Das Epos
vom Cid . . . . 289—296

C. Antike Stoffe in romantischem Gewande.

Die Alexandersage in der Provence, Spanien, Italien und
Deutschland. Der Pfaffe Lamprecht. Die Trojanersage.
Heinrich von Veldeke. Apollonius von Tyrus . . . . . 296—303

D. Die Arthursage.

Ihre allmähliche Ausbildung zur Poesie des fahrenden Ritterthums und der Minne. Mythologische und historische Grundlage. Die Chronik Gottfried's von Monmouth und die Märchen des rothen Buchs. Die Kelten erfinden den Stoff, die
Romanen geben die künstlerische Form, die Deutschen eine
ideale Vertiefung. Chretien von Troies, Hartmann von der
Aue. Jwein der Ritter mit dem Löwen; Erec und Enite;
Lanzelot . . . . 303—316

**E. Die Gralsage und Wolfram von Eschen-
bach.**

Der Gral ein Symbol der Romantik. Orientalische und kelti-
sche Elemente der Sage; verschiedene Fassungen derselben.
Die Gralshüter und die Tempelritter. Peredur und Par-
cival. Wolfram von Eschenbach; das Epos vom innern
Menschen, sein Gang vom Glauben durch Zweifel zum Heil.
Titurel. Lohengrin . . . . 316—329

F. Tristan und Isolde.

Parallele der Tristan- und Siegfriedsage bei Kelten und Germanen. Verschiedene Fassungen und Abschluß durch Gottfried von
Straßburg. Seine Kunst der Seelenmalerei. Vergleichung
mit Goethe's Wahlverwandtschaften, Ariost und Wieland . . 329—336

G. Das deutsche Volksepos.

Sein allmähliches Wachsthum, sein Abschluß in den Formen
der Ritterzeit. Ortnit. Wolf-Dietrich. Ernst von Schwaben.
Einzelnes aus der Siegfried- und Dietrichsage. Der Rosengarten. Das Nibelungenlied; seine Größe; seine Haupt-
charaktere; Vergleichung mit Homer. Die Gudrun. Die
Thiersage; der Reinärt von Willem de Madoc . . . . . 336—355

II. Poetische Erzählungen, Legenden und Schwänke.

Die Geschichten der Heiligen. Pilatus. Gregor vom Stein. Der arme Heinrich. Das Annolied. Meyer Helmbrecht. Auccassin und Nicolette. Französische Fabliaux; Marie de France. Schwänke . . . . 355—363

1. Epische Gedankendichtung.

Allegorien. Der Roman von der Rose. Dino Compagni. Babylon und Jerusalem. Der Winsbeke. Freidank's Bescheidenheit. Der welsche Gast. Der Renner . . . . 363—369

Die Anfänge des Dramas.

Die Messe, die Kirchenfeste. Geistliche Weihnachts- und Passionsspiele. Misterien, Moralitäten. Pastorale . . . . . . 369—373

Die mittelalterliche Musik.

Kirchengesang. Hucbald von Flandern; Guido von Arezzo. Harmonielehre. Melodien der Troubadours und Minnesänger. Symbolisirung der Mystik und Scholastik. . . . 373—379

Die gothische Architektur.

Sie realisirt das mittelalterliche Ideal. Der Spitzbogen, die Auflösung der Massen; Gliederung und Ornamentirung; das Maßwerk. Malerischer Character der Architektur; Parallele der Dome mit den griechischen Tempeln. Die Bauhütte. Ausgang des Stils von Frankreich; Entwickelung in England; der Uebergangstil, der Hallenbau und die fränkische Weise in Deutschland; Spanien und Italien. Der Burgenbau 379—400

Plastik und Malerei im 12. und 13. Jahrhundert.

Gärung und Mischung verschiedener Elemente. Blüte der kirchlichen Plastik in Frankreich. Die goldene Pforte in Freiberg. Englische Grabdenkmals. Nikolaus von Pisa und sein Einfluß in Italien. — Glasmalerei und Miniaturen. Cimabue und Duccio di Buoninsegna . . . . 400—411

Die Scholastik.

Ihr Formalismus. Die Universitäten. Philosophie die Magd der Theologie. Abälard's Lehre und Kampf mit der Kirche. Der heilige Bernhard und die lateinische Mystik. Einführung durch die Araber; Aristoteles. Albert der Große, Thomas von Aquin, Duns Scotus . . . . 411—421

Dante.

Seine Dichtung ist der Spiegel seiner Persönlichkeit und des Mittelalters, dessen Ideale er zusammenfaßt, während er in

eine neue Zeit hineinschaut. Seine Jugendliebe und das
Neue Leben. Theilnahme an der Politik: die Schrift von der
Monarchie; Verbannung. Das Gastmahl und die Volks-
sprache. Die göttliche Komödie, ihre Bedeutung; realisti-
scher Stil bei mystischer Tiefe des Gehalts. Analyse und
Charakteristik von Hölle, Fegefeuer und Paradies . . . . 421—455

Verfall der kirchlichen und ritterlichen, Auf-schwung der bürgerlichen Cultur.

Entartung von Pfaffen und Raubrittern. Die Noth der Zeit;
die Gottesfreunde. Kirchenversammlungen. Das Aufblühen
der Städte, die Städtebünde. Die Arbeit wird emancipirt
und zur Grundlage des staatlichen Lebens gemacht. Mannichfaltige Uebergangsweisen des feudalen zum modernen
Staat in Italien, der Schweiz, Deutschland, Frankreich,
England. Selbstauflösung der Scholastik . . . . 455—465

Nachblüte des gothischen Stils vornehmlich im Civilbau.

Der norddeutsche Backsteinbau. Der schmuckreiche und perpen-
diculare Stil in England. Der Dom zu Mailand. Städte
und Stadthäuser in Flandern und dem übrigen Deutschland.
Die Marienburg. Die italienischen Gemeindehäuser, die ve-
netianischen Paläste . . . . 465—475

Plastik und Malerei.

Ihr bürgerlicher Charakter. Schonhover in Nürnberg; Altarschreine. Andrea Pisano in Florenz; die Denkmäler der
Scaliger. Deutsche Tafelmalerei in Prag, Nürnberg, Köln;
das Dombild. Italienische Fresken; die Schulen von Florenz und Siena: Giotto, Orcagna, Ambrogio di Lorenzo.
Lombardische Maler. Gentile da Fabriano und Fiesole . . 475—499

Der deutsche Meistergesang und die Musikschule der Niederlande.

Das bürgerlich Handwerksmäßige in Dichtung und Musik; die
Tabulatur. Italienische Improvisatoren. Franco von Köln.
Melodie und Harmonie. Der ausgebildete Tonsatz . . . . 499—504

Die Lyrik; Petrarca.

Epigonen des Mittelalters. Petrarca giebt der Poesie der Troubadours den künstlerischen Abschluß und beginnt die Wiedererweckung des Alterthums. Sein Zusammenhang mit Cola
Rienzi. Patriotische Canzonen; die Laurasonette; die Trium-
phe. Die Befreiung der Schweiz und die Volksdichtung . . 504—519

Inhaltsübersicht.

Allegorien. Poetische Erzählungen in Vers und Prosa.

Mancherlei Allegorien. Volks- und Ritterbücher. Die Amadisromane. Der Theuerdank. Reisebeschreibungen. Boccaccio und die italienische Novellistik. Don Juan Manuel und Juan Ruiz von Spanien. Chaucer in England . . . . . 519—529

Das religiöse Drama, die Maskenspiele und der Fasnachtschwank.

Die Schauspielbrüderschaften in Paris und Italien. Die comedia dell' arte. Deutsche Passionsspiele und Fasnachtspossen. Mirakelspiele und Moralitäten in England . . . . 629—535

Prosa: Geschichtschreibung und mystische Philosophie.

Deutsche Städtechroniken. Froissart in Frankreich; Dino Compagni und Villani in Florenz. Die deutsche Mystik als Philosophie im Weltalter des Gemüths: Meister Eckart; Thomas von Kempen und Suso; Tauler; das Buch von der deutschen Theologie . . . . 535—644

Das Mittelalter.

Die neuern Völker.

Ich habe in der ersten Abtheilung dieses Bandes die beiden neuen Religionen geschildert, welche die Menschen, nachdem das Naturideal vielfältige Gestalt gewonnen, zur Verehrung des einen geistigen Gottes beriefen, und damit zur Erhebung über die Natur, zur Einkehr ins eigene Innere, zur Ausbildung der Gemüthswelt führten. Ich habe gezeigt wie das sittliche Ideal in Jesus verwirklicht ward, wie das Christenthum unter den alten Culturvölkern sich entwickelte, wie dann die Araber durch Muhammed zu weltbewegender Macht und für Jahrhunderte zu Culturträgern geworden. Um das Gemüthsideal jedoch zu entfalten und zu vollenden bedurfte es auch neuer Völker, die von Haus aus nicht sowol in der Anschauung, im öffentlichen Leben, in der Außenwelt sich bethätigen und befriedigen, sondern mehr in der Innenwelt leben, durch Tiefe und Beweglichkeit des Gefühls sich auszeichnen, und die Empfindungen des Herzens, die Vorstellungen der Seele ausdrucksvoll und phantasiereich darstellen. In diesem Sinne werden wir nun die Slawen, Kelten und Germanen nach den Grundzügen ihres Wesens und in ihrem volksthümlichen Heidenthume betrachten, die erstern auch sogleich nach ihren Volksliedern charakterisiren und bis ins Mittelalter begleiten, und den finnischen Stamm und sein Epos ihnen anreihen. Die Germanen nehmen bei ihrem Eintritt in die Weltgeschichte das Christenthum an und verjüngen die alte Welt durch die Völkerwanderung; sie kommen nicht um zu verwüsten, sondern um die Erbschaft der Cultur anzutreten. Mit ihrem gesunden Blut erfrischen sie die Länder des römischen Reichs, und die gleiche Religion hilft dazu daß Italien, Frankreich, Spanien, England und Deutschland sich in beständiger Wechselwirkung entwickeln, daß in gemeinsamer Arbeit eine gemeinsame Bildung und Gesittung gewonnen wird. Der romanische und gothische Baustil wie das Ritterepos und die Liebeslyrik lassen dies am deutlichsten erkennen. Man sagte im Mittelalter Deutschland habe das Reich, Italien die Kirche, Frankreich die Wissenschaft; Frankreich hatte auch die Initiative im Ritterthum und in seiner Dichtung wie in der Scholastik; der auf Neues sinnende und zugleich formgewandte Geist des Volks, in welchem keltische, römische und deutsche Elemente sich durchdringen, begann die Kreuzzüge und stand dadurch auf der Höhe der Zeit, während Italien und Deutschland in vierhundertjährigem Ringen um die Ideale des Kaiser- und Papstthums willen ihre reale Kraft verbrauchten und lange nicht zu der staatlichen Einigung und Verfassung kamen die ihnen gemäß ist, und zu der gerade unsere Gegenwart endlich bedeutende Schritte thut. Aber auf dem Standpunkte der Geschichte des Geistes erfreuen wir uns der edlen Früchte jener deutschitalienischen schicksalvollen Beziehungen: in der Malerei gehen beide Nationen voran; Dante, Michel Angelo, Rafael wären ohne die Einwirkung des Germanenthums ebenso wenig dort erstanden, als hier Mozart's Don Juan, Goethe's Iphigenie und Cornelius' Fresken ohne den Einfluß Italiens; und Deutschland gab der Welt die Reformation, Italien den Humanismus und die Kunst der Renaissance.

Die mittelalterliche Bildung schreitet fort indem sie von einem der drei Stände zum andern gelangt: die Geistlichen, die Ritter, die Bürger bezeichnen damit die drei Epochen, nach denen die Kunstgeschichte sich gliedert. Die Lyrik des Gemüths, der Minnegesang und das malerische Princip walten vor, wenn auch zunächst noch nicht das individuelle, sondern das gemeinsame Leben, Fühlen und Denken sich in der Architektur und im Epos ausprägt. Bei diesem letzteren unterscheiden wir das nationale, wie das französische Rolandslied, den spanischen Cid, die deutschen Nibelungen, von dem höfischen oder der über Europa verbreiteten ritterlichen Kunstdichtung. Hier bei der Arthur-, Gral- und Tristansage werde ich den Satz durchführen daß die Kelten die Stofferfinder sind, die Romanen die poetische Form geben, die Germanen eine ideale Vertiefung durch Seelenmalerei und Gedanken hinzufügen.

A. Das Slawenthum.

Es scheint daß zuerst die Kelten aus der arischen Urheimat aufbrachen, während später eine zweite Volkswelle sich loslöste und in Europa zu Griechen und Italiern ward, eine dritte sich in Slawen und Germanen schied; dann ward der Rest, der in Asien blieb, zu Indiern und Iraniern. Nach manchen Wanderzügen gewannen die Kelten den Nordwesten Europas, England und Frankreich; im Osten siedelten die Slawen sich an; zwischen beiden nahmen in Skandinavien und Deutschland die Germanen ihre Wohnsitze, drangen aber auch erobernd in keltische und slawische Gebiete ein und verschmolzen mit den Bewohnern. Auf der großen Ebene vom Weißen bis zum Schwarzen und Kaspischen Meere, von Sibirien bis zur Oder und Adria breiteten die Slawen sich aus; in dieser weiten Strecke zerfielen sie in mannichfache Stämme; zwischen Europa und Asien gelagert bildeten sie auch geistig ein Mittelglied zwischen beiden, zwischen Kaukasiern und Mongolen, bisjetzt die mehr passiven unter den activen Nationen. Die Individualität tritt noch nicht recht hervor; die Slawen wissen bis auf diesen Tag weniger von berühmten Männern zu singen und zu sagen als die andern Culturvölker; der kühne vordringende Geist welcher die Germanen, die bewegliche Neuerungslust welche die Kelten bald zu Eroberungszügen und bald zu Revolutionen treibt, sind ihnen fremd; sie greifen zum Schwert um die Heimat zu vertheidigen, nicht aber um vom Waffendienst zu leben. Während die Germanen das weströmische Reich zertrümmern, schieben sich die Slawen langsam in das oströmische ein, bis nach Hellas hinab geben sie Flüssen und Bergen neue Namen, aber der Kaiserthron in Byzanz bleibt bestehen.

Auf der ungeheuern Fläche die sie innehaben kann man lange wandern bis der Wechsel des Klimas und des Pflanzenwuchses so bedeutend wird wie er bei einer einzigen Tagfahrt in deutschen Bergen sich zeigt; doch hat man einen nördlichen Streifen mit einer Kette von Seen als die Zone der weißschaftigen Birke bezeichnet, während von den Ufern der Oder bis zum Ural düstere Fichtenwälder sich hinziehen zwischen sandigen und feuchten Fluren, und südlich auf den Grastriften an dem Don, der Donau und Wolga die Eiche rauscht. Friedlicher Sinn und Liebe zur Seßhaftigkeit ließ die Slawen diese weite fruchtbare Ebene wählen;

dort finden wir sie schon das ganze Jahrtausend von 500 vor bis 500 nach Christus ausgebreitet. Ihr alter Gesammtname war Slowenen (Slawen); daneben kommt auch die Bezeichnung Serben, Sorben in allgemeinerer Bedeutung vor; jener wird von slowo Wort abgeleitet, sodaß die Slowenen sich die Redenden nannten. Das Besprochene ist das Bekannte, daher slawa Ruhm. Herder's Ausspruch daß ihre Bestimmung sei den Boden zu besitzen, hat den Sinn daß sie geborene Ackerbauer sind; nicht die Stadt wie bei Griechen und Römern, nicht die Burg und der Einzelhof wie bei Kelten und Germanen, sondern der bäuerliche Weiler, die Landgemeinde bildet daher die Grundlage ihres socialen Lebens; die Gemeinde herrscht über die Persönlichkeiten der Einzelnen, das Land gehört ihr und wird den Familien auf Lebenszeit zugetheilt, sie ist wieder der Erbe; als ihr Glied hat jeder seinen Besitz, seinen Verband, sein Recht und seine Stellung.

Der quadratförmige Kopf, das breite Gesicht, die eingedrückte Stirn, die wagerechten Backenknochen, die concave Nase mit rundlicher Endung auf breiter Basis, die kleinen Augen mit den dünnen Brauen, der schwache Bart geben dem Typus der meisten Slawen nicht das Gepräge der Schönheit das den gräcoitalischen auszeichnet und von Natur für bildende Kunst bestimmt; ihm nähern die Südslawen sich an. Ein sanfter frommer Zug liegt in ihrem geistigen Wesen und klingt wehmüthig, sehnsüchtig aus ihrem Gemüth in den Molltönen ihrer Volkslieder hervor. Der jahrhundertelange Druck durch die Mongolen und die Gewaltherrschaft der Zaren hat dies nur verstärken können. In alten Tagen waren die Slawen frei und gleich. Die Familien bildeten die Gesellschaft, der Vater war ihr Haupt, die Familienhäupter wählten den Vorstand der Gemeinde, die Vorsteher traten zu Kreis- und Landtagen zusammen, wo Recht gesprochen, die Steuer ausgeschrieben, über Krieg und Frieden berathen ward. Aus Heerführern wurden im Mittelalter Feudalherren, später folgte Despotismus in Rußland, Anarchie in Polen. Der Slawe ist nicht knechtisch; Bodenstedt hat fein bemerkt: „Er beugt sich vor der Macht, das Bücken macht seinen Rücken geschmeidig, aber es krümmt ihn nicht; er fürchtet die Macht wie eine rücksichtslose Naturgewalt, gegen deren zerstörende Wirkungen ein jedes Mittel erlaubt dünkt, aber er verehrt sie nicht, macht sich kein System um sie als eine Nothwendigkeit zu begründen, die man achten und als berechtigt anerkennen müsse." Ehrfurcht vor dem Alter herrscht im Hause; Väterchen ist der zärtliche Ehrenname den der Russe seinem Gebieter gibt, Mütterchen nennt er sein Moskau, seine Wolga, seine Schenke auf der Heide. Vor allem wird die Mutterliebe in den Volksliedern gefeiert. Der gefangene russische Jüngling sendet vergebens nach Freunden, Brüdern und Braut; sie haben anderes zu thun als ihm zu helfen, aber wie seine Bitte zum Ohr der Mutter kommt, da verkauft sie selbst das goldene Kreuz von ihrem Halse, das sie nie seit ihrer Kindheit abgelegt, um das Lösegeld für den Sohn zu erhalten. — Wehgeschrei füllt die Luft, Ischenka ist im Kampf gefallen; drei weiße Schwäne senken trostlos ihre Flügel; seufzt wol einen Mond das Bräulein, seufzt die Schwester wol ein Jährlein, seufzt so lang sie lebt die Mutter, Mond um Mond und Jahr um Jahr. Die Bande der älterlichen Familie sind stärker, inniger als die des neuen Hauses. Die Wila will im serbischen Liede den Verwundeten heilen, aber sie fordert einen hohen Preis, die rechte Hand seiner Mutter, seiner Schwester Haar, seines Weibes Perlenhalsband; die beiden erstern opfern willig Hand und Haar, aber die Gattin verweigert ihren Schmuck. Russische Mädchen singen im Reigen:

> Wir bringen die Nachtigall mit,
> Wir setzen sie in Gras und Blumen;
> Die Nachtigall bricht aus in Gesang,
> Die schönen Mädchen tanzen.
> Die jungen Frauen weinen:
> „Spielt, ihr, schönen Mädchen,
> Dieweil ihr frei seid in Vaters Hause,
> Und ruhig lebt im Hause der Mutter!"

Ein anderes Liedchen lautet:

> Rosenkind, wo bist du aufgewachsen,
> Du so lieblich weiß und roth? —
> In dem Quell im kühlen Schatten
> Den das Haus des Vaters bot.

Die Mutter sagt zur Braut: Nun gehst du mit dem jungen Mann und wirst mein vergessen. Die Tochter antwortet: Ich folge meinem Bräutigam, doch nie vergeß ich mein liebes Mütterlein! In der Würdigung der Frau unterscheidet sich der slawische Geist von der romantischen Innigkeit des germanischen; jener sah in ihr die Dienerin des Hauses, und gestattete den Reichen mehrere. Die

Braut ward dem Vater abgekauft, oder sie ward räuberisch entführt im symbolischen Nachklang uralter Weise, und sah den Eheherrn wenig vor der Vermählung. Die altarische Heroensitte daß das Weib sich mit dem Mann verbrannte, erscheint bei den Slawen, wenn sie vorkommt, weniger wie der Ausdruck des Gefühls untrennbarer Zusammengehörigkeit, vielmehr soll dem Herrn die Untergebene auch im Jenseits nicht fehlen. Indeß erfreuen wir uns auch anderer herzlicherer Töne in der Poesie; der Pfad des Daseins ist öd ohne die Geliebte, und es verlohnt sich nur zu leben, wenn wir ihn gemeinsam wandern. Der Ehebund reicht über die Erde hinaus, in die Ewigkeit. Wer unvermählt stirbt gilt für unglücklich; daher die Sitte in Podolien, daß eine todte Jungfrau als Braut angekleidet wird, ein Jüngling mit dem Hochzeitschleier erwartet sie am Grabe; ihre Familie sieht ihn nun als Verwandten, das Volk als Wittwer an. Dem Sarg des Junggesellen folgt in Serbien ein Mädchen im Brautschmuck, und wirft einen Kranz auf die Leiche, einen andern trägt sie selber, und so ist sie ihm für das Jenseits vermählt. Kopitar sagt: Tiefes Gefühl für häusliches Glück und häuslichen Fleiß, dein Name ist Slawe!

Die reiche bildsame slawische Sprache hat in den Wortstämmen die Verwandtschaft mit dem Sanskrit deutlich bewahrt; sie declinirt noch ohne Artikel, sie conjugirt noch ohne Hülfszeitwörter und kann das Fürwort entbehren, indem sie durch Beugung und Abwandlung den Stamm nach den mannichfaltigen Beziehungen der Rede gestaltet; sie bedarf keiner Umschreibungen, sie unterscheidet durch die Form des Worts das Einmalige und Wiederholte, das fertig Abgeschlossene, Verflossene von der noch fortdauernden Handlung; sie hat den Vorzug reiner Vocalendungen und freier Wortstellung. Die Consonanten herrschen allerdings vor, aber weit mehr in der ungeschickten Schreibweise als in der Aussprache. Die Slawen lieben Kehl= und Zischlaute, aber sie mildern die Härte der Mitlauter, und geben dem r und l den Werth von Vocalen, Srb heißt Serb, Wlk Wolf. Schaffarik sagt: „Wohllaut und weibischer Weichklang einer Sprache sind zwei sehr verschiedene Dinge. Betrachtet man eine Sprache vom philosophischen Standpunkte, so erscheinen die Consonanten als die eigentlichen Zeichen der Gedanken, und die Vocale nur als ihre Diener; je reicher eine Sprache an Consonanten desto reicher an Ideen. Der Wohllaut einzelner Silben ist nur ein partieller und sehr relativer; die Harmonie einer ganzen Sprache hängt vom Wohlklang der Perioden, Worte, Silben, Buchstaben ab. Zu viele Selbstlauter klingen ebenso unangenehm als zu viel Mitlauter; es bedarf einer verhältnißmäßigen Zahl und Abwechselung um den Wohlklang zu erregen. Selbst harte Silben gehören zu den nothwendigen Eigenschaften einer Sprache, denn die Natur selbst hat harte Laute, welche der Dichter ohne den Besitz solcher kaum wiedergeben könnte. Die reine und entschiedene Vocalisation, die es dem Belieben des Sprechers nicht anheimstellt gewisse Vocale auszusprechen oder zu vertauschen, gewährt den slawischen Sprachen den Vortheil eines regelmäßigen Silbenmaßes neben dem Accent des Gedankens und der Senkung oder Steigerung der Stimme."

Man pflegt mit Dobrowski zwei Gruppen der slawischen Mundarten zu unterscheiden, eine südöstliche, zu der die Sprache der Russen, Bulgaren, Serben (Dalmatier, Kroaten) und Slowenen gehört, und eine nordwestliche der Polen, Böhmen, Wenden. Wie das Deutsche zuerst in der gothischen Bibelübersetzung Ulfilas' eine schriftliche Fassung erhielt, so begründeten die Brüder Kyrillos und Methodios im 9. Jahrhundert gleichfalls durch die Uebertragung der Bibel die als Kirchenslawisch bekannte Schriftsprache; ausgehend von der Sprechweise an der Donau, reich an Wortformen wie an Wurzeln, voll ursprünglicher Kraft und fern von fremdländischem Einfluß und Gepräge ward sie durch das Mittelalter hin gepflegt, und hat sich im Gebrauch der Kirche neben den Mundarten der Völker erhalten, ein Quell schöner und reiner Worte und ein Typus edler Bildung für die poetische und prosaische Darstellung in der Literatur. Das Russische bewahrt Formen und Laute sehr treu; den altererbten Wortreichthum vermehrt es durch die ungemeine Lebendigkeit der Wortbildung. Der Satzbau in der nicht gekünstelten Rede ist einfach und klar, zugleich aber voll feiner Wendungen. Ueber das ganze Sprachgebiet geht eine große Gleichmäßigkeit des Ausdrucks; der Bauer an der Wolga wie die vornehme Gesellschaft in Moskau spricht die Schriftsprache der Nation. Das Polnische ist für die fremde Zunge schwierig durch die verschiedene Aussprache der Vocale und die Zusammenfügung vieler Mitlauter, und hat einen künstlich verfeinerten grammatischen Bau. Die südliche Sonne, die Schönheit der Landschaft hat die Sprache wie die Poesie der Serben zur vorzüglichsten Blüte entfaltet; man nennt sie das Italienische unter

den slawischen Mundarten; sie steht keiner an Fülle, Kraft und
Klarheit nach, und übertrifft ihre Schwestern an Melodie und
Wohllaut.

Die slawische Mythologie ist der deutschen und altitalischen
nahe verwandt, zumal sie auch gleich diesen uns nicht in der Fülle
der Dichtung und Bildwerke wie die griechische, sondern im Nachklang von Sagen und Bräuchen und in den zerstreuten Berichten
der Nachbarn kund wird; sie hat die freie künstlerische Entfaltung
und Gestaltung nicht gefunden, aber ein frommer Sinn hat sich
in ihr ausgeprägt. Die arische Ueberlieferung von dem Lichte des
Himmels, in welchem das Unendliche und Göttliche dem Gemüth
offenbar und veranschaulicht wird, bildet die gemeinsame Grundlage, an welche ein Sonnen- und Feuercultus sich anschließt. Man
hat die Uebereinstimmung mit der deutschen Mythologie durch spätere germanische Einflüsse erklären wollen, allein sie betrifft nicht
blos Einzelzüge, sondern gerade das Ursprüngliche und Wesentliche.
Helmold, der deutsche Chronist des 12. Jahrhunderts, sagt von
den Slawen seiner Nachbarschaft: sie haben tausenderlei Götterbilder, viele mit mehrern Köpfen, Schutzgeister denen sie Feld und
Wald, Trauer und Freude zutheilen, aber sie bekennen sich zu
Einem Gott im Himmel, der über alle gebietet und als der All-
mächtige die himmlischen Dinge besorgt, während er die andern
Geschäfte den ihm untergeordneten Göttern überweist, die ihm entsprossen und um so ansehnlicher sind je näher sie ihm stehen,
sie sind also Organe seines Willens, Entfaltungen seines Wesens,
Personificationen seiner Eigenschaften. Und ganz ähnlich schrieb
der Byzantiner Protoplus im 6. Jahrhundert von den südöstlichen
Slawen: Sie glauben an Einen Gott, den Schwinger des Blitzes,
den Schöpfer und alleinigen Herrn aller Dinge, verehren aber
auch Flüsse, Nymphen und andere Mächte, bringen ihnen Opfer
und knüpfen Weissagungen an dieselben. Dem himmlischen Vater
ward die Erdmutter gesellt, deren Name Dewana man gleich der
Dione und Diana an die Wurzel div leuchten knüpft, von welcher
der gemeinsame Name für das Göttliche von den Ariern entlehnt
ward. (I, 375.)

Das Licht steht dem Dunkel, dem Tag die Nacht entgegen,
und danach unterscheiden die Slawen weiße Götter, Biel-bogi von
schwarzen, Czerno-bogi. Dem Physischen hat sich das Sittliche
gesellt, und wenn auch der Gegensatz des Guten Lichten und des
Bösen Finstern nicht so durchgebildet ward wie von den Iraniern,

so zieht er sich doch durch die ganze Mythologie der Slawen und läßt dieselbe dem Parsismus stammverwandt erscheinen, während die vielköpfige Symbolik der Göttergestalten an Indien erinnert; aus der gemeinsamen Uranlage sind die ähnlichen Ideen und Bilder erwachsen, nicht von außen entlehnt. Die slawische Phantasie ermangelt der plastischen Klarheit, und es liegt in ihrem religiösen Gefühl daß das Göttliche als das Eine über den Gegensatz der Geschlechter erhaben sei, daher finden wir keine scharfe Bestimmtheit der männlichen und weiblichen Natur, sondern die Gottheit erscheint in beiden Formen; Triglaw's Bild wird bald Mann, bald Frau genannt, es hat drei Köpfe um die auf, über und unter der Erde waltende Gottheit zu bezeichnen; Perkun ist männlich bei den Preußen, Perkunatele weiblich bei den Lithauern; Potrimpos wird auch als Allmutter erklärt, Perun heißt zugleich Mann und Weib, Jüngling und Greis. Wir haben Aehnliches bei den kleinasiatischen Semiten kennen gelernt (I, 304), und wie bei diesen nimmt auch eine tiefere Auffassung bei den Slawen das Licht und das Dunkel für zwei Seiten einer und derselben Wesenheit.

Zunächst wird das Dunkel, die Macht des Todes und des Winters in Czernobog personificirt, und in der Gestalt des Bocks, des Drachen, des Wurms er selbst sammt seinen Dämonen, den Schrecken der Nacht, der Kälte, der Unterwelt angeschaut; der Wirbelwind ist ein Tanz böser Geister, der Sturm durchwühlt die Wolken oder erhebt sich aus den Wogen, ein weißzahniger Eber; und alles Böse, Häßliche, Schädliche wird mit den schwarzen Göttern in Verbindung gebracht. Aber das Bewußtsein dämmert auf daß die Böses wirkenden Gewalten im großen Ganzen doch und wider ihren Willen dem Guten dienen. Und wie das Sinnenleben selbst ein beständiges Entstehen und Vergehen zugleich ist, so wird auch ein und dieselbe Gottheit jetzt als schaffend, jetzt als zerstörend aufgefaßt, sowie sie in verschiedener Hinsicht sich jetzt als strafend, jetzt als rettend erweist. Perun ist im Gewitter zugleich der zerschmetternde furchtbare Czernobog und der milde segenspendende Bielbog; er ist der Wissende, der das Unrecht straft und das Recht schirmt. Er ist zum Donnerer Elias geworden, der ja nach der Prophetensage auf feurigem Wagen gen Himmel fährt. So ist Radegast bei den Wenden schwarz und weiß, und der Sonnengott, der holde oberweltliche sinkt selber am Abend hinab in die Tiefe und wird der unterweltliche, der Herr des Todtenreichs. Die Erdmutter ist zugleich die Amme und das Grab des Lebens; ihre beiden Namen in Böhmen, Wesna und Merana, bedeuten Leben und Tod, während ihre polnischen Namen Ziewonja und Marzana auf die Blütenwelt des Frühlings wie auf die Erstarrung in der Winterkälte hinweisen.

Ueberall in der Natur ahnte und ehrte auch der Slawe ein geistiges Walten; Naturgeister lodern und wärmen im Feuer, lassen die Quellen aufsprudeln und wallen auf den Wogen der Ströme dahin; holde Nixen, die Rusalkas, wohnen in den Fluten, grüne Kränze in den feuchten Locken, und wenn sie die Vorüberwandelnden zum Trunk und Bad einladen, dann sie aber zu sich hinab in die kühle Tiefe ziehen, so enthüllt sich auch in ihnen das dämonisch Verlockende, Böse wie in den Sirenen. Eine koboldartige Geisterschar haust in den Bergen, wo sie in ihrem heimlichen Treiben nicht gestört sein wollen. Vornehmlich aber fühlt die sanfte friedliche Stimmung des slawischen Gemüths gleich dem indischen sich zur Pflanzenwelt hingezogen. Blumen und Kränze sind die Freude und der Schmuck des Menschen wie das Opfer für die Götter; der ins Wasser geworfene Strauß wie er dahintreibt, schwimmt oder sinkt, wird zum Orakel für die Liebe und die Lebensdauer. Mit Gesang und Tanz wird die Ernte gefeiert; milde Feldgeister haben ihren Segen gespendet. Die Waldgeister, halb menschlich und halb thierisch, aber personificiren mehr die Schrecken und Gefahren des dunkeln unwegsamen Waldes als seine Saftfülle und seine Herrlichkeit. Die Erdgeister ziehen in das Haus um ihm Glück und Segen zu bringen, oder auch allerhand Schaden und Schabernack zu stiften. Sie wollen nicht erzürnt sein. In ihnen bleiben die Vorfahren den Nachkommen gegenwärtig. Wie im classischen Alterthum malt man das Bild derselben in Schlangenform an die Wände. Der Dienst und die Verehrung der Ahnen ist bei den Slawen ausgebildet wie der Laren- und Penatencultus der Römer; den Domowoy, den Hausgeist, die Seele vom Gründer des Hauses, sieht man im Feuer des Herdes, er waltet schützend über der Familie. Im Frühling ward den Vorfahren ein Fest bereitet, Speise und Trank auf die Gräber gestellt, man feiert mit ihnen ein gemeinsames Mahl. Die Riesen- und Zwerggestalt der Dämonen oder Kobolde bezeichnet hier das stille Wirken kleiner unscheinbarer Kräfte, dort die plötzlichen und ungeheuern Ausbrüche der Naturgewalt. Menschen können nicht blos durch Zauberspruch in Thiere und Pflanzen verwandelt werden, die Verstorbenen selbst werden zu Geistern der Natur; die Seele fliegt als Vogel in der

Todesstunde aus dem Munde des Sterbenden, oder sie schwebt als
lichte Wolke am Horizont; auch der Schmetterling ist ihr Symbol.
Als zwitschernde Schwalben kommen gestorbene Kinder im Frühling heim um die Eltern zu trösten. In einem alten Liebe erblickt
das trauernde Mädchen im grünen Ahorn den todten Bruder und
in der Eiche den Vater. Tiefsinnig schön ist das serbische Gedicht
von dem Knaben und Mädchen, deren Liebe durch die Eltern getrennt worden.

  Durch den Stern ließ er darauf ihr sagen:
  Stirb, o Liebchen, spät am Samstag Abend,
  Früh am Sonntag will ich Jüngling sterben!
  Und geschah es also wie sie sagten,
  Spät am Samstag Abend starb das Liebchen,
  Früh am Sonntag Morgen starb der Liebste.
  Beieinander wurden sie begraben.
  Durch die Erde schlang man ineinander
  Ihre Hände, grüne Aepfel trinnen.
  Wenig Monden, und des Liebsten Grabe
  Sieh' entsproßte eine grüne Kiefer,
  Und des Mädchens eine rothe Rose;
  Um die Kiefer windet sich die Rose
  Wie die Seide um den Strauß sich windet.

  Die Verschmelzung des Frühlings mit dem Leben, des Winters mit dem Tode zeigt sich wie bei uns in noch erhaltenen Gebräuchen, die bald das Tod- und Winteraustreiben, bald den
Kampf von Sommer und Winter darstellen. Der Tod und Winter
wird als Strohmann hinausgetragen und verbrannt, ein grüner
Maienbaum als Symbol des sommerlichen Lebens aufgepflanzt;
die Träger beider oder auch in Stroh und in grüne Zweige ein-
gemummte Bursche kämpfen miteinander bis der Frühling siegt.
In Serbien wird die Strohpuppe in Gestalt eines alten Weibes
zersägt um auszudrücken wie die Eiskruste langsam zerspringt werde,
auf daß die Pflanzen wieder aufkeimen können. Der Winter wird
anderwärts in das Wasser geworfen, das nun von der Eisdecke befreit die Schollen derselben wie in lebendigem Triumph von dannen
führt. Der lichten Wärme in der Natur entspricht die Liebe im
Gemüth. Die Sonne wird darum auch ihre Weckerin und Hüterin;
die Lichtgottheiten bringen der Erde wie dem Herzen seinen Sommer, der Mond ist den Liebenden hold.

  Um noch einiges Besondere von verschiedenen Stämmen der
Slawen anzuführen beginne ich damit daß in den zwei großen

Cultusstätten des alten Rußlands, in Kiew und Nowgorod, der weiße Gott unter zwei verschiedenen Namen mit vorzugsweiser Betonung einer bestimmten Seite seines Wesens verehrt ward, hier als Znitsch, die Lebenswärme, das ätherische Feuer, dem immerdar ein irdisches brannte, dort als der blitzende donnernde Perun. Vom allumfassenden Himmelsgott hat sich der blau heitere Himmel abgelöst, Pogoda, ein schöner Jüngling in blauem silberdurchwirkten Gewande, mit blauen Flügeln, blauen Blumen geschmückt; seine Geliebte ist die Göttin des Lichtausgangs, die Morgenröthe des Tages wie der Frühling des Jahres, Zimsterla, die rosenumgürtete, lilienduftathmende. Kupalo heißt die Sommergöttin welche im Sonnenbrand die Ernte reift, damit aber zugleich den Halm versengt und verdorren läßt; Korscha, der auf der Weintonne reitende hopfenbekränzte, ist der herbstliche Bacchus der Slawen; die winterliche Zemarzla trägt einen Mantel von Reif und Schnee, eine Krone von Hagelkörnern. Ueber die Hausthiere waltet Wolosch, über die Bienen Zosim.

In Romowe, im Centrum des Cultus von Preußen und Lithauen waren Perkunas, dem höchsten Gotte, Potrimpos und Pikullos gesellt. In Perkunas sind Sonnen- und Donnergott wieder zusammengeflossen; sein Antlitz war feuerfarbig, sein Haupt von einer Strahlenkrone umgeben. Land und Meer, Leben und Tod sind ihm unterthan, und so steht er als Mann in der Mitte zwischen dem jugendlichen Potrimpos, dem Verleiher des Glücks, der Leben und Segen spendenden Schöpferkraft der Natur, und zwischen dem greisen Pikullos, dem König des Todes und der Nacht, der aber das Gestorbene unsterblich bewahrt und die Helden, die er fällt, zugleich zu dem Freudenmahle der Ewigkeit hinübergeleitet. Auch der feurige Sonnengott bedarf des kühlen Bades um sich zu erfrischen, und wie die an der Ostsee Wohnenden die Sonne auf- und untergehen sahen, so ward das Meer zu Perkunas' Mutter, die ihn allabendlich empfängt und in den Wogen badet. Die verschiedenen Phasen des Mondes werden so erklärt daß die Mondgöttin die Braut des Sonnengottes war, aber heimlich mit dem Morgenstern buhlte und dafür von ihrem Verlobten in Stücke zerhauen ward. Sonst heißen auch die Sterne Kinder von Sonne und Mond; die Milchstraße ist der Pfad der Seelen zur Unsterblichkeit, und die Sterne sind die goldenen Punkte, an welche Werpeja bei der Geburt des Menschen den Lebensfaden anknüpft den sie spinnt; wenn der Faden reißt, so stirbt der Mensch und verdunkelt sich oder fällt der Stern. Im Nordlicht und seinen beweglich zuckenden Strahlen erscheint ein Geisterkampf. Die lithauische Ausla erinnert auch im Namen an die indische Himmelspförtnerin Uscha, die Morgenröthe.

Der höchste Gott hieß bei den Wenden Swantowit; auf Rügen stand sein Bild, mit vier Köpfen nach allen Himmelsrichtungen schauend, in der Linken das Horn der Fülle und des Segens, in der Rechten den fern treffenden Bogen des strafenden Rächers; er ist der Allvater, sein Schild das Himmelsgewölbe; er ist der Sonnengott der auf weißem Rosse zum Kampf gegen die Finsterniß reitet und der kundig der Zukunft Orakel gibt. Als der dreiköpfige hieß er zu Stettin Triglaw, der im Himmel, auf Erden und in der Unterwelt Waltende. Vom Morgenlichte, Jutrabog, erhielt das Städtchen Jüterbogk den Namen; der Morgenstern, die Morgenröthe, die aufgehende Sonne waren Zeichen der siegreichen Macht des stets neu aufgehenden Lichtgottes. In dem Volksglauben und in den Liedern der Serben spielt die Wila eine Hauptrolle; sie ist bald Schicksalsgöttin bald Nymphe; jung und schön, mit fliegendem Haar, im weißen Gewand, bald auf windschnellem Rosse reitend, bald mit den Töchtern und Schwestern singend und tanzend, bald liebevoll theilnehmend, bald liebloß schadenfroh in Bezug auf den Menschen, wie er ja Lust und Schmerz aus der Hand der Natur empfängt. Die Wilen versammeln die Wolken und beherrschen das Wetter, sie holen die Helden ab in die Unterwelt oder erlegen sie mit ihren Pfeilen, walkürenhaft, und sind dann auch wieder hülfreiche Bundesschwestern derselben. Unheimlich ist die lithauische Pestjungfrau, aber unheimlicher noch der Vampyr, eine Ausgeburt slawischer Phantasie, die von dort aus in die nachchristliche griechische Literatur gekommen sein mag: Verstorbene, die im Grabe noch fortleben, kommen aus demselben auf die Oberwelt und saugen den Lebenden das Blut aus.

Die Götter wurden auch bei den Slawen ursprünglich auf Höhen und in Hainen verehrt. Wie bei den Germanen war der Baum ein Sinnbild des Lebens, und die Eiche dem Donnergott heilig; so zu Romowe, wo um den gewaltigen Stamm ein Raum durch Vorhänge als besonderes Heiligthum abgegrenzt war. Swantowit's Bild stand in späterer Zeit in der Mitte von vier Säulen, die gleichfalls durch Vorhänge miteinander verbunden waren, während Holzschranken mit Schnitzereien ein äußeres Quadrat umzäumten. Geopfert wurden nicht blos Blumen und Früchte, auch Thiere, deren rauchendes Blut der Priester trank um sich zur Wahrsagung zu begeistern, und bei wichtigen Angelegenheiten selbst Menschen, — so kriegsgefangene Feinde am Beginn oder Ende des Kampfes. In Litthauen hatte sich das Priesterthum der Waidelotten unter einem Oberhaupt, dem Krive, standesmäßig ausgebildet; es war Sitte daß der hochbetagte Oberpriester sich selbst zum Opfer brachte; indem er das Volk zur Buße mahnte, verbrannte er sich und stieg in den Flammen zu den Göttern empor; vom Blitz erschlagen zu werden galt für eine besondere Gnade, so rief der Himmelsgott die Seinen selber zu sich. Den Todten pflegte man alljährlich einmal um Mitternacht auf dem Leichenfelde einen Tisch mit Speisen zu decken und sie zum Mahle einzuladen, wobei indeß der sie in dichterischer Sprache Beschwörende die Unterbrüder der Armen und die Verräther hinwegscheuchte. Neben dem immerlodernden Feuer der großen Opferstätten, welches das himmlische göttliche Licht veranschaulichte, war auch das Wasser geweiht als ein Element der Fruchtbarkeit wie der Reinigung. Ein Beispiel symbolischer Handlungen gibt uns der serbische Brauch zur Zeit der Trockenheit ein Mädchen mit Gras und Blumen zu umwinden und mit Wasser zu begießen; so soll Regen vom Himmel auf die Erde strömen; das Mädchen heißt Doda, und ihre Begleiterinnen singen:

  Zu Gott flehet unsre Doda
  Daß Thauregen niederrinne,
  Daß naß werden alle Äcker,
  Alle Äcker, alle Gräber,
  Selbst im Hause alle Knechte.

Die Sonnenwenden feierte man mit Spiel und Tanz, mit dem Sprung durch das reinigende Feuer; am Frühlingsfest versinnbildlichten farbige Eier das nun neu hervorbrechende blühende Leben; sie haben sich am christlichen Osterlag erhalten.

Der steigende Handelsverkehr und der dadurch gewonnene Reichthum führte in den slawischen Städten auch zu Götterbildern, doch blieb die eigene Kunst in rohen Anfängen und man hat Denkmäler gefunden deren Inschrift durch griechische Buchstaben auf byzantinische Werkmeister hinweisen. Als die Russen das griechische Christenthum angenommen, wurden von Wladimir und seinen Söhnen in byzantinischem Stil mit Hülfe griechischer Arbeiter Kirchen erbaut; selbst das Material des Marmors und der Glasmosaiken ward aus der Fremde eingeführt. Die Grundform ist quadratisch mit einer Kuppel über der Mitte, die übrigen Räume durch Tonnengewölbe bedeckt; eine Seite hat eine dreifache Chornische; an den drei andern sind Eingangsthüren. Bald nachher liebte man es vier kleinere Kuppeln um die große in der Mitte zu stellen und so auch nach außen die Kreuzform sichtbar zu machen. Während das westeuropäische Mittelalter im romanischen und gothischen Stil eine Fülle individueller Mannichfaltigkeit in eigener Schöpferfreudigkeit zeigt, hielt das nachahmende Rußland die erwähnten überkommenen Formen beständig fest und gab ihnen nur den Zusatz des nationalen Walmdachs, das im Häuserbau üblich war, indem von den vier Mauern schräg aufsteigende Dreiecke sich pyramidalisch in einer gemeinsamen Spitze vereinigen. Durch dies Walmdach brachen aber ohne alle organische Vermittelung die Kuppeln auf den Ecken und in der Mitte hindurch, und wurden um mächtiger hervorzutreten durch einen trommelartigen Unterbau erhöht.

Der Ausspruch des Czechen Kollar ist berühmt geworden: alle Völker Europas hätten schon ihr Wort gesprochen, jetzt sei die Reihe es zu führen an den Slawen. Wir müssen es der Zukunft überlassen, ob die Slawen ihre Herolde und Führer werden, ob sie das erlösende, befreiende, weiter gestaltende Wort für die Menschheit reden, indem sie zugleich ihr eigenes Wesen zu klarem Bewußtsein, zu voller Verwirklichung bringen, und erinnern mit dem großen polnischen Dichter Mickiewicz daran daß in Religion, Sitte, Thaten und Volksleben allerdings schon eine beachtenswerthe Lebensäußerung des slawischen Geistes vorliegt. Seiner Natur nach ist derselbe weniger auf Anschauung, auf die bildende Kunst, als auf Innigkeit des Gefühls, auf Musik und Poesie gestellt. Bauten, Statuen, Gemälde der andern Völker, sagt der Czeche Ludewit Stur, sind bei den Slawen in Töne, Stimmen und Lieder zerflossen. Wie die Lieder sich durch tiefe stille Empfindung auszeichnen, so ist es besonders die Melodie welche dieser den rechten Ausdruck verleiht. Freude an der Musik und Anlage für dieselbe ist ein Grundzug des Slawenthums. Der passive weiche Sinn, das umschleierte Gemüth gibt sich hier vornehmlich in Molltönen kund, es ist die Wonne der Wehmuth was uns in ihren Melodien so rührend ergreift. Der Gedanke selbst wird im Worte

wie ein Seufzer der Seele leise hingehaucht, und wir sehen wie
es so häufig der Schmerz ist welcher das Gemüth treibt sich gerade
dadurch einen Trost im Leide zu suchen daß es ihn künstlerisch gestaltet, und nun versenkt sich um der Schönheit der Darstellung
willen das Herz mit einer eigenthümlichen Lust in die Süßigkeit
des Grams; das Leid löst sich im Lied, es wird selbst zum Wohllaut. Und wie in aller Poesie ein musikalisches und plastisches
Element liegt, das im Vers und in der Bildlichkeit der Rede Form
gewinnt, so tritt uns bei den Slawen vornehmlich jene Weise des
Volksliedes entgegen daß das gepreßte Herz für sich das klare
Wort noch nicht finden kann, aber ein Naturgegenstand, eine äußere
Erscheinung ihm zum Symbole des Gemüthszustandes wird, der
sich selber erst an jenem erkennt, und darum sich sinnbildlich darin
andeutet, oder das Naturbild zum Ausgangspunkte nimmt um an
ihm sich zum selbstbewußten Ausdruck der Innerlichkeit emporzu-
arbeiten. Wir finden diese Weise in China wie in Deutschland,
nirgends aber dient sie so sehr zum Stilgepräge wie im slawischen
Volksliede. Freilich wäre es eine langweilige Eintönigkeit, wenn
sie überall herrschte, — eine Pedanterie der Form die mehr dem
absterbenden Alexandrinerthum der Kunstdichtung als der ursprünglichen Frische der Naturpoesie zukommt; gar oft ist auch das Lied
der herzliche schlichte Ausdruck eines Gedankens oder ein abgeris-
sener Stimmungslaut wie ein Aeolsharfenklang, gar oft fängt die
Erzählung unmittelbar mit der Sache selbst an, oder der Dichter
stellt auch den Naturerscheinungen das menschliche Leben entgegen,
das noch mehr ist als sein Spiegel in der Außenwelt. Ein alt-
russisches Volkslied beginnt mit der Birke die schlank und weiß
emporwächst zwischen zwei hohen Bergen, wo sie die Sonne nicht
wärmt und die Sterne kein Licht auf sie streuen, wo nur der Wind
sie bewegt und der Regen begießt, und geht von ihr über auf das
Mädchen, das einsam zwischen den Nachbarn aufsproß und doch
unter den Jungfrauen die schönste, die heiterste war; aber ihr
Geliebter liegt im Sterben, und nun wird ihr keine Freude mehr,
sondern nur Thränen, bis der Tod sie mit ihm vereint. In einem
andern russischen Klagegesang spinnt das Gleichniß sich bis ans
Ende fort:

> Ach du Feld, ach du mein weites Feld,
> Ach du Thal, ach du mein breites Thal!
> Alles wol, alles schmückt dich, o Feld,
> Kornblumen und bunte Blümlein.

Laub und Gräser auch, und Sträucher viel,
Ach doch eines, nur eines entstellet dich!

Mitten auf dir steht ein Heidestrauch,
Neben ihm sitzet ein grauer Aar,
Der zerreißt einen Raben schwarz,
Saugt aus sein heißes Herzblut
Und tränkt die feuchte Erde damit.
O schwarzer Rabe, du guter tapfrer Jüngling,
Dein Mörder ist der graue Aar.

Nicht eine Schwalbe ist's die durch die Lüfte flattert
Und trauernd schwebt zum kleinen warmen Nest,
Um den todten Sohn windet die Mutter sich,
Und wie ein breiter Strom so fallen ihre Thränen;
Die Schwester weint wie des Baches Rieseln,
Wie Nachtthau träufelt die Thräne der Geliebten,
Geht die Sonne auf, so trocknet sie den Thau.

Sonst pflegt das Naturbild nur zu beginnen: Eine weiße Schwänin wandelt durchs grüne Gras, eine holde herzige Jungfrau ist's — und der Dichter spricht nun ihre Stimmung aus, erzählt ihr Geschick und ihre Empfindungen. Bekannt ist durch Goethe's Nachdichtung der Anfang des morlackischen Klagegesangs, der die in Serbien beliebte Fragform hat:

Was ist Weißes dort am grünen Walde?
Ist es Schnee wol oder sind es Schwäne?
Wär' es Schnee, er wäre weggeschmolzen,
Wären's Schwäne, wären weggeflogen.
Ist kein Schnee nicht, es sind keine Schwäne,
'S ist der Glanz der Zelten Asan Aga's.

Ein bei allen Slawen beliebter Rhythmus ist der vierfüßige Trochäus; der Reim stellt sich in allen Zeiten manchmal ungesucht ein, neuere Lieder verwerthen ihn auch als regelmäßiges Kunstmittel. Zu dem Naturbild aber hat das ursprüngliche Naturgefühl hingeführt, und in vielen noch heute gesungenen Liedern liegt nichts Christliches, sondern wirken die mythologischen Anschauungen fort, welche die Gegenstände der Außenwelt beseelten. Da reden die Thiere, das Roß warnt den Reiter vor der Gefahr, ahnt dessen Tod und betrauert ihn; die Sterne werden Boten, mitleidig hüllt sich der Mond in Wolken, und der Jüngling schließt ein Freundschaftsbündniß mit dem Brombeerstrauch, damit dieser die Kleider der Geliebten fange, wenn sie seinen Küssen entrinnen will. Eine serbische Erzählung hebt an:

>   Schaut der Mond und sprach zum Morgensterne:
>   Morgenstern, wo bist du doch gewesen?
>   Sprich wo hast du deine Zeit versäumet,
>   Deine Zeit versäumt drei weiße Tage?
>   Und es sprach der Morgenstern dagegen:
>   Bin gewesen, hab' die Zeit versäumet
>   Dorten über Belgrads weißer Feste,
>   Anzuschaun ein wunderbar Ereigniß
>   Wie zwei Brüder sich ins Erbe theilten.

Und nun erzählt der Morgenstern die Begebenheit aus dem menschlichen Leben, an dem er innigen Antheil nimmt. Auf lustige satirische Weise wird die Thierwelt in das menschliche Treiben in jenen Hochzeitliedern hereingezogen, deren frischestes Herder bereits aus dem Wendischen mitgetheilt:

>   Wer soll Braut sein?
>   Eule soll Braut sein.
>   Die Eule sprach:
>   Ich bin ein sehr gräßlich Ding,
>   Kann nicht die Braut sein.

Der Zaunkönig soll Bräutigam sein, entschuldigt sich mit seiner Kleinheit, die Krähe Brautführer — ist ja zu schwarz, — der Wolf Koch, — ist selbst zu gefräßig, der Hase Einschenker — ist zu zappelig, der Storch Spielmann klappert mit dem Schnabel, und der Fuchs bietet endlich seinen Schwanz zum Tisch.

Der Grundton der slawischen Lieder ist melancholisch, jungfräulich zart, ein sinnender Ernst, eine sentimentale Wehmuth; doch fehlt es auch nicht an frischen und lecken Empfindungslauten naiver Sinnlichkeit, und die Jugendkraft ergießt sich in jovialer Frische; indeß bleiben Unverschämtheit und Gemeinheit fern sammt jener Mischung jugendhafter und lasterhafter Gefühle, die immer das Zeichen der gleichmäßig entarteten Sitte und Kunst ist.

Heldenthum und Liebe sind der Inhalt der Volkspoesie; die Germanen, zugleich voll Kraft und Gemüthstiefe, haben beides ineinander gearbeitet, der thatkräftige Hellene hat das männliche Epos, der passive Slawe die weibliche Lyrik vornehmlich gepflegt. Das plastische Compositionstalent des selbstbewußten Geistes führte in Griechenland früh zu einem großen Kunstganzen; dies fehlt den Slawen, aber die Naturlaute des Gefühls erklingen wie Vogelgesang im Worte und die Lieder sind voll Duft und Farbe den wilden Feldblumen gleich. Der Duldmuth der Slawen findet seinen Lohn auch in der zartsinnigen Empfänglichkeit für die kleinen Reize des Lebens, die durch die tiefgemüthliche Auffassung werthvoll werden. Ein Ausspruch Görres' kann hier Anwendung finden: „Während die großen epischen Ströme den Charakter eines ganzen weit ausgedehnten Ufergebiets widerspiegeln, sind diese kleinern lyrischen Ergüsse die Quellen und Brunnen die mit ihrem Netzwerk von Bächen das ganze Land bewässern und tränken und seine innersten Geheimnisse an den Tag bringen, die Bewegungen seines geheimsten Herzblutes offenbaren."

Von der Urzeit her hat sich der Glaube an die Zauberkraft des Wortes erhalten, sprechen ist verwandt mit besprechen, die Dinge verähnlichen einander. So heißt der Russe, wenn er Zahnschmerz hat, wol an eine Kirchenthür, und sagt: Mein Zahn soll werden zu Stein wie du. Der Glaube an Beschwörer, an Hexen ist gleichfalls verbreitet. Ebenso die Freude an Räthseln. Der Bräutigam mit seinen Freunden darf nicht eher das Haus der Braut betreten bis er ihre Räthsel gelöst hat. In manchen derselben sind Mythen verdichtet, andere sind leicht verständliche Sinnbilder. Die silberne Schrift auf blauem Sammt ist der Sternenhimmel, das goldene Schiff das zerbricht und nicht wieder zusammengesetzt werden kann, ist der Mond, aus den alten Monden macht ja Gott die Sterne. Der rothe Hahn ist das Feuer; Feuer, Erde, Wasser sind die drei Brüder, von denen der eine ißt und nicht satt wird, der andere trinkt und nicht genug bekommt, der dritte spielt und nicht müde wird.

An den lithauischen Dainos oder weltlichen Liedern rühmte schon Lessing den naiven Witz, die reizende Einfalt, und führte sie zum Beweis an daß Poesie eine Naturgabe sei; Rhesa und Nesselmann haben sie gesammelt und übersetzt. Ihnen verwandt sind die Lieder der Letten, die ihren zarten sanften Ton auch daher haben daß hier vornehmlich die Mädchen und Frauen singen. Noch klingt das Heldnische mild und wehmüthig nach. Wenn der Morgenstern der Sonne Feuer anzündet, der Abendstern ihr bettet, so ist sie selber die liebe Gottestochter, oftmals fern in den langen Nächten; aber dann weilt sie hinter dem See und hinter dem Hügel, wo sie arme Hirten wärmt und über verwaiste Kinder wacht. Ein schwarzer Rabe bringt vom Schlachtfelde, wo man Zäune aus Schwertern flicht, der Braut die weiße Hand mit dem Ring des gefallenen Geliebten, und drei Schwäne setzen sich auf sein Grab, Mutter, Schwester und Braut. Ulmen und Rauten wachsen im

Garten und klagen mit dem Mädchen um seine jungfräulichen Tage. Treu ist die Liebe des Herzens, rein wie das Wasser der Quelle. Das Mädchen gelobt dem Jüngling die Frühlingsblumen zum Strauß, er ihr die Aepfel des Herbstes zur Liebesgabe. Wohl träuft der Kranz der Locken und rostet der Ring am Finger vom Schweiß der sauern Arbeit; aber der Jüngling kommt geritten über die Heiden an den Seen vorüber um sie zu holen die es ihm angethan mit den sanften Augen.

> Was saust der Wind,
> Was seufzt der Wald,
> Was schwankt die Lilie hin und her?
>
> Die Schwester weint,
> Die Jungfrau zart,
> Das Kränzlein schwanket hin und her.

Sie klagt daß der Kranz nun nicht mehr grüne auf dem Haupt, die Flechten nicht mehr funkeln in der Sonne; ein Häubchen wird sie bedecken.

> Ist ein zarter Jüngling auch mein Lieben,
> Trauert doch mein Herz um meine Tage.
> Muß hinaus in fremde Gegend,
> Lassen die geliebte Mutter!
>
> Krähet nicht, ihr braunen Hähne,
> Daß die Nacht verzögert werde,
> Daß ich länger weilen könne,
> Länger mit der Mutter leben!

Auch bei den Letten ist es die Seele eines Bruders die der Schwester im Duft der Rose entgegenhaucht, ist es die Seele der Schwester die aus der Harfe hervortönt welche der Bruder aus dem Aste des Lindenbaumes geschnitzt, und der Waisenknabe umarmt die Eiche fragend ob sie sich nicht in seinen Vater verwandle; und das arme Mädchen muß darben, da hell wie Silber der Thau in den Blumen auf dem Grabe der Mutter glänzt. Raudas, Klagelieder, bilden mehr als die Hälfte dessen was das Volk der Letten und Lithauer singt, und die Melancholie des Heimwehs wie des Abschieds zeigt die Liebe des Volks für das Stillleben in der Familie, in der Waldeinsamkeit. Das Mädchen sagt:

> Unter Brüdern wuchs ich auf
> Gleich der rothen Preißelbeere,
> In der Fremde werd' ich blaß
> Gleich dem welken Birkenlaube.

Auch aus Polens Vorzeit klingen Volkslieder zu uns herüber in ähnlichem Tone, doch mit mehr Anlehnung an die kriegerischen Geschicke der Nation. Ihre Tänze, bald anmuthig behaglich, bald kühn im Schwung, wurden von Gesängen begleitet, deren Melodie sie lenkte, deren Text häufig aus dem Stegreif gedichtet ward wie die Gelegenheit es mit sich brachte. Hören wir eine Liebeswerbung:

>Schönes Mädchen, liebes Mädchen,
>Warum willst du mich nicht lieben?
>Ist mein Pferd mit Gold beschlagen
>Und geziert mit großen Perlen,
>Und ein Herz hab' ich im Busen
>Mehr als Gold und Perlen werth.
>Und es weint und spricht das Mädchen:
>Ach ich möchte wol dich lieben,
>Doch du ziehest in die Schlacht,
>Und die goldnen Hufe wird
>Deinem Pferd der Türke nehmen,
>Und die Perlen, deine Perlen,
>Wird er seinem Mädchen bringen,
>Und dich selber mit dem Pfeile
>Wird er tödten im Gefecht,
>Deinen wunden Kopf dann wird er
>Hinter seinem Pferde schleifen,
>Ach und dann dein schönes Herz
>Hin zum Fraß den Raben werfen.

Ein galizisches Liedchen ist in seiner Einfachheit von so wunderbarer Tiefe, daß man Aehnliches erlebt haben muß um seinen Werth und seine Wahrheit ganz zu ermessen:

>Weiß bist du, mein Mägdlein,
>Kannst nicht weißer mehr sein!
>Warm lieb' ich dich, Mägdlein,
>Kann nicht wärmer mehr sein.
>
>Als sie todt war, mein Mägdlein,
>War viel weißer sie noch,
>Und ich liebt' sie, ich Armer,
>Viel wärmer dann noch.

Andere Lieder zeigen den auch in Böhmen sichtbaren deutschen Einfluß in der Balladenweise, die eine fortschreitende Handlung gern in der Form empfindungsvoller Wechselreden darstellt; so in einem Gedichte das uns zugleich als Beispiel diene wie die Slawen so gern voll Mitgefühl bei den verlassenen Waisen weilen. Hier tritt Jesus Christ zum klagenden Kinde und verweist es an das grüne Grab seiner Mutter; die fragt wer nach ihr verlange, das Kind antwortet: Nimm mich zu dir. Sie erwidert:

> Geh heim, mein liebes Knäblein, der neuen Mutter sag'
> Daß sie dich kämmen und bürsten, das Hemd dir waschen mag. —
> „Und wenn das Hemd sie wäschet, beschmiert sie es mit Asche,
> Und wenn sie das Hemd mir anziehl, dann schilt sie bitterlich.
> Wenn sie das Haupt mir kämmet, da rinnt das Blut so roth,
> Wenn sie das Haar mir strählet, reißt sie mich hier und dort."

Die Mutter heißt das Kind heimgehen und seine Thränen trocknen, aber die brechen immer wieder hervor, bis am dritten Tage Gott zwei Teufel und zwei Engel sendet, die böse Stiefmutter zur Hölle, das Kind zum Himmel zu holen. — Einen ähnlichen balladenartigen Gang nehmen auch krainische Heldenlieder, in denen das Volk seine Türkenkämpfe unter Oesterreichs Führung besungen hat.

Von der rouischen Steppe hat ein polnischer Dichter gesagt daß dort die Ueberlieferung keinen Stein finde auf dem sie ausruhen könnte, ja nicht einmal einen Baum zum Anlehnen. In unzugänglichen Schlupfwinkeln fanden sich dort beim Einbruch und unter der Herrschaft der Tataren Männer zusammen, welche in kriegerischer Gemeinschaft von der Beute lebten die sie dem Feinde räuberisch abgewannen, und als Kosacken, d. h. als unabhängige Kämpfer den Streit mit den Unterdrückern fortsetzten und ihre Freiheit errangen. Vor seiner Rohrhütte sitzend läßt der Kosack den Blick über die Ebene schweifen, die Erinnerung erwacht in seiner Seele und ihre Stimmungen und Bilder werden zum Gesange. Heimat und Familienliebe, inniger Natursinn weht in diesen Liedern, und es ist merkwürdig, wie bereits ihr Uebersetzer Bodenstedt hervorhebt, daß sie nicht den erwarteten kecken heitern Ton der Kampflust und Siegesfreude anschlagen, vielmehr in Trauerklagen über verlorene Schlachten und erschlagene Genossen anklingen; ihre Dumas sind wehmüthige Betrachtungen, die sich mit der Erzählung eines Ereignisses verweben. Auch das Kosackenmädchen, dem der Geliebte fehlt, wird seines Schicksals inne im Gleichniß der Hopfenranke die ohne Stütze am Boden verdirbt und nicht nach oben gelangt; auch dem Kosackengreis weckt der himmelanfliegende Adler die Erinnerung an seine hochstrebende Jugenir, und er beweint es daß sie dahingeschwunden. Bei dem Tode eines Hetmans heißt es:

> Liegt's auf dem Volk der Ukraine trüb,
> Es beweint seinen Herrn der im Felde blieb.
>
> Huben die stürmischen Winde zu sausen an:
> Wo ist unser Hetman, der tapfere Pan?
>
> Flogen kreischende Schwärme von Geiern herzu:
> Wo truget ihr unsern Hetman zur Ruh?
>
> Schrien die Adler aus den Lüften herab:
> Wo ist Swiergowsky's, des Hetmans Grab?
>
> Kommt ein Schwarm von Lerchen gezwitschert und fragt:
> Wo habt ihr ihm Lebewohl gesagt:
>
> Der Rosaden einer zur Antwort gab:
> Zuneben seinem tiefen Grab,
> Unfern der Stadt, Killa genannt,
> An der Grenze vom Türkenland.

Auch die Russen sind ein singendes Volk und begleiten die Lebensereignisse von der Wiege bis zum Grabe, vom Erwachen des Lenzes bis zum Winter mit Liedern, die zwar von Geschlecht zu Geschlecht leise Aeuderungen erfahren, aber in der Hindeutung auf heidnische Götter und Gebräuche die Abkunft aus dem grauen Alterthum erkennen lassen. Ralston hat neuerdings in einem trefflichen Buche (The songs of the Russian people) ein reiches Bild entfaltet wie Sitten und Gebräuche vom Gesang umflungen sind, der ihr Wesen enthüllt, Chorlieder zum Tanzreigen, Gefühlsergüsse der Einzelnen, lebendige Wechselrede die Handlungen begleitend. Lado der Sonnengott wird neben der Jungfrau Maria angerufen, Altheidnisches lebt im christlichen Gewande fort. Von den tonreichen ausdrucksvoll sanften Melodien sagten die Aschantees auf die Frage wer sie componirt habe: Sie wurden gemacht als das Land gemacht wurde. Talvj weist auf die unerschöpfliche Fülle zärtlich schmeichelnder Wörter hin, Verkleinerungswörter, welche die Liebe für die ihr theuern Gegenstände erfindet; strahlende Sonne, holder Mond, weißer Schwan wechseln mit Herzchen, Seelchen. Die Russen sind im Alltagsleben leicht ergötzte joviale Leute, aber gerade ihre Festtagsstimmung ist ein süßes Sinnen, ein träumerisches Schwelgen in weichen Gefühlen, und das wird ihnen zum Gesang, der uns magisch die Seele rührt, der ihnen die Lust der Stunde tragen hilft und die sauere Arbeit versüßt, wenn er von ihrer Lippe tönt. Dem Gesang und Spiel des greisen Sängers lauschen nicht blos die Wellen des Flusses, auch die Ufer bewegen und neigen sich zusammen, daß er hinübergehen kann. Seinen Duldmuth hat die Tatarenherrschaft wie der Druck einheimischer Gewalthaber großgezogen, und mit stiller Resignation folgt der Russe dem Spruch des Zaren oder dem Willen der Aeltern; aber es bricht ihm mitunter das Herz dabei, wie in dem Abschiedsliede:

> Bleibe, mein Lieb, nicht mehr spät am Abend wach,
> Brenne nicht mehr die Kerze aus Jungfernwachs,
> Harre du nicht mein bis zur Mitternacht.
> Ach dahin schon ist unsre schöne Zeit,
> Unsre Freuden hat der Wind verweht,
> Hat sie zerstreut übers weite Feld;
> Mein lieb Väterchen hat es so gewollt,
> So befahl es mein lieb Mütterchen,
> Daß ich mir zur Frau nähm' ein andres Weib.
> In dem Himmel brennen nicht der Sonnen zwei,
> In dem Himmel leuchten nicht der Monde zwei,
> Und nicht zweimal liebt des wackern Jünglings Herz.
> Doch will ich nicht trotzen meinem Väterchen,
> Und will gehorchen dem lieben Mütterchen; —
> Will mich schon vermählen mit anderm Weib,
> Mit der Todesjungfrau, mit dem frühen Tod.
> Da zerfloß in Thränen die schöne Maid,
> Flüstert' ihm in Thränen zu das schöne Wort:
> Ach du Liebster mein, Herzenstrauter mein,
> Ich auch mag nicht länger wohnen in der weiten Welt
> Ohne dich, mein süßer Hoffnungsstern!
> Findest nicht ein Täubchen das zwei Tauber hat,
> Nicht die Schwänin die zwei Schwäne hat,
> Werden auch mir zwei Herzensliebste nie. —
> Und sie bleibt nicht mehr spät am Abend wach,
> Doch hell brennt die Kerze aus Jungfernwachs,
> Auf dem Tische steht blank ein neuer Sarg,
> In dem Sarge drin liegt die holde Maid.

Mit wehmüthigem Entsagen ruft ein anderes Mädchen dem Geliebten nach:

> Glücklich sei im Arm der Auserwählten!
> Liebt sie mehr dich als ich selbst dich liebte,
> Dann vergiß mein! Doch liebt sie dich minder,
> Schöner Jüngling, wirst du mein gedenken!

Aber von sich aus soll der Jüngling die Treue halten, sonst fordert wol die Verlassene sein Haupt vom wilden Räuber für den Sold ihres Kusses, oder der zornige Jüngling durchstößt mit dem Speer die Abtrünnige, die mit einem neuen Buhlen kost. Das Glück der Liebe in den gewohnten Naturbildern zeichnen die folgenden Verse:

> Keine schlanke Lilie sah mein Auge,
> Sondern sah mein herzgeliebtes Mädchen,
> Keine silberne Drommel' erschallte,
> Sondern klang Kawruscha's Stimme:
> Komm mit mir, o du mein heller Falke,
> Komm mit mir, o du mein wackrer Jüngling,
> In den Wald, ins grüne Eichenwäldchen,
> Hilf mir Reisig sammeln in dem Walde.
> Fiel der Sonne Strahl mir in das Herz nicht,
> Sondern Freude füllte meine Seele,
> Hüpften muntre Rehe durch das Feld nicht,
> Sondern schnelle Wort' aus meinem Munde.
> Gehn will ich, du meine weiße Schwänin,
> Gehn will ich, du herzgeliebte Jungfrau,
> In den Wald mit dir, ins grüne Wäldchen,
> Helfen Reisig sammeln dir im Walde!

Da liegt der Reitersmann bei verlöschendem Feuer auf dem Blachfeld und sendet sein Roß mit trauriger Botschaft in die Heimat; die Kugel hat ihn getroffen und mit dem Feuer erlischt seines Auges Glanz. Da stört das Lied der Nachtigall das Gebet des Mönchs, daß er der Frühlingszeit gedenken muß, wo auch er an dem Arm des Mägdleins dem Sang der Vögel gelauscht. Da soll der Eichenwald nicht rauschen und die Gedanken des Räubers nicht stören, der gefangen weggeführt wird, und sich einstweilen das Verhör vor dem Zaren ausmalt; fragen wird ihn der Richter nach seinen Gefährten, er wird antworten:

> Wol der Gefährten hatt' ich noch viere bei mir,
> Mein erster Gefährte das war die finstere Nacht,
> Und mein zweiter Gefährte das Messer von Stahl.
> Mein dritter Gefährte mein wackeres Roß,
> Und mein vierter Gefährte der Bogen straff.
> Als dann spricht die Hoffnung mein, der rechtgläubige Zar:
> Brav gemacht, Kindchen, du Bauersohn!
> Wußtest stehlen zu gehn, wußtest Rede zu stehn.
> Dafür will ich dich, Söhnchen, beschenken auch
> Rittern im Feld mit hohem Holzgebäu
> Von zwei Pfählen und einem Querbalken dran.

In allen Heldenliedern sprudelt die Lust an Ueberschwenglichem. Zwei Recken haben Eisenschwerter und Eichenkeulen aneinander zerschmettert, da packt Warwar den Gigin und wirft ihn bis über die Wolken, worauf Gigin hart auf den Boden fällt, sehr zornig wird und den Warwar ergreift und ihn bis über die Sterne schleudert, so hoch und weit, daß er noch immer in der Luft schwebt. Und der dreijährige Knabe Dula fängt sich im Walde den Wolf und den Bären zu Spielgesellen und schwingt sich sammt ihnen auf des Adlers Rücken, und singt dem Adler den Befehl zu ihn zu tragen über Land und Meer, zur Sonne und zu den Sternen, in den allerfernsten Himmel und noch tausend Werste weiter.

Auch in Rußland ist die Göttermythe vom Himmel auf die Erde herabgestiegen und hat sich mit geschichtlichen Ereignissen zur Heldensage verwoben. Wladimir, der Zar von Kiew, der um das Jahr 1000 sein Volk zum Christenthum überführte, ward der glänzende Mittelpunkt derselben wie Karl der Große, wie Artus. Hatte dort der Gott Perun früher leuchtend gewaltet, so heißt Wladimir nun selbst die helle freundliche Sonne von der weißen Stadt Kiew, die Helden schaaren sich unter ihm wie einst unter dem Himmelsgott die andern geistigen Mächte oder Naturkräfte. Das böse finstere feindliche Princip steht ihnen in Gestalt von Drachen, Schlangensöhnen, Räubern, schwarzen Zauberern gegenüber. Aber die Heldenlieder sind vereinzelt geblieben und nicht von einem organisirenden Genius zum einheitlichen Epos gestaltet worden. Dafür indeß erhielten sie sich bis auf die neuere Zeit im Volksmunde, und wurden von naiven Menschen geglaubt und gesungen durch die Jahrhunderte; die Ebene mit ihren unabsehbaren schwach wellenförmigen Linien brachte auch eine Ebenmäßigkeit in geistigen Dingen mit sich, seine ritterliche Bildung schied sich von der bäuerlichen der Landgemeinde, während in Deutschland die alte Ueberlieferung nur in der Märchenform forterzählt wurde von Geschlecht zu Geschlecht, nachdem im Mittelalter das Volksgut von den Geistlichen und Rittern in die Formen ihres Lebens und Denkens gegossen war; unser deutscher Heldengesang, hat C. Marthe mit Recht betont, ist im Nibelungenlied zur Ritterzeit fixirt, Siegfried vom Wirbel zur Zehe ein Ritter geworden, und so verklangen die Lieder als die Burgen gebrochen, die Harnische zerschossen waren und der Bürgerstand aufkam. Im 16. Jahrhundert machte die Leibeigenschaft in Rußland einen Riß in die Nation, und nun gereichen die alten Schätze den Dienstbaren zum Trost, zur erquicklichen Unterhaltung in den sibirischen Winternächten.

Der Bauersohn ist der eigentliche Nationalheld des Slawenthums, Ilja von Murom in Rußland wie Piast in Polen, Przemysl in Böhmen. Und daß der Slawe von Haus aus passiv des Anstoßes von außen bedarf, wie ihn Peter der Große den Russen gegeben, das drückt die Sage damit aus daß Ilja von Aindesbeinen an viele Jahre hinter dem Ofen hockt, bis Pilger kommen und eine Schale Wasser zum Trinken fordern; er hat gemeint er könne nicht gehen und ist verwundert daß er auf ihren Zuspruch das Wasser holen kann, und als er selber davon getrunken, fühlt er sich so stark daß wenn eine Säule von der Erde zum Himmel ginge und ein Ring an ihr wäre, er den ergreifen und die Erde bewegen und drehen würde. Das sei zu viel, sagen die Pilger, und ein neuer Trunk bringt seine Stärke auf die Hälfte, also daß er Bäume ausreißt und Hügel verschiebt. Der sanfte milde Geist des Slawenthums prägt sich zugleich in der Sage aus, wenn Ilja nun aufbricht nach Kiew zum Großfürsten Wladimir, und der Vater ihm sagt: Zu guten Thaten gebe ich dir meinen Segen, zu bösen nicht; thue kein Uebel unterwegs einem Tataren und tödte keinen Christenmenschen. Und Ilja entsetzt bald darauf eine von Tataren belagerte Stadt, sagt aber zu den Feinden: Soll ich euch die Köpfe abschlagen? Das hieße ja Königssamen vertilgen. Zieht ruhig heim und verkündet der Welt daß das russische Land nicht wehrlos ist, sondern viel tapfere Helden ernährt. — Wie im Kampf gegen ausländische Horden bewährt sich das Heldenthum in der Säuberung des Landes von Wegelagerern; ein Dämon aus der Nachtseite der Natur, der wie eine Schlange zischt, wie ein Vogel pfeift und wie ein Stier brüllt daß der Wald sich zur Erde beugt, ein winterlich verwüstender Sturmgeist, ist uns zum Räuber Nachtigall geworden, der auf zwölf Eichen sein Nest gebaut. Ilja's Roß fällt vor Schreck vor demselben zu Boden, aber er nimmt Pfeil und Bogen und spricht: Fliegt hin, gestählte Pfeile, höher als der wachsende Wald, tiefer als die wandernde Wolke, trefft den Räuber Nachtigall ins warme Nest, ins rechte Auge, ins stürmische Herz! Ilja bindet darauf den verwundeten Riesen an seinen Steigbügel und reitet nach Kiew. Dort sind Krieger, Kaufleute, Bauern am Hof vereint ohne Unterschied der Stände; es scheint als späterer Zug aus den Tagen

der Leibeigenschaft eingeschoben, wenn Ilja von Murom unten an
den Tisch gesetzt wird, und darüber zornig hinaus in die Schenke
geht und mit den Armen Brüderschaft trinkt. Der Fürst läßt ihn
wieder einladen, aber er folgt nur unter der Bedingung daß drei
Tage lang Wein, Bier und Meth frei in Strömen fließe für
alles Volk, und nun wird ein kolossales Zechgelag bereitet, die
Armen sitzen am Fürstentisch und Ilja mitten unter ihnen. Er
hat sein Roß mit dem Räuber draußen gelassen und wie er sich
nun rühmt daß er den Nachtigall bezwungen, wird er ein Prahler
genannt; da führt er die Herren des Hofs hinaus und läßt den
Gefangenen seine Kunststücke machen, und wie der zischt, brüllt
und pfeift, da erzittert der Palast, beugt sich der Wald, fliegen
die Ziegel von den Dächern, und wirbelt der Staub der Erde
und das Wasser des Flusses hoch auf. Der Großfürst sammt seinem Liebchen und seinen Helden zitterten. Der Räuber hatte nur
die halbe Kraft ansetzen sollen und die ganze aufgewandt, darum
erschlug ihn Ilja. Seine Kinder kamen zu spät um ihn mit ihren
Schätzen auszulösen. Wladimir hatte gute Lust die Reichthümer
doch für sich zu nehmen, aber Ilja sagte: Nein, ihr jungen Waisen, behaltet ihr die Schätze die euer Vater euch hinterlassen hat;
schlimm genug für euch daß ihr den Vater verloren habt, was
sollt ihr euch auch noch in der Welt herumbetteln? Aehnlich
trauert auch Ilja's Waffenbruder Dobrynja darüber daß durch
ihn Väter und Mütter bittere Thränen weinen, Wittwen und
Waisen umherirren müssen. So ist Ilja der starke bäuerische
Held stets edelsinnig, die Verkörperung der Volkskraft wie des
Volksgemüths. Als Wladimir die Frau eines Großen für sich
gewinnen will und darum den Tod des Gatten beschließt, ähnlich
wie David gegen Urias verfahren, da sagt Ilja: Den wackern
Falken wirst du verderben, aber die weiße Schwänin doch nicht
fangen. Dafür wird er in Ketten geworfen. Aber wie der wackere
Falke sieht daß ihn seine Waffenbrüder treulos verlassen damit er
im Kampf umkomme, da tödtet er sich selbst, und seine Frau stirbt
auf seinem Grabe. Der Fürst bereut die That und läßt Ilja frei.
Als später dieser doch verbannt worden, geräth Wladimir in große
Bedrängniß durch die Tataren, also daß er Frauenkleider anlegt
und zum Beten in die Kirche geht. Ein Bettler fragt ihn warum
er das thue, und gibt sich als Ilja zu erkennen. Da beugt der
Fürst sein Knie vor ihm und bittet um Hülfe für den Glauben,
für die armen Frauen und kleinen Kinder. „Und wie lang waren

mir die Pfade nach Kiew versagt, ich meine zwölf Jahre lang",
erwidert der Held. Nicht um meinetwillen, sondern nur um der
Frauen und Kinder willen, fleht der Fürst. Und Ilja rettet das
Volk das des Fürsten Sünde nicht büßen soll. Wir bemerken mit
Orestes Miller wie hier kein Vasallendienst ist, weder Gott noch
der Großfürst als Lehnsherren erscheinen, und wie kein Befehl und
kein verheißener Lohn die Triebfeder des freien Helden wird, sondern allein die Rettung des Volks; dessen erbarmt sich Ilja, während in der Ilias erst Tausende fallen müssen ehe Achilleus sich
versöhnt, und in der fränkischen Sage der vom großen Karl beleidigte Ogier nicht eher gegen die Sarazenen fechten will bis der
Sohn des Kaisers seiner Rache preisgegeben worden.

Viele Abenteuer der Heldensage leben gleichmäßig in Liedern
und in Märchen fort. Alle mythologischen Erinnerungen und Bilder sind von den verschiedenen Stämmen der Slawen für Ammen
und Kinder mundgerecht gemacht worden und mit neuen Sitten
und Begebenheiten verschmolzen, in mannichfachen Gestalten und
Wendungen wiederholt. Die indischen Märchen sind durch die
Vermittelung der buddhistischen Mongolen hinzugekommen und dem
heimischen Wesen angepaßt worden, wie ich das I, 518—528 erörtert habe. A. Leskien hat an mongolischen und tatarischen Sagen die Uebereinstimmung auch mit großrussischen Heldenliedern in
solchen Einzelzügen nachgewiesen welche nur entlehnt sein können.
Aus diesem Zusammenwirken des ursprünglich Eigenen und des
aus der Fremde Aufgenommenen entspringt der Phantasierelchthum
in den slawischen Märchen, und der Preis des edeln Sinnes, der
endliche Sieg des Guten und Rechten wird in wundersamen Spielen der Einbildungskraft veranschaulicht; der Zettel ihres Gewebes
sind die alten sittlich-religiösen Ueberlieferungen der Menschheit,
wie sie im Mythus ausgeprägt worden, daher das immerdar Anziehende, die Verbindung des Tiefsinns mit dem Kindlichen und
Phantastischen. So klingt es auch ganz märchenhaft wenn eins
der Heldenlieder davon singt daß Ilja einen großen Riesen kommen
sieht und auf einen Baum steigt an demselben, ihm verborgen,
zu beobachten. Der Riese setzt sich nieder, nimmt einen krystallenen
Kasten vom Rücken und öffnet ihn mit goldenem Schlüssel; da
springt ein reizendes Weib heraus, bereitet ein Mahl und scherzt
und kost mit dem Riesen. Als der eingeschlafen ist wird sie Ilja's
auf dem Baume gewahr und fordert ihn auf herabzukommen und
sich mit ihr zu ergötzen, sonst werde sie den Riesen wecken und

sagen daß der Recke ihr habe Gewalt anthun wollen. Da ist Ilja ihr zu Willen. Sie verbirgt ihn dann in der Tasche des Riesen. Wie sie weiter reiten sind die drei dem Pferde zu schwer, der Riese entdeckt den Helden, erfährt von ihm das Geschehene, haut das Weib nieder und verbrüdert sich mit Ilja. Sie kommen an einen ungeheuern Sarg, in den legt sich der Riese um zu sehen ob er ihm passe, kann aber dann den Deckel nicht wieder emporschieben, auch Ilja vermag es nicht, obwol der Genoß ihm einen Theil seiner Kraft zuhaucht; auch das Schwert vermag den Deckel nicht zu zerspalten, es bildet sich vielmehr bei jedem Schlag ein neuer Eisenreif. Ein anderes Lied erzählt so Ilja's Tod, dessen Begleiter dann Alosa heißt. Vielbesungen ist Ilja's Kampf mit seinem Sohn Sololnikow (Fall), den er mit einer Bergfrau in heimlicher Minne gezeugt; es ist dieselbe Sage wie die von Rustem und Sohrab, von Hildebrand und Hadubrand, wie ich vermuthe ein Nachhall des gemeinsam arischen Mythus vom Ringen des Sommers und Winters. Ilja steht auf der Grenzwacht, da kommt ein unbekannter junger Held herangezogen und will nicht Rede stehen; daraus entspinnt sich ein Zweikampf. Ilja wird niedergeworfen, aber rasch springt er wieder auf und schleudert nun den Gegner so gewaltig in die Luft daß der eine Vertiefung in den Boden fällt. Als derselbe immer noch nicht seinen Namen nennen will, droht ihm der Alte die Brust aufzuschneiden; da gedenkt der Jüngling seiner fernen Mutter, und nun hebt ihn Ilja jubelnd auf: Willkommen, mein liebes Kind! Hier schließt das eine Lied, aber andere lassen den Jüngling erwidern: Du nennst mich einen Bastard, und meine Mutter ein Kebsweib? Sie lassen ihn als Rächer der beleidigten Mutterehre einen Pfeil auf Ilja schießen, und in diesem überwältigt nun der Kampfzorn die Vaterliebe; er packt den Sohn an beiden Beinen und reißt ihn unerbittlich in zwei Stücke auseinander, um dann in lautem Jammer sein Geschick zu beklagen. Kampf mit den Söhnen wird auch von Wladimir selbst erzählt. Einmal will er dem jungen Metislaw die Geliebte Swetlena entreißen, die dieser entführt hat, gibt sich aber im Zweikampf als Vater dem starken Sohn zu erkennen, dessen Kraft er erprobt, und überläßt ihm die Braut. Später hat er die Gattin Rognera mit ihrem Sohne Iseslaw verbannt, und kommt verirrt des Nachts an eine Hütte im Walde. Er wird aufgenommen, von der Verstoßenen erkannt; doch zittert ihre Hand als sie den Schlafenden erschlagen will; er erwacht und will sie enthaupten, wie aber der Knabe sich zwischen beide stellt und zuerst zu sterben begehrt, da versöhnen sie sich. Das Blutige und Harte der Wirklichkeit im Charakter und Leben Wladimir's wird von der Sage nicht verwischt, aber dadurch gemildert und veredelt daß er selbst mit den Ereignissen sich zum Guten wendet.

Wladimir und seiner Tafelrunde steht der fürchterliche Zauberer, der grauenvoll misgestaltete Koschtschej gegenüber; er raubt Männer und Jungfrauen, es gilt sie wieder aus seiner Gewalt zu befreien. Der schwarze Gott, der Dämon des Winters und der Finsterniß ist in ihn übergegangen. Die schöne Milolika, die er entführt, wird noch in Liebe mit der Liebes- und Frühlingsgöttin, der blühenden Natur verglichen, die sie ursprünglich war. Tschurilo sprengt mit seinem Roß über die Mauer des Zauberschlosses während der Böse schläft und nimmt die Jungfrau mit sich, aber beim Rücksprung streift das Roß einen Draht an der Mauerzinne, der eine Glocke uun anläutet; und der Zauberer erwacht und setzt den Fliehenden nach, wird aber vom staumpfenden Roß unter die Erde verschüttet, aus deren Grabhügel er erst am siebenten Tage sich wieder hervorwühlt, wol ursprünglich am siebenten Monate, wo der Winter wieder mächtig wird nach dem Siege des Lichtes und Lenzes. Vom glänzenden Tschnrilo weiß eine spätere Sage mit Humor zu berichten, daß er voll Stolz auf seine prächtigen Gewänder in die Genossenschaft zu Kiew eingetreten und drei Jahre lang mit Jnuler Duk gewetteifert in der Stutzerkunst, indem jeder täglich ein anderes Roß ritt, ein anderes Kleid trug. Es ward ein Tag der Entscheidung anberaumt, wo der Schönste dem andern das Haupt abschlagen solle.

> Kommt der Junker an, Tschurilo Plenkowitsch,
> War gar kostbar die er trug die Kleidung,
> War die eine Nahl genäht mit reinem Silber,
> War die andre Nahl genäht mit rothem Golde.
> Eingestochen war in jeden Knopf ein Junge,
> Und in jedes Knopfloch ward ein Fräulein;
> Sie umarmen sich sobald er aufknöpft,
> Und sie küssen sich sobald er zuknöpft.

Aber Duk Stepanowitsch:

> Streichelt mit der Gert' ob seinen Knöpfen,
> Stößt sie aneinander, Knöpf' an Knöpfe;

Horch da klingt es wie von Vogelliedern,
Horch da brüllt es wie von wilden Thieren,
Furchtbar war der Donner ihrer Stimme
Und die Menschen fielen hin zur Erde.

Dieser siegt, aber reicht dem Nebenbuhler die Hand zum Freundesbunde.

In neuerer Zeit haben Kirjejewski und Rybnikov die alten Lieder in Großrußland gesammelt; im Norden, in den Gegenden um das Weiße Meer und am Onegasee fanden sie noch das meiste im Volksmund lebendig. Neben alten Göttern erscheinen besonders auch Riesen, und es wiederholt sich die germanische Sage daß diese vor den Menschen, vor dem Ackerbau entweichen. Da kann der gewaltige Svatojar den Quersack eines Wanderers nicht von der Erde emporheben, sinkt vielmehr bis an die Knie in den Boden. In meinem Sack ist die Last der Erde, sagt der Wanderer, mein Name ist Feldbebauer. Da sah Svatojar das Ende seines Geschlechts. In Novgorod blühte um die Mitte des 13. Jahrhunderts ein republikanisches Gemeinwesen nach Art der deutschen Städte und trat mit der Hansa in Verbindung; es war ein Mittelpunkt des Welthandels, und darum sind die Kaufleute die Helden der dortigen Lieder. Da ist zunächst der arme Sadko, der nichts hat als seine Gusla, auf der er bei den Gastgelagen spielt. Als er aber lange nicht geladen worden, setzte er sich einsam an den Strand des Sees und ließ schmerzlich seine Saiten erklingen. Die Wellen beginnen zu tanzen, der Meerkönig taucht empor und sagt ihm Dank. Er rieth dem Sänger in Novgorod den Kaufleuten zu reden von Fischen mit goldnen Flossen im Ilmensee; auf die solle er wetten, und gegen schöne Waaren aus ihren Gewölben seinen Kopf zum Pfande setzen. So geschah's, der Meerkönig ließ ihn die Fische mit Goldflossen fangen, und er gewann die Fülle der Waaren, begann zu handeln und baute einen Palast glänzend wie der Himmel. Aber wie reich er an Geld geworden, die Waaren in Novgorod kann er nicht ausstaufen, weil jeder Abend von auswärts neue zuführt. Lange Jahre fährt der reiche Sadko mit seinen Schiffen auf dem blauen Meere hin und her; da erhebt sich eines Tages ein Sturm, und er sagt den Gefährten: So lange segeln wir ungefährdet nur haben dem Meerkönig keinen Tribut gezollt; er fordert ihn jetzt. Da warfen sie ein Faß voll Silber und dann ein Faß voll Gold in die Wogen, aber diese toben immer fort. Der Meerkönig fordert ein lebendiges Haupt, laßt uns loosen, sagt Sadko; sie werfen die Loose in das Meer und seines sinkt unter. Da springt er selbst mit seiner Gusla in die Fluten, und auf dem Boden des Meeres erwacht er aus tiefem Schlaf in einem Marmorpalast, der Meerkönig steht vor ihm, und will als Zoll und zum Dank wieder sein Saitenspiel hören. Sadko läßt die Gusla erklingen, der Meerkönig tanzt, das währt drei Tage lang, und immer höher hüpfen und immer lauter brausen oben die Wellen von seinem Tanze, also daß die Schiffe hin- und hergeschleudert werden. Da rührt der heilige Nikolaus die Schulter Sadko's und heißt ihn die Gusla zerbrechen, daß der Meerkönig ablasse zu tanzen und die Flut wieder ruhig werde. Sadko aber erwählt sich unter den schönen Mädchen des Palastes die Cernava zur Braut, und erwacht am andern Morgen oben am gleichnamigen Flusse, sieht seine Flotte einlaufen und erbaut dem heiligen Nikolaus eine Kirche.

Wassily zieht mit der Schar seiner Genossen nach Kiew zu Wladimir, und das irdene Geschirr der Tafelrunde wird nun mit silbernen Schüsseln und goldenen Bechern vertauscht. Wie in die keltische, so kann auch in die russische Tafelrunde jeder eintreten der sich durch edle Thaten ihrer werth macht, und so erscheint sie als die auf die Erde versetzte himmlische Genossenschaft des höchsten Gottes, zu welcher die Helden emporfliegen, wenn sie den Kampf und die Prüfungen des Erdenlebens siegreich bestanden; dieser sittliche Grundgedanke gibt den bunten Abenteuern der Sage eine ideale Weihe. Alle Helden haben ein bestimmtes Gepräge, und ihre Thaten offenbaren ihren Charakter. Dobrynja ist der höflich Gesittete, Redefertige, Dunai der Weitgereiste, Menschenkundige, Alescha der Uebermüthige, der Weiberbelustiger, der es liebt sich unter fremden Frauen zu bewegen, unter jungen Wittwen, schönen Jungfern. Dunai's Gattin faßt das einmal zusammen:

> Alles hab' ich in Kiew erfahren:
> Niemand übertrifft den Wladimir an Glück,
> Niemand den Ilja an Riesenkraft,
> Niemand den Alescha an Tollkühnheit,
> Niemand den Podol an Schönheit,
> Niemand den Dobrynja an Höflichkeit,
> Niemand den Dunai an Redekunst,
> Niemand den Duk an Reichthum,
> Niemand den Tschurilo an Zierlichkeit,

Geht er durch die Straßen, laufen ihm die Frauen nach,
Niemand schießt aber so gut wie ich.

Wir sehen daraus wie wohl die vielen Helden dem Sänger alle vorschweben, wenn er von einem singt; aber ein organisirendes Centrum hat doch die Fülle der Einzellieder nicht gefunden.

Eigenthümlich ist daß die Gleichnisse meistens durch eine Verneinung gebildet werden, wie in Serbien gern durch eine mit solcher verbundenen Frage.

>Hervor aus den Bergen, hervor aus den hohen,
>Hervor aus den Wäldern, hervor aus den dunkeln,
>Trat nicht das lichte Morgenroth,
>Stieg nicht auf die goldne Sonne;
>Ein guter Held ritt da heraus.

>Nicht die weiße Birke beugt sich zur Erde,
>Nicht das seidne Gras breitete sich aus,
>Es kniet der Sohn vor der Mutter.

>Es tobt nicht auf das blaue Meer,
>Es lodert nicht auf der kühle Wald,
>Es zürnt der Iwan der furchtbare Zar.

Die Darstellung dieser Heldenlieder ist voll Kraft und Klarheit; sie ergeht sich behaglich in epischer Breite, die gern mit denselben Worten das als geschehend erzählt was als der Entschluß oder Befehl eines Redenden angekündigt war; die Sprache hat ihre stehenden Formeln für das Wiederkehrende, ihre stehenden Beiwörter, wie kühle Muttererde, straffer Bogen, weiße Arme. Der Vollston hat zwar seine Kunstvollendung durch einen harmonisirenden Genius nicht gefunden, sticht aber doch in seiner schlicht anheimelnden Weise vortheilhaft ab von den nebelhaften Phrasen und der poetischen Prosa in dem Gedichte auf Igor's Zug, in welchem angeblich eine Begebenheit aus dem Jahre 1185 in der Sprache des 14. Jahrhunderts besungen sein soll. Als Mussin Puschkin anfing die russischen Alterthümer zu erforschen, kam auch 1795 die Handschrift in seine Hände, die vielfach abgedruckt und übersetzt ward und gewöhnlich als Probe russischer epischer Poesie erwähnt wird. Das Original ging im Brand von Moskau unter. Die Schilderung ist ohne alle Anschaulichkeit, ohne Charakterzeichnung, man sieht daß nicht das Erlebte, sondern willkürlich Ersonnenes berichtet wird; man folgt nur mit Mühe dem unklaren, hin- und herspringenden Erzähler, dessen Prosa blos vereinzelte

Anklänge an die echte slawische Naturpoesie hat und dessen Erfindungen ohne Zusammenhang mit der Mythe und Heldensage sind. Weß Geistes Kind das Ganze ist, erkennt man schon aus dem Anfang: „Wär' es nicht schön für uns mit alten Worten zu beginnen die Trauergeschichten von Igor's Heer, nach dem Geschehenen dieser Zeit, nicht nach Bojan's Ersinnen. Denn Bojan der Seher, wollte er jemanden ein Lied schaffen, so enteilte er im Geiste durch Wälder, gleich dem grauen Wolf auf der Erde, gleich dem bläulichen Adler unter den Wolken." Es ist für mich unzweifelhaft eine Nachahmung des Macpherson'schen Ossian. In sprachlicher Hinsicht bestätigt mir Bodenstedt dies durch die Bemerkung daß Ausdrucksweisen und Wörter verschiedener Dialekte und Jahrhunderte vermengt sind.

Büdinger hat in unsern Tagen auch die Echtheit der Königinhofer Handschrift bestritten, die den Böhmen alterthümlich epische Volkspoesie geben sollte. Aber während Libussa's Gericht sich wenigstens im Inhalt an die Nationalsage und in der Form an die stammverwandte serbische Dichtung anschließt, bewegt sich das Gedicht von Zaboj und Slawoj sprunghafter in raschern Rhythmen, epischen und lyrischen Ton mischend, indem es den siegreichen Kampf der heidnischen Czechen gegen deutsche Christen feiert. Jedenfalls ist der alterthümliche Ton, sind die mythologischen Anklänge Zeugniß für aufgenommene und wohlverwerthete Volkspoesie, wenn auch das Ganze nicht aus dem 10. Jahrhundert herrührt, und für den Inhalt Châteaubriand, für die Form Homer von Einfluß waren. Die Stammsage läßt Krok durch Volkswahl zum Führer erkoren werden; er ist Priester und Richter zugleich und erzieht seine Töchter Kascha, Tetka und Libussa zu weisen Frauen, unterrichtet sie in der Kunst des Zauberns. Die jüngste folgt dem Vater in der Herrschaft, und als das Volk in sie dringt daß sie sich vermähle, schickt sie Boten durch das Land einen Mann aufzusuchen der hinter seinen Ochsen dem Pflug nachgehe. Von Libussa's wahrsagendem Rosse geleitet finden die Boten den Bauer Przemhsl, und genießen mit ihm Brot und Wasser auf seiner Pflugschar, auf dem eisernen Tische, von dem geweissagt war. Er wird Libussa's Gemahl und gründet Prag mit ihr. Nach ihrem Tode wollen ihre zehn Jungfrauen sich nicht der Herrschaft der Männer fügen, sondern rufen unter Wlasta's Führung die Weiber zu den Waffen und führen von der Burg Diewin aus einen siebenjährigen blutigen Krieg, der mit ihrem Untergang endet; — vielleicht gleich der

Amazonensage ein Nachhall männlich gerüsteter Priesterinnen einer
altheidnischen Göttin.

Das unglückliche Wahrzeichen des vem Finger entgleitenden
oder zerspringenden Ringes, das allen Slawen geläufig ist, begegnet uns in dem schönen böhmischen Volksliede:

    Ach du Rose, rothe Rose,
    Warum bist so früh erblüht?
    Kaum erblühend schon erfroren,
    Ging dein Duft und Glanz verloren,
    Und verwelkend sanst du hin.

    Saß am Abend, lange saß ich
    In Erwartung und in Sorgen
    Bis zum Hahnenruf am Morgen;
    Schon verglommen war das Feuer,
    Und ermüdet schlief ich ein.

    Da im Traum sah ich mir glitte
    Von der Hand mein Ringlein nieder,
    Und ein kostbar edler Stein
    Fiele aus des Ringes Mitte.
    Ring und Stein fand ich nicht wieder,
    Ach ich blieb im Gram allein!

Ein verlassenes Mädchen singt:

    Kleiner Stern mit hellem Schein,
    Könntest du doch reden!
    Hättest du ein Herz, mein Stern,
    Funken flögen aus von dir
    Wie aus meinem Auge Thränen.
    Alle Nacht mit goldnen Funken
    Sprächst du Stern für mich,
    Die sie von dem Liebsten traut
    Um das Gold der reichen Braut
    Ach auf immer scheiden!

Ein drittes Lied preist den glücklichen Tod:

    In einem grünen Wald ein liebend Pärchen saß;
    Da fiel ein Stamm herab, erschlug sie alle zwei.
    Sie waren glücklich sehr zu sterben miteinander,
    Das fällt doch nicht so schwer als trauern umeinander.

Für die Weltgeschichte der Kunst sind indeß die Serben unter
allen slawischen Stämmen am wichtigsten; denn bei ihnen hat sich

ein epischer Volksgesang schon früh entwickelt und aus der Jugendzeit der Nation bis in die Gegenwart erhalten, und er hat Gedichte hervorgebracht die historisch und ästhetisch gleich werthvoll
sind. Zwischen dem Schwarzen und Adriatischen Meere im Gebirge und seinen Thalebenen auf dem Boden des griechischen Reiches angesiedelt sind sie von einem Hauch des alten Hellenenthums
angeweht, und haben sie zugleich die eigene Sitte treu bewahrt
und sich unbezwungen erhalten als Rußland den Mongolen erlag,
Polen und Böhmen von der abendländischen Cultur beeinflußt
wurden; ja Stephan Duschan trägt in der Mitte des 14. Jahrhunderts auf seinen Münzen die Weltkugel mit dem Kreuz in der
Hand und nennt sich Kaiser der Romäer. Zwar entschied 1389
die Schlacht auf dem Amselfeld, der Ebene von Kossowo, den
Krieg mit den Osmanen zu Gunsten der letztern, Serbien mußte
ihre Oberhoheit anerkennen, Moscheen wurden neben den Kirchen
gebaut, aber das nationale Leben weiter nicht beeinträchtigt. Die
Landgemeinde und in ihr das Familienhaus bilden seine Grundlage. Das Gefühl des älterlichen und geschwisterlichen Zusammen-
hanges herrscht vor; man erweitert das Familienband durch einen
Freund oder eine Freundin, mit denen man sich auf Tod und Leben
verbindet; auf den Gräbern der Ahnen küssen Jünglinge oder Mädchen einander durch Kränze, die sie dann austauschen, und nennen
sich Wahlbrüder, Brüder und Schwestern in Gott. Das Dorf
erliest seine Aeltesten. — Noch ist das ganze Jahr von symbolischen Gebräuchen durchzogen die an die Zeit erinnern, in welcher
das Göttliche dem Menschen vornehmlich in den Naturerscheinungen
offenbar wurde und die ihnen den Zusammenhang mit der Natur
frisch erhalten. Noch feiert man das Todtenfest im Winter und
die Lebenserneuerung des Lenzes am Palmsonntag; noch wirft man
Frühlingsblumen in das Wasser in welchem man badet, und der
Refrain der Liebeslieder ist der Name der heidnischen Liebesgöttin
Veljo; noch springt man durch das Johannesfeuer, und der Donnerer Elias wird wie der Himmelsgott der Vorzeit als Herr des
Wetters angerufen. Jedes Haus hat die allerthümliche Gusle,
deren Saitenklänge das Singen und Sagen der Lieder begleiten.
Vorzüglich sind die Blinden die Hüter und Verbreiter der alten
Liederschätze; bei den Versammlungen der Menschen bildet der Ge-
sang die Hauptunterhaltung; die Kundigsten stimmen ihn an. Aber
er würzt auch dem Hirtenknaben wie dem Landmann auf dem
Felde und den Frauen im Hause die Arbeit. Und so wird das

Leben in Freud und Leid von der Wiege bis zum Grabe bei allen Begebnissen von Liedern umklungen und in ihnen abgespiegelt; ein glücklich gefundenes Bild, eine sinnreiche Wendung geht von Ort zu Ort, die schönsten Gedichte werden allgemein und den Nachkommen überliefert, leise wie die Sprache selbst erfahren sie Umbildung und Fortgestaltung im Munde des Volks. „Die Serbier leben ihre Poesie" sagt Talvj. So wird auch die Geschichte poetisch aufgefaßt und durch den Dichter dem Nationalbewußtsein angeeignet. Es ist der überlieferte Ton und die herkömmliche Auffassungsweise, der Stil der Heldensage, der den Sänger trägt und der den Erlebnissen die Weihe der Kunst gibt. Serbische Soldaten, die 1744 bei der Erstürmung Donauwörths waren, sangen ein Lied in 230 Versen darüber, wie es kein deutscher Volksdichter damals vermocht hätte, und wie es in seiner edeln Poesie gar prächtig absticht von dem dürren Kanzleistil der kaiserlichen Zeitungsberichte, und noch in unserm Jahrhundert hörte der heldische Tschupitsch Stojan ein herrliches Gedicht von seinen eigenen Thaten vortragen; er fiel dem Blinden ins Wort und fügte seine Berichtigung sogleich in Versen hinzu, als ihm die Erzählung nicht ganz sachgetreu erschien.

Die Serben selbst theilen ihre Poesie in Frauenlieder und in Jünglings- oder Heldenlieder, da sie für den jungen Mann und den Helden nur das gemeinsame Wort Junak haben. Die erstern sind dem häuslichen Leben gewidmet, kürzer, und lassen statt des fünffüßigen Trochäus, dieses in seinem klaren absinkenden Tonfall so geeigneten Metrums für die anschauliche epische Poesie der Betrachtung, auch kürzere, mit leichtbeweglichen Daktylen untermischte Verse eintreten. Der Grundton ist zart, heiter und klar, wenn auch die Verheirathung mit einem alten Manne oder ein Streit mit Schwiegermutter und Schwägerinnen oder die Trennung der Liebenden hier und da das weibliche Herz betrübt und die Stirn umwölkt. In der Spinnstube wie beim Wasserholen, auf dem Felde und an Festtagen kommen Burschen und Mädchen zusammen, und ergehen sich gern in den anmuthigen Neckereien der Liebe, bald sinnig und innig, bald schalkhaft und keck, sodaß unverschleierte Wünsche und derbe Späße nicht ausbleiben. Gern knüpft auch hier das Gefühl sich an ein Naturbild. Der Bursche vergleicht das Mädchen der noch unberührten Blume, die er pflücken und küssen möchte, und die Gefällige bietet ihm die Wange, in die er

aber nicht beißen soll, sonst wird die Mutter es merken; oder er
singt der Geliebten zu:

> Du o Seele werde eine Rose,
> Ich will mich zum Schmetterling verwandeln;
> Flatternd sall' ich auf die Rose nieder,
> Alles mein!' ich hang' an einer Blume,
> Wenn ich heimlich meine Liebe küsse.

Eine Blüte fällt auf die schlummernde Jungfrau; aber diese singt:

> Nicht ist mir der Sinn wie dir gestellet,
> Habe nur mein großes Leid im Herzen.
> Freit ein Jüngling mich, ein Greis erhält mich.
> Ist ein alter Gatte ein fauler Ahorn,
> Weht der Wind, erschüttert schwankt der Ahorn,
> Regen fällt, und mehr und mehr verfault er.
> Junger Gatte eine Nelkenknospe;
> Weht der Wind, — es öffnet sich die Nelke,
> Regen fällt, — sie glänzt in freud'ger Schöne,
> Scheint die Sonne, — roth und röther strahlt sie.

Das Mädchen will den Ackersmann, der wol schwarze Hände
hat, aber weißes Brot ißt; es will lieber mit dem Geliebten auf
dem Felde unter dem Himmel oder auf dem Moos im Walde,
als mit dem Ungeliebten auf weichem Pfühl unter seidener Decke
schlafen. Den heimlichen Kuß hat die Wiese gesehen und es der
Heerde, die Heerde dem Hirten, der Hirte dem Wanderer erzählt,
sodaß die Mutter es erfahren, — wie im neugriechischen Liede der
Stern vom Himmel fällt und es dem Meere berichtet, das Meer
dem Ruder, das Ruder dem Schiffer, der Schiffer seinem Liebchen
davon singt und nun die Gassen von dem verborgenen Glücke
widerhallen.

Romanzenartige Gedichte aus diesem Kreise beabsichtigen nicht
eine ganze Geschichte, sondern nur eine Scene zu geben; sie sind
kleine Gemälde einer besondern Situation, und überlassen das
Vorangegangene wie das Nachfolgende der Phantasie des Hörers.
Talvj sagt sehr bezeichnend: „Wenn die Darstellung auch nicht das
dramatische Leben der deutschen Balladen besitzt, so hat sie doch
die scharfbestimmte Form, die vorspringenden Figuren und oft die
Vollkommenheit der besten Reliefs der alten Griechen, und behandelt gleich diesen selten wilde Leidenschaften oder verwickelte
Handlungen, sondern vorzugsweise ruhige Scenen und meist solche

von häuslichem Schmerz oder Glück." Zum Beleg dieser reizenden Plastik diene Goethe's Lieblingsstück:

> Uebers Feld hin trug der Wind die Rose,
> Trug sie nach dem Zelte hin des Jovo.
> Ranko war darinnen und Militza,
> Ranko schreibend und Militza stickend,
> Vollgeschrieben waren alle Blätter,
> All' das gebrannte Gold vernäht;
> Da sprach Ranko also zu Militza:
> Sage, liebe Seele, mir, Militza,
> Sage mir, ist lieb dir meine Seele,
> Oder dünket hart dich meine Rechte?
> Aber ihm entgegnete Militza:
> Glaub es, du mein Herz und meine Seele,
> Theurer ist mir, Ranko, deine Seele
> Als die Brüder, wären's alle viere,
> Weicher, Liebster, dünkt mich deine Rechte
> Als vier Kissen, wären's auch die weichsten!

Die erste Kunde von der erzählenden Volkspoesie der Serben ward dem Westen Europas vor etwa 100 Jahren durch den italienischen Abbé Fortis, der in einer Reisebeschreibung mehrere Gedichte italienisch mittheilte; danach übersetzte Goethe, mit wunderbarer Intuition den Ton des Originals treffend, sodaß er für die Nachfolger Vorbild wurde, den Klagegesang der Frau des Asan Aga; Herder übertrug anderes in den Stimmen der Völker; und als nun in unserm Jahrhundert der Serbe Bul Stephanowitsch Karabschitsch nach Wien kam und mit unserer Literatur vertraut ward, da erinnerte er sich all der Sagen und Lieder, die er als Knabe gehört, deren viele er von selbst auswendig gelernt, weil er unter ihnen erwachsen war, und er reiste in die Heimat zurück und sammelte nun aus dem Munde des Volks, namentlich einiger alter Sänger die nach und nach in fünf Bänden veröffentlichten Gedichte; die schönsten wurden von Fräulein Th. A. V. von Jacob (Talvj) und später von Kapper verdeutscht; Jacob Grimm sprach beim Erscheinen derselben die maßgebenden Worte: „Seit den Homerischen Dichtungen ist eigentlich in ganz Europa keine Erscheinung zu nennen die uns wie sie über das Wesen und Entspringen des Epos klar verständigen könnte. Wir sehen sich jedes bedeutende Ereigniß bis auf die allerneueste Zeit herunter zu Liedern gestalten, die im Munde der Sänger lebendig fortgetragen werden, deren Dichter niemand verräth. Ton und Weise der neuern Lieder wird aber durch eine unergründliche Reihe der Ältern aus mythischer Zeit gleichsam gewelkt. Dennoch ist noch alles frisch geblieben, selbst in den ältesten, oder hat sich unaufhörlich verjüngt. Einmischung des Geisterhaften und Abergläubischen zu erhabenen dichterisch kräftigen Motiven findet auch in den jüngsten statt. An edler Haltung und Sprache gebricht es niemals; Wiederholungen epischer Beiwörter, ganzer Zeilen und Sätze erscheinen wesentlich, und doch ist kaum ein Lied das nicht durch die Neuheit einzelner Züge etwas Besonderes hätte. Wuk hat durch ihre Bekanntmachung einen unvergänglichen Ruhm errungen." In der That finden wir hier vollständig klar was den Begriff der Volksdichtung ausmacht: ein begabtes Naturvolk, aber noch ohne Verstandesbildung und Reflexion, die Individualitäten noch nicht selbstbewußt und sich selbst bestimmend aus dem Ganzen hervortretend, sondern von seinem Geist, seiner Sitte erfüllt und getragen, die Poesie im engsten Zusammenhange mit dem Leben, seine unmittelbare melodische Stimme; daher der Stil, die Redewendungen, das Metrum Gemeingut; die Gesänge dem Gemüth angeeignet und bei neuem Anlaß aus der Erinnerung hervorgerufen und oft variirt, stets wie in einer Improvisation von neuem geboren; niemand empfängt etwas Fremdes in ihnen und kann daher das Eigene hinzuthun, sie in einer leisen Modification wiederholen. Alles ist flüchtig, lebendig, oder wie Steinthal einmal treffend sagt: Es gibt eigentlich nicht Volksgedichte, sondern Volksdichten; es ist ein beständiges Produciren, kein ruhendes Werk, der Sprache gleich; es ist ein fortwährender Dichtungsstrom, — man schöpft wol einen Eimer Wasser, aber es ist keine Welle mehr. Das aufgezeichnete Lied ist nun nicht mehr Volksgut, sondern Besitz der Literatur.

Was wir aber vornehmlich bei den Serben hervorheben das ist der echt epische Ton, die klare Anschaulichkeit, der stetige und ruhige Fluß der Erzählung, der sie von der sprunghaft lyrischen Weise der semitischen Araber unterscheidet, und sie der althellenischen Dichtung noch näher stellt als die mehr innerliche germanische Darstellungsart. Viele Lieder bewegen sich um einen gemeinsamen Mittelpunkt, wie die Schlacht auf dem Amselfelde, um einen gemeinsamen Helden, wie den Königsohn Marko; selbständig für sich lassen sie doch anderes als bekannt voraussetzen. Andere schildern eine besondere Begebenheit, wie die Hochzeit von Maxim Zernojewitsch, welche an Umfang einem Gesange der Ilias gleich.

kommt und in der Romantik einer Novelle sowol die Beziehungen
Serbiens zu Venedig wie zu den Türken poetisch veranschaulicht;
viele derartige Gedichte in kürzerer Form stehen in der Mitte
zwischen der deutschen Volksballade und der italienischen Prosa-
erzählung eines anziehenden Ereignisses.

Der Königsohn Marko ist der eigentliche Volksheld; viele
Züge und Ausdrücke weisen auf das graue Alterthum zurück, und
dabei spiegelt seine Dienstbarkeit bei den Türken das spätere Geschick der Nation, sodaß im Laufe der Jahrhunderte alle Sagen
in neue Verhältnisse gebracht, alte Ueberlieferungen an neue
Thaten angeknüpft worden sind. Voll naturwüchsiger Wildheit
und dabei edeln Sinnes erinnert er an Herakles, Rustem, Simson, diese frohmüthigen Recken; selbst Drache auf dem Drachen
reitet er hundertundsechzig Jahre sein Roß Scharaz und tränkt
es mit dem Wein, den er aus Becken, nicht aus Bechern trinkt.
Er ist ein Bundesbruder der Wila, die seinem Freund Milosch
das Singen in einem Waldthale verboten, wo gerade Marko ein
Heldenlied von ihm hören will; und während er unter dem Gesang entschlummert, stimmt die Wila erst mit ein wie ein holdes
Echo des Gebirges, schießt aber dann dem Jüngling einen Pfeil
ins Herz. Der erwachende Marko jagt auf seinem Roß der
Wila nach; sie will in die Wolken aufflattern, aber sein Kolben-
wurf schleudert sie zu Boden, und als sie nun ihm den Genossen
wieder gehellt, schwört sie ihm Bundesbrüderschaft. Gleich das
erste Lied beruft den jungen Königsohn zum Schiedsrichter zwischen
drei um die Herrschaft Streitenden, unter denen sein eigener Vater
und sein Oheim sind; „denn es fürchtet sich der Held vor niemand, außer nur vor dem wahrhaft'gen Gotte", und die Mutter
sagt ihm:

> Nach der Wahrheit Gottes sollst du reden,
> Besser wär' es dir dein Haupt verlieren
> Als dir Sünde auf die Seele laden.

Er thut den Spruch ohne Ansehen der Person; der Vater
zürnt und wünscht ihm fluchend Dienstbarkeit unter den Türken,
aber der von ihm nach Recht und Gewissen in die Herrschaft eingesetzte Urosch segnet ihn:

> Stets im Rathe leuchten soll dein Antlitz,
> Auf der Walstatt soll dein Säbel hauen,
> Ueber dich soll sich kein Held erheben,

Die neuern Völker. Slawen.

> Ueberall gepriesen sei dein Name
> Stets so lange Mond und Sonne scheinet! —
> Wie sie sprachen also ist's geschehen.

Die wunderschöne Rozanda weist ihn und seine beiden Bundesbrüder ab, als er sie auffordert einen der drei zum Manne zu wählen; da vergilt er ihr übermüthiges Wort damit daß er ihr die rechte Hand abhaut und in die linke gibt; ja eine Mohrin, die ihn des Nachts aus dem Gefängniß gerettet, haut er mit dem Säbel nieder als ihn beim Morgenlicht in ihren Armen ein Grauen überfällt „wie so schwarz sie war und weiß die Zähne". Dann holt er sich die Braut vom Schloß des Bulgarenkönigs; der Doge von Venedig, der sie für ihn geleitet, entbrennt in sträflicher Liebe zu ihr, wirbt um ihre Gunst und schneidet den Bart ab als sie sagt daß sie keinen Bärtigen küssen werde; mit dem Bart entflieht sie zu Marko's Zelt, der sie anfangs zurückweist, als ob sie vor der Vermählung bei ihm ruhen wolle, dann aber, als er die Sache erfahren, dem Dogen den Kopf abhaut. Auf den Brief den die Sultanstochter, von einem grimmen Mohren umkreißt, mit dem eigenen Blute ihm geschrieben, kommt er und überwindet den Feind im Zweikampf. So scheint es ward seine Verbindung mit den Türken angeknüpft. Aber er behandelt den Sultan barsch und rauh, er folgt dem Zuge seines Heldenherzens, und wenn der Großtürke ihn zur Rechenschaft fordert, so kehrt er seinen Pelzrock um, nimmt seinen Kolben in die Faust und tritt ins Zelt des Herrschers mit einem Blick daß er statt der Strafe sofort Wein und Gold empfängt. Großartig schön ist das Lied von seinem Tode in Gebirgseinsamkeit. Sein Roß stolpert und weint; das fällt ihm schwer aufs Herz:

> Ei mein lieber Freund, mein treuer Scharaz,
> Sind es hundert doch und sechzig Jahre
> Seit wir zwie als Gefährten leben,
> Und noch niemals hast du mir gestolpert!
> Aber heute fängst du an zu stolpern,
> Fängst du an zu stolpern und zu weinen?
> Weiß der Herr, das deutet mir nichts Gutes;
> Sicher gilt es hier um Eines Leben,
> Um das meine oder um das deine.

Die Wila ruft ihm zu daß das Roß trauere, weil es sich von dem Herrn trennen müsse. Er versetzt: das werde nie geschehen, solange er das Haupt auf dem Rumpf trage. Die Wila spricht:

> Nicht Gewalt wird Scharatz dir entreißen,
> Noch vermag, Freund Marko, dich zu tödten
> Heldenarm, und nicht der scharfe Säbel,
> Nicht der Kolben, nicht die Kampfeslanze;
> Aber sterben wirst du, armer Marko,
> Durch Gott selbst, den alten Blutvergießer.
> Reit hinan zu des Gebirges Gipfel,
> Schaue von der Rechten zu der Linken,
> Sehen wirst du dort zwei schlanke Tannen,
> Die des Waldes Bäum' all überragen,
> Schön geschmückt sind sie mit grünen Blättern,
> Aber zwischen ihnen ist ein Brunnen.
> Dorten lehre rückwärts deinen Scharatz,
> Sitze ab, und bind ihn an die Tanne;
> Neige dich hinab zum Brunnenwasser,
> Daß dein Antlitz du im Spiegel schauest,
> Sehest dorten, wann du sterben werdest.

Marko that, was sie geboten, das wird mit denselben Worten erzählt; Thränen rollen aus seinen Augen:

> Falsche Welt, du meine schöne Blume!
> Schön warst du, o kurzes Pilgerleben!
> Kurzes, nur dreihundertjährig Leben!
> Zeit ist's nun daß ich die Welt vertausche.

Er zieht das Schwert, haut dem Roß mit einem Streich das Haupt ab, daß es nicht in Türkenhände falle, zerbricht Schwert und Lanze, und schleudert die Keule ins Meer, das fern den Horizont umsäumt:

> Wenn mein Kolben aus dem Meer zurückkehrt,
> Soll ein Held erstehen der mir gleichet.

Dann schreibt er einen Brief, daß Marko todt sei, und daß wer ihn finde einen seiner drei Beutel Goldes nehme ihn zu begraben, den zweiten um eine Kirche auszuschmücken, den dritten für die Lahmen und Blinden, daß sie seine Thaten singen sollen. Den Brief birgt er am Fuß der Tanne und legt sich hin zu sterben. Nach anderer Sage aber habe der Held als das Feuergewehr aufkam sich in eine Höhle des Waldgebirges zurückgezogen, sein Schwert dort aufgehangen und sei entschlafen; falle sein Säbel

Die neuern Völker. Slawen.

nieder und habe fein Roß das Moos um die Höhle abgeweidet, so werde er erwachen und wiederkommen. Hier finden wir denn die arische Ursage von dem des Winters in Bergeskluft oder in die Unterwelt entrückten Frühlingsgott auf den Helden übertragen, von dessen Rückkehr das Volk bessere Tage hofft, sowie dieser Mythus von Wodan auf Karl den Großen und Friedrich Rothbart niederschlug, und wie anderwärts die Slawen auf die Wiederkunft von König Swatopluk hoffen und in Mähren feierliche Umzüge nach ihm gehalten wurden.

Es ist schwer durch kurze Auszüge eine Vorstellung von den serbischen Heldenliedern zu geben, weil sie gerade durch die klare Ausführlichkeit und behagliche Breite ausgezeichnet sind, Zug für Zug in stetigem Fortschritt die Handlung darlegen und dadurch die umgebende Natur wie die Menschen und die Sitten in anschaulichem Bilde vergegenwärtigen. Doch seien als besonders treffliche Gesänge noch einige erwähnt: der kranke Dojtschin, der sich in Linnen die gebrochenen Glieder zusammenschnüren läßt um die Ehre der Schwester zu vertheidigen; der Zweikampf von Vuk mit dem Türken Sulau, die einander erst küssen ehe sie um die schönen Frauen fechten die ihnen zuschauen; das frische lecke Gedicht von Hailuma's Hochzeit und das tiefempfundene vom Findling Simon, der mit der Mutter gekost ohne sie zu kennen, und den der Abt im Keller einkerkern ließ, indem er den Schlüssel des Gefängnisses in die stille Donau warf; nur wenn der Schlüssel aus der Flut zurückkehre sei die Schuld vergeben; nach neun Jahren findet sich der Schlüssel in eines Fisches Magen, und als der Abt den Keller öffnet, glänzt Simon wie die Sonne auf goldenem Stuhl, das Evangelium in der Hand. Rührend ist die Erbauung Skadars; die Festung hält nicht eher bis eine junge Frau lebendig eingemauert wird; man läßt eine kleine Oeffnung an ihrer Brust und tränkt dort den Säugling ein ganzes Jahr lang.

Wie prächtig und heiter heben die Lieder von der Schlacht auf dem Amselfelde mit der Jugend Zar Lasar's an, um in ergreifend elegischer Weise auszuklingen im Schmerze des Mädchens, das den gefallenen Geliebten sucht! Da ist Laso der Diener des Gebieters Stephan und übergießt ihm den Becher, woraus der Herr erkennt daß der Knabe verliebt ist und für ihn um die Tochter Jug Bogdan's wirbt. Mit Militza besteigt Lasar später den Thron und regiert glücklich und fromm, bis der Sultan Amurad ihm die Schlüssel der Städte und Tribut abfordert; da entbietet er alle

Serben auf das Amselfeld, und wer nicht erscheine dem solle kein Acker mehr Weizen tragen, noch der Weinberg Trauben. Aber es kommt auch ein grauer Edelfalke geflogen von Jerusalem, und ist der Donnerer Elias selber und läßt einen Brief vom Himmel auf des Königs Knie fallen:

> Fürst Lazar, du von erlauchtem Stamme,
> Sage welches Reich du dir erwählest.
> Willst das Himmelreich du lieber haben
> Oder willst das irdische Reich du lieber?
> Wenn du dir das irdische Reich erwählest,
> Sattle Rosse, zieh die Gurte fester,
> Laß die Helden ihre Säbel schnallen,
> Greife an mit Sturm das Heer der Türken,
> Und das ganze Heer soll dir erliegen:
> Aber willst das Himmelreich du lieber,
> Wohl, errichte auf dem Amselfelde
> Eine Kirche, nicht auf Marmorgrunde,
> Rein gefertiget aus Seid' und Scharlach,
> Daß das Heer zum Abendmahle gehe
> Und entsündigt sich zum Tod bereite;
> Alle deine Krieger werden fallen,
> Du o Fürst mit ihnen untergehen.

Und der Zar bedenkt daß das irdische Reich vergänglich, das himmlische aber unvergänglich ist; das Lied wird zur Stimme der christlichen Gesinnung, die das Zeitliche opfert um das Ewige zu gewinnen. Lazar sagt beim Auszug der Gemahlin sie möge einen ihrer Brüder, der neun Jugowitschen, erwählen daß er bei ihr bleibe; aber vergebens schlingt sie einem nach dem andern die Arme um den Hals; keiner will zurückbleiben wo es gilt für das Vaterland zu sterben, für den Glauben das Blut zu verspritzen. Am andern Morgen flattern zwei schwarze Raben krächzend um den weißen Thurm des Schlosses und bringen der Fürstin Kunde von der Schlacht: von den Türken blieben wenige übrig, und die von den Serben noch leben liegen rund und blutend auf dem Amselfelde. Dann kommt ihr Diener angeritten:

> Hilf mir, Herrin, von dem Heldenrosse,
> Wasche mir die Stirn mit kaltem Wasser,
> Und besprenge mich mit rothem Weine;
> Schwere Wunden rauben alle Kraft mir.

Und nachdem sie ihn gelabt und gestärkt, fragt sie nach Gemahl, Vater und Brüdern, und so erfahren wir mit ihr die Er-

Zählung von der Schlacht und ihrem tragischen Ausgang. Doch wir betreten an der Hand des Sängers das Schlachtfeld selber, und dieser Schluß gehört zu dem Ergreifendsten und Herrlichsten in aller epischen Poesie; er zeigt uns die homerische Klarheit, die germanische oder indische Gemüthstiefe der serbischen Dichtung:

> In der Früh das amselfelder Mädchen
> In der Frühe geht hinaus sie Sonntags,
> Sonntag morgens vor der lichten Sonne.
> Aufgestreift sind ihre weißen Aermel,
> Aufgestreift bis zu den Ellenbogen;
> Auf den Schultern trägt sie weiße Brote
> Und zwei goldne Becher in den Händen:
> Einen Becher füllet frisches Wasser,
> Aber rothen Wein enthält der andre;
> Also geht sie nach dem Amselfelde.
>
> Auf der Walstatt wandelt jetzt die Jungfrau,
> Auf der Walstatt des erlauchten Fürsten,
> Kehrt die Helden um, im Blute schwimmend;
> Aber wo sie einen lebend findet,
> Wäscht sie ihn mit ihrem frischen Wasser,
> Träufelt in den Mund den rothen Wein ihm,
> Speiset ihn mit ihrem weißen Brote.
> Also wandelnd führte sie der Zufall
> Zu Paul Orlowitsch, dem Heldenjüngling,
> Zu des Fürsten jungem Fahnenträger.
> Und sie fand den Armen noch am Leben;
> Abgehauen war die rechte Hand ihm
> Und der linke Fuß bis an die Kniee,
> Ganz zerbrochen hing die eine Rippe,
> Und man sah die weiße Lunge liegen.
> Und sie zog ihn aus den Strömen Blutes,-
> Wusch ihn ab mit ihrem frischen Wasser,
> Träufelt' in den Mund den rothen Wein ihm,
> Speiset ihn mit ihrem weißen Brote.
> Als von neuem sich sein Herz nun regte,
> Also sprach Paul Orlowitsch der Jüngling:
> Liebe Schwester, amselfelder Mädchen,
> Welches große Leid hat dich befallen,
> Daß du hier im Heldenblute wühlest?
> Wen doch sucht die Jungfrau auf der Walstatt?
> Einen Bruder, einen Sohn des Bruders,
> Oder suchst den Greis du, deinen Vater?
> Sprach das Mädchen draus vom Amselfelde:
> Lieber Bruder, unbekannter Krieger,

Keinen such' ich von den Anverwandten,
Nicht den Bruder, nicht den Sohn des Bruders,
Noch such' ich den Greis hier, meinen Vater.
Weißt du wol, du unbekannter Krieger,
Wie der Fürst Lasar dem Kriegsheere
Noch die Sakramente reichen lassen?
All das Heer der Serben ging zum Nachtmahl,
Ganz zuletzt drei kriegrische Wojwoden,
Milosch der Wojwode war der eine,
Und der zweite war Kosantschitsch Iwan,
Doch der dritte hieß Milan Toplitza.
Aber ich stand dorten an der Thüre
Als vorbeiging Milosch der Wojwode.
Herrlich war der Held in diesem Leben!
Auf dem Pflaster schleppte nach sein Säbel,
Federn schmückten seine seidne Mütze,
Einen rundgesteckten Mantel trug er,
Aber um den Hals ein seiden Tüchlein.
Sich umschauend fiel auf mich sein Auge;
Da den rundgesteckten Mantel löst er
Nahm ihn ab und mir ihn reichend sprach er:
„Mädchen, nimm den rundgesteckten Mantel,
Wolle meiner du dabei gedenken,
Bei dem Mantel meines Namens denken!
Sieh ich gehe, Kind, um dort zu fallen
In das Lager des erlauchten Fürsten.
Bete du zu Gott, du liebe Seele,
Daß ich unverletzt zurück dir kehre
Und auch dir die Gunst des Glückes werde;
Dann will ich dich meinem Milan geben,
Meinem Milan, meinem lieben Freunde,
Dem ich Brüderschaft einst zugeschworen
Bei dem höchsten Gott und Sanct-Johannes.
Pathe bin ich dann dir bei der Trauung."
Und es folgte ihm Kosantschitsch Iwan.
Herrlich war der Held in diesem Leben!
Auf dem Pflaster schleppte nach der Säbel,
Federn schmückten seine seidne Mütze,
Einen rundgesteckten Mantel trug er,
Aber um den Hals ein seiden Tüchlein
Und am Finger ein vergoldet Reiflein.
Sich umschauend fiel auf mich sein Auge,
Von dem Finger zog er ab das Reiflein,
Zog es ab, und mir es reichend sprach er:
„Mädchen, nimm den Fingerreif vergoldet,
Wolle meiner du dabei gedenken,
Bei dem Ringe meines Namens denken!

Sieh ich gehe, Kind, um dort zu fallen
In das Lager des erlauchten Fürsten.
Bete du zu Gott, du liebe Seele,
Daß ich unverletzt zurück dir kehre,
Und auch dir die Gunst des Glückes werde:
Dann will ich dich meinem Milan geben,
Meinem Milan, meinem lieben Freunde,
Dem ich Brüderschaft einst zugeschworen
Bei dem höchsten Gott und Sancti-Johannes.
Aber ich will die Brautführer werden."
Und es folgte ihm Milan Toplitza.
Herrlich war der Held in diesem Leben!
Auf dem Pflaster schleppte nach der Säbel,
Federn schmückten seine seidne Mütze,
Einen rundgestedlen Mantel trug er,
Aber um den Hals ein seiden Tüchlein,
Und am Arme eine goldne Spange.
Sich umschauend fiel auf mich sein Auge.
Von dem Arm nahm er die goldne Spange,
Nahm sie ab und mir sie reichend sprach er:
„Mädchen, nimm du hin die goldne Spange!
Wolle meiner du dabei gedenken,
Bei der Spange meines Namens denken!
Sieh ich gehe, Kind, um dort zu fallen
In das Lager des erlauchten Fürsten.
Bete du zu Gott, du liebe Seele,
Daß ich unverletzt zurück dir kehre,
Liebchen, dir des Glückes Gunst auch werde:
Dann erwähl' ich dich zur treuen Gattin."
Und sie gingen hin die drei Wojwoden.
Siehe diese such' ich auf der Walstatt.

Und der Heldenjüngling spricht entgegnend:
Liebe Schwester, amselfelder Mädchen!
Siehst du, Liebe, jene Kampfeslanzen
Wo am allerhöchsten sie und dichtsten?
Dorten strömte aus das Blut der Helden,
Stieg dem guten Roß bis an den Bügel,
Bis zum Bügel oder Steigeriemen,
Und dem Helden bis zum seidnen Gürtel.
Dorten sind sie alle drei gefallen;
Aber du geh nach dem weißen Hause,
Nicht mit Blut beflecke Saum und Aermel.

Als das Mädchen diese Worte hörte,
Flossen Thränen über ihre Wangen,
Und sie ging nach ihrem weißen Hause,

Jammerte aus ihrem weißen Hasse:
Weh, Unselige, welch Geschick verfolgt dich!
Griffst du, Arme, nach der grünen Föhre,
Schnell vertrocknen würden ihre Blätter!

B. Der finnische Stamm.

Aus der altaischen Völkerfamilie, welche Skythen, Tataren, Magyaren in sich begreift und im Norden Asiens und Europas wohnt, hat sich die finnische Nation durch frühe Gesittungsanfänge hervorgethan und vom Altai über den Ural zum Weißen Meer und zur Ostsee hinauf verbreitet, wie die Grabmonumente diesen Weg bezeugen, den sie wahrscheinlich einschlug als die keltische, slawische, germanische Wanderung in immer neuen Wellen heranflutete. In der Berührung mit den Ariern, bald den Schweden, bald den Russen staatlich unterthan, im Innern zwar ihre persönliche Freiheit und Eigenart bewahrend, aber vielfältigen Anregungen offen haben die Finnen sich vor ihren Stammesgenossen entwickelt und mit den Esten unter slawischem und germanischem Einflusse ein Phantasieleben entfaltet dessen ich am füglichsten an dieser Stelle gedenke, wie ich die mittelalterliche Poesie der Juden an die Araber in Spanien anreihte.

Finland mit seinen tiefen Meeresbuchten, seinen Granitbergen und Seen, seinem Wechsel des düstern langen Winters mit dem kurzen aber lebenreichen Frühling und Sommer, Finland mit seinen schattigen Wäldern und brausenden Wasserstürzen war der geeignete Boden für eine träumerische Einbildungskraft, die bald wie auf Windesflügeln im Ungeheuern und Maßlosen sich nebelhaft ergeht, bald innig und sinnig sich in das Kleine und Gegenwärtige vertieft. Die Menschen sind von starkem Körperbau, glattem Gesicht, hervortretenden Backenknochen; lichte Locken, die sich später bräunen, sind des Hauptes Zier; der Bart ist dünn, die Augen grau. Ein standhafter arbeitsamer Geist führt hier zu biederer Treue, zu bedachtsamem Ernste, dort zu Starrheit und stillbrütendem Zorn. „Beim Wort den Mann, am Horn den Ochsen", sagt der Finne. Er glaubt an die Kraft des Wortes wie kein anderer; alle Zaubergewalt des Schamanenthums der Turanier (I, 136 fg.) ist bei ihm eingegangen in die schöpferische Macht des Gesanges, in welchem die hervorbringende Phantasie wie das bindende Maß zugleich herrscht; sie läßt und fesselt den

Geist im Menschen und in der Natur, und sie bezaubert den von ihr Beseelten selbst, sodaß er zu sehen und zu hören glaubt was sie ihm vorspiegelt. Nachdem vornehmlich Castrén die mythologischen Ueberlieferungen seines Volks gesammelt und verständnißinnig gedeutet, viele Sprüche, Lieder und Erzählungen im einzelnen veröffentlicht, Lönnrott die Heldenlieder der Finnen, Kreutzwald die der Esten zu einem Ganzen geordnet, Schiefner, Schröter, Rheinthal als Uebersetzer sie dem abendländischen Schriftthum eingefügt, J. Grimm und W. Schott sie eingehend erörtert, ist es uns möglich ein anschauliches Bild auch dieses Zweiges am Baume der Menschheit zu entwerfen, auch seiner Blüten uns zu erfreuen, seine Früchte zu würdigen und das allgemein Menschliche selbst im Absonderlichen zu verstehen.

Jumala, der Himmel, ist der gemeinsame Name der Gottheit bei den finnischen Stämmen, der eine Schöpfer, Herrscher und Vollender aller Dinge. Aus ihm treten die besondern geistigen Mächte, die besondern großen Naturerscheinungen hervor, und indem sie mythologische Gestalt gewinnen, steht dann auch er als eine Persönlichkeit neben ihnen und heißt nun der Alte, der Vater, Ukko. Er weidet die Wolkenheerde und sendet den Regen zum Gedeihen der Flur; der Wind ist sein Hauch, der Donner seine Stimme, der Blitz sein Schwert, sein Bogen der Regenbogen. Seine Gemahlin ist die Erdmutter, die allgebärende Natur, die alles zum Leben Hervorgegangene nach dem Tode wieder in ihren Schos aufnimmt. Sonne, Mond und Sterne, Seen, Quellen und Ströme werden dann für sich personificirt, das in ihnen waltende Lebensprincip wird als ein geistiges, menschenähnliches gedacht, und jedes Wesen ist in seinem Gebiet ein selbstschaltender Hauswirth, wenn die Sphäre seiner Bewegung und seines Wirkens auch klein ist wie die des Nordsterns. Bald ist der Naturgegenstand oder das Element selbst der Leib des Gottes, bald wird dieser mehr nach Menschenart gestaltet, aber der Meergreis trägt dann doch das Schaumgewand und den Bart von Tang und braust auf wie die Brandung. Diese Wesen sind bald Kinder, bald Diener, Organe des Höchsten, bald männlich, bald weiblich, vermählt, mit Kindern gesegnet, einander bel- oder untergeordnet. Tapio, der Geist des Waldes, mit einem Hut aus Föhrennadeln, mit einem Moospelz bekleidet, mit seiner Wirthin Mielikki, der lieben honigreichen Gabenmutter, waltet über die Bäume wie über die Thiere in seinem Revier, die wieder nach den einzelnen Gatlungen ihre besondern Hüter oder Pflegerinnen unter ihm haben, holde Jungfrauen die der Birke, der Tanne, des Wachholderbaums warten und in den Blumen blühen, ja jeder einzelne Organismus hat seinen in und über ihm waltenden Genius. Aber der Wald hat nicht blos seinen Segen und seine Freude, sondern auch seine Schrecken, und der schlimme Hüsi, der Waldteufel, der die Menschen in die Irre und ins Verderben lockt, ist allmählich zum Vertreter des bösen Principe herangewachsen. Von den Geistern der Verstorbenen glaubte man sich umschwebt und ihre Stimme im Flüstern des Laubes, im Knistern des Feuers zu hören; aber sie gingen auch ein in Tuoni's Reich, dessen Töchter im Augenblick des Sterbens ein ehernes Netz über die Menschen werfen um die Seele einzufangen; die Unterwelt ward mit ihren Schauern zur Hölle wo die Schlechten ihre Strafe finden.

Fählmann erzählt uns die liebliche Mythe der Esten von Koit und Aemmaril, Morgen- und Abendröthe; sie sind Jüngling und Jungfrau, der Himmelsgott hat ihnen die Sonne übergeben sie am Morgen anzuzünden, am Abend auszulöschen. Aber im Sommer geht sie nicht unter, vielmehr reicht sie dort Koit der Aemmaril dar, und beide blicken sich Aug' in Auge, ihre Hände vereinigen, ihre Lippen berühren sich; die Wangen der Abenddämmerung sind von einer sanften Röthe umflossen, und der Morgen strahlt in purpurnem Glanz; sie umarmen sich bräutlich, und der himmlische Vater segnet ihre ewig junge Liebe. So duftig zart ist auch jenes Volkslied aus Lappland, in welchem der Winter still und milde wird wie Frühlingslust, wenn der Liebende auf der Wanderung im Felsgebirge an die geliebte Maid, die holde Blume denkt.

In der finnischen Sage schwebt die Urmutter auf dem Wasser und schwanger vom Winde des Himmels gebiert sie den Wäinämöinen, der dann die Welt schafft indem er die chaotischen Elemente ordnet; in diese Auffassung ist das Weltei hineingelegt worden, eine Ueberlieferung die wir von Aegypten, Indien, Griechenland her kennen; ein Adler legt es ihm oder ihr auf die Knie; woher freilich der Adler vor der Welt kam, wird nicht gefragt; die Rune sagt:

 Aus des Eies untrer Hälfte soll die Erdenwölbung werden,
 Aus des Eies obrer Hälfte soll entstehn der hohe Himmel,
 Was im Ei sich Weißes findet strahle schön als Sonn' am Himmel,
 Was im Ei sich Gelbes findet leuchte lind als Mond am Himmel;
 Aus des Eies andern Stücken werden Sterne hell am Himmel.

Wäinämöinen und Ilmarinen, die im Epos zu Heroen geworden sind, stehen ursprünglich als weltbildende Götter da; sie sind die erstgeborenen Söhne des Himmels, die geistigen Mächte in denen der Mensch die Weisheit die im Wort und Gesang, die Kunst die in der Geschicklichkeit seiner Hände sich offenbart, personisicirt. Ilmarinen schmiedet in der Mythe der Esten aus einer stählernen Platte das Himmelsgewölbe, und befestigt die Sterne daran, läßt sich Sonne und Mond daran bewegen. Wäinämöhnen's Gesang ruft Gras und Blumen, Thiere und Menschen hervor, und verbreitet Heiterkeit und Freude überall. Die Weisheit kommt dem erfahrenen Alter zu, darum ist Wäinämöinen als Greis geboren, aber voll Jugendwärme der Begeisterung. Im Worte liegt der lebenerweckende Zauber, die geistige beseelende Macht; das Wort ist bei den Finnen weltschöpferisch, und als der Schmied Ilmarinen im Epos seine Gattin betrauert, da formt er sich wol aus Silber und Gold eine neue schöne Frau, aber sie liegt starr und kalt neben ihm; als einmal Sonne und Mond ihrer selbst vergessend dem Lied Wäinämöinen's lauschen, da ergreift die Wirthin von Pohjola beide und birgt sie in Felsenkluft; Ilmarinen schmiedet zwei neue Himmelslichter, aber sie spenden keine Wärme, und sein Bruder muß daher die Sonne und den Mond wieder emporrufen. Er, der ewige Runensprecher, bereitet sich die Harfe und hebt zu singen an. Da lassen Lerchen und Finken sich auf seinen Schultern nieder, der Adler schwebt über seinem Haupte, der Jungen im Neste vergessend, munter springt das Eichhorn in den Zweigen, Wolf und Bär brechen aus dem Waldesdickicht, die Fische kommen herangeschwommen und den Wellenmädchen des Meeres entsinken die goldenen Kämme mit denen sie ihr Haar strählen, den Töchtern der Sonne und des Mondes die Schifflein mit denen sie Strahlennetze um die Wolken weben, und unter Menschen bleibt kein Herz ungerührt, Männer und Frauen, Junge und Alt fangen zu weinen an, und die Thränen des Sängers selbst rinnen nieder ins Meer und werden zu Perlen. Zu dieser prächtigen Schilderung, die im Kalewala zweimal vorkommt, fügt die estländische Ueberlieferung hinzu: Nicht alle die zugegen waren begriffen das Ganze. Die Bäume des Hains merkten sich das Säuseln beim Niedersteigen des Gottes, und wenn ihr lustwandelt im Wald und dies Säuseln hört, so wisset daß die Gottheit nahe ist. Der Eisbach merkte sich das Rauschen seines Gewandes, und wenn es Frühling wird, so rauschen und brausen die Wellen. Die Singvögel lernten das Vorspiel der Harfe, vornehmlich Lerche und Nachtigall. Nur der Mensch allein faßte alles; er verstand und behielt den Gesang, daher bringt auch sein Lied hinab in die Tiefe der Herzen und hinauf zu dem Throne Gottes.

Auch in Finland und Estland sehen wir wie bei den Ariern daß das Volksepos aus Liedern erwächst die zunächst einzeln gesungen und von Geschlecht zu Geschlecht überliefert werden. Ideale Mittelpunkte werden für sie gewonnen, und sie werden danach als Glieder eines organischen Ganzen wiedergeboren, das dann später seine Aufzeichnung findet. Wir sehen daß das Epos auf der Sage beruht, die nicht der Einzelne erfindet, sondern die wie ein Naturgebilde sich aus dem Volksgemüth erzeugt. Auch dort hat der menschliche Geist die ihm einwohnende Idee des Göttlichen und Unendlichen zuerst in der Anschauung des Himmels sich zum Bewußtsein gebracht, dann nach den Erscheinungen der Außenwelt wie nach den innern sittlichen Erfahrungen fortgestaltet und in Anknüpfung an dieselben durch Symbole und Mythen ausgeprägt. Auch dort ist dann die Göttersage vom Himmel auf die Erde herabgestiegen, hat sich auf geschichtliche Erlebnisse niedergelassen und ist mit ihnen verschmolzen zur Heldensage. Auch dort kann man die Jahresringe des wachsenden Epos erkennen, das dunklere Bestandtheile ausstößt, hellern neue Formen und Ereignisse ansetzt, und seinen geheimnißvollen Kern auf anmuthige, verständliche Weise zur Blüte bringt. Aus Siegfried's Auge blitzt die Sonne uns an, Achilleus, der Sohn der Meeresgöttin, die ihn nach kurzem stürmischen Lauf wieder aufnimmt, ist in seiner Heldenschöne aus dem Flusse hervorgegangen; so versinnlicht Wäinämöinen die göttliche Weisheit wie sie in Wort und Gesang schöpferisch wird, Ilmarinen die mit Hülfe des Feuers formengebende bildnerische Künstlerkraft, Lemminkäinen den kühnen in die Ferne bringenden Muth, die Thatfreude; jene beiden tragen auch als Helden das Siegel der göttlichen Abkunft. Noch heute herrscht in Sibirien die Sitte daß der Jüngling mit der Stärke seines Armes sich eine schöne Jungfrau erobert. Freierfahrten und ihre Abenteuer sind noch heute dort der Inhalt der Lieder, wie sie den menschlich-geschichtlichen Kern des finnischen Epos ausmachen. Das Volk hatte sich im grauen Alterthum in abgesonderte Geschlechter geschieden, die untereinander treu zusammenstanden, nach außen aber gleich den Nomaden der arabischen Wüste gern durch Plünde-

Die neuern Völker. Finnen.

rungszüge den Nachbarn Beute für eigenen Lebensunterhalt abgewannen. Es war dabei Herkommen daß der angesehene Jüngling die Braut sich aus fremdem Geschlecht holte, sei es mit Gewalt, sei es durch Gaben die er den Aeltern brachte oder durch Leistungen die er für sie ausführte. Manches erinnert an Aufgaben die der Minnedienst stellte. Die Jungfrau, die auf dem Regenbogen thronend ein Gewebe von Gold und Silber wirkt, will nur dann Wäinämöinen folgen, wenn er ein Pferdehaar mit einem Messer ohne Spitze spaltet, Rinde von einem Stein schält, aus einem Splitter ein Schiff zimmert. So suchen denn die Söhne Kalewala's sich Frauen von Pohjola. Gesänge von Abenteuern, die ursprünglich noch in Asien entstanden waren, nahmen die Finnen mit nach Europa, und die Heimat des Kalewa, des Heldenvaters, ward nun zu Finland, während das andere Geschlecht nach Lappland verlegt ward. Kalewala, Heldenheim, ward der passende Name für das Epos. Russen, Schweden, Deutsche werden wol im Lied erwähnt, aber im Inhalt der Sage kommen sie nicht vor; auch das ist ein Zeugniß für das hohe Alter des Stoffes und seine allmählich reifende Darstellungsform. Eine Frau als Grund des Kampfes zwischen Finland und Lappland mag uns an die Ilias erinnern; ein zauberkräftiger Hort, ein Talisman, der von Kalewa's Helden nach Pohjola gegeben, aber zurückerobert wird und im Meere versinkt, klingt an das Nibelungenlied an; aber beidemale ist die Entfaltung und Ausführung so eigenthümlich daß an eine Entlehnung nicht zu denken. Das rege sinnige Naturgefühl, die sprudelnde Fülle von Mythen und Bildern, die Verherrlichung des zaubermächtigen Geistes, der gleich den weisen Büßern am Ganges hier die größten Thaten vollbringt, zeigt eine Verwandtschaft der finnischen und indischen Phantasie; und gewiß ist hier wie dort der anfangs einfache Kern von den Ranken der Wunder allmählich umwuchert worden. Gewöhnlich sind die Gegenstände mit warmer Empfindung aufgefaßt, mit treuer Beobachtung geschildert, sodaß das Epos zum klaren Spiegel des Landes und der Sitte wird; dazwischen aber ergeht sich die Einbildungskraft im Maßlosen und Ungeheuern. Die Pohjolawirthin schlachtet zur Hochzeit der Tochter einen Ochsen von solcher Größe daß das Wiesel während einer Woche längs des Weidenbaubes an seinem Halse läuft, die Schwalbe einen ganzen Tag braucht um von einem Horn zum andern zu fliegen, das Eichhorn einen Monat um von der Schulter zum Schwanz zu hüpfen. Wäinämöinen sucht im

Meere nach seiner Harfe mit einer Harle, deren Zinken hundert Klafter lang sind; er singt einmal von einer Fichte mit einer Blumenkrone, und sie sprießt sofort auf bis in die Wolken, da singt er den Mond und den großen Bären in ihre Zweige. Dem Kalewi-Poeg erzählt ein Mann warum er so müde sei; er habe in einer Stube mit zwei Rielen übernachtet, deren Abendmahlzeit eine so lustige Wirkung gehabt daß er, einmal in den Windzug aus ihren Hinterpforten gerathen, stundenlang wie ein Fangball von einer Wand zur andern geschleudert worden. — Einzelne Sagen und Worte haben die Finnen und Germanen getauscht; lebten doch die Schweden dort seit der Eroberung einträchtig unter den alten Einwohnern des Landes, die freie Männer blieben. Schiefner hat bei vielen Märchen hier den russischen, dort den germanischen Ursprung nachgewiesen, und wenn uns unter finnischem Gewande auch Oedipus und Odysseus entgegengetreten, so mögen bald Mönche, bald Kaufleute den Verkehr vermittelt haben. Namentlich ist die Odin- und Thorsage deutlich in vielen Zügen bei Wäinämöinen und Lemminkäinen zu erkennen, und so mag selbst die poetische Form des Stabreims, welche die sinnschweren Worte miteinander verbindet, als Kunstgesetz unter germanischem Einfluß stehen, während den Finnen eigenthümlich ist daß stets ein zweiter Vers oder Halbvers das Echo eines ersten bildet, ihn variirt, ein neues Bild für dieselbe Sache bringt oder den Gedanken erweiternd wiederholt. Dadurch wird die Sprache wortreich und ergeht sich ins Breite mit träumerischem Behagen, während unserer nordischen Poesie in der Edda die Schlagkraft der Kürze eignet. Die Form des Zauberspruchs, der die Gegenstände wie der Stabreim die Worte binden und in der Ausführung sogleich seinen Widerhall finden, das Symbol mit der Sache verknüpfen soll, scheint mir in dieser Verschmelzung von Parallelismus und Alliteration ausgeprägt, und hat sich in leichtfließenden Wellenschlag der Trochäen über die ganze Dichtung ausgebreitet. Eine Probe geben die Worte die Wäinämöinen zur Birke spricht, die er zur Harfe wählt. Er hörte sie seufzen daß der Wind und Reif sie entkleide und der Frost sie zittern mache.

Sprach der weise Wäinämöinen, er der rechte Runensprecher:
Weine nicht im weißen Gürtel, seufze nicht im Saum der Blätter;
Sollst ein lieblich Los erlangen, voller Lust ein neues Leben,
Wirst sogleich vor Wonne weinen, klar im Klang der Freude klingen!

Elias Lönnrott, selbst ein hochbegabter Runensprecher, sammelte zu dem was er von Jugend auf auswendig wußte noch vieles aus dem Munde des Volks, und gab 1835 etwa 12000 trochäische Verse in 35 Gesängen heraus. Es waren mehrere Gruppen, Lieder von Freierfahrten, Lieder vom Sampo, Lieder von Kulervo; die drei Brüder, die Kalewasöhne, stehen im Mittelpunkte, gleichmäßig auf der Brautwerbung wie um den Sampo bemüht; man gewahrt wie bereits im Volksgeist sich allmählich die Idee eines Ganzen gebildet hatte, von dem aus nun die einzelnen Lieder als seine Glieder, Zweige eines gemeinsamen Stammes, vorgetragen werden. Die neue vervollständigte Ausgabe hat 15 Jahre später mancherlei Abweichungen, sie brachte 10000 Verse mehr und 50 Gesänge; eine Fülle von Einzelrunen sind in den Organismus aufgenommen, den Lönnrott's erkneuer kunstgebildeter Dichtergeist zur klaren Gestaltung brachte, indem ihm selbst durch neugefundene Bausteine die im Volksgeist angelegte Einheit, die Wechselbeziehung und der Zusammenhang der einzelnen Lieder immer deutlicher ward. Und so ist er der Dichter und Diaskeuast zugleich, der im Strome der Ueberlieferung stehend zur rechten Zeit mit organisatorischem Sinne aus den Liedern, denen der volksthümliche Stoff gemeinsam war, ein großes Epos in unsern Tagen bereitet hat, das als solches vor ihm nur der Möglichkeit nach, nur in zerstreuten Gliedern vorhanden war, das er zum Ganzen abgerundet hat.

Das Werk hebt an mit der Schöpfungssage, mit der Geburt Wäinämöinen's, durch den Leben, Ordnung, Schönheit in die Natur kommt; die Bäume sprießen, die Vögel fliegen; er lichtet den Urwald, läßt aber die Birke zum Neste des Adlers stehen, der ihm aus Dankbarkeit das Feuer anzündet; er begründet den Ackerbau und ist berühmt durch Gesang und Weisheit; seine Sprüche bannen den jungen Jukahainen, der mit ihm wettkämpft, in einen Sumpf; er freit um dessen Schwester, aber sie will keinen alten Mann, geht trauernd ans Meer um zu baden und versinkt in den Wellen. Ihm räth seine Mutter eine Freierfahrt nach Nordland. Die Wirthin von Pohjola will ihm aber nur dann die Tochter geben wenn er den Sampo schmiede und ihr darbringe. Darum bittet er seinen Bruder Ilmarinen, der den Talisman, eine Art Wunschmühle, aus einer Schwanenfeder, einem Gerstenkern, einem Wollenflocke und der Milch einer güsten Kuh herstellt; der Segen des Ackerbaues und der Viehzucht, der Reichthum des

Landes ist durch diese Bestandtheile an das Kleinod geknüpft. Die Kalewa kennt das Vorbild des Sampo in der Mühle Frodi's, die alles mahlt was man begehrt; zwei Riesenmägde drehen sie um Gold, Frieden und Glück zu bereiten; sie wird geraubt, auf dem Meere fordert der Entführer Salz von ihr, das sie nun ununterbrochen fortmahlt, sodaß das Schiff untersinkt und die See salzig wird.

Ehe indeß beide Brüder um die Pohjolatochter werben, hat der ältere manche Abenteuer zu bestehen, die gerade an Besprechungen mancher Art reich sind. Um ein Boot durch Gesang zu zimmern fehlen ihm einmal drei Worte; sie zu holen steigt er ins Todtenreich ohne sie zu finden, sie zu holen wandert er auf Eisenschuhen eine Strecke über der Weibernadeln Spitze, der Männerschwerter Schärfe, der Heldenbeile Schneide zum Grab des Riesen Wipunen, fällt die Bäume auf demselben, stößt eine Eisenstange in den Mund des Schläfers, und wird von dem Erwachenden verschlungen, zimmert aber aus dem Heft seines Messers sich ein Boot, auf dem er im Magen herumfährt, Feuer anzündet und so zu schmieden und zu hämmern anfängt daß der Riese nun in Hunderten von Versen alle seine Zaubersprüche hervorsprudelt, darunter auch die Worte die Wäinämöinen vermißte, der nun wieder hervorsteigt und seine Arbeit fertig macht.

Während der Sampo geschmiedet wird, tritt auch der dritte Bruder Lemminkäinen hervor, der frohmüthige, der aus eigener Abenteuerlust seine Kraft versucht, während die beiden andern bei ihren Thaten stets auch das Volkswohl im Auge haben. Er raubt sich eine Braut, Kyllikki, die ihm unter Thränen seine Kriegslust vorwirft; er verspricht daß er in Frieden leben will, wenn sie die Tanzesstuben des Dorfes meide. Als sie ihr Gelübde vergißt, verstößt er sie und will sich ein neues Weib im Norden holen. Seine Mutter warnt ihn vor der Gefahr, er lacht und versetzt daß so wenig aus seinem Leib wie aus seiner Haarbürste Blut fließen werde. Die ersehnte Jungfrau zu verdienen soll er ein Elennthier einfangen, ein feuerschnaubendes Roß zügeln, den Schwan auf dem Flusse des Todtenreichs schießen. Die ersten Aufgaben löst er, am Flusse aber fällt er durch tückische Rachsucht und sein zerstückter Leib wird ins Wasser geworfen. Die Bürste fängt zu bluten an, und die trauernde Mutter sucht nach dem Sohne; vergebens fragt sie den Baum, den Weg, den

Mond; aber die haben selber ein hartes Los und genug mit sich
selbst zu thun, der eine der umgehauen und verbrannt, der andere
der mit Füßen getreten wird, der dritte der einsam in kalter
Nacht des Winters wachen muß; erst die Sonne erzählt ihr das
Geschehene, und nun sucht sie die einzelnen Theile vom Körper
Lemminkäinen's zusammen aus der Tiefe, fügt sie mit Zauber-
sprüchen aneinander und kehrt mit dem Geretteten heim. Indeß
sind Wäinämöinen und Ilmarinen mit dem Sampo in Pohjola
fertig, und die Schöne, das strahlende Licht im dunkeln Lande,
wählt den jüngern Bruder, der jedoch erst noch ein Schlangenfeld
ackern, den Bären und Wolf der Unterwelt fangen muß. Die
Jungfrau leistet ihm Hülfe mit gutem Rath wie Ariadne dem
Theseus, Medea dem Jason. Als eine Probe der Zaubersprüche
gebe ich die Schlangenbeschwörung formgetreu:

Schlange du von Gott geschaffen, was empor den Rücken reckst du?
Wer hieß dich den Hals erheben, mit dem Kopf sed aufwärts krümmen?
Welche weg nun aus dem Wege, schleiche still dich in die Stoppeln,
Berge dich in Busch und Blätter, winde dich im Wiesengrase!
Müßt von dort das Haupt du heben, wird dich Ukko überwinden,
Das Geschoß der Schloßen schleudern, mit dem Stahl des Pfeils dich strafen!

Des Bieres Ursprung wird erzählt, das zum Trunk beim
Schmause gebraut werden soll; eine Biene hat aus Blumen den
Honig geholt der den Gerstensaft gären macht; der erfreut das
Herz der Braven, bringt die Frauen zum Lachen und nur Thoren
zu tollen Streichen; wie er im Fasse braust und schäumt, verlangt
er besungen zu werden. Lemminkäinen wird seiner Streitsucht
halber nicht zur Hochzeit geladen. In dem ausführlichen Gemälde
der Hochzeitsfeier sieht rührend die Wehmuth der Braut die aus
der Heimat scheiden soll; sie soll vom Hofe des Vaters weggehen,
ihre Spur soll dort verschwinden wie der Fußtritt auf dem Weg-
schmelzenden Schnee und Eis des Lenzes; darum ist es dunkel in
ihrem Herzen.

Also ist der Sinn der Sel'gen, der Beglückten Stimmung diese:
Wie des Frühlingstages Anbruch, wie des Frühlingsmorgens Sonne.
Welche Stimmung hab' ich Arme, welchen Sinn ich Trauerreiche?
Gleich dem flachen Strand der Seen, wie der dunkle Rand der Wolken,
Wie die finstre Nacht des Herbstes; trüb wol ist der Tag im Winter,
Trüber noch ist meine Stimmung, düsterer als die Nacht des Herbstes.

Die alte Schaffnerin, die Mutter entlassen sie mit der Schilderung echter Frauensitte. Der Bräutigam wird um der Braut willen gepriesen und gemahnt sie gut zu behandeln. Endlich im tröstlichen Gedanken daß Sonne und Mond Gottes auch in dem neuen Lande leuchten, sagt sie der Heimat Lebewohl, noch einmal den Wald und seine Beeren, die Wiese und ihre Blumen, den See mit seinen Birken am Ufer grüßend, während Ilmarinen sie im Schlitten dahinführt; eine Hand hat er am Lenkseil, in der Jungfrau Arm den andern.

Lemminkäinen zieht nun als ungebetener Gast nach Pohjola: seine Ladung liege in dem Schwert mit Feuerschneide, in der funkenreichen Klinge. Er fordert den Herrn des Landes zum Zweikampf und haut ihm das Haupt ab. Verfolgt von dessen Gattin flüchtet er auf ein abgelegenes Eiland, wo er mit den Frauen und Jungfrauen seine Lust hat, aber von den Männern wie billig gehaßt wird. Vor ihrem Dräuen geht er in die Heimat zurück, findet aber sein Haus verwüstet, seine Mutter im Walde versteckt; die Pohjolawirthin zaubert Frost, als er einen Seezug zur Rache rüstet, daß die Schiffe einfrieren und er nicht hingelangt.

Ilmarinen's eheliches Glück war von kurzer Dauer. Nach dem Tode der Gattin freit er nun die jüngere Schwester, raubt sie als seine Werbung zurückgewiesen ward, und verzaubert sie auf der Heimfahrt in eine Möve, die um die Klippen schrillen soll, weil sie ihm stets nur mit widerspenstiger Trotzrede begegnete. Daheim aber erzählt er wie leicht und gut sich's in Pohjola lebe, wo man den Sampo habe; dort sei Pflügen, dort sei Säen, dort sei Wachsthum jeder Weise, dorten wechsellose Wohlfahrt. Wäinämöinen macht den Vorschlag den Sampo für das eigene Vaterland zu holen. Auf dem Kriegszug bereitet er die Harfe, indem er einen riesigen Hechtkiefer besaitet; mit Sang und Klang schläfert er die Pohjolaner ein und sie entführen den Sampo, sie sind schon drei Tage wieder zu Schiff, und Lemminkäinen fordert den Bruder auf ein Siegeslied anzustimmen. Der versetzt:

Dann erst ziemet es zu singen, dann erst ist es Zeit zu jubeln,
Wenn das eigne Thor man siehet, wenn die eignen Thüren knarren.

Da fängt der muntere Recke selber aus rauher Kehle zu singen an, und sein Geschrei erweckt die schlafende Pohjolawirthin,

Die neuern Völker. Finnen. 61

die nun mit Heeresmacht aufbricht den Sampo wiederzuerobern. Sie beschwört den Sturm, der nun das Meer aufwühlt, das Schiff hin- und herschleudert, daß selbst die Harfe Wäinämöinen's in die Wellen versinkt. In Gestalt eines ungeheuern Adlers setzt sich die Alte auf den Mast und greift nach dem Sampo; Lemminkäinen haut ihr die Kralle ab, der Sampo fällt ins Meer, und daher stammen die Schätze der Tiefe. Splitter treiben an Kalewalas Ufer, und Wäinämöinen singt:

Daher kommt des Samens Sprießen, wechselloser Wohlfahrt Anfang;
Daraus Pflügen, daraus Säen, daraus Wachsthum jeder Weise;
Daraus kommt der Glanz des Mondes, kommt der Sonne Licht voll Wonne
Auf den weiten Fluren Finlands, in Suomi's Heimatsfreuden.

Vergebens senket die Pohjolawirthin wilde Thiere, vergebens bringt sie sogar einmal Sonne und Mond in ihre Gewalt, was ihr die Göttin der Nacht zum mythologischen Hintergrunde gibt; Wäinämöinen's Zaubersänge zum Klang der neuen Harfe tragen den Sieg davon.

Die fünfzigste Rune singt nun wie Marjatta eine so keusche Jungfrau war daß sie nicht einmal das Fleisch der Schafe aß die beim Widder gewesen, daß sie nur mit Fohlen fuhr die noch kein Hengst berührt. Sie lebte als Hirtin, und fühlte sich vom Genuß einer besonders schönen Preiselbeere Mutter werden. Vater und Mutter weisen sie wie eine Buhlerin aus dem Hause; sie betheuert ihre Reinheit, und verkündet daß sie einen Helden gebären werde, einen Edlen, den künftigen Gebieter der Mächtigen. In einem Stalle unter den Tannen des Tapioberges genest sie des Knaben. Er verschwindet ihr; es wiederholt sich die Frage der Mutter bei Sternen, Mond und Sonne nach dem Kinde; die Sonne sagt ihr wo es zu finden sei. Der alte Wäinämöinen will nicht daß der vaterlose Knabe am Leben bleibe, dieser aber erhebt seine Stimme, und empfängt die Taufe. Es ist natürlich Christus; das Heidenthum und seine Mythologie zieht sich vor demselben zurück, Wäinämöinen zaubert sich ein kupfernes Boot und schwebt mit demselben unter den Wolken zwischen Himmel und Erde; die Harfe läßt er zurück, das schöne Spiel in Snomi, zu des Volkes ew'ger Freude schönen Sang den Snomikindern.

Eine eigenthümliche Gestalt im finnischen Epos ist der Riese Kullervo, „der verkörperte Fluch der Knechtschaft", wie Schett ihn genannt hat. Ein Bruderstamm hat den andern feindlich überfallen, das Haus wird verbrannt, die Männer werden erschlagen, nur eine schwangere Frau führt Untamo mit sich; sie wird in der Schwangerschaft von Kullervo entbunden. Der droht schon als Knabe daß er den Vater rächen werde; er wird ins Meer und ins Feuer geworfen, aber gerettet und zum Knechtsdienst erzogen, für altes Gerümpel verkauft. Halb Siegfried in der Schmiede, halb Eulenspiegel thut er was ihm aufgegeben wird in Uebermuth und Ueberfülle von Kraft so maßlos daß es den Auftraggebern nicht zugute kommt. Ilmarinen's Gattin backt ihm zu Hohn und Strafe einen Stein ins Brot, er zerbricht daran das Messer, das einzige Erbe und Andenken vom Vater, jagt die Heerde, die er hüten soll, in den Sumpf, und treibt statt ihrer Bären und Wölfe in den Stall; die Herrin wird von diesen zerrissen als sie am Abend kommt um zu melken. Ein heimatloser Flüchtling klagt er dem Himmel seine Noth; nur der Gedanke sich und den Vater an dessen Mörder und dem Verwüster des Gutes, Untamo, zu rächen hält ihn aufrecht. Indeß ist der Vater gerettet worden und die Mutter wieder bei demselben; nur ein Töchterchen, das sich beim Beerensuchen im Walde verloren, fehlt noch als Kullervo jene gefunden hat. Von seinem Vater mit einem Auftrag in die Fremde gesandt trifft er ein schönes junges Mädchen; seinen Antrag zu ihm in den Schlitten zu steigen lehnt sie anfangs spröde ab, leistet dann aber Folge, und er gewinnt ihre Liebe; sie gibt sich seinem stürmischen Werben hin, als er dann aber Geschlecht und Namen nennt, wünscht sie lieber wie eine Blume verwelkt, wie ein Grashalm verdorrt zu sein ehe sie diese Worte vernommen; sie springt in den nahen Strom, und sucht Erbarmen in den Wellen, Ruhe in dem Schatten reiche. Auch er ist entschlossen in einem ruhmvollen Tode Erlösung zu suchen; die Mutter räth ihm zur Einsamkeit, bis die Zeit seinen Schmerz lindere; sie fragt was ohne ihn aus der Familie werden solle; das kümmert ihn in seiner Verzweiflung wenig, und so sind auch die andern hartherzig gegen ihn bei seinem Scheiden. Er nimmt nun blutige Rache an Untamo; als er heimkommt ins Aelternhaus, sind die Stuben öde und leer, und die kalten Kohlen auf dem Herde melden ihm daß die Seinen alle, auch die liebe Mutter gestorben. Er weint auf ihrem Grabe, ihre Stimme aus dessen Tiefe weist ihn nach dem Walde; dort irrt er einher und kommt zu einem Ort wo keine Heideblume duftet und kein Halm sproßt, wo das Laub trauert, wo die

Schwester in seinem Arme lag; da stürzt er sich in sein Schwert. Er ist eine tieftragische Gestalt, zum freudigen Heldenthum geboren in knechliche Verhältnisse gestellt, mit einem großen liebevollen und liebebedürftigen Herzen, das die harte Welt lieblos zerreißt; wenn er die Fessel sprengt und wilde Thaten übt, so hat der Druck der Umgebung ihn dazu gedrängt. Manche Widersprüche in der Erzählung sowie verschiedene Darstellungen einzelner Abenteuer weisen auf die allmähliche Ausbildung der Sage durch mehrere Sänger hin. In Estland ist sie der Mittelpunkt eines Epos geworden.

In Estland ist die Ueberlieferung trümmerhafter als in Finland, der Charakter des Helden erscheint in verschiedenen Darstellungen verschieden, hier burleſk und roh, dort voll heiter edlen Muthes, dort voll tiefen Gefühls; die Sage ist nur in märchenartiger Erzählung vorhanden, in welcher sich vereinzelte Verſe erhalten haben, und Kreutzwald hat für sie die metriſche Form hergestellt, als er ein Ganzes in zwanzig Runen und fast ebenso viel tausend Versen zusammenordnete. Hügel, Erdwälle, Steine, Gewässer sind nach dem Helden benannt, dem jüngsten Sohn von Kalew, der mit dem Riesen Kalewa, dem Vater der Helden in Finland, identisch ist; Kalewi-Poeg, der Titel des Epos, heißt Kalewsohn. In Estland kommt dieser zur Herrſchaft, als er seine Brüder im Wettkampf überwunden, setzt aber sein Abenteuerleben bis zum frühen tragischen Tode fort. Der urgewaltige Naturmenſch geht auf dem Hintergrunde der Naturmythe bis in das 11. Jahrhundert vor, bis zum Kampf mit den Deutſchen Rittern, denen Estland erlag, die im Bunde mit den Pfaffen das Volk knechteten. Durch physiſchen und moraliſchen Druck ward dieses verdüstert und in sich zurückgedrängt, und so kam in die ursprüngliche Freudigkeit der Heldenlieder ein Ton der Klage, ein düsterer lyriſcher Zug, der sie vom finniſchen Epos unterscheidet; der Sänger betrachtet mit Schwermuth die entflohene freie Jugendzeit seines Volks, dessen Erinnerungen er zum Troste der Gegenwart hütet und vorträgt. Kalewala, ſagt Schott treffend, iſt ein friſcher Frühlingsmorgen mit Silberwölkchen im blauen Aether, Kalewi-Poeg ein in bunter, zuweilen phantastischer Farbenmischung schillernder Herbstabend. Ich möchte hinzufügen daß die finniſche Poeſie der germaniſchen, die eſtiſche der slawiſchen näher steht, und namentlich in idylliſch melancholiſchen Volksliedern der lettischen verwandt ist, wenn sie auch mehr die objectiv erzählende als die subjectiv lyrische Form liebt.

Die berühmten Söhne des Himmels die mit den Töchtern der Erde das Riesengeschlecht erzeugen, zu denen Kalew gehört, sind wol im Anschluß an die hebräische Sage so gestaltet; national und in Volksliedern widerklingend ist dagegen die Dichtung daß aus dem Ei und dem Küchlein zwei holde Jungfrauen erwachsen, die auch von Sonne, Mond und Sternen umfreit werden; die eine wählt den Nordstern, die andere, Linda, den Kalew. Nach dessen Tode gebiert sie das jüngste Kind, unsern Helden, der schon in der Wiege die Windeln zerreißt. Die Mutter weist neue Freier im Hinblick auf ihre drei jungen Adler mit Eisenkrallen zurück; als die Jünglinge aber einmal auf der Jagd abwesend sind, wird sie von einem Zauberer geraubt, und während auf ihr Flehen Ukko's Wetterstrahl den Frevler trifft, erstarrt sie selbst zu einem Felsen. Trauernd suchen die Söhne nach ihr. Unser Held macht sich auf um nach ihr übers Meer gen Finland zu schwimmen. Der Nachtruhe bedürftig landet er an einer Insel, wo er lieblichen Gesang hört und ein Mädchen beim Feuer unter einer Eiche sitzen sieht, das bleichende Linnen hütend. Er antwortet singend und lockt sie heran; Liebeszauber fesselt die Herzen, und in Kindeseinfalt setzt sich das Inselmädchen aufs bemooste Felsenbette zu dem fremden Manne. Der Sänger fährt fort:

Inselmädchen, Brombeerauge,
Was für Leid ist an dich kommen, warum doch so plötzlich schreist du?
Weinend mit des Wehes Tönen fängst du an um Hülfe rufen?
Ward im Arm des Kalewsohnes, als den Schoß die Lieb' erwärmte,
Dir berührt die Hüfte knisternd, knackend dir der Schulterknochen?
Wer hat Streit mit dir begonnen, wer ein Weh dir angethan?

Als dann die Aeltern kommen und Kalewi-Poeg sein Geschlecht und seinen Namen rühmt, da erschrickt das Mädchen, wankt zum Strand und stürzt von der Klippe ins Meer. Daß sie seine Schwester sei, kündet ihm später ihr Lied aus der Tiefe. Noch ahnt er es nicht, und sucht vergebens sie zu retten; scheidend sagt er zum betrübten Vater: wir sind Leidensbrüder, das Meer raubte dir die Tochter, des Diebes Netz mir die Mutter. Immer nach dieser suchend findet und erschlägt er den Zauberer in Finland; sie erscheint ihm dann im Traume, auf einer Schaukel sich wiegend, ein lebensfrohes Lied singend:

Schaukelburschen, liebe Brüder, laßt die Schaukel höher steigen!
Daß ich leuchte bis zur Sonne, schimmre bis in Meereswellen,
Daß mein Kopfschmuck mit den Bändern in des Himmels Wellen scheine,
Mein Gewand dem Donnergotte und den Sternen sichtbar werde!
Komm der Sonnenknab' ein Freier, komm der Mondesknab' ein Freier!
Bester Bräutigam ist Nordstern, Bester der aus Kalew's Lande.

Die durch den Kitzel des Schaukelns zum Uebermuth gesteigerte Lebenslust kann nicht treuer gemalt werden; den heitern Traum deutet Kalewi-Poeg sich trauernd dahin daß die Mutter für ihn verloren, aber zu den Seligen eingegangen sei. Er kommt zur besten Schmiede des Landes, prüft die Klingen, kauft eine, mit der er den Amboß spaltet, und trinkt mit dem Schmied und seinen Söhnen. Trunkenen Muthes rühmt er sich jener unseligen Liebesnacht: „Hab' gepflückt des Mägdleins Blüten, hab' geknickt der Freude Blume, Glückes Scholen aufgebrochen!" Einer der Schmiedsöhne verweist ihm das, und erzürnt im Streit haut er demselben das Haupt ab; der Alte setzt den Fluch darauf daß das eigene Schwert selbst dem Mörder die Schuld zahlen solle. Als Kalewi-Poeg den Rausch ausgeschlafen erscheint ihm der Vorgang wie ein wüster Traum, aber was in seinem Innern, im Gewissen sich regt, das hört er bei der Heimfahrt aus den Wellen rauschend erklingen: Der Bruder schifft durch die Wogen, die Schwester schlummert unten im kühlen Bette, in der Wogen Wiege geschaukelt. Einmal unbedachtsam, absichtslos das andere mal frevelnd soll er lang im Wasserwirbel treisen, bis auch er im Schos des Friedens einschlummern wird. Und in der Heimat hört er im Winde der Mutter Stimme, daß er vor dem Schwert an seiner Seite sich hüten möge; denn Blut verlange Blutes Lohn. Am Grabe des Vaters wird ihm die Mahnung er solle die unbedachtsam böse That wieder gut machen; des Lebens Wellen fließen unter göttlicher Leitung dahin.

Er und die Brüder erzählen sich ihre Fahrten; dann schleudert er das Felsenstück am weitesten und erhält die Herrschaft; sie ziehen ins Ausland. Er aber spannt seinen riesigen Schimmel an einen riesigen Pflug und macht ackernd das Land urbar; dann bekämpft und vertilgt er die Raubthiere, die ihm des Nachts den Gaul zerfleischt. Ein Traumgesicht belehrt ihn daß der Stärkere um so mehr arbeiten müsse; ein König hat zehn Lasten, ein Herrscher hundert Plagen. Es ist Gott selbst der ihm das sagt, er der als ältester Freund der Helden von Jugend auf im Winde ihn gegrüßt, im Thau ihn erquickt, im Sonnenlicht ihn erzogen habe. Kurzer Segen und lange Noth nachher werde seines Volkes Los sein; ihn selbst fordere des Schmiedes Fluch, der Schwester Thräne vor Gericht. Kalewi-Poeg sendet dem Schmied Geld für das Schwert, ursprünglich wol Wergeld für den erschlagenen Sohn, und besteht allerhand Abenteuer. Ein Zauberer raubt ihm das Schwert und läßt es in einen Bach fallen; die Nixen haben es dorthin gelockt und pflegen sein, wiewol es lieber von Heldenhand im Streit geschwungen würde. Kalewi-Poeg sagt der Waffe Lebewohl mit dem doppelsinnigen Spruch: Entdeckt dich ein Mann gleich mir, so steige wirbelnd aus der Flut und vermähle dich ihm; taucht der dich selber trug die Ferse in den Bach, dann zerschmettere ihm die Füße, — er meint den Zauberer, es kann auch von ihm selber gelten. Er erschlägt die Söhne des Zauberers, der ihn dafür in einen langen Schlaf versenkt. Später steigt er auf seinen Fahrten hinab in die Hölle, bricht das Thor mit einem Faustschlag und befreit drei Jungfrauen, die dorthin lebendig entrückt worden und stets jung bleiben sollten solang der Köcher unverletzt, die Schote unzerbrochen sei: aber sie sehnen sich nach der Oberwelt, nach den Freuden der Liebe. Den Höllenfürsten rammelt er wie einen Zaunpfahl in den Boden ein, nimmt ein Schwert, setzt einen Wünschelhut auf und entkommt mit den Mädchen zur Oberwelt, wo er eine Last von Bohlen liegen ließ, die er zur Vertheidigung seines Landes herbeischaffen wollte. Hier sind mancherlei Nachklänge deutscher Siegfriedsmärchen zu erkennen. Die drei Schwestern werden Waffenbrüdern vermählt, eine Burg wird gebaut. Aber ihn treibt die Lust an Abenteuern in die Ferne, er will das Ende der Welt aufsuchen; auf silbernem Schiff kommt er an die Funkeninsel, wo die Berge Feuer und siedendes Wasser speien, und zur Riesenküste, wo die Riesentochter mit Blättern für ihre Küche sechs seiner Mannen packt, aber später freundlich zurückbringt. Er sieht den Kampf der Nordscheingeister und freut sich daß ihm statt Mond und Sonne ihre Feuerbogen nun die Nacht erleuchten. Endlich meldet ihm ein Weiser, daß er nicht das Ende der Welt, sondern sein eigenes finden werde, wenn er noch weiter steuere. Wie er die vaterländische Flur wieder betritt, begrüßt ihn des Kukuks Ruf:

Glück erblüht im Vaterlande, besser labt daheim das Leben,
Bellen froh des Hofes Hunde, kommt der Blutsfreund segenwünschend,
Hoch erglänzt daheim die Sonne, schimmern hell des Himmels Sterne

Nun regiert er sieben Jahre in Frieden, nachdem er eine Stadt gegründet und zu Ehren seiner Mutter Lindanisa genannt; dann schlägt er ein feindliches Heer in blutiger Schlacht und ermahnt das siegreiche Volk daß sein Land immer eine Braut, eine Erbin der Freiheit sei. Noch einmal steigt er mit einem Zauberglöcklein in die Unterwelt, trinkt Kraft aus dem Wasser des Lebens, bezwingt den Teufel und schmiedet ihn an die Felsmauer. Nach der Rückkehr gibt er einem treuen Steuermanne aus Lappland seinem Versprechen gemäß was daheim angestellet sei; es ist ein Gesetzbuch in welchem der Altvordern Freiheit und Unabhängigkeit verzeichnet ist, der Machtlosen edelstes Kleinod. Dann aber kommen Eisenmänner vom Meere her, und die junge Mannschaft kann die Ritterrüstung nicht mit dem Beil zerspalten. Klagend rollen die Wogen, seufzend weht der Wind, der Thau ist trüb, das Auge der Wolke weint, und die Geisterstimme schweigt im Grabe des Vaters. Das Kriegshorn schallt, die lieben Waffenbrüder Kalewi-Poeg's kommen um, und so bricht ihm der Sieg selbst das Herz.

Eh' der Sommer noch geboren sind verwelkt der Wonne Blumen;
Gleich im Lenz verdorrter Birke, ohne Freund' und Brüder bin ich;
Sind dahin die Freudentage, kam der Abend meines Glückes.

Er lebt allein in der Einsamkeit; die Eisenmänner senden Meuchelmörder nach seinem Asyl, die er aber erschlägt. Er duldet keine Fessel, er will lieber allein nach armer Leute Weise leben als einem andern unterthan sein. Unmuthsvoll wandert er durch nie betretene Waldung und kommt wieder zu dem Bach, in welchem sein Schwert versenkt ist; sehnsüchtig greift er danach und verblutet an der Wunde die es ihm versetzt; die freie Seele fliegt wie ein Vogel gen Himmel, und der verklärte Held setzt sich zum Mahle der Götter. Später wird er zum Wächter des Schattenreiches, damit der Höllenfürst nicht wieder loskomme. Er haut mit einer Faust gegen das Felsenthor, aber die Hand bleibt ihm in der Spalte eingeklemmt, und so fesselt er selbst ein Gefesselter die höllischen Schaaren. Aber einst wird ein großes Feuer seine Rechte losschmelzen, und dann kehrt er in die Heimat zurück, neu das Estenvolk zu schaffen, seinen Kindern Heil zu bringen.

So schließt auch dieses Epos mit der Hoffnung des Volks auf eine schönere Zukunft, während die Gegenwart trüb und ernst, und wenn Herder eine Klage der Leibeigenen mittheilt, so läßt schon unser Epos die drei Heldenbrüder am Strande niedersitzen und der in die Wellen versinkenden Abendsonne nachschauen mit düsterer Trauer um die verlorene Mutter.

Muntrer Wellen Schaukelspielen, Wassers schönes Wirbelkreisen,
Sternesauge hoch am Himmel, Mond und Sonn' in heiterm Glanze
Fragen nicht nach unsrer Freude, nicht nach unserm Seelenschmerze.
Welle rollet hinter Welle, wälzt sich an das Felsenufer,
Bricht zu Schaum sich an den Felsen, muß als Wasserstaub zerstieben,
Doch sie bringet keine Kunde, keine Antwort je dem Frager.
Unsers Lebens kleine Wellen rollen in der Abendkühle
Schwankend gegen Kalma's Hügel unter Grabes Rasendecke.
Sternesauge blickt vom Himmel, Mondesauge aus der Höhe,
Sonne strahlt mit hellerm Antlitz auf die Sterbenden, die Todten.
Aber Sprache hat das Grab nicht, Wort ist nie in Sternes Munde,
Mond verstehet nicht zu reden, auch die Sonne kann nichts künden,
Nicht dem Frager Antwort geben.

C. Das Keltenthum.

Die Kelten sind durch die vergleichende Sprachforschung sicher an die Arier angeschlossen; aber das Band ist lockerer als das welches Griechen an Indier, Slawen an Germanen knüpft; statt der organischen Formenfülle des Sanskrit drückt das Keltische die Beziehung der Wörter mitunter noch unmittelbar durch ihre Stellung aus und bewahrt die Beugendungen der Nenn- und Zeitwörter auch noch als ganz oder halb selbstständige Präpositionen, Verba und Pronomina, sodaß wir die Sprache selbst auf einer Uebergangsstufe erblicken, und folgern daß die Kelten früher als jene überschritten ward aus der gemeinsamen Heimat aufgebrochen. Dem entspricht es wenn bereits die Phönizier sie tausend Jahre vor Christus im heutigen Frankreich finden, wenn vier Jahrhunderte später Pelta, die Tochter Nan's, dem Hellenen Eugenes die Trinkschale reicht um den schönen Fremdling zum Bräutigam zu erkiesen, und dann die Pholäer, vor der Persermacht um der Freiheit willen auswandernd, die Rebe, den Oelbaum und die Buchstabenschrift zum Gastgeschenk bieten und Massilia gründen. Von Frankreich aus setzten Keltenzüge nach England und Irland über und fanden eine neue Heimat; andere verbreiteten sich über die Pyrenäen und verschmolzen mit den Iberern; andere brachen in Italien ein, besetzten die Poebene und belagerten Rom, andere wanderten ostwärts zurück bis nach Griechenland und Kleinasien, wo wir ihren Bildern in den plastischen Werken der Schule von Pergamos begegneten. Es dauerte lange bis sie seßhafte Ackerbauer wurden. Sie hielten es für schimpflich das Feld mit eigenen Händen zu bestellen, und lagerten lieber mit ihren Schweineheerden unter den alten Eichen, die Wanderer zwingend ihnen Rede zu stehen und von fremden Ländern und Völkern zu erzählen, woran sie sich ebenso ergötzten wie die Orientalen an Wundersagen und Märchen. Sie liebten das wogende Meer und befuhren den Ocean mit Segelschiffen. Angesehene Familienhäupter traten an die Spitze der Geschlechter, aber die politischen Bande blieben locker; Muth und Kraft gab einzelnen Heerführern oder Brennen größeres Gewicht und kriegerische Zucht ersetzte dann die bürgerliche Ordnung. Ihre Städte waren Festungen, nicht Sitz und Ausgangspunkte des staatlichen Gemeindelebens wie im Alterthume bei Griechen und Römern. Der keltische Sinn war kühn, beweglich, jedem Eindruck offen; das machte sie neugierig und zu Neuerungen geneigt; dadurch sind sie im Mittelalter die Stofferfinder der Poesie geworden, dadurch erlangte der Staat dessen Grundstock sie bilden noch in der Neuzeit die Initiative der Politik und der Mode. Tapferkeit und prahlerische Eitelkeit gingen Hand in Hand; die alten Gallier vollbrachten in glänzenden Waffen glänzende Thaten; hochgewachsen, den Helm mit Stierhörnern oder Adlerflügeln, den Hals mit einem Ring, den Schild mit Wappen geschmückt, schnurrbärtig, wilden Trotz im blauen Auge forderten sie die Feinde oder sich untereinander zum Einzelkampf um angesichts der Heere die Stärke zu zeigen. Sie hatten eine Vorliebe für Reiterei, die Clanhäupter wurden früh zur Ritteraristokratie, und der Geist der Ritterlichkeit hat sich bei ihnen ausgebildet und erhalten bis in die Galanterie und die raffinirte Sinnlichkeit späterer Jahrhunderte, doch ohne die tiefe innige Achtung vor der Weiblichkeit wie der Germane sie hegte. Fechten und geistreich sein nennt schon der alte Cato zwei Dinge die bei den Galliern viel gelten; esprit und gloire sind Zauberworte für sie bis auf den heutigen Tag geblieben. Ihre Lebhaftigkeit führte sie zur Lust am Abenteuerlichen in der Wirklichkeit wie in der Einbildungskraft, und mit ihrer Redseligkeit verbunden zu Uebertreibungen im Ausdruck. Die Macht der Phrase ist bis auf die Neuzeit groß bei ihnen.

Die Kelten waren unter sich selbst in zwei Stämme geschieden, die uns an den Gegensatz der Jonier und Dorier in Griechenland erinnern: die Gallier und die Kimren; manche wollen sie zwei zeitlich weit getrennten Einwanderungen zuweisen, und Friedrich Karl Meyer's Muthmaßung einer nördlichen und einer südlichen die über Afrika den Weg genommen, findet neuerdings eine Stütze an den Steindenkmalen bei Constantine, bei Algier, in Numidien, während man die Kimren in den Kimeriern Homer's, die der Krim den Namen gegeben, wie in den Gomern der mosaischen Völkertafel wiedererkennt, und Kelten in den Galatern sieht an die Paulus schrieb. Die Kimren haben sich in der Bretagne und in Wales erhalten, und auch damit ihre Zähigkeit, ihren mehr beharrlichen, ernsten, zum Mystischen geneigten Sinn erwiesen neben der Erregbarkeit, Munterkeit, Wandelbarkeit, welche die Gallier bald in Romanen und Franken aufgehen ließ. Der gallische Geist lebt in Heinrich IV., Voltaire, Béranger, — Châteaubriand, Lamennais, Brizeux sind echte Bretagner.

Als Cäsar mit den Galliern bekannt wurde, hatten sie längst die patriarchalische Zeit hinter sich, in welcher sie das Göttliche vornehmlich als wohlthätige Naturmacht im Lichte des Himmels und im Frühling der Erde verehrten; sie hatten auf ihren Wanderzügen bereits das Heldenalter durchlebt, in welchem die Phantasie die Thaten und Geschicke des Volkes nicht blos von den Göttern geleitet werden ließ, sondern diese selbst mehr und mehr vermenschlichte, ihnen menschliche Gestalten und Leidenschaften lieh, wie bei Homer und im Volksepos der Indier nach der Periode der Vedas geschah. Cäsar nennt den Mercur den höchsten Gott bei den Kelten wie Tacitus bei den Germanen. Der blitzende donnernde Zeus oder Jupiter, in dem sich bei Griechen und Römern der Gott der Urzeit erhalten und fortgestaltet, war dem beweglichen Geiste der Kelten und Germanen als Taran und Thor in den Hintergrund getreten, und das Göttliche schauten sie nun vornehmlich als bewegende Macht an, die in der Natur wie in der Menschheit alles erweckt und geleitet. Der Teutates, der Cäsar an den heimischen Mercur erinnert, ist für die Gallier ähnlich wie Wodan für die Deutschen der Urheber der Künste, die Personification des erfinderischen Geistes, der die Menschen und das Volk auf Weg und Steg, in Tod und Leben Geleitende, der Seelenführer wie der Förderer von Erwerb und Handel, die treibende Kraft im Getriebe der Welt und im Verkehr der Menschen. Damit ist er das Ideal des Keltenthums, der Nationalgott der Gallier. Es bleibt zweifelhaft ob der Minerva eine besondere Göttin entsprach, welche die Künste des Friedens lehrte, oder ob der Römer die Spinnerin und Weberin dafür nahm, die den Faden des Lebens hervorzog und abschnitt und das Geschick wirkte; daß die Kelten eine solche Schicksalsmacht und unter ihr oder aus ihr entfaltet mehrere gleich den Parzen und Nornen verehrten, beweist der gerade bei ihnen ausgebildete und erhaltene Feenglaube. Feen legen den Neugeborenen die schicksalsvollen Geschenke in die Wiege, Heil und Unheil, ihr Zauberstab schafft was sie wollen. Sie sind die in den Inschriften oft erwähnten Matres, Mütter, oder Matronae. Die Feen verschmelzen wieder mit den Elfen und beide leben bis heute im Volksglauben, in Liedern und Märchen, wie im Epos Spenser's und im Drama Shakespeare's; ich erinnere nur an den Sommernachtstraum und an die reizende Schilderung der Feenkönigin Mab in Romeo und Julie. Die Elfen heißen das stille oder gute Volk; sie sind luftig zart, sodaß ein Thautropfen, wenn sie darauf springen, zwar zittert, aber nicht auseinanderrinnt; Blütenglocken sind ihr Helm, sie freuen sich an Tanz und Musik. Sie sind das Geisterreich, dem die Menschenseele entstammt und zu dem sie heimkehrt, daher feiern sie die Bestattung der Todten wie ein Geburts- oder Hochzeitsfest. Die Zeit hat keine Macht bei ihnen; wer jahrelang unter ihnen geweilt dem dünkt es wie ein Augenblick, und die Unterwelt heißt deshalb das Land der Jugend. Wer von ihrer Kost genießt wird an ihre Gesellschaft gebunden. Unsichtbar erfüllen sie die ganze Natur und sind die wirkenden Kräfte derselben in den Tiefen der Erde, in den Quellen und Bächen, in Wolken und wärmenden Sonnenstrahlen, im Schimmer des Mondes und der Sterne; daher ihre Farbe bald nächtlich düster und fahl, bald licht und glänzend; der Unterschied des Guten und Bösen reiht sich daran, doch ohne tiefere Durchbildung. Sie wollen nicht gestört sein, sie necken gern; sie versinnlichen die Naturmacht, die den Menschen ebenso hold und segensreich ist als sie auch Schaden bringt. Das christliche Mittelalter sah vom Himmel gesunkene, doch nicht in die Hölle verstoßene Engel in ihnen, die um ihr künftiges Heil in sorgenvoller Ungewißheit sind.

Dem Mars der Römer entsprach bei den Galliern zu Cäsar's Zeit Esus, der Lenker der Schlachten. Apollon, der Sonnengott Belen, ward besonders auch als Heiler der Krankheiten angesehen; daß er der Poesie vorstand, lehrt uns der Bericht Lukian's von einem Keltengott mit Keule, Bogen und Löwenhaut, der ihn an Herakles erinnert; er ward aber als Greis dargestellt, und von seiner Zunge gingen Ketten von Gold und Bernstein aus und banden die Ohren umstehender Menschen an ihn; lächelnd sah er sie an und sie folgten ihm mit Wohlgefallen. Der Grieche ließ sich das räthselhafte Bild von einem Kelten deuten. Es ist der Gott der Stärke zugleich der Gott der Rede; es ist der Zauber und die Macht des Wortes, die alle bindet und senkt; und der Gott wird als Greis dargestellt, weil erst im Alter die Weisheit der Rede ihre volle Kraft verleiht. Das zeigt uns schon die Stufe priesterlicher Reflexion, wie wir sie als die dritte der Religionsentwickelung in Indien kennen gelernt haben, und in der That entsprechen die Druiden, wie Cäsar und andere sie schildern, den Brahmanen und ihrer Herrschaft.

Ist das Druidenthum und seine Lehre auch vornehmlich unter den Kimren entwickelt, so brauchen wir dasselbe doch nicht mit Henri Martin durch eine spätere kimrische Wanderung an die Brahmanen anzulehnen, noch weniger mögen wir es mit Leroux von dem Siwacultus ableiten, dessen spätere Ausbildung uns bekannt ist (I, 501 fg.); nicht solche Früchte, die Keime und Wurzeln haben wir als das Gemeinsame zu erkennen, und sie haben unter verwandten Verhältnissen ähnliche Zweige getrieben. Weder in Griechenland noch in Deutschland hat sich ein Priesterstand gebildet, bei Indiern und Kelten ist es geschehen, und er hat die Herrschaft erlangt. Die Druiden haben den Namen Eichenmänner von dem Baum unter dem sie opferten, dessen Blätter sie sich zum Kranze flochten; sie sind die Sängerpriester der Urzeit, aber nun in dreifach gesonderter Gliederung: als Priester, naturkundige Wahrsager und Barden. Die erstern heißen Senanen, die Ehrwürdigen; sie sind die Lehrer des Volkes, seine Berather in Sachen des Glaubens, die Richter über peinliche Anklagen wie über Streitigkeiten um Besitz und Erbschaft, sie bestimmen Strafe und Belohnung und verhängen einen Bann gegen den Unfügsamen, der dadurch vom Opfer und vom bürgerlichen Verkehr ausgeschlossen, für ehr- und rechtslos erklärt wird. Ein Oberpriester steht an der Spitze der Druiden; nach seinem Tode folgt der Angesehenste; ragt keiner entschieden vor den andern hervor, so wird über die Bewerber abgestimmt, oder sie rufen in einem Zweikampf mit Waffen ein Gottesurtheil an. Im Lande der Karnuten, bei Chartres, hielten die Druiden an heiliger Stätte, „im Mittelpunkt der keltischen Erde", eine Jahresversammlung. Bei dieser stand die höchste gesetzgebende und entscheidende Gewalt in allen geistigen Angelegenheiten. Die Druiden waren vom Kriegsdienst und allen öffentlichen Lasten entbunden. Der Eintritt in ihren Stand war allen freien Kelten offen, aber er bedingte eine Erziehung, die sich über viele, oft über 20 Jahre ausdehnte, und für die sie wol unter der Jugend die Begabtern auswählten. Ihre Weisheit war in Versen und Formeln niedergelegt, aber nicht schriftlich aufgezeichnet, sie lebte im Gemüth und im Gedächtniß.

Neben den Priestern oder Senanen standen die Eubaten, die sich mit dem Studium der Natur beschäftigten, die Gestirne beobachteten, die Kräfte der Dinge erforschten, um durch Arzneikunst wie durch Magie und Wahrsagung aus dem Flug der Vögel oder den Eingeweiden der Opfer Vortheile für sich und das Volk zu ziehen. So manche abergläubische Gebräuche, die sich durch das Mittelalter erhielten, haben hier ihre Wurzel. Ein Eubate war es der die auf Eichen wachsende Mistel mit goldener Sichel abschnitt; ein anderer fing mit weißem Tuche sie auf; sie sollte die Erde nicht berühren; wie sie immergrün auf dem heiligen Baum aufsproß, ward sie zum Symbol des höhern aus dem irdischen sich erzeugenden Lebens und ein Heiland aller Schmerzen. Die Eubaten weihten Amulete und hatten Zaubersprüche zu Segen und Fluch. Die Barden hatten durch Gesang Ruhm und Tadel der Männer zu verkünden und die Erinnerung an die Thaten der Vergangenheit wie der Gegenwart zu erhalten. Sie nahmen theil an der Erziehung der Jugend, sie begeisterten zum Kampf, sie erheiterten beim Mahl, sie gaben der Trauer um den Todten das ehrende Wort, sie waren die Stimmführer der öffentlichen Meinung. Endlich werden auch Druidinnen erwähnt, und wir haben Kunde von Griechen und Römern, daß keltische Frauen bei der Schlichtung von Streitigkeiten, bei der Berathung über Krieg und Frieden mitgewirkt. Es waren theils Druidenfrauen, theils jungfräuliche Dienerinnen der Götter. Pomponius Mela berichtet von den Vorsteherinnen des Orakels auf der Insel Sena (Isle de Sain), man glaube daß sie durch ihren Gesang Wind und

Meer aufregen, daß sie Krankheiten heilen, die Zukunft wissen und beliebig Thiergestalt annehmen können. Sie weissagten aus dem Kessel, in dem sie Zaubermittel bereiteten; Shakespeare's Hexen sind ein Nachklang von ihnen, und der Volksglaube des Mittelalters läßt in einem Liede der Bretagne Heloïse davon singen wie sie eine Nestel knüpfe, barfüßig im Sonnenaufgang Kräuter sammle, Krötenherz und Rabenauge in den Zaubertrank werfe, Schlangen mit dem Blut ungetaufter Kinder nähre, wie sie ein Lied wisse um das Wetter zu machen, wie sie sich in eine Hündin, einen Vogel oder Irrwisch verwandeln könne.

Ueber die Weisheit der Druiden ist viel gefabelt worden, besonders nachdem Davies in England, Mone und Eckermann in Deutschland die dunkeln und allegorischen Aussprüche mittelalterlich walisischer Barden für alterthümliche Ueberlieferung genommen und mystisch zu deuten gesucht. Die Form war allerdings die stets übliche gebliebene Triade, ein dreifach gegliederter Vers, und mit Diogenes von Laerte stimmt die Triade von der obersten Weisheit des Druidenthums: Verehrung und Gehorsam gegen Gott, Sorge für das Wohl der Menschen, Stärke in den Wechselfällen des Lebens. Auch dagegen will ich nicht streiten daß die Priester in den verschiedenen Göttern nur Eigenschaften der einen Gottheit erkannt, die nach ihrem verschiedenen Walten mannichfache Namen empfangen. Die Welt schauten die Druiden als ein Riesenthier an, das aus der Tiefe der Urnacht aufgestiegen; aber darum ist sie noch nicht böse und ein Werk des Satans, das Leben vielmehr ein Aufstreben aus Nacht zum Licht; auch Cäsar sagt in seiner Sprache daß die Gallier ihren Ursprung auf den Vater Dis, den Gott der Unterwelt, bezogen. Feuer und Wasser waren Grundelemente, der Mensch ein Auszug der Grundkräfte der Natur. Die Seele galt für unsterblich, und gleich den Brahmanen haben die Druiden die Lehre von der Seelenwanderung durch viele Gestalten ausgebildet. Sie bezeichnen drei Kreise des Daseins. „Wir gehn dreimal durch Todesnacht, eh' wir zur Ruhe sind gebracht", heißt es in einem alten Volksliede, und walisische Triaden reden von einem Zustande des Anfangs in der Tiefe, wo alle Dinge noch in dem Urgrunde ruhen, von einem Zustande der Entäußerung der Selbständigkeit und Gegensätzlichkeit der gegenwärtigen Welt, und von einem Zustande der Glückseligkeit und der Liebe. Dieser ist die himmlische Vollendung;

in sie geht der Vollkommene ein; der Unreine, der Sündige kommt nach dem Tode zu einer neuen Prüfung auf die Erde oder wird in Thälern des Blutes, in Seen der Angst gestraft und geläutert. Todtenschiffer setzen die gereinigten Seelen nach Inseln der Seligen im Westen über, wo sie aus dem Brunnen des Lebens trinken, ihre Lieben wiederfinden, und auf immergrünen Matten unter lieblichen Aepfelbäumen an Gesang und Weisheit sich erfreuen. Darin stimmen die Nachrichten der Alten mit keltischen Volksliedern und Triaden überein.

Blut fordert Blut und kann nur durch Blut ersetzt werden, war keltischer Glaube. Daher die vielfachen Opfer. Nicht blos daß sie dem Kriegsgotte die Beute für die Verleihung des Siegs gelobten und aufhäuften, wer immer in Noth war oder an Krankheit litt suchte das Vieh oder den drohenden Tod auf ein stellvertretendes Wesen, auf ein Thier oder einen Menschen zu übertragen, und hoffte daß die Götter sich dadurch befriedigen ließen. Die Druiden besprengten die Altäre mit dem Blute der Opfer und weissagten aus den Eingeweiden. Bei einigen Stämmen fertigte man ungeheure Götterbilder aus Weidengeflecht, füllte sie mit lebendigen Menschen an und steckte das Ganze von unten auf in Brand. Man wählte Verbrecher zum Opfer, doch wo sie fehlten traf auch Unschuldige das Loos; oft gingen Anhänger eines Häuptlings freiwillig und freudig für ihn in die andere Welt. Auf dem Scheiterhaufen wurden die theuersten Besitzthümer, Rosse und Hunde, in früherer Zeit auch Sklaven und Schützlinge, die dem Herrn besonders lieb waren, mitverbrannt; er solle das gewohnte Gefolge im Jenseits wiederfinden. Die Römer eiferten gegen die religiösen Greuel des Druidenthums; den Eindruck des Schauerlichen, finster Feierlichen, den sie durch den Cultus der Kelten empfingen, gibt Lucian's berühmte Schilderung jenes Haines bei Massilia wieder, den nie die Axt berührt, den kein Sonnenstrahl durchdringt; aber ein jeglicher Baum ist mit dem Blute der Menschenopfer geröthet. Dort scheut das Wild sich zu lagern, die Vögel fürchten auf den Zweigen zu nisten; dort flüstert kein Lufthauch, leuchtet kein Blitz; die moosbedeckten Stämme selbst sind zu unförmlichen Götterbildern behauen. Es geht die Sage daß umgestürzte Bäume von selber sich wieder erheben, daß drohende Stimmen aus dem Boden erdröhnen, daß der Hain ohne zu brennen im Feuerschein glüht und Drachen an den Eichen sich emporringeln. Nie geht das

Volk in das Schattendunkel ein und der Priester selbst bebt davor daß die Erscheinung des Gottes dort ihm entgegentrete.

Reste keltischer Kunst führen uns zu den ersten Anfängen; Erde wird aufgeschichtet um ein Denkmal zu gründen, einen Ort zu weihen; das Geheimnißvolle, das Seltsame, das Gewaltige ersetzt noch das Schöne. Wie der große Mann im Leben so soll das Grab über dem Todten hervorragen; es wird zum Hügel aufgeschüttet, wie sich der von Silburh in England bis zur Höhe von 200 Fuß erhebt; Gänge leiten zu der Grabkammer im Innern; sie ist mit großen Platten gedeckt, die auf festen Mauern ruhen, deren zwei wol auch schräg gegeneinanderlehnen und ein spitzes Dach bilden. Ein Graben, ein Steinring umkränzt den Hügel, ein Felsblock, ein Pfeiler krönt mitunter den Gipfel. Solche Steinpfeiler wurden außerdem vielfach aufgestellt, sie heißen Menhirs oder Peulven, einer in der Bretagne, der kolossalste, maß 60 Fuß. Zwei Pfeiler, nah aneinander und thorähnlich durch einen dritten verbunden, heißen Lichaven; stützen mehrere freistehende Steine eine Platte, oder rücken sie unter ihr zur Mauer zusammen, so entstehen die Dolmen oder die Steinkisten. So wurden ganze bedeckte Gänge gebaut, die das Volk Feengrotten nennt. Eigenthümlicher Art sind die Wagsteine, rockingstones, Felsblöcke die auf einer Unterlage mit dem spitzen Ende aufgesetzt sind, sodaß sie leicht in Bewegung gebracht werden können. Reihen von Steinpfeilern bilden Gassen und führen zu Steinringen hin, und hier laufen Kreise höherer oder niederer Pfeiler, bald paarweise, bald alle durch Deckplatten verknüpft, um einen gemeinsamen Mittelpunkt. So umschließt das Steingehege (Stonehenge) nördlich von Salisbury zunächst einen großen Block durch dreißig kleinere Pfeiler; zehn größere bezeichnen einen zweiten, dreißig von 16 Fuß Höhe einen dritten Kreis von 108 Fuß Durchmesser. Das Feld von Carnac läßt noch mehr als 1000 Pfeiler und Blöcke zählen; Gassen führen von einem großen Kreis, der 1600 Fuß Durchmesser hat, zu kleinern Ringen hin. Der Denkstein konnte das rohe Bild eines Gottes, eines Helden sein; die Verbindung der tragenden Pfeiler mit dem Balken oder der Platte gab die erste Sonderung und Verknüpfung von Kraft und Last, von verticaler und horizontaler Richtung; der Ring begrenzte einen geweihten Raum.

Ehe Cäsar nach Gallien kam, war dort neben den Priestern die weltliche Aristokratie edler Geschlechter herrschend geworden, die das Volk in Abhängigkeit und Hörigkeit gebracht hatten; in Parteien zersplittert war das Land zwischen die Römer und die Deutschen gestellt, Cäsar's Sieg über Ariovist machte es zum Bollwerk der antiken Civilisation und dämmte den Strom der Völkerwanderung auf Jahrhunderte über den Rhein zurück. Aber die Unterwerfung unter Rom rief noch einmal das keltische Nationalbewußtsein wach und einigte Gallien unter Cervingetorix zum Befreiungskampf; noch einmal flammte die Begeisterung empor, um ebenso rasch nach den ersten Schlägen zu erlöschen; der ritterliche Held opferte sich zur Sühne für sein Volk, und sein Blut floß am Tage von Cäsar's Triumphzug am Fuße des Capitols. Auch hier geschah es daß die Nation vor dem Untergang oder der Umgestaltung sich noch einmal in einem großen Mann concentrirte, dessen Heldenbild wie zu tragischem Geschick bestimmt, wie vom Glanz der Abendsonne umflossen erscheint. — Unter Augustus ward diesem selbst und der Göttin Roma ein Tempel am Zusammenfluß der Rhone und Saone geweiht; die Namen der sechzig gallischen Städte, die ihn gebaut, waren auf dem Altar eingeschrieben und ihre Bildsäulen umstanden einen Koloß der Gallien personificirte. Gallische und römische Götter wurden identificirt, lateinische Sprache, Schrift und Literatur mit großer Schnelligkeit verbreitet, und bald wollten die Gallier welche die Aeneide lasen auch von troischen Flüchtlingen abstammen. Das Druidenthum zog sich in die Wälder, an die öden Küsten zurück, aus Rittern wurden Senatoren, und Marmorpaläste entstanden in den Städten, die ehemals durch eine Umwallung befestigt waren, deren Eigenthümlichkeit darin bestand daß von innen nach außen in einer Entfernung von zwei Fuß Holzbalken gelegt, die Zwischenräume aber mit Felsblöcken und hinter ihnen mit Erde ausgefüllt wurden; in einer höhern zweiten, dritten Reihe ruhte dann stets Holz auf Stein, Stein auf Holz, was gegen Brand und Mauerbrecher gleichen Schutz, dem Auge aber einen Anblick regelmäßigen Wechsels gewährte.

England war durch wiederholte keltische Einwanderung bevölkert; die Bewohner Irlands und Schottlands unterschied man von den Briten im Süden der Insel, die indeß auch nach der Bekanntschaft mit den Römern ihren Namen nicht mehr an einen einheimischen Herrscher Prid, sondern an einen Nachkommen des Aeneas, Brutus knüpften, der das Land unter seine drei Söhne getheilt haben sollte. Die Römer stießen auf eine streitbare Bevölkerung im losen Verband unter Königen; dem Hause stand der Hausvater vor. Die Geschlechter waren durch Blutsverwandtschaft bis ins neunte Glied oder durch Aufnahme in dieselbe vereinigt und zu Schutz und Trutz in jeder Lebenslage verpflichtet; sie bildeten die Gaugenossenschaft oder den Clan, ein Häuptling leitete ihn in Krieg und Frieden. Nach Geschlechtern ordnete man sich zur Schlacht wie zum Festgelage; sie hatten ihre Ueberlieferungen, Lieder und Wappen, sie standen für ihre Habe, ihre Ehre gegen jeden Angriff von außen zusammen, sie forderten Blut für Blut oder ein Wergeld zur Sühne. Der König sollte den Frieden des Landes aufrecht halten, den Rechtsbruch strafen; die Aeltesten oder Häuptlinge der Geschlechter standen ihm zur Seite, und die Gesetze erließ er nach der Zustimmung der Landesgemeinde, die auch gegen ihn angerufen werden konnte, wenn über Druck und Willkür geklagt wurde. Königthum, Volksversammlung und Rechtspflege nennt eine Triade die drei Säulen der Gesellschaft. Die Volksversammlung soll Harmonie und Ordnung schaffen, neue Lehre und Kunst einführen oder verbieten. Im Mittelalter finden wir Edle, Gemeinfreie, Hörige; ursprünglich aber adelt der Beruf und die Beschäftigung, die Barden, die Weisen, die Künstler als Erzarbeiter, Bauhandwerker haben eine bevorzugte Stellung; der Häuptling soll Rathgeber und Richter, ein Mann von erprobter Weisheit und Dichtkunst sein. Verbrecher verloren die Waffenehre und den Antheil am Staat und bildeten mit Vagabunden und Fremden die Schutzgenossen und Hörigen der Geschlechter. Durch Verheirathung mit Freien oder wenn sie die Bardenschule durchmachten erlangten sie die Freiheit.

Die Römer brachten ihre Bildung und Verwaltung, ihre Gewerbe und Genüsse auf die Insel und legten zahlreiche Städte an; aber das keltische Wesen hatte seine Stütze an den Druiden und Barden, welche Religion, Sitte und Geschichte der Väter und damit das Nationalgefühl in dem Herzen des Volks wach erhielten; berichtet doch auch Cäsar daß von Gallien aus solche die sich genau unterrichten wollten nach Britannien wie auf die hohe Schule des Druidenthums gegangen seien. Am Anfang des 5. Jahrhunderts mußten die Römer die Provinz wieder sich selbst überlassen, und die einbringenden Sachsen nöthigten das Volk sich unter Oberkönige zu schaaren, unter denen Urien und Artus oder Arthur genannt und besungen werden. Doch wurden die

Kelten nach der Westküste hingedrängt oder zur Auswanderung nach Armorika hingetrieben; die Nordküste Frankreichs erhielt daher den Namen Bretagne und es blieb ein reger Verkehr der verbrüderten Stämme. Nachdem Kadwallon 634 in der Schlacht gefallen, ging Gau um Gau verloren und nur Cambrien oder Wales behauptete die alte Nationalität, wenn auch unter stets erneuten Kämpfen mit Sachsen und Normannen, wenn auch tributpflichtig an die Krone von England, bis gegen Ende des 13. Jahrhunderts das Haupt des letzten Britenfürsten mit silbernem Reif geschmückt auf einem Spieß durch Londons Straßen getragen ward um höhnisch die Prophezeiung zu erfüllen, daß er mit dem Diadem des Herrschers dort einziehen werde. Doch bewahrte das Volk seine Sprache, seine Sitte, sein Recht, und wie es mit stolzem Selbstgefühl sich als den rechtmäßigen Herrn der Insel ansah, so pflegte und hegte es die alten Ueberlieferungen. Die Führer, Träger und Sprecher des Keltenthums aber waren die Barden. Sie, die Sänger, blieben, wie sie das Erste und Ursprünglichste gewesen, als die Wahrsager und die senanischen Druiden dem Christenthum, ihr Lehramt den Kloster- und Bischofsschulen gewichen; ja sie fühlten sich im Gegensatze gegen die Mönche, wie sie die Seele der Opposition gegen Römer, Sachsen und Normannen waren, und wenn auch christliche Ideen eindrangen, so faßten sie doch die alterthümliche Weisheit in ihren Sprüchen zusammen. Wir finden hier die ganz eigenartige Erscheinung daß die Poesie in der zünftigen Abgeschlossenheit eines Standes gepflegt wird. Allerdings ergänzt derselbe sich nicht durch Geburt und Erbfolge, sondern durch Begabung und Wahl, und die Triaden nennen das poetische Genie doch als das Unentbehrlichste, wenn sie auch den Unterricht bei einem Barden und dann die Bestätigung durch den Bardenconvent zu Bedingungen des Bardenthums machen. Die Barden führten statt der Waffen einen Stab, kein Schwert durfte vor ihnen entblößt werden, sie galten bei Freund und Feind für unverletzlich. Sie waren Erfinder und Fortpflanzer der Kunst, sie führten die Geschlechtsregister, sie bewahrten das Gedächtniß der Helden und Thaten; die Verkündigung der Wahrheit und des Wissens, die Veredlung der Sitten, der Sieg des Friedens über Gesetzlosigkeit und Gewalt wird als ihre Sendung bezeichnet. In den einzelnen Landschaften waren Bardenstühle errichtet, die ihre Regeln und Losungen hatten; so lesen wir die Wahlsprüche: Wahrheit gegen alle Welt unter Gott und seinem

Frieden; erwacht, es ist Tag! Von da ging der Unterricht aus, da fanden die Versammlungen statt und wurden die Schüler geprüft und mit dem Grade der Selbständigkeit bezeichnet. Ein ausgezeichneter Dichter war Meister des Stuhls. Um ihn schaarten sich die Seinen; aber es fanden auch Bardenversammlungen des ganzen Reichs statt, die lang vorher berufen und an altheiligen Anfangstagen der Jahreszeiten gehalten wurden. Hier wurden die Anordnungen über die Kunst und Lehre festgesetzt, hier wurden neben den Erinnerungen der Vorzeit die schönsten neuen Geisteserzeugnisse Gemeingut. Preisrichter thaten ihren Spruch, den Blick in das Auge des Lichts, das Antlitz der Sonne gewandt; um eine Erhöhung auf Rasengrund bezeichnete ein Steinkreis den Ring, den nur die Barden betreten durften. Die Jünger schlossen sich an einen zum Lehrer berechtigten Barden an; sie hießen zuerst ungehobelte, danach geschulte Schüler, dann wurden sie für selbständig erklärt; aber nun bedurfte es von Jahr zu Jahr dreier Siege, wenn einer Druidenbarde oder Meistersänger werden wollte. Doch konnte dazu auch einer ohne diese Lehrjahre von der großen Bardenversammlung um des Genius und der Kenntnisse willen ausnahmsweise geweiht werden. Wir finden Barden als Fürsten, Richter, Helden, Erzieher; stets war die poetische Form die Trägerin ihres Wissens und Wirkens, und mit der Dichtkunst stand die Musik in engster Verbindung, die Versmaße hatten ihre Melodien, die Harfe (Telyn), die Geige (Kruth), oder die Pibeu (Querpfeife) begleitete den Gesang. Je mehr die Barden auch Gelehrte geworden, desto selbständiger standen Musiker und Sänger neben ihnen, beide aber stellten sich stolz den unzünftigen fahrenden Sängern, Fiedlern und Pfeifern gegenüber. Indeß war die Freude am Gesang allgemein, ein Lied bei Saitenschall erklang in jeder Familie und das Schwert wie die Harfe waren Kleinode des Hauses, die gerichtlich nicht mit Beschlag belegt werden durften.

Jeder Barde hatte ein Recht auf fünf Acker Landes. Ward er zum Hausbarden eines Königs bestellt, so erhielt er von diesem eine Harfe, von der Königin einen Goldring. Lobgedichte auf ruhmvolle Thaten, die das ganze Volk angingen, trugen, wenn die Bardenversammlung sie krönte, dem Dichter einen Rundgang ein, im ganzen Reich empfing er einen Pfennig von jedem Pflug. An hohen Festen hatten außerdem Barden und Bardenschüler die Befugniß des Rundgangs im Bezirk ihres Stuhls; wie sie auf den Wanderungen Kunde der Ereignisse sammelten und verbreiteten, so wurden ihnen bei angesehenen Familien freie Aufnahme und Geschenke zutheil. Ebenso bei der Feier der Begräbnisse, der Hochzeiten, wo der Preis ihres Liedes nicht fehlen sollte. Sonderbar ist eine Bestimmung in Howel's Gesetzbuch. Wenn der Barde zum König kam um für sich oder einen andern etwas zu erbitten, so hatte er nur ein Gedicht vorzutragen, beim Edelmann aber drei, und beim Bauer hatte er bis in die Nacht zu singen so lang er konnte. Glaubte man daß der Höhergestellte den Werth eines Liedes richtiger würdige, wie Walter sagt, oder wollte man, wie Rosenkranz meint, die Selbsterniedrigung der Barden verhüten?

Dieser festen zunftmäßigen Ordnung verdankt es die kimrische Literatur daß sie während anderthalb Jahrtausende sich innerhalb bestimmter Anschauungen, Empfindungen, Ausdrucksweisen und Formen so frisch oder starr erhalten, so wenig fortbewegt hat, sodaß mit geringen Aenderungen der heutige Barde wie sein heidnischer Ahne singt. Die Abgeschlossenheit des Volks, die Zähigkeit seines Charakters, die Geistesrichtung auf eine ruhmreiche Vergangenheit aus dem Kampf und der Noth der Gegenwart haben das möglich gemacht. Schon die Druiden mußten dem Gedächtniß zu Hülfe kommen, wenn sie ihre Lehren nicht schrieben, dieselben aber doch unveränderlich treu überliefert werden sollten, und das geschah durch die gebundene Rede, durch den gleichen Auslaut, der die Sätze aneinanderfügte, und durch die Dreigliederung, welche stets drei Gegenstände, Männer, Ereignisse, Sittensprüche, unter einem Gesichtspunkt zusammenstellt und dadurch den Gedanken in derselben Weise formt wie eine Ebene, eine Figur durch drei Punkte, ein Körper durch drei Richtungen, ein Vorgang durch Anfang, Mitte und Ende bestimmt ist. So binden denn ganz alle Bardenlieder, z. B. der Klaggesang auf Urien's Tod, drei Zeilen durch den Reim.

<pre>
Ein Haupt ich trag' in meinem Schild,
Das Haupt Urien's, des Herren mild,
Sein Leib liegt blutig im Gefild.

Ein Haupt ich trag' bei meinem Schwert,
Das Haupt Urien's, des Helden werth,
An seinem Rumpf der Rabe zehrt.
</pre>

Längere Verse reiht nicht blos der Endreim aneinander, auch der Binnenreim wiederholt den gleichen Klang im Innern, während der Fortgang der Rede ein eben gebrauchtes Wort wieder aufnimmt und so die Gedanken ineinanderschlingt. Das zeigt schon die Opferhymne aus der Heidenzeit an den Sonnengott Beli, der hier auch Man Ogan angerufen wird und wol der obenerwähnte Herkules Ogmius Lukian's ist.

Sprnd' im Goldhorn,	Goldhorn in Hand,	Hand am Stahl hier,
Stahl am Schlachtthier	sing' ich Preis dir,	König Beli!
Dich Man Ogan	ruft mein Lied an:	hold herab sieh,
Schütz das Recht der	Beliburg, Herr,	dir gehört sie.

Opfer und Schlachtgebete, Kriegsgesänge, Preislieder auf Thaten, ehrende Todtenklage und Sittensprüche sind die ältesten Denkmale der Bardenpoesie; wie sie an der Grenze des Heiden- und Christenthums liegen, so kämpft in ihnen das Volk um seine Selbständigkeit. Aneurin, Lywarch Henn, Taliesin werden als Barden des 6. Jahrhunderts genannt, Merlin ward ihnen angereiht und gleich dem letztern zum Mythus und zum Träger vieler untergeschobener Dichtungen. Lywarch Henn war selber Herrscher eines kleinen Reiches gewesen, hatte dann als Barde am Hofe eines andern Königs gelebt und sah im Alter, auf seinen Bardenstab wie auf eine Krücke gestützt, die Erinnerungen der frühern Tage an seiner Seele vorüberziehen. Es ist als ob eine Wolke der Schwermuth düster über dem Gemüthe schwebt, und aus ihr brechen wie Blitz und Schlag die Empfindungen, die Gedanken hervor; die Töne des Preises selbst hallen dumpf, es ist der Schmerz der Todtenklage der sie hervorruft, und der Jubelschrei des Sieges denkt an die sächsischen Mütter die das Kettenschwert weinen macht. Hören wir noch das Lied auf den Piltenhelden Tülbuch; es erinnert an die alte Sitte die Schlachtreihe durch Ketten zu binden, die wir von den Kimbern her kennen; F. L. Meyer gibt den Kyklopenbau der Verse, der die Wortblöcke nebeneinander hinwirft, annähernd wieder.

Herr zerstoben,	Wehr zerkloben,	Leib zerhaun!
Jüngst ein hoher	Fürst durchzog er	Land und Aun,
Völker folgten	seinen stolzen	Königsbraun,
Jubelnd blickten	seine Bilten	ihn zu schaun,
Schlossen freud'ger	ihrer Leiber	Kettenzaun.

Weh, gefaßt heut	von der Schlachtmaid	ehrnen Alaun,
Starr im blutigen	Hieb den muthigen	Blitz der Braun,
Ein besiegter	Leichnam liegt der	Stolz der Fraun,
König Tülbuch,	tief verhüllt von	Todesgraun!
Heer zerstoben,	Wehr zerkloben,	Leib zerhaun!

Dieser ersten Periode gehört auch das höchst merkwürdige Gedicht Gododin an, gleichfalls in primitiver Mischung epischen und lyrischen Tons gehalten. Es verdankt seinen Ursprung der britischen Sitte am Anfang Mai innerhalb der heiligen Steinringe Festgelage mit bardischen Sängerkämpfen zu halten, deren Gegenstand eben der Anlaß der Feier, der Jahreswechsel war. Dies Gedicht mußte aus so viel Versen bestehen als das Jahr Tage hat; wir haben Bruchstücke von mehrern erhalten. 360 oder 363 Krieger rücken aus nach dem Schlachtgestad (Katträth) gegen den fremden Feind. Auch sie halten ein Gelag im Steinring; trunken von Meth brechen vom Mahl sie auf, um einer nach dem andern Tag für Tag glorreich zu fallen; nur einige, nur drei sind noch am Leben, die Tage an denen die Gedichte vorgetragen werden; der singende Barde selbst nennt sich stets einen der Uebrigbleibenden. Der Gegensatz des fröhlichen Lebensmuthes und des unvermeidlichen Verhängnisses, des Festjubels und Todesschweigens bildet den Grundton des Gedichtes, einzelne Tage aber tragen die Namen der volksthümlichen Helden, wie im christlichen Kalender sie nach Märtyrern genannt sind, und so hält die Feier des Jahreswechsels sie stets im Gedächtniß wach. Das neue Jahr dem das alte erliegt, der sieghafte Feind ist das Volk der Sachsen. So verweben sich Naturbilder und geschichtliche Erinnerungen, der Jahreswechsel wird zur Völkerschlacht, die Frühlingsfreude zur Todtenfeier. Wir geben einige Strophen, deren Verse stets derselbe Reim abschließt.

Kühn zum Streit nach Katträth zog die Schar,
Süßer Meth ihr Labsal und ihr Giftmahl war;
Drei dreihundert sechzig zogen aus fürwahr,
Lustig laut, jetzt schweigend immerdar.
Aller so da wallten hin zum Steinaltar
Dreie nur dem Tode entrannen wunderbar.

Munter lachend nach Gododin zog das Heer,
Schwert in Händen, funkelnd hell in Waff und Wehr,
Kurz und jäh ihr Jahr des Glücks, ihr Schicksal schwer;
Jung und all, kühn und mild, wild und hehr,
Alle so da wallten hin zur Schlacht am Meer
Fielen all erschlagen ohne Wiederkehr.

Nach Katträth die Streiter zogen früh am Tag,
Fort sie riß des kühnen Herzens rascher Schlag,
War ein Jahr lang Klang und Lust und Festgelag.

Wein und Meth sie muthig tranken Tag auf Tag,
Aber jäh auf Stolz folgt tiefe Niederlag',
Leib auf Lust, auf lauten Jubel laute Klag'.

Eins der erhaltenen Bruchstücke knüpft sein Lied an König Cymbelin an:

Dies das Lied zur großen Jahreswiederkehr,
Fürst Cymbelin, seines Landes Lust war er,
Um den Theuren ein Klaglied ist's und Klage schwer,
Burg Eydin, um dich und deiner Heil'gen Heer.
Heil dir, heilig Eiland, grün im weiten Meer!

Die Dichtung zeigt uns eine bewußte Verschmelzung von Naturereigniß und menschlicher Geschichte; sie ist allegorisch, aber damit wird nicht das Allegorische zu einer Ausdrucksweise ursprünglicher Mythologie, wie Meyer will, denn wir stehen ja in einer Zeit die längst nicht mehr die ausdämmernden Gedanken symbolisch sich selber erst durch analoge Naturerscheinungen klar macht; vielmehr haben die Druiden in der räthselhaften Ausdrucksweise, die auch griechische Schriftsteller erwähnen, gleich den Buddhisten und gleich dem Talmud ihre bereits fertigen Gedanken in Parabeln eingekleidet, die sich aber gerne an die verblassenden mythologischen Bilder anschließen und mit ihnen vereint zum Märchen werden, das den Sinn unter der Hülle durchschimmern läßt. So hat man auch im Hintergrunde von Arthur und seinen zwölf Rittern von der Tafelrunde das Jahr mit den zwölf Monaten, in seiner Gattin Gwenhywar, der Wechselschönen, die wechselnde Jahreszeit erkannt, in dem welschen Namen Parcival's, Peredr, das Wort Stahl gefunden, seinen Vater als Graf Erzig, seine Mutter als Erzstufe, seinen Waffenbruder als Scharf von Rothschwert, und das schwarze Mädchen, das aus dem Berge befreit wird, auf das Eisen gedeutet; Peredr kehrt abends nach dem Gefechte des Tages in das Gefängniß, das Schwert in der Scheide, zurück. Im Zusammenwirken dichterischer Erfindung, altmythologischer Ueberlieferung und geschichtlicher Erfahrung bildeten sich nun in der zweiten Hälfte des 1. Jahrtausends die Sagen, die den Chroniken von Nennius und Gildas zu Grunde liegen, die vornehmlich aber Gottfried von Monmouth sammelte. Seine Geschichte des britischen Reiches ward gleich den Märchenbüchern (Mabinogion) eine Fundgrube der höfischen Poesie bei Romanen und Germanen, wie wir später darlegen wollen. Hier sei noch erwähnt wie zwei alte Barden selbst zum Mythus werden. Dem Taliessin legen nicht blos spätere Jahrhunderte ihre allegorische Weisheit durch untergeschobene Gedichte in den Mund, sie lassen auch leicht durch den bunten Schleier der Erzählung auf den Grund sehen und in der Glanzstirn, wie schon sein Name besagt, den Dichter erkennen, den Ceridwen, die bardische Muse, selbst geboren. Gwion, der den Kessel rührt in welchem sie den Trank der Begeisterung, Weisheit und Zauberkunst kocht, steckt den Finger, auf den drei Tropfen gesprüht, in den Mund und blickt dadurch in die Zukunft; als Hase flieht er vor Ceridwen, sie folgt ihm als Windhund; er verwandelt sich ins Weizenkorn, sie verschluckt ihn als Henne; aber nach neun Monaten gebiert sie ein Kind, wickelt es in einen ledernen Sack und wirft es in die See. Dort fischt es am ersten Mai der arme Elphin, und nennt das Kind nach der glänzenden Stirn. Der Knabe singt sofort dem Bekümmerten ein Trostlied und bezeichnet sich selbst als den durch alles Lebendige hindurchschreitenden, in alle Gestalten sich verwandelnden Geist. Dann wird Elphin vom König Maelgon gefangen; aber Taliesin geht an den Hof, und die Barden die mit ihm wettsingen wollen bringen nur den Ton blerom blerom heraus, indem sie mit dem Finger auf der Unterlippe wie auf einer Saite spielen; die angelernten Künste machen sich lächerlich vor dem Genius, bei dessen Lied nun die Fesseln Elphin's von selbst abfallen, und so zeigt es die befreiende Macht der Poesie; und es offenbart sich der Dichter als wahrhafter Seher, wenn er dem König ein Strafgericht droht und sofort der Sturm sich erhebt daß der Palast in seinen Grundfesten erzittert.

In Merlin dem Zauberer und Propheten sind mehrere Gestalten verschmolzen und an seiner Sage hat ein halbes Jahrtausend gedichtet. Ein Barde zu Arthur's Zeit, der nach verlorener Schlacht wie von wahnsinnigem Schmerz ergriffen sich in den Wald flüchtete, ist Merlin der Wilde, von dem auch bretonische Volkslieder singen. Eine ältere Gestalt ist Merlin Ambrosius, das Kind das seinen Vater nicht kennt, die Frucht der Liebe einer Britin und eines Römers. Der König Vortigern kann den Grund einer Burg nicht legen, das Blut des Knaben soll der Kitt werden, derselbe aber entdeckt die Geheimnisse des Orts, und man findet einen rothen und weißen Drachen; der letztere scheint überwunden, doch vertreibt er siegreich den andern; Merlin deutet das auf die glückliche Erhebung der Kelten gegen die Sachsen. Und von hier aus ward er zum Träger der volksthümlichen Weissagung des Bardenthums, und Dichter des 12. Jahrhunderts legten ihm ihre eigene Hoffnung als Verkündigung der Zukunft in den Mund. So entstand unter andern der berühmte Gesang von Avallenau, dem Apfelgarten; dieser bezeichnet das Vaterland und das Leid Merlin's ist das des Volks; die Nymphe des Hains ist der Schutzgeist des Keltenthums, dem sie Rettung verheißt, und der Verfasser schildert in einer Reihe von Strophen die Vergangenheit in symbolischen Andeutungen, um dann in ähnlichem Tone von der Zukunft zu sagen:

> Süßer Apfelbaum, Süßes bringt er hervor,
> Wachsend in Celyddons Waldeinsamkeit;
> Umsonst wird es sein nach seinen Früchten zu ringen,
> Bis Cadwalladr kommt, der Herrscher der Schlacht,
> Zusammen mit dem Adler der Ströme Towy und Teiwy.
> Jeder wird haben sein Recht und Britannien freudvoll sein,
> Singend zum Trinkhorn des Friedens Preislied.

Das Mittelalter machte einen Dämon zum Vater Merlin's und ging noch einen Schritt weiter: der Teufel selbst hat ihn als Gegensatz gegen Christus mit einer Jungfrau erzeugt; aber er hat nur den Leib der Schlummernden bewältigt, nicht ihre fromme Seele verführt, und so wird das Kind allerdings zaubergewaltig und der Zukunft kundig, aber ein Gott dem Herrn dienender Genosse von Arthur und der Tafelrunde, ein Prophet seines Volkes. Er wird in die Arthur- und Gralsage verflochten, und der ritterlich romantische Sinn macht aus dem wilden Wald, in den der alte Sänger flüchtet, ein Zaubergefängniß der Minne. Der schönen Viviane, seiner Geliebten, hat er seine magischen Künste anvertraut, und damit sie ihn allein für immerdar besitze, hat sie die blühende Weißberuhecke im Wald Breziliande, wo sie sich der Minne gefreut, nachdem er entschlummert war, neunmal mit ihrem Schleier umzogen, und dem Erwachenden dünkt es er liege im festen Thurm. Niemand kann den Bann brechen, nur Viviane vermag aus- und einzugehen, doch blickt Merlin hinaus in die Welt und Vorüberwandernde hören seine Stimme.

Es war im Jahre 1100 daß König Grüffyt ap Kynan, aus der Verbannung aus Irland zurückgekehrt, eine große Bardenversammlung zu Kaerwys hielt, auf welcher eine Reihe technisch poetischer Gesetze angenommen und die Insel Mona (Anglesey)

Die neueren Völker. Kelten.

zum Hauptsitz der neuen Schule gemacht wurde. Nun folgte während mehrerer Jahrhunderte zur Zeit der Troubadours und Minnesänger auch in Wales eine zweite Blütenperiode des Bardenthums, die sich eng an die erste anschloß und in Ehren- wie Klageliedern den nun durch die Angelsachsen unterstützten tragischen Kampf der Kelten gegen die Normannen schürte wie abspiegelte. In belänbender Pracht der Bilder und Klänge zeigt sich eine bunte Mischung leidenschaftlicher Wildheit und strenger feiner Künstlichkeit. Gwalchmai, Owain Kyveiliog, Kyndelo und Trahaiarn-Kasnodin sind unter vielen die gefeiertsten Namen. Eine Siegsode des erstern vergleicht den König, dem sie gewidmet ist, mit Helden der Vorzeit, und durch die Erinnerung an sie verherrlicht er gleich Pindar die Gegenwart. An diesen erinnert überhaupt die barbische Darstellungsweise, die im freien Flug der Begeisterung hinschwebt und da oder dort den Glanz der Dichtung auf Einzelnes ausstrahlt ohne alles mit epischer Stetigkeit zu erzählen. Der Dichter preist den Helden vom Blut des Rodrich, und der Reim auf diesen Namen beherrscht die ganze Ode, während dazwischen kleinere Wortgruppen durch Binnenreime gebunden werden. Der Dichter sieht die Schiffe furchtbar die See durchfurchen, er sieht das Getümmel der Schlacht, Banner flatternd, Speere splitternd, Schwerter schmetternd; sein Held steht fest und siegt.

> In Menais Meeresstrom unzählig
> Schwimmt Leib an Leib und sternmal und thürmt sich, —
> Thürmt blutig grollend, Blutströme rollend, zur Flut anschwellend
> die Ebbe sich.

Owain Kyveiliog, ein Fürst in der zweiten Hälfte des 12. Jahrhunderts, preist seine hervorragenden Zeitgenossen auf die Weise daß er sie alle beim Festgelag am Christabend nach gewonnener Schlacht versammelt denkt und den Schenken auffordert einem nach dem andern das Trinkhorn zu füllen. Das durchzieht wie ein Refrain das Gedicht; der Sänger reiht daran bei jedem aufgerufenen Namen das Lob seiner Thaten. Besonders eingreifend ist folgende Strophe:

> Füll', Schenke, bei Gefahr des Todes das Horn zu Ehren des hohen Festes,
> Das edle Hirlas, nimm's und füll' es voll bis zum Silberschmuck des Randes;
> Dem Tudor dort, dem Tapfern, reich' es, dem Aar der Schlacht, voll klaren
> Weines;

Ihm und Moreidig, Freund des Sanges, sing' ich zu Ehren der Lieder
    schönstes,
Dem Brüderpaar ohn' Furcht und Fehle, adeliger Seele, hohen Sinnes!
Was sie mir thaten, Gott vergelt' es, hülfreiche Rosse wilden Kampfes,
Zum Schutz des Reichs, zum Trutz des Feindes, sie Rochnant's Söhn' im
    Lande Powys!
Nehmt beide hin den Lohn des Liedes, weh, Todtenlieds! — verlassen wehe,
Seh' ich ihren Sitz im Kreis des Mahles! Gefallen sie! O weh des Leibes!

    Der Dichter schließt:

Füll', Schenk, nun mir das Horn mit süßer Kühlung, schwer war der Tag
    dem Streiter;
Aus kühnem Horns gefüllten Silber trinkt seiner Mühe verdienten Lohn er.
Der Könige sorgenvollen Schlummer kennt keiner als Gott und ich selber.

In einem Klagelied auf König Mlabog's und seines Sohnes
Tod ruft er aus: Vergehn laß, Gott, die Welt in Verzweiflung!
und fährt dann fort, indem er den Lieblingsaufenthalt des Freundes schildert, in einem Versmaß, das die dritte Zeile der Strophe
in der Mitte der vierten reimen läßt:

        Mit Schmerzen sei mir gegrüßt,
        Du Palast, wo der Dwy fließt,
        Rasen sanft am Prachtgebäu,
        Wo stündlich neu mein Gram sprießt.

        Gegrüßt sei mir, du Wiesengrund,
        Garten wol der Barden kund,
        Thor, das steß von nah und fern,
        Den Gästen gern offen stund.

Am Ende schwillt die Klage in einer Reimweise an, die in
jeder Strophe dieselben Endconsonanten hat, aber mit den Vocalen
vor ihnen wechselt:

        Mit Mabog schwand alle Lust,
        Wüst' ohn' ihn Wies' und Palast,
        Die Meut' im Stall heult verwaist,
        Arbeit schläft und Werth verwest.

        Weh, todt mein wilder Herr nun,
        Starr im Grabe die Kraft des Leun!
        Wenn Schmerz das Herz brechen kann,
        Breche meins in zwei Hälften!

Wie am Ende die Dichtkunst in Tenwitz, in Wort- und Klangspielerei ausartet, zeige eine Stelle aus der um 1300 gesungenen Klage Trahaiarn-Rasnodin's:

> Schwere Kund' ins Herz mir flog
> Der Roth:
> Weh lodt Dydeds Herzog!
> Schwarzer Schmerz den Tag umzog,
> Muthlos die Welt ohne Madog!
> Entrissen jetzt Freud und Fried
> Den Barden auf Erden seit er schied.
> Sieg siecht, Sang bangt, Lohn entflieht,
> Preislos ohn' ihn das Preislied!

Nachdem das Volk bezwungen war, wandte sich die Bardenpoesie mehr auf Stoffe des häuslichen Lebens und sang nun auch von der Liebe in freieren Formen. David ap Gwilym löste die Strophen auf und reimte paarweise die Versezeilen, jedoch so, daß die Alliteration innerhalb derselben durchklang, und daß die Reimsilbe in der einen Zeile den Accent, in der andern den Tiefton hat, was bei uns sich schlecht macht; z. B.:

> Einsammelnd den Seim des Liebs,
> Nachtigall, Enkel David's.

Es kann sicher nicht fehlen daß in der Masse der Bardenpoesie viel Wortschwall, viel conventionelles Preisen und Klagen in herkömmlichen Bildern und Wendungen die Frische der Empfindung ersetzt und einer den andern in Nebeldünsten zu überbieten sucht. Selbst die Lectüre der Geschichte der welschen Literatur von Thomas Stephens macht daher mitunter einen ermüdenden Eindruck, und er selbst findet in der Bardenpoesie mehr Künstelei als Seele. Sie bietet uns das erste Beispiel einer jahrhundertelang gepflegten Kunstdichtung, die auf das Technische und Formale den Nachdruck legt und der Bildung der Zeit ihr Gepräge gibt. In den Triaden, in welchen die Barden nach alter Sitte die Ergebnisse des Nachdenkens wie die Ereignisse der Geschichte zusammenfaßten, wird die Vermehrung des Guten, die Erweiterung der Erkenntniß, die Erhöhung des Genusses als Zweck der Poesie genannt; ihre Zierde ist die Vereinigung des Wahren und Wunderbaren, des Schönen und Weisen, der Natur und Kunst. Da wird denn auf die schmuckvollen Umschreibungen besonders Gewicht gelegt. Statt Verstand sage man Auge des Geistes, Ohr der

Vernunft, rechte Hand des Nachdenkens; statt Stern Edelstein des Luftgewölbes, Auge der Heiterkeit, Kerze Gottes; statt Zephyr Lächeln der Lüfte, statt Welle Drachen der salzigen Tiefe oder Blüte des Oceans. Wenn dann Macht, Weisheit und Liebe als die Eigenschaften Gottes und die Ursache alles Seienden genannt werden, so stimmt das ganz mit Abälard's Theologie überein, und eine tiefsinnige Verbindung christlicher mit volksthümlicher Weisheit liegt in jenen Sprüchen die es als die dreifache Glückseligkeit bezeichnen: an jeder Natur theilzuhaben und doch in einer vollendet zu sein; jeder Form des Geistes angemessen, doch in einer hervorzuragen; die Liebe aller Wesen, und doch concentrirt in einem, in Gott. Die drei Erneuerungen im Kreise der ewigen Glückseligkeit sind Wiederherstellung des ursprünglichen Charakters, aller Erinnerung und alles dessen was man geliebt hat. Liebe, Wahrhaftigkeit und Muth heißen die drei Hauptzierden der Weisheit. Dem Manne ziemt Kraft im Unglück, Selbstbeherrschung im Glück und Erhebung zu Gott in Leiden. Den Armen zu helfen, Feinden Gutes zu thun und für das Recht standhaft zu dulden sind drei Gott wohlgefällige Dinge. Ein Unglücklicher, ein Weib, ein Fremder, sollen bei der Gastlichkeit den Vorzug haben. Dagegen sieht man drei Dinge am liebsten aufgehangen: einen nassen Hut, einen gesalzenen Lachs und einen Geizhals. Drei Schutzwaffen hat das andere Geschlecht, das Kind seine Unschuld, das Mädchen seine Schönheit, das Weib seine Zunge. Drei Dinge in der Welt hat das Volk der Kimren am besten: Bardenthum, Recht und Gesang.

Auch als die englische Herrschaft begründet war, blieben doch die Barden Pfleger und Träger der nationalen Erinnerung, Sprache und Gesinnung in Wales, und unter Eduard III. ward ein Convent (Eisledvod) gehalten zur Festsetzung neuer Formen und Rhythmen wie zu poetischen Wettkämpfen; ebenso unter Heinrich VI. und VII. und unter Elisabeth, und die neuere Zeit, die der Erforschung des Alterthums sich zugewandt, hat auch die alten Formen zur Pflege der keltischen Literatur wieder erweckt. Den Hauptanstoß hierzu gab ein Dichter des 18. Jahrhunderts, Macpherson, ein Genosse von Thomson und Jung, gleich ihnen aus der nüchternen Regelrichtigkeit des französischen Geschmacks durch den Erguß des eigenen Gefühls heraustretend, aber genialer als beide, indem er die brütende Schwermuth des einen und die sentimentale Naturempfindung des andern nicht in Betrachtungen und Schilderungen sich endlos und haltlos ergießen ließ, sondern an die alten Ueberlieferungen der Sagenwelt anschloß. Die Gestalten blieben indessen ohne plastische Klarheit und gleichen den Nebelgebilden und Geisterschatten auf der Heide im Mondschein, und die melancholische Stimmung und ihr lyrischer Ausdruck lagert sich schwer über die Erzählung der Ereignisse, und statt einfacher, kräftiger, wenn auch roher Naturlaute vernehmen wir eine gebildete, ja vornehme Sprache in seltsam dämmeriger Verschwommenheit. Aber Macpherson hat es verstanden die Wendungen und Nachklänge der Volkspoesie, wie er sie im Hochland von Jugend auf vernommen, seinen Dichtungen zu verweben, die brütende Melancholie der eigenen Zeitstimmung an die Klage um Heldentod und Völkeruntergang anzuknüpfen, die den Grundton der Bardenlieder bildet, und so ist sein Ossian zwar keine Uebersetzung nach diesem sagenhaften Dichter, sondern eine freie Schöpfung, aber auf alterthümlicher Grundlage und ein Werk des keltischen Geistes, der in dem Verfasser fortlebte. Es ist in der That der Nachhall der altkeltischen Poesie, der nach langer Verborgenheit wieder hervortönte, und damals ganz Europa, den jungen Goethe wie den jungen Napoleon bezauberte. Wir sagen mit J. R. Meyer: Eine seltsame Mischung glühender Farbe und nebelhafter Zeichnung, eine merkwürdige, ehrlonig melodische Gegensätzlichkeit wilder Leidenschaft und ridallischer Ruhe, schmetternder Klage und tiefsinniger Weisheit, jähen Lebensübermuthes und ewigen Todes, und durch alle Kraft und Pracht der Einbildung und Empfindung, alle stille Tiefe druidischer Belehrung immer durchzuckend das dunkle Bewußtsein eines unaufhaltsam dahinschwindenden, unrettbar untergehenden Zeitalters und Menschengeschlechts: das sind im wesentlichen die durchblickenden Züge echter Poesie im Ossian, und das zugleich, nur reiner und rauher, reicher und gebundener die vortretenden Hauptzüge in der gesammten keltischen Lyrik. Keinen tiefsinnig wildern, künstlerisch rauhern, nebelhaft erkenntnißreichern Gräbergesang kennt die Literaturgeschichte als die altkimrischen Lieder.

Irland ist die Wiege der Finsage. Die Fiona oder Fena, die Blonden, waren die jüngsten Einwanderer, und unter ihnen ragte die lichte Sippe, Uasin, hervor. Sie wurden im 3. Jahrhundert durch den belgischen König Kaipre Kinkait geschlagen und vernichtet, aber gerade aus diesem blutigen Untergang taucht die Heldengestalt eines Königs Fin hervor, den der Zusatz Gal als

Fremden bezeichnet, und nach den Sängern, die sich selber Nach-
kömmlinge der Uasiu nennen, wurde ihm ein Oisin als Sohn
und Barde beigegeben. Diesem hat dann Macpherson seine Nach-
richtung in den Mund gelegt. Gigantische Thaten, wunderbare
Verwandlungen, märchenhafte Gebilde mischen sich mit geschichtlichen Erinnerungen, namentlich auch mit den Liedern von einem
Kriegerorden der Ritter vom rothen Zweig, und die alten Namen
sind bis heute in Irland an Berge, Höhlen, Seen geknüpft, ja
sind auf ähnliche Art auch in Schottland localisirt worden, als
die Erzählungen und Gesänge dorthin übergingen und dort heimisch
wurden. Die Häufung malerischer Beiwörter, die Macpherson
hat, kommt auch schon in alten Liedern vor, den wilden düstern
Charakter aber hat die Dichtung erst in Schottland angenommen;
doch ist sie auch in Irland schon voll tiefen Ernstes und die
Schlacht von Gabra bildet auch hier einen tragischen Schluß, ein
blutiges Abendroth um die Heldengestalten der Vorzeit; dort fallen
die Finier alle bis auf Einen, den Oisin, durch den nun schon
die irische Sage die neue Zeit, die christliche, an die heidnische
knüpft, indem sie ihn in Zusammenhang mit dem heiligen Patrik
bringt, der die Insel im 5. Jahrhundert belehrt; er soll zum
Maifest nach der Halle von Tara gekommen sein, als der Sitte
nach alle Feuer ausgelöscht waren um von der einen Flamme
auf dem Altar des Sonnengottes wieder entzündet zu werden,
oder sie versank als Patrik seinen Stab gegen sie erhob. Oisin
hat zwei Jahrhunderte bereits selig verträumt im Lande der
ewigen Jugend, da ergreift ihn Sehnsucht nach seinem grünen
Eirin mit den wilden Felsklüften, den klaren Seen und dem brausenden Meere, und er kommt zur Erde zurück, aber niemand
kennt ihn, alles ist anders geworden. Er trifft mit Patrik zusammen, der ihn zu belehren sucht, und wird in den Wechselgesängen mit ihm der Träger der altheidnischen Erinnerung und
ihres Gegensatzes gegen das Christenthum, das dem Volk seinen
Himmel und seine Götter genommen. Denn wenn sein Vater und
seine Freunde nicht in dem christlichen Himmel sind, so will auch
er nicht hinein; klingt doch ihm das Bellen der Meute besser als
das Gelgeplapper und Gellingel der Pfaffen. Und dann ziehen
vor seiner Seele die alten Helden, ihre Thaten und Schicksale,
ihre Jagden, ihre Liebesabenteuer vorüber, und er erzählt nun davon in kräftigen Tönen, in vierzeiligen Strophen mit Stabreimen
und Assonanzen. Da hören wir auch wie Fin eines Tages von

einer flüchtigen Hindin weit ab nach einem See im Walde gelockt wird, und am Ufer sitzt ein schönes Weib,

Die Wangen frischen Rosen gleich, der Purpurbeer' ihr süßer Mund,
Der Hals wie Frühlingsblüten weiß, der schneeige Busen glatt und rund;

Goldglanz ihr Haar, ihr Aug' ein Stern, der mild vom blauen Himmel
blickt, —
O Patrik, wenn du sie gesehn, ihr Zauber hätt' auch dich umstrickt.

Sie weint um einen Ring, der ihr ins Wasser gefallen; er taucht in die Flut hinunter und holt ihn herauf, ist aber dadurch ein Greis geworden. Lange suchen seine Genossen nach ihm, fragen bei ihm selbst, den sie nicht erkennen, nach dem verschwundenen Häuptling und wollen nicht glauben daß er es sei, bis sie endlich ihn auf ihren Schilden nach der Feengrotte tragen, wo die Zauberin ihm den Heiltrank der Wiederverjüngung reicht.

Wir kehren zum Schlusse wieder nach Frankreich zurück, wo de la Villemarqué die bretonischen Volkslieder gesammelt hat, deren wir uns auch im Deutschen durch die Uebersetzungen von Moriz Hartmann und Pfau, von Keller und Seckendorf erfreuen. Sprache und Sitte haben sich dort wenig geändert, und heute noch singt das Volk neue Lieder zu den alten, die es von den Ahnen ererbt hat. Auch dort hatten nach der Einführung des Christenthums die Barden fortbestanden, um die Kenntnisse der Natur und Geschichte zu erhalten, die Liebe zur Tugend und Weisheit zu verbreiten, die Jugend zu erziehen. Aus Schützlingen der Stammhäupter wurden sie im Mittelalter Familienpoeten des Adels und verloren sich allmählich unter den Volkssängern, gegen die sie anfangs eiferten, sodaß die Poesie nicht in Formkünstelei erstarrte, aber die Naturlaute präciser, abgerundeter und harmonischer wurden. Die Prophezeiung des Barden Gwenchlan (im 5. Jahrhundert) sieht im Bilde eines Kampfes des Seepferdes mit dem Waldeber den Streit des Volkes gegen die Fremden und hört den Adler zu den Vögeln schreien:

Nicht Fleisch von Hund und Lämmern faul und tobt,
Nein, Christenleiber thun uns heute noth!

Dann fährt der Barde fort dem Fürsten, der ihn hat bleiben lassen, Unheil zu weissagen:

Sag' an, du alter Rabe von dem Meer,
Was trägst du da in deinen Krallen her?
„Das Haupt des fremden Herzogs trag' ich hier,
Nach seinen rothen Augen lüstet mir;
Ihm reiß' ich beide Augen aus dem Haupt,
Der dir die Augen und das Licht geraubt."
Und du, o Fuchs, gib Antwort und sag' an,
Was trägst du her? Vom Blute trieft dein Zahn.
„Es ist sein Herz, das ich vom Schlachtfeld trug,
Das war wie meines falsch und voller Lug."
Und du, o Kröte, sag' und thu' mir kund,
Warum doch lauerst du an seinem Mund?
„Am Winkel seines Mundes harr' ich still,
Am Weg der Seele bis sie fliehen will;
Sie bleibt in mich gebannt endlose Zeit,
Bis daß sie abgebüßt das schwere Leid,
Das Leid das sie dem Barden angethan,
Der nicht mehr weilt in seiner Heimat Clan."

Ein Gedicht, Arthur's Marsch, zeigt uns wie der alte Sturmgott und sein Heer auch im Bewußtsein der Kelten mit historischen Personen oder Helden der Sage verschmolz. Ein Jüngling erwacht und weist dem Vater die geheimnißvolle Reiterschar.

Sie reiten übers Gebirge leis,
Sie reiten auf Pferden grau und weiß,
Der Odem der Pferde gefriert zu Eis.

Schau wie die Schlange sich windet und biegt
Hinter dem Banner das wallt und fliegt,
Es wallt vom Winde des Todes gewiegt.

Ueber die Berge schlägt sie den Reif,
Neun Speerwurfslängen mißt der Streif
Von dem Kopfe bis an den Schweif.

Das ist Arthur's Heer, und der Vater verlangt nach Pfeil und Bogen, und schon erdröhnt der Schlachtgesang von Berg zu Berg, das Volk hat sich erhoben, darum ist auch der Held der Vorzeit ausgezogen.

Und wenn wir fallen in Kampfeswuth,
So taufen wir uns mit eigenem Blut
Und sterben im Herzen frohgemuth.

Und wenn wir sterben blutigroth,
Wir sterben nach altem Bretonengebot,
So kommt uns nie zu früh der Tod.

Die neuern Völker. Kelten. 95

Der eigentliche Volksheld aber ist Morvan, genannt Lez-
Breiz, die Hüfte der Bretagne. Er ist jener Knabe der in seiner Waldeinsamkeit einen Ritter vorüberreiten sieht, für den Erzengel Michael hält und nun vom Rittersinn ergriffen hinauszieht
in die Welt, und der Vorfechter seines Volks im Kampf gegen
die Fremdherrschaft wird; er schläft in Bergesgruft und wird
einst wie Barbarossa erwachen. Dann ist Nemuevin, der den
Sohn im Kriege gegen die Franken verloren hat, und von den
Tribut an Karl den Kahlen mit drei Säcken voll Kieselsteine
zahlt und dem Seneschall das Haupt abschlägt um das Gewicht
damit voll zu machen. Da wird Alan der Fuchs gepriesen, der
kühne Jäger, der im 10. Jahrhundert das Volk gegen die Unter-
drücker aufrief; da ernteten die Bretonen mit Schwertern statt
mit Sicheln, und droschen nicht mit hölzernen Flegeln, sondern
mit Eisenketten und Rosseshufen. Eine Jungfrau, die sich lieber
den Tod gibt als sie ihre Reinheit von dem Junker beflecken läßt,
bietet den Anlaß daß Guesclin sein Löwenhaupt gegen die Feinde
schüttelt, und eine Bäuerin, die den fürstlichen Falken erschlug
der ihr Huhn gewürgt, ruft die Bauern im Jahre 1008 zur
Johannisnacht auf die Berge; und sie ergreifen die Feuerbrände
und ziehen vor das Schloß es einzuäschern. So kann man bis
in die Neuzeit hin eine poetische Geschichte der Bretagne den Berichten der Chroniken zur Seite stellen. Daneben finden wir
Balladen die verwandte Stoffe mit germanischen und slawischen
Volksliedern behandeln und an Energie und Empfindung dem
Besten gleichstehen was Deutschland oder Schottland auf solchem
Gebiet hervorgebracht, wie die Ballade vom Hochzeitsgürtel. Der
Bräutigam hat ihn der Braut in der Nacht ehe er zur Heerfahrt
über See aufbrechen muß noch gegeben; weinend saß er am Herd,
die Maid auf seinen Knien. Da folgt ein Anklang an die Tage-
lieder:

Und als der Morgen kam, der Ritter zu ihr sprach:
„Schon hat der Hahn gekräht, bald kommt die Sonne nach." —
„Unmöglich süßes Lieb', du hast es nur gemeint,
Das ist das Mondenlicht was über die Berge scheint."
Er ging. Auf seinem Weg die Elstern riefen: Weib!
Das Meer, das Meer ist falsch, doch falscher noch das Weib!

Im Herbst hat die Maid ein Gesicht daß ihr Geliebter auf
dem Schiffe im Kampfe zu den Todten blutend sinke, und zur

Weihnachtszeit ist sie die Braut eines andern. Und wie der Geliebte heimkehrt, da sammeln sich die Spiel- und Bettelleute die Hochzeitssuppe zu empfangen; er setzt sich als armer Mann unter sie, die Neuvermählten tragen nach Bretonensitte die Speisen herum, der Bräutigam bietet einer Bettlerin, die Braut dem unbekannten Fremden die Hand zum Reigen.

> Und als er mit ihr tanzt, er neigt sich zu ihr vor,
> Mit bleichem Lächeln sagt er flüsternd ihr ins Ohr:
> Wo ist der Ring von Gold, den ich euch gab einmal,
> Ein Jahr ist's, Tag für Tag, in diesem selben Saal.

Und er stößt ihr das Messer ins Herz.

> Im Kloster zu Doulas ist ein Marienbild,
> Das einen Gürtel trägt, draus rothes Feuer quillt.
> Wer übers Meer gebracht den Gürtel von Rubin?
> Der Mönch der vor dem Bild liegt büßend auf den Knien.

Dagegen hält die holde Gwennolaik ihrem Milchbruder die Treue und will von keiner andern Liebe wissen, auch als er in der Schlacht gefallen ist. Die Stiefmutter will sie vermählen, weinend sitzt sie auf dem Lager, da pocht's um Mitternacht ans Fenster, Nola ist's, der Geliebte, und sie schwingt sich zu ihm auf das weiße Pferd.

> Wie reiten wir schnell, mein Bruder, schon hundert Meilen gar!
> Mir ist in deinen Armen so wohl wie mir niemals war.

Heulend flieht die Eule wo sie vorüberjausen. Ist es noch weit zu deiner Mutter, noch weit zu deinem Schloß? Nicht mehr weit. Und so reiten sie fort und hinüber ins Land der Seligen, wo Knaben und Mädchen um die grünen Apfelbäume tanzen, wo sie aus einem klaren Brunnen trinken und in neuem Leben die Aeltern wiederfinden in lauter Wonne. — Wie dies Gedicht an unsere Lenore, so erinnert ein anderes an Olaf. Die Gemahlin Nann's ist Mutter zweier Kinder geworden, und er reitet zu Wald ihr ein junges Reh zu erjagen; da kommt er zur Feengrotte.

> Ein welcher Rasen war zur Stell',
> Herr Nann stieg ab und trank am Quell.
>
> Am Quell die Fee gelagert war,
> Sie kämmt ihr langes blondes Haar.

Sie kämmt es mit goldenem Kamme, und verlangt daß Nanu augenblicklich ihr Gemahl werde, sonst sei er in drei Tagen todt. Aber er möchte lieber zur Stunde sterben als die Fee freien und dem geliebten Weibe die Treue brechen. Doch wie er heimkommt, spürt er den Tod im Herzen, und die Wöchnerin, der er seine Geschicke verhelmlicht, sieht beim ersten Kirchgang das frische Grab und sinkt darauf hin um nicht wieder aufzustehen. Der Schluß erinnert an serbische Lieder:

   Ein Wunder war's wie in der Nacht
   Da man sie zu ihm ins Grab gebracht
   Zwei Eichen sich hoben in die Luft,
   Zwei Eichen über die frische Gruft.
   Es saßen in ihrer Zweige Schoß
   Zwei weiße Tauben mit frohem Geloß;
   Sie sangen wie der Tag begann,
   Dann flogen sie zum Himmel hinan.

Die mannichfachen Feste haben mit den alterthümlichen Bräuchen die ursprünglichen Lieder bewahrt, geben aber dabei auch Gelegenheit zu neuen. Die ruhelose schmerzliche Sehnsucht der Liebe kann niemand anmuthiger im Bilde schildern als der arme Schüler des bretonischen Volksliedes:

   Ich liebe dich Süße und finde nicht Rast,
   Der Nachtigall gleich auf dem Hagedornast;
   Sie schlummert; da sticht sie der Dorn; sie erwacht;
   Da steigt sie zum Wipfel und singt durch die Nacht.

Im Maiblumenlied, das de la Villemarqné von zwei Bäuerinnen singen hörte, ist der Tod in der Jugend nicht minder rührend und hold besungen. Es heißt dort:

   Zum Brunnen ging ich in der Nacht,
   Da sang die Nachtigall süß und sacht.

   Es flieht der schöne Monat Mai
   Und mit den Blumen ist's auch vorbei.

   Glücklich wer in der Jugend stirbt,
   Und dem der Tod im Frühling wirbt.

   Denn wie die Rose vom Stengel fällt,
   So scheidet die Jugend aus der Welt.

Die in der Jugend nimmt der Tod
Die wird bedeckt mit Rosen roth.

Aus Blumen steigt sie zum Himmel empor
Wie der Falter fliegt aus den Rosen hervor.

Wie schon aus den mitgetheilten Proben der keltischen Poesie, der Bardendichtung und der Volkslieder hervorgeht, wollen wir zum Schluß noch betonen daß von hier aus neben den Stoffen auch noch ein neues Formprincip in die europäische Literatur gekommen: der musikalische Reim tritt an die Stelle der Rhythmenplastik des classischen Alterthums; das Wort selbst ist vom keltischen rhim, Zahl, Mas, Vers abzuleiten. Wie bei den Arabern im Orient so ward er bei den Kimren im Occident mit einer Macht und Mannichfaltigkeit ausgebildet, welche zu dem ursprünglich Natürlichen die regelrechte Künstlichkeit gesellt. Die antike Poesie hatte die Leiblichkeit der Sprache schön gestaltet, die Silben nach der Zeitdauer gemessen, die wir bei dem gedehnten oder kurzen Vocal, bei dem Zusammentreffen der Consonanten aufwenden, und danach in einem gesetzlichen Wechsel von Längen und Kürzen ohne Rücksicht auf die geistige Bedeutung der Silben in der auf- und absteigenden Linie des Rhythmus den ganzen Satz umschrieben, jedem Wort die unverrückbare Stelle gegeben, den Vers einer gegliederten und in sich geschlossenen organischen Gestalt ähnlich gemacht. Die neuern Sprachen betonen durch den Accent die sinnschweren Silben, die Wurzeln, und unterscheiden sie als Hebungen von den tonlosen Senkungen; sie zeichnen die bedeutenden Worte im Satz dadurch aus daß sie ihnen den gleichen An- oder Auslaut geben; dadurch sind solche als die Träger des Gedankens zugleich untereinander verbunden. Wir haben das Gefühl daß in dem Klang des Wortes ein Tonbild der Sache gegeben wird; klar, dumpf, Blitz, Welle, diese und andere Laute lassen das Ohr die mit ihnen verknüpfte Vorstellung empfinden; ihr Klangcharakter aber prägt sich dadurch ein daß er wiederholt wird, und damit erscheint er wieder als das Hauptsächliche im Satz, und tritt an das Ende des Verses den er abschließt. Der Reim ist umgekehrt schon deshalb für das Griechische und Lateinische minder geeignet, weil er dort selten auf die Stammsilben, meist auf die Flexionsendungen fällt, während er in den neuern Sprachen die accentuirten Wurzeln selbst hervorhebt. Das Geistige, das Innere und sein musikalischer Ausdruck wird in der Sprache der Poesie zum Princip. Bei den

Die neuern Völker. Kelten.

Hebräern hatte jenes einseitig vorgewaltet und die Kunstform war dadurch im Parallelismus der Rede zum Rhythmus des Gedankens geworden; nun kommt das sinnliche Element hinzu, und die einander entsprechenden Satzreihen werden auch durch den Gleichklang der Schlußworte aufeinander bezogen, sie klingen nun auch dem Ohr harmonisch zusammen. Der einzelne Vers ist hier nicht wie der Hexameter gleichsam eine plastische Gestalt für sich, er gilt erst in der Wechselbeziehung zu seinem symmetrischen Gegenbilde, wie in der malerischen Gruppe eine Figur auf die andere hinweist. Aehnlich erfreut sich das Auge an der Wiederholung, dem Contrast und der Harmonie der Farben, und der subjective, von seinem Gefühl ausgehende Sinn spielt bei den Arabern wie bei den Kelten und Germanen im Mittelalter mit Linien und Farben ohne Rücksicht auf die Gegenstände der Natur, die der Hellene treu nachbildete.

Bei Aeschylos wie bei Aristophanes gewahrt man deutlich daß sie Reimklänge zu malerischer oder musikalischer Verstärkung des Rhythmus mit Bewußtsein anwandten; gaben doch auch die Plastiker ihren Werken einen Farbenton. Cicero erwähnt das bekannte Bruchstück aus einer Tragödie des Ennius, und sagt daß Andromache's Trauer hier in Wort und Versform einen trefflichen Ausdruck gefunden:

   Haec omnia vidi inflammari,
   Priamo vi vitam evitari,
   Jovis aram sanguine foedari.

Häufig reimen bei Ovid die zwei Hälften des Pentameters aufeinander. Den vielen Ausländern aber, die zur Kaiserzeit in Rom zusammenströmten, mußte es schwer werden die vom Accent der gewöhnlichen Rede so verschiedene Prosodie zu handhaben, und wie die Spannkraft des antiken Geistes schwand, lockerte sich das Band der rhythmischen Kunstformen, man hielt sich an Trochäen und Jamben, die leichtesten, der Prosa nächsten Versformen, und ersetzte die Quantität durch den Accent. So wurden die altchristlichen Hymnen gedichtet und Reime stellten ungesucht sich ein. So bei Ambrosius:

   Somno roscotis artubus
   Spreto cubili surgimus,
   Nobis, pater, canentibus
   Adesse te deposcimus.

Ober waren sie beabsichtigt? Ambrosius war ein Gallier. Zu ihm kam der Afrikaner Augustinus und schrieb seine Trochäen gegen die Donatisten, die oft reimend ausklingen, z. B.:

Saeculi finis est litus, tunc est tempus separare.
Quando rotis ruperunt, multum dilexerunt mare.

Es sind irländische Kirchenlieder in denen der Reim mit voller Absicht steht, z. B.:

Patrici laudes semper dicamus,
Ut nos cum illo semper vivamus.

Es sind die Irländer Columban und Gal die das Kloster Sanct-Gallen stifteten, wo unser Otfried geboren ward, der den Reim in die deutsche Dichtung einführte. Längst hatten die Barden damals ihre geregelte Reimkunst, und an die Dreigliedrigkeit des Druidenthums und bardischer Gedichte knüpft sich mir das dreifach gereimte dies irae dies illa. Die Germanen hatten ursprünglich den Anlaut oder Stabreim, der in den Redensarten Mann und Maus, Kind und Kegel erhalten ist; die Kelten legten den Nachdruck auf den Auslaut und stellten diesen wieder folgerichtig an den Ausgang der Verse; die Barden fügten auch innerhalb derselben mancherlei Klangspiele hinzu. Ein cambrischer Spruch sagt:

Wer sich dem Sang und Klang ergibt, die Harfe wie die Geige liebt,
Den labt das Lieblichste fürwahr was Erd' und Himmel bietet dar.
Wem nicht ein Lied zu Herzen spricht der liebt der Liebe Tugend nicht;
Er ist und bleibt ohn' Unterlaß mit Menschen und mit Gott in Haß.

D. Das Germanenthum.

Wir können die Germanen den jüngsten Zweig der Arier nennen, insofern sie am spätesten die Wohnsitze fanden wo sie sich volksthümlich gestalten und in die Weltgeschichte fortbildend eingreifen sollten. Daraus ergibt sich der Vorzug daß wir nicht blos aus den eigenen Sagen Kunde über ihr Alterthum gewinnen, sondern auch aus den Berichten der Römer, die bei dem ersten Zusammenstoß mit ihnen ahnten daß hier nicht blos um Ruhm, sondern um Fortbestand des Staats gekämpft werde, weshalb sie den kimbrischen Schrecken nie wieder vergaßen. Ein günstiges Geschick hat es gewollt, daß der größte Geschichtschreiber Roms mit Meisterhand Natur und Sitte der Deutschen schilderte, und daß hoch im Norden das äußerste Thule der Alten, Island, die heidnische Götter- und Heldenmythe in dichterischer Form gerettet hat.

Ihre Naturkraft gab den Germanen jene Sicherheit gegen Menschen und Götter, das Gefühl und den Sinn für persönliche Selbständigkeit, der mir ihres Wesens Grundzug dünkt. Das Princip der subjectiven Freiheit, welches das Hellenenthum auflöste, ward hier der Quell eines neuen Lebens. Im classischen Alterthum war der Staat als Stadtgemeinde das Höchste, der Mensch ging im Bürger auf und der Einzelne war um des Ganzen willen da, in dessen Wohlordnung er sich einfügte; wir aber betrachten die Gemeinschaft als das Mittel daß jede Individualität ihre Eigenthümlichkeit verwirkliche, uns ist das Gesetz um des Menschen willen, und nur die Innerlichkeit der Gesinnung, nur das eigene Erkennen, nur die Selbstbestimmung gibt uns Frieden. In der Urzeit siedelte ein jeder sich an wo ein Baum, ein Quell ihn labte, und in diesem Auseinanderrücken sind ganze Stämme zerbröckelt, während die Griechen und Römer früh in Städten zusammendrängten, und solche erst unter dem Einflusse ihres Geistes bei uns gebaut wurden. Aber was bei ihnen das Ergebniß vieler und langwieriger Kämpfe war, das Bewußtsein der Gleichberechtigung und der gemeinsame Antheil aller am öffentlichen Leben, damit begannen die Germanen, und ihre Volksversammlung entschied über Krieg und Frieden, sprach das Recht und ordnete die gemeinsamen Angelegenheiten. Die Unverletzbarkeit der Person ward so hoch gehalten daß selbst der Mörder nicht an seinem Leibe gestraft werden, sondern ein Wergeld zur Sühne zahlen sollte, und die Gottesurtheile legten die schwierige Entscheidung über das streitige Recht in die eigene Hand der Kämpfenden. Ja die Freiheit des eigenen Willens geht bis zur Selbstentäußerung fort, und der Germane der beim Becher die eigene Person als letzten Preis im Würfelspiel gesetzt, überliefert sich dem Gewinnenden zum Knecht. Er hält auch hier sein Wort. Unfreie überhaupt waren die Kriegsgefangenen als Knechte, die Einwohner eines eroberten Landes als Hörige oder Hintersassen. — Nach eigener Wahl schloß streitlustige Jugend einem durch Geist und Kraft hervorragenden Manne sich an, die Treue war das Band zwischen dem Häuptling und dem Gefolge; es galt mit ihm zu siegen oder zu fallen. In der Heldensage zieht Wolf Dietrich arm und einsam einher um seine gefangenen Dienstmannen zu finden, und ein Königreich, einer Kaiserin Minnegunst hat keinen Werth und Reiz für ihn bis er jene befreit hat; die Mannentreue für die Königin Brunhild treibt den Hagen bis zum Mord gegen Siegfried, läßt ihn aber auch ausharren stark und fest im brennenden Saale unter den Schwertern der Feinde, und die Burgunderkönige verschmähen es ihn auszuliefern und unbeschädigt heimzukehren, sie gehen mit ihm der Todesnoth entgegen. Eine Blutsfreundschaft durch eigene Wahl schloß man indem Freunde ihr Blut zusammenrinnen ließen, während sie unter einem Rasenstücke niederknieten, das von zwei Geren emporgehalten ward. Dagegen gipfelt das Böse im Verrath, und Geschichte wie Dichtung brandmarken die Judasthaten Segest's und Ganelon's. Das Gefühl der persönlichen Selbständigkeit erfaßt sich selber in der Ehre, und sie wird eine Triebfeder des Handelns und ein Motiv der Poesie, welches das Alterthum nicht kannte.

Man rühmt von der deutschen Sprache daß sie für Gemüth das Wort gefunden habe. Es ist die selbständige Einheit der Seele in ihrer Lebensfülle; alle Gedanken und Strebungen quellen aus der Tiefe des Gefühls und sind eingeschmolzen in seiner Wärme; aber vieles bleibt auch in der Stimmung und Ahnung beschlossen, und das dämmernde Träumen kommt langsam zur Klarheit und zum Entschluß. Daher erscheint das germanische Wesen wol unerschöpflich, aber seine Entwickelung braucht Zeit; durch die sich hingebende Empfindung wird es geschickt Fremdes in sich aufzunehmen und die alte Welt nicht blos mit dreinschlagender Stärke zu zertrümmern, sondern auch fortzubilden. Gemüth und Phantasie erscheinen als Factoren der mittelalterlichen Geschichte wo sie ihre glänzenden Höhen erreicht, sie sind Mächte im Leben und Geschick der einzelnen, und die Darstellung der Welt der Gefühle, die Seelenmalerei wird zur Aufgabe der Kunst; das musikalische Element überwiegt das plastische. Selbst dort wo der Römer classisch war durch die knappe Schärfe des Verstandes, selbst im Rechte, das unter der Linde aus dem sittlichen Volksgefühl geschöpft und gesprochen wird, gewinnt die Poesie durch symbolische Handlungen und sinnige Formen eine Stelle, und die Rechtssprüche, die Gesetzeskunde haften leicht im Gedächtniß, weil sie durch Ebenmaß und Stabreim gebunden sind.

Mit dem Gemüthe hängt der Natursinn der Germanen zusammen, mag er sie Haine den Göttern weihen lassen und mit deren Namen jenes Geheimniß bezeichnen, das sie nur in der Tiefe der Ehrfurcht erschauen, oder mag er sie zur Freude der Jagd, zum Aderbau oder zum ernsten Eifer der Forschung führen. Der Germane fühlt sich Eins mit der Natur, mag der Volksglaube nun würzige Kräuter sprießen lassen wo eine edle That geschehen, während die mordbefleckte Stätte schädliches Gift erzeugt, oder mag die Philosophie im All die Offenbarung des ewig Einen erkennen; mag die Sage den Thieren des Waldes menschliche Stimme leihen und ihre Geschichte erzählen, oder den dämonischen Zauber darstellen der im Glanz des Goldes, das den Unterirdischen geraubt worden, die kurz beglückten Besitzer dem finstern Tode verfallen läßt. Der Germane faßt die Natur als ein Ganzes, wie er sie in der Esche Ygdrasil symbolisirte, und selbst in Rechtsformeln gibt er Himmel und Erde überblickend ein Landschaftsbild, wenn das Versprechen gelten soll solange die Sonne scheint und die Ströme fließen, solange der Wind weht und die Vögel singen, soweit der Himmel sich wölbt, die Erde grünt und die Föhre wächst. Die Stimmung des Frühlings und der Liebe spielen ineinander in tausend Liedern der Minnesänger wie des Volks und unsers größten Dichters, der sein Naturgefühl nicht blos in Werther's Leiden melodisch kundgethan, der es auch als wissenschaftlicher Entdecker im Reiche der organischen Formen und ihrer Entwickelung bewährt, und wie Alexander Humboldt anerkennt, die Zeitgenossen angeregt das Bündniß zu erneuern das im Jugendalter der Menschheit Philosophie, Physik und Dichtung mit einem Bande umschlang.

Die Kraft des persönlichen Geistes gepaart mit dem Gemüthe fordert nun auch in der Wechselbeziehung der Geschlechter nicht blos die gattungsmäßige Ergänzung, sondern die individuelle Liebe, den erhabenen Eigensinn mit welchem dieser Mann gerade diese und keine andere als die ihm entsprechende Frau begehrt, und dieses Recht und diese Geschichte der wahlverwandten Herzen in ihrem Suchen und Finden wird dadurch ein neuer und centraler Stoff der Poesie. Wir werden sehen wie das romantische Liebesideal Wirklichkeit gewinnt, hier erwähnen wir daß bereits Tacitus von den alten Deutschen sagt: sie glauben daß dem Weib etwas Heiliges und Vorahnendes innewohne, und achten darum des Rathes der Frauen. In unangetasteter Keuschheit wuchs die Jugend heran, und für die vor der Ehe verlorene weibliche Unschuld gab es keine Sühne; weder Schönheit noch Reichthum erwarben dem gefallenen Mädchen einen Gatten. Die Monogamie war Volkssitte, und die Morgengabe des Bräutigams an die Braut war ein Roß, ein

Schild und Schwert; an der Schwelle der Hochzeitkammer wurde die Frau daran erinnert in Arbeit und Gefahr des Mannes Genossin zu sein. Allerdings ist es kein sanftes und zartes Bild, wenn die teutonischen Frauen mit geschwungenen Streitäxten ihren fliehenden Männern entgegentreten und mit ihnen gemeinsam unter die Feinde stürzen, wenn die welche in die Gewalt der Römer gerathen sich lieber erdrosseln als ihre Keuschheit preisgeben, oder wenn die Priesterinnen der Kimbern das Opfer der Kriegsgefangenen vollziehen um aus dem in den ehernen Kessel strömenden Blute zu weissagen; aber das Bild ist dem rauhen Heldenalter gemäß, und es wird großartig schön, wenn die Brukterer von Velleda sich die Losung der Befreiungsschlacht holen und ihr die Siegestrophäen zu Füßen legen. Und dabei bereiteten die Frauen, die Friedenswebetinnen, dem streitbaren Manne das ruhige Glück des Hauses, und ihre linde Hand verband und heilte seine Wunden.

Die erste und im grauen Alterthum ausschließliche Kunst des Germanenthums war der Gesang. Man feierte die Götter beim Opfer und im Gebet, man pries die alten Helden, und die Thaten und Geschicke der großen Männer der Gegenwart lebten im Lied, wie Tacitus ausdrücklich von Armin dem Befreier und von der Schlacht im Teutoburgerwalde berichtet. Erwartend oder des Sieges froh erfüllten sie die Nächte vor und nach dem Kampf mit Gesang, und begrüßten den Feind mit Schlachtliedern, ja sie maßen dem Klang derselben eine weissagende Bedeutung bei, und verstärkten ihn indem sie die Schilde vor den Mund hielten. Bei der Bestattung der Leichen wie beim fröhlichen Gelag gab die Stimmung sich im Gesange kund; man liebte neckende herausfordernde Wechselreden und Räthselfragen; welche gefürchtete Waffe ein Spott- und Schmähvers war, bezeugen die nordischen Gesetzbücher. Die Harfe begleitete das Wort. In angelsächsischen Liedern gehört es zur Schilderung eines traurigen öden Daseins daß kein Harfenklang durch die Räume schwebt. Eigenthümlich ist hier durchaus das Zusammensingen. Nicht blos trägt der kunstgeübte Sänger wie bei den Hellenen, oder der Barde wie bei den Kelten das Lied vor, dem die andern nun nur lauschen, sondern sie stimmen auch ein, und damit haben wir Volkspoesie im vollsten Sinne des Wortes; der Herzensantheil, den alle an der Sache nehmen, überwiegt die Freude an der schönen Form, die nur der einzelne höher Begabte vollenden kann. Bei den Deutschen singt wer sich dazu aufgefordert fühlt, die Harfe kann beim Mahle herumgehen, und noch heute

Die neuern Völker. Germanen.

ist der protestantische Gemeindegesang das echt Germanische im
Unterschied von dem kunstvollern Vortrag der romanischen Messe
durch eingeschulte Chöre. Es ist der Inhalt, der Sinn und Stoff
der Gedichte der durchs Mittelalter hin der Männer Herz erfreut,
der Frauen Kummer lindert, während Odysseus den Demodokos
preist wie er alles klar nach der Ordnung vortrage, und dieser
schweigt als sein Lied den Helden zu Thränen rührt, denn es sollte
eine festlich erhöhte heitere Stimmung wecken, nicht einzelne Gefühle erregen, sondern die Seele im Genuß des Schönen beseelen.
Wohl bedarf jedes Gedicht einen Dichter, und die Sprache selbst
bezeichnet ihn als scof, Schöpfer; aber er schöpft aus dem Volksgemüth und die andern stimmen ein und führen weiter was er begonnen hat. Die Poesie ist eine Gottesgabe, nicht gelernt und
gelehrt in der Zunft, und wie bei den alten Arabern sind Helden
des deutschen Epos, ein Horant und Volker, zugleich Meister des
Gesanges und Saitenspiels. Unser Dichten, von dictaro, bezeichnet später gerade den Unterschied vom volksthümlichen Singen und
Sagen, indem es von dem Einzelnen gebraucht wird der was er
innerlich gebildet hat mit bewußter Ueberlegung für das Niederschreiben vorträgt; es deutet auf das Künstlerische im Gegensatze
zum Naturlaute der Empfindung, der wie von selber aus der
Fülle des Herzens zum Gesange wird. Hier war der Grundton
lyrisch, wenn auch der Inhalt eine Begebenheit erzählte, und die
Darstellung zu lebendiger Wechselrede der Handelnden fortgehen
konnte, wie uns das die Edda zeigt, wenn wir auch annehmen
mögen daß die epische Weise, die das Bruchstück des Hildebrandliedes auszeichnet, sich früher und reiner im Süden als im Norden
bei den Germanen ausbildete. Dem Norden wie dem Süden war
die Form der Alliteration gemeinsam: in der Verszeile werden die
Worte welche den Nachdruck des Gedankens haben auch dem Ohre
dadurch bemerklich gemacht und aneinander bezogen, daß sie mit
dem gleichen Anfangsbuchstaben beginnen. Diese hervorragenden
Wörter, die Träger des Verses, hießen Liedstäbe, und daher war
Stabreim der Name für ihre Verbindung. In Laub und Leute,
Kind und Kegel, Mann und Maus ist er in unserer Sprache erhalten, und sehen wir zugleich wie er stehende Formen und Wendungen, herkömmliche Paarungen der Wörter mit sich führt, die
im Parallelismus der Tautologie wie der Antithese dem Stil sowol ein einfach großartiges als ein starres oder rebseliges Gepräge
geben können. Das letztere vermieden unsere Ahnen, indem sie nur

das Gewichtige und Nothwendige mächtig aussprachen; die Phantasie bewegte sich lieber stoßweise und in kühnen Sprüngen, als daß sie breit dargelegt hätte was sich von selbst versteht; sie folgt mehr den Bewegungen des Gemüths, als daß sie die Außenwelt für die Anschauung schildert.

Auch der Tanz wurde von Gesang und Musik begleitet oder er diente zugleich dazu die hier angeschlagene Stimmung auszudrücken zu helfen; der Schwertertanz war zugleich ein darstellendes Geberdenspiel, Messer oder Wehre wurden durch die Tanzenden geworfen, und die Keime des Dramas liegen hier wie in den gottesdienstlichen Aufzügen, wenn der Schiffswagen der Erdgöttin herumgefahren, wenn der Frühlingsgott als Maikönig eingeholt ward oder Sommer und Winter miteinander rangen. Daß Wodan in die Schimmelreiter, Pelzmärte und Knecht Ruprecht übergehen konnte, beweist uns daß er in der heidnischen Zeit selbst persönlich dargestellt wurde; ein lebendiger Mensch ersetzte die Bildsäule des Gottes; Einzelgesang der handelnden Gestalten und das Volk als Chor machte das Ganze zum religiösen Schauspiel.

Die Poesie lebte im Gedächtniß; ein eigenthümlicher und vornehmlicher Gebrauch der Schrift ward zu Weissagungen gemacht, und daher wol der Name des Geheimnißvollen, Rune, für die Schriftzeichen. Sie wurden auf Stäbe einer Buche eingeritzt, diese Stäbe dann auf ein weißes Gewand entworfen und nun drei aufgelesen. Man bezog sie auf den fraglichen Gegenstand nach ihrem Namen und ihrer Form; so grub man das T., die Rune des Kriegsgottes Thyr, auf den Griff des Schwertes, und sie deutete auf Kampf und Sieg. Man nahm sie als Anfangsbuchstaben von Worten, es galt diese in sinnvollen Zusammenhang zu bringen. Die Zauberkraft der Rune wurde durch das Lied entbunden, der Spruch nahm sie zum Liedstab, zum Anfangsbuchstaben der Grundwörter, aus denen er sich aufbaute. Man ritzte oder schnitt eine Rune und sang den Vers dazu. Der rechte Runenschmied ist Odin selber; seine Zaubersprüche sprengen Fesseln, machen hieb- und stichfest, geben Kraft und Gedeihen und gewinnen das Herz zur Liebe. Es ist der Geist in den Dingen den die menschliche Geisteskraft erweckt, die symbolische Gestalt oder Handlung wird durch das Lied gedeutet und beschworen. Auch aus der Natur begegnender Thiere und vornehmlich aus dem Wiehern der Pferde ward geweissagt.

Die Erinnerung an den lichten Himmelsgott der arischen

Urzeit ist in dem nordischen Worte Tivar für Götter und Helden und dem Gotte Thr der Edda, dem Ziu der Deutschen erhalten. Der Strahl und Blitz ward im Schwerte symbolisirt, dies ward sein Runenzeichen und er danach allmählich zum Kriegsgotte, als andere neben ihm hervortraten und ihn überwuchsen. Die Allmutter, die Natur, stand auch ihm zur Seite, und ist in der Hel, der Nerthus und der von Tacitus auf die Isis bezogenen Göttin erhalten. Der erste Name (hehlen) deutet auf Verborgenheit, sie ist die im Schos der Erde waltende Lebenskraft, die aber im Winter in Todesruhe versinkt und die Todten in sich aufnimmt. Von der Nerthus (Hertha) berichtet Tacitus: Auf einer Insel des Weltmeeres (Rügen) liegt ein heiliger Hain, darin wird ihr Wagen bewahrt, verhüllt in ein Gewand. Ahnt der Priester die Gegenwart der Göttin im Heiligthum, so begleitet er den Wagen, den zwei Kühe ziehen. Sie bringt Frieden und Fruchtbarkeit wohin sie kommt; der Krieg ruht, die Waffen schweigen, das Eisengeräth wird verschlossen, alles schmückt sich zu festlich frohen Tagen. Ist sie zurückgekehrt, so wird sie mit dem Wagen im geheimen See gebadet, und dieser verschlingt die Knechte die dabei hülfreiche Hand geleistet, d. h. sie werden ihr geopfert.

Die ganze Natur galt für beseelt, und die Seelen der Menschen kamen aus ihr und kehrten zu ihr zurück, sodaß der Mensch sich überall von den Geistern der Ahnen umschwebt sah und das Reich der Elbe auch das der Todten ist. Licht- und Schwarzelbe werden unterschieden je nachdem sie in der Ober- oder Unterwelt hausen, dort in den Strahlen der Sonne und Sterne, im Hauch der Lüfte, in den Wolken waltend, hier die stillwirkenden Kräfte der Erde, die Gras und Kräuter sprießen lassen und Eisen und Gold in den Erzadern bereiten. Daraus werden sie zu Zwergen, und deren Könige spielen in der deutschen Heldensage eine ähnliche Rolle wie der Elfenfürst Oberon in der keltischen. Im Herdfeuer waltend gleichen die deutschen Hausgeister den Penaten und Laren der Italier; sie sind gutmüthig, und werden nur den Schlechten und Trägen zum Plagegeist. Im Wasser heißen die Elbe Nixen. Dort wie überall lieben sie den Gesang gleich den Ribhus (Arbhus) der Indier, die im hellenischen Orpheus anklingen und das Lied der Lust anstimmten. Ihr Sang und Spiel ist von zauberisch verlockender Kraft. In der Gudrun beginnt Horant eine Weise die nie ein Christenmensch vernahm und lernte der sie nicht erlauscht auf den Meereswellen:

Der Lieder sang er dreie, die waren wundersam,
Keinem ward es lange der solchen Ton vernahm.
Lauschend ließ die Waide im Wald das scheue Wild,
Die Würmlein die da krochen im grünen Grasgefild,
Die Fischlein die im Wasser schwammen auf und nieder
Die ließen ihre Wege, — ja nicht umsonst sang er seine Lieder.

Die Geister sind den Guten hold, aber sie wollen nicht gestört sein, sie rächen sich dagegen, und sie holen gerne die dem Tode Verfallenen mit Tanz und Sang in ihr Reich. Gerade diese Mythenbilder hat der Natursinn der Deutschen durch die Jahrtausende hindurch am treuesten bewahrt und sie hallen in der Dichtung wieder bis auf den heutigen Tag.

Die der göttlichen Ordnung widerstrebenden Dämonen sind die Riesen, ein wildes trotziges Geschlecht von unbändiger Kraft, die Mächte des kalten nächtlichen Winters, des Eises, des Felsgebirges, des tobenden Meeres. Steinalt führen sie Steinschilde, oder der Schrecken des Waldes macht sie zu wilden baumstammbewehrten Männern. Sie erliegen im Kampf den Göttern und Helden oder ziehen sich vor der Cultur der Menschen zurück; daß sie gut und bös nicht zu unterscheiden wissen, stempelt sie zu blindwaltenden Naturkräften, welche die Macht der Weltordnung überwindet. Dann gelten sie aber auch als Besitzer uralter Weisheit, welche selbst die Götter bei ihnen einholen.

Aus der Einheit des allumfassenden Himmels trat bei den Germanen zuerst ein Gott, Thor oder Donar hervor, der den Indra und Agni in sich eint und ebenso im Feuer des Blitzes wie des Herdes waltet, sodaß er von den Römern Jupiter und Vulkan genannt werden konnte. Im Gegensatz zu Pindar's Wasser sagt die Edda: Feuer ist das Beste den Erdgeborenen. Es ist der Stellvertreter des himmlischen Lichtes, das reine Element der Reinigung; Lichtund Feuercultus herrschen wie bei allen Ariern. Thor schwingt den Donnerkeil als seinen Hammer; aber daß dieser auch die Brautpaare weiht, die Todten einsegnet und die Wiedergeburt sichert, daß ein Hammerwurf die Grenzen des Eigenthums bestimmt, das deutet auf eine Zeit wo Thor der Asenfürst war; Asen, Balken und Träger der Welt, nennt die Edda die Götter, Vanen, Leuchtende, heißen sie bei den Gothen in Schweden; wenn die Vanen mit den Asen kämpfen und dann unter sie eingehen, ist das der mythologische Ausdruck für die religiöse Einigung ihres Stammes mit den Normannen. Thor zerschmettert die Reifriesen

Die neuern Völker. Germanen.

wie das Felsgebirg um den Frühling und die Fruchtbarkeit herbeizuführen; die Eiche war ihm heilig. Er blieb vornehmlich der Gott der Bauern als die kriegerischen Edeln längst den Wodan zum Führer erkoren hatten und dieser die erste Stelle in der Religion einnahm.

Die Urzeit kennt den Geist des Sturmes, der mit Wolken und Winden brausend und singend, bewegend und befruchtend einherzieht; als die Germanen aufbrachen um Europa eine neue Gestalt zu geben und die treibende Kraft der Weltgeschichte zu werden, da glaubten sie von ihm sich geleitet, und so ward er zu Wodan oder Odin, dem alldurchdringenden allbewegenden Weltgeist, von dem alles ausgeht und zu dem alles wiederkehrt, deß Auge die allerleuchtende allbelebende Sonne ist, deß Name auf den Erwecker und Durchdringer hindeutet, der in allem gesteigerten Gemüthsleben, in der Begeisterung des Kampfes wie der Poesie sich offenbart. Als Sturmgott lebt er fort und ist er bis heute der Führer der wilden Jagd oder des wüthenden Heeres geblieben, der Wolken und Winde, in denen die Seelen der Gestorbenen bei ihm fortdauern, und mit ihnen bricht er noch heute aus Bergesklunft hervor, wenn es gilt das Vaterland gegen fremde Eindringlinge zu schützen. Als Naturgeist ist Wodan der belebende Frühlingsgott, der im Winter selbst in der Unterwelt schlummert, aber dann wieder hervorbricht, den Weltbaum grünen macht, siegreich die Schlacht der Befreiung schlägt, den Riesen bezwingt der seine Gemahlin bewältigen wollte, und wieder die segenvolle Herrschaft ergreift. Im Gemüth ist Wodan der Quell jeder höhern Bewegung, der Liebe, der Dichtkunst. Er selbst ist der Liederschmiede bester und verleiht den Trank der Begeisterung; er ist die im Wunsch vorandringende, das Glück erjagende Seelenkraft. In der Geschichte ist er der Sieger und Siegverleiher. Die Schwäne des Himmels, die lichten Wolkenfrauen, werden nun zu seinen Schlachtenmädchen und Todtenwählerinnen, oder Walküren, die auf thautriefenden Rossen, ein Schwanenkleid über dem schimmernden Panzer, um das Gefilde des Kampfes schweben und die Männer erkiesen, die den Heldentod sterben sollen und die von ihnen heimgeholt werden in Odin's Heer, dort ewig mit ihm an Kampf und Sieg, an Festgelag und Gesang sich zu freuen, wo nun die Walküren den Becher füllen. Die Poesie der Menschheit hat kein schöneres Bild des Todes geschaffen.

Die regen- und segenspendende Wolke, des Sturmgeistes Gemahlin ward als Freya zur Himmelsgöttin im Sternengeschmeide, zur Göttin der Liebe und Ehe, welche die Kinder aus dem Wolkenbrunnen ins Erdenleben sendet, aber die Seelen auch wieder zu sich ruft. Auch sie hält ihre nächtlichen Umzüge mit ihrem Heer, oder schreitet mit ihren Jungfrauen mild und klar durch die blühenden Felder. Oder sie sitzt singend und spinnend mit ihnen in krystallener Grotte. Der Volksglaube kennt sie noch als Frau Holda oder Holla, die Holde, als Bertha, die leuchtende; als die schwanenfüßige Spinnerin ging sie in die Heldensage über und ward zur Bezeichnung goldener Zeit: als weiße Frau ist sie die Ahnmutter der Geschlechter, die sie behütet, Geburt und Tod ansagend. Aber ihr Spinnen und Weben bereitet auch den Faden des Geschickes, und wie sie die Königin der Walküren ist, so waltet sie über den Heilräthinnen oder Schicksalsfrauen, welche der Norden als Nornen zu Hüterinnen am Born des Lebens unter der Esche Ygdrasil macht und mit dem Namen Vergangenheit, Gegenwart und Zukunft bezeichnet. Die Erinnerung an eine Göttin des Ostens und Aufgangs, der Morgenröthe und des Frühlings, Ostara, hat sich uns in der Bezeichnung des Auferstehungsfestes mit Ostern erhalten.

Cäsar berichtet daß die Scharen Ariovist's zur Sonne gebetet. Das Johannisfeuer zur Zeit der Sommersonnenwende, das Weihnachtsfeuer, der Lichterbaum in der Winternacht wo das Licht wiedergeboren wird, sind noch erhaltene Spuren des Sonnendienstes. Der Gott des Sonnenscheins heißt im Norden Freyr, der deutsche Name würde Fro, Herr, lauten. Balder heißt er als der Sonnenglanz in seiner allerfreuenden milden Klarheit, das Symbol geistiger Reinheit und Jugendschöne; er stirbt den frühen Tod in der Neige der Sommersonnenwende durch die lichtlose blinde Winternacht Hödur's, seines Bruders, wie die Nacht des Tages Schwester heißen kann; aber er wird blutig gerächt und siegreich wiedergeboren. Daß Balder, der auch Bol heißt, in Deutschland bekannt war, wissen wir nun aus dem merseburger Zauberspruch; er reitet mit Wodan zu Walde und die Beinverrenkung seines Rosses heilt Wodan: „Bein zu Beine, Blut zu Blute, Glied zu Gliedern als ob sie geleimt wären."

Die Götter wurden mit Gebet und Opfer verehrt; Rinder, Widder, Böcke, vornehmlich Pferde bluteten an den Altären, aber das Höchste was man den Göttern zur Sühne bieten konnte, war der Mensch; Kriegsgefangene opferte man nach der Schlacht, das

Die neuern Völker. Germanen.   111

Roß, aber oft auch Knechte und Mägde wurden mit dem Herrn verbrannt, und hochgeehrt war die Frau die dem Gatten in die Unterwelt freiwillig folgte; dann schlägt ihm, wie Brunhild in der Edda sagt, die ringgeschmückte Pforte des Saals im Todtenreich nicht auf die Fersen. Im Norden kam es mehrfach vor daß bei schwerer Noth des Volks der König sich dem Tode weihte, das Volk ihn opferte.

In Deutschland erlosch das Heidenthum früher als in Scandinavien; da entwickelte es sich bis ins 10. Jahrhundert. Dort war die Heimat der Wikinger, die nach Kampf und Raub die Meere Europas durchzogen und Schrecken an den Küsten verbreiteten; dort hatten die Fürsten ihre Sänger, die Skalden, die zur Schlacht entflammten und das Gedächtniß der Thaten im Lied erhielten. Sie bildeten auch die Mythologie plastisch und dichterisch fort. Odin ward zum Allvater, zum König der Götter, zum Schöpfer und Regierer der Welt. Mit Wille und Weihe, die seine Brüder Vili und Ve heißen, ordnet er die Natur und das Leben. Von seinem Himmelsthron aus überschaut er das All; zwei Raben, Hugin und Munin, Gedanke und Erinnerung, bringen ihm Kunde der Dinge. Er ist der Siegspender, der Kampf heißt sein Spiel, das Schwert sein Wundenfeuer. Die begeisternde Streitlust, die er einhaucht, ging bis zur Kampfwuth fort, wenn die Berserker wie rasend gleich Wölfen in die Schilde bissen. Wer im Kampf gefallen stieg zu Odin's Freudensaal nach Walhalla empor; die auf dem Bettstroh Sterbenden gingen in Hel's Reich, das allmählich zu einer düstern Hölle ward; ihr Saal heißt Elend, Hunger ihre Schüssel, Gier ihr Messer, Träg ihr Knecht, Langsam ihre Magd, ihr Bett Kümmerniß und ihr Vorhang dräuendes Unheil; Menschenmörder und Meineidige müssen durch schwerterwälzende Schlammströme waten. Deshalb auch ritzten sich die alt gewordenen Krieger mit Speeren blutig, um durch diese symbolische Schlachtwehe zu Odin aufzusteigen; und Ragnar Lodbrok sang im Schlangenthurm wie er freudig gefochten sein Leben lang; jetzt nagen die Nattern an seinem Herzen, jetzt fordert ihn Odin:

> Wohlan denn geschieden! Walküren winken,
> Die Odin mir sendet vom Saale der Götter.
> Auf dem Thron mit den Asen soll freudig ich trinken.
> Die Stunden des Lebens sie schwanden vorüber,
> Mit lachenden Lippen erleid' ich den Tod.

Im felsigen Norwegen war Thor der Laudesgott. Dort hatte sein Hammer die fruchtbaren Thäler in die beschneiten Berge hineingesprengt; dort standen ihm Tempel und zu Marö sah man auch sein Bild mit dem Gespann der Böcke vor dem Wagen. In den freundlichen Auen Schwedens ward Freyr, der im milden Sonnenscheln sich offenbart, vornehmlich verehrt. Der auf dem Eise laufende Ullr war der Gott der Wintersonne.

Die Götterbilder waren aus Holz geschnitzt; diese Art der Plastik ist in unsern Wäldern die volksthümliche geblieben, und früh begannen die Standinavier ihre hölzernen Giebelhäuser zu verzieren. Der Hauptraum derselben, um den sich Vorplätze und Kammern lagerten, war bei größern Gebäuden durch eine Doppelreihe von Tragbalken dreischichtig gegliedert. In der Mitte dieser Pfeilerreihen waren die Hochsitze oder Ehrenplätze, daneben rechts und links Bänke; zwischen ihnen brannte das Feuer. Wo die Bänke endeten zog sich über die Hausbreite ein erhöhtes Getäfel, da saßen die Frauen mit ihrer Arbeit. Die Hochsitzsäulen, die Thürpfosten wurden mit Schnitzereien verziert, die über dem Giebel sich kreuzenden Balken endeten als Hörner oder Köpfe von Thieren. Im Tempel stand oder thronte das Götterbild an der Stelle des Hochsitzes, vor ihm brannte auf ehernem Gestell das ewige Feuer, und daneben lag der Silberring auf welchem die heiligen Eide geschworen wurden. Die Tempel- und Häuserwände schmückte man gern mit Teppichen und die Frauen verstanden allerlei Figuren in sie hineinzusticken; aber auch das Holzgetäfel der Wände war manchmal gleich dem Steven der Schiffe reich geschnitzt; ein Skaldenlied preist die Reliefs von Baldur's Tod und von Thor's Kampf mit der Weltschlange in einem norwegischen Hause, und im 10. Jahrhundert ließ ein Isländer seine eigenen Thaten über dem Hochsitz darstellen; auch der Name eines vorzüglichen Holzschnitzers wird erwähnt, Thorb Hrüta.

Die Bestattung der Todten geschah auf Steinplatten in Erdhügeln oder in förmlichen Grabkammern; zur Zeit des Verbrennens setzte man dort die Asche in Urnen bei. Das Grab wird von aufgerichteten Steinen im Kreis oder Viereck umlagt; das scheint altarischer Brauch. Eigenthümlich aber dem germanischen Norden sind ovale Hügel mit der Urne im Innern, während außen Steine die Gestalt eines Schiffes mit Kiel, Bord und Mast zeigen, wol zur Erinnerung der Todtenschiffe, welche die Seelen nach ihrer jenseitigen Heimat fahren.

Die neuern Völker. Germanen. 113

Als Harald Schönhaar die Alleinherrschaft über Norwegen gewonnen, zogen am Ende des 9. Jahrhunderts Edle und Bauern, die den Verlust der Freiheit nicht ertragen wollten, nach Island hinüber, wo bereits Sturmverschlagene oder wegen Blutschuld Landflüchtige eine neue Heimat gefunden hatten. Dämmerung und Nacht umhüllen dort den langen Winterhimmel, den des Nordlichts magnetische Gewitter mit röthlich zuckenden Strahlen spärlich beleuchten. In hohen grauen Wogen brandet das Meer um die Küsten, oder bei Sonnenaufgang von hellgrünen Streiflichtern durchzogen; in vielen Buchten rauscht die Flut ins Land hinein. Feuerspeiende Berge ragen aus dem Schnee empor, und die schwarzen Lavamassen liegen neben den krystallenen Gewölben der Gletscher wie dem langen Winter der raschentbrechende kurze Sommer folgt, dessen nur kurz untergehende Sonne die grünen Matten mit Blumen schmückt. Dort wälzt sich die glühende Lava durch Eis und Schnee, dort brodeln Schlammquellen wie Macbeth's Hexenkessel mit rastlos zerplatzenden Blasen, dort füllt sich des Geisers Krater randvoll mit schäumendem Wasser, bis es stoßweise aufwirbelt und nun einzelne Strahlen hervorschießen und in Perlen zerstieben; wie eine Raketengarbe zischen nach Sartorius von Waltershausen's Schilderung größere und kleinere Wasserstrahlen durcheinander, dampfumwallt; noch ein Stoß, ein dumpfer Schlag aus der Tiefe, und ein übermächtiger Wasserguß steigt 100—200 Fuß hoch empor, aber um schnell mit der ganzen Erscheinung gleich einer phantastischen Traumgestalt bei anbrechendem Morgen zusammenzustürzen.

Die Einwanderer brachten die altheimischen Götter und Lieder, Sitten und Rechte mit. An den waldigen Buchten trieben sie Viehzucht und Ackerbau, Fisch- und Vogelfang. Ein angesehener Mann errichtete bei seiner Niederlassung Tempel und Gerichtsstätte; wo er als Priester und Richter über die Seinen waltete, da schlossen sich später Ansiedler dem Frieden dieser Ordnung an. Als die Bevölkerung dichter ward, verbanden solche Bezirkshäupter sich zu gemeinsamer Führung der allgemeinen Angelegenheiten und hielten alljährlich ihre Bundestage. Der Isländer lebte während des langen Winters bei seinem Feuerherd in der Innenwelt, in der Erinnerung. Er gedachte der Kämpfe der Ahnen, und wer Sagen zu erzählen und mit Liedern zu begleiten verstand, war ein willkommener Gast in dem einsamen Hause und beim Festgelag. So schlug der Geist der germanischen

Vorzeit im hohen Norden seinen Thron auf, als im übrigen Europa schon das christliche Mittelalter herrschte. Dort kann er über sich selber nach; er schuf nichts Neues, aber er stellte das Alte in frischer Kraft mit inniger Liebe dar um es für die Nachwelt zu retten. Helden und Christen lebten nebeneinander. Der Missionar Thangebrand, ein ungestümer Mann, säete Zwietracht, als er zwei Jsländer erschlug welche Schmähgedichte auf ihn gesungen. Da wollten Heiden und Christen sich scheiden, aber Theogeir setzte der Volksversammlung auseinander wie nothwendig es sei daß alle an einem und demselben Gesetz und an der gleichen Sitte hielten, und so nahmen alle um das Jahr 1000 die Religion Jesu an. Bei dieser friedlichen Verständigung suchte nun auch niemand die alten Götter- und Heldenlieder auszurotten, vielmehr sammelte man sie. So soll der weise Sämund Sigfusson um 1100 gethan haben; das Buch führt den Namen der ältern Edda, während die jüngere 100 Jahre später von Snorre Sturleson niedergeschrieben ward, in Prosa, zum Theil in Gesprächsform, wie zum Commentar der Lieder, indem die Sagen erzählt werden die dort oft nur im Fluge berührt sind. Edda bedeutet Aeltermutter; es ist ja auch, sagen wir mit Jakob Grimm, ganz im Sinn des Alterthums daß die Urgroßmutter im Kreis ihrer Kinder und Enkel von der Vergangenheit Kunde gibt.

Die eddischen Lieder beabsichtigen nicht den Inhalt der Sage darzustellen, den sie vielmehr als bekannt voraussetzen, sondern die poetische Stimmung hebt einen einzelnen Punkt heraus und läßt auf ihn den vollen Glanz der Dichtung fallen. Von der Gegenwart aus schaut der Sänger in Vergangenheit und Zukunft, und bewegt sich mit freiem Flug der Vorstellungen in der Nähe und Ferne. Die Darstellung ist oft ganz dramatisch, die Erzählung geht häufig in Wechselreden über, es soll uns eben mehr die Innerlichkeit der Empfindung aufgeschlossen als das Aeußere der Ereignisse berichtet werden. Wenn die spätere indische Phantasie in dem extensiv Maßlosen sich erging, so haben wir hier das Erhabene der Kraft, das dynamisch Ungeheuere. Die Sprache ist knapp, zackig und streng, oft in ahnungsreichem Dunkel, aus dem der Gedanke blitzartig hervorspringt. Es wallet, wie Scherr treffend sagt, in der isländischen Dichtung der harte Krafthauch des nordischen Naturlebens und ein concentrirtes Feuer, dessen verhallene Gluten manchmal plötzlich hervorbrechen, wie Lavaströme über die Eiswände des Hekla rollen. Es fehlt allerdings die maßvolle Klarheit und ruhige Entfaltung des Hellenenthums, aber wie abgerissen die Weise dieser alten Lieder sei, so scheinen sie doch ihrem Uebersetzer Simrock in wildkühner Erhabenheit über allem zu schweben was bis auf Goethe's Faust eine moderne Literatur darbietet. Ich möchte lieber den Prometheus vergleichen und daran erinnern wie Goethe im Parzenlied der Iphigenie den Tonfall, ja den Stabreim aus seiner Dichternatur heraus wiederfand:

> Es fürchte die Götter das Menschengeschlecht!
> Sie halten die Herrschaft in ewigen Händen,
> Und können sie brauchen wie's ihnen gefällt.

Kampf ist das Leben der Germanen und ihrer Götter; das Ganze der Mythologie wird zu einem weltumfassenden Drama, und am Ende kommt die Götterdämmerung mit ihren Schauern, der tragische Ausgang des gegenwärtigen Weltalters um einem neuern schönern Raum zu schaffen. In einem der gewaltigsten Lieder, Völospa, beginnt die Seherin mit dem Anfang der Dinge und läßt die Bilder der Sage wie Schatten vorüberziehen um bei dem Ende zu verweilen; aber auch sonst gewahren wir wie vor dem Geiste der Sänger bereits ein Ganzes liegt, zu dem die mannichfaltigen Mythen sich ordnen. In die gähnenden Klüfte zwischen der Lichtwelt und der kalten Nacht haben sich von hier Eisströme ergossen und sind durch Feuerfunken von dort belebt worden, so ist der Riese Ymir entstanden, den die Götter überwältigen; aus seinem Blute bilten sie das Meer, aus den Knochen die Berge, aus den Haaren die Bäume, aus dem Schädel wölben sie den Himmel, — die Natur erscheint wie ein auseinandergelegter Mensch. Die Götter ordneten die Bahnen der Sonne und des Mondes und ließen Menschen aus Bäumen wachsen; die Esche Ygdrasil stellt die Welt selbst unter dem Bilde des Baumes als einen lebendigen Organismus dar. Mitten in der Welt ist die Burg der Götter mit glänzenden Freudenhallen. Dort schimmert alles von Gold, und es war das Goldalter der Götter wo die Gier nach diesem Metall, wo die Habsucht noch nicht erwacht war, aber mit ihr kam das Böse in die Welt und ging die Unschuld verloren, und im Kampf mit den finstern feindlichen Mächten bleiben auch die Götter nicht rein; es ist die Rede von drei

Riesentöchtern die sich ihnen gesellt, und ganz deutlich tritt in Loki ein negatives Element unter die Asen, indem derselbe das Feuer vornehmlich in seiner verzehrenden Gewalt darstellt und sich allmählich zur dämonischen Macht der Verneinung und des Verderbens steigert. Die Finsterniß, welche Sonne und Mond zu verschlingen trachtet, war längst als Wolf gedacht, der Fenriswolf ward nun zu einem Sohne Loki's, und die Götter ahnen in ihm das drohende Verderben, sie suchen ihn zu binden, und es gelingt durch eine Fessel aus scheinbaren Unmöglichkeiten, aus dem Schall des Katzentrittes, dem Bart der Weiber, den Wurzeln der Berge, der Stimme der Fische.

Das Leben der Götter ist Kampf mit den Riesen und hier bewährt vornehmlich Thor seine Stärke. Er meint dem Strimmer nur drei Ritzwunden in die Stirne geschlagen zu haben, und hat drei schroffe Felsschluchten ins Gebirg gehauen. Er hebt die erdumgürtende Midgardschlange, das Weltmeer, bis an den Himmel; er besteht einen Wettstreit im Trinken, und da das Ende seines Hornes im Meere liegt, so leert er einen Theil desselben, sodaß es seitdem nicht mehr voll ist, woher die Ebbe kommt; nur das Alter selbst kann er nicht niederringen. Der Donnerhammer des Gewittergottes liegt im Winter in der Tiefe der Erde, ist in der Gewalt der Frostriesen; er gewinnt im Frühling ihn wieder, indem er im Gewand Freyja's, der Götterkönigin, als Riesenbraut bei ihnen einkehrt, und mit dem Hammer, der als Brautgabe ihm auf den Schos gelegt wird, den Bräutigam zerschmettert, was eins der bekanntesten und am anschaulichsten ausgeführten Lieder besungen hat. Daß Freyr sein Schwert, den Sonnenstrahl, der Gerda, der im Winter unter Schnee und Eis befangenen Erdkraft, als Liebesgabe sendet, daß der Schlachtgott Tyr seine Hand als Pfand dem Fenriswolf in den Mund gesteckt, wird nun im Zusammenhang so gedeutet daß jenem das Schwert, diesem der Arm im großen Entscheidungskampfe fehle. Idunn ist die Lebensverjüngung, die Göttin des Frühlings und der Jugend, das frische Grün an Gras und Laub; der Herbststurm, Thiassi, der mit seinen Adlerflügeln den Wind über die Länder facht, entführt sie; Loki wandelt sie in Nußgestalt und holt sie wieder, wie aus dem Pflanzenkern unter dem Einfluß der Wärme das Leben von neuem aufsprießt; wir haben hier nur das Bild vom Wechsel der Jahreszeiten; aber der Mythus erzählt es wie eine einmalige geschichtliche Begebenheit, und wenn die Götter sehen wie im herbstlichen Blätterfall Idunn von der Weltesche niedersinkt, so überkommt sie ein Bangen daß das große Weltjahr endige; sie senden Boten nach ihr; sie schweigt, wie schlummerbetäubt; ihr Gemahl Bragi, der Geist des Gesangs, bleibt bei ihr als Wächter, der verstummte Gesang, erklärt es Uhland, bei der hingewelkten Sommergrüne. Die Nacht bricht ein und schlägt mit borniger Ruthe die Götter und Menschen in Schlaf. Aber ahnungsschwere Träume bewegen Baldur den milden Lichtgott daß seinem Leben Gefahr drohe. So wird auch hier der alljährliche Naturvorgang auf die Weltperiode bezogen, und demnach in mehrern Liedern wie in der Prosa dargestellt. Die Götter beeidigen Erde und Wasser, Stein und Eisen, Thiere und Pflanzen daß sie den holden Jüngling nicht schädigen wollen, und nun sind sie sicher und treiben Kurzweil, indem sie nach ihm schießen und werfen, er bleibt ja unverletzt. Aber die Mistelstaude, die unbeschienen von der Sommersonne im Winter auf Bäumen schmarotzerisch wächst, ist nicht beeidigt worden, und so bricht Loki dieselbe und legt sie Baldur's blindem Bruder Hödur, dem Winterdunkel, auf den Bogen, und wie Isfendiar im persischen Epos fällt der jugendschöne friedlich milde Gott. Da weinten die Götter und Göttinnen laut und lang, und als sie seine Leiche verbrannten, zersprang sein Weib, Nanna, vor Jammer am Scheiterhaufen. Er war in Liebe entbrannt als er sie im Bade erblickt hatte. „Die entkleidete badende Nanna von Balbur belauscht ist die vom Licht erschlossene frischbethaute Blüte. Mit der Abnahme des Lichts geht auch das reichste duftendste Blumenleben zu Ende." (Uhland.) Die Liebe des Lichts und der Blüte, und wie sie dieser den Tod bringt, ist ja auch in griechischen Mythen von Apoll und Hyakinthos symbolisirt. — Die Unterwelt will Baldur wieder zurückgeben, wenn alle Wesen um ihn klagen. Die ganze Natur trauert um ihn, denn sie ist des Lichtes bedürftig; aber in kalter finsterer Höhle sitzt das Riesenweib Thök und versagt die Thräne um Baldur: Nicht im Leben noch im Tod hatt' ich Nutzen von ihm; behalte Hel was sie hat! „Es ist der Eigennutz, die kalte herzlose Selbstsucht, die aller Wohlthaten unerachtet, welche die ganze Welt von dem Heimgegangenen genossen, sich in Unempfindlichkeit versteckt. Wenn es heißt Loki sei Thök gewesen, so ist der Egoismus als das böse Princip gefaßt." So Simrock; Max Rieger bemerkt: „So gibt es unter den Menschen eine Gemüthsart die sich im Ich wie in einer kalten finstern Höhle verschließt, die nach der Sonne des Ideals, wenn diese aus der Welt verschwindet, keine Sehnsucht fühlen noch beitragen kann sie durch Sehnsucht zurückzurufen; und diese Gemüthsart ist eigentlich Loki, der Feind des Seins."

Loki, halb Ahriman, halb Mephistopheles, erscheint beim Mahle der Götter und Göttinnen wie das böse Gewissen das Sünden und Gebrechen ihnen allen vorhält: die Mythen welche den Schöpferdrang der Natur in der mannichfachen Liebesgemeinschaft von Göttern und Göttinnen darstellen, die bald als Aeltern und Kinder, bald als Brüder und Schwestern bezeichnet wurden, erschienen ähnlich wie in Griechenland dem fortgeschrittenen sittlichen Bewußtsein anstößig. Doch vertreten die Asen das Gute, die Ordnung der Welt, und Loki, das Böse, wird in dem Netze gefangen das er selber geknüpft; der Unheilstifter wird an einen Felsen gefesselt und über ihm eine Schlange befestigt, die ihm Gift ins Antlitz träufelt. Aber in rührender Treue hält seine Gattin Sigyn bei ihm aus; sie steht neben ihm und fängt die Gifttropfen in einer Schale auf; nur wenn diese voll geworden und Sigyn sie ausgießt, träufelt Gift in Loki's Angesicht, wogegen er sich so heftig sträubt daß er die ganze Erde erschüttert, und das ist's was man Erdbeben nennt. Das wird währen bis zur Götterdämmerung.

Das ist Ragnarök, die Verfinsterung des Gottesbewußtseins, und dadurch die sittliche Verwilderung, der Kampf der Elemente, das Ende eines Weltalters im Untergang seiner Götter. Der Germane verdammt seine Götter zum Tode, da seinem sittlichen Bewußtsein die Naturmythen nicht mehr entsprechen und mitunter widersprechen. „Wißt ihr was das bedeutet?" fragt die Seherin in der Völospa, so oft sie ein schicksalschweres Ereigniß berührt; es deutet eben hin auf die Götterdämmerung.

> Brüder besehden sich, fällen einander,
> Geschwister sieht man die Sippe brechen,
> Unerhörtes ereignet sich, großes Unrecht;
> Beilalter, Schwertalter, wo Schilde krachen,
> Windzeit, Wolfzeit, eh' die Welt stürzt;
> Der eine achtet des andern nicht mehr.

Da sprengt der Fenriswolf seine Fessel, da fallen die Bande von Loki, da erhebt sich die Midgardschlange, da brechen die

Feuer- und Frostriesen hervor zum Kampfe mit den Asen. Darum hat Odin die Einherier, die in der Schlacht gefallenen Helden, zum Heere gesammelt; er streitet nun mit dem Wolf und wird von ihm verschlungen; Thor hat die Schlange überwältigt, aber stirbt von ihrem Gifthauch, und aus dem Schwerte des schwarzen Surtur, des Rauchs der der Flamme vorangeht, bricht der Funke des Weltbrandes:

> Schwarz wird die Sonne, die Erde sinkt ins Meer,
> Vom Himmel fallen die heitern Sterne,
> Glutwirbel umwühlen den allnährenden Weltbaum,
> Die heiße Lohe leckt hinauf zum Himmel.

Im Todeskampf wird die Schuld gebüßt, der Weltbrand ist ein Feuer der Reinigung, und die entsühnte Erde, die entsühnten Götter steigen wiedergeboren hervor ans Licht. Sie finden die goldenen Gesetzestafeln des ersten seligen Alters wieder, alles grünt und blüht und die Aecker bringen Frucht auch unbesäet; das Böse ist verschwunden, und Baldur und Höður wohnen vereint in des Siegesgottes Himmel. Ein neues Geschlecht guter und glücklicher Menschen bewohnt die weite Welt.

> Da reitet der Mächtige zum Rath der Götter,
> Der Starke von oben der alles steuert;
> Den Streit entscheidet, schlichtet Zwiste,
> Und ordnet ewige Satzungen an.

So ist die Ahnung des Einen Allwaltenden vorhanden, zu dem sich Odin läutert. In der jüngern Edda heißt es: Allvater lebt durch alle Zeitalter und waltet aller Dinge, großer und kleiner. Er schuf Himmel und Erde und alles was darinnen ist, er gab den Menschen den Geist der leben soll und nie vergehen, und die Guten sollen mit ihm im Himmel sein.

In der Heldensage der Edda gibt uns ein treffliches Wölundurlied Kunde von Wieland dem Schmied. Er und sein Bruder gewinnen badende Wallküren zu Gemahlinnen, bis diese nach sieben Wintern in ihren Schwanenhemden wieder davonfliegen. Er schmiedet Waffen und Geschmeide, und erwacht eines Morgens wonneberaubt, gefesselt durch einen Ueberfall König Nidudr's; nun wird er gelähmt und muß für diesen arbeiten, bis er ihm die Tochter überwältigt, aus den Schädeln der Knaben Trink-

Gefäße bereitet und mit einem Fluggewand angethan sich in die
Luft emporschwingt. Mit den Liedern von Helgi dem Hundings-
tödter eröffnet sich uns die Wölsungensage, der auch Siegfried
angehört. Sie sind voll Kraft und Fülle, voll Milde und Gemüthstiefe, und die Vielfältigkeit des Volksgesangs zeigt sich in
einander ergänzenden Darstellungen. Dem Helden sangen bei seiner Geburt Nornen den Schicksalsspruch und spinnen goldene
Fäden, rühmliche Thaten weissagend. König Högni's Tochter
Sigrun ist vom mächtigen Granmar umworben, aber sie liebt
Helgi, und reitet als Walküre durch Luft und Meere ihn zu finden, daß er sie mit dem Schwert gewinne.

> Die Ruder ächzten, das Eisen klang,
> Schild scholl an Schild, die Seehelden fuhren.
> So war's zu hören, da zusammenstießen
> Die kühlen Wellen und die langen Kiele,
> Als ob Berg oder Brandung brechen wollten.

Bei Frekastein schreitet Helgi voran, und berichtet dann uns
und der Gattin mit großer Schonung wie nicht alles nach Wunsch
gegangen, wol sei er Sieger, aber ihre Brüder, ihr Vater seien
todt; dessen Rumpf habe noch um sich gehauen als das Haupt
gefallen war.

> Du gewannst nicht beim Siege, es war dein Schicksal
> Durch Blut zu erlangen den Liebeswunsch.

Sie erwidert:

> Beleben möcht' ich jetzt die Leichen kund,
> Aber dir zugleich im Arme ruhn.

Nach wenigen Jahren nimmt Högni's jüngster Sohn Dag Blutrache für den Vater und die Brüder; er verkündet Helgi's Tod
der Sigrun; sie ruft ihm die Schreckensworte entgegen:

> Das Schiff fahre nicht das unter dir fährt,
> Wehe auch erwünschter Wind dahinter!
> Das Roß renne nicht das unter dir rennt,
> Müßtest du auch fliehen vor deinen Feinden!
> Das Schwert schneide nicht das du schwingst,
> Es schwirre denn dir selber ums Haupt!

Nichts sei mehr das sie erfreuen könne, es bräche denn ein
Glanz aus des Fürsten Grab und trüge sein goldgezäumtes Roß
ihr den Gemahl daher. Und siehe ihr Sehnen zieht ihn heran.
Odin vergönnt ihm Heimfahrt. Froh wie Adler, die thautriefend
den Tag schlummern sehen, empfängt ihn Sigrun. Die Thränen
die sie allabendlich vergoß sind blutig auf die Brust des Helden
gefallen und haben ihn nicht ruhen lassen. Im Grabhügel bereitet
sie das Hochzeitsbette und liegt die Lebendige im Arm des verstorbenen Gemahls, bis er zurück muß bevor der Hahnenschrei das
Siegervolk weckt. Sigrun folgt ihm bald. Das Ganze klingt in
Deutschland nach in der Lenorensage.

Eine Reihe von Sigurdliedern läßt uns erkennen wie sie in
Deutschland vereinzelt gesungen worden ehe sie zum Epos wurden; denn daß der Rhein auch in den isländischen Gesängen
rauscht, beweist daß sie von hier nach dem Norden kamen. Der
geheimnißvolle Hintergrund der Götterwelt, des Naturlebens,
Brunhild's Eifersucht im Nibelungenlied wird uns von der Edda
aus verständlich. Im Wechselgespräch mit seinem Oheim Gripir
erfährt der junge Sigurd durch dessen Weissagung die Ereignisse
seines Lebens, man sieht wie ein Sänger selbst das Ganze hat
festhalten und übersichtlich zusammenfassen wollen, das nun im
einzelnen bald mehr episch, bald mehr in lyrischen Ergüssen dargestellt wird. Sigurd wie Achilleus getröstet sich des ewigen
Ruhms den er im kurzen Leben gewinnen wird. Er wird von
dem bleikundigen Regin erzogen, der ihm vom Hort der Nibelungen erzählt, dem Gold das den Unterirdischen entrissen wird
und das seine Besitzer selbst mit dämonischem Zauber hinabreißt,
bis es wieder in die Tiefe versenkt ist. Erlebte man es doch
oft daß ein Mächtiger nach Schätzen trachtete um seinen Genossen
freigebig mild sein zu können; da klebte dann das Blut und der
Fluch der Beraubten an den Kleinoden, und sie wurden dem Besitzer leicht zum Verderben, wenn ihr Glanz die Habsucht in
fremdem Busen weckte. Auf einer Wanderschaft haben die Asen
Odin, Hönir und Loki am Wasserfall des Zwergs Andwari Regin's Bruder Otur, der in Ottergestalt dort saß, todt geworfen;
sie zogen die Otterhaut ab und kamen Herberge suchend zu Regin's Vater Hreidmar. Der erkannte des Sohnes Gewand und
verlangte daß die Asen zur Sühnung den Balg mit Gold füllten.
Darum raubte Loki mit Gewalt und List dem Zwerg Andwari
seinen Schatz und Ring, und der setzte sogleich den Fluch dar-

auf: Mein Gold soll keinem zugute kommen! — Um des Goldes willen wird Hreidmar von seinen Söhnen, die danach lüstern sind, erschlagen, aber der eine, Fafnir, reißt es allein an sich, und lagert darauf in Drachengestalt, und der andere, Regin, schmiedet nun für Sigurd ein Schwert, daß er jenen durchbohre und den Hort für sie beide erringe. Sigurd aber macht erst eine Kriegsfahrt um seinen Vater an Hunding's Söhnen zu rächen; dann ersticht er den drachengestaltigen Fafnir. Er hört das Wort des Sterbenden:

> Nun rath' ich dir Sigurd, vernimm den Rath,
> Und reite heim von hinnen;
> Das gellende Gold, der gluthrothe Schatz,
> Diese Ringe verderben dich.

Regin kommt, trinkt Fafnir's Blut, und will dem von ihm geschmiedeten Schwerte den Sieg zusprechen; Sigurd versetzt:

> Muth in der Brust ist besser als Stahl,
> Wo sich Tapfere treffen.
> Den Kühnen immer sah ich erkämpfen
> Auch mit stumpfem Schwerte den Sieg.

Sigurd brät für Regin Fafnir's Herz; er berührt es und steckt den verbrannten Finger in den Mund. Da verstand er die Stimmen der Vögel, die davon sangen wie Regin Unheil sinne, wie Sigurd ihm zuvorkommen, den der ihn morden wolle erschlagen müsse. So that er, und nahm den Hort und Ring zu sich.

Nun kommt er zu einem Flammenwall hinter einer Schildburg, innerhalb deren eine Jungfrau schläft, die Walküre Brunhild, die ein Schlafdorn Odin's getroffen, weil sie einem König, den sie für Walhalla erklesen sollte, Leben und Sieg verliehen. Nur wer sich nie gefürchtet mochte sie erlösen und gewinnen. Sigurd ritt durch die Flammen, zerschnitt mit dem Schwert ihr Panzerhemd, und erweckte sie mit seinem Kuß. (Ich brauche kaum wieder daran zu erinnern wie der Sieg des Gewittergottes über den Wolkendrachen und der Sonnengott, der die im Winterschlaf erstarrte Erde mit seinem Strahl erweckt, hier in der Heldensage niedergeschlagen oder wiedergeboren sind, und wie das letztere im Märchen von Dornröschen nachklingt. Die Waberlohe aber ist die Flamme des Scheiterhaufens um die Gestorbenen.)

Brunhild lehrt Sigurd göttliche Weisheit; denn

Witz und Waffen wisse zu brauchen
Wer vor allen der erste sein will.

Sie verlobten sich und schwuren einander Treue. Die ursprüngliche Naturmythe von der Sommersonne die im Winter die Erdenbraut verläßt, von der Morgensonne die der Morgenröthe sich entzieht um der Abendröthe in den Arm und dadurch selbst in Nacht und Tod zu sinken, bedurfte keine Motivirung für das Scheiden, wohl aber die Heldensage, die im deutschen Epos Siegfried die Nibelungen zu einem Heimgang auffordern läßt, in dem er um ihr Reich mit ihnen kämpfen will. In den nordischen Liedern wird nun erwähnt wie Sigurd an Giuki's Hof kommt, Bundesbruder der Söhne des Königs wird, und von der Königin einen Zaubertrank empfängt daß er Brunhild's vergißt und mit Giuki's Tochter vermählt wird. Nun zieht er mit dem Schwager Gunnar aus um in dessen Gestalt Brunhild für ihn zu gewinnen, indem er die Kampfspiele besteht denen nur er gewachsen war; doch haben dafür die Eddalieder einen neuen Ritt durch die Flammen. Er legt sein Schwert zwischen sich und Brunhild, zieht ihr aber den Brautring, den er ihr aus dem Horte geschenkt, wieder ab und gibt ihn seiner Gemahlin. Im Bade streiten die beiden Königinnen um den Vorzug ihrer selbst und ihrer Männer, Brunhild erkennt den Ring, erfährt wie sie getäuscht worden, und voll Schmerz und Eifersucht fordert sie Sigurd's Tod. Er wird meuchlings erstochen. Aber in ihrem Herzen schlagen die unerloschenen Liebesflammen nach Sigurd's Tod nur noch höher empor. Unedel dünkt ihr mit dem ungeliebten Gatten zu leben; Sigurd ward ihr verlobt und angetraut; den Mördern wirft sie den Bruch der Freundschaft vor und rühmt des Ermordeten Bundestreue. Ihm folgt sie nach; sie tödtet sich mit seinem Schwert bei seiner Leiche und wird mit ihm verbrannt, ewig mit ihm vereint zu sein.

Im Nibelungenlied nimmt Siegfried's Gattin, dem Etzel vermählt, Rache an seinen Mördern; in der Edda wird sie nach Sigurd's Tod dem König Atli durch ihre Brüder zum Weibe gegeben, damit derselbe nicht Blutrache nehmen möge wegen seiner Schwester Brunhild, deren Tod er den Giukungen schuld gab. Aber Atli bleibt unversöhnt, ladet die Schwäger zum Besuch, und dem Högnir wird das Herz ausgeschnitten, Gunnar in einen Schlangenthurm geworfen; da schlug er die Harfe und sang die Schlangen in Schlaf, bis ihn endlich ein Natternstich tödtete. Und nun ist es Atli's Gemahlin die für ihre Brüder schauerliche Rache nimmt: die eigenen Kinder setzt sie dem Gemahl als Speise vor, erfticht ihn, und verbrennt die ganze Halle mit allem Gesinde. Sie schichtet einen Scheiterhaufen für sich und ruft nach Sigurd daß er komme aus der Todtenhalle um sie heimzuholen. Daß das Gold, das seinen Besitzern der Reihe nach so verderblich geworden, den Unterirdischen zurückgegeben und in den Rhein versenkt ward, wissen wir aus dem deutschen Epos.

Noch gedenken wir der Spruchweisheit der Edda, wie sie das Lied des Hohen (Havamal) dem Odin in den Mund legt; die Poesie erscheint auch hier als die Trägerin des Wissens, und Sprichwörter waren als Ergebniß der Erfahrung die Regeln nach denen der Germane lebte. Selbst ist der Mann! Selig ist wer selbst sich mag im Leben löblich rathen. Das schönste Leben ist dem beschieden der recht weiß was er weiß. Frisch und freudig sei des Freien Sohn und kühn im Kampf. Muthig muß der Mann sein und heiter bis zum Todesschlag. Ein Trunk mag frommen, wenn man ungetrübt sich den Sinn bewahrt. Betrunkenheit ist ein übler Reisegefährte, während Verstand und Einsicht das beste Gepäck sind. Der eigene Herd, der gute Name, die Freundschaft werden gepriesen, Wahrheit und offener Seelentausch gefordert. Keiner ist so gut daß ihm nichts mangle, noch so böse daß er zu nichts nütze. Ganz unglücklich ist niemand, der eine an Söhnen, der andere an Habe, der dritte an edlem Thun gesegnet.

> Jung war ich einst, da ging ich einsam
> Verlaff'ne Wege wandern;
> Doch fühlt' ich mich reich, wenn ich and're fand:
> Der Mensch ist des Menschen Lust.

Die Pflege der Dichtkunst in Island hatte den weitern Erfolg daß von dort aus begabte und liederreiche Männer an die Fürstenhöfe nach Norwegen berufen wurden. Wenn sich in der Heldensage ganz unwillkürlich die Verschmelzung der in Naturerscheinungen wurzelnden Göttermythe mit geschichtlichen Ereignissen vollzog, so war es die Kunstweise der Skalden mit mythologischen Bildern den Gesang zu schmücken und in dem Gleichniß

Die neuern Völker. Germanen.

der Sage einen Vorklang oder einen Preis der Gegenwart auszusprechen, ähnlich wie das auch Pindar und seine Genossen gethan. Ohne so zünftig zu werden wie die Barden berühren sich die Skalden doch mit ihnen in dem Vorwiegen der Kunst, in der schulmäßigen Ueberlieferung des Sageninhalts wie der stehenden Formen. Ihre Blüte fällt in die Zeit vom 8. bis 11. Jahrhundert. Schlachten, Vermählung, Todesfeier war der gewöhnliche Anlaß ihrer die lyrische Stimmung in epischer Erzählung ausprägenden Gedichte. Vou kühner oder lieblicher Bildlichkeit kam man zur frostigen Wiederholung stehender Redeblumen und gezierter Wendungen. Die Lieder wurden nur gesprochen; der Stabreim blieb das Hauptelement des Verses, wenn auch allmählich Endreime mitklangen. Der Edda ist ein Abschnitt Skalda angefügt, in welchem vornehmlich gelehrt wird wie die verschiedenartigen Gegenstände dichterisch bezeichnet oder gleichnißweise umschrieben werden sollen. Wie Gletscher starr und prächtig glänzen diese Bilder, während die Verse gleich Wasserstürzen dahinbrausen. Bruchstücke und einzelne ganze Lieder sind als Beleg in der prosaischen Erzählung der Geschichtschreiber erhalten. Da heißt das Schwert Odin's tönendes Wundenfeuer, und das Feuer der hellsprühende Holzmörder, die wüthende Seuche der Wälder, oder von einem in seinem Saale verbrannten König wird gesagt der Bringer des Rauchs habe ihm mit flammendem Fuß auf das Haupt getreten. Ein hänfenes Roß trägt den am Galgen Hängenden. Von Hakon dem Guten singt Guthorm Sindre:

    Vor dem Geierertreuer griffen zur Flucht sie alle;
    Ob des Weins der Wunden wurden fröhlich die Raben.

Und Eywind Skaldaspiller:

    Die lange Axt hungert nach Blut,
    In Wuth erbraust der Wunden Meer.
    Die rothen Schilde schauen die Blitze
    Grimmiger Klingen in grausiger Hast.

In der Edda ist Odin der Erreger des Gemüths zur dichterischen Begeisterung; der Geist der Poesie wird als Trank personifiirt. Odin warnt im Havamal vor der Vergessenheit Reiher, der Gelage überrauscht und die Besinnung stiehlt, singt aber dann wie er selber im dreifachen Rausche des Meths, der Liebe und der dichterischen Begeisterung den zur Poesie erweckenden Trank mit der schönen Gunblödh Hülfe gewonnen, denn ohne Frauenhuld keine Poesie. Aus der alten Naturmythe wie der Gewittergott das himmlische Naß, den Trank der Unsterblichkeit bereitet, ist in der Skaldenzeit eine Darstellung geworden die viele ästhetisch anstößige Züge enthält und sich von der Reinheit hellenischen Geschmacks bedenklich entfernt. Bei einem Friedensschluß haben Vanen und Asen zusammen in ein Gefäß gespuckt, aus dem Speichel den weisen Quasir gebildet; Zwerge haben ihn getödtet und sein Blut mit Meth zum Trank gemischt, der den Trinker zum Weisen oder Dichter macht. Zur Sühne einer Tücke mußten die Zwerge ihn den Riesen überlassen. Um einen Trunk davon zu erhalten diente Odin drei Sommer lang bei dem Riesen Suttung, und als er ihm dennoch versagt ward, drang er in den Berg und gewann die Liebe der Riesenmaid die den Krug hütete, trank ihn aus und flog in Adlergestalt davon. Suttung schwung sich ihm nach, und der Theil des Meths den Odin da nach hinten fahren ließ ist der schlechten Dichter Theil; was er aber aus dem Munde spie davon gibt er den Göttern und den schöpferkräftigen Sängern zu trinken.

Edler und wahrhaft herrlich ist das Bild daß Odin der Wissende, des Weltzusammenhangs Kundige, am tiefen und wellen Strome mit Saga sitzt, der Göttin der Geschichte; sie schöpft aus der kühlen Flut und beide trinken selig Tag für Tag aus blühenden Schalen Meth. — Sagenmänner, Erzähler waren gleich den Skalden geehrt im Norden, und die mündliche Ueberlieferung gewann eine feste Gestalt, sodaß sie wie eine reife Frucht gepflückt werden konnte als sie schriftlich aufgezeichnet ward. Die Königsagen geschichtlichen und romantischen Inhalts erhielten aber eine mythologische Einleitung als das Christenthum Volksreligion geworden war und man nun die Götter zu den Stammvätern der edlen Geschlechter und zu Herrschern der Vorzeit machte. Wie Herodot haben im 12. Jahrhundert der Isländer Snorre Sturleson die norwegische, und der dänische Priester Saxo, genannt der Grammatiker, die dänische Geschichte in Verbindung mit der Sage des Alterthums erzählt und Skaldenlieder eingewoben.

„Der Held voll Schönheit, Kraft und Bildung, wie der Jüngling, der Grieche ihn wollte, erscheint im Achill; rauher sind, höher, härter, blutiger, keuscher des kalten Nords gewaltige Söhne, kaledonische, skandinavische, nibelungische Krieger." Dies bekannte Wort Johannes von Müller's bewährt sich dem Leser dieser Sagengeschichten, und er gedenkt Harald Schönhaar's, der die Locken nicht abschnitt bis er Gebieter von Norwegen geworden, weil die stolze Gyda ihm nur dann ihre Liebe gewähren wollte. Er gedenkt Hakon's, der nach seiner letzten Schlacht die Gefallenen auf sein Schiff tragen läßt und allein mit seinen Todten hinaussteuert aufs Meer, und dort des Nachts die Flamme anzündet die das Schiff ihm und ihnen über den Wellen zum lodernden Scheiterhaufen macht. Er gedenkt Olaf Tryggweson's, der nach dem Tode der holden Geira keine Freude mehr hat in Winland, und sich zu zerstreuen auszieht nach England, wo er die Londonbrücke zerstört, und nach Irland, wo die Königstochter am Tage der Gattenwahl den einheimischen Großen vorübergeht und dem Fremdling den Brautring bietet, — bis die Heimat ihn zurückruft daß er sie regiere, und er nun das Volk zum Christenthum belehrt, — bis er in der Seeschlacht, als sein Schiff erobert und seine treue Schar gefallen ist, das zerbrochene Schwert in der Rechten und den Schild in der Linken hoch über dem Haupt in die Flut springt; der Schild schwimmt auf der Woge wo er im Tode die Freiheit bewahrt hat. Oder der Leser denkt Frithjof's des Bauernsohns, der endlich doch die Jugendgeliebte, die Fürstentochter Ingeborg gewinnt, und Hamlet's, den Shakespeare's tiefsinniges Werk unsterblich gemacht. Er erinnert sich an Nornagest, dem bei der Geburt zwei Schicksalsgöttinnen alles Heil verkünden, während die dritte sagt er solle nicht länger leben als die neben ihm brennende Kerze. Die Mutter löscht diese, und er trägt sie später, reich an Liebe, an Thaten, an Ruhm, in seiner Harfe eingeschlossen; als lebenssatter Greis, der die herrlichsten Tage des Nordens gesehen, holt er sie hervor, zündet sie an und blickt ruhig in die verglimmende Lebensflamme.

Die Völkerwanderung.

Nachdem seit Jahrhunderten die Germanen im Kampf mit Rom ihre Freiheit behauptet, und bald von der Noth getrieben, bald im Drang der Abenteuerlust einzelne Züge die Grenzen der Heimat überschritten hatten, gaben die Hunnen den Anstoß zu einer Bewegung welche die Geschichte umgestalten, neues Lebensblut in alte Culturländer bringen, neue Völker in die Culturentwickelung einführen sollte. Sybel zeichnet die Weltlage mit scharfen Strichen: „Wenn wir uns das damalige Ineinanderfließen der römischen und der deutschen Welt vergegenwärtigen, so erscheint uns ein ganz providentielles Verhältniß der gegenseitigen Ergänzung. Dort verödete Aecker die der Menschen harren, hier eine Völkermasse der in jedem Jahr ihr Acker zu enge wird. Dort Abnahme der kriegerischen Kraft, Versiegen der Volkssubstanz, düsterer Lebens- und Weltüberdruß, hier frische Freudigkeit an Kampf und Ruhm, an Genuß und Natur, an Gefahr und Erfolg. Dort eine weite formale Bildung, hier eine unbegrenzte Bildungslust und Fähigkeit. Dort eine an ihrer Allmacht absterbende, in ihren Rechtsformen beispiellos entwickelte Monarchie, hier ein starker Freiheitssinn, der nur der politischen Schule bedurfte und nach politischer Form hindrängte. Dort eine ausgebildete Kirche, auf den tiefsten sittlichen Prinzipien ruhend, zur sittlichen Erziehung wie keine andere geeignet, aber damals ohne sittlich brauchbare Menschen und deshalb mehr als billig zur Weltflucht und Weltverachtung geneigt; hier ein starkes und keusches, sonst aber weltfrohes und in seinen Leidenschaften unbändiges Geschlecht, welches von der Kirche eine heilsame Zucht erwartet und ihr dafür als gleichwerthige Gabe eine freudige Erfrischung entgegenbringen konnte."

Jene mongolischen Horden stießen 375 am Don auf die Gothen, und ein Theil von diesen fand und begehrte Aufnahme im oströmischen Reiche, dessen Hüter sie wurden, während ein anderer Theil in Italien einbrach, und Rom die silberne Statue der Mannhaftigkeit einschmolz und münzte um sich von der Belagerung des Heldenjünglings Alarich loszukaufen. Aber die Vandalen stürmten und plünderten die Stadt und zogen dann nach Afrika hinüber. Sueven drangen nach Spanien vor, Sachsen setzten nach Britannien hinüber, Westgothen und Franken geboten in Gallien, während Ostgothen und andere Germanenstämme sich an Attila anschlossen, der um die Mitte des 5. Jahrhunderts ein hunnisches Donaureich gründete, und wie eine Gottesgeisel über die zerrüttete Römerwelt einbrach. Hier Hunnen und Germanen, dort Römer und Germanen standen in der großen Schlacht auf den Katalaunischen Feldern gegenüber; Attila ward geschlagen und zog sich nach Ungarn zurück, drang aber bald darauf wieder in Italien ein; der Bischof Leo erbat Schonung für Rom. Aber Odoaker eroberte mit seinen Herulern und Rugiern die ewige Stadt und ward König Italiens, bis Theoderich aus dem Stamme der Ostgothen als ein Stärkerer über ihn kam und am Ende des 5. Jahrhunderts ein germanisches Reich in Italien aufrichtete. Es erlag unter seinen Nachfolgern im Norden den Longobarden, im Süden sammt den Vandalen den byzantinischen Feldherren Belisar und Narses. In Gallien hatten die Burgunder sich mit den Römern vertragen; die Franken unterwarfen beide und gründeten dort um 500 unter Chlodwig ein Reich das auch über den Rhein hinüber seine Herrschaft ausdehnte, und wie sehr die Dynastie in Wollust und Grausamkeit entartete, das Volk fand nun Führer in den Reichsverwaltern, den Karolingern, die in dem römischen Reich christlich-germanischer Nation die Völkerwanderung beschlossen, das eigentliche Mittelalter eröffneten. Sie geboten den Arabern halt, deren Schwert die Westgothenherrschaft in Spanien erlegen war. Aeußerlich war das Germanenthum in einem großen Theil von Spanien und Italien wieder erlegen, aber innerlich war es erfrischend in das nationale Leben eingedrungen, und sein Geist beseelte fortan auch die Völker welche die lateinische Sprache zur Grundlage der romanischen Mundarten behielten.

Je mehr die neuen Besitzergreifungen der Germanen durch Heerkörper geschahen die häufig aus verschiedenen Stämmen sich zusammenfügten, desto größer mußte das Ansehen und die Gewalt der Führer sein und bleiben, und so entwickelte sich in der Völkerwanderung das Königthum, das zwar an die Zustimmung des Volks gebunden blieb, aber den persönlichen Genossen der Fürsten bald eine bevorzugte Stellung gab und in den eroberten Ländern römisches Beamtenwesen vorfand und sich aneignete. Theoderich der Ostgothe stattete als Herrscher Italiens sein Volk mit herrenlosem Gut aus, und war der erste der die Vorzüge der germanischen Natur mit der antiken Cultur in Gesetzgebung, Staatsverwaltung und Lebensweise zu verschmelzen suchte, mit Recht deshalb der Große genannt. Er sicherte den Italienern Frieden und Ordnung, er nahm Kunst und Bildung von ihnen auf, doch stand er mit seinen Gothen, den wehrhaften Männern und Hütern des Reichs, dessen ältern Bewohnern gegenüber, und da er die eigene Sprache und Religion nicht opfern wollte, so blieb ein Gegensatz bestehen, der nach seinem Tode den Sturz der Gothenherrschaft möglich machte.

Neben ihm und mit ihm wirkten zwei Männer die als Ueberlieferer der classischen Bildung unter den Lehrern des Mittelalters eine hervorragende Stelle einnahmen, der Geschichtschreiber Cassiodor und der Philosoph Boethius. Sie gaben der Schuleinrichtung vieler Jahrhunderte die Lehrbücher und den Unterrichtsplan; als Cassiodor sich lebensmüde in ein Kloster zurückzog, wollte er daß eine Stätte sei wo die Kirche die Kenntnisse und Studien des Alterthums sammelte, pflegte und dem Volke vermittelte; wie Moses sich die Weisheit Aegyptens aneignete, so sollte das Christenthum es mit der griechisch-römischen Bildung machen. Nach dem Vorgange des heidnischen Grammatikers Macrobius wurden die Unterrichtsgegenstände in zwei Klassen gesondert; die untere, das Trivium, befaßte Grammatik, Rhetorik, Dialektik, die obere, das Quadrivium, Arithmetik, Musik, Geometrie, Astronomie; unter dem Namen der sieben freien Künste waren sie der Lehrstoff des mittelalterlichen Unterrichtes. — Von Boethius rührt das philosophische Trostbuch her, das er selber im Kerker zu eigener Erhebung und zur Erbauung für viele Tausende schrieb. Altrömischen Geschlechts, in Athen gebildet, in Rom hoch angesehen, hielt er die Erinnerungen der großen Vorzeit neben der Dankbarkeit für Theoderich, den neuern Wohlthäter des Vaterlandes, fest, und ward auf falsches Zeugniß hin wegen hochverrätherischen Einverständnisses mit Byzanz ins Gefängniß geworfen und hingerichtet. Er ergießt sich in rhythmischen Klagen über sein Unglück, da tritt die Philosophie zu ihm, und er hört nun aus ihrem Munde das Beste was die alten Weisen, vornehmlich die Sokratiker und Stoiker über die richtige Würdigung des Lebens, die Ueberwindung des Leids und das wahre und dauernde Glück der Menschen gelehrt haben. Er weist auf die Hinfälligkeit und den Wechsel der sinnlichen Dinge hin, an die niemand sein Herz hängen soll; der Biene gleich läßt die Lust mit dem Tropfen Honig den scharfen Stachel zurück. Er preist die Genügsamkeit, er zeigt wie das Böse seine Strafe, die Tugend ihren Lohn in sich trage, und ein Nero darum nicht glücklich, sondern unselig zu nennen sei. Er verweist auf die ewigen Gesetze der Natur und der sittlichen Welt, auf einen Willen der Liebe der alles durchdringt und wohlmacht. Die Frage wird aufgeworfen: Wenn ein Gott ist, woher das Uebel, das Böse, und wenn kein Gott, woher das Gute, das Heilvolle? Das Böse ist die Schuld der sich von Gott abwendenden Seele; das Heil liegt nicht im Aeußern, sondern im Innern, und das hängt nicht vom Zufall ab; die Zufriedenheit der edlen Seele kann ihr niemand rauben, und aus jedem Geschicke zieht sie Gewinn, wenn der Kampf mit Widerwärtigkeiten ihre Kraft weckt und stählt, wenn sie in Geduld ausharrend ihre Treue bewährt. Zwischen die lateinische Prosa sind Gedichte in leicht hinfließenden Versen eingeflochten. Die Empfindung wechselt so mit der Betrachtung, und wenn der untersuchende Gedanke sich zu einer göttlichen Vorsehung erhebt, so wird sie vom begeisterten Gemüth gepriesen und ein Herakles zum Vorbild aufgestellt, der durch die saure Arbeit und den Schmerz der Erde sich zum Olymp emporgerungen und emporgeläutert.

Italien ward durch das Einströmen deutschen Bluts physisch verjüngt, in Gallien kam das neue Element durch die Franken zur dauernden Herrschaft, verschmolz aber mit den römischen Ueberlieferungen, sodaß allmählich die germanische Sprache in der lateinischen, sie innerlich umgestaltend, aufging. Chlodwig hatte sein Volk groß gemacht und zum Christenthum bekehrt, Gallier, Römer, Franken einten sich in der Religionsgemeinschaft. Er selbst verband die Idee des germanischen Heerführers mit der des römischen Herrschers. Das eroberte Land betrachtete er wie einen Besitz den er unter seine Getreuen vertheilte; die persönliche Hingebung, der persönliche Vortheil band die Vasallen an den Gebieter, der sie mit Gütern belehnte. So kam es daß die Fürsten habgierig wurden um reich und milde zu Geschenken zu sein; sie gewannen sich in Fehden untereinander ab womit sie die Ihrigen belehnten. Auf ihr Ansehen und ihre Besitzthümer fußende Männer wurden zur Aristokratie, und verbanden sich im Frankenreich, das seine Grenzen nach Deutschland hin erweiterte; ihr Mittelpunkt und seine Stütze wurden bei der Entartung der Könige die Reichsverwalter oder Hausmeier, die sich am Ende der Oberherrschaft bemächtigten. Das geschah im Bunde mit der Kirche.

Die Gothen hatten dem Christenthum zuerst ihre Herzen geöffnet. Wol waren die Germanen an Donau und Rhein in Berührung mit den Römern nicht ohne Kunde von der neuen Religion,

9*

und besonders seit Constantin halten viele sie beim Eintritt in römischen Kriegs- und Staatsdienst angenommen; volksthümlich aber ward sie als bei dem Einfall der Hunnen die Westgothen in Byzanz Aufnahme fanden und der Bischof Ulfila, der wie ein Moses unter seinem Stamme hervorragt, die Bibel in das Gothische übersetzte. Wie Luther durch ein ähnliches Werk die neuhochdeutsche Schriftsprache begründete, so war Ulfila der Schöpfer einer Literatur und sein Buch ist das bleibende Denkmal des Gothischen, es hat eine historische Grammatik, eine Geschichte unserer Sprache möglich gemacht. So ward nicht in fremden Litaneien dem Volk gesungen und gepredigt, sondern das Evangelium sogleich ihm mundgerecht, zum eigenen Lebenselemente gemacht. Das arianische Bekenntniß, die mehr rationale Fassung der christlichen Lehre, herrschte bei den Gothen und verbreitete sich von ihnen aus zu andern Stammverwandten, ja selbst zu den Burgundern, die bei ihrer engen Verbindung mit Rom auch seiner Kirche sich anschlossen, nach dem Sturz ihres rheinischen Reichs aber durch Attila an der Rhone und dem Jura unter den Westgothen lebten. Dagegen ließ der Franke Chlodwig sich nach katholischem Ritus taufen, und seinem Beispiel folgte hier eine Massenbekehrung zur römischen Kirche. Aehnliches geschah bei den Sachsen in England als Papst Gregor der Große den König Ethelbert von Kent für sich gewonnen hatte. Nun kamen von dort die Sendboten des Evangeliums über das Meer nach Deutschland, und Winfried, genannt der Wohlthäter, Bonifacius, fällte die Eiche des Donnergottes in Hessen, stiftete Klöster und Bisthümer, und gab als Bischof von Mainz unter päpstlicher Autorität der deutschen Kirche ihre Verfassung. Sie ward durch ihn unter Rom gestellt und dauerte, während die freiere arianische Richtung mit den Gothen unterging. Man möchte es bedauern daß sich nicht aus diesem Keim eine deutsche Nationalkirche gebildet hat; die Reformation und die blutigen Kriege in ihrem Gefolge wären dann nicht nothwendig geworden; aber die Kirche bedurfte der straffen eintheilichen Organisation in Rom, wenn sie die Cultur des Alterthums den neuen Völkern überliefern sollte.

Es ist leicht begreiflich daß in jenen Jahrhunderten der Gärung und des Sturms der alte heidnische Glaube wankend ward, und daß die Sehnsucht nach einem festen Halt, nach einem Einigungspunkte der Wahrheit die Seelen bewegte. Das Christenthum bot ihn und zwar den sinnlichen Gemüthern durch einen glänzenden Gottesdienst, durch eine feste Lehre, durch begeisterte Verkündiger.

Die Völkerwanderung.

Baldur der reine in den Tod gesandte Lichtgott verklärte sich zur geistigen Sonne, zu Christus, der liebevoll für die Menschheit sich opferte und den Tod überwindend auferstand. Wie Odin im Norden zum Allvater ward, so war auch von Wodan oder Donar der Schritt zum einen Gott und Lenker der Welt nicht weit. Christliche und heidnische Elemente durchdrangen einander; an die Stelle der holden Göttinnen trat Maria und nahm Züge von deren Wesen in ihr Bild auf; Sagen von der hülfreichen Macht der alten Götter wurden auf Heilige übertragen, andere dienten aber dazu den Teufel volksthümlich auszustatten, zumal ja schon ein feindseliges Princip in Loki vorhanden war und die Ansicht der Gelehrer dahin ging die heidnischen Götter seien böse Dämonen, die zu ihrem Dienste die Menschen verlockt hätten, denen man absagen müsse. Der Aberglaube wie er bis heute noch das Sinnige und Dichterische mit dem Unverständigen und Abgeschmackten mischt, hat seine Wurzeln in der alten Naturreligion, ihren Symbolen und Bräuchen.

In der Geschichte des Alterthums sahen wir im Orient und Occident die Völker ihre Stammesnatur unvermischt behaupten; jedes entwickelte seine Nationalität, die andern waren ihm unverständlich und galten für Barbaren. Durch die Völkerwanderung kamen Slawen, Kelten, Germanen in vielfältige Berührung untereinander wie mit den Griechen und Römern; welches Element auch die Oberhand behauptete, es war aus einer Durchdringung mit andern hervorgegangen. Dadurch konnte das gemeinsame Gefühl der Menschheit, der Humanität in allen zur Geltung kommen, und in lebendigem Wetteifer und gegenseitigem Austausch ihrer Leistungen konnten sie nun eine gemeinsame Culturarbeit beginnen, und auch für die entlegene Ferne, ihre Natur- und Geisteserzeugnisse Sinn und Empfänglichkeit haben. Keine einzelne Nation ist fürder die herrschende, ein Völkerbund wird das Ziel der Geschichte. Auch geht der Mensch nicht mehr im Bürger auf, der Staat wird ihm vielmehr zur Rechtsordnung welche ihm die geistigen Güter schirmt, und weit entfernt daß die Religion mit der Natur des Volks und Staats eins wäre, nehmen die Arier von den Semiten das Christenthum in gemeinsamem Glauben an; Religion und Politik werden dadurch frei voneinander ohne sich zu scheiden; die Macht welche das äußere Leben mit der Schärfe des Gesetzes beherrscht, bindet nicht mehr die Gewissen, und die kirchliche Autorität wird Schritt für Schritt dazu gedrängt werden sich auf Gründe der Vernunft selber zu stützen.

Die alten Römerstädte im Flußgebiete des Rheins wurden meistens durch die Völkerwanderung in Trümmer gelegt; doch bestanden einzelne wie Köln und Trier, nur dienten zu festen Königsburgen der Merowinger. In Frankreich, in Italien und Spanien blieben die Städte unzerstört, und in ihnen verschmolz das römische und das germanische Leben. Freytag entwirft folgendes Bild: „Zwischen griechischen Tempelsäulen, deren Marmorstücke aus den Fugen gingen, und zwischen mächtigen Quadern römischer Bögen, der unverwüstlichen Arbeit alter Zeit, sah man den Nothbau der letzten Römerjahre, unordentliches Ziegelwerk mit eingemauerten Werkstücken älterer Gebäude, und darangeklebt wie Schwalbennester die Wohnungen armer Leute; neben den Steinhäusern der Provinzialen mit Atrium und Porticus, mit einem Oberstock und Altar stand der hölzerne Saalbau eines germanischen Ackerwirths mit einem Laubengang auf der Sonnenseite und der Galerie darüber. Dahinter zerstörte Wasserleitungen, ein Amphitheater welches bereits als Steinbruch benutzt wurde, Brandstätten und wüste Plätze, an den Straßenecken kleine Holzkapellen mit einem Heiligthum. Und unter Ruinen und Nothbauten wieder das Gerüst einer großen steinernen Kirche und auf hoher Stelle ein Palast, den sich der germanische König errichtete nach heimischer Sitte mit vielen Nebengebäuden für Gefolge, Reisige und Rosse, oder ein burgähnliches Thurmhaus der Großen mit Hofraum und weiter Halle." — Die Technik der Luxushandwerker, die Kunst der Steinmetzen und Maler blieb so erhalten in diesen Städten; wenn man auch der Erfindungskunst ermangelte, so vererbten sich doch die Handgriffe, die Erfahrungen, die Werkzeuge, und in den Worten welche die Schuhsohle wie den Tisch, das Fenster wie den Teller oder die Ziegel auf dem Dache bezeichnen, sagt uns die lateinische Sprache daß die Sache mit dem Namen zu uns kam. Die alte Sprache kennt für bauen kein Wort als zimmern, Blockhäuser waren die Wohnstätten der Urzeit. Der Germane, der Landwirth geblieben, saß in dem alemannischen Hause mit vorspringendem Dach und Holzgalerien, oder es breitete das sächsische Strohdach mit Pferdeköpfen am Giebel zugleich über Herd, Schlafräume, Scheune und Viehställe sich aus.

Der Bericht einer byzantinischen Gesandtschaft an Attila gibt uns in der Schilderung seines Palastes ein Beispiel von den Herrenwohnungen zur Zeit der Völkerwanderung. Sie sind von Holz, wohlgeglättete Breter zwischen den Stämmen; ein bedeckter Umgang unter dem überragenden Dach, ein Thurm und das verzierende Schnitzwerk der Breter fiel dem Fremden aus dem alten Culturland ins Auge. Wenn es im Beowulfsliede heißt daß die Mauern von Wurmbildern schillern, so dürfen wir auch dort an Linienverschlingungen denken, für welche wir an Schmucksachen der Gräber die verwandten Muster haben. Kunstvolle Erzarbeiten neben rohen und kunstlosen Geräthen und Waffen der ältesten Zeit hat man mit Recht durch die Uebereinstimmung der Technik mit phönizischen und etrurischen Funden den Werkstätten derselben zugewiesen, aus denen der Handelsverkehr sie zum Austausch gegen Bernstein und Zinn brachte. Andere Arbeiten aber liegen zwischen dem Verfall des Römerreichs und den Tagen Karl's des Großen, und gerade sie zeigen neben Anklängen an die Antike, besonders an die Brakteaten, (Goldmünzen römischer Kaiser die man am Halse trug, und bei der von den Culturstaaten entlehnten Gleßkunst eigenthümliche und allen germanischen Stämmen gemeinsame Charakterzüge. Die Oberfläche ist nicht plastisch gegliedert, sondern eben, und die eingeritzten Linien bilden nicht so sehr architektonische, pflanzliche und thierische Formen nach, als sie sich vielmehr in einem freien Spiel gerader oder gekrümmter Striche bald im Zickzack, bald in Wellen bewegen, bald parallel laufen und bald einander durchkreuzen und wieder sich zusammenschlingen, wodurch sie an Riemen-, Band- und Mattengeflechte deutlich genug erinnern. Die schönsten Belege gewährt uns die große Gewandspange oder Fibula; die Nadel welche den Mantel auf der Brust zusammenhielt, haftet mit dem Haken an einer Platte, die bald scheibenartig, bald länglich so gestaltet ist daß an ein breites rechtediges Ende ein schmalerer nach vorn sich erweiternder und dann wieder verjüngender Metallstreif sich ansetzt. Hier werden nun die Ränder mehrfach mit Parallellinien umsäumt, in den Säumen selber aber wechseln zickzackartige oder rundlich verflochtene Verzierungen; die Längenrichtung wird zum Theil durch einen Streifen in der Mitte, zum Theil durch symmetrisch zusammenlaufende Linien betont, und am vordern Ende sind die Formen und Einritzungen gern so gebildet daß man Schnabel, Kopf und Augen eines Thieres in ihnen sehen kann. Die Verzierungen in ihrem scheinbar willkürlichen Spiel schließen so der Grundgestalt der Spange sich an und beleben dieselbe auf eine anziehende Weise; das menschliche Antlitz, Schlangen, Vogelköpfe auf langen Hälsen scheinen aus den Verschlingungen aufzutauchen, und so gewinnt das Ganze ein überraschendes, räthselhaft seltsames Gepräge. Schöne Fibuln sind auch in England gefunden worden,

Gold, rothes Email, Edelsteine wirken zu einem prächtigen Gesammteindruck. Die Behandlungsart weist auf die Technik der Holzschnitzerei, die Formen selber deuten auf die Riemen und Binden hin, mit welchen die Germanen in jener Zeit die Schuhe zusammenschnürten, die Schenkel umwanden, an die Geflechte aus Leder und Bast, um Körbe, Taschen, Matten zu bereiten. Und so sehen wir denn hier jene Vorübungen der Kunst wie sie stets damit anfangen daß der Mensch sich selber und seine Geräthe schmückt, und mit parallelen Säumen, mit concentrischen Linien beginnt um die zusammenhaltende Einheit zu veranschaulichen; dazu gesellen sich dann willkürliche Spiele mannichfacher Art und wiederum ein symmetrischer Wechsel, eine Beziehung des Verschiedenen auf einander oder auf eine gemeinsame Mitte; die Elemente des Schönen treten nicht in einer Nachahmung von Naturgegenständen, sondern in freigeschaffenen, eigener Regel folgenden Formen hervor. Dann geht der Sinn für das gesetzlich Schematische auch in den Naturgestalten, in Pflanzen und Thieren und in dem eigenen Leibe dem Menschen auf, und unwillkürlich werden die Windungen zur Schlange oder Pflanzenranke, der Kreis zum Kopf oder zur Blume, der Punkt zum Auge.

Von den Germanen nun im Besondern sagt Schnaase in Bezug auf solche Kunstanfänge: „Die Phantasie, von Bildern der Wirklichkeit erfüllt, kann sich nicht lange im Abstracten erhalten; irgend eine schwache Aehnlichkeit erweckt in ihr die Erinnerung an einen natürlichen Gegenstand und reizt sie das Bild desselben anzudeuten. Allerdings hängt es dann von Stimmung und Gewöhnung ab, welche Bilder sich in dieser Weise vordrängen, und es ist charakteristisch daß die germanische Phantasie sich nicht den milden und geregelten Erscheinungen der Pflanzenwelt, sondern dem Thierleben, und zwar wilden, schädlichen, drohend aufgefaßten Thieren zuwendet. Und da mag man denn an jene Thierbilder denken welche die Priester aus den heiligen Hainen in die Schlacht führten zum Schrecken der Feinde und zum Antrieb für ihre Landsleute. Aber auch dies war nur eine Wirkung der bereits aus allgemeinen Ursachen entstandenen geistigen Richtung. Es war die Stimmung eines an das Dunkel nordischer Wälder, an den Kampf mit einer rauhen Natur und mit menschlicher Leidenschaft, an Jagd- und Kriegsscenen, an das Schauerliche, Wilde, Drohende gewöhnten Volks, eine Stimmung die mehr noch durch die Erlebnisse der Völkerwanderung als durch den heidnischen Cultus in bleibenden Wohnsitzen genährt sein mochte

Auch lag noch etwas anderes dabei zum Grunde: die grübelnde Richtung des germanischen Sinnes, der sich überall nicht mit der heitern äußern Erscheinung der Natur begnügen konnte, sondern nach tiefern dahinter liegenden Gründen forschte, und daher eine Neigung zum Abstracten, ein Wohlgefallen an dem Räthselhaften, Verwickelten, Ueberraschenden, Wunderbaren hatte, das wir noch in den Ueberresten der Poesie bei Angelsachsen und Standinaviern so deutlich erkennen. Jene Thiergebilde sind daher nicht eine selbstständige Erscheinung, sondern stehen in unmittelbarem Zusammenhange mit jenen abstracten Linienspielen, bilden gewissermaßen den Rückschlag oder die Kehrseite derselben."

Wir finden das Linienornament nicht bloß bei den Kelten und Germanen, neuerdings sind auch altkyprische Vasen bekannt geworden die es gleichfalls haben, und den Beweis liefern daß es den Griechen vor dem assyrischen Einfluß eigen war; so dürfen wir es als gemeinsam arisch und als eine Mitgift aus der gemeinsamen Urzeit der verschiedenen arischen Nationen in Anspruch nehmen.

Unter den northumbrischen Denkmälern findet sich ein Kästchen aus Walfischbein mit Runen aus dem 7. Jahrhundert; das Schnitzwerk zeigt hier Figuren im Profil, mit übergroßen Köpfen, Romulus und Remus, Titus der Jerusalem erstürmt, also antike Gestalten, neben christlichen, der Anbetung Jesu durch die Weisen aus Morgenland, und Scenen aus der heimischen Wielandsage. So sind schon hier die Elemente neben einander welche später in ihrer Durchdringung eine neue edle Kunstblüte hervorbringen werden.

Ich habe der Kirchen bereits gedacht welche Theoderich in seinem Königsitz Ravenna baute; hier wie bei den spätern lombardischen und fränkischen Basiliken schlossen die Germanen der Ueberlieferung sich an ohne schon ein neues Empfindungs- und Formelement einzuführen. Der Palast des Helden scheint dem des Diocletian zu Spalatro nachgebildet, doch zeigt sich im Detail neben dem byzantinischen auch der erste Hauch eines nordischen Geschmacks. Es ist ein schönes Amt, ein ruhmbringender Auftrag, schrieb Theoderich seinem Baumeister, seinem Zeitalter zu übergeben was die staunende Nachwelt loben muß. Er ließ schon bei Lebzeiten sein Grabmal errichten. Ein kreuzförmiger Innenraum ist von einem massiven zehneckigen Quaderbau umgeben, darüber erhebt sich im Obergeschoß, das von Arkaden umkränzt war, eine Rundkapelle im Innern, deren Kuppel ein einziger Riesenstein bildet, 3 Fuß dick, beinahe 100 Fuß im Umkreis, eine Million Pfund schwer. Er erinnert an die Felsblöde der heimischen Hünenbetten, während sonst der Bau an die thurmartigen Grabmäler der Römer sich anschließt, in den schwungvollen Linien des Kranzgesimses aber bereits ein Formensinn sich ankündigt der später in der Gothik zur Herrschaft kam. So spricht das Grab den Geist und die Weltstellung des Mannes aus. Seine kupferne Reiterstatue — den Schild in der Linken, die Lanze mit der Rechten schwingend, den nackten Leib mit dem nordischen Pelz geschmückt — ließ Karl der Große nach Aachen bringen.

Der Heldengesang war die Kunst welcher die Völkerwanderung begleitete und ihr Denkmal in der Heldensage schuf. Die Geschichtschreiber der Gothen und Longobarden Jornandes und Paul Warnefried's Sohn haben nicht nur Lieder unter ihren Quellen und gewinnen dadurch selbst ein dichterisches Gepräge; sie erwähnen auch des Gesangs, wenn im Angesichte des Feindes unter dem Schlachtgetöse die Gothen ihren bei Chalons gefallenen König von der Walstatt tragen und die Todtenklage anstimmen, oder wenn sie bei Attila's Leiche seine Thaten und seinen Tod in unbefleckten Ruhmesglanz feiern. Die Lieder waren Gemeingut des Volks, aber es gab auch schon damals Männer die das Dichten und Singen als Beruf ausübten; Theoderich sendet einen solchen Harfenspieler an Chlodwig, und die Dietrichsage nennt den Isung, angelsächsische Lieder sagen daß Herrenda ein Sängeramt beim König verwaltet, daß Widsith von einem Herrschersitz zum andern gezogen und kostbare Geschenke zum Lohn seiner Kunst empfangen. Aber auch König Gelimer, in Pappua von Pharas eingeschlossen, sandte hinab vom Berge und erbat drei Dinge, ein Brot für seinen Hunger, einen Schwamm um sein geschwollenes Auge zu waschen, und eine Harfe um zu dem Klang ihrer Saiten ein Lied zu singen das er auf sein Leid gedichtet habe. König Alfred singt im dänischen Lager, wie im Nibelungenlied und in der Gudrun die Helden Volker und Horant wenn der Kampf ruht sich und die Ihrigen mit Saitenspiel und Liedern trösten und erquicken.

Die Streitfrage ob das Volksepos auf der Göttersage ruhe und die ursprünglichen Naturbilder mehr und mehr geschichtliche Gestalt angenommen, oder ob wirkliche menschliche Erlebnisse den Stoff geboten, hat sich uns bereits bei der Betrachtung der indischen, griechischen, persischen Poesie also gelöst daß gerade aus der Verschmelzung und dem Zusammenwirken beider Elemente die Heldensage hervorgeht; ja wir haben in den ursprünglichen mythologischen Anschauungen aus der Zeit des noch gemeinsamen Lebens

Die Völkerwanderung.

der arischen Nationen die Grundlage so vieler übereinstimmender Züge erkannt, die aber nach den verschiedenen Erfahrungen der Völker mannichfach umgeformt wurde. Und so brauche ich nicht nochmals darzulegen wie der Frühlings- und Sonnengott im Hintergrunde der Sage von Siegfried steht oder aus dessen leuchtenden Augen hervorblickt, oder wie Balkur's Tod zu ihm vom Himmel auf die Erde herabgekommen, und Hagen aschfarbig, einäugig, eines Schwarzelfen Sohn geworden, der in seinem Namen die Bedeutung vom Todesdorne mit sich führt, weil mit ihm der blinde Hödur verwoben ist. Die Sage von Siegfried's Ahnen knüpft sie überall an die Götterwelt. Durch einen Apfel, den Odin sendet, wird Wölsung von seiner Mutter empfangen, und die Walküre, die den Apfel gebracht, wird ihm durch den Gott vermählt. Odin erscheint bei Wölsung's Gastmahl und stößt in die Eiche, um die der Saal gebaut ist, sein Schwert, das nur Wölsung's Sohn Siegmund herauszieht, das ihm Sieg verleiht, bis es in seinem letzten Kampf an dem Ger des Gottes zerbricht; aber aus den Stücken wird es für Siegfried neu geschmiedet und diesem steht Odin berathend bei als er den Drachen bezwingt. Wieland der Schmied ist bald gefesselt wie der Feuerbringer Prometheus, bald gelähmt wie der Feuergott Hephästos, und schwingt sich wie Dädalos im selbstbereiteten Flughemd empor; je mehr Mißhandlung und Mißgeschick ihn überwältigen wollen, um so herrlicher bricht seine Natur in wunderbaren Kunstschöpfungen hervor. Sein Bruder ist der Schütze Eigel, der Ahnherr der Tellsage, da er den Apfel vom Sohneshaupt schießt; der eigentliche Grund dazu scheint mir keine Tyrannenlaune, sondern vielmehr ein alterthümlicher Brauch daß ein den Göttern geweihtes Menschenopfer auf diese Art durch Muth und Geschick gerettet ward. Dietrich von Bern ist durch Geburt und Tod an die Geisterwelt geknüpft. In seinen Riesen- und Drachenkämpfen wie in seinem Feueratem spiegelt der Donnergott sich wieder, und das Todesroß holt den alten Helden ab und er reitet auf ihm nächtlich wie Wodan der wilden Jagd voran, oder zieht aus wenn dem Vaterland Gefahr droht. Gerade das nun von den Germanen angenommene Christenthum trug dazu bei daß schöne dichterische Züge, daß glänzende Bilder von Thaten und Geschicken, welche man seither in den Göttern angeschaut, als der Glaube diese nicht mehr festhielt nun auf Helden übertragen wurden, deren Leben und Charakter an sie erinnern konnte.

Siegfried, das Ideal des deutschen Jünglings in Kraft und Gemüthstiefe, im Glanz des frühen Todes, zieht in den nordischen Liedern durch sein persönliches Geschick uns an; die Familiensage erweitert sich in Deutschland zum Symbol der Weltgeschichte. Es verschmilzt mit ihm der ripuarische Siegbert, den Chlodwig auf der Jagd ermorden ließ, und der gleichnamige austrasische König, von dessen Hochzeit und tragischem Untergang viel gesungen ward, den Venantius Fortunatus bereits mit Achill verglich; er stritt glorreich mit Dänen und Sachsen; seine Schwägerin Gredegunde ließ ihn erstechen, seine Witwe Brunhild übte fürchterliche Blutrache und ward am Ende mit Fuß und Hand wilden Rossen an den Schweif gebunden und so zerrissen. An den Atli der Edda bot Attila's Name einen Anklang, und mit dem Verderben das jener seinen Schwägern, den Niflungen Gunnar und Högni brachte, vertauschte nun der Sinn; der rheinischen Burgunder, die Zerstörung von Gundikar's Reich durch den Hunnenführer. Atli, der in dem westfälischen Susat oder Soest gebot, war bereits mit einem niederdeutschen Helden Thidrik in Verbindung, von dessen Riesen- mit Drachenstreit die Sänger zu sagen wußten. Für ihn trat Theoderich der Große als Dietrich von Bern ein. Daher der Unterschied der Sage und Geschichte: hier ein siegreicher, in unbestrittener Obmacht Italien beherrschender König, dort von dem Oheim vertrieben, in beständigem Kampf mit dem Geschick, den größten Theil seines Lebens bei einem fremden Fürsten, erst zuletzt wieder im eigenen Reiche waltend, aber das Bild eines deutschen Mannes voll Milch des Duldens und Handelns, — und dies heftet sich eben an den Gothenhelden, der seiner historischen Stellung nach sich zum Mittelpunkt einer Kämpfergenossenschaft eignete, die er zu Gesellen wirbt indem er sie in Zweikampf überwindet; er wird an Attila angeschlossen zum Repräsentanten der mit diesem verbündeten Gothen, und aus dem Untergang seines Volks ragt seine Gestalt im Glanz des Ruhmes wie er den großen Streit der Hunnen und Burgunder im Nibelungenlied endlich zur Entscheidung bringt. „Das ist jener Dietrich von Bern, von dem die deutschen Bauern sangen", heißt es schon in den quedlinburger Jahrbüchern aus dem 10. Jahrhundert, und fortwährend weisen Chronisten auf Sagen und Lieder von ihm im Volksmund hin. Sie sind in Deutschland verklungen. Aber wie die Sigurdlieder in Island erhalten sind, so haben nordische Männer im 12. Jahrhundert die Wölsungsage, im 13. die

Thidrekssage zusammengestellt wie sie dieselbe in Deutschland vernahmen. Sie berufen sich selbst auf ihre Quellen, Männer von Soest, Münster und Bremen, und erklären: Diese Sage ist zusammengesetzt nach der Sage deutscher Männer und zum Theil nach ihren Liedern, die vor geraumer Zeit gleich nach den Begebenheiten gedichtet wurden. Und wenn du auch einen Mann aus jeder Burg in ganz Sachsland nimmst, so werden sie alle diese Sage auf dieselbe Weise erzählen; dies bewirken ihre alten Lieder. Raßmann hat neuerdings beide Werke übersetzt und erläutert und so die deutsche Heldensage als Ganzes erzählt. Wie treu die Nordländer ihren Quellen folgten und wie lebhaft der Völkerverkehr in der Dichtung war, das zeigt uns auch die Karlamagnussaga, in welcher erhaltene altfranzösische epische Dichtungen sich Vers für Vers wiederfinden. Am Rhein, in Westfalen, im Land der Chatten und Marsen hatten ursprünglich die Siegfried- und Dietrichsage ihren Schauplatz; durch die Anknüpfung an Attila, an Theoderich kommt die Donau, kommt Oberitalien herein und werden Gegenden und Orte vermischt und verwechselt wie zeitlich verschiedene Geschlechter oder Jahrhunderte an- und ineinander gerückt sind.

In Griechenland sahen wir wie die plastische Klarheit der antiken Kunst mit der Einfachheit und Faßlichkeit des Lebens parallel ging. Der Boden der Ilias war die nahe kleinasiatische Küste, wo die Hellenen selber sich angesiedelt, und ein Thukydides konnte in seiner Vaterstadt den weltgeschichtlichen Kampf miterleben und aus eigener Anschauung schildern. Wer aber hätte in den Jahrhunderten der Völkerwanderung mit historischem Blick das verworrene Getriebe überschaut, wer im Getümmel jener Eroberungen und Wanderzüge die einzelnen Thaten und Helden klar unterscheiden und festhalten können, die der Kampf immer neu herandrängender Fluten fortgerissen hatte? Bei den großen Räumen, die der Schauplatz der Geschichte wurden, fiel die unmittelbare Beobachtung, die locale Sicherheit weg; die Vorstellungen wurden unbestimmter, wurden ins Weite geführt, und die unbekannte Ferne reizte wie immer die Einbildungskraft sie mit ihren Wundern zu bevölkern. Von den Führern der Völker, von den Trägern der Geschicke ragten nur die höchsten Heldenhäupter wie Bergeskuppen aus dem Nebel hervor, und die hin- und herschwebende Sage heftete sich an sie; die Phantasie ward aufgefordert die mangelnde Anschauung durch eigene Erfindung zu ersetzen und die Größe des Gesammteindrucks in der Wirklichkeit durch Steigerung des Einzelnen zu erstreben.

Die Lombardengeschichte gibt uns in Alboins Jugendthaten, in Autharis Brautwerbung um Theudelinde anmuthige Erzählungen; sie zeigt uns die tragische Gewalt der Leidenschaft, wenn Rosamunde den Wein des Festmahls auf des Gatten Geheiß aus des Vaters Schädel trinken soll, darüber empört einem Krieger ihre Frauenehre preisgibt um ihn zum Morde ihres Gemahls zu drängen, und endlich selber den Giftbecher leeren muß den sie dem neuen Gatten credenzt. Solche Stoffe boten sich dem Sänger und haben durch ihn ihr Gepräge gewonnen, und wir schließen von ihnen wieder daß die edeln wie die schrecklichen Züge der Wölsungsage der Wirklichkeit treu entlehnt sind. Aber wir gewahren zugleich wie aus der Tiefe des Volksgemüths heraus die Dichtung Schuld und Sühne verknüpft und das Walten einer sittlichen Weltordnung ahnen läßt; sie mildert das Entsetzen über das Schreckliche nicht bloes durch die staunende Bewunderung der Größe und Kraft, sondern durch ergreifende Motive inniger Gefühle und hohen Sinnes. Die Sage leiht dem Siegmund und Sinfiötli das Wolfsgewand zur Vollführung der wölfisch wilden Thaten, doch ist das Ziel derselben ein berechtigtes. Signy sieht ihren Vater erschlagen, ihre Brüder gefangen durch den treulosen Verrath ihres Gemahls; um einen starken Rächer zu erzielen ruht sie in des einen geretteten Bruders Armen, und als der Knabe herangewachsen ist und mit seinem Vater den Saal des Oheims anzündet, da küßt Signy den Bruder und Sohn, aber springt in das Feuer um nun, nachdem ihr Geschlecht gerächt ist, mit dem Gemahl zu sterben. Im Groll daß sie getäuscht und um das höchste Lebensglück betrogen worden, im Schmerz der Eifersucht hat Brunhild Siegfried's Tod berathen, aber um den Scheiterhaufen zum Hochzeitsbette mit ihm zu machen, und herrlich leuchtet ihre Liebe in den Flammen auf, die sie auf ewig dem Helden vereinigen. Wir zürnen über Gunnar und Högni daß sie den Bundesbruder ermordet, aber wenn man das ausgeschnittene Herz des einen nicht zittert sondern lacht, und wenn der andere im Schlangenthurm die Harfe schlägt, so versöhnt auch uns der Hochsinn mit dem sie die Schuld im Tode büßen. So wird die Heldensage zum Siegel der Lebenskraft und Lebensfrische des Germanenthums in ihrer noch ungebändigten Gewalt, aber auf dem Grunde einer Natur die zum Hohen, Reinen, Edlen strebt. Der kühne wagende ehrliebende Geist der Männer setzt das eigene Haupt zum Pfande der Proben des Witzes, der Stärke, der Geschicklichkeit, und das prophetische Gemüth der Frauen schaut in Träumen, kündet in weissagenden Worten das Künftige, und läßt gleich den Orakeln der Griechen das Walten des Schicksals und seine Nothwendigkeit in dem Thun und Treiben menschlichen Raths und menschlicher Leidenschaft hervorscheinen. So ist die Herrlichkeit des jugendlichen Heldenthums und zugleich sein Untergang im Volksepos ausgesprochen, und keine Folgezeit, wie Bedeutendes sie auch sonst leisten möge, bringt Werke dieser Art wieder hervor.

Wenn wir den gemeinsamen Ursprung und die Zusammengehörigkeit der deutschen und nordischen Dichtung festhalten, dürfen wir die Unterschiede nicht vergessen, die Gervinus vornehmlich betont, freilich wie sie erst dadurch so scharf hervortreten daß die deutschen Sagen uns in späterer Form erhalten sind. Der Norden zieht gern ins Graue, Geheimnißvolle was bei uns im Kreis des Wahrscheinlichen, der geschichtlichen Helle liegt; dort beherrscht die gewaltige Naturumgebung den Menschen und seine Phantasie, hier wird das Thatsächliche des menschlichen Lebens und Empfindens klarer und bestimmter ausgesprochen; dort werden die Naturwunder aus der Menschheit erklärt, durch geistig-persönliche Mächte begründet, hier werden große Begebenheiten auf wunderbare Kräfte und Beweggründe, auf die Mitwirkung der Götter zurückgeführt. Dort ist der Ton der Dichtung lyrisch, und der Sänger rundet eine einzelne Sage in sich ab, während wir hier überall in den großen Zusammenhang hineinschauen, dessen Kunde der Erzähler voraussetzt, und hinter dessen thatsächlicher Fülle er selber zurücktritt. Leider ist uns bisjetzt nicht mehr ein deutsches Original erhalten als das Bruchstück des Hildebrandliedes, das zwei Mönche zu Fulda aufgeschrieben, und angelsächsische Sagentrümmer, vornehmlich aber der Beowulf, den die nach England auswandernden Sachsen im Gedächtnisse mitnahmen und dort aufzeichneten.

Nach dreißigjähriger Abwesenheit kehrt Dietrich mit seinem Waffenmeister, dem alten Hildebrand in die Heimat zurück; dieser hat dort einen Sohn, der zum Helden herangewachsen ist und den Vater nicht kennt; Sohn und Vater fordern einander heraus; jener nennt sich, wird als Sohn begrüßt, aber sieht darin eine Täuschung, da Hildebrand längst todt sei. Der bietet ihm die goldenen Armringe, aber der junge Kämpfer versetzt trotzig: Mit dem Speer soll man Gabe empfangen, Gerspitze gegen Gerspitze. Das

Wehgeschick bejammernd, daß er den eigenen Sohn bekämpfen soll, und doch entschlossen dem nicht zu weichen der mit ihm fechten wolle, hebt der Alte zu streiten an, die Lanzen sausen, die Schilde werden von den Schwertern zerspalten · so schreitet das Lied in harter starrer Kraft voran, die kernige Darstellung entfaltet sich in epischer Anschaulichkeit und gleichmäßiger Stetigkeit; wir wissen aus der Thidrikssage und spätern Volksliedern daß der Vater den Sohn überwindet, doch nicht tödtet, vielmehr mit ihm heimzieht, beim Mahl oben angesetzt wird und der Gattin sich durch den Ring zu erkennen gibt den er ins Glas fallen läßt; so schließt das Gedicht in Deutschland versöhnend, während Firdusi den Stoff tragisch behandelt.

Nach diesem Bruchstück zeichnet Th. Haupt den lauten und schweren Klang der Sprache mit Meisterhand: „Das ist die Sprache nicht individueller Bildung, sondern der gemeinsame Ausdruck gemeinsamer Anschauungen und ererbter Ueberlieferungen wie sie das volksmäßige Epos sagt, eine Sprache voll hellen Klanges, ausgeprägt in reichen und festen Formen, aber schweren Gewichtes, vor allem fähig rasche That und mächtige Empfindung auszudrücken, nicht unfähig des Ausdrucks zarterer Gefühle, aber beweglichern und feinern Gedanken nachzukommen unteglant, gebannt in überkommenen Formeln und wie gefangen durch die Macht sinnlicher Anschauung."

Aus einem angelsächsischen Lied von Walther und Hiltegunde ist eine Stelle erhalten die uns ein Beispiel von den germanischen Heldenfrauen gibt wie sie die Männer zum Kampf ermuthigten, Fliehenden schmähend entgegentraten, und den Tod der Knechtschaft vorzogen. Sie sagt: „Nun ist der Tag wo du das Leben verlieren oder langen Ruhm gewinnen sollst. Nicht daß ich dich beim Schwertspiel schmählicher Weise gesehen hätte irgend eines Mannes Kampf vermeiden, oder hinter Wälle fliehen, das Leben sichern, wenn auch der Feinde viel' im Panzerhemde mit Klingen trafen; sondern du hast allezeit das Gefecht gesucht, darum ich für dich das Gottesgeschick gefürchtet, daß du zu heftig den Kampf verlangtest, des andern Mannes kriegerische Begegnung. Verherrliche dich selbst mit tapfern Thaten so lange sich Gott dein annimmt. Sorge du nicht des Schwertes halb; dir ward der Waffen beste zu Theil, uns zum Troste; darum sollst du Gunther's Uebermuth beugen, daß er diesen Streit begann, mit Unrecht zuerst dich suchte. Er wies zurück das Schwert und die reichen Gefäße, die

Menge der Ringe; darum soll er ohne Gewinn kehren von diesem Kampfe, soll suchen seinen alten Stammsitz oder hier in Todesschlaf sinken!" — Walther hatte also von Attila's Hof mit Hildegund nach Aquitanien ziehend, den Burgundern Geschenke geboten als er ihr Land betrat; die Kämpfe lernen wir aus dem lateinischen Gedicht von Eckehart kennen.

Im Beowulf ist mit künstlerischer Composition ein Gesammtbild vom Leben und Wesen des Helden dadurch erzielt daß zwei Großthaten von mythischer Bedeutung umrahmt sind mit der Erwähnung anderer geschichtlichen Ereignisse, wie sie bald ein Sänger, bald die Wechselrede der Handelnden ausspricht, oder wenn Beowulf vor seinem Tod sein Geschick überdenkt und wenn die Klage bei seiner Bestattung ertönt. Zugleich öffnet sich ein weiterer Hintergrund, wenn die Nibelungen- und Dietrichsage in einzelnen Anspielungen hereinklingt. Die Sitte ist wie Tacitus sie schildert. Im Ganzen weht ein Hauch frischer Morgenkühle und strenger Männlichkeit. Die Sage spielt an der Nord- und Ostsee unter den Ingävonen; der Held stammt aus Schweden, die Darstellung erinnert an das Skandinavische, wenn das Weib Friedeweberin und die Harfe Lustholz umschrieben und die Schiffahrt so bezeichnet wird daß der Wogengänger auf dem 'schäumenden Pfade dahinzieht; auch die Form ist wie im Hildebrandslied stabreimend, die Darstellungsweise gleich diesem epischer als in der Edda. — Hrothgar der Dänenkönig hat eine prächtige Halle für frohe Gelage erbaut; aber wenn die Kämpfer schlummern, so kommt ein Ungethüm aus dem Moor, im Schleier des Dunstes ein Schattengänger, weiten Wegs und holt sich einen Mann zur Beute ihn zu verzehren im Wasserhaus. Das hört Beowulf der Geatenhäuptling und macht sich auf den Riesen zu besiegen. Er reißt ihm in nächtlichem Ringkampf den Arm aus dem Schultergelenk, und der Verstümmelte entflieht. Aber statt seiner kommt seine Mutter in der nächsten Nacht und würgt einen Freund des Königs. Beowulf verfolgt sie nach ihrer Wohnung. Er kommt zum Moor, das noch keiner ergründet hat.

> Wenn von Hunden gehetzt auch der Heidegänger
> Der hornstarke Hirsch den Holzwald sucht,
> Das Leben läßt er, wie lange verfolgt,
> Doch eher am Ufer, als er drinnen wollte
> Sein Haupt behüten; so ungeheuer ist es dort,

> Wo wider die Wollen der Wogen Gemenge
> Starr emporsteigt und der Sturm sich austobt
> In leiden Gewittern, daß die Luft sich verhüllt
> Und der Himmel weinet.

Beowulf stürzt in die Wogen, da kommt Grendel's Mutter und schleppt ihn nach ihrer Halle. Er sieht dort ein bleiches Feuer unheimlich scheinen.

> Dabei erblickt er die Brandungswölfin,
> Das mächtige Meerweib. Muthig erhub er
> Kampf mit dem Kriegsschwert, und barg die Klinge nicht;
> Die geschwungene Schneide sang ihr ums Haupt
> Ein grausig Kampflied.

Aber ihrer Rüstung Ringgefüge widerstand dem Biß der blinkenden Waffe, und im Ringen stürzte der Held nieder. Doch auch ihn schirmte sein Panzerhemd und der waltende Gott; er sprang auf, ergriff ein Steinschwert und schlug die Riesin nieder. Hochgeehrt und hochgepriesen kehrt er heim und herrscht lange Jahre glücklich, bis er im Kampf mit einem das Reich verwüstenden Drachen diesen zwar tödtet, aber dessen Feueratem und giftigem Bisse selber erliegt, — wie Thor in der Götterdämmerung zwar die Midgardschlange erschlägt, aber von ihrem Geifer übersprüht zu Boden sinkt. So erliegt der lichte Frühlingsgott dem Wintersturme, während er in seiner und des Jahres Jugend den culturfeindlichen Wogenschwall und die bösen verderblichen Dünste des Sumpfes überwältigt hatte. Auf dem Grund dieser Naturmythe erhebt sich auch hier die Heldensage und das menschliche Thun und Leiden. Beowulf hat den Hort dem Drachen abgewonnen, das soll seinem Volke zugute kommen.

> Dieser Kleinode sag' ich dem König der Ehren,
> Dieses Horts dem Herrn der Himmel Dank,
> Daß mir vergönnt war dem Gealenvolke
> Vor meinem Scheidetag den Schatz zu erwerben.
> Da ich die rothen Ringe nun redlich bezahle
> Mit der Lebensflamme, so fördert nun ihr
> Der Leute Nothdurft; ich darf hier länger nicht mehr sein.
> Einen Hügel heißt mir die Helden erbauen
> Ueber dem Bühel blinkend an der Brandungslippe,
> Der mir zum Gedächtnismal sich meinem Volke
> Hoch erhebe über Hronesnäß.

Daß die Seefahrenden ihn schauend heißen
Beowulf's Burg, wenn sie die schäumenden Barken
Ueber der Fluten Nebel fernhin steuern.

Karl der Große und die Zeit der Carolinger.

Die Araber hatten in Spanien den Kampf mit der christlich-germanischen Welt durch den Sturz des Gothenreichs eröffnet; der Sieg Karl's des Hammers bei Tours (732) gebot ihnen halt und begründete den Ruhm und die Macht der Karolinger. Pipin sandte den letzten Merowinger ins Kloster und setzte sich die Königskrone der Franken aufs Haupt; der Papst Zacharias hieß es gut, sein Wort klang wie eine Bestätigung der Volksstimme durch Gottes Stimme. Während die Byzantiner als Nachkommen der Griechen unerschöpflich waren durch neue dogmatische Lehren den Geist der Menschen in Bewegung zu halten, lebte das Genie der Herrschaft als Erbe der alten Römer in den Päpsten fort, und Stephan ließ, von den Lombarden bedrängt, den Apostel Petrus selbst einen Brief an Pipin schreiben und ihn auffordern der ewigen Stadt zu Hülfe zu ziehen; der König folgte und begründete den Kirchenstaat, indem er den Preis seiner Heerfahrt dem Papst durch Schenkung übergab. Karl der Große nahm des Großvaters und Vaters Thaten und Schöpfungen zum Ausgangspunkt eines erhabenen weltgeschichtlichen Werks; in seiner Seele gestaltete sich das Ideal eines römischen Reichs christlich-germanischer Nation. Dazu galt es die Germanen zu einem Staatsorganismus zu einigen, und Karl brachte nicht bloß die Baiern, sondern auch die Sachsen, die unter Wittekind's Führung die alte Freiheit glorreich vertheidigten, unter fränkische Oberhoheit; von der Eider bis zur Tiber, vom Ebro bis zur Drau erscholl sein Herrscherwort. Die noch Heiden waren belehrte er mit dem Schwert zum Christenthum, und gegen die Muhammedaner stritt er in Spanien. Als der Papst ihm die Kaiserkrone aufs Haupt setzte, da war dies die Besiegelung des Gedankens daß die Germanen das Weltreich und die Culturarbeit der Römer fortsetzten; doch sollte der neue Staat ein christlicher sein und ein Gottesreich auf Erden darstellen. Ein

Statthalter Gottes sollte der Kaiser der Christenheit Schirmherr sein, über Recht und Frieden wachen, alles Volk, nach Stämmen und Ständen gegliedert, als sein Haupt leiten und regieren. Ihm zunächst sollte der Papst die geistlichen Angelegenheiten verwalten, dann sollten die weltlichen Großen besondern Kreisen vorstehen. Karl war als oberster Kriegsherr und Richter der Franken emporgestiegen; er gab ein allgemeines Reichsrecht, das die natürlichen Triebe der freiheitstolzen Germanen dem höchsten Staatszweck unterwarf, aber innerhalb einer höhern Weltordnung ihnen die selbstständige Eigenart und Bewegung gönnte; waren doch die Gesetze selbst die Fassung deutschen Wesens und deutscher Sitte. Alle Gewalt ging von der Persönlichkeit des Kaisers aus, aber sie war an die heimischen Ordnungen gebunden und bedurfte zu ihrer Wirksamkeit der Zustimmung des Volks. Die geistlichen und weltlichen Großen, die sich bereits unter den Merowingern durch Grundbesitz und abhängige Hintersassen zu einer Aristokratie aufgeschwungen, standen dem Kaiser als Rathgeber und Vollstrecker seiner Entschlüsse zur Seite. Das Volk sollte in seiner Freiheit und seinem Besitz gesichert, durch Sorge für Wohlstand und Bildung gefördert werden. Vom Kaiser eingesetzte Beamte standen den Gauen vor; aus der Gemeinde erwählte Schöffen sprachen unter dem Vorsitze derselben das Recht; alle freien Männer einer Grafschaft erschienen dreimal im Jahr zu öffentlichen Versammlungen; ein selbständiges Gemeindeleben fand hier seine Bethätigung innerhalb des Staats. Kaiserliche Sendboten durchzogen das Reich um überall die Durchführung der Gesetze zu überwachen und über die Zustände des Volks Bericht zu erstatten.

Nur ein Genius von Karl's geistiger und natürlicher Begabung an Herrscher- und Arbeitskraft in Krieg und Frieden, erfinderisch im Gedanken, klar in der Erfassung der thatsächlichen Lage und rastlos unwiderstehlich in der Ausführung seiner Entwürfe konnte an die Verwirklichung dieses Ideales denken; auch unter ihm blieb dieselbe mangelhaft und nach seinem Tode konnte sie ohne den organisirenden Mittelpunkt nicht bestehen; das Ganze war zu sehr durch den Schlußstein der Spitze bedingt, zu wenig von unten herauf durch den Willen, die Selbstbestimmung des Volks getragen; aber die Wärme persönlichen Schaffens, persönlicher Anhänglichkeit und Treue beseelte das Werk und steigerte den begeisternden Eindruck auf die Gemüther, und für Jahrhunderte blieb Karl's Schöpfung, die staatliche Organisation des Germanenthums im Anschluß an Rom und das Evangelium, ein Ziel dem 'man unter mancherlei Veränderungen nachstrebte. Unter Karl's Nachfolgern löste sich naturgemäß das Band der romanisirten Franken von den Deutschen; hier bildete sich früher ein volksthümliches Königthum, während dort Krieg mit den Normannen und Vasallenkämpfe noch längere Zeit der Gründung der Herrschaft der Capetinger vorangingen. Aus den Beamten und Lehnträgern des Kaisers wurden erbliche Herzöge und Grafen, die in ihren Kreisen als Fürsten geboten, und es war schwer sie unter einem Oberhaupte für das gemeinsame Vaterland und seine Zwecke zu einigen.

Karl war selbst ein guter und sorgsamer Landwirth und legte Musterwirthschaften für den Landbau an; die deutschen Wälder lichteten sich, und an die Stelle des lehmverstrichenen Blockhauses ohne Fenster und innere Abtheilungen traten Gebäude mit Scheidewänden und Treppen. Die geistlichen Stifte wie die Wohnsitze der Großen wurden die Stätten beginnender Gewerbsthätigkeit, die Feste zum Anlaß des Handelsverkehrs, der Märkte, die von der Verbindung mit der Kirchenfeier Messen heißen. So bildete sich der Keim des städtischen Gemeinwesens, und die alten wohlgelegenen Colonien der Römer wie Mainz und Köln, Trier und Augsburg sahen neue Städte auf ihren Trümmern, während Frankfurt und Hamburg, Wien und Bamberg gegründet wurden.

Karl der Große verbot zwar den Nonnen Liebeslieder zu schreiben und einander mitzutheilen, aber er ließ die alten deutschen Heldenlieder sammeln, und las auch neben der Bibel griechische und lateinische Bücher; in seiner Jugend Kriegsfürst, im reifern Alter voll Eifer für die Künste des Friedens faßte er den Gedanken der Volksbildung im Zusammenhang mit dem Christenthum, indem er anordnete daß Schulen neben Kirchen errichtet wurden, und hatte den berühmten angelsächsischen Gelehrten Alkuin zum persönlichen Freund, Rathgeber und Leiter seiner Culturbestrebungen. Edle und Gelehrte einten sich im vertrauten Kreise um Karl, sein Palast ward ein Musenhof, eine Akademie, in der er selber den Namen des Königs David führte; der ritterliche Angilbert war der Homer der in lateinischen Versen die Thaten des Kaisers pries und die Kaisertochter Bertha spielte als Delia, die Schwester Apoll's, die Harfe dazu. Einhard war der Geschichtschreiber und Karl freute sich wie ein Schüler seiner neuerworbenen Kenntnisse und leitete wie ein Schulmeister den Kirchengesang.

Es konnte nicht gut anders kommen als daß sich zunächst eine höhere Schicht römisch-kirchlicher Bildung über die volksthümliche Weise legte, die ihren Ausdruck bisher vornehmlich in der Dichtung durch die jugendliche mythenschaffende Phantasie gefunden hatte. War es doch die Kirche welche die Reste der antiken Cultur zu den neuen Völkern hinüberrettete. Es war Benedict von Nursia in Umbrien der voll Sehnsucht zum beschaulichen Leben, am Anfange des 6. Jahrhunderts, aus den Trümmern eines Apollotempels das Kloster auf Monte Cassino baute und es zum fernhinleuchtenden Mittelpunkt machte, von dem seine Jünger, die Benedictiner, ausgingen, nach dessen Muster sie ihre Klöster als Pflanzstätten der Religion und Bildung in Europa gründeten. Gegenüber den Trieben der Herrsch- und Genußsucht ordnete er ein genossenschaftliches Leben der innern Freiheit, der Demuth, der entsagenden Liebe, der Gütergemeinschaft; wir würden ihn den Pythagoras der christlichen Zeit nennen, wenn er sich nicht außerhalb der Welt gestellt hätte. Seine Mönche sollen thätig sein, nach dem Grundsatz der Arbeitstheilung mit dem Kopf und mit der Hand, sie sollen den Acker und den Garten wie die Kirche und Schule bauen, sollten meißeln und malen und die Jeder als Schriftsteller oder Abschreiber führen. Was Gregor der Große über Benedict berichtet zeigt ihn uns allerdings von den Träumen der Phantasie umsponnen, die damals ihre Zauberkraft auf Feilspäne von Petri angeblichen Acten oder auf die Berührung von muthmaßlichen Märtyrergebeinen übertrug, in dem Leben jenes Heiligen aber eine sinnige anmuthige Legende schuf. Wenn Gregor auch nicht wollte daß das Lob Christi und Jupiter's aus Einem Munde erklinge, so stellt doch der irische Mönch Columban in seinen Gedichten den Namen des Heilands ebenso unbefangen neben Pygmalion und Achilleus, wie er den Reim in die antiken Rhythmen aufnimmt.

Als Italien in Barbarei verfaul, keimte die Liebe zu den Wissenschaften bei Gothen und Longobarden, vornehmlich auch bei den Angelsachsen auf, die von der deutschen Nordsee nach Britannien hinübergezogen waren und dort nach und nach sieben kleine Reiche gegründet hatten. Es war gegen Ende des 6. Jahrhunderts wo sie Ethelbert von Kent als ihr Haupt anerkannten; dieser hatte eine christliche Gemahlin, und Gregor sandte römische Missionare, die im Gegensatz zu den finstern keltischen Mönchen aus Patrik's Schule die Lehre Jesu mit der ihr eigenen klaren Milde vortrugen, sodaß die Gemüther sie gern annahmen. Beda der Ehrwürdige (672—755) schrieb eine Auslegung der Heiligen Schrift neben der Geschichte seines Volks, und übersetzte das Evangelium Johannis in seine Muttersprache, nachdem, wie er angibt, früher schon Kädmon die Genesis dichterisch nachgebildet. Es ist uns nicht blos die Darstellung von dem Sturz der Engel, der Schöpfung und dem Sündenfall erhalten, die an der Schwelle der englischen Literatur ein Vorspiel von Milton's Epos stehen, wir lesen mit eigenthümlichem Genuß die Erzählungen von Abraham, von Moses in den Formen des altdeutschen Heldengesanges, der sie gleich einheimischen weisen und streitbaren Volksführern erscheinen läßt und ihre einfach patriarchalische Würde mit den frischen und kühnen Bildern der vaterländischen Dichtung schmückt.

Der herrlichste Vertreter des Angelsachsenthums ist Alfred der Große (848—901). Strahlt sein Name auch nicht in jenem weltgeschichtlichen Glanze wie Karl, so gab er der Geschichte seines Inselvolks doch das Gepräge einer in sich abgeschlossenen freien Entwickelung, während seit Karl die Geschichte Frankreichs sich vornehmlich an die Regentenpersönlichkeiten knüpft und blutig ist. Alfred befreite sein Vaterland durch kriegerischen Muth, Ausdauer und Geistskraft von der Gewalt der räuberisch wilden Dänen; er hielt die allgermanische Eintheilung des Volks in Gemeinden, Aemter und Kreise aufrecht, und gründete den Staat auf deren Selbstverwaltung. Die Edeln, Earle und Thane, hatten ein Uebergewicht im Reichsrath gewonnen und bekleideten die höhern Stellen, aber der König gab dem Bürger- und Bauernstand die Sorge für Sicherheit der Person und Eigenthum und Rechtspflege zurück, sodaß die einzelnen Gaue selbst die öffentliche Ordnung aufrecht erhielten und diese auf der Selbstthätigkeit eines freien Volks beruhte. Die Normannen haben diese Verfassung erschüttert, aber als sie zu Engländern geworden, kehrten sie zu ihr zurück, und sie hat ihren Segen bis auf den heutigen Tag bewährt. Im Geräusch der Waffen und in der Sorge für die Staatsleitung sang Alfred alte Heldenlieder und dichtete neue; selbst ein Freund der Wissenschaft wollte er daß die Bildung dem Volk durch die Geistlichen vermittelt werde. Selbst in der Schule der Noth gestählt und geläutert übersetzte er das goldene Trostbuch der Philosophie von Boethius, und die antiken Maße von dessen Kerkergesängen fanden einen ergreifenden Nachhall in der Weise des germanischen Stabreims.

Wie Karl und Alfred das deutsche Heroenthum abschließen und in das Mittelalter hinüberleiten, so steht auch auf dem geistigen Gebiet ein Mann der Wissenschaft, der die Philosophie der Kirchenväter vollendet und die Gegensätze der Scholastik und Mystik in sich enthält, die Unterschiede der theistischen und pantheistischen Lebensansicht mit großartigem Totalblick überwunden hat — Johannes Scotus Erigena. Diese Beinamen weisen auf schottisches Geschlecht und irländische Heimat; der Kelte kam zu den Franken, und lebte am Hof Karl's des Kahlen. Er betheiligt sich an theologischen Kämpfen der Zeit; die göttliche Vorherbestimmung der Dinge faßt er als sittliche Weltordnung, kraft welcher jedem Wesen seine Stelle gegeben ist und das Gute seine Beseligung, das Böse seine Pein und Vernichtung in sich trägt, und gegen die sinnlich rohe Abendmahlslehre von Paschasius Radbertus, daß in der Hostie dasselbe Fleisch vorhanden sei welches von Maria geboren unter Pontius Pilatus gelitten, stellt er die Ansicht welche die Communion zum Symbol der Seelenvereinigung mit Christus macht. Ob das Herz oder die Hostie, der gebackene Teig oder das Gemüth des gläubig Genießenden vergöttlicht, mit Christus eins oder in ihn verwandelt werde, das ist bis heute die Frage zwischen einer äußerlichen Kirchlichkeit und einer innerlichen geistigen Religiosität. Erigena war des Griechischen kundig und nahm die Ideen Platon's und der Neuplatoniker zum Zettel, die Kirchenlehre zum Einschlag seines Gedankengewebes, indem er von der Anschauung ausging daß die religiöse und die philosophische Wahrheit eine sei; dadurch liegt allerdings manches unvermittelt nebeneinander und die Folgerichtigkeit des Denkens schaukelt mit der Dogmatik auf und ab; doch im Grunde seines Geistes ruht die große Erkenntniß von der Einheit alles Seins, kraft welcher Gott sich in der Welt offenbart und entfaltet, ihr einwohnt, aber als Geist zugleich bei sich selbst ist, und als unendliche Liebe alles von ihm Ausgegangene wieder zu sich zurückführt, zugleich Princip und Ziel des Lebens. Er faßt das eine Sein als Subject, als Freiheit und Willen, und erhebt sich damit über den Pantheismus, dessen Wahrheitsgehalt, die Gegenwart des einen ewigen Wesens in allen Dingen, er treu bewahrt. Von diesem Standpunkt aus hat Johannes Huber mit congenialem Sinn Erigena's Lehre dargestellt.

Wie jene Helden den Staat, so organisirt er das Sein in der Gedankenwelt; schon der Titel seines Hauptwerks „De divisione naturae" zeigt daß es ihm auf die Gliederung des Einen ankommt. Die Unendlichkeit Gottes, des ewigen Wesens, ist an sich über alle Bestimmungen erhaben, von keiner beschränkt, aber alles Lebens und Erkennens Quell und Licht; indem Gott sich selber erfaßt und ausspricht, ist er das Wort in welchem alle Dinge gegründet sind, die Urform der Idealwelt; seine Gedanken sind gleich Platon's Ideen die Formen und Principien der Sinnenwelt, die Erigena eben nur für die sichtbare Erscheinung geistiger Kraft und Wesenheit nimmt. Der Kreislauf der Gestirne und des irdischen Jahres spiegelt uns die ewige Bewegung in welcher das zur Fülle und zum Gegensatz Entfallete wieder zur Einheit zurückkehrt; wie auch das Endliche, das Geschöpf nach seiner Freiheit selbstsüchtig wird und in Irrthum und Sünde sich verliert, der Schöpfer waltet als sittliche Ordnung in der Welt um sie zu sich zurückzubringen, in sich zu vollenden, und Christus ist es der tiefen immanenten Gottesgeist in sich erkennt, und dadurch der Welt die Versöhnung und Erlösung vermittelt. Himmel und Hölle nennt Erigena Zustände des Bewußtseins; in Phantasien besteht der Lohn der Guten wie die Verdammniß der Bösen; diesen schweben die Bilder der falschen Dinge vor um gleich Schatten zu verschwinden, wenn sie nach ihnen haschen, bis die Pein der machtlosen Begierde sie läutert und von ihr befreit. Das wahre Sein ist Gott, und wenn die Geister sich in Gott wissen wie er sich in ihnen weiß, wenn sie dasselbe wollen wie er, dann leben sie in ihm, und sind vergottet ein jeglicher nach seiner Eigenthümlichkeit, ein Strahl im unendlichen Licht.

Die Kunst fand neben der Wissenschaft ihre Pflege durch Karl den Großen. Die Sage läßt ihn so viele Kirchen stiften als Buchstaben im Alphabet sind, und jeder einen goldenen Buchstaben schenken; zu Aachen und Ingelheim errichtete er stattliche Paläste. Der Anblick Italiens hatte mächtig auf ihn gewirkt. Aus antiken Bauten wurden Säulen und Mosaiken herübergenommen, und wenn meistens die römische Basilika das Vorbild der Kirche war, so leitete Ansigis den Bau des aachener Münsters im Anschluß an San Vitale zu Ravenna. Acht Pfeiler bezeichnen einen achteckigen Innenbau und steigen bis zur Kuppel empor, die ihn umwölbt; um dieselbe herum läuft ein sechzehneckiger Umbau, in zwei Geschosse getheilt, deren oberes sich nach innen mit Säulenarkaden in unkünstlerisch roher Weise öffnet, wie denn überhaupt das Detail sehr ungenügend und formlos bleibt, während die Construction des Ganzen das italienische Muster vereinfacht und von Energie der

Erfindung zeugt. Stammt die Kirchenvorhalle zu Lorsch aus dieser Zeit, so zeigt sie mit ihren korinthisirenden Wandsäulen und ihrem schachbretartigen Schmuck von rothem und weißem Marmor eigenthümlich die antike Geschmacksrichtung. Die Klöster von Sanct Gallen, Fulda, Hirschau, Corvey erhielten in der Karolingerzeit ihre Kirchen; Baumeister, Maler, Bildhauer werden unter den Mönchen selbst gepriesen. Man legte wegen der vielen Geistlichen ein Querschiff vor die Altarnische, und erhöhte dasselbe, oder man fügte, wie in Fulda und Köln, an beiden Schmalseiten im Osten und Westen der Kirche einen Chor mit halbkreisförmigem Abschluß an, wodurch die ursprünglich so klar ansprechende Anlage des Gebäudes, die vom Eingang an sogleich den Blick zum Altar leitet, jedenfalls zerrüttet und dem Ganzen ein centraleres Ansehen gegeben ward. Aber der Keim einer glücklichen Neuerung bestand darin daß man Thürme baute und sie nicht neben die Kirche stellte, wie in Italien, sondern mit ihr verband.

Karl hatte zu Frankfurt a. M. ein Concil gehalten, das sich unter seinem Vorsitz gegen den Bilderdienst aussprach; doch erklärte er ausdrücklich daß er die Bilder nicht verachte, noch sie aus der Kirche verbannen wolle, sofern ihnen nur nicht Anbetung gezollt werde. In der Kuppel des aachener Münsters war in Mosaik auf Goldgrund Christus unter den 24 Aeltesten der Apokalypse dargestellt. Es ist in Rom ein Mosaik erhalten aus dem Festsaal des lateranischen Palastes; Papst Leo III. ließ hier den Bund der geistlichen und weltlichen Macht darstellen: vor Christus knien der Papst Sylvester und Constantin, der erste empfängt die Schlüssel, der andere das Banner, während auf der andern Seite von Petrus an Leo selber das Pallium und an Karl die Fahne gereicht wird. Der geschichtliche Gedanke ist klar ausgesprochen, aber die Ausführung ist ohne eine Spur von Porträtähnlichkeit, ohne Sinn für Individualität und Naturwahrheit. Hiernach wie nach den Miniaturen in Handschriften dürfen wir schließen daß auch bei den Wandgemälden der Paläste mehr der Inhalt und die farbenbunte Pracht als die Form Eindruck machte; die Umrisse wurden durch einfachen Austrich ausgefüllt, innere Gesichtslinien und Gewandfalten eingezeichnet. In Ingelheim sah man die Thaten der Helden von Ninus bis auf Karl den Großen, in Aachen dessen Kämpfe gegen die Araber. Und hier konnte es doch nicht fehlen daß eine frische Lebensbewegung eindrang neben den musivischen Steingemälden, in denen Gestalten und Ausdruck selbst versteinerten, und die starre

Technik das Allgemeingültige und Unabänderliche der Kirchenlehre voll gebietender Hoheit, aber ohne persönliche Freiheit darstellte.

In Bezug auf Bildschnitzerei kommen die Diptychen in Betracht, elfenbeinerne Tafeln zum Zusammenklappen, auf der Innenseite mit Wachs belegt, außen mit Reliefs verziert. Man übertrug die Sitte sie als Geschenk zu geben von den römischen Consuln auf die Bischöfe. In ähnlicher Art arbeitete man Bücherdeckel. Ein Diptychon von Tutilo von Sanct Gallen zeigt in der Mitte Christus thronend im faltenreichen Gewand, zwei sechsflügelige Cherubim ihm zu Seiten, über und unter seinem Strahlenkranz die Symbole der Evangelisten, in den Ecken diese selbst schreibend; oben zwischen ihnen zwei fackelhaltende Jünglinge, durch die Sichel und Strahlenkrone als Mond und Sonne bezeichnet, unten auf dem Boden lagernd die Erde als kindersäugende Frau mit dem Füllhorn, und ihr gegenüber das Meer, Oceanus mit einer Wasserurne und einem Seeungeheuer. Die reiche sinnvolle Composition ist symmetrisch wohlgegliedert, mischt alttestamentliche und antike Gestalten, zeigt aber im einzelnen daß die etwas ungefügigen Figuren wie Zeichen ihrer Gegenstände aus der Ueberlieferung aufgenommen, nicht aus eigenem Geiste nach der Natur geschaffen sind. Das Auge ist den Klosterleuten für die Natur noch nicht erschlossen, das beweisen auch irisch-angelsächsische und fränkische Miniaturen in Handschriften. Die irischen Mönche ziehen die menschliche, thierische Gestalt in ihre zierlichen Schriftschnörkel hinein, und färben die Arme Christi roth, die Beine blau, wenn die coloristische Harmonie es zu fordern scheint. Deutsches Naturgefühl mildert die bizarre schematische Behandlung des Organischen, und die Uebertragung biblischer Bücher in die poetischen Formen der Muttersprache ward von den Angelsachsen mit Bildern geschmückt welche eigenes Empfinden durch reiche Gruppen in Tracht und Weise der damaligen Welt bezeugen. Zugleich entwickelt sich von der Kalligraphie ausgehend in architektonischem Ornament bald ein zierliches Linienspiel, bald entfallen sich pflanzliche und thierische Formen zu Arabesken, die ein kräftiges Gefühl für schwungvolle Züge, für harmonische Farben bekunden. Schnaase hat treffend hierzu bemerkt: „Der Schönheitssinn regt sich immer zuerst in sich selbst, unabhängig von dem wirklichen Leben, im Unbestimmten und Allgemeinen; er übt sich daran um erst später zum Individuum überzugehen. Es bleibt eine Wahrheit daß die Kunst aus der allgemeinen architektonischen Region, nicht aus dem praktischen Leben, wo die Schönheit mit der Moral in Verbindung steht, hervorgeht; sie beginnt immer unbewußt in Formen von deren Bedeutung sie keine Rechenschaft zu geben weiß."

Mit dem Christenthum ward durch die Kirche die lateinische Sprache verbreitet, und wenn auch Karl der Große für Deutsche die deutsche Predigt und das deutsche Gebet behauptete, so ward doch auch an seinem Hof die classische Bildung gepflegt; die Geschichte der deutschen Stämme ward in lateinischer Sprache erzählt. Diese selbst war so wie die Gebildeten in Rom am Ende der Republik sie gehandhabt, durch große Prosaiker und Dichter fixirt und zur Schriftsprache für das ganze Reich geworden; die Knaben lernten sie in den Schulen Italiens wie die Männer und dann ihre Kinder in den unterworfenen Provinzen. Aber während sie erstarrte, ging das Leben seinen Gang weiter. Die Bauern, die Handwerker, die Bewohner kleiner Städte sprachen ein Plattlatein, bequem fürs Leben und leichtes Verständniß, ähnlich wie der Volksgesang seine auf den Accent, auf Hebung und Senkung gebaute Weise neben der Kunstpoesie und ihrer nach griechischem Muster auf Quantität gegründeten Metrik bewahrte. Von dieser Sprache des gewöhnlichen Verkehrs kam durch Soldaten und Kaufleute vieles in die Provinzen, nach Spanien und Gallien, und während das Schriftlatein sich in einer obern Schicht der Gelehrten erhielt, boten bald die Germanen wie die Araber neue Wörter dar, und das ursprüngliche Sprachgefühl der Kelten und der Deutschen regte sich fort, wenn sie auch des Römischen sich bedienen lernten; sein logisches stolzes Gefüge löste sich, der Flexionsreichthum schliff sich ab, Hülfszeitwörter und Artikel kamen dadurch in Gebrauch, alte Wörter wurden durch andere ersetzt, wie an die Stelle von ius nun rectum, das Gerade, kam, und im Gegensatz dazu nun das Verdrehte, Gewundene, zur Bezeichnung von Unrecht (torto, tort) diente; aus lanzo oder lancea ward élan der Schwung; selbständige Wörter wurden wieder zu Anhängen, wie mente, ment; vera mente (mit wahrem Sinn) und veramente, vraiment. Während das officielle Latein starrer und künstlicher ward, bildete sich in der Zeit nach der Völkerwanderung, wo wenig geschrieben ward, und neue Völker mit frischem Geist erst in die Cultur eintraten, unten im Dunkel des Volks das Romanische als so viele selbständige Mundarten in Süd- und Nordfrankreich, in Italien und Spanien.

Karl's Bestreben die Pflege des Deutschen mit der lateinischen Bildung zu verbinden fand durch Hrabanus Maurus in der Klosterschule von Fulda und später in der von Sanct Gallen seine weitere Erfüllung. Seit Constantin hatte man bereits biblische Stoffe in lateinischen Versen erzählt, besonders in Spanien war die poetische Umschreibung beliebt, und so wurden bald die Bücher Moses und der Maccabäer, bald die Apostelgeschichte in den Rhythmen des römischen Epos vorgetragen. Aber was hier mehr gelehrte Schulübung in einer ersterbenden Sprache war das gewann eine ganz andere Bedeutung, wenn unter einem Volke, dessen Ausdrucksweise die jugendlich dichterische war, das Evangelium in seiner heimischen Sangesform in seiner Muttersprache vorgetragen ward. Das geschah durch einen niedersächsischen Bauer, der im Heliand oder Heiland das Leben und die Lehre Jesu nach den vier Evangelien in stabreimenden Versen, in der altvertrauten Darstellungsart des germanischen Heldenliedes als ein volksthümliches Epos von Christus erzählte und dadurch ihn dem deutschen Volksgemüth aneignete. Es weht uns an wie Frühlingshauch im Walde, wenn Christus wie ein herrlicher Volkskönig lehrend, helfend, richtend das Land durchzieht, für sein Volk stirbt und siegreich aufersteht; alles ist in das heimatliche Leben und seine Sitte eingetaucht, und der kriegerische Sinn bricht ebenso in Gethsemane gegen die Rotte der Bewaffneten hervor wie die Freude an Wein und Gesang bei der Hochzeit von Kana; ist doch das Werk für Vilmar eine Fundgrube deutscher Alterthümer gewesen. Und wenn wir erwägen daß dem Volk der Inhalt des Evangeliums, die vorbildliche Geschichte Jesu in ihrem mythischen Glanz, die anmuthigen Parabeln und die unergründlich tiefen und doch so klaren Sprüche aus des Heilands Munde frisch überliefert worden, so können wir den Eindruck des Werks und seinen Werth nicht hoch genug anschlagen. Es ward unter Ludwig dem Frommen verfaßt, während Ludwig dem Deutschen der Mönch Otfried seinen Christ zueignete, ein Werk das gleichfalls eine Evangelienharmonie bietet, aber aus der Hand eines Geistlichen und Gelehrten, der mit seiner Persönlichkeit hervortritt, dem seine Betrachtungen lieber sind als die schlichte Darstellung der Sache, seine mystischen Auslegungen lieber als die dichterische Schönheit der Gleichnißreden Jesu. Freier als beide verhält sich der Angelsachse Kynewulf zu seinem Stoff; Hymnen und Gebete wechseln mit Dialogen und einer Erzählung die das geistig Bedeutende hervorhebt; die Alliteration führt etwas zur Redseligkeit. Immerhin steht Otfried in seiner priesterlichen Weihe an der Pforte unserer althochdeutschen Literatur wie Klopstock mit seinem Messias den Beginn ihrer neuhochdeutschen Blüte bezeichnet; während der ursprüngliche Ton des Heldengesangs im niederdeutschen Heliand sich abschließt, hebt Otfried den neuen der mittelalterlichen Dichtung an, indem er nach dem Vorgang des lateinischen Kirchenliedes die strophische Gliederung und den Reim bei uns eingeführt hat, wiederum wie Klopstock den Hexameter einbürgerte. Ist deshalb auch der ästhetische Werth viel geringer als der des Heliand, so ist dagegen die geschichtliche Bedeutung Otfried's durch den bahnbrechenden Einfluß auf die Folgezeit größer. Finden wir doch sofort den Reim in dem Liede das ein Geistlicher nach dem Sieg über die Normannen bei Saulcourt 831 zum Preise Ludwig's III. gedichtet. Der Einfall der Feinde erscheint wie eine Strafe und Prüfung von Gott gesandt; doch Christus ist mit den Seinen die ihn anrufen. Der kühne Held stimmt vor der Schlacht das Kyrie eleison an; Sang war gesungen, Schwert ward geschwungen, Blut schien in den Wangen kämpfender Franken, heißt es kurz und schön, aber statt anschaulicher Schlachtbilder oder trotzigem Siegesjubels hören wir das Tedeum singen.

Indeß den wichtigsten Einblick in das Phantasieleben der Zeit gewährt uns die Karlsage. Das fränkische oder französische Epos ist das jüngste germanische, und der gegenwärtige Stand der Wissenschaft, wie ihn das treffliche Buch „Histoire poétique du Charlemagne par Gaston Paris" darstellt, gestattet uns seinen Bildungsproceß zu verfolgen und dadurch wieder auf eigenthümliche Art das allgemeine Gesetz zu bestätigen, das uns bereits in Indien, Persien, Griechenland und Deutschland offenbar geworden. Die Gestalt Karl's war die glänzendste im Laufe mehrerer Jahrhunderte; so bot sie sich zu einem Centrum der Heldensage dar, und wenn sein Name bei den Ahnen wie bei den Nachfolgern sich wiederfand, so lag es nahe daß man auf den einen allbekannten übertrug was ursprünglich von den andern gesungen war; hatte er selbst sein Reich an das altrömische angeknüpft, so reizte dies die dichterische Einbildungskraft zu ähnlichen kühnen Combinationen. Durch ihn waren deutsche Heiden belehrt, Muhammedaner besiegt worden; so war er nicht blos der Glaubensheld, sondern bot auch mythologischen Erzählungen, die nun an allen Göttern nicht mehr haften konnten, einen neuen Halt, und der letzte Schein des Sonnengottes verklärt sein Haupt. Sein großer Plan war nur zum Theil verwirklicht, aber er blieb das Ideal des Mittelalters bis zu Dante; Karl war den Deutschen, Franzosen, Italienern ein Symbol ihrer Gemeinsamkeit; was wunder wenn man in Tagen der Noth und Verwirrung von seiner Wiederkehr das Heil erhoffte, und ihn gleich Wodan in Bergeskluft entrückte, wo er der Stunde harrte um die Weltschlacht der Entscheidung zu schlagen und seinem Volk den Frieden zu bringen? Wenn die Naturmythe das männliche und weibliche Princip der Dinge gleichewig und zusammengehörig bezeichnen will, so macht es sie zu Bruder und Schwester, die zugleich sich vermählen und befruchten; so Osiris und Isis, so Zeus und Here; darum sind Artus und Karl in der Sage die Gatten ihrer Schwestern und durch diese die Väter von Gawan und Roland. Nicht bloß der Frühlingsgott kehrt nach der winterlichen Abwesenheit aus der Unterwelt zurück um die Freier seiner Gemahlin, der Natur, zu erschlagen und seinen Thron und sein Lager wieder mit ihr zu theilen, auch die Gemahlin irrt in anderer Fassung des Gedankens verkannt oder verbannt in der Einsamkeit und lebt in Dienstbarkeit, bis sie im neuen Lenz wiedergefunden und in ihre Rechte wieder eingesetzt wird. Daraus ist im Mittelalter das rührend schöne Bild der reinen, aber verleumdeten, verfolgt leidenden und in der Prüfung bewährten, endlich wieder erkannten Gattin geworden, wie es die Genovefa in der volksthümlichsten Weise darstellt. Wenn nun die Mutter Karl's des Hammers, die Geliebte Pipin's von Herstal, durch Plettruda's, seiner Gemahlin, Haß verbannt in Armuth lebte, und der junge Held aus dem Gefängniß von den Austrasiern zur Führerschaft berufen ward und erst nach einer Flucht in den Ardennenwald sich siegreich behauptete, so konnte diese Jugendgeschichte auf den berühmten Enkel übergehen, sowie der beiden gemeinsame Kampf mit den Sarazenen gewiß zum Theil durch die große Bedeutung der Schlacht von Tours zum Mittelpunkt der Karlsage ward. Bertha, die mütterliche Himmelsgöttin, ward zur Ahnenmutter des Königsgeschlechts der Franken; die Zeit wo sie spann galt und gilt im italienischen und französischen Sprichwort zur Bezeichnung des goldenen Alters; sie spinnt ursprünglich den Schicksalsfaden, und der Wollenfrau ist von der Schwanengestalt der Schwanenfuß geblieben, auch an den Statuen französischer Königinnen, wie sie Kirchenportale zu Dijon, zu Nesle, zu Nevers, zu Pourçain schmücken; dem Volk

ward der Schwanen- oder Gänsefuß der Name eines großen
Fußes, und dieser wieder durch das fleißige Spinnen veranlaßt,
das die Königin zum Vorbild der Hausfrauen macht. Im deutschen Märchen dient die Königstochter als Gänsemagd, bis sie
erkannt und erhöht wird. Die Sonnengöttin, durch falsche Trug-
gebilde verdrängt, aber im frühlingsgrünen Walde vom Gemahl
wiedergefunden, wird in der Sage zur ungarischen oder bairi-
schen Fürstentochter, die Pipin der Kurze freit; aber die Geleiter
schieben die Tochter des einen von ihnen unter und lassen jene
in der Einsamkeit, wo sie in einer Mühle als Magd dient, und
die Liebe des Königs gewinnt, der auf der Jagd dort hinkommt;
sie wird Mutter Karl's des Großen, und dieser kämpft sich siegreich durch wie die Sonne aus Nacht und Winter hervorbricht.
Ja auch er hört plötzlich in der Ferne daß ein zudringlicher Freier
Thron und Gemahlin haben will, weil er gestorben sei, und kommt
auf wunderbare Weise — die Sage, auf Heinrich den Löwen
übertragen, berichtet daß das wüthende Heer, Wodan's wilde Jagd
ihn mit sich geführt — nach Aachen, wo er das eine mal im
kaiserlichen Gewand, das bloße Schwert auf den Knien, neben dem
Altar thront, als der neue Hochzeitszug in den Münster kommt,
das andere mal aber wie Odysseus verkleidet nur von einem Hunde
erkannt wird, bis er der Königin sich durch unwidersprechliche Zeichen beglaubigt und die Verräther bestraft.

An die Heldensage, welche Karl's Sieg über die Sarazenen
feiert, reiht sich eine andere die ihn im Kampf mit Vasallen darstellt; er ist häufig ungerecht gegen sie, sie sind so mächtig wie
er, nehmen ihn gefangen, bemüthigen ihn, wenn sie auch zuletzt
sich vor ihm beugen. Aber obschon die Sachsen den langen und
wechselvollen Krieg mit ihm führten, so entspricht doch hier die
Dichtung keineswegs seiner Weltstellung, und wir haben hier vielmehr ein Abbild der Geschichte unter seinen Nachfolgern in Frankreich, und er ist der Erbe wie vorher Karl Martel's, so hier
Karl's des Einfältigen geworden. Auch in der spätern uns erhaltenen Darstellung bewahren die Helden doch den Charakter
ursprünglicher Wildheit neben tiefen Zügen des Gemüths; kein
Minnedienst hat sie gesänftigt, ihre Thaten gleichen Ausbrüchen
einer Naturgewalt, aber die Mutterliebe, die Sympathie von
Mann und Roß, von Mann und Waffe tritt rührend und ergreifend auf. Da hat Haimon um seinen von Karl erschlagenen
Bruder einen Rachekrieg geführt, den Kaiser zum Frieden ge-

Karl der Große und die Zeit der Karolinger.

zwungen und deſſen Schweſter Aya zum Weibe erhalten. Sie gebiert ihm vier Söhne, unter ihnen Reinold, aber verbirgt ſie, weil er von neuem beleidigt allen Verwandten Karl's Feindſchaft geſchworen. Als dann einmal Haimon ſeine Kinderloſigkeit beklagt, führt ſie ihm die prächtigen Jungen vor, und ſie kommen an den Hof. Karl's Sohn Ludwig, zuerſt im Steinwurf beſiegt, ſpielt mit einem, Adelhart, Schach um den Preis des Lebens, verliert und ſchlägt den Sieger blutig. Darob haut Reinold dem Kaiſerſohn das Haupt ab; das Roß Bayard trägt die vier Brüder aus dem Gefecht. Nun muß ihr Vater die eigenen Söhne abſchwören, ihnen ſein Land unterſagen, ſie verfolgen helfen, und ſo gewahren wir den Zug nach der herzzerreißenden Colliſion der Pflichten, der ſpäter dem franzöſiſchen Drama eignet, bereits auch in der epiſchen Dichtung. Um die Mutter zu ſehen kommen die Brüder in Pilgertracht in die Burg; ſie küßt die Schlafenden ſo heftig daß die Lippen bluten, ein Späher fordert Haimon auf daß er die Söhne fange; Haimon tödtet ihn, will aber doch ſeinen Eid halten, und wird dafür von den Söhnen übermannt und gebunden an Karl geſandt. Drei Brüder werden gefangen und befreit, dann fällt Karl ſelbſt in die Gewalt der Haimonskinder, doch Reinold duldet nicht daß ſie Hand an ihn legen, ſondern bittet um Frieden, den aber der Kaiſer erſt gewährt als er ihre Burg belagert; das Roß Bayard ſoll ihm übergeben werden. Es ſoll erſäuft werden, zerſchlägt aber den Mühlſtein an ſeinem Hals und entſpringt; Reinold muß es wieder einfangen, und liegt dann jammernd im Walde, denn von ſeinem Anblick gewann das Roß Kraft und Muth; noch einmal hob es das belaſtete Haupt aus dem Fluß nach ſeinem Herrn, ſchrie laut auf und ward nicht mehr geſehen. Reinold büßt als Einſiedler, macht eine Wallfahrt nach Jeruſalem und arbeitet als Laſtträger beim Kirchenbau zu Köln, Sanct Peter's Werkmann geheißen.

Der däniſche Königsſohn Ogier lebt als Geiſel bei Karl; aber der Vater vergißt ſein in zweiter Ehe, und mishandelt kaiſerliche Geſandte; dafür ſoll Ogier gehängt werden, zieht indeß mit in den eben ausbrechenden Krieg nach Italien und wird dort durch tapfere Thaten Bannerträger des Kaiſers. Später aber wird ſein Knabe von einem Knaben Karl's erſchlagen, und als er mit harten Worten Genugthuung heiſcht, wird er verbannt. Er flüchtet zuerſt zu den Lombarden, wird dann in einſamer Burg belagert, entrinnt, wird im Wald schlafend von Turpin gefunden und in Ketten nach Paris gebracht. Er soll hingerichtet werden, doch erhält ihn Turpin zum Gefangenen; er soll täglich nur ein Stück Brot, ein Stück Fleisch und einen Becher Wein erhalten, das werde den gewaltigen Esser tödten; doch Turpin mißt die Portionen riesengroß. Unter den Sarazenen verbreitet sich die Kunde von Ogier's Tod, und sie bringen mit Heeresmacht ein; auch das Volk jammert um den Helden, der allein helfen könnte; Karl erfährt daß er noch lebt, bittet um seine Hülfe. Ogier verlangt des Kaisers Sohn zur Sühne, und im Vaterherzen Karl's siegt die Liebe zum Volk, zur Rettung des Staats über den Schmerz um sein Kind, er gibt es zum Opfer hin. Wie Ogier über dessen Haupte das Schwert schwingt, fällt ihm ein Engel in den Arm; die Opferwilligkeit genügt, und die Feinde werden überwunden.

Die Geschichte berichtet daß Karl seine stattlich schönen Töchter sehr werth hielt und sich nicht von ihnen trennen wollte, also daß sie unvermählt bei ihm blieben, ohne daß er, der neben seinen Frauen auch Freundinnen hold war und die Kinder beider um sich hatte, den Töchtern darum das Glück der Liebe versagen wollte. Angilbert, der den Kaiser besang, war der Trengeliebte von dessen Tochter Bertha. Einhart oder Eginhart, der Biograph Karl's und der Leiter seiner Bauunternehmungen, war zwar mit einer Emma vermählt, die aber nicht des Kaisers Tochter war. Doch bot der Name und Angilbert's Liebe der Sage den Anlaß daß sie den Geheimschreiber die Kaiserstochter des Nachts besuchen und minnen läßt; sie trägt ihn dann durch den frischgefallenen Schnee, daß die Fußspur nicht den Mann im Schloßhof verrathe. Der Vater sieht es und vermählt beide. So erzählt 1180 der Mönch von Lorsch, was bereits 1127 Wilhelm von Malmesbury von Heinrich's III. Schwester und Kaplan berichtet hat; es ist die Stammsage der Grafen von Erbach geworden.

Endlich gemahnt es mich wie einen Nachhall sittlicher Dichtung, wenn an Karl's Schloß eine Glocke ist die jeder ungerecht Bedrängte läuten soll; die wird eines Tags von einer Schlange gezogen, welche die Boten des Kaisers zu einer dicken Kröte führt, die sich ihr auf die Eier gelegt; die dankbare Schlange gab ihm einen kostbaren Stein, der stets die Liebe des Kaisers an sich fesseln soll; er gab ihn seiner Gemahlin, und als diese starb wollte sie nicht daß eine andere seine Liebe erbe, und barg den Talisman in ihrem Munde. Karl konnte sich von der Leiche nicht trennen, er ließ sie einbalsamiren und führte sie auf seinen Zügen mit sich, bis der Erzbischof von Köln den Ring entdeckte und wegnahm; da erwachte der Kaiser wie aus einem Traum, und warf den Ring in den See bei Aachen; fortan aber fühlte er sich wie gebannt an diesen Ort, ließ hier seinen Palast bauen und sein Grab bestellen.

Volkslieder wie die Krieger selbst sie sangen sprachen den Eindruck der Ereignisse in ergreifenden Bildern, in Ausrufen des Schmerzes und der Lust, in abgerissenen Gesprächen lebendig aus; die lyrische und epische Darstellungsweise war noch ungeschieden; aber diese Gesänge konnten in ihrer Vereinzelung nicht lang erhalten bleiben, sie wären in jener Entstehungszeit der romanischen Sprache bald veraltet und unverständlich geworden; und so haben sie nur insofern fortgedauert als sie in größere Erzählungen eingingen und ihre verschiedenen Töne sich zu gemeinsamer epischer Einheit verschmolzen. Karl gleich König David tapfer und gottesfürchtig, der christliche Held wie er die Sarazenen besiegt, das war der Typus welcher der Volksphantasie sich einprägte, und Chroniken aus dem 9. und 10. Jahrhundert geben hinlängliche Züge zum Beweis daß fortwährend von Karl in diesem Sinne gesungen, die alte Ueberlieferung von fahrenden Dichtern fortgebildet ward. Die Zeit von Karl dem Kahlen bis zu den Kreuzzügen erscheint in der Literatur steril, aber wie die romanischen Kirchen gebaut wurden, so ist auch das Epos in ihr erwachsen, die ungeschriebene Volksdichtung war nicht erloschen, vielmehr bereitete sie den Stil der Erzählung und prägte in ihm die Ueberlieferungen mehr und mehr der Idee gemäß aus. Es geschah im Süden wie im Norden, dort waren die Kämpfe Karl Martel's in der Provence, hier die Thaten des großen Kaisers selbst die Grundlage. Doch verschmolz auch dort Karl Martel mit Karl dem Kahlen, wenn das Lied von Girart von Rossilho die Kämpfe dieses Vasallen, seine Verbannung, die Treue seines Weibes im Unglück und die Versöhnung mit dem König schildert; Bartsch nennt es eine Perle im epischen Dichterkranze Frankreichs. Im Rolandslied ist uns ein herrlicher Gesang aus dem nordfranzösischen Epos erhalten, in das er uns manche Perspectiven eröffnet. Roland der tapfere, ritterlich stolze, hat den weisen Olivier zum Waffenbruder; der besonnene treue Rathgeber Naimis von Baiern hat seinen Gegensatz im Verräther Ganelon; ungezügelter Hochmuth herrscht in Girard de Fratle, verbrecherischer Ehrgeiz in Ranifrey. Erzbischof Turpin ist der fromme, doch streitbare Priester, wie jene Jahrhunderte ihn kannten. Die Feinde sind wenig individualisirt, gottlose Bösewichter; die wenigen von edlerm Sinne belehren sich zum Christenthum.

Das war der gediegene epische Kern, Volkskrieg für den Glauben, Heldentod bei Ronceval und Sühne durch die Eroberung Saragossas. In der zweiten Hälfte des 12. und im 13. Jahrhundert erneuten und erweiterten die Troubadours die Sage durch Erfindungen über einzelne Helden. Hierher gehören die Gedichte von Karl's Jugend, die zum Theil auf Erinnerungen an Karl Martell, zum Theil auf romantisch freier Poesie beruhen; sie sind am besten in einer spanischen Chronik enthalten. Im Streit mit seinen Brüdern flüchtet Karl zu den Mauren und lebt unbekannt zu Toledo, gewinnt die Liebe der Königstochter Galiena, rettet sie durch einen Zweikampf von einem zudringlichen Freier, entführt sie, läßt sie taufen, und heirathet sie als er heimkehrt und die Herrschaft antritt. Die Spanier ihrerseits fügten den französischen Liedern von Ronceval einen Nationalhelden ein, Bernhard von Carpio, und machten ihn zum Feind und Ueberwinder Roland's, bewahrten aber den ernsten und religiösen Ton, wie das auch in Deutschland geschah. — Längst hatte man sich in den Klöstern erbauliche Anekdoten von Karl erzählt und Legenden zum Beweise der Echtheit zweifelhafter Reliquien an ihn geknüpft; seine Römerzüge, seine Beziehungen zu Harun al Raschid boten den Anlaß zur Sage seiner Fahrt nach Jerusalem, einem Vorbild der nun eingetretenen Kreuzzüge. — Im 12. Jahrhundert erschien die Chronik Turpin's; aus Geschichte, Volkssage und Priesterlegende bunt gemischt trägt sie die Absicht an der Stirn darzuthun daß die wirklichen Gebeine des heiligen Jacobus nach Compostella gekommen, um zur Pilgerfahrt dahin aufzumuntern. Der schwertbewehrte Apostel der Karl hier ist ward durch Wunderzeichen von Gott verherrlicht, und sein Verehrer Friedrich Rothbart betrieb seine Heiligsprechung; Büchlein erschienen um seine Verdienste für diese Würde ins Licht zu setzen, und die Universität von Paris erklärte ihn zu ihrem Schutzpatron, wodurch seine Sorge für die Bildung gefeiert ward. So verkörperten sich die

Beziehungen des Genius zu den Ihren seiner und der folgenden Zeit in der Poesie, und als die Artussage sich verbreitete und mit ihr der Geschmack an Liebesabenteuern, Feen, Zauberern, irrenden Rittern, da wurden nun an Karl's Paladine auch derlei Geschichten angeknüpft; wir erinnern nur an Hüon von Bordeaux, die Quelle zu Wieland's Oberon. Auch die zarte Geschichte von Flor und Blancheflore, Blume und Weißblume oder Rose und Lilie, die von den Troubadours so oft gesungen und auch in einer zierlichen Bearbeitung Konrad Fleck's im Deutschen erhalten ist, ward an die Karlsage angereiht; beide wurden zu Aeltern Pipin's. Die Sage erzählt hier das Jugendleben und die Jugendliebe zweier Kinder, die an gleichem Frühlingstag geboren sich gar bald versichen und der Minne Bücher in der Schule lesen, dann aber getrennt werden und nach vielen Begebnissen endlich sich wiederfinden. Sie trauert fern im Thurm um den Geliebten, und dieser wird in einem Blumenkorb zu ihr gebracht und springt ihr als lebendige Rose entgegen.

Daneben herrschte im 13. Jahrhundert wie bei den Kyklikern nach Homer das Bestreben die vielen Helden und Sagen zu einem Ganzen zu verbinden; man gab dem Doon von Mainz 12 Söhne um alle Vasallen an ihn anzureihen, und in französischen Reimchroniken wie in der deutschen Kaiserchronik, in lateinischen Geschichten von ihm, im Karl Meinet sind uns solche Compilationen erhalten. Vornehmlich gibt die isländische Karlamagnussage naiv und treu die besten alten Quellen wieder; es scheint daß sie mit christlicher Poesie die altheidnische bekämpfen sollte.

Das 15. Jahrhundert nahm wieder einzelne Geschichten und löste sie in Prosa auf, vornehmlich in den Niederlanden, wo nun die Romane von Malagis, Ogier, den Haimonskindern populär wurden, während in Italien sie den Stoff und Anlaß zu neuer Kunstdichtung boten. Hier hatten sich, wiewol der Ueberwinder der Lombarden, der Kaiser von Rom einen tiefen Eindruck gemacht, doch keine eigenen Sagen gebildet; vielmehr hatte man die französischen bei der Leichtverständlichkeit der Sprache durch Uebertragung in einen Mischdialekt aufgenommen, und die Dichter erweiterten sie bald durch eigene Erfindungen im Sinn der Tafelrunde von Artus; zwei große Familien traten feindlich einander gegenüber und nahmen die einzelnen Helden in sich auf. Die Königskinder von Frankreich (reali di Francia) gaben um 1350 die Zusammenstellung zu einem Ganzen in Prosa, und dies Buch ward wieder die Quelle für florentinische Improvisatoren um poetische Erzählungen daraus zu bilden. Karl selbst tritt zurück, Roland und Reinold stehen im Vordergrund, kriegerische Frauen, Zauberer und Liebesgeschichten werden eingeführt. Der Dichter Pulci behandelte die abenteuerlichen Uebertreibungen der Vorgänger bereits mit Ironie, während Bojardo die Sache wieder ernst nahm und ein großes Ganzes erstrebte, an dessen riesiges Bruchstück die geniale Laune Ariost's ihre glänzende Einbildungskraft in heitern Scherzen mit vollendeter Kunst poetischer Unterhaltung anknüpfte um im Verliebten Roland das abschließende Werk zu schaffen, das nebst seinem Gegenpol, dem alten Rolandslied, uns zu seiner Zeit wieder beschäftigen wird.

Grundzüge mittelalterlicher Weltanschauung.

Das Mittelalter bezeichnet die Periode zwischen dem Untergang des römischen Reichs und der Wiederbelebung der antiken Cultur in der Neuzeit, für die europäische Menschheit selbst ein Alter in der Mitte zwischen kindlicher Empfänglichkeit oder sinnlicher Naturkraft und Schönheit und zwischen geistiger Reife, eine Stufe der Jugend in welcher sich die körperliche Stärke und die seelenhafte Innigkeit der Empfindung in abenteuerlichen und schwärmerischen Ausbrüchen zeigen, und das Gemüth, der Idealismus des Gefühls, die Phantasie als treibende Mächte des Lebens erscheinen. Wie noch immer in der Entwickelung des einzelnen, so gesellt sich nun in den Nationen der Waffenlust und dem frischen Muth eine träumerische Sehnsucht, in welcher die männliche Kraft der weiblichen Milde sich hingibt. Können auch Geist und Gemüth nicht ohne einander sein, so dürfen wir doch das Gemüthsideal vornehmlich als weiblich, das des Geistes als männlich bezeichnen, und so treten folgerichtig die Frauen an die erste Stelle in der ritterlichen Gesellschaft, die ebenso ihre Poesie im Minnedienst findet, wie die Liebe selbst zur Seele der Dichtung wird und in der Religion des Mariencultus dem Zuge des Herzens die der Zeit gemäße Befriedigung gewährt. Es gilt das nicht blos für uns, es ist eine Stufe im Fortschritt der Weltgeschichte, eine Entwickelungsepoche der Menschheit; wie diese durch Griechenland und Rom das Naturideal verwirklicht hat, so lebt und gestaltet sie nun das des Gemüths im Zusammenwirken des Christenthums mit den keltischen, slawischen, vornehmlich aber germanischen Völkern.

Zugleich aber ist das Mittelalter eine Zeit der Vermittelung zwischen den Trümmern und Resten einer fremden Cultur und den neuen naturfrischen Stämmen, bis diese in ihrer Subjectivität erstarkt und herangereift das Alterthum objectiv betrachten, das eigene Wesen bewahren und jenes doch als formales Vorbild wie als gehaltvolle Geistesnahrung schätzen und verwerthen lernen. Es ist eine Vermittelung zwischen dem Christenthum und den starken Herzen, denen es in der Kirche mit priesterlicher Autorität gegenübersteht, bis sie es gläubig in sich aufnehmen und in ihm wiedergeboren werden. Es ist die Vermittelung zwischen der Staatsidee die über die Individuen herrscht wie in Hellas und Rom, und zwischen der persönlichen Selbständigkeit der einzelnen im Germanenthum, zwischen der Einheit und Freiheit. Daraus ergab sich zunächst die feudale Ordnung. Dem neuen Lebensprincipe gemäß waltet in ihr die Persönlichkeit als solche vor; der Führer, dem das Gefolge in freier Wahl sich angeschlossen, wird zum Fürsten, der für persönliche Dienstleistungen mit Amt und Besitz belehnt; gegenseitige Treue ist im Weltalter des Gemüths das Band, das alles zusammenhält; an der Stelle bloßer Gewalt oder kalter Gesetzlichkeit steht empfindungsvoll die sittliche Verpflichtung, und der Vasall gelobt dem Lehnsherrn treu und hold zu sein und die Heeresfolge zu leisten so lange er das Lehn von ihm trage; darum vergleicht das lombardische Recht dies staatliche Verhältniß mit dem Bunde der Ehegatten: eine alles umfassende wechselseitige Treue bestimmt die Gesammtleistung des Lebens. Der Lehnsherr ward der Landesherr, und wenn auch der Regel nach das dem Vater überwiesene Gut auf den Sohn vererbte, so mußte es diesem doch von neuem verliehen werden. Unter dem Landesherrn standen zunächst die Großen der einzelnen Gaue, die wieder ihre Mannen unter sich hatten. Wie das europäische Abendland durch die gemeinsame christliche Religion verbunden war, und seine Geschichte als ein Ganzes betrachtet werden muß und so von uns behandelt werden soll, so verlangte auch die jugendliche Menschheit nach dem sichtbaren weltlichen Ausdruck dieser Einheit in dem Kaiser, der als Fortsetzer des römischen Weltreichs gedacht ward. Innerhalb der auf- und absteigenden Gliederung reichten sich wieder die Genossen derselben Lebenslage die Hand und fügten sich zu Zünften und Orden zusammen, die von Gau zu Gau, von Land zu Land sich verknüpften in der Rittersitte wie in den Formeln der Bauhütten und in den Städtebünden. Aber jeder lebte innerhalb seines Kreises in dieser socialen Gliederung; das Ganze war eine Summe besonderer Rechte und Freiheiten, kein allgemeines Recht mit seinen Institutionen sicherte die öffentlichen Zustände, und darum war der einzelne auf sich selbst und seine Genossen gestellt, und dies Sonderwesen zog wiederum die kampfsertigen, trotzigen, in ihrer Eigenart so furchtbaren wie glänzenden Charaktere groß, an denen das Mittelalter reich ist. Es war eine aristokratische Periode, Geistliche und Ritter waren die Culturträger und die herrschenden Stände; als das Bürgerthum emporkam, entfaltete sich in den Städten der republikanische Gemeinsinn, der ein gleiches Recht für alle forderte, und ihm kam ein Königthum entgegen das die Einheit der Staatsgewalt in sich erstrebte, aber doch durch die Rechte und Freiheiten der Stände, Genossenschaften, Familien beschränkt ward. Die Neuzeit soll und will dem Ganzen und den Theilen gerecht werden, im Mittelalter aber herrschten die Theile vor, wie früher das Ganze gethan.

Der Staat entsprach dem Körper des Menschen, und er sollte für die leibliche Wohlfahrt sorgen, während die Kirche sich der Seele in diesem Organismus verglich und die Geistlichen des Geistes zu warten hatten. Auch die Kirche war wieder ganz feudal gegliedert, und wie die Einheit der Christenheit im Papst, dem Stellvertreter Christi, sichtbar erschien, so standen die Bischöfe, die Prälaten, die Priester in mannichfachen Abstufungen unter ihm, während zugleich die Mönchsorden Klöster aller Länder aneinander banden, und die gleiche lateinische Sprache, die gleiche Lehre, der gleiche Ritus den nationalen Besonderheiten gegenüberstanden. Sollte die Kirche die Welt von ihrer Sünde lösen, so mußten ihre Diener rein von irdischer Leidenschaft, ohne eigenen Besitz, ohne sinnliche Liebe und Familie allein auf das Ewige gestellt sein; doch gerade hier zeigt sich wieder der Charakter der Vermischung und Vermittelung in der ganzen Periode. Die Kirche ist zugleich Kirchenstaat, die hohe Geistlichkeit trägt weltliche Lehen, und der Staat sucht sich mit idealem Gehalt durch Kunst und Wissenschaft zu erfüllen. Das Mittelalter zeigt uns Staat und Kirche in dem gemeinsamen Unternehmen der Kreuzzüge, die darum auch seinen Höhepunkt bilden; es zeigt uns zugleich aber auch den Kampf der beiden Schwerter, des geistlichen in des Papstes, des weltlichen in des Kaisers Hand, — ein Kampf der zuerst die Hierarchie zum Siege führt, dann aber den Staat und seine Bildung befreit. Und so fordert Dante daß beide Sonnen verschiedene Bahnen gehen und jede in ihrer Sphäre zum Heile der Menschheit leuchte ohne die andere zu stören. So sehen wir denn auch eine Periode vorwiegend kirchlicher und lateinischer Cultur, und nach ihr die weltlich ritterliche, und wir haben als Ausdruck der erstern den romanischen, als Ausdruck der andern den gothischen Stil. Mit dem Emporstreben des Bürgerthums begrüßen wir die Morgenröthe einer neuen Zeit.

Die subjective Innerlichkeit, das Gemüth ist das Lebensprincip des Mittelalters, aber eben indem es sich mit der seitherigen Welt vermittelt, erscheint es gerade in äußerlichen Formen. Die Religion ist Satzung und steht rohen Völkern mit sinnlichen Zuchtmitteln gegenüber; die hochmüthige trotzige Naturkraft wird durch schwere Erniedrigungen und harte Bußübungen gebrochen, nicht blos ekstatische Eremiten geiseln sich selbst, auch Kaiser und vornehme Frauen bieten den entblößten Nacken der Ruthe des Priesters dar. Das Heidenthum war aus Land und Volk erwachsen, die Religion vollendete und verklärte das Leben selbst im Naturideal; jetzt aber haben wir einen Bruch des Christenthums mit der Natur, die alten Götter werden zu Dämonen, führen noch ein gespenstiges Dasein im Bewußtsein fort, sofern nicht einzelne Züge hier mit Christus und den Heiligen, dort mit dem Teufel verschmelzen; es ist die Zeit der Gärung, des Widerspruchs der erst vermittelt werden soll, alte Sitte und ungebändigte rohe Kraft ringt mit den Forderungen einer neuen Sittlichkeit, Ausschweifung und sinnliche Wildheit wechselt mit Zerknirschung, weltentsagender Schwärmerei und träumerisch holder Empfindung. In eigener Kraft das Maß zu halten war die antike Sittlichkeit, die christliche lehrt Unterwerfung unter einen höhern Willen, sie lehrt die Demuth, die im Gefühle der Abhängigkeit des Endlichen vom Unendlichen die Wiedergeburt des Selbstgefühls in Gott und seine Erhöhung zur Freiheit einleitet. Man sucht den Weg des Heils und der Versöhnung noch nicht in der Menschenbrust, sondern an Märtyrergräbern, in Rom, oder im Lande wo Jesus gelebt und gelitten, und Fürsten wie Bettler, Männer wie Frauen, das Alter wie die Jugend ziehen auf Pilgerfahrten hinaus, getrieben von der Sehnsucht nach dem Wohl der Seele wie nach den Abenteuern und Wundern der unbekannten Ferne. Solch ein überwallender innerlicher Gemüthsdrang treibt die Menschheit in die bewaffneten Wallfahrten der Kreuzzüge, und im Verlust des heiligen Grabes wird ihr kund daß man den Heiland, den geistig Auferstandenen, nicht bei den Todten, sondern in seinem lebendigen Worte suchen und im eigenen Herzen tragen soll. Vorher aber läuft man Todtengerippe von vermeintlichen Heiligen in Rom nm sie in schauerlichen Triumphzügen heimzuholen, auf die Altäre zu stellen, zu ihnen zu beten und an die Wunder zu glauben welche die Phantasie von ihnen erwartet oder ihnen andichtet. Der Glaube, am Aeußerlichen hangend, wird zum Aberglauben, die Kirche verfolgt jede selbständige Auffassung des Christenthums, und der Staat reißt das Haus nieder in welchem die Inquisition einen Ketzer aufgespürt hat. Wie mächtig der Idealismus des Gemüths ist und doch zugleich am Sinnlichen haftet, das bezeugt die Stellung welche die Stadt Rom als Mittelpunkt des mittelalterlichen Lebens einnimmt. Sie ist der Doppelsitz der weltlichen wie der geistigen Macht; der römische Senator auf dem Capitol so gut wie der im Vatican gekrönte Kaiser oder der am Grabe Petri betende Bischof träumt vom Recht auf die Beherrschung der Welt und meint es an dieser geweihten Stelle zu empfangen. Kommt der Herrscher über die Alpen, so dünkt sich der Papst in der Lage Daniel's in der Löwengrube; doch eilend zieht der Kaiser von bannen, der in der Vorstadt die Krone aus der Hand des Papstes empfangen, froh wenn die Römer nicht feindlich aus den Thoren mit gezückten Schwertern über die Tiberbrücke hervorbrechen, — und doch knüpft sich an den römischen Namen auch die Macht über die Menschen. Tausende meinen ihrer Sünden ledig zu sein, wenn sie die epheuumrankten Trümmer der Tempel, die Kirchen, die düstergewaltigen Thürme Roms gesehen haben, und wenn ein Bannstrahl aus dem Vatican über die Alpen hinüberblitzt, so verstummt vor seinem Donner das Geläute der Glocken, kein Todter wird in geweihter Erde bestattet, die Ehe wird auf dem Kirchhof eingesegnet, und das Volk durch Priesterthum und seines Gehorsams entbunden, zum Aufstand getrieben.

Die Kirche hatte zur Begründung ihrer Lehre wie zum Bau und Schmuck der Gotteshäuser aus Wissenschaft und Kunst des Alterthums das Zweckdienliche aufgenommen, und in dieser Gestalt erhielt sie den Culturzusammenhang der Menschheit beim Sturze des römischen Reichs durch die Germanen. Sie nahm selbst von der religiösen Wahrheit an daß dieselbe ihr durch göttliche Offenbarung geworden, und daher dem menschlichen Verstand als unerschütterliche Autorität gegenüberstehe, sodaß er nur die Aufgabe habe sie sich anzueignen, mit den übrigen Erkenntnissen zusammenzubringen, sie so zu bearbeiten daß sie ihm zugänglich werde und einleuchte; er sollte glauben auf daß er zur Einsicht gelange; der Inhalt war ihm gegeben, er sollte seine Kraft daran erproben wie er denselben formen und beweisen möge; die Theologie sollte das Ziel und Maß aller besondern Wissenschaften sein, in ihr begegnete sich die christliche Dogmatik und die antike Tradition. So schulte sich selbst der Geist an dem fertigen Stoff seiner Denkübungen, und die Kirche nahm wiederum die Welt in die Schule, und in diesem doppelten Sinn zeigt sich der vermittelnde Charakter des Mittelalters in seiner Schulwissenschaft, der Scholastik. Es kommt hinzu daß sie nicht in der Sprache der Völker, sondern in der lateinischen aufgebaut und gelehrt wurde, und daraus ergab sich wiederum ein Nebeneinander das noch der Verschmelzung wartete: auf der einen Seite in Bezug auf die Natur die Volksvorstellungen von dem geheimnißvollen Leben der Dinge, die Nachklänge der mythenbildenden Phantasie aus dem Heidenthum, und die allmählich in der ununterbrochenen Arbeit der Gewerbe, im Bergbau, in der Metallurgie, in der Betrachtung der Pflanzen und Thiere, in der ärztlichen Praxis gewonnenen einzelne Einblicke in die Gesetze und Kräfte der Natur, auf der andern Seite die semitische Ueberlieferung im Alten Testament und die griechisch-römische theils durch Kirchenväter, theils durch die Araber; aber die Gelehrten dieser Richtung, innerhalb der Schulwände studierend und docirend, kümmerten sich nicht um die Arbeiter, und diese blieben darum bei ihren Handgriffen und besondern Erfahrungen ohne sie wissenschaftlich zu begründen und zu verallgemeinern. Liebig hat darauf hingewiesen daß dadurch der plötzliche Aufschwung der Naturwissenschaften in der neuern Zeit sich erklärt; als das Bürgerthum zu Wohlstand und Bildung gelangte, füllten Männer aus seiner Mitte die Kluft zwischen der Schule und dem Leben, indem sie die Fülle seiner Erfahrungen mit ihrer Ueberlieferung zusammenbrachten und in ihre wissenschaftlichen Formen einfügten. War es doch eine Zeit lang ähnlich mit der Poesie. Auch hier haben wir im 10. Jahrhundert eine lateinische Literatur, aber in der Tiefe webte die Phantasie des Volks fort an den alten Sagen und Liedern, die dann nach den Kreuzzügen plötzlich im Epos aufzutauchen scheinen, es kommt nun zu Tage was lang in der Stille vorbereitet war. Aber auch dann noch steht der Dichter dem Stoff ebenso unfrei gegenüber wie der Denker; er glaubt an die Realität dessen was er erzählt, er entwickelt und organisirt das Werk nicht aus dem eigenen Innern, sondern bearbeitet das Ueberlieferte mit seiner Kunst. Dante vermittelt die volksthümliche Dichtung mit der formalen Bildung des Alterthums und der Scholastik. Und bei dieser selbst wollen wir es nicht gering anschlagen daß durch sie die Menschheit zum Bewußtsein kam: es gibt eine objective Wahrheit, die wir nicht machen, nicht willkürlich in unsern Gedanken erzeugen, sondern die an sich gilt, die wir nicht erfinden, sondern finden oder entdecken, zu der wir uns erheben. So wird auch das Recht in der Natur der Menschen gesunden und gewiesen, es wird geschöpft aus dem sittlichen Gefühl, erkannt im Herkommen und in der Sitte, nicht gemacht durch Willkür der Herrschergewalt, und sein Zweck ist nicht Weltherrschaft wie bei den Römern, sondern Weltfrieden. Die Vermittelung aber zwischen dem Inhalt der scholastischen Theologie und der Subjectivität geschieht durch das Gemüth, auf dem Wege des Gefühls in der Mystik, welche die Beseligung der Wahrheit und der Liebe im eigenen Herzen inne wird, und in der Anschauung Gottes des Allwaltenden die weltlichen Dinge für Zeichen und Bilder seines Wesens nimmt.

Ueberhaupt was die Kraft und Wärme des individuellen Gefühls erfaßt das gestaltet die Einbildungskraft, indem sie das Innerliche zur äußern Erscheinung im Symbole bringt. Diese phantasievolle Vermittelung der Gegensätze kennzeichnet das Mittelalter und war allgemein verbreitet; der Gedanke ward in Bildern ausgeprägt, in jeder Erscheinung ein Sinn und idealer Gehalt gesucht; wo er in der Sache nicht schon gelegen war da ward er hineingedeutet. So nahm man die Erzählungen der Evangelien zunächst historisch, aber dann erkannte man auch in ihnen einen moralischen Sinn und sah in ihnen die Darstellung einer sittlichen Lehre; man fand in ihnen ferner die Allegorie einer Naturerscheinung und die Offenbarung unsichtbarer göttlicher Dinge und Geheimnisse. Die Begebenheiten des Alten Testaments, der griechischen und römischen Geschichte galten als Vorbilder für die Ereignisse im Leben Jesu, als prophetische Andeutungen der kommenden Wahrheit und Herrlichkeit. Man dachte sich Gott als das strahlende Centrum des Weltalls, und sah von hier aus die größere oder geringere Bedeutsamkeit der Dinge in der abnehmenden Kraft der sich verbreitenden und brechenden Lichtwellen. Das Licht versinnlichte nicht blos die Allgegenwart Gottes und die Spiegelung seinen Abglanz im Gemüth und seine Aufnahme in die Seele; das Reifen der harten Traube in der Sonnenwärme erklärte auch die Umwandlung des harten Herzens durch die Gnade von oben, und daß Maria den Heiland jungfräulich empfangen und geboren, bewies man durch das Gleichniß des Sonnenstrahls, der durch ein Glas hindurchgeht ohne es zu verletzen. So erschien auch die Einheit in der Zahlensymbolik als die jungfräuliche Mutter der Dinge, die durch Vermehrung nicht verändert werde, und wenn die Dreiheit das Göttliche in seiner Einheit und Mannichfaltigkeit darstellte, so erschienen die großen Gegensätze der Welt in der Vierzahl der Himmelsgegenden, Jahreszeiten, Elemente und Paradiesesflüsse. Die Sieben und Zwölf hatten gleichfalls ihre Weihe durch viele biblische Beziehungen, und ihnen gemäß richtete man gern die weltlichen Dinge nach jenen ein und sah sie in den Wochentagen und Monaten wie in den Künsten und Sünden wieder. Papst Innocenz III. sagt von dem bischöflichen Pallium: Die Wolle bedeute den Ernst, die weiße Farbe die Milde; der Ring um die Schultern die Furcht des Herrn, die den Werken Schranken und Richtung gebe; die vier Purpurkränze sind die vom Blut Christi gerötheten weltlichen Tugenden; die beiden Streifen bedeuten das beschauliche und das werkthätige Leben, und das Pallium sei doppelt auf der linken, einfach auf der rechten Seite um dort an die vielfachen Mühen der Erde, hier an die Ruhe des Himmels zu mahnen.

Schon im christlichen Alterthum ward ein Buch zusammengestellt welches Aussprüche der Schrift, besonders gleichnißweise, von Thieren und Pflanzen mit den Berichten der Griechen und Römer, besonders nach Aelian und Plinius verbindet, und gerade das Sagenhafte, Wunderbare der Naturerscheinungen zum Sinnbild der religiösen Vorgänge oder der biblischen Geschichte macht. Unter dem Namen Physiologus ist es syrisch, griechisch, lateinisch erhalten und im Mittelalter in die neuern Sprachen bald prosaisch bald poetisch übertragen worden. Es gibt uns den Schlüssel zu vielen räthselhaften Bildern an den Kirchen und in Handschriften. Der Physiologus beginnt mit dem Löwen und erzählt von ihm: Wenn er den Jäger gewahrt, macht er seine Spur mittels des Schweifes unkenntlich; er schläft mit offenen Augen; die Löwin gebiert nur todte Junge, aber der Vater kommt am dritten Tag, und haucht sie an, wodurch sie lebendig werden. Nun ist Christus, der Löwe vom Stamm Juda, der seine Spur, seine Göttlichkeit, verborgen hat, und wie es im Hohen Lied heißt: „Ich schlafe, aber mein Herz wacht", so blieb auch seine Göttlichkeit wach, als er am Kreuz entschlief, und drei Tage war er todt, bis ihn der Vater zum Leben erweckte. So ist also der junge Löwe, den der alte anhaucht, ein Symbol der Auferstehung. Die Pelikane werden von ihren heranwachsenden Jungen angegriffen, schlagen dieselben nieder, aber erbarmen sich ihrer; am dritten Tag öffnet die Mutter die eigene Brust, spritzt ihr Blut über die Leichen der Kinder und belebt sie wieder; das ist ein Gleichniß Gottes, gegen welches die Menschenkinder sich empören; aber Christus am Stamm des Kreuzes erlöst sie mit seinem Blute. Wird der Adler alt, seine Schwingen schwer, seine Augen dunkel, so sucht er sich eine Quelle, fliegt über ihr zur Sonne, deren Licht das Dunkel in seinen Augen ausbrennt, seine Flügel versengt; er stürzt in die Quelle nieder, taucht dreimal ein, und fliegt verjüngt hervor. So wendet der Mensch sich zur Quelle des Lebens und zur Sonne, zu Gott, und wird wiedergeboren; der in die Quelle eintauchende Adler ist sein Symbol. Der Phönix, der sich selbst verbrennt und dadurch verjüngt, ist Christus, welcher seine sterbliche Hülle abstreift, wie die Schlange ihre Häute, die dadurch den Christen veranschaulicht, der einen neuen Menschen anzieht. Der Fuchs, der sich todt stellt um die aasgierigen Raben zu fangen, ist der Teufel, der da sucht welchen er verschlinge. Der Basilisk ist eine Schlange die aus einem Hahnenei schlüpft; ihr Blick ist giftig, ihr Gift tödtet; wer sie bemeistern will der birgt sich hinter einen Spiegel, da sieht der Basilisk sein Bild, und das Gift spritzt vom Krystall auf ihn selber zurück. Er ist das Bild des Teufels, und Christus barg sich in Maria, der krystallreinen, um ihn zu überwinden. Kein Jäger kann das

Grundzüge mittelalterlicher Weltanschauung. 175

Einhorn fangen; aber man bringt eine Jungfrau in den Wald
wo es hauft, und alsbald eilt es an ihren Schoos und umarmt
sie; da wird es ergriffen. So stieg Christus in den Schoos der
Jungfrau herab und konnte von den Juden gefangen werden.
Wie der Biber von den Jägern verfolgt sich die Testikeln ab-
beißt und sie ihnen zuwirft, so soll der Mensch vor den Nachstellungen des Teufels sich dadurch retten daß er alle Unkeuschheit abthut. Die Hiäne, bald Männchen bald Weibchen, ist ein
Gleichniß der Unentschiedenen, Zweifelnden. Das Ichneumon ist
des Krokodiles Feind; es umgibt sich mit glattem, glitschigem
Koth, schlüpft so dem schlafenden Krokodil durch den Rachen in
den Magen und tödtet es von innen her, wie Christus sich in
Erdenstaub hüllte um in die Hölle einzubringen und sie so zu
zersprengen. Sein Bild ist auch der Steinbock, weil er die
Höhen liebt. Der Schwan singt vor dem Tode; so freut sich
die gute Seele in Anfechtungen und Schmerzen, und sie steht
wie die Lilie unter Dornen, weil sie nicht wieder flicht, sondern
nur ihren Wohlgeruch spendet. Der Strauß der seine Eier in
Sande liegen läßt gleicht dem Menschen welcher der Vorsehung
seine Sache anheimstellt. Der Salamander ist das Naturbild
der drei Männer im Feuerofen. In den Mélanges d'archéo-
logie von Ch. Cahier und A. Martin B. 2, 3, 4 sind altfranzösische und lateinische Texte des Physiologus mitgetheilt und erläutert.

Die symbolische Betrachtung der Dinge war der anheben-
den Kunst gemäß, welche noch nicht vermochte das Geistige in
entsprechenden Formen vollendet auszuprägen, und daher durch
Symbole auf dasselbe hinwies; aber auch wo sie freier und ihrer
Mittel mächtig geworden, behält sie gern solche Beziehungen bei,
und überläßt dem im Anschauen befriedigten Geiste doch gern noch
eine größere Fülle des Inhalts für die Ahnung und das Nachdenken.

An die Symbolik grenzt die künstlerische Personification geistiger Mächte. Sie schließt sich zunächst an die himmlischen Heer-
schaaren an, die Engel. Die Vorstellung war im Zusammenwirken
des persischen und hebräischen Volksglaubens, die anschauliche Form
nach dem Vorgang hellenischer Genienbilder entstanden; sie wurden
in neun Chöre gegliedert, und der Teufel trat ihnen mit seinen
Höllendämonen gegenüber, halb thierisch wild, oder im Symbol
der Schlange, des Drachen, des brüllenden Löwen. Dazu gab das

deutsche Heidenthum seine Kobolde, Nixen, Riesen und Zwerge, und die orientalischen Sagen steuerten seit den Kreuzzügen ihre Zauberer und Geister, die Kelten ihre Feen bei. Und wie die alten Römer bereits das Glück, die Mannhaftigkeit personificirt und solchen verkörperten Begriffen Altäre geweiht hatten, so traten, als sie Christen geworden, in ihren Gedichten und Lehrbüchern Tugenden, Laster, Künste, Wissenschaften in allegorischer Gestaltung redend und handelnd auf. Nach der feinen Bemerkung Schnaase's aber erhielten diese Personificationen eine relative Wahrheit in den Vorstellungen dadurch daß die real gedachten Engel mit ihnen verschmolzen, daß man in diesen die himmlischen Vorstände und Leiter der irdischen Kräfte und Tugenden sah. So bringt im 12. Jahrhundert Alanus die Natur, die Vernunft, die Theologie, die Tugenden und Künste mit dem Schöpfer und Christus in lebendigen Verkehr. Es war derselbe Dämmerschein des Ungewissen, derselbe Duft des Wunderbaren der alle diese Gestalten des Glaubens umfloß. Schnaase reiht daran die weitere Charakteristik der Zeit: „Die vermittelnde Phantasie theilte dem Verstand etwas von der Frische und Kraft des Gefühls, dem Gefühl etwas von der Feinheit des Verstandes mit. Die Gedanken verkörperten sich zu erscheinenden Gestalten, die wirklichen Dinge verflüchtigten sich zu idealen Erscheinungen. Die Gegensätze des Geistigen und Sinnlichen, die im Leben weit auseinandergingen, liefen im tiefsten Grunde der Seele zusammen, sie gaben für die Anschauung nicht parallele Reihen, die sich unberührt lassen, sondern divergirende Linien, die gerade deshalb im äußern Leben durch einen weiten Raum getrennt schienen, weil sie in ihren tiefsten Wurzeln zusammenhingen. Daher war denn innerlich Frieden, während äußerlich der Kampf tobte; das Auge des Glaubens sah jenseit der Nebel sündlicher Verwirrung die Welt als das Werk Gottes ruhig vor sich ausgebreitet, Erde und Himmel als das Spiegelbild göttlicher Eigenschaften, und die Engel des Herrn niedersteigen um seine Befehle auszuführen und selbst das Böse seinem Willen dienstbar zu machen. Aus diesem Glauben und aus der geistigen Anlage, auf welcher er beruhte, ergab sich die Freudigkeit und Sicherheit, das Wohlgefühl das wir an den höhern Erzeugnissen des Mittelalters wahrnehmen."

Die mythische Dichtung welche ganz früh schon sich um die Geschichte Christi und seiner Religion spann, die Legenden der Heiligen welche die mittelalterliche Phantasie durch lieb gewordene

Bilder der heidnischen Sage wie durch neue schmückende Erfindung fortgestaltet, sie bieten der Plastik und Malerei nun die liebsten Stoffe und die glücklichsten. Denn wenn das kirchliche Dogma den Bruch des Geistes und der Natur und die durch den Sündenfall in die Welt gekommene Zerrüttung hervorhob, so war damit die Schönheit, das volle harmonische Sein, aus dem Leben verbannt. In Christus aber ist das neue Ideal wirklich geworden, und dies dem Gemüth klar zu machen hat ja gerade die mythenschöpferische Volksphantasie gearbeitet. Nun waren die Heiligen an Christi Seite getreten, und wie wir gegen die abergläubische Verehrung eifern mögen die sich bis auf die untergeschobenen Knochen erstreckte, und bekennen daß ein frisches heidnisches Element durch sie in die Religion des Geistes gekommen, so war es für die Kunst von allergrößtem Belang daß sie in ihnen ein durchaus reines und Gott wohlgefälliges Leben anschauen und darstellen durfte, daß sie ihr zu Idealen christlicher Tugenden wurden, die nach sichtbarer Verkörperung verlangten. Hier konnte die Kunst auch ihrerseits das Versöhnungswerk von Himmel und Erde, ihr rechtes Priesterthum üben, und hier hat sie gelernt allmählich den Strom göttlicher Lebenskraft aufzufassen, der alles Endliche und Menschliche durchflutet, und eine nach der Erlösung verlangende, dann eine ihr theilhaftig gewordene Welt darzustellen.

In Griechenland und Rom betonte ich nicht blos das Gleichgewicht des Sinnlichen und Geistigen, sondern auch das Exemplarische in den großen Menschen und Werken, die in ihrer plastischen Klarheit der vollgültige Ausdruck ihrer Gattung waren. Jetzt tritt nicht blos ein Ueberwiegen der Innerlichkeit ein, die subjective Freiheit, das Princip persönlicher Selbständigkeit bringt auch eine größere Mannichfaltigkeit des Besondern, eigenartiger Charaktere und voneinander abweichender Werke mit sich; die malerische Fülle des individuellen Lebens gesellt sich der musikalischen Stimmung des in sich webenden Gemüths und beides gibt allen Künsten ein neues Gepräge, wenn auch die Malerei, die Musik, die Lyrik anfangs noch nicht entwickelt sind, und zunächst der Geist und die Stimmung des Ganzen wie überall in der jugendlichen Menschheit durch die Architektur und durch das Epos ihren volksthümlichen und ästhetisch befriedigenden Ausdruck erlangen. Für unsere Darstellung aber bringt die Natur der Sache das nähere Eingehen ins Besondere neben dem allgemeinen Bestimmungen; wir würden dem Gegenstande sonst nicht gerecht werden, wollten wir ihn am Maßstab der Antike messen und gleich ihr behandeln.

Die Gründung des deutschen Kaiserthums und der römischen Hierarchie.

Der germanische Freiheitstrieb hat nicht blos die von Karl dem Großen unternommene Erneuerung der römischen Weltmonarchie wieder aufgelöst, er drohte auch die Nation selbst in Stämme, in kleine Genossenschaften zu zersplittern und in innern Kämpfen aufzureiben; es ist bezeichnend daß das Volk in seinen Sagen und Liedern Partei nahm für die Herzoge, die den Karolingern und der Kirche gegenüber trachteten ihre Macht als gewählte oder angestammte Führer einzelner Landschaften zu behaupten. Da drängten die Raubzüge der Dänen und Wenden, die Angriffe der ungarischen Horden zur Einigung, und die Herzoge erkoren sich selbst ein Oberhaupt. Heinrich von Sachsen ward der Gründer eines deutschen Reichs, einer deutschen Nation; das Volk fühlte sich als Ganzes, das Reich beruhte nicht auf der Besonderheit eines herrschenden Stammes, sondern auf den gemeinsamen Interessen aller Deutschen. Klaren Blicks und festen Muthes als echter Staatsmann auf das Erreichbare gerichtet, so tapfer als mild und weise wußte er mit Schwert und Wort die Gemüther zu einigen; zu Schutz und Trutz gegen die Feinde errichtete er ein Reiterheer, baute er Burgen, und legte dadurch den Grund für das Ritter- und Bürgerthum; Städte entstanden zur Wehr gegen die Fremden, um bald Mittelpunkt des friedlichen Lebens zu werden, indem die Gerichtstage und Volksversammlungen innerhalb ihrer Mauern gehalten wurden und Handel und Gewerbe einen gesicherten Sitz fanden. Die Sage läßt den König am Vogelherde die Reichskleinode empfangen; in der That verstand er die Netze zu spannen in denen das deutsche Volk zusammengehalten und seine Feinde gefangen wurden. Es war der germanische Gedanke des Bundesstaates der ihn beseelte: jeder Stamm sollte seine innern Angelegenheiten selbst verwalten unter einem Herzog, dem die

Grafen und Herren mit ihrem Gefolge in Krieg und Frieden zur Seite stauden, der König sollte als Schirmherr und Führer des ganzen Volks dessen Kraft für gemeinsame Zwecke nach innen und außen zusammenfassen „wie der Goldreif die Juwelen zur Krone bindet". Der Sieg über die Wenden, Dänen, Ungarn weihte das Werk und befreite das Vaterland von den fremden Räubern.

Heinrich sicherte seinem hochstrebenden Sohne Otto die Nachfolge. Dieser schlug nicht blos die alten Feinde von neuem zurück, er erweiterte auch die Marken des Reichs nach Morgen hin, und so begann die Germanisirung des Landes östlich der Elbe, wo später der deutsche Staat einen neuen Ausgang und Mittelpunkt gewinnen sollte. Otto hielt nicht blos die Einheit des Vaterlandes in der Macht des Oberhauptes fest, er wußte auch die Herzoge als Reichsbeamte sich unterzuordnen und als Reichsstände berathend zur Seite zu stellen. Das geschah unter heißen Kämpfen, die das alte tragische Hildebrandslied wie noch oft in Deutschland im Streit zwischen Vater und Sohn als eine poetische Weissagung erscheinen ließen. Doch Otto verstand zu überwinden und zu versöhnen. Waren Klöster bisher einsame Culturherde, so ward nun auch der Hof eine Stätte der Bildung; denn Otto erkannte daß Bildung Macht ist, nothwendig ist zur Leitung eines großen Volks. Brun, der jüngste Bruder Otto's, leuchtete als heller Stern voran; er schrieb und sprach das Lateinische, er ward Geistlicher, er leitete die Kanzlei des Reichs, und blieb den gelehrten Studien ergeben, ja er sammelte schon Griechen um sich, und zum zweiten mal kamen schon irische Mönche über das Meer. Gleich Brun traten wissenschaftlich geschulte Priester an die Spitze der Bisthümer, und gerade sie gaben sich der Sorge für das Ganze hin, vertraten die nationalen Ideen und standen dem König bei, während die weltlichen Herzoge, in den Erblanden wurzelnd, vornehmlich deren Sonderinteresse im Auge hatten. Wenn wir auch mit Giesebrecht die Ansicht eine Phantasterei nennen daß der Krummstab die Einheit des deutschen Volks geschaffen habe, da es das Schwert und der Geist gethan, so läßt sich doch nicht leugnen daß in dieser Zeit kirchlich-lateinischer Bildung auch das Reichsregiment ihr Gepräge trug, und seine einflußreichsten Beamten gelehrte Bischöfe waren, die zugleich ein weltliches Fürstenthum zum Lehn trugen. Der Zug der Zeit war religiös, Otto voll ernster Frömmigkeit; er stärkte sich durch Gebet zum Kampf, und der

Bischof von Augsburg half mit gezücktem Schwert den Sieg auf dem Lechfeld erfechten.

So mit der Kirche vereint beschloß Otto an Karl den Großen anknüpfend, groß wie er in Planen und Thatkraft, auch das Bündniß Deutschlands mit Italien zu erneuern und die römische Kaiserkrone sich aufs Haupt zu setzen. Die Zersplitterung in welche das Abendland im ganzen wie in den einzelnen Ländern gerathen war, machte es möglich daß die germanisch-romanische Welt von allen Seiten durch Raubzüge und Eroberungen der Araber, Ungarn, heidnischen Slawen bedrängt wurde; das Volk schrieb die Noth der Zeit der Kaiserlosigkeit zu, und ob die Päpste mit Schattenbildern ein Spiel trieben, das Volk sang die Lieder von Karl dem Großen und lebte in Erinnerung und Hoffnung ähnlicher Tage. Vor andern Ländern aber war Italien zerrüttet. Es war ein Culturvorzug daß auch unter den Lombarden das Städteleben sich erhalten, aber unter der Frankenherrschaft hatte auch dort das Lehnwesen Fuß gefaßt, und je weniger ein König später sie schirmte, desto härter wurden die Gemeinfreien von mächtigen Vasallen bedrückt und genöthigt bei der Kirche Schutz zu suchen. So wurden sie im 9. Jahrhundert den Bischöfen und Klöstern vielfach zinspflichtig, die Geistlichen selbst aber schützten sich durch bewaffnetes Gefolge gegen den weltlichen Adel, oder erkauften sich den Beistand des einen Barons gegen den andern. Sie gingen ganz in deren sinnliches Leben ein, und Bischöfe ritten aus der Messe, die sie mit Sporen an den Fersen und Dolchen an der Seite gelesen, auf die Falkenjagd, und ruhten von den Freuden der Tafel im Arm ihrer Lustdirnen aus. Das war jene Zeit wo nicht blos gewaltthätige Männer, sondern auch reizende wilde verbuhlte Weiber den päpstlichen Stuhl besetzten und in Rom geboten, jene Theodora und Marozia, genußsüchtig, ehrgeizig, kühn, ja herrschverständig. Vornehmlich der Eindruck ihres Treibens scheint der Anlaß gewesen daß das Mittelalter Leo IV. ein Weib zum Nachfolger gab, die sabelhafte Päpstin Johanna. Eine schöne Angelsächsin, in Mainz erzogen, von einem jungen Schüler geliebt und in der Mönchskutte nach Fulda entführt sollte sie dort mit ihm alles menschliche Wissen studirt, die hohe Schule der Philosophen in Athen besucht und eine Professur in Rom erhalten haben. Sie entzückte alle Welt durch den Zauber ihrer Persönlichkeit und ihrer geistvollen Rede, die Cardinäle hielten niemand der dreifachen Krone für würdiger, und das weite Papstgewand deckte ihren schwangeru Leib, bis sie auf einer Procession von Mutterwehen überfallen ward, einen Knaben gebar und starb. Döllinger findet vier äußere Anlässe zur Erzeugung und Ausmalung der Fabel; aber ohne eine treibende Idee, ohne die dichterische Auffassung geschichtlicher Wirklichkeit, die den Keim bot, hätte schwerlich ein alter Grabstein mit dreifachem P die Deutung gefunden: Papa pater patrum peperit papissa papellum, hätte man schwerlich eine Figur in langem Gewand für die Statue einer Päpstin erklärt, schwerlich den antiken durchbrochenen Stuhl, auf den eine Zeit lang neugewählte Päpste sich setzten, damit sich der Spruch erfülle daß der Herr den Armen vom Koth aufrichte und auf den Thron der Glorie führe, so angesehen als ob dort die Mannheit untersucht werde, und schwerlich würde man zur Erklärung warum päpstliche Processionen eine enge Straße meiden, auf den seltsamen Einfall gerathen sein daß dort eine Päpstin niedergekommen war. Aber all das war leicht wenn ein Gedanke nach Verkörperung suchte, und er fand dann Glauben, wenn sich solche äußere Zeugnisse boten, an die sich sich heften und durch die er Halt gewinnen konnte.

Wie in den Begierden des Sinnengenusses, der Herrschsucht, der Rache Rom verwildert war, das zeigt auch am Ende des 9. Jahrhunderts jene Synode des Entsetzens, die den vor acht Monaten verstorbenen Papst Formosus vorlud, die modernde Leiche grabschänderisch aus der Erde hervorriß, dem Gerippe die Anklagen vorhielt, die drei segnenden Finger ihm abhieb und es in die Tiber warf.

Die zerfallene Kirche ward im 10. Jahrhundert gerettet durch das deutsche Kaiserthum von oben her, und durch den reformatorischen Drang, der sich von unten her vornehmlich im Kloster Cluny von Frankreich aus entwickelte, indem die strenge Zucht des Benedictinerordens nicht blos hergestellt, sondern gesteigert und dadurch auch das Leben der Weltgeistlichen gebessert, diese sammt den Mönchen enger und unmittelbarer an den Papst geknüpft wurden. In Italien schmachtete die jugendliche Wittwe König Lothar's im dunkeln Keller am Gardasee, weil sie dem Sohne des gewaltthätigen Berengar nicht ihre Hand reichen wollte; der Ruf ihrer Anmuth und ihres Unglücks flog durch die Welt und entzündete Otto's Gemüth sie mit Heeresmacht zu befreien und zur Gemahlin zu erwerben. Schon war sie auf wunderbare Weise dem Gefängniß entronnen, als Otto's Boten mit Liebesgaben sie fanden; in Pavia begrüßte er die holde Braut und reichte ihr Krone und

Hand; der seltene Glückswechsel, die Kämpfe die um ihre Schönheit geführt worden, machten sie zu einer Helena der italienischen Sagen, die sie bunt umwoben; als Otto sie in die Arme schloß war die Hochzeit ein Symbol der Vermählung Deutschlands und Italiens, des Bundes den das Germanenthum mit der Antike errichtet, und wie viel Blut und Leid danach geflossen, dennoch beruht darauf die neue Blüte in Kunst und Wissenschaft. Otto empfing die Kaiserkrone aus der Hand eines lasterhaften Knaben; aber er führte den Vorsitz in der Kirchenversammlung die diesen richtete, und setzte fest daß er selber von nun an die Papstwahl zu bestätigen habe. „Wenn ich am Grabe Petri bete, so halte unverweilt das Schwert über meinem Haupte", hatte er beim Einzug in Rom seinem Waffenträger gesagt; in dem Riesenkampf der beiden Gewalten, der sich durch Jahrhunderte hin erstreckt, ist der Geist frei und Sieger geworden. Wol haben deutsche Kaiser bei dem Zug über die Alpen im Scheine der Weltherrschaft die Einheit Deutschlands schlecht bewahrt, und andere Völker sind an politischer Einsicht und Macht dem unsern zuvorgekommen, weil sie sich auf sich selber beschränkten; auf dem Standpunkt der allgemeinen Culturgeschichte aber erkennt man daß die Opfer für sie nicht zu groß waren. Seit Otto dem Großen kam an die Stelle der Auflösung und Verwilderung in der Christenheit Ordnung, Kräftigung der Sitte, aufkeimende Bildung. Nur die Deutschen besaßen die Universalität des Geistes alle Geister an sich heranzuziehen und gleich den Hellenen eine Werkstätte allgemeiner Cultur zu gründen, indem sie das Reich der Römer fortsetzten. Das Ansehen das die Kaiserwürde in den Augen des Volks gab, machte es damals leichter die Stämme geeinigt, die Herzoge dem Ganzen dienstbar zu halten, und die Anknüpfung an Rom bekundete die Sendung der Deutschen sich mit der Ueberlieferung des Alterthums zu erfüllen, dieselbe im neuen Geiste durchzuarbeiten und zum Gemeingut zu machen. Allerdings blieb Italien ein abgesondertes Gemeinwesen, und wenn französische Fürsten eine schutzherrliche Gewalt des Kaisers anerkannten, so war seine Persönlichkeit wichtiger als der staatsrechtliche Verband.

Otto II. besaß gelehrte Bildung; er war mit einer Griechin vermählt, und Otto III., der frühreife schwärmerische Knabe, ward zu einem Wunder der Welt durch den vielkundigen Bischof Bernward erzogen. Auch er war ein Spiegel mittelalterlichen Geistes, aber er zeigt die Kehrseite der Münze zum Bild seines Großvaters. Das deutsche Wesen ward vom Ausländischen überwuchert.

Der gelehrte Franzose Gerbert, der sich unter den Arabern in Spanien die Naturkunde gewann die ihn für einen Magier gelten ließ, ward berufen um das Fünklein wissenschaftlichen Eifers zur Flamme anzufachen, und sagte daß der Kaiser, Grieche von Geburt, Römer nach der ihm übertragenen Herrschermacht die Schätze aller Weisheit wie sein Erbgut in Anspruch nehme. Durch leichte Erfolge geblendet, trunken von den überschwenglichsten Gedanken seiner Weltstellung wollte er das Reich der alten Imperatoren in Rom selbst erneuern, dort sollte sein Thron stehen. Aber er schwankte zwischen Weltherrschaft und Weltentsagung, er betete in härenem Gewande mit jenen mystischen Einsiedlern die ihn von der Hinfälligkeit der irdischen Dinge auf die unvergängliche Herrlichkeit des Himmels hinwiesen, und wandelte wieder byzantinisch prunksüchtig über den verfallenen Aventin in weitem Mantel, den Bilder aus der Apokalypse und Zeichen des Thierkreises schmückten. Als er im Alter von 22 Jahren starb, da sagten die Römer daß Stephania, die Wittwe des von ihm besiegten und hingerichteten Crescentius, mit ihren Reizen ihn gefesselt, aber in der Umarmung gelöstet habe; so verkörperte sich in ihr die ewige Stadt selber, an deren Zauber Otto zu Grunde ging. Seine Erscheinung auf dem höchsten Gipfel menschlicher Größe nennt Gregorovius die naturgemäße eines von der Sonne geblendeten Jünglings der die Erde nicht mehr sieht, und das Bild dieses geistreichen, wissensdurstigen, frommen, für alles Große begeisterten Phantasten steht dennoch rührend schön im Pantheon der deutschen Nation als der Phaeton ihrer Geschichte, der am Tiberstrande todt niederfiel, von den Sagen des Mittelalters mit Blumen bestreut, beweint vom Vaterland, bestattet neben Karl dem Großen.

Ein Land nach dem andern entzog sich der kaiserlichen Oberhoheit, aber in keinem entwickelte sich sofort ein gedeihliches Staatsleben; vielmehr befehdeten kleine Machthaber einander, und in der Reichsunsicherheit ward der Wohlstand sammt den Bildungsanfängen zerrüttet. Es waren düstere Tage der Noth, in denen nur die Religion Trost gewährte; es fiel nicht schwer der irdischen Welt zu entsagen und allein nach dem Himmel zu trachten, Bußübungen auf sich zu nehmen und durch die Bilder dämonischer Pein hindurch die Erfindungskraft zu entzückten Visionen zu steigern. So dachten denn im Wendepunkt des Jahrtausends viele daß nun die Erdenzeit des Christenthums um sei und das jüngste Gericht bevorstehe, und so stellte sich neben den Sinnentaumel,

der den Becher der Wollust noch rasch leeren wollte, die einsied-
lerische Bußübung, die schon jetzt die Welt zu fliehen und dem
Himmel sich zu bereiten dachte. So lebte Nilus in Calabrien, so
Romuald in Ravenna gleich den Brahmanen am Ganges, aus der
Vertiefung in das Göttliche die Kraft schöpfend mit der sie ihre
Jünger begeisterten und das Volk wie die Mächtigen zur Einkehr
ins Innere mahnten. Dieser Zug der Zeit spiegelt uns die Sage
vom Römer Alexius, die auch von den deutschen Dichtern besungen
ward. Der vornehme Jüngling weist am Hochzeitsabend die
Braut auf die flackernde Lichtflamme hin; so verzehrt sich die
Freude der Erde, darum will er das Himmlische suchen, und so
scheidet er von der Verlobten und pilgert in die Wüste. Er kehrt
als Bettler heim, und liegt unerkannt 17 Jahre unter der Treppe
des väterlichen Palastes, wie ein Hund unter den Hunden genährt
und getreten von übermüthigen Dienern, bis bei seinem Tode die
Glocken von selber zu läuten anfangen und Rom den Heiligen
erkennt.

Solche Gesinnung kam wieder der Kirche zu gut, die immer
mehr an realer Macht gewann, während das Kaiserthum, sobald
die Nationen erstarkten, mit seiner Vorstandschaft über den Staaten
zur idealen Fiction ward. Während rings Reiche aufblühten und
sanken, Herrschergeschlechter wechselten, kamen immer wieder politisch kühne und kluge Männer auf den heiligen Stuhl um ihn
als das bleibende und eine Centrum der Christenheit zu behaupten.
Aus einem neuen Verfall nach der Ottonenzeit rettete Heinrich III.,
dieser gottesfürchtig starke herrliche Mann, die Sache der Kirche
durch Einsetzung deutscher Päpste, und nun hob sich ihre Macht so
schnell und hoch empor daß sie dem Sohne desselben Kaisers verderblich wurde. Als ein zuchtloses Kind der Stellvertreter Christi
geworden war und dann den Stuhl Petri um Geld verkauft hatte,
da tauchte der junge kühne Mönch aus dem Dunkel der Geschichte auf, der während der Regierung von sechs Päpsten lei-
tender Minister, dann selber Papst ward, der Tischlersohn Hildebrand aus lombardischem Geschlecht, ein organisatorisches Genie
wie Cromwell, gleich ihm durch Gebet sich kräftigend und weihend
für die realistisch klare Arbeit des Tages, der Cäsar des christlichen Roms, der eine geistliche Universalmacht begründete. Er
vollzog was schon in der karolingischen Zeit die pseudoisidori-
schen Decretalien aufgestellt, welche die päpstliche Gewalt über
die königliche wie über die Synoden setzten und Rom die kirch-

liche Dictatur zuschrieben. Die reformatorischen Bestrebungen, die von Cluny ausgegangen, hatten ihm vorgearbeitet, es waren sittliche Ideen die er ins Feld führte, und dadurch gewann er, verdiente er die Macht. Während er von außen her auf eiserne Zucht hielt, entzündete Peter Damiani, von ihm geleitet, das Innerste der Herzen mit mystischer Glut, die melodische Stimme jener Einsiedler, die gleich den Propheten des alten Bundes zur Buße riefen und in Selbstpeinigung mit dem Beispiel des unbefleckten Lebens und der Enthaltsamkeit vorangingen. So ward die Simonie, der Kauf und Verkauf geistlicher Aemter, abgestellt, und zugleich das Cardinalcollegium zu einem Senate gemacht der den Papst wählte. Fürder sollten die Priester nicht mehr mit Concubinen leben, deren Kinder sie die Pfründen erben ließen oder mit Kirchengut reich machten. Aber im Kampf gegen Sittenlosigkeit und Buhlerei ging Hildebrand dazu fort die Familienbande für die Geistlichen zu zerschneiden um diese durch die gebotene Ehelosigkeit zu einem schlagfertigen Heer im Dienste des Papstthums zu machen. Nach Hildebrand's Sinn sollte alle Macht in der Hand des Papstes vereint sein und hier zum Heile der Menschheit geübt werden. Von dem Gedanken aus daß Christus der Herr der Welt sei stellte er den Satz auf daß die Fürsten vom Stellvertreter Christi ihre Reiche zum Lehn trügen, und sah er in der Kirche das Reich Gottes, das alles herrschend und ordnend in sich hegt.

Der Feudalismus hatte die Grenzen des Geistlichen und Weltlichen vermischt; weil die Bischöfe von Staats wegen mit Gütern, mit der Verwaltung von Städten und Provinzen belehnt wurden, war es geschehen daß die Könige sie vor der Weihe mit Ring und Stab einsetzten. Hildebrand verbot die Verleihung der Kirchenämter durch die Landesfürsten. Aber er wollte auch nicht, wie in dem langwierigen Investiturstreit später einmal Papst Paschalis vorschlug, daß die Bischöfe die Krongüter zurückerstatteten und von den geistlichen Zehnten lebten, wodurch Staat und Kirche nebeneinander frei geworden wären, er wollte nicht daß die Priester wie zur Apostelzeit arm und rein geistlich daständen, die weltlichen Güter sollten ihnen gesichert, sie selber aber doch dem Feudalsystem entzogen und allein dem Papst unterthan sein. Es ward erreicht daß die Kirche zuerst den Bischof wählte und weihte, dann der Staat ihn belehnte. Hildebrand als Papst Gregor VII. schuf selber einen neuen Kirchenstaat für die Päpste durch das Erbe Mathildens, der geistvollen Gräfin von Toscana, die ihm in reiner Freundschaft, in aufrichtigem Glauben an sein Ideal zur Seite stand.

Ein catilinarischer Mensch, Cencius, schleppte am Weihnachtsabend des Jahres 1075 den Papst vom Altar bei den Haaren ins Gefängniß fort; einsam, verwundet, verhöhnt blieb Gregor unerschüttert bis das Volk ihn befreite; ein wilder Wüstling konnte den Kirchenstaat verwüsten, konnte sich des Trägers der idealen Macht bemächtigen, vor welcher Europa zitterte, Könige im Staube lagen, der Kaiser im Büßerhemd erschien. Wie ein wirklicher Blitz setzte sein Bannstrahl die Christenheit in Brand, und eine Fürstenversammlung von Trebur erkannte ihm das Recht zu das Volk vom Gehorsam gegen die weltlichen Herrscher zu entbinden. Auch im Kampf mit Heinrich IV. stand Gregor anfangs das sittliche Recht zur Seite. Er brach die Hostie, deren Genuß ihn augenblicklich tödten solle, wenn er dessen schuldig sei was der Kaiser ihn angeklagt; er reichte die andere Hälfte zum Gottesurtheil diesem dar, der sie nicht zu verzehren wagte. Aber aus der tiefsten Erniedrigung gewann Heinrich die Kraft der Ermannung, und wenn die edle Bertha den büßenden Gemahl, der sie einst verstoßen, mit rührender Treue auf der winterlichen Fahrt über die Alpen begleitete, so war sie das Vorbild dessen was die Sage von der hingebenden Liebe einer Griseldis sang. Wir bewundern die moralische Macht mit welcher Gregor den Kaiser überwand und bemüthigte, aber wenn er die Apostel anrief sie sollten beweisen daß sie nicht blos im Himmel binden und lösen, sondern auch auf Erden Fürstenthümer geben und nehmen, so überhob und überspannte sich seine Leidenschaft. Doch behauptete er seine unbeugsame Ruhe als Heinrich ihn später im Grabmal Hadrian's belagerte, und die Römer diese Feste ummauerten um ihn auszuhungern; als ihn dann Guiskard der Normanne mit Sarazenenschaaren befreite, sah er auf das brennende Rom, aus dem ihn die Greuel seiner Retter vertrieben. Gregorovius hat ihn mit Napoleon in Moskau verglichen, und hinzugefügt: Seine traurige Fahrt nach Monte Cassino und nach Salerno, wo er das Brot des Exils von der Hand seines Freundes Desiderius zu essen ging, gibt dem erhabenen Drama seines Lebens einen tragischen Schluß, in welchem die ewige Gerechtigkeit, die alles Uebergewaltige wieder ebnet, so herrlich triumphirt wie in Napoleon's Tod auf Sanct Helena; jeder philosophische Geist wird gern und lange nachsinnend dabei verweilen. Doch durfte der Sterbende seufzen: „Weil ich die Gerechtigkeit liebte und das Unrecht haßte, sterbe ich in der Verbannung." Aber sein fürchterlicher Schlachtruf: verflucht sei wer sein Schwert vom Blute zurückhält, zeigt daß sein Kampf gegen weltliche Tyrannei die geistliche aufrichten wollte, daß er, allerdings ein Geist von mächtigstem Stil, ein eherner Charakter, in der Reihe der Gewaltherrscher, nicht der Weisen, nicht jener Wohlthäter der Menschheit steht die das Gemüth veredeln und erheben: Darum hat die Geschichte sein Ideal, das der Hierarchie, nicht bestätigt, während das Evangelium besteht. Wir schließen mit dem Geschichtschreiber Roms im Mittelalter: „Gregor war der Heros eines Reichs von Priestern, die keine andern Waffen in der Hand führten als ein Kreuz, einen Segen und einen Fluch; man mag es verdammen oder hassen, aber es bleibt bewunderuswürdiger als sämmtliche Reiche römischer oder asiatischer Eroberer. Sein Gedanke umfaßte zwar die Menschheit als Kirche, aber doch nur in der Gestalt einer päpstlichen Monarchie. Die Idee einen Sterblichen vor der sündigen Welt als ein gottähnliches Wesen hinzustellen, den Schlüssel des Himmels und der Hölle in der Hand, und diesem Apostel der Demuth, aber Stellvertreter Gottes, die Welt zu unterwerfen, ist so befremdend und so schauerlich daß sie noch das Staunen der spätesten Geschlechter erregen wird. Sie war der tiefsinnig mystische Traum eines Zeitalters gewaltthätiger Roth, wo die Menschheit, von der Erkenntniß noch nicht innerlich entzweit, sondern kindlich und gläubig hingegeben, das ewige Princip des Guten in einer Persönlichkeit vor Augen haben wollte, die tröstlich sichtbar und erreichbar bleibe. Die Uebertragung aller Macht im Sittlichen zu binden und zu lösen auf einen Menschen ist vielleicht die erstaunlichste Thatsache welche die Weltgeschichte kennt; aber sie erklärt sich, wenn man weiß daß die Kirche in langer Zeit die höchste Leidenschaft, die heiligste Macht, die allgemeine Idee der Menschheit war. Alles Tiefste im Glauben und Wissen, alle Harmonie und Schönheit, das himmlische und irdische Seelenglück strömte aus ihrem Füllhorn allein. Es war erst nach den Kämpfen die mit Gregor VII. den Anfang nahmen, daß auch die Weltlichkeit zu blühen begann."

So trägt das Leben dieser ersten Periode des Mittelalters große derbe Züge, ein heroisches Gepräge. Der Geist des Ganzen herrscht über die individuellen Strebungen und reißt sie in

seine Bahnen, und doch sind die Charaktere voll ungebrochener
ja roher Stärke der Leidenschaft: in Haß und Liebe. Die römische Kirche, die germanische Natur und Freiheit erprobeu ihre
Kraft in ungeheurem Ringen. Das häusliche Leben war noch
schlicht in rauher Unbequemlichkeit; Damiani konnte noch die
Ueppigkeit jener Herzogin von Venedig tadeln, welche die Speisen nicht in die Hände nahm, sondern mit goldener Gabel
zum Mund führte. In der Tracht einte sich die gegürtete römische Tunika dem Lederharnisch, den Hosen und Stiefeln der
Kelten und Germanen. Die Verbindung mit Byzanz führte zu
höfischer Pracht bei den Großen. Die Reiter nahmen ein Panzerhemd an aus eisernen Ringen und Schuppen, unter dem sie
ein weiches Wams trugen, setzten eine Eisenhaube aufs Haupt,
und führten ein langes Schwert, einen runden Schild. Die
geistliche Tracht war schwerfällig im Schnitt, bunt in der Ver-
zierung.

Daß nicht der Kaiser, sondern der Papst das große Unternehmen des Kreuzzugs, den Gedanken Gregor's ins Werk setzte
und leitete, zeigt auch wie sehr die tonangebende Macht bei der
Kirche war. Sie öffnete jeder Begabung ohne Standesunter-
schied die Bahn in ihrem Dienste, sie war die Zuflucht der Bedrängten, die Ruhestätte der Lebensmüden, die Pflegerin der
Bildung; sie bewahrte die technischen Ueberlieferungen wie die
Kenntnisse des Alterthums und schlang ein Band der Gemeinsamkeit um die Völker. So stand sie an der Spitze der Zeit
und führte die Herrschaft mit Recht bis in das 12. Jahrhundert hinein, und wir scheiden darum nicht so streng nach den
Jahreszahlen, wenn wir nun die Kunstperiode des romanischen
Stils ins Auge fassen.

Der romanische Stil in bauender und bildender Kunst.

A. Architektur.

Im Weltalter des Gemüths ist ihrem Begriffe gemäß unter den bildenden Künsten die Malerei die tonangebende; auch kommt sie in Michel Angelo, Rafael, Tizian zu einer Vollendung welche der Blüte hellenischer Plastik ebenbürtig ist, und herrscht und erfreut außerhalb Italiens durch van Eyck, Dürer, Holbein, Rubens und Murillo bis in das 17. Jahrhundert. Sie keimt und wächst im eigentlichen Mittelalter langsam auf, weil die Freiheit des Gemüths noch nicht zur Reife gelangt, die Kenntniß der Natur noch unvollkommen ist, und es geht auch jetzt naturgemäß die Architektur voran um den Grundrichtungen der Zeit und dem Geiste der Völker zuerst einen symbolischen Gesammtausdruck zu geben, ehe noch das individuelle Leben und Empfinden zur Darstellung kommt; allein wir gewahren das malerische Gepräge in dem Reichthum des Besondern, in der Gruppenbildung, in den perspectivischen Innenansichten und dem magischen Dämmerschein den das Licht der farbenbunten Fenster hervorruft, wie in der Demuth vor einer höhern Macht oder der Sehnsucht zu ihr, welche die Sculpturwerke beseelt, im Unterschied von der plastischen Klarheit und der selbstgenugsamen Hoheit der Einzelgestalt in Antiken. Der griechische Tempel zeigt uns wenige in sich geschlossene mustergültige Formen, das Mittelalter entfaltet die Principien des romanischen und gothischen Stils in einer kaum übersehbaren Fülle eigenthümlicher Bauten auf immer neue Weise, und in vielen derselben tritt uns das Werden der Architekturgeschichte selbst sichtbar vor Augen. Das tiefe Gefühl der Mystik und die sondernde und vertheilende Schärfe des scholastischen Verstandes einigen sich hier, und das gewaltige Ringen der Jahrhunderte selbst zieht die besten künstlerischen Kräfte in diesen Kreis, und macht die verschiedenen Nationen zu Mitarbeitern an einem gemeinsamen Werk von weltgeschichtlicher Größe.

Die mittelalterliche Baukunst hat sich in zwei Spielarten entwickelt, deren eine aus der andern im Umschwung des Lebens nach den Kreuzzügen hervorgebrochen ist; doch werden sie nicht streng nacheinander, sondern auch nebeneinander ausgeübt, indem die romanische nicht blos das Gepräge hieratischer Strenge trägt und die gothische den poetischen Glanz des weltlich-ritterlichen Lebens abspiegelt, sondern beide auf der gemeinsamen Grundlage des christlichen Gefühls ruhend dem gleichen Zwecke dienen, und weder die eine des Schmucks noch die andere der gesetzmäßigen Gediegenheit ermangelt. Der vermittelnde Charakter des Mittelalters, der doch seine eigenthümlichen Formen erzeugt, erscheint nirgends schöner als hier, wenn die antike Ueberlieferung vom neuen germanischen Geiste ergriffen und umgebildet, wenn die Gliederung des Innenraums in der Längenrichtung mit dem Hinblick auf das Ziel des Altars in der Basilika und das Centrale des byzantinischen Kuppelbaues in einer organischen Einheit verschmolzen und der Gegensatz von Kraft und Last in der Wölbung versöhnt wird, die in der verbindenden und getragenen Decke selber die Höhenrichtung der Pfeiler noch fortsetzt. Für alle die Fülle des Mannichfaltigen können wir doch als Grundschema des Grundrisses das lateinische Kreuz annehmen, das wir aus dem griechischen, allseitig gleichen, erhalten, wenn wir um ein Quadrat der Mitte vier Quadrate legen, das vordere derselben mehrmals wiederholen. An das so dem Eingang an entstehende Langhaus werden Seitenschiffe angelegt, und nun repräsentirt dasselbe die alte Basilika, aber es führt zu dem Quadrat der Mitte, das sich nun nach rechts und links in Querschiffe entfaltet und die ursprüngliche Bewegung auch in der Längenrichtung noch einmal fortsetzt, bis sie in halbkreisförmiger Nische den Abschluß findet. Ist schon die Höhe des mittlern Raums die doppelte der Seitenschiffe und erhebt sich Kuppel oder Thurm über die Centralstelle, so wird doch im Aeußern der Aufschwung von der Erde zum Himmel am entschiedensten dadurch bezeichnet daß der Campanile nicht neben der Kirche stehen bleibt, sondern zu ihrer Fassade selber wird, indem ein Thurm entweder von ihrer Mitte über dem Portal sich erhebt, oder zwei Thürme vor den Seitenschiffen stehend den Eingang und den Giebel des Mittelschiffs großartig umrahmen und darüber noch mächtig emporsteigen.

Wie in den romanischen Sprachen das römische Material der Wörter seine Beugungen und Fügungen von dem Geiste der neuern Völker empfängt, so hat man passend auch den Baustil romanisch genannt welcher zunächst die antike Ueberlieferung aufnimmt um aus ihr und in ihr das eigene Wesen zu entfalten, und zwar geschieht dies nicht in klarem Bewußtsein eines Ideals, sondern im dunkeln Drange der Phantasie, die in naiver Kraft die Forderungen des Gefühls zu befriedigen, den Bedürfnissen des Cultus zu genügen, die Bedingungen des Stoffes zu erfüllen trachtet, und in immer frischen einzelnen Wendungen und Gestaltungen von verschiedenen Seiten her allmählich wie in organischem Wachsthum das herrliche Ganze hervorbringt. Der germanische Sinn für persönliche Selbständigkeit will nirgends bloße Wiederholung, sondern treibt überall zu neuen Combinationen der vorhandenen Elemente, zu eigenthümlichen Schöpfungen sei es der Construction sei es des Schmuckes, und so gewahren wir auf der gemeinsamen Basis des Christenthums doch die Charaktere der Völker, ja der Stämme in allgemeinen Zügen, während jedes Werk individuell erscheint. Hatte schon die Basilika rechts und links vor die halbkreisförmige Nische einen Chorraum gelegt und für ihn die Höhe des Mittelschiffs angenommen, so gewann man die Kreuzform des Grundplans, wenn man vor die Nische noch ein Quadrat von der Breite des Mittelschiffs legte, dies also über die Seitenflügel fortsetzte. Den Chor aber erhöhte man durch mehrere Stufen über den Boden des andern Raums, und brachte unter ihm eine Gruftkirche oder Krypte an; in ihr hatte der Reliquiendienst an den Märtyrergebeinen wie die Gräber kirchlicher und weltlicher Würdenträger eine düstere Stätte; zugleich aber wies der erhöhte Chorraum oben auf die Sonderung der Geistlichen und Laien und auf die überragende Macht der erstern hin. Doch nicht blos die Hierarchie der Zeit erschien auf diese Art, das Volk hatte auch symbolisch auf der Ebene seines Standes die doppelten Wege nach oben zum Leben und Licht, nach unten in das Dunkel der Tiefe und zum Tode vor Augen.

Wo man die Säulen nicht von antiken Gebäuden entlehnen konnte, wo sie schwer zu beschaffen waren, kam man leicht dazu sie weiter zu stellen oder sie durch kräftige Mauerpfeiler zu ersetzen, die durch Bogen aneinandergefügt sich zur obern Wand erweiterten. Etwas ganz Neues aber entstand wenn man zwischen zwei stämmige Pfeiler eine schlanke Säule stellte und sie unterhalb des großen Bogens, der jene verband, durch zwei kleinere Bogen an dieselben anschloß. Hierdurch war die antike Gleichheit aller Glieder einer Reihe gebrochen und das Princip der Symmetrie, der Gruppe, des malerischen Wechsels an dessen Stelle gesetzt. Dann aber ließ man Säule und Pfeiler wie in Accord zusammenklingen: man stumpfte die Kanten ab und vertiefte sie durch eine feine Höhlung, man ließ schlanke Halbsäulen in dieser oder in der Mitte der Pfeilerfläche emporschießen, und gewann so eine Gruppe von Pfeilerkern und Säulenschmuck im Wechsel des Eckigen und Runden. Zugleich aber ließ man auch die Bogen von Pfeiler zu Pfeiler nicht mehr die scharfe Kante zeigen, sondern formte sie zum vorspringenden Rundstabe, der nun die schmückende Halbsäule des Pfeilers fortsetzte, und sie zu seiner Trägerin erhob; so sah man kein leeres Ornament, sondern fungirende Glieder des Baues in zierlicher Gestaltung. Daneben ward die Basis der Säulen der Höhenrichtung des Ganzen entsprechend steiler gebildet und reicher ausgestaltet, der Uebergang des viereckigen Untersatzes ins Runde an den Ecken durch Blätter oder Knollen vermittelt, und das Capitäl erhielt eine Form die für die Stellung unter den Bögen ebenso classisch ist wie die antike dorische für den Architravbau. Nun gilt es nicht die aufstrebende Kraft der Säule durch die Last in sich zurückzuweisen und abzuschließen, sondern in einem energischen Umschwung auszudrücken daß sie in eigener Entfaltung eine neue Richtung gewinnt; man legte darum unter das Quadrat der Bogengrundfläche einen Würfel, rundete ihn aber nach unten zu so ab daß er kreisförmig auf dem Säulenhalse ruhte; die vier Seiten unter der Deckplatte wurden von ihr aus durch halbkreisförmige Flächen begrenzt und sie boten Raum zu schmückender Sculptur. Das Ornament umschlingt oft auch das ganze Capitäl mit Ranken- und Blattwerk; immer aber sieht man wie vom Halsring der Säule eine elastische Linie sich in den Bogen hinüberschwingt. Andere Capitäle in kelch- und glockenförmiger Bildung klingen in das modificirte korinthische hinüber. Die Säulen, dem gemeinsamen Architrav entrückt, werden viel selbständiger für sich, und darum können sie durch verschiedenen Capitälschmuck individualisirt werden; es ist als ob jeder Mitarbeiter am Bau innerhalb des Grundschemas die Eigenthümlichkeit seiner Phantasie und Hand für sein Theil bezeugen wollte. Alles Schöne ist Einheit in der Mannichfaltigkeit; in der Antike aber war die Einheit, jetzt wird die Mannichfaltigkeit das Vorwaltende; das gilt von der Architektur wie von Shakspeare's Dramen oder vom Epos Wolfram's und Ariost's; die malerische Fülle überwiegt die plastische Klarheit.

Noch zieht sich anfangs oberhalb der Bogen im Mittelschiff ein Gesims im Wechsel gerader und krummer Profillinien; darüber ist die Oberwand des Mittelschiffs von Fenstern durchbrochen, dann aber ruht eine horizontale Decke lastend auf ihr und über dem Ganzen wie das Machtgebot einer höhern Autorität über dem vielgestaltigen Leben der Völker. Dann aber vollendet die Wölbung der Decke den romanischen Stil. Es scheint daß mit dem 11. Jahrhundert am Mittelrhein, in der Lombardei, in der Normandie gleichzeitig das Streben nach ihr sich regte und entwickelte. Man legte im Halbkreis Steinring an Steinring und verband so durch ein Tonnengewölbe die Mauern miteinander, oder man schlug die Bogen von den Pfeilern, welche die Ecken eines Quadrats bezeichnen, nach vorwärts, nach rechts und links, und errichtete das Kreuzgewölbe dadurch daß man auch die beiden Diagonallinien sich in Bogen durchschneiden ließ. So war die Decke in vier sphärische Dreiecke gegliedert, die sich in der Spitze vereinigen oder von einem gemeinsamen Mittelpunkt aus sich entfalten. So ruhte die Decke auf den Pfeilern und sproß gleich der Krone des Baumes aus dem Stamm hervor, und von Pfeiler zu Pfeiler hielten die Bogen aneinander gegenseitig in fester Spannung; „es ist eine Bewegung ohne Ende wie die des Lichts, das von allen Seiten reflectirt doch eine ruhige Einheit bildet, wie die des Blutes, das in stetem Kreislaufe den Körper belebt" (Schnaase). Der ganze Bau erscheint im Innern als ein System quadratischer, schlank aufsteigender Räume, aus denen die Kuppel über dem Mittelquadrat der Durchkreuzung sich thurmartig und lichtspendend erhebt. Wie die nun nicht mehr lastende, sondern selbst sich tragende, schwebende Decke durch das Kreuzgewölbe gegliedert ist, so bezeichnen die Pfeiler klar bestimmt die Quadrate des Grundrisses im Mittelschiff. Sie nehmen nun Säulen oder Pfeiler zwischen sich, die das halb so breite Seitenschiff gleichfalls quadratisch gliedern und in dessen Höhe durch Rundbogen verbunden sind; darauf ruht die obere Mauer des Mittelschiffs, durch die Hauptpfeiler wie durch Fenstergruppen gegliedert. Unter den Gurten der Gewölbe aber stehen die Halbsäulen an den Pfeilern, ihnen durch Capitäle verknüpft; der Grundriß des Pfeilers erscheint nun sternartig wie ein Kreuz mit abgerundeten Flügeln und ausfüllenden Abstufungen zwischen denselben, das Kreuzgewölbe, das Mittelschiff wie das Seitenschiff entfalten sich aus seinen Halbsäulen, und so sind alle Hauptverhältnisse des Baues in ihm sichtbar wie in dem Gliede eines lebendigen Organismus das Ganze erkannt wird. Dem Pfeiler gegenüber gewinnt auch die Mauer dadurch daß sie verstärkt hervorspringt; aufgerichtete Pilasterstreifen oder Halbsäulen umrahmen die Fenster. Und dieser klare Zusammenhang des Ganzen in der Wiederholung symmetrischer Gruppen macht es nun möglich, daß um das ursprüngliche Schema des Grundplans sich mannichfaltige Anlagen reihen können, wie hier die Bedürfnisse der Gemeinde, dort der Reichthum künstlerischer Phantasie solche hervortreiben. Auch die Seitenschiffe erhalten ihre Absis, auch die Kreuzflügel bald Eingangspforten, bald halbkreisförmige Umkränzung; Kapellen lagern sich an, oder dem erhöhten Chor im Westen gesellt sich ein gleicher im Osten, sodaß das Ganze den Anschein gewinnt als seien zwei Kirchen symmetrisch mit ihren Portalen aneinandergerückt und diese herausgenommen.

Blicken wir auf das Aeußere so ruht das Gebäude auf einem Basamente das gern nach Art der ionischen Säulenbasis im Wechsel von Hohlkehlen, Rundstäben und scharfen Kanten gebildet wird, und wie es sich von außen nach innen zieht, so in dem von innen sich ausladenden ähnlich gebildeten Gesims einen symmetrischen Widerhall findet. Das Dach der Seitenschiffe bezeichnet ihre Höhe und lehnt unter den Fenstern an den Mittelkörper des Baues sich an. Die Wandfläche empfängt ihre aufwärts strebende Gliederung durch den Pfeilern im Innern entsprechende Pilasterstreifen oder Lisenen, welche die Fenster einrahmen und unter dem Gesims durch einen Bogenfries miteinander verbunden sind, der auch hier den Halbkreis und seine Wölbung nachklingen läßt. An bedeutsamen Stellen, wie z. B. um die Chornische, ja manchmal um den ganzen Bau wird das Dachgesims von leichten Säulenarkaden getragen. Die Mauer, die hier keiner Wölbung mehr zum Widerlager dient, wird dadurch entlastet, und die Bogen welche die Säulen verbinden und das Gesims tragen, erscheinen deutlich als das Lebenselement des Ganzen. Auch die Fenster schließen rundbogig, und werden gern von säulengetragenen Bogen umgeben; schlanke Säulen können die Lisenen verstärken und verzieren. An der Eingangsseite eröffnet sich das Innere durch ein Portal, das nach außen hin erweitert zum Eintritt einladet; seine Seiten entsprechen im Wechsel von Kanten und Säulen den inneren gegliederten Pfeilern, und wie das Gewölbe diese, so verbindet sie eine halbkreisförmige Bekrönung, die den unten begonnenen Formenreichthum des Eckigen und Runden fortsetzt. Vortretende Gesimse, Arkaden, Fenstergruppen gliedern die Schauseite bis unter den Giebel; am schönsten erscheint die kreisförmige große Fensterrose über dem Portal, ein sichtbarer Mittelpunkt des

Der romanische Stil. Architektur.

Ganzen. Dessen Höhenrichtung aber gipfelt in den Thürmen. Entweder erhebt sich einer über dem Portal, oder es treten zwei symmetrisch zur Seite desselben, steigen senkrecht bis zur Höhe des Giebels empor und werden dann selber mit spitzer Pyramide bekrönt. So stehen sie wie Kaiser und Papst vereint, durch gleiche Gliederung von Gesimslinien, Arkaden, Fenstern aufeinander bezogen, ja sie fordern das Auge auf daß es durch die Verbindung der Außenlinien beider Thürme hoch in den Himmel die luftige Spitze zeichne. Auch das Mittelquadrat des Baues erhielt oft eine über das Dach sich erhebende fensterdurchbrochene achteckige kuppelartige Laterne, während ein massiger Thurm hier auf dem Dache zu lasten scheint wie ein schwerer Reiter auf schwachem Pferd; und gern wurden wieder um diese Kuppel an den vier Ecken wo die Flügel des Domes zusammenstoßen, oder an den beiden Ecken des Chorausatzes schlanke runde oder viereckige Thürme erbaut, und so durch ein Thurmsystem der malerische Eindruck des Aeußern vollendet. Massenhaft stark, wie feste Burgen Gottes, ein Bild der Kirche selbst und ihrer feierlichen Hoheit stehen die romanischen Dome da.

Um diese großen festen Linien und ihre Nothwendigkeit spielt nun die Phantasie mit bunter Fülle der Ornamente, die selten die Function der baulichen Glieder, an denen sie erscheinen, plastisch versinnlichen, sondern mehr für sich im Rhythmus eckiger und runder geometrischer Formen schachbret=, schuppen= oder zickzackartig die Flächen füllen, oder mit pflanzlichem Blatt= und Rankenwerk, ja mit thierischen und menschlichen Gestalten und der arabeskenartigen Verschmelzung all dieser Gebilde das Säulencapitäl umgeben. Da treten mitunter plump ausgeführte Scenen biblischer Geschichte zwischen seltsamen Abenteuerlichkeiten und Fratzen hervor, während dann doch wieder besonders in vegetabilischen Zierathen, auch wenn die Stiele in sich umschlingende Schlangenhälse übergehen, ein reinerer Formensinn sich zeigt. Da sagt auch Schnaase: „Wir hören nicht immer den Festschritt der Kirche und den leisen Tritt des Andächtigen, sondern oft auch den schleppenden Gang des Mönchs im langen härenen Kleide, oder des Ritters unter der Wucht des Panzers. Wir erkennen in der Pracht des Schmuckes nicht immer die reine Stimmung des Lobgesangs, sondern oft bald die wüste Gedankenverwirrung des Schwärmers, bald die ungeschickten Scherze eines rohen Schülers in seiner Freistunde." Es ist der jugendlich nordische Volksgeist in seiner Naturkraft eben noch nicht durchdrungen vom Christenthum, von der Cultur des Alterthums, sondern in seinen Regungen noch der Vermittelung bedürftig, aber ihr zustrebend; und je reiner und organischer die architektonischen Werke selbst ausgebildet werden, desto mehr klärt sich auch die phantastische Gärung des bildnerischen Sinnes, und kommt zu edler Mäßigung, zum innigern Anschluß an die Formensprache der Baukunst.

Wie die Klöster selbst in Feld und Wald Oasen der Cultur waren, wie in den Städten dann die Hierarchie bald leitend bald kämpfend dem Staat gegenüberstand, so verbanden sich mit den Kirchen die Wohnungen der Geistlichen, die Kapitelsäle, die arkadenreichen Kreuzgänge zu reichen Anlagen, die nach außen durch Mauern fest wiederum eine malerische Gruppe bildeten; eins der schönsten Beispiele ist in Maulbronn erhalten.

In Deutschland beginnt der romanische Stil im 10. Jahrhundert unter den sächsischen Kaisern in Sachsen und am Harz; rasch gelangt er nach den ersten Versuchen vom Rohen und Dürftigen zu schlichter Gediegenheit. Man konnte kein fertiges Material von alten Bauwerken nehmen, man arbeitete nicht inmitten römischer Vorbilder oder Ueberlieferungen. Noch blieb die Decke geradlinig und von Holz construirt, während sonst der sächsische Holzbau am Harz durch den Steinbau ersetzt ward und an die Stellen der Säulen die wuchtigern Pfeiler traten oder mit denselben wechselten. Doch sind sie niemals bloße Mauerstücke, sondern mit Basis und Gesims begrenzt, und an den Ecken ausgekehlt oder mit schlanken Säulen ausgestattet; diese betrönt anfangs das einfache Würfelcapitäl, das bald auch ornamentirt wird. Der klar entworfene Grundplan in der Kreuzgestalt, die ernste Durchbildung des Innern, die noch schmucklose Fassade mit den Doppelthürmen zeigen den einfach guten Keim und Kern. An die Kirchen von Gernrode, Quedlinburg, Goslar schlossen später die von Halberstadt, Hildesheim, Hecklingen und viele andere sich an, jede ein eigenthümliches Werk auf der alten Grundlage, bis auch im 12. Jahrhundert in diesen Gegenden die Wölbung der Decke aufkam und zu Königslutter, zu Braunschweig vorzügliche Anwendung fand in Bauten des voll entwickelten Stils.

Zu ihm gelangten die Rheinlande im 11. Jahrhundert. Dort am völkerverbindenden Strom regte die deutsche Volkskraft sich mächtig und frisch in den Städten die schon zur Römerzeit gegründet waren, dort walteten Bischöfe als weltliche Fürsten, dort hatte der deutsche Sinn antike Formen vor Augen und lernte sie für seine Zwecke verwerthen oder sich an ihnen bilden, dort spiegelte sich der Reichthum des Lebens in der malerischen Fülle, die nun auch das Aeußere der Gebäude glänzend ausstattete, während die Wölbung im Innern den constructiven Organismus in zusammenhängender Klarheit vollendete. Als das Kreuzungsquadrat der Mitte mit einer Kuppel bekrönt war, zeigte sich die Verschmelzung des Centralen der byzantinischen Architektur mit der gegliederten Längenrichtung der Basilika. Zwar ward 1030 zu Limburg an der Hardt für eine große Säulenbasilika an demselben Tage wie für den späterer Dom der Grundstein gelegt, und hie und da wechseln Säulen und Pfeiler; aber bald werden diese alleinherrschend, um sich selbst zur gewölbten Decke zu entfalten, wenn sie auch dadurch noch verschieden gestaltet erscheinen daß reicher gegliederte zur Höhe des Mittelschiffs emporsteigende stets einen andern zwischen sich haben, dessen Bogen die obere Wand mit den Fenstern tragen oder auch diese bekrönen. Speier, Worms und Laach kommen zunächst in Betracht. Als in Mainz eine eben eingeweihte Kirche 1009 durch Feuer zerstört wurde, da lag es nahe sich durch Vermeidung der flachen Holzdecke zu sichern. Der neue Dom ward noch massenhaft schwer, aber in imposanten Verhältnissen aufgebaut, die Pfeiler vom Boden an für das Kreuzgewölbe berechnet. Der Dom zu Speier, an dem man ein ganzes Jahrhundert baute, ist nicht minder kräftig, aber doch erscheint er freier und schlanker in seiner harmonischen Gestaltung. Er ist im ganzen 110, das Mittelschiff 42 Fuß breit, die Länge beträgt 225 Fuß. Die Krypte unter dem erhöhten Chor birgt die Kaisergräber. Zwei viereckige schlanke Thürme stehen im Chor der Kuppel zur Seite, und dem entsprechend ist die Vorhalle mit Kuppel und Thürmen symmetrisch ausgestattet. Alles Detail ist voll einfacher Klarheit, edle Würde der Ausdruck des Ganzen. Der Dom zu Worms hat zwei Chöre mit Kuppeln und begleitenden Rundthürmen, und die perspectivische Innenansicht wetteifert an malerischer Schönheit mit dem Aeußern; doch scheint mir die Höhenrichtung der Pfeiler so bedeutend daß das Rundgewölbe nicht mehr recht genügt, der Spitzbogen gefordert wird. Durch harmonisch reiche Entfaltung des Aeußern und durch ein edles Maß macht auch die Abteikirche an dem stillen vulkanischen Laacher See einen sehr befriedigenden Eindruck. Kölner Bauten, wie Maria im Capitol, die Apostelkirche, Groß-Sanct-

Martin zeigen die Wölbung in Anlagen bei welchen das Centrale vorwaltet, wenn nicht blos das Mittelquadrat seine Kuppel und das Langhaus einen halbkreisförmigen Abschluß findet, sondern auch die Querflügel des Kreuzes solche erhalten und wenn sich Halbkuppeln über diesen Nischen erheben, und durch Tonnengewölbe mit der Hauptkuppel verbunden werden; das Aeußere ist reich durch Wandarkaden geschmückt und die vollmassige Kuppel bildet mit schlanken Thürmen eine zugleich großartige wohlgefällige Gruppe. Von centraler Anlage ist auch die Kirche zu Schwarz= heindorf, nach Art der Schloßkapellen zweigeschossig mit einer Oeffnung in der Decke die von oben nach unten den Durchblick gestattet, und unter dem Dache rings von einem Säulenumgang umgeben, von dem aus unter den Bogen dem Blick sich liebliche Landschaftsbilder öffnen.

In Westfalen hat sich im Gegensatz zu den rheinischen Städten das alte deutsche Bauernleben bis auf den heutigen Tag inner= halb der Einzelhöfe am reinsten erhalten, und der schlichte Sinn des Volks prägte auch damals sich in Kirchen aus, die zwar früh das Gewölbe anwandten, es aber auf schmucklosen Pfeilern ruhen ließen, ja mitunter auf die Nische der Absis verzichteten und statt ihrer den Chor mit einer Mauer rechtwinkelig abschlossen. Dagegen zeigt der Elsaß die Verbindung schwerer, ja finsterer Massenhaftig= keit in den Grundformen der Construction mit abenteuerlich phan= tastischen Ornamenten, die selber wieder auf unerquickliche Weise durch Plumpheit innerhalb der Stimmung des Ganzen gehalten werden; die Wechselwirkung romanischer und germanischer Elemente, die für sich selbst noch zu keinem klaren Abschlusse gekommen waren, mußte mehr verwirren als fördern.

In Süddeutschland nennen wir neben den Säulenbasiliken von Conflanz und Schaffhausen die alterthümliche Pfeilerbasilika von Augsburg, deren ursprünglich rohere Formen später modificirt wur= den, während die romanische Frühzeit in Regensburg mit antiki= sirendem Gepräge überrascht, dann im Schottenkloster englischen Einfluß zeigt. Freising ist durch die großartige und reich ausge= stattete Krypte beachtenswerth.

Nicht minder reich an Werken des romanischen Stils als Teutschland, und nicht minder bedeutend für seine Entwickelung ist Frankreich, ja vielleicht insofern noch wichtiger als hier der gothische aus ihm hervorbrach und die Elemente für seine glanz= volle Blüte vorbereitet wurden. Damals waren die einzelnen

Provinzen noch viel selbständiger in Frankreich als in Deutschland, und zeigten sich nicht blos die Stammeseigenthümlichkeiten, sondern selbst der Ausdruck der erst miteinander verschmelzenden verschiedenen Nationalitäten in der Architektur. Im Süden, den die Römer vornehmlich ihre Provinz nannten und der daher den Namen der Provence führt, überwog die lateinische Sprache, die antike Bildung; man hatte an prachtvollen Bauten die korinthischen Säulencapitäle, die Friese mit reinstilisirtem Laubwerk, die verzierenden Eierstäbe und Mäanderlinien vor Augen, und übertrug sie auf die neuern Werke, die dadurch das Gepräge des griechisch-römischen Alterthums noch klarer und voller tragen als selbst in Italien. Im Norden herrschte das Germanenthum, verstärkt durch die Normannen, während überall unter der burgundischen und fränkischen Einwanderung die keltische Grundlage erhalten und wirksam blieb. Im Süden pflanzte sich die alte Cultur in neuer Gewerbthätigkeit fort, und ein friedlich genußfreudiges Leben entschädigte das Volk mit den ersten Blüten der Poesie und mit dem Festglanz der Geselligkeit für die größere politische Bedeutung und den kriegerischen Ruhm der nördlichen Gaue, die im Kampf der Geschichte vielfach bewegt wurden, während die Regionen der Mitte wieder von fremden Einflüssen unberührt in stiller Abgeschiedenheit die heimische Weise bewahrten. Man behielt im Süden die antike Form der Basilika auch in der Art bei daß man gern die Seitenschiffe mit zwei Stockwerken versah und so Emporbühnen gewann die sich nach dem Mittelschiff öffneten; man gliederte die Pfeiler durch korinthische Säulen, gab dem Mittelschiff ein Tonnengewölbe zur Decke, und diesem dadurch Halt daß man die obern Seitenschiffe durch halbe Tonnengewölbe abschloß und dieselben wie Strebebogen an die untern Steine des Mittelgewölbes sich anlehnen, ihnen ein Widerlager bereiten ließ. So ragte der Mittelkörper nach außen nicht selbstständig hervor, und empfing im Innern sein Licht nur durch die Fenster der Faßade und des Chorschlusses direct, sonst durch die Seitenräume, sein kühles Dunkel behagte dem Südländer und erinnerte an die antiken Tempel. Parallele Gurten verbinden wol die Säulen von der Linken zur Rechten, doch das Kreuzgewölbe kommt nicht vor, wohl aber wird hier und da auch das Mittelgewölbe durch zwei einander stützende Bogen gebildet und dadurch der Spitzbogen vorbereitet, eine Firstlinie in der Längenrichtung bezeichnet. Manchmal bleibt die Kirche einschiffig, dafür aber wird die halbkreisförmige Nische am Chor und an den Kreuzflügeln gern noch mit mehrern halbkreisförmigen Kapellen versehen; die Thürme bleiben niedrig, die Mauern kahl, aber damit contrastirt gerade an den Portalen, an der Fassade die geschmackvollste Ornamentation. So zu Arles, zu Aix, Sanct Gilles. Selbst der Architravbau ist beibehalten, wenn über die Portale hin ein nach antiker Art geschmückter Fries hervorragt und von Säulen getragen wird, die ihrerseits wieder die phantastischen Verzierungen des Mittelalters an den Capitälen zeigen, und an deren Fuß Löwen mit Menschen zwischen den Klauen lagern. Dieser reiche Formenwechsel gibt, anmuthig geordnet, hier das malerische Gepräge. — Diese Richtung steigt das Rhonethal hinan bis in die romanische Schweiz, wird aber roher je weiter sie von den alten Culturfigen sich entfernt, bis schreckhafte Thierfragen mit conventionellem Laubwerk stillos sich verwirren.

Gehen wir nordwestlich, so kommen wir in das abgeschlossene Binnenland der Auvergne, und finden dort als bezeichnenden Mittelpunkt der Bauthätigkeit den Dom von Clermont. Hier stützen rechts und links über den Seitenschiffen von der Außenmauer her Viertelkreisbogen das über sie sich erhebende Tonnengewölbe des Mittelschiffs, über der Vierung des Kreuzes steigt hoch eine Kuppel oder ein Thurm empor, sendet aus der Höhe das Licht in die dämmerigen Räume, und zieht dadurch das Auge des Eintretenden nach dieser Centralstelle und nach den Fenstern des Chors hin. Um diesen aber lagern sich strahlenförmig kleine halbrunde Kapellen und bereiten hier den spätern Kapellenkranz der Gothik zum Abschluß des Langhauses vor. Im architektonisch Constructiven haben wir einen Fortschritt, aber der heitere plastische Schmuck des Südens mangelt; statt seiner wendet man farbige Steine, wie sie der vulkanische Boden bietet, in Mustern von Rauten, Sternen, Zickzacken an. — In Languedoc ist man einen Schritt weiter gegangen und hat auch den Kreuzarmen Seitenschiffe gegeben, sodaß die Kreuzgestalt in großartiger Ausbildung vollständig hervortritt und ein Obergeschoß von Galerien über den Seitenschiffen sich durch das ganze Innere zieht. An den viereckigen Pfeilern sprießen schlanke korinthisirende Säulen auf, oder wachsen aus der steilen Basis zwischen den Fenstern der den Chor bekränzenden Kapellen unter das Gesims des Daches empor. Der feinere Formensinn des Südens verschönert in Conques und Toulouse den mächtigen Grundbau; in Roussillon bis nach den Pyrenäen hin wirkt er fort, und erinnert uns daß wir auf altclassischem Boden stehen. Und wie ein Naturerzeugniß des Bodens erscheinen dem Kennerblick Schnaase's die baulichen Formen in diesen Gegenden, wenn sie stets mit geringen Veränderungen wiederkehren und eine historische Bewegung kaum wahrgenommen wird; der Einfluß klimatischer Bedingungen und der Antike ist so mächtig daß später selbst die Gothik sich ihnen anbequemt hat.

Dagegen wird schon in Burgund der germanische Geist mächtiger, und verwendet die Ueberlieferung mit strebendem Sinn zu neuen Gestaltungen. Die Galerien über den Seitenschiffen, der Chorumgang und Kapellenkranz finden sich wie in der Auvergne, aber man verbindet Oberlichter mit dem Tonnengewölbe, Thürme steigen zahlreicher und höher an den Schiffen empor und eine Säulenvorhalle von zwei Geschossen leitet zum Eingang und schmückt die Faßade. Ornamente heben die constructiv bedeutenden Glieder des Baues plastisch hervor, klar und lebendig, noch ohne die dunkle Symbolik und die Schreckgestalten des Nordens. Um das Jahr 1000 entfaltete hier der Abt Wilhelm von Sanct Benigne in Dijon eine gleich große reformatorische wie bauliche Thätigkeit in gleicher Strenge der Form, fast kyklopenhaft wuchtig zu Tournus, feierlich ernst zu Vezelay. Aehnlich ging später von Cluny die neue Regelung des Mönchthums und mit ihr eine umfangreiche Bauthätigkeit des Ordens aus. Die fünfschiffige Kirche war dort mit der Vorhalle 555, ohne diese 410 Fuß lang, 110 Fuß breit; sie hatte zweimal Kreuzarme; das Mittelschiff war über 100, die nächsten Seitenschiffe 55, die äußern 37 Fuß hoch; so bildeten das Aeußere drei zurücktretende Stockwerke im ganzen mit 300 Fenstern. Ein Kapellenkranz schloß den Chor, auch die Kreuzarme hatten ihre Nischen, und über der Mitte des größern erhob sich ein viereckiger Thurm, dem sechs andere kleinere an den Ecken der Kreuzschiffe und der Vorhalle sich gesellten. In den wuchtigen Kirchen zu Autun und Langres, die bereits dem 12. Jahrhundert angehören, ließ man an den Pfeilern antik cannelirte Pilaster mit korinthischen Capitälen vortreten, und das Vorbild alter Römerthore ließ auch sonst mannichfach die Antike mit dem Mittelalter zusammenbringen; in Langres wie in Vezelay findet sich bereits das nördliche Kreuzgewölbe an der Stelle des südlichen Tonnengewölbes.

In Aquitanien contrastiren die einfachen baulichen Grundformen der Provence mit wild überladenen Zierathen, und die heitere Anmuth verliert sich ins Derbe und ins Düstere; es sind die Gegensätze des Mittelalters unversöhnt. Dazwischen stehen um die Mutterkirche Sanct Front zu Perigueur etwa vierzig Bauten des byzantinischen Stils. Nach dem Vorbilde der Marcuskirche Venedigs liegt auch hier das griechische Kreuz zu Grunde und sind fünf Kuppeln über dessen fünf Quadraten durch breite halbkreisförmige Gurtbogen verbunden; sie ruhen auf gewaltigen Mauerpfeilern, welche die Ecken der Quadrate bezeichnen und geben nach außen dem Gebäude ein orientalisches Ansehen; aber statt reichen Schmuckes herrscht innen und außen schmucklose Derbheit. Bei jüngern Kirchen wird die Ausstattung reicher. In Frontedrault tritt wieder das lateinische Kreuz hervor, wenn vier überkuppelte Quadrate ein Langhaus vor der Kreuzung bilden, und hinter dieser der Chor durch einen Umgang und Kapellenkranz abgeschlossen wird. So nähert das Fremde sich dem Heimischen an und zeigt deutlich jenes Streben die Form der Basilika mit dem Central- und Kuppelbau zu vermitteln, das mir eine bauliche Aufgabe des Mittelalters scheint.

In Poitou, Anjou, Touraine erhielt sich das Keltenthum lange, und ich glaube es im bunten Formenspiele des Schmuckes zu erkennen, das die aufs römische Alterthum hindeutende Construction der Bauten üppig umwuchert. Die Schiffe, fast von gleicher Höhe, tragen gern das bekannte Tonnen- und Halbtonnengewölbe, ein runder Hauptthurm erhebt sich über der Kreuzesmitte. Die Ornamentation liebt runde schwellende Formen, und mischt thierische und menschliche Gestalten, vornehmlich Brust, Hals und Kopf von Vögeln, mit antikisirendem Blattwerk in dichtem Geträug, und überladet Capitäle, Archivolten, Gesimse. Dem Auge wird keine Ruhe gegönnt. Der weiche Sandstein kommt dem phantastischen Drang der Bildnerseele bereitwillig entgegen, die Fläche der Fassadenwände wird horizontal durch Arkaden gegliedert; die selber voll Zierath zum Rahmen für Heiligenbilder dienen; die Gestalten der antiken Mythologie werden zu schauerlichen Teufelsfratzen; die Mystik räthselhafter Symbole, die märchenhafte Mischung abenteuerlicher Formen gemahnen an die Allegorien des Druidenthums bei den Barden und an die traumhaft üppige Stoffesfülle der Erzählungen, durch welche die Kelten für die romantische Poesie so wichtig geworden; und in gleicher Weise fehlt Klarheit, Maß und harmonische Durchbildung. Hat man doch kleine über-

Der romanische Stil. Architektur.

kuppelte runde oder dreieckige Kapellen sogar für alte Druidentempel halten wollen.

In der Gegend von Paris und Orleans ist uns wenig aus romanischer Zeit erhalten und es scheint daß der fränkische Geist hier in der Mitte zwischen den nördlichen und südlichen Einflüssen damals zu keiner selbständigen Gestaltung kam, bis es ihm gelang die mannichfaltigen Elemente unter der Herrschaft eines neuen Formprincipes in der Gothik zu vereinigen. Wir erinnern uns jener kühnen skandinavischen Germanen, der Normannen, die im 9. Jahrhundert noch Heiden ihre wilden Heerfahrten nach den europäischen Küstenländern unternahmen. Meist nachgeborene Söhne suchten sie ein Erbe mit dem Schwerte, und an Orten die ihnen zusagten wie das meerumspülte Nordfrankreich, vermählten sie sich mit den Töchtern des Landes und nahmen das Christenthum und die romanische Sprache an, vermachten aber ihren Nachkommen den verwegenen unternehmenden Geist, und so entstand ein Geschlecht, welches die germanische Sehnsucht in die Ferne und den Heldentrotz der persönlichen Selbständigkeit mit praktischem Sinn und scharfem Verstande verschmolz; das Lehnrecht consequent durchbildete, das aristokratische Element des Aeltervolks steigerte und mit frischer Heldenkraft erfüllte, endlich in der Poesie des Wagnisses, der Lust des Abenteuers wie in der eisernen Festigkeit und der Treue des Worts den maßgebenden Ton für das Ritterthum anschlug. Noch gibt der alte Stolz, die rohe Härte im Druck sich kund den sie auf die Unterworfenen ausüben, wenn sie sich selbst in Urkunden durch die Beinamen der Blutvergießer, Hartzähne, Bauernschinder, Doppeltrinker bezeichnen. An Kirchenbauten läßt ihre Naturkraft wie ihr religiöser Eifer sie selber Hand anlegen und Steine schleppen; ihr Selbstgefühl fordert die Pracht der eigenen Burgen wie die Größe der Gotteshäuser. Nach Germanenart legen sie das Gewicht auf gediegene und klare Construction, und schmücken die für den Bau bedeutsamern Glieder mit Zierathen von knapper elastischer Kraft, von eckig scharfen Formen. Den Grundriß der Kirche bezeichnet das Kreuz, die Seitenschiffe des Langhauses erstrecken sich auch jenseit der Kreuzflügel bis an die Chornische; viereckende Pfeiler mit Halbsäulen tragen das Kreuzgewölbe der Decke. Drei Thürme, zwei an der Fassade, einer über der Vierung des Kreuzes, steigen vierseitig empor und tragen den undurchbrochenen steinernen Helm einer spitzen Pyramide und auf ihr das Kreuz zum Himmel empor. Kräftige pfeilerhafte Lisenen gliedern aufstrebend die Mauerwände, die Fassade zeigt in scharfer Symmetrie die beiden Thürme, an welche die Seitenschiffe sich anlehnen, den Giebel des Mittelschiffs in der Mitte der Thürme, und unter ihm zwei Reihen von je drei Fenstern über dem Portal, dessen Säulen und reichverzierte Archivolten sich nach innen vertiefen. Aus dem Zickzack oder gebrochenen Stab, aus rechtwinkelig zur Zinnenform verbundenen Linien, aus Rauten und Sternen wird eine Fülle eckiger Ornamente gebildet, die im Gegensatz gegen die weich und rund anschwellenden keltischen oder die antikstilisirten pflanzlichen der Provence das Normannenthum charakterisiren; sie stehen in strengem Zusammenhang mit der Construction, und wenn ihre Zacken und Spitzen den Rundbogen umsäumen, wie Radien auf den Mittelpunkt gerichtet, so veranschaulichen sie den Gedanken des ausstrahlenden Lichts, und bilden zugleich mit der kreisförmigen Grundlage den Contrast trotziger spröder Herbheit. An gesimstragenden Consolen oder als Vorsprünge der untersten tragenden Bogensteine ragen phantastische Schreckgestalten dämonischer Ungethüme hervor. Die bekanntesten und vorzüglichsten Beispiele des normannischen Stils in Frankreich sind die Kirchen von Caen. In Bayeux herrscht schon der decorative Glanz über das constructiv Organische, und gibt sich eine Rückwirkung Englands zu erkennen.

Dahin folgen wir dem Zuge Wilhelm's des Eroberers. Er kam mit romanisirten Germanen in ein Land wo bereits die römische Cultur, das Keltische und Sächsische sich gemischt; die Abgeschlossenheit der Insel, bei nördlicher Lage durch das Seeklima doch mild und fruchtbar, begünstigte die Verschmelzung zu einem neuen Nationalcharakter und dessen organische Entwickelung. Das Keltenthum darf man wol in altirischen Bauten mit kyklopischem Mauerwerk erkennen; der Chor schließt ohne Nische geradlinig ab, aber ein runder Thurm steigt neben der Kirche verjüngt empor und wird durch das Dach spitzkegelig; der Eingang, nicht am Boden, sondern in der Höhe läßt wahrnehmen wie er nicht blos fürs Glockengeläute, sondern auch zur Warte und Zuflucht im Krieg diente. Die vier Ecken von Pfeilercapitälen sind hier und da zu grotesken Menschengesichtern ausgemeißelt, deren Bart und Haar sich zwischen ihnen in Bandverschlingungen fortsetzt. Die Arabesken der Handschriften irischer Mönche werden auf den Stein übertragen. Die Sachsen brachten einfachen Holzbau mit;

es ist nichts von demselben erhalten; aber wenn wir noch viereckige Thürme haben, deren Ecken aus Steinquadern bestehen, während schmale Rippen von Haussteinen die Gesimse mehrerer Stockwerke bezeichnen und andere, senkrecht aufsteigen oder rautenförmig zusammentreten, so sieht man den Fachwerkbau der Holzarchitektur in Stein übertragen; die Füllung besteht aus unregelmäßigem Geröll. Auch kleine Säulen an Portalen und Fenstern erinnern an Drechslerarbeit. — Die normännischen Eroberer machten sich zu Feudalherren des Landes, und das Volk empfand jahrhundertelang ihr Gewaltregiment wie den Druck einer Fremdherrschaft. Sie brachten den romanischen Rundbogenstil mit, wandten ihn aber zunächst bei dem Bau ihrer festen Schlösser an, als deren Kern stets ein runder oder viereckiger Thurm zinnengekrönt in mehrern Stockwerken emporstieg. Sie übertrugen dann auch die höhern kirchlichen Würden auf Männer aus ihrer Mitte, und der Bischofssitz mit dem Mönchskloster ward mit der Kirche als ein Ganzes behandelt und zu Schutz und Trutz mit festungsartiger Mauer umgürtet. Für die vielen Geistlichen wurde der Chor erweitert, sodaß die Kreuzung hier häufig in die Mitte fällt, und über der Vierung derselben der einzige Thurm emporsteigt, statt des Helmdachs mit Zinnen gekrönt. Der Sinn für das Geradlinige nimmt den geraden Chorschluß aus Irland auf, während dicke schwere Rundsäulen und die flach auflagernde Decke den sächsischen Holzbau nachklingen lassen. Die Capitäle sind niedrige knollenartige Kragsteine unter den Bogengurten oder Halbsäulen über dem tragenden Stamm. Mit seiner Rundung wechselt die viereckige oder achteckige Gestalt. Ueber den Pfeilern und Bogen des Mittelschiffs wird eine Empore angelegt, und erst das Stockwerk über dieser hat die Fenster, während das Obergeschoß der Seitenschiffe, die Empore, zwischen ihren Pfeilern, die auf jenen untern ruhen, sich durch leichte Säulenarkaden öffnet. So herrscht im Innern das Gefühl des Finstern und Schweren statt heitern Aufstrebens. Capitäle und Gesimse bleiben einfach derb, dafür aber füllen sich die constructiv nicht bedeutenden Wandflächen mit buntem Schmuck, bald tief eingezogen, bald stark hervortretend, aber im Contrast gegen die runden und senkrechten Linien der Architektur in diagonaler zickzackartiger Bewegung. Nach außen spricht sich eine solide unzerstörbare Stärke imponirend aus. Blinde Arkaden gliedern und verzieren die Mauern vornehmlich der Thüren und Fassaden; flache Bogen von der ersten zur dritten, von der zweiten zur vierten Säule werden ineinander verflochten, indem jetzt der eine, jetzt der andere durchschneidet und durchschnitten wird, also jetzt hinter dem vortretenden zu liegen, jetzt selber hervorzutreten scheint. Osten redet von dem stahlblinkenden Ansehen einer Rüstung, das innen und außen die Wandflächen im Schmuck der Rauten, Schuppen, Dreiecke tragen; Schnaase nennt den Eindruck wahrhaft keck, voll kriegerischen Trotzes auf der Grundlage strengen finstern Ernstes der Grundformen; die Ornamente sind nicht aus diesen entwickelt, um das Plumpe und Schwere legt sich das Reiche, Bunte. „Nicht beschränkt und nicht befriedigt durch die Consequenz eines constructiven Princips bildete sich die Phantasie eine Symbolik der Formen, in welchen die nationalen Empfindungen und Zustände einen höchst energischen Ausdruck fanden. Die Baumeister wollten den kirchlichen Gebäuden den Charakter des Ernsten, Würdigen, Mächtigen geben, sie waren dabei theils an die Ausdrucksmittel gebunden welche die Tradition und die Eigenthümlichkeit des Landes gewährten, theils von den Anschauungen beherrscht welche die einheimischen Verhältnisse darboten. Sie schilderten daher das Wesen ihrer Machthaber und ihrer Kirche so weit es in architektonischen Formen geschehen konnte. Wir fühlen die gestählte Festigkeit kriegerischer Charaktere, den Trotz des Kampfes, die Sicherheit wohlüberlegter Rüstung, wir werden eingeführt in das Ringen widerstrebender Elemente, das romantische Vorspiel künftiger nationaler Größe; wir fühlen aber auch die Treue, welche aus der Festigkeit hervorgeht, die stille Empfänglichkeit und den frommen Ernst, der das Dunkel heiliger Räume liebt; wir werden von einer ehrfurchtsvollen ahnenden Stimmung ergriffen und können das Interesse vollkommen verstehen, mit welchem namentlich die Engländer diese erste Epoche ihrer Kunst betrachten." Winchester, Gloucester, Durham, Norwich, Chichester, Rochester, Canterbury besitzen hervorragende Werke derselben.

Blicken wir nach dem Ausgangslande der Normannen, nach Norwegen hinüber, so gewahren wir daß bald von Norddeutschland, bald von England aus ein Einfluß auf den Steinbau sich geltend macht, daß aber im Innern des Landes der primitive Holzbau eine sehr malerische Ausbildung auf originale Weise erhielt. Ein quadratischer Mittelraum, dessen hochragendes Dach einen Thurm trägt, empfängt eine Vorhalle und eine Fortsetzung ihr gegenüber im halbkreisförmig abgeschlossenen Chor, an den

Seiten aber ein Schiff, und vor deſſen mittlerm Theile wieder einen niedrigern Vorbau, ſodaß zweimal über die Dächer ſich Wände mit Fenſtern erheben. Baumſtämme ſind die Säulen im Innern; Stämme und Bohlen die Wände; ein Laufgang oder eine Laube umgibt nach außen hin das Gebäude, indem das Dach weitausladend von Arlaten getragen wird. Giebel und Portale ſind mit Schnitzwerk verziert, geſchwungene geſchweifte Linien verbinden ſich bald zu räthſelhaften und ſchauerlichen Geſtalten, bald löſen dieſe ſich in jene auf, wie Nebelſtreifen und Wolken ſich geſtaltend umgeſtalten.

Folgen wir dem kriegeriſchen Wanderzug der Normannen um Europas Weſtküſte ins Mittelmeer, ſo ſehen wir ſie in Sicilien im 11. Jahrhundert einen Thron aufſchlagen, und finden dort im Süden die Denkmale ihrer Herrſchaft. Römer, Byzantiner, Araber waren ihnen vorangegangen und boten ihnen Elemente zu prachtvoll ausgeſtatteten Bauten, zu Kapellen und Kirchen in Palermo und Cefalu, endlich zum Dom von Monreale im 12. Jahrhundert. Den Grundplan liefert die Baſilika; Byzanz lehrt eine Kuppel über der Kreuzung errichten; den kielförmigen oder geſtelzten Bogen, der zuerſt ſenkrecht über den Säulen aufſteigt bis er ſeinen Umſchwung nimmt, ſowie das Stalaktitengewölbe bieten die Araber; im reichen Moſaikſchmuck miſchen ſich die Begebenheiten und Geſtalten der heiligen Geſchichte mit dem Linienſpiel der Arabeske. Der Geiſt der Normannen bemächtigt ſich der vorhandenen Culturmomente, und fügt ihnen aus ſeinem eigenen Weſen an der Faſſade die Thürme hinzu, die hier auf autiſem Boden eine Säulenhalle verbindet. Man kann es verfolgen wie die Normannen zuerſt das Vorgefundene aufnehmen, dann aber bricht die eigene Weiſe machtvoll durch, und verwerthet die byzantiniſchen und mauriſchen Formen zu glanzvoller Ausſtattung des conſtructiv organiſchen, großartigen Kernes, wie vornehmlich in Monreale. Außen ſind die Wände mit farbigem Marmor ausgelegt, im Innern rahmen Marmorſtreifen die Flächen der Moſaiken ein, die auf leuchtendem Goldgrund ihre bunte Pracht entfalten; die Geſtalten ſuchen die kirchliche Würde mit Anmuth zu paaren, aber das Steife und das tänzelnd Zierliche gehen doch nicht recht ineinander zu voller Schönheit auf. Wie auf der Inſel das griechiſche und römiſche Chriſtenthum neben dem Islam frei geübt ward und drei Sprachen nebeneinander erklangen, wie ein genußreich heiteres Leben dort auf dem fruchtbaren und herrlichen Boden eine rasche Blütenzeit hatte, so zeigt auch die Kunst eine Mischung und Verbindung mannichfaltiger Formen, zwar ohne die Reinheit des Stils, die ein einiger, organisch zeugender Grundgedanke hervorbringt, doch stets in Glanz und Fülle.

Mehr vereinzelt finden sich germanische, byzantinische, maurische Einwirkungen auf Süditalien in Salerno, Amalfi, Ravello; in Bari, Trani, Troja dagegen kreuzen sich lombardische oder pisanische Einflüsse mit jenen. Dagegen trieb der byzantinische Stil seine reichste Blüte in Venedig, und veranschaulicht so den Zusammenhang dieser Handelsstadt mit dem Orient. Die Marcuskirche ward bereits 976 begonnen, aber mehrere Jahrhunderte haben an ihr geschmückt als an einem Nationalheiligthum. Den Kern des Plans bildet das griechische Kreuz; alle fünf Quadrate sind mit Kuppeln und niedrigern Nebenschiffen versehen, den Abschluß um den Altar vollzieht eine Absis mit drei Nischen, die Fassade ist durch eine geschmackvolle Vorhalle vor den Portalen gebildet: über ein Doppelgeschoß von Pfeilern wölben sich mächtige Bogen, und tragen ein zweites ähnliches Stockwerk, dessen Bogenfelder mit Mosaiken geschmückt und von geschweiften Spitzgiebeln bekrönt sind. Für die Säulen sind Capitäle aus kostbarem Marmor überall zusammengesucht, die untern Wandtheile wie der Fußboden glänzen bunt von geschliffenem Marmor, die obern Flächen wie die Kuppeln glitzern von farbigen Mosaiken auf funkelndem Goldgrund; der Eindruck des Ganzen ist mächtig und phantastisch zugleich, — wie der von der zauberhaften Meerstadt Venedig selbst. — Sonst ward der Centralbau vornehmlich in runden überkuppelten Taufkirchen oder Baptisterien angewandt, wie namentlich in Pisa und Florenz.

In Rom baute man in der Basilikaform weiter, und behielt die Sitte für neue Anlagen die alten Tempel und Paläste als Fundgruben zu benutzen und jene aus verschiedenartigen Bruchstücken bunt zusammenzusetzen. Einen Fortschritt aber that Toscana in der Durchbildung des Grundplans wie im Schmuck, den man verständnißvoll nach alten Vorbildern neugestaltete. Es sind die Städte die in Italien sich aus dem Alterthum erhalten hatten und früh einen neuen Aufschwung gewannen, und wie hier das Volksleben im Gefühl der Gemeinsamkeit erstarkt, so blüht aus ihm die Kunst hervor, die diesen sittlichen Boden, nicht blos Geistesanlage und Civilisation bedarf. In Florenz zeigt uns San Miniato eine dreischiffige Basilika; ein Drittel des Innenraums

vor der Absis ist über einer Krypte zum Chor erhöht; auf je zwei
Säulen folgt zweimal ein aus einer Halbsäule zusammengesetzter
Pfeiler, mit seinem Gegenüber durch breite Quergurten verknüpft;
der Dachstuhl bleibt offen. Die Wände sind innen und außen
durch Streifen dunkeln Marmors auf hellem Grund reich und in
architektonischem Geist geschmückt. Die Fassade gliedert sich bis
zur Höhe der Seitenschiffe durch sechs bogenverbundene Säulen und
einen Architrav; vier Pilaster steigen darüber vor dem Mittelschiff
hervor; die Dächer der Seitenschiffe lehnen sich daran und ihre
schrägen Linien klingen in dem Giebel wieder der das Obergeschoß
krönt. Der Eindruck ist schöne Klarheit. — Pisa hatte im
11. Jahrhundert die größte Flotte im Westen des Mittelländischen
Meeres; die Stadt beschloß zur Feier einer siegreichen Schlacht
gegen die Sarazenen einen Theil der Beute in einem stattlichen
Dom zu weihen. Die Kreuzgestalt tritt klar hervor, der mittlere
hohe Raum ist im Langhaus auf jeder Seite von zwei, an den
Kreuzarmen von einem Seitenschiff begleitet; die Seitenschiffe tragen Emporen, die Kreuzarme sind gleich dem Chor durch Nischen
abgeschlossen. Die Säulen welche das Innere gliedern haben römische oder korinthische Capitäle. Eine Kuppel ragt über der Vierung empor. Säulen und Bogen umgeben die drei Portale, über
ihnen aber ist die ganze Fassade bis zum Giebel mit vier Reihen
von Arkaden geschmückt und ähnlich umgeben Arkaden, Pilaster,
Wandsäulen den ganzen Bau, und lassen so das Innere reich und
voll im Aeußern wiederklingen. Ein Glockenthurm, rund, in sieben
Stockwerken durch Arkaden bekränzt, steht neben dem Dom; der
Grund unter ihm begann zu weichen, er infolge dessen sich zu neigen; die Werkmeister gewannen dadurch das seltsam künstliche Motiv
ihn schief auszubauen. Die Werke von Pisa übten auf Lucca und
Ancona ihren Einfluß, doch ward derselbe hier mit byzantinischer
Ueberlieferung verschmolzen, dort durch derb phantastische Formen
umwuchert, die auf ein nordisches Gefühl hindeuten. — Dies letztere, das deutsche Element, kam in der Lombardei mit dem südlich
romanischen zu harmonischer Verschmelzung. Hier herrscht im
Innern das Kreuzgewölbe und der gegliederte Pfeiler, manchmal
mit Säulen symmetrisch wechselnd; an Capitälen und Gesimsen
gesellt sich der antikisirenden Weise der phantastische Schmuck, und
am Portal lagern Löwen und andern Schreckgestalten unter dem
Säulenfuß; das Dämonische und Furchtbare erscheint wie zum
Wächter des Heiligthums gebändigt. Die Innenwände bieten sich

der Malerei in glatten Flächen, die Außenwände sind hier und da mit Blendarkaden verziert, häufiger aber ist die dem sichtbaren Materiale des Backsteins so gemäße Gliederung durch Lisenen, die vom Boden aufsteigend die Höhenrichtung aussprechen und unter dem Gesims durch Bogenfriese miteinander verbunden werden. Die Fassade entbehrt des Thurms, sie steigt mitunter als einfacher Giebelbau empor, sodaß dessen Eckpfeiler die Höhe der Seitenschiffe überragen, was schon ein bedeutlicher Schritt zur Scheinarchitektur ist; anderwärts aber, wie z. B. in San Zeno zu Verona, erheben sich die Pilaster die das Mittelschiff einrahmen über die schräg sich anlehnenden Linien des Daches der Seitenschiffe, und so haben wir eine klare Symmetrie, einen regelmäßigen Wechsel senkrechten und schrägen Aufstrebens und Sichzusammenneigens, bis beide im Giebelpunkt der Mitte ihr Ziel finden; über dem Portal und unter dem Giebel prangt ein herrliches Rundfenster, die Rose der Fassade. Pavia und Modena zeigten noch schwerfällig primitive Kraft; in Parma, Borgo, San Donnino, Verona ward sie zu edler anmuthsvoller Größe durchgebildet. Die lombardische Weise verbindet sich in Dalmatien mit der pisanischen, und die Dome von Zara, von Trau sind vorzügliche Beispiele wie der romanische Geist sich unter der Nachwirkung der Antike maßvoll reich entfaltet.

In Spanien drang das Christenthum erst in der zweiten Hälfte des 11. Jahrhunderts wieder siegreich gegen die Mauren vor. Der Eroberung von Toledo, Tarragona, Saragossa folgte das Bestreben den Triumph des Glaubens mit imposanten Kirchenbauten zu feiern. Die Baumeister kamen aus dem benachbarten Frankreich; der Pfeilerbau, zuerst das Tonnen-, dann das Kreuzgewölbe, ein einfacher Grundriß, der die Querfläche des Kreuzes nach außen häufig gar nicht hervortreten läßt, ein Thurm auf der Vierung erinnern deutlich an Frankreich, dessen Gothik bald auch herüberwirkt, die romanischen Grundformen lockert und statt maurischer Ornamente zu einem glänzenden Uebergangsstil führt. Den Constructionen mangelt die originale Frische und die aus dieser quellende Mannichfaltigkeit. Nachdem die erste Einfachheit, die San Jago de Compostella zeigt, verlassen war, spielte die Phantasie in prunkvollem Schmuck auf der gegebenen festen Grundlage. Segovia, Barcellona, Salamanca, Benevente, Siguenza, Tarragona, Periba, Saragossa zeigen alle ihren Glaubenseifer in erhaltenen Denkmalen.

Ich erinnere daran daß ich bei dieser großen Mannichfaltigkeit des romanischen Stils doch nur Typen schildern, und Gruppen charakterisiren sonnte; innerhalb derselben aber ist jedes Werk ein Individuum für sich, sowie der einzelne Steinmetz nach gemeinsamem Schema doch das Capitäl der Säule auf seine Weise nach eigener Erfindung ausmeißelt. Es war auf der einen Seite die antike Ueberlieferung in der Basilika und im byzantinischen Gewölbe und der centralen Kuppel, auf der andern Seite der frische Lebensdrang der Germanen; beide Elemente sind überall wirksam, aber im Süden Frankreichs und Italiens überwiegt das erstere, bei den Normannen, Longobarden und Deutschen das andere. Der neue Geist, geschult durch die Ueberlieferung, gewinnt in den Domen von Caen und Bayeux, von Speier und Worms bereits einen gewaltigen formenklaren Ausdruck, und in San Zeno zu Verona hat er die formale Schönheit der Antike beseelend durchklungen; in San Miniato zu Florenz, in der Marcuskirche Venedigs, in den Bauten von Pisa und Zara entfaltet sich der Reichthum des frischen Lebens auf der Grundlage der Ueberlieferung zu erfreuender Fülle des Wohlgefälligen. Aber wo auch das Ringen sein Ziel noch nicht gefunden wo der dunkle Drang der Empfindung und der Phantasie noch nicht zu harmonischer Ausbildung gekommen, überall ist doch etwas Ursprüngliches, Ahnungsvolles, Zukunftreiches; das Gemüth wie der Sinn für persönliche Selbständigkeit, diese Principien des Mittelalters, haben auch hier sich ausgeprägt.

B. Plastik und Malerei.

Der Anfang des Mittelalters hat das Gepräge einer primitiven heroischen Zeit, in welcher der allgemeine nationale und kirchliche Gedanke über das Individuelle herrscht, das für sich noch der harmonischen Durchbildung entbehrt; darum überwiegt die Architektur die plastische und malerische Darstellung der Persönlichkeit, sowol was die künstlerische Empfindung als was die Naturerscheinung angeht. Die Architektur zieht die Schwesterkünste zum Schmuck der Bauten heran und gibt ihnen den eigenen hieratischen Charakter. Es gilt die religiöse Weltanschauung erweckend zu gestalten und innerhalb ihrer die lecken oder derben Naturtriebe zu läutern. Die Eigenthümlichkeit des Mittelalters als einer Periode der Vermittelung zeigt sich uns zunächst in dem Gegensatze des frischen aber noch rohen Volksgeistes mit der durch die Kirche getragenen Ueberlieferung einer fertigen frühern Technik und der in dieser einst so lebendig offenbarten, nun aber erstarrten, ersterbenen Formen. Die Byzantiner bewahren die Tradition, die Klöster pflanzen sie fort. Die Vermählung des deutschen Kaisers Otto II. mit der Griechin Theophanu hat für den Norden einen regen Verkehr mit Konstantinopel, die Einführung von Kunstwerken und die Aufnahme von künstlerischen Formen von dort vermittelt. Desiderius der Abt von Monte Cassino sandte zur Zeit Gregor's VII. nach Byzanz um Künstler zu haben, die als Werkmeister und Lehrer eine Schule in Italien bildeten, sowie Handelsplätze, Amalfi und Venedig, den Zusammenhang mit dem Osten aufrecht erhielten. Ein Mönch Theophilus stellte die Vorschriften für Bildnerei und Malerei zusammen. Vornehme Frauen übten sich in der Stickerei von Teppichen und Gewändern. Das Symbol des Heiligenscheins ersetzte den Adel innerer Schönheit, das die Gestalt durchleuchtende Feuer der Begeisterung; die Natur galt für zerrüttet durch den Sündenfall, sie sollte darum nicht von ihr aus in das eigene Ideal gesteigert und verklärt werden, sondern demüthig ihre Schwäche anerkennen. Aus unklarem Sehnen und ungefügem Ringen bricht da und dort ein Keim der Schönheit hervor; erst die Folgezeit bringt ihn zur Blüte. Der Unterschiede, der Ansätze sind so viele, die Begabung der Völker, Stämme, Individuen ist eine so mannichfache, daß Ungeheuerliches und Maßvolles, trübe Gärung und aushebende Klärung nebeneinander sich bewegen und eine entschlossene Kräftigkeit in unbeholfener Erscheinung zu Tage kommt.

Die Malerei überwiegt bereits, die Plastik schreitet selbst langsam an dem baulichen Ornament voran, und zeigt sich zuvörderst in kleinen Elfenbeinschnitzereien an Diptychen, Bücherdeckeln, Kästchen bald in heimischer Weise naiv roh, bald sauber und zierlich nach byzantinischen Mustern. Werke letzterer Art aus Sanct Gallen (um 900), Bamberg (um 1000), Metz gesellen zu Christus und den Aposteln die Erde und das Meer, die Sonne und den Mond nach antiker Ueberlieferung; ein Fortschritt bekundet sich im Ausdruck leidenschaftlicher oder inniger Gefühle, aber die formalen Gesetze werden vernachlässigt, die ungeschickt behandelten Köpfe, Hände, Füße sind ungebührlich groß, und mahnen daran daß die Kirche den unmittelbaren Blick auf die Natur entbehrt, daß nicht von dieser, sondern von der Seele aus die christliche Kunst sich entwickeln sollte. Die gottesdienstlichen Geräthe, die Altäre wurden mit kostbaren Metallen und Edelsteinen mehr stofflich werth- und

Der romanische Stil. Plastik und Malerei.

prunkvoll als formenschön ausgestaltet. Kelchen und Weihrauch-
gefäßen gab man gern die zweckwidrige Gestalt von Drachen, Greifen,
Löwen oder Kaninchen. Die Kaisersiegel der Ottonen halten bei
aller Roheit der Ausführung an classischer Grundlage fest. Seit
dem 11. Jahrhundert versucht sich der Erzguß in größern Werken.
Bischof Bernward von Hildesheim läßt die Thür für den Dom
aus 16 viereckigen Feldern herstellen; die Schöpfungsgeschichte, die
Jugend und Passion Christi werden in Reliefs durch wenige miß-
gewachsene und stämmige Figuren mit sprechenden Geberden deutlich
ausgedrückt, durch die stumpfen Formen bricht hier und da eine
frische Empfindung, ein naturwahrer Zug hervor. Eine 15 Fuß
hohe Erzsäule ist von Reliefstreifen umwunden nach Art und Vorbild der Trajansäule, das Leben Jesu veranschaulichend, roh in der
Form, doch lebendig in der Auffassung; — Lübke nennt sie treffend
das plastische Seitenstück zu den lateinischen Dramen der Gandersheimer
Nonne. Die Flügelthüren des augsburger Doms stehen
dem griechischen Reliefstil näher; alttestamentliche Scenen wechseln
mit den phantastischen Gebilden; eine innere Anmuth regt sich
schüchtern wie in den Bewegungen beim Uebergang aus dem kindisch
Unbeholfenen in das Jungfräuliche.

Frankreich begann die Steinsculptur mit ungeschickt verschro-
benen Figurengruppen an Säulencapitälen. Haltung und Gewandung der Gestalten zeigt in der Provence den Nachklang spätrömi-
scher Sculptur. Dagegen regt sich in Burgund der frische Sinn
für Ausdruck und Bewegung energisch, wenn auch noch rohe und
kolossale Teufel und Engel neben den kleinen Menschen in der Darstellung des jüngsten Gerichts zu Autun sind, ebenso kühn wie
verständlich in den Motiven und Geberden. Dagegen wuchert in
Aquitanien die räthselhafte Phantastik des Keltenthums in arabeskenhaft krausen Gebilden und träumerisch weichen Formen. Dann
nahm der zu gediegener Klarheit entfaltete architektonische Stil die
Plastik in seine Zucht, lehrte sie dem Raume sich anschließen und
in herber Strenge den festen Linien des Baues und ihrer feierlichen
Gesammtwirkung sich eingliedern. So zu Clermont, zu Chartres,
Saint Denis, zu le Mans und Bourges. Aehnlich in Deutschland; zu Regensburg, Basel, Halberstadt, Gröningen sind Arbeiten
von strenger Schlichtheit erhalten. In Italien war der Formensinn altersschwach und stumpf geworden. Doch preisen sich die
Werkmeister selbst und preist sie das Volk ob ihrer Fratzen, die
auch was ehrwürdig und anmuthig sein soll ins Mißgestaltete ver-

lehren. Die Hierarchie stellte der Verwilderung byzantinische steife Strenge entgegen; das Lebensgefühl bäumte sich gegen solche auf, ehe es durch sie in Ordnung gebracht wurde. Modena, Verona, Ferrara, Pavia zeigen nordischen Einfluß, während Toscana den feinen Geschmack seiner Bauten noch keineswegs auf die Bildwerke überträgt. Betrachtet man die Bildwerke dieser Zeit für sich, so bleibt allerdings noch das Meiste ungenügend; aber an Ort und Stelle fällt hier das noch Steife und Starre, dort das noch ungefüg Derbe oder die Mischung des Zierlichen und Rohen in Gestalt und Ausdruck minder auf, weil sie im Zusammenhang mit dem Bau und als seine Ornamente wirken.

Das Interessanteste und Bedeutendste dieser Zeit ist ein großes freies Bildwerk, das Relief der Eggsternsteine bei Horn in Westfalen. Es ist in die Felswand bei einem alten Grottenheiligthum eingehauen, das 1115 dem christlichen Gottesdienst geweiht wurde; 16 Fuß hoch, 12 Fuß breit stellt es eine Kreuzabnahme dar. Das Kreuz in der Mitte ist bereits leer; am Ende seiner Querarme trauern in Medaillons Sonne und Mond nach antiker Weise personificirt; an seinem Fuße stemmt sich ein tragender Mann unter den Christusleichnam, dessen Brust über seiner Schulter ruht, während die nachschreitende Maria mit ihren Händen das im Profil gebildete Haupt des Sohnes hält und stützend an ihr eigenes anlehnt. Ihr entspricht auf der andern Seite Johannes, und so befangen seine herzliche Theilnahme sich ausdrückt, so zeugt doch seine Stellung in der Composition von einem bewundernswürdigen Sinn des Künstlers für Ebenmaß und Rhythmus. Ueber Christus, oberhalb des Querballens am Kreuz schwebt Gottvater, und hält die Seele Christi in Gestalt eines Kindes auf dem linken Arm; die Siegesfahne, die er trägt, und ein über den Querbalken gelehnter Mann füllen entsprechend die andere Seite in freier Symmetrie. So ist das Ganze wohlgegliedert, die Auffassung ist voll Kraft und Würde, die Strenge der Behandlung im conventionell regelmäßigen Faltenwurf dient einem freien Naturgefühl zur Folie, und die Innigkeit der Empfindung in der Gruppe von Jesus und Maria ist gleich zart und gleich edel. Unter dieser Composition erheben Adam und Eva, vom Höllendrachen umschnürt, flehend die Arme, und so vollendet sich das Ganze zum tiefsinnigen Bilde von Schuld und Erlösung, schlicht, klar und ergreifend. Unter ähnlichen Arbeiten in der Umgegend, wie zu Erwitte, Soest, Beckum, die alle von großartiger Gediegenheit sind, ragt es als das Meisterwerk hervor.

In der Malerei tritt uns zunächst das Gefühl für die Farbe entgegen, die in ihrer Wirkung auf das Gemüth lebhaft empfunden und in ihrem Anklang an seine Zustände symbolisch verwerthet wird. In den Miniaturen wird die naturwahre Farbe im einzelnen gar oft mit der von der Harmonie des Ganzen verlangten ausgetauscht, oder es spielen im Hintergrunde die regenbogenhaft schimmernden Farben mit phantasmagorischem Reiz. Man fing jetzt an die Kirchenfenster mit Glas zu schließen, und die mittelalterliche Technik konnte dasselbe leichter farbig als weiß bereiten; es lag nahe die bunten Teppichmuster im Glas mosaikartig zu wiederholen. 982 schreibt der Abt Gosbert von Tegernsee an den Grafen Arnold: „Die Fenster unserer Kirche waren seither mit alten Tüchern verhängt; zu euren glückseligen Zeiten erglänzt der goldgeschmückte Sol zum ersten mal durch die von Malereien buntfarbigen Gläser auf den Platten des Fußbodens unserer Kirche, und alle Herzen sind von vielfachen Freuden durchdrungen." Dort entstand die Werkstatt die nun auch lernte die zum Gemälde zu verbindenden Scheibchen mit einer im Feuer verglasten Masse zu schattiren, Umrißlinien in die farbigen Flächen einzuzeichnen und einzubrennen, und so nicht bloß mit Ornamentmustern, sondern mit Figurenbildern die Fenster zu schmücken; gern mochte man sich des glühenden Farbenzaubers erfreuen den das durch sie glänzende Sonnenlicht hervorrief, während das Innere der Kirche ein sanftverschwebender Dämmerschein erfüllte. Aber auch die Felder der Decke, die Wände wurden mit Bildern bemalt; in architektonischer Umrahmung traten die Figuren auf blauem Grund hervor, indem die Umrisse mit einfachen Farben kräftig ausgefüllt wurden. Der in der Absis thronende Christus, einzelne Heilige, Gruppen zur Darstellung paralleler alt- und neutestamentlicher Geschichten traten dem Beschauer entgegen und riefen überall zur Andacht, zur Feier des Herrn. Erhalten ist aus dem 10. und 11. Jahrhundert nichts, die Werke des 12. aber, die an romanischen Kirchen unter der Tünche wieder hervorkommen, wie zu Saint Savin in Poitou, zu Schwarzrheindorf, Braunschweig, Halberstadt lassen erkennen daß auch hier die starre Strenge der byzantinischen Ueberlieferung mit dem frischen rohen Naturdrang der Germanen gerungen, die Lust am bunten Prunk der Architektur einen mannichfaltigen Schmuck bereitet hat. Allmählich schärft sich der Blick für die Hauptzüge des körperlichen Organismus, und die Bewegungen gehen frei in einen würdevollen Rhythmus der Composition ein; gedankenvoll und tiefsinnig erbaut sich ein Ganzes aus dem innern Zusammenhange der planvoll gewählten Bilder. Italien, Venedig und Palermo voran, zeigt auf ähnliche Weise wie der byzantinische Typus in den Mosaiken mit neuem Lebensdrang in glanzvollen Werken beseelt wird. Auch die Miniaturen der Handschriften gehen im 10. Jahrhundert nicht von der Natur aus, sondern übersetzen zunächst die antike Ueberlieferung ins Barbarische, erfreuen aber durch reizenden Farbenwechsel. Wie das eigene Gefühl sich energischer regt, verwildern und verkrüppeln die Formen im 11. Jahrhundert, bis wiederum architektonische Strenge die rohe Willkür in Zucht nimmt, und so der künftigen Entwickelung den Boden bereitet. Die Stoffe der Malerei sind fast durchweg kirchlich; doch begegnet uns am Anfang unserer Periode die Kunde von einem Gemälde des Sieges über die Ungarn bei Merseburg, dessen Lebendigkeit die Zeitgenossen rühmen, und gegen das Ende erzählt uns der erhaltene Teppich von Bayeux, ein zwei Fuß hoher, 210 Fuß langer Leinwandstreifen, die Geschichte der Eroberung Englands durch den Normannenherzog Wilhelm mit einem dreisten Naturalismus, welcher Kampfscenen aller Art deutlich schildert. Die Stickerei gilt gleich der so manches kirchlichen und weltlichen Prachtgewandes für ein Werk fürstlicher Frauenhände; sie reiht in fortlaufendem Relief Figur an Figur, Scene an Scene, und ornamentirt den Rand mit sinnigen Arabesken.

Im ganzen also zeigt sich das Element der aufstrebenden Naturkraft, die aber noch ungefügig aufblickt, und das der Ueberlieferung und der Schule, die aber steif und starr geworden. So stand einst dem frischen Lebensdrang Griechenlands das alte Aegypten mit seiner Formenstrenge zur Seite, wie Byzanz dem westlichen Europa. Gern griff die unsichere Hand, die schwankende Empfindung nach dem Halt den ihr die Festigkeit der Typen und der Technik bot, und das Weltalter der Vermittelung hatte die doppelte Aufgabe entweder diese alterthümlichen Formen mit neuem persönlichen Gefühl zu durchdringen und zu beseelen oder die noch gärenden und wilden Triebe der eigenen Kraft zu Maß und Klarheit durch die Zucht der Schule zu läutern.

Wissenschaft und Dichtung in der Periode des romanischen Stils.

In Italien, Frankreich, Spanien entwickelten sich aus dem Lateinischen allmählich die volksthümlichen Mundarten zu den neueren Sprachen, in Deutschland lief das Lateinische neben dem Deutschen her, ward aber während einiger Jahrhunderte das Organ der Bildung; in England verschmolzen beide Elemente. Wie in der Urzeit Kunst und Wissenschaft unentwickelt und ungesondert in der Wiege der Religion lagen und im Mythus ihren Ausdruck fanden, so war auch jetzt die Theilung der geistigen Arbeit noch nicht vorhanden. Die Kirche war Culturträgerin, und die Geistlichen walteten nicht blos der Seelsorge oder lasen Messe, sie schrieben auch in der Reichskanzlei, sie saßen mit den Fürsten als ihre Genossen zu Rath, und übten und pflegten die Kunst am Hof wie im Kloster. Bischof Bernward von Hildesheim entwarf und leitete Bauten, goß in Erz, predigte das Evangelium und ward Kanzler des Reichs, Lehrer des Kaisers. Benno von Osnabrück zog mit zu Felde gegen die Ungarn, legte Wasserbauten am Rhein an, und hatte Künstler in seinem Gefolge, wenn er den Kaiser auf Reisen begleitete. Es ist selbstverständlich daß wenn auch in den Klöstern alle in allem Unterricht erhielten, die Naturanlage doch in einzelnen Zweigen zur Auszeichnung führte, und daß die Kräfte dann demgemäß verwandt wurden, und so kam man allmählich zur Scheidung der geistigen Arbeitsfelder.

Wie die Kirche ihre äußere Macht aufrichtete, strebte sie auch ihre Lehre fest zu begründen. Wir nennen hier aus dem 11. Jahrhundert den Lombarden Anselm, der in Canterbury Erzbischof ward und ebenso eifrig für die Hierarchie kämpfte, als er nach einem vollständigen System der Kirchenlehre hinarbeitete. Der Glaube soll der Erkenntniß vorangehen, credo ut intelligam; wir müssen erst durch die Sinne oder innerlich erfahren was wir begreifen sollen. Es wäre Geistesträgheit, wollte man nicht auch verstehen lernen was das Herz gläubig erfaßt; aber kein Christ soll disputiren auf welche Weise das nicht sei was die Kirche bekennt, und wenn er es auch nicht begreift, soll er nicht die Hörner zum Stoßen erheben, sondern das Haupt zur Anbetung neigen. So formulirte Anselm die Aufgabe der Scholastik. Gott ist ihm das allgemeine

Sein, das Gute und die Wahrheit; in der Welt ist nur das wahr was an ihm theilhat, nur das gut was nach ihm trachtet. Gott ist das Höchste, und dasjenige als welches kein Größeres gedacht werden kann, das Unendliche muß auch nothwendig existiren; denn würde es blos gedacht, so fehlte ihm ja die Existenz, und es wäre nicht das Höchste, Vollkommene. So sucht er das Dasein Gottes durch einen Schluß zu erweisen, der allerdings nur folgern dürfte daß Gott als seiend gedacht werden müsse; ob aber unserm Gedanken die Wirklichkeit entspricht, ist eine andere Frage.

Die griechischen Philosophen Platon und Aristoteles wurden nicht im Original gelesen, man kannte von ihnen was man bei Kirchenvätern fand, aber von Boethius an zog sich in den Schulen ein Streit fort, den man an sie anknüpfte und der seit dem 11. Jahrhundert die Denker in zwei Heerlager theilte. Die Frage war ob die allgemeinen Begriffe der Arten und Gattungen Realität hätten, oder bloße Worte und Namen für unsere Vorstellungen wären. Das erstere behaupteten die Realisten, das andere die Nominalisten; wir würden jetzt eher den einen Realisten nennen der die einzelnen Dinge für das Wirkliche nimmt, den mittelalterlichen Realismus, der die Wirklichkeit der Gedanken lehrt, als Idealismus bezeichnen. Wie die Phantasie des Mittelalters geistige Kräfte, Eigenschaften, Tugenden allegorisch personificirte und den Engeln anreihte, so verfestigten sich ihr, zumal in der fremden Sprache die Begriffe, die Gattungen, die Arten zu Gedankendingen; sie sah die Ideen nicht blos in dem persönlichen Geist und in den Erscheinungen als deren Gesetz oder Gattungsbegriff verwirklicht, sondern schrieb ihnen auch eine selbständige Existenz zu. Man gewahrte wie die Dinge vergehen, während ihre Allgemeinbegriffe, die Universalien, bestehen bleiben, man nahm diese für Gedanken Gottes, die vor den Dingen ihre Wirklichkeit hätten, und dann in den Dingen das Wesen derselben ausmachten, sodaß Wilhelm von Champeaux alles Individuelle und Besondere zu bloßen Modificationen der Gattungsbegriffe machte, die als geistige Substanzen ihnen einwohnten, während Roscellin dagegen die allgemeinen Begriffe nur für Worte erklärte, für Bezeichnungen unserer Vorstellungen von den Dingen; diese in ihrer Besonderheit seien das Reale, nur das Individuelle das Wirkliche. Er gerieth in Widerspruch mit der Kirche, da er aus dieser Ansicht folgerte es sei nicht Ein göttliches Wesen in dreifacher Weise offenbar, sondern drei göttliche selbständige Individuen, drei Götter. Man nahm eben die Formeln der überlieferten Dogmen, man suchte ihren Sinn weder von innen heraus noch durch die Kenntniß ihres geschichtlichen Werdens zu erschließen, sondern wandte fremdartige Mittel äußerlich auf sie an oder unterwarf ihnen die neuen Gedanken.

Die antike Ueberlieferung gab der Darstellungsweise der Schriftsteller Halt und Klarheit bei ruhigem Ueberblick, wie ihn der Geschichtschreiber Lambert von Aschaffenburg zeigt. Doch trang in die Prosa wie in den Vers das neue Lebensgefühl mit seiner musikalischen Klangfreudigkeit und gefiel sich in Wort- und Reimspielen. Mitte und Ende des Hexameters sollten aneinander anklingen, wie aus dem bekannten Spruch aus jener Zeit: Roma caput mundi regit orbis frena rotundi. Nach dem angeblichen Erfinder Leon am Ende des 5. Jahrhunderts heißen solche Verse Leoninische. Wir haben in Italien lateinische Reimchroniken, und wie schon Karl's des Großen Geschichte in lateinischen Preisgedichten erzählt ward, so verfaßte die Nonne Hrotsvitha zu Gandersheim einen Lobgesang auf die Thaten ihres Kaisers, Otto des Großen, ausgezeichnet durch Charakterschilderungen und die Kenntniß von der innern Geschichte des sächsischen Fürstenhauses. Sie steht in der Mitte jener edeln deutschen Frauen, die fromm und weise wie Heinrich's I. und Otto's I. Gemahlinnen Mathilde und Edith, oder gelehrt wie Gerberga von Baiern, wie Herwig von Schwaben, milde Sterne der kriegerischen Zeit waren. Ego clamor validus sagt sie selbst, und als helle Stimme deutet Grimm ihren Namen, während andere sie die weiße Rose nennen, beides bezeichnungsvoll. Hrotsvitha begann mit Legenden in Leoninischen Hexametern; sie folgte der überlieferten Erzählung getreulich nach, aber der deutsche Sinn zeigte sich bald in feiner Individualisirung und Seelenmalerei, bald in warmem Naturgefühl, und nachdem der Faust unser Nationalgedicht geworden, mögen wir gern gedenken daß sie zuerst davon gesungen wie Ehrgeiz oder Liebesleidenschaft einen Menschen zum Bündniß mit dem Teufel getrieben, die göttliche Gnade aber den Gefallenen wieder erlöst hat.

Am wichtigsten ist uns Hrotsvitha als die Begründerin des germanischen Dramas. Sie selbst sagt in ihrer an die arabischen Makamen anklingenden Reimprosa daß der gebildeten Sprache wegen viele der heidnischen Schriften Süßheit vor der heiligen Schriften Nützlichkeit den Vorzug zu geben pflegen; ja die auch sonst nichts weiter begehren, lesen doch stets von neuem des Terentius Mären, und entwelken die Seele durch der Sache Gemeinheil, während sie sich ergötzen an der Sprache Feinheit und Reinheit. Daher für sie der Drang und Grund als Gandersheims Heller Klang und Mund ihm nachzudichten, auf daß in ähnlicher Redeweise in welcher wollüstige Weiber Liebe, auch heiliger Jungfrauen reine Triebe geschildert würden zu ihrem Preise. Freilich ward sie von Röthe übergossen, wenn sie so süße Zwiegespräche, wie sie nicht hören durfte, kunstvoll ausprägte; aber je verführerischer das Schmeichelwort, um so herrlicher der Sieg der Menschen oder der Ruhm des himmlischen Helfers. Und so zeigt sich denn in Hrotsvitha's Dramen das christlich germanische Element zugleich darin daß sich die Reinigung und Sühne innerlich im Gemüthe vollzieht, während bei Terenz im besten Fall die Hetäre als Bürgerstochter legitimirt und zur Ehe genommen wird. In ihrem eigenen Leben, in ihrem Nonnenthum ist Hrotsvitha der Spiegel der Zeit, welche die Ueberwindung sündlicher Sinnlichkeit in Weltentsagung erblickte und statt des irdischen Bräutigams den himmlischen erwählte. Erst die Folgezeit lernte die Natur und den Geist in echter Liebe versöhnen. Einige Dramen zeigen die Standhaftigkeit des Glaubens im Märtyrertode; zwei schildern die Bekehrung verlorener schöner Kinder. Die ägyptische Maria entflieht dem Einsiedlerleben des Oheims Abraham mit einem Geliebten und geht, als der sie schnöde verlassen, in ein Freudenhaus. Dorthin kommt, in einen Reiter verkleidet, der Oheim, und an seiner Brust umhaucht es sie wie Waldesduft, überkommt sie ein Dämmerschein der Erinnerung an die entschwundene Seligkeit; sie erschrickt zu Thränen, und der Einsiedler führt sie, eine büßende Magdalena, mit sich heim. In dem andern Drama knüpft Paphnutius die Mahnung zur Umkehr an das Wort der Sünderin: sie wolle ihn führen in ein heimlich Gemach, das außer ihr niemand kenne als Gott. Wie möge sie doch vor dem Auge des Allsehenden seine Gebote übertreten? — So ist der Plan der Stücke einfach, aber der Gang der Handlung wird immer mit sichern Strichen gezeichnet, und die Klarheit der Motive, die Innigkeit der Empfindung, die Naivetät des Ausdrucks entspricht den altdeutschen Gemälden. Wir vertiefen uns gern in die Unbefangenheit alles echt Aufkeimenden, und ehren in ihm die kommende Entwickelung, aber um äußerer Aehnlichkeit willen, weil ein Jüngling am Anfang mit Freunden von seiner Liebe spricht, oder weil das Ende in einem Grabgewölbe spielt, hätte man in Kallimachus und Drusiana nicht ein Vorbild von Romeo und Julia suchen, und Hrotsvitha's Dramen, die Conrad

Celtes den bewundernden Gelehrten des 10. Jahrhunderts bekannt gemacht hatte, unter Shakspeare's Bücher versetzen sollen. Das erwähnte Drama ist allerdings das reichste und in der Anlage wie Charakterzeichnung kunstvollste; des Stoffs habe ich bei Betrachtung der Apokryphen bereits gedacht. Lieber sehen auch wir ein Vorspiel poetischen Humors, das Lächerliche und schalkhaft Erheiternde auf dunkelm wehmuthsvollem Grunde, wenn die drei gefangenen Märtyrerjungfrauen an der Bretterwand des Kerkers den Dulcitius belauschen und sich daran ergötzen wie er, der an ihnen seine Lust büßen wollte, rußige Pfannen und Töpfe zärtlich herzt und küßt und sich daran schwarz wie der Teufel färbt. Der Franzose Magnin hat diese Dramen neu herausgegeben, Bendixen sie verdeutscht, J. L. Klein sie in seiner Geschichte der dramatischen Poesie ausführlich erörtert. Es ist wahrscheinlich daß sie aufgeführt wurden, da sie ganz auf die Darstellung berechnet sind, aber einen Fortschritt über das antike Drama in dem Wechsel von Zeit und Ort bekunden. Auch sie zeigen die Bühne im Zusammenhang mit der Religion, und geben den sittlich ernsten Gehalt, den Ausdruck deutschen Gemüths in einer an das Alterthum sich anlehnenden Form.

Durch solche Form nahm auch die Heldensage ihren Durchgang; wir vermuthen oder vernehmen es in England und Frankreich, wir haben erhaltene Beispiele in Deutschland, selbst vom spanischen Cid faßte zuerst ein lateinisches Gedicht die Volksüberlieferung zusammen. Der Nibelungen Klage beruft sich auf die lateinische Darstellung die der Bischof Pilgrin von Passau aufzeichnen ließ, und was sonnte der Zeit der Ungarnkriege näher liegen als jener Riesenkampf der Burgunder gegen die Hunnen? Eine Erzählung aus diesem Sagenkreise bearbeitete der Mönch Eckehard von Sanct Gallen noch in der ersten Hälfte des 10. Jahrhunderts in lateinischen Hexametern, und ein jüngerer Namensgenosse feilte das Werk. Die kernige Frische des heroischen Zeitalters ist hier noch unverquickt mit ritterlicher Romantik. Der junge Walther von Aquitanien war Geisel bei Attila und entfloh mit der schönen Hildegund; auf der Reise nach der Heimat stellten sich ihm in den Vogesen, dem Wasgau, die Burgunderkönige von Worms mit ihrem Hagen zu Einzelkämpfen entgegen, die er ruhmreich besteht, die alle mit eigenthümlichen Zügen ausgestaltet werden; nach gegenseitigen schweren Wunden verklingt doch die wilde Streitlust in derbe Scherzreden. Noch liegt Heidnisches und Christliches nebeneinander; der Held, der in alter Weise die trotzige Herausforderung dem Feinde stolz entgegenschleudert, sinkt demüthig aufs Knie um Gott um Vergebung zu bitten oder für den Sieg zu danken. Der Dichter hat den Vergil gelesen und zum Vorbild genommen, aber im treuen Anschluß an die heimische Ueberlieferung kommt er der Homerischen Haltung nah. Die ausgeführten Gleichnisse erinnern an die Antike, und doch muthen sie uns ganz ursprünglich und vaterländisch an, wenn die Männer wie knirschende Eber sich entgegengehen, wenn sie gleich der Esche dastehen die mit der Krone die Sterne, mit der Wurzel die Tiefe sucht und unbeweglich das Tosen der Stürme verachtet, wenn der Speer wie eine zischende Schlange auf die Beute stürzt, und die Schwertschläge auf Helm und Schild fallen wie Axthiebe auf eine Eiche.

Aus dem Kloster Tegernsee und aus dem Anfang des 11. Jahrhunderts stammen die Bruchstücke des lateinischen Ruodlieb, die Schmeller geordnet und dem Mönch Fromunt zugeschrieben hat. Hier spiegelt sich bereits eine andere Zeit. Der Verkehr mit Italien und Byzanz hat die Freude am Lehrhaften wie am Wunderbaren geweckt, und an die Stelle nationaler Großthaten treten novellistische Tändeleien. Ruodlieb ist am Königshof in Afrika wohlaufgenommen, nur beim Abschied wird ihm die Wahl gegeben ob er Schätze oder Weisheit zum Andenken wünsche. Er wählt Weisheit und erhält nun zwölf gute Lehren; das Gedicht berichtet wie sie in den Abenteuern seiner Heimfahrt sich bewährten, bis er am Ende eine Königstochter zur Braut gewann. Er soll jede Rache über Nacht verschieben, an keiner offenen Kirchenthüre vorübergehen, keinen Rothkopf zum Freund wählen u. dgl. Das Wohlgefallen an höfischem Prunk wie an zierlich schalkhaftem Liebesspiel paßt zu den Reimklängen der leoninischen Verse, und den Preis der Weisheit, zu dem deutsche und orientalische Sagen gewandt werden, zeigt neben dem Interesse an merkwürdigen Naturgegenständen im Verfasser den gelehrten Geistlichen, der doch seine Lust an weltlichen Dingen hat.

Ebenso verdanken wir Geistlichen die ersten Aufzeichnungen aus der deutschen Thierdichtung in lateinischer Sprache. Ich habe bereits früher erörtert wie dieselbe in dem kindlichen Naturzustande der Menschheit aus dem gemeinsamen Leben mit den Thieren erwächst, und wie wir durch viele im Kern übereinstimmende, in der Entfaltung eigenartige Geschichten darauf hingeführt werden auch hier ein Erbgut der Arier aus ihrer noch ungetrennten Urzeit zu erkennen. Wie schon die ältesten Sprichwörter durch Beispiele aus der Thierwelt eine Lehre für menschliche Zustände geben, so lag es nahe auch jene Erzählungen, die ursprünglich nur die der Thierwelt abgelauschten Züge in naiver Freude daran darstellten, als Gleichnisse zu behandeln, und daraus entstand die Fabel, die vornehmlich ihr Kunstgepräge von den Griechen erhielt, deren auf das Menschliche gerichteter Geist nur das festhielt was ihm zum Bilde diente, und das Ganze mit schlagender Kürze auf eine bestimmte Lehre zuspitzte. Anders bei uns. Das germanische Naturgefühl vertiefte sich in die Heimlichkeit der Thierwelt und erfaßte in ruhiger Gemüthlichkeit was der Mensch an und mit den Thieren erfährt und erlebt; der Hirte, der Jäger sah im Wolf oder Fuchs bald den muthigen Gegner, bald den listigen Genossen; man rückte was wir mit den Thieren gemein haben in ein menschliches Licht, man lieh ihnen zu ihren Trieben und Handlungen Ueberlegung und Sprache, aber man dachte nicht daran ihnen ideale Zwecke und Richtungen unterzulegen, sondern blieb der Naturanschauung treu; man gab im warmen Gefühl für ihre Eigenschaften den Thieren Eigennamen und bewahrte ihre Eigenart in sprechenden individuellen Zügen, während die Fabel solche vergißt und den Fuchs in die Getreidekammer, die Geiß mit dem Löwen auf die Hirschjagd führt; man erging sich in episch behaglicher Breite der Erzählung ohne ihr eine andere Tendenz zu geben. Es sind Handlungen die wir miterleben, nicht Schilderungen; es sind die wilden Thiere des deutschen Waldes, Thierhelden, deren Kämpfe, deren Listen und Geschicke uns berichtet werden. Daher fühlt sich Jakob Grimm aus dem deutschen Thiergedicht von Waldgeruch angeweht. Seinem sinnigen Verständniß verdanken wir die Einsicht wie diese Sagen in vielhundertjähriger Ueberlieferung mit tausend Fäden an das Leben geknüpft und im Munde des Volks von Geschlecht zu Geschlecht bald abgerundet, bald mit neuen feinen Zügen ausgestattet, allmählich zusammenwuchsen und von Künstlerhand zu einem Ganzen gefügt wurden.

Ursprünglich ist der Bär der König des deutschen Waldes; erst später bringt der Löwe ein und verdrängt ihn; anfänglich ist der Wolf der Hauptheld; allmählich wie die geistige Kraft der körperlichen überlegen wird, tritt der Fuchs in den Vordergrund. Wie von selbst bietet sich die Thiersage zum Spiegel des menschlichen Treibens; es kann nicht fehlen daß einzelne Erzähler ihr satirische Beziehungen auf Zeitgenossen geben, aber es heißt die Volkspoesie ganz verkennen, wenn man ihren Grund in solchen Erfindungen Einzelner sehen will. Schon früh ward der Wolf als Mönch dargestellt, wie namentlich in lateinischen Gedichten aus dem 10. und 11. Jahrhundert; so in mittelalterlichen Steinbildern, wie im romanischen Querbau des freiburger Münsters, wo der Wolf in der Kutte von einem Mönch Leseunterricht erhält, aber vom Buch weg auf den Widder hinschielt.

Das älteste erhaltene Gedicht, Ekbasis, ist von einem Lothringer und behandelt die Krankheit des Löwen, die der Fuchs dadurch heilt daß er ihn in der abgezogenen Haut des Wolfs schwitzen läßt; daher die Feindschaft zwischen Wolf und Fuchs; dieser regiert, während der Löwe schläft. Der Isengrimus (Eisengrimmig ist bekanntlich des Wolfs Eigenname) von einem südflandrischen Dichter gibt denselben Stoff in malerischer Ausführung, und reiht daran eine andere Geschichte von der Gemse Wallfahrt, die dem Löwen erzählt wird. Der Reinardus (Rathkundig, des Fuchses Name) eines Nordflamänders aus der ersten Hälfte des 12. Jahrhunderts zeigt einen Verfasser der im Kampf zwischen Staat und Kirche gegen diese mit bittern Ausfällen zu Felde zieht, sodaß bei ihm allerdings die Erzählung oft nur den Anlaß bietet um die Lauge bittern Spottes auf die Geistlichkeit auszugießen und das Laster ironisch zu preisen. Der Inhalt des Isengrimus ist als das vierte und fünfte der zwölf Abenteuer eingereiht, die der Reinardus berichtet. Wir begleiten den Fuchs und Wolf auf ihren Beutezügen; der Wolf wird geprellt, wenn er sich in die Mitte des zu vermessenden Ackers stellt und die Widder von beiden Seiten auf ihn losrennen, oder wenn er dem Pferde vorwirft dessen Hufeisen seien gestohlene Ringe von Klosterthüren, und dafür das Siegel eines solchen Ringes in die Stirn gedrückt bekommt. Hier jagen Wolf und Fuchs mit dem Löwen ein Kalb; der Wolf macht drei gleiche Theile, und der Löwe reißt ihm ein Stück Fell von der Schulter bis zum Schwanz. Darauf soll Reinark die Beute theilen, und er legt die beste und größte Portion für den König, eine zweite für die Königin, eine dritte für den Prinzen hin; ein bei Seite geschobener Fuß möge ihm selber zufallen. Der Löwe bewilligt dies und fragt: Wer lehrte dich so theilen? Mein gezauster Oheim dort, versetzt der Fuchs.

Während auf diese Weise vaterländische Stoffe durch Geistliche lateinisch behandelt wurden und das Bestreben sichtbar ist aus mannichfachen Sagen ein Kunstganzes zu gestalten, waren es Gegenstände der christlichen Religion welche zur Zeit der fränkischen Kaiser in deutscher dichterischer Sprache behandelt wurden. Zu Sanct Gallen übte Notker seine fruchtbare Uebersetzungsthätigkeit, in Franken, in Oesterreich faßten Geistliche die Schöpfung und Erlösung, den ersten und zweiten Adam in ihrem innern Zusammenhang, und behandelten bald alttestamentliche Stoffe als die Weissagung neutestamentlicher Ereignisse, bald diese mit Bezugnahme auf jene in einer freien Weise, die der Erzählung den lyrischen Preis und die Mahnung an die Gegenwart anfügt: im Vertrauen auf den guten Führer im Kampf mit dem Bösen unser Erbe zu retten, auf dem Meer der Welt zur Heimat, zum Himmel zu steuern, das Kreuz zur Segelstange, den Glauben zum Segel, die guten Werke zu Tauen, den heiligen Geist zum Fahrwind. Die Erwartung des Weltuntergangs führte zu Dichtungen vom jüngsten Tag, von den Schrecken des Todes, von der Eitelkeit der Welt und ihrer Lust und Pracht. Man suchte und fand eine Helferin, Trösterin, Fürsprecherin in der Jungfrau Maria, und warb mit Lobgesängen um ihre Gunst. Ihren Namen deutete man nach dem Lateinischen (mare) und begrüßte sie als Stern des Meeres, deß mildes Licht die Fahrt zum Hafen leite:

Im lateinischen Kirchenliede einte sich die weiche Musik des Reimes immer inniger mit der Kraft der alten Römersprache. Zogen die Pilgerscharen durch die Thore der ewigen Stadt, so sangen sie im Chor:

> O Roma nobilis, orbis et domina,
> Cunctarum urbium excellentissima,
> Roseo martyrum sanguine rubea,
> Albis et virginum liliis candida,
> Salutem dicimus tibi per omnia,
> Te benedicimus, salve, per saecula.

> Roma du edle Stadt, erdebeherrschende,
> Hoch ob den andern Orten erhabene,
> Rosig im Märtyrerblute geröthete,

> Hell von jungfräulichen Lilien strahlende,
> Grüße dir bringen wir, hehre, durch jegliche
> Zeit, und wir singen dir Heil für Jahrhunderte!

König Robert von Frankreich pries den heiligen Geist in melodischen Klängen:

> Unser Tröster, unsre Rast, du der Seele süßer Gast,
> Süße Labung, zeuch herein!
> Du in Arbeit unsre Ruh, in der Hitze Kühlung du,
> Trost und Hülf' in Noth und Pein!

Niemand aber sang melodischer von der himmlischen Herrlichkeit, um das Herz zur Liebesglut zu entzünden und für den Herrn zu werben, als Pater Damiani; auch ihm verklärt sich das Natürliche in das Geistige; der Geist ist nicht naturlos, sondern offenbart sich im Sinnlichen, das ganz harmonisch zu ihm stimmt in allseliger seliger Lebensvollendung.

> Zu des ew'gen Lebens Quellen ist der durst'ge Geist entbrannt,
> Und die eingeschloss'ne Seele sprengte gern des Körpers Band,
> Kämpft und ringt in der Verbannung, strebt empor zum Vaterland.
>
> Welche Wonne, welch Entzücken dort am großen Hochzeitsmahl,
> Wo sich aus lebend'gen Perlen hebt und wölbet Saal an Saal,
> Wo das Gold der Hallen funkelt um der Edelsteine Strahl.
>
> Winters Kälte, Sommers Hitze bleiben ferne solchem Ort,
> Hier in ew'gem Frühling glühen rothe Rosen fort und fort,
> Wiesen grünen, Saaten reifen, Bäche Honigs fließen dort.
>
> Balsam träuft, der Safran glänzet, Lilien blühn in weißem Kleid,
> Durch die Lüfte würz'ge Düfte wehn und wallen weit und breit,
> Durch das Laub der Haine schimmern Aepfel der Unsterblichkeit.
>
> Nicht des Mondes bedarf es dorten, nicht der Sterne holder Schar,
> Gottes Lamm ist selbst die Sonne, und ihr Schein unwandelbar,
> Und der Seligen Siegeskronen leuchten alle tagesklar.
>
> Aller Fehl ist abgewaschen, alle Lockung, aller Schmerz,
> Und das Fleisch ist Geist geworden, Leib und Geist sind nur Ein Herz;
> Sie genießen Freud' und Frieden, aller Streit sank niederwärts.

Zu dem Ursprung wiederkehrend, vom Vergänglichen befreit,
Schaun sie nun die gegenwärt'ge Wahrheit ohne Schleierkleid,
Trinken aus lebend'gen Quellen urgeborne Süßigkeit.

Trinken Kraft der ew'gen Jugend, denn das Sterben selber starb,
Blühn und grünen unbekümmert, das Verderben ja verdarb;
Tod ist in den Sieg verschlungen, den das Leben sich erwarb.

Nun sie kennen den Allweisen, was ist ihnen unbekannt?
Liegt das Innerste der Dinge offenkundig dem Verstand;
Und sie wollen was sie sollen, einig in der Liebe Band.

Und wenn jeder gleich der eignen Arbeit Früchte ernten muß,
Brut die Liebe doch den andern freudig ihren Ueberfluß,
Und so wird was einem eignet allen andern zum Genuß.

Aus melod'schen Stimmen quillet immer neue Melodie,
Und von Flöten und von Harfen schwillt der Strom der Harmonie,
Wie sie singen Preis dem König, der den Sieg, das Heil verlieh.

Selig, selig ist die Seele, die vor ihrem König steht,
Unter deren Füßen unten sich des Weltalls Achse dreht,
Sonn' und Mond mit den Gestirnen ferne still vorübergeht.

Die Kreuzzüge und ihre Folgen für Staat und Kirche.

Gregor VII. hatte nicht blos die Geistlichen wie eine feudale Gefolgschaft des Papstes geordnet und gegliedert; sie sollten auch als die Streiter Gottes in weltlichen Dingen die Entscheidung geben, und er gedachte die Kraft des Westens zu sammeln, und selber sie zur Unterwerfung des Ostens, zur Eroberung des heiligen Grabes zu führen. Der Aufruf zu den Kreuzzügen erging auch von der Kirche aus durch Urban II., aber die Leitung und Ausführung ward Sache des Ritterthums. Im Zusammenwirken von Staat und Kirche fand das Mittelalter seinen Höhepunkt, und deutlicher, glänzender denn irgend sonst traten Gemüth und Phantasie als die treibenden Mächte der Zeit hervor. Die fromme Wallfahrt ward zum bewaffneten Heereszug, der reckenhafte Thatendrang stellte sich in den Dienst der religiösen Idee; man konnte die Schätze des Orients erbeuten indem man ein gottgefälliges Werk that; der Wandertrieb, die Abenteuerlust der

Germanen und Kelten hatte ein weihendes Ziel gefunden, und Christus selbst erschien wie der große Gefolgsherr, der seine Mannen aufbot um das Land in Besitz zu nehmen wo er gelebt und gelitten; durch irdisches Heldenthum sollten sie Vergebung der Sünde, die himmlische Krone verdienen. Vor 300 Jahren hatten die Karolinger den Muhammedanern im Westen widerstanden, jetzt wollte man gesehen haben wie Karl der Große aus dem Schlaf in Bergesluft erwacht seinen Heerzug ostwärts durch die Lüfte geführt habe, jetzt erhob sich Europa zum Angriff nicht blos gegen die Mauren in Spanien, sondern gegen das unchristliche Morgenland, und es war als ob eine hochgehobene Woge der Völkerwanderung zurückflutete. Aber in und mit den Kreuzzügen vollzog sich ein Umschwung des innern und äußern Lebens zu einer neuen Periode der Geschichte; die Kirche, der Glaubenseifer begann den Kampf, doch die weltlichen Kräfte schlossen ihn ab und ihre Interessen hatten den Gewinn davon; Jerusalem ward von den Rittern erobert und wieder verloren, aber der Völkerverkehr war angebahnt, der Handelsweg nach Osten eröffnet, der Kaufmann, der Handwerker, das Bürgerthum der Städte war emporgekommen. Romanen aus Frankreich und Italien, Germanen, keltische Walliser und Bretagner, Normannen und Provenzalen, Griechen und Armenier strömten im Feldlager zusammen, tauschten ihre Anschauungen und Gefühle, ihre Kenntnisse, Fertigkeiten und Sagen aus; sie kamen gerade in dieser Wechselwirkung zum Vollbewußtsein der Nationalität; für die neuen Eindrücke und Empfindungen genügte die alte lateinische Sprache nicht mehr, der volksthümliche Ausdruck des eigenen Tendens und Erlebens trat an die Stelle der gemeinsamen kirchlichen Cultur. Aus den Händen der Geistlichen kam Poesie und bildende Kunst in die der Laien, der Ritter, dann der Bürger; eine gemeinsame weltliche Sitte entwickelte sich für die leitenden Kreise der Gesellschaft im Wechselverkehr der Völker und fand wieder ihren Ausdruck in der Dichtung, die von der Legende zum Abschluß der Heldensage, vom Kirchengesang zum sinnlichen Liebeslied und zur romantischen Liebesgeschichte kam. Sieh! doch Gervinus in den Kreuzzügen sogar die höchsten Wendepunkte der alten Welt zur neuen, die große Umwälzung vom antiken zum modernen Leben. Bis zu ihnen war im Reich des Geistes Griechenland und Rom immer noch leitend; von jetzt beginnt jene schrankenlose Herrschaft des Gemüths und der Empfindung. Wir

Die Kreuzzüge und ihre Folgen für Staat und Kirche. 229

können uns hierfür auf die Architektur berufen; der romanische Stil zeigt immer noch die antiken Traditionen, der gothische entfaltet sich mit seiner himmelanstrebenden Triebkraft in Strebepfeilern, Spitzbogen und Thürmen zum glänzenden Gegensatz des griechischen Tempels mit der verwaltenden Horizontale die auf den Säulen lagert.

Die Kreuzzüge beginnen die Eröffnung der Welt im nicht mehr zu hemmenden Völkerverkehr, und sie bringen das Gemüthsleben des Nordens zur Blüte. Die frischen Völker der Geschichte kommen nun zur Mündigkeit der Jugend; ein Hauch der Jugendlichkeit in Waffenfreude wie in schwärmerischer Innigkeit der Gefühle weht durch die ganze Zeit und gibt ihr den Duft und Zauber, der auch hier noch das Ungefüge, Wilde, Unreife, dort das Uebertriebene und Verstiegene umfließt.

Mit dem Rufe: „Gott will es!" hefteten nicht blos Tausende von Rittern das Kreuz auf ihre Schultern, auch das niedere und arme Volk scharte sich um den langbärtigen Einsiedler, der auf seinem Esel durch das Land ritt, auch Kinder brachen auf um nach Jerusalem zu ziehen. Je gedrückter, verwirrter, je rathloser in kleinen Fehden die öffentlichen Zustände geworden, desto sehnsüchtiger hatten die Gemüther Trost und Heil in der Religion gesucht; jetzt aber sollten sie statt mönchisch die Welt zu fliehen sie ritterlich erobern, Christus wollte selbst ihr Führer sein, sie sahen ihn über den Wolken, feurige Schwerter wiesen ihnen unter den Sternen den Weg; die allgemeine Begeisterung der Massen überwältigte alle Sonderbestrebungen, alle selbstsüchtige Klugheit der Fürsten, und drängte zum Sieg; eine große Leidenschaft, ein gewaltiger Schwung hatte die Seelen erfaßt, neben den fanatischen Priester stellte sich der Verbrecher welcher Entsündigung, der Hungernde, der Bettler welcher eine Rettung aus seiner Noth durch den Kampf finden wollte, und das Schwert ward gesellt um das Reich Gottes auszubreiten. Eine völlig neue Welt bezauberte die Sinne, beflügelte die Phantasie; das Außerordentliche das man erlebte wuchs in der Einbildungskraft, und diese sah die Wunder an die sie glaubte, auf die sie hoffte. In solcher gemeinsamen Erhebung der Seelen durch die Macht der Idee sehen wir die weltdurchwaltende Vorsehung; es war ein inneres Erlebniß das sich in dem Ruf aussprach: „Gott will es!"

Während die Führer des ersten Kreuzzugs in Briefen an den Papst über die wirkliche Geschichte berichteten, vollzog sich bereits eine phantastische Spiegelung derselben in den Erzählungen beim abendlichen Wachtfeuer des Lagers, in den Liedern durch die jeder Stamm seine Thaten und Helden feierte und begreiflicherweise nicht versäumte die gemeinsame Entscheidung wie die kecksten Reckenstreiche oder den höchsten Glaubenseifer der eigenen Genossenschaft zuzuschreiben. Der fromme kühne Gottfried von Bouillon, statt dessen jene Berichte von Bohemund und andern reden, war der Mann nach dem Herzen des Volks, und als er das Königthum in Italien erhielt, da konnte man nicht anders denken als daß er bereits den Oberbefehl des Heerzugs gehabt, da wurden im Abendland vor allen nach ihm die Heimkehrenden gefragt, und ihre bunten volltönenden Erzählungen erhielten ihn ungesucht zum Mittelpunkt, an den die fahrenden Sänger anreihten was sie von Ort zu Ort ziehend dem wißbegierigen Volke verkündeten. Die welche Peter dem Einsiedler sich angeschlossen, glaubten selbst nicht anders als daß alles von diesem ausgegangen, und bald sang man zu Hause was die Sarazenen von dem unheimlichen Troß des Bettelprinzen Tafur gefabelt, daß diese Rotten nicht blos figürliche Türkenfresser gewesen, sondern sich das Fleisch der erschlagenen Feinde gebraten. Die Clermonter Kirchenversammlung ward in die Maientage verlegt, denn wie konnte die Natur novemberlich öde gewesen sein, wie konnten das Grün der Wiesen, die Blumen des Feldes, der Gesang von Amsel und Lerche gefehlt haben als solch ein Frühlingstrieb frisch in der Menschheit hervorbrach? Noch sind uns dichterische Erzählungen in französischen Reimzeilen erhalten im volksmäßigen Ton epischer Fülle und Breite. Ein Geistlicher zu Aachen, Albert, vereinigte Lieder und mündliche Mittheilungen 20 Jahr nach Gottfried's Tod zu einer lebendigen Darstellung in lateinischer Prosa. Er ward die Quelle für die spätern Zeiten, die sich an Peter dem Einsiedler als Urheber, an Gottfried als Oberfeldherrn des ersten Kreuzzugs gefreut; hier fand Tasso den Stoff seines befreiten Jerusalems, und während er meinte historische Thatsachen mit dichterisch freien Erfindungen zu umweben, brachte er selbst nur mit künstlerischem Sinn die alte volksthümliche Poesie zu Rundung und Abschluß. Sybel, der die Sage und das Factische hier klar gesondert hat, setzt hinzu: „Wir wissen ja daß das geschichtliche Leben nicht blos in Schlachten und Belagerungen verläuft; auch die Thaten des Geistes und die Schöpfungen der Phantasie gehören zu seinem würdigsten Inhalt, und bei dem

Kreuzzuge nehme ich keinen Anstand die Dichtung jener Lieder beinahe für ein größeres Ereigniß zu halten als die Erstürmung von Jerusalem. Denn der äußere Besitz wurde nach wenigen Jahrzehnten wieder eingebüßt und war im Grunde von Anfang an hoffnungslos: in jenen Sagen aber sehen wir die erste Regung einer frohen innern Wiedergeburt, das erste Pulsiren eines frischen geistigen Lebens nach einem Jahrhundert beklommener und dumpfer Schwärmerei, — eine Wendung welche einmal ergriffen für Europa nicht mehr verloren ging, sondern Schritt auf Schritt den Welttheil mit ihren Schwingungen erfüllte." — Wenn ich auch nachgewiesen habe daß unter der Decke der officiellen lateinischen Literatur im stillen der Strom der Heldensage von Siegfried, Dietrich und Karl im deutschen Herzen fortwogte, — und wie hätte er sonst im 12. Jahrhundert voll und groß in das Schriftthum einmünden können? — so bleibt das doch richtig, sein Hervorbrechen und seine Aufnahme in die Weltliteratur erfolgte im Geleite des Geistes der auch dem ersten Kreuzzug seine dichterische Verherrlichung gab.

Nicht Geistliche, sondern Laien hatten Jerusalem erobert, nicht einsame Büßer, sondern ein Verein streitbarer Männer hatte das heilige Land gewonnen und fühlte sich dort von Christus selbst höher begnadigt als durch den Ablaß oder Segen der Kirche. Die Araber waren längst vom Glaubensfanatismus zu Gewerbthätigkeit, Kunst und Wissenschaft übergegangen; im Kampf wie im friedlichen Verkehr lernten die Christen sie schätzen; man kam zur Erkenntniß wie viele Grundlehren der Religion gemeinsam seien, ja der Gedanke gegenseitiger Duldung und Achtung begann zu dämmern, und die irdische Freude des Orients, Frauenliebe als Lust des Lebens war gemeinsam für Freund und Feind. Im Morgenland rechneten die Christen darauf daß Gott das neue Reich schirme, während kräftige Helden die Fahne des Propheten zu dessen Wiedereroberung aufpflanzten; im Abendland zog die Poesie der Provenzalen, das römische Recht in Italien, die erwachende Selbständigkeit des Denkens durch Abälard, die erste Predigt gegen die weltliche Herrschaft der Geistlichen durch Arnold von Brescia die Geister an, und selbst Bernhard von Clairvaux, der sich ganz in den Dienst der Kirche stellte, erklärte daß es besser sei gegen die sündigen Neigungen des Herzens als gegen die Saracenen zu kämpfen. Doch predigte er in der Mitte des 12. Jahrhunderts zur Hülfe der bedrängten Christen in Jerusalem den zweiten Kreuzzug. Dieser scheiterte. Der ernste Nureddin, sein glanzreicher Nachfolger der heldische, geistesklare, genußfreudige Saladin drangen siegreich vor und ehe das Jahrhundert ablief war das Königreich Jerusalem vernichtet. Diese Schreckenskunde rief das Abendland in die Waffen; es folgte ein langer Kampf um Ptolemais. Der alte Kaiser Friedrich Rothbart, der mit geordneter Heereskraft an der Stelle phantastischer Kämpfe sein weltliches Interesse fest und einsichtig verfocht, ertrank im kilikischen Flusse Seleph, und mit ihm war die Seele seines Zugs dahin. Richard Löwenherz war weit mehr ritterlicher Abenteurer als Staatsmann oder Glaubensheld. Man vertrug sich mit den Muhammedanern daß die Christen waffenlos nach Jerusalem pilgern sollten. Die Erweiterung des Gesichtskreises, der gesteigerte Handelsverkehr war statt einer mystischen Trophäe der Gewinn der Völker. Die Venetianer gründeten ein lateinisches Kaiserthum in Constantinopel; der vom Bannfluch des Papstes verfolgte Hohenstaufe Friedrich II. gewann durch kluge Unterhandlungen in freundschaftlichem Verkehr mit den Sarazenen auf kurze Zeit die heiligen Stätten; aber er kehrte heim um sein Neapel gegen die päpstlichen Scharen zu decken, und seine Erfolge waren alsbald verloren. Noch einmal schien der erste religiöse Eifer durch den heiligen Ludwig von Frankreich aufzulodern, aber sein Unternehmen ging ruhmlos in Aegypten zu Grunde; mit dem Ende des 13. Jahrhunderts hatten die Kreuzzüge auch ihres erreicht. Der Erfolg war ein anderer als man anfänglich erstrebt, der Gewinn kam der weltlichen Bildung zugute in geistigen Errungenschaften, nicht im Landbesitz; statt eines Grabes, das ja dem eigenen Glauben nach leer war, gewann die Christenheit ein freieres schöneres Leben.

Als Johann II. von England, zerfallen mit seinem Volk, sein Reich vom Papste zum Lehn nahm, da schlug bereits der staatliche Freiheitstrieb mächtig aus, und der König mußte auf der Wiese von Runingmede die Magna Charta beschwören, jene altehrwürdige Grundlage der englischen Verfassung, welche die Lehnsverhältnisse milderte, die Privilegien der Städte, die Handelsfreiheit anerkannte, die Sicherheit des Rechts für alle Freien anordnete. In Frankreich hatte schon Ludwig VI. am Anfang des 12. Jahrhunderts unter der Leitung des Abtes Suger die Leibeigenschaft auf seinen Stammgütern aufgehoben und die emporblühenden Städte gegen die Feudalherren geschützt; die königs-

Die Kreuzzüge und ihre Folgen für Staat und Kirche. 233

liche Regierungsgewalt verbündete sich mit dem Bürgerthum, und erkannte ihr Ziel in der nationalen Einigung des Landes durch die Unterwerfung all der Großen die nur durch ihren Vasalleneid mit dem Staat in Verbindung standen. Was die Vorgänger mit den Waffen begonnen das führte Ludwig der Heilige durch Rechtspflege weiter. Philipp der Schöne vernichtete die päpstliche Gewalt in Frankreich, und berief den dritten Stand zu dem Adel und den Geistlichen in die Generalstaaten; selbstsüchtig kühn brach er die feudalen Zustände für sich und für das Bürgerthum.

In Deutschland und Italien rang das Reich und die Kirche in weltgeschichtlich großartigem Kampf um den Sieg. Die Hohenstaufen sind ein tragisches Geschlecht. Das Ritterthum in seiner Heldenkraft erschien in Friedrich I., das Ritterthum in seiner Freude an Poesie und Schönheit aller Art als erster Träger einer neuen weltlichen Geistesbildung frei und kühn erschien in Friedrich II. persönlich verkörpert. Mit dem übermächtig gewordenen Papstthum nahmen sie den Kampf auf um die Trennung der geistlichen und weltlichen Gewalt zu erobern, um den Gedanken der politischen Monarchie ins Leben zu führen. Aber ihr Blick war von dem Glanz der römischen Kaiserkrone geblendet ihr Gemüth von der Vorstellung erfüllt daß das Reich in der Vereinigung Deutschlands und Italiens das irdische Wohl zu schirmen und die Völker Europas zu leiten habe, und so trat in Deutschland das Haus der Welfen, das sich der Erhebung der Hohenstaufen auf den Kaiserthron widersetzt hatte, mit der deutschnationalen Idee zugleich particularistisch ihnen entgegen, und lange scholl von da an der Ruf: „Hie Welf, hie Waibling oder Ghibelline!" durch die Geschichte. Statt all ihre Stärke auf die Ueberwindung dieses Gegensatzes zu richten und den deutschen Einheitsstaat zu gründen trachteten sie vielmehr Italien zu erobern und zu beherrschen, und so machten sie selbst ihre Gegner zu Bundesgenossen des Papstthums. Dazu strebte in Italien damals gerade das Bürgerthum mit der ersten Jugendfreude frisch empor, und so ward der ritterliche Geist der Hohenstaufen in blutigen Kampf mit den Stadtgemeinden verwickelt, und statt gemeinsam mit ihnen das weltliche Leben vom Joch der Priesterherrschaft zu erlösen trieb er die neuen Republiken dem Papste in die Arme, sodaß dieser die nationale Fahne aufpflanzen konnte. Angeregt von Abälard's selbständigem Philosophiren hatte Arnold von Brescia den großen Gedanken der freien Kirche im freien Staate gedacht; in der Mönchskutte stritt der feurige Redner für die Volksrechte und begeisterte das Bürgerthum zum Sieg über die feudale und bischöfliche Gewalt; die Kirche sollte von weltlicher Hoheit und weltlichem Besitz entkleidet auf das religiöse Gebiet beschränkt die Seelen zum Heile führen. Der heilige Bernhard aber, der selber seufzte daß er noch vor seinem Tod die Kirche Gottes sehen möchte wie sie in den Tagen des Ursprungs war, da die Apostel ihre Netze auswarfen nicht um Silber oder Gold, sondern um die Seelen zu fischen, er der im purpurschimmernden Papste den Nachfolger nicht von Petrus, sondern von Constantin erblickte, er stritt im Glaubenseifer für die herkömmlichen Satzungen gegen die ketzerischen Gedanken des Goliath Abälard und seines Waffenträgers Arnold, dessen Rede Honig, aber dessen Lehre Gift sei, der von der Taube das Haupt, aber vom Scorpion den Stachel trage. Doch sprach in Rom selbst die Stadtgemeinde die Entthronung des Papstes aus, der fortan die weltlichen Hoheitsrechte der Republik überlassen und nur die Kirche lenken solle, und hier fand Arnold den rechten Boden, hier predigte er zugleich die Gleichheit aller Priester und entflammte die niedere Geistlichkeit gegen die Aristokratie der Cardinäle. Das Kaiserthum selbst ward nun für einen Ausfluß der Majestät des römischen Volks erklärt, dem es zustehe die Reichskleinode zu verleihen. Aber der Papst legte den Bann auf Rom, und der junge Friedrich Barbarossa führte ihn dahin zurück um aus seiner Hand in Sanct Peter die Krone zu empfangen; er opferte den edeln Propheten der Zukunft, und Arnold von Brescia bestieg als Märtyrer den Scheiterhaufen. Die Bürger der Lombardenstädte wurden seine Rächer, und der Hohenstaufe selbst hatte die beste Kraft zerstört, die mit ihm Christi Wort hätte durchführen können daß dem Kaiser gegeben werde was des Kaisers, und Gott was Gottes ist. Denn dem Kaiser waren bald die schrankenlosen Kirchenfürsten ebenso unerträglich wie die unbändigen Vasallen; vom römischen Recht aus erhob er sich zur Anschauung des in sich geschlossenen, im Namen des Gesammtwohls allmächtigen Staats, kühn und beharrlich, planvoll und wagmuthig zugleich, aber statt auf das Volk und die aufkeimende Geistesfreiheit gestützt in Deutschland die der Einheit widerstrebenden Großen und in Italien den Papst zu schlagen verzehrte sich sein Heldenleben im Krieg mit den lombardischen Städten, denen er das Joch der Fremdherrschaft auflegen wollte, und hielt

Die Kreuzzüge und ihre Folgen für Staat und Kirche. 235

er dem Papst den Steigbügel um zum Führer der christlichen Welt nicht in Wirklichkeit, sondern in der Phantasie geweiht zu werden. Doch wie ein Fest das er zu Mainz gegeben die Blüte des deutschen Ritterthums in Minne, Dichtung und Waffenglanz zuerst entfaltete, und wie er selbst Karl dem Großen ähnlich reich an Thaten und Ruhm vor allen Zeitgenossen leuchtete, so wollte das Volk nicht glauben daß er fern im Osten ertrunken sei, sondern hoffte auf seine Wiederkehr, die ihm endlich die Einheit des Vaterlandes nach innen und außen bringe.

Nun kam durch Innocenz III. die äußere Macht des Papstthums zum höchsten Glanz; er ward Haupt und Führer der italienischen Unabhängigkeit, aber er setzte sich in Widerspruch mit dem voranbringenden Geiste der Menschheit. Wohl nannte er den Papst die Sonne die das Weltall erleuchtet, und den Kaiser den Mond der mit geliehenem Schein über der Erdennacht schwebt, wohl hörte man nun sagen daß die zwei Schwerter, das geistliche und das weltliche, der Kirche eigneten, die dem Staat das eine zu ihrem Dienst übergeben, wohl legte ein König von England die Krone wie ein Vasall des Hohenpriesters zu dessen Füßen nieder, und empfing die demüthigende Antwort: „Wie in der Bundeslade Gottes die Zuchtruthe neben den Tafeln des Gesetzes, so ruht in der Brust des Papstes die furchtbare Macht der Zerstörung und die süße Gnade der Milde." Von dieser aber erhielt die Christenheit nicht viel zu kosten; der kluge ehrgeizige Mann, ein zermalmender Richter seiner Zeit, umgab vielmehr die Kirche mit dem Schrecken um knechtische Furcht zu ertrotzen. Sein Bannfluch traf den Geist des neuen Lebens, die bürgerliche Freiheit und das Selbstdenken, aber er vermochte sie nicht auszurotten; es war umsonst daß er die Magna Charta für null und nichtig erklärte; der Gedanke arbeitete im stillen fort, der Zukunft sicher. Die päpstliche Weltmonarchie war äußerlich aufgebaut, aber im Innern nagte der Wurm; die persönliche Kraft des Fühlens und Forschens erhob sich ketzerisch gegen das kirchlich-politische Dogma Roms. Während die Jugend der Provence an der heitern Kunst sich erfreute, predigten die Katharer, die Reinen, gegen die Mißbräuche des Reliquiendienstes, gegen den Ablaßkram und die äußerliche Auffassung der Sakramente; nicht Wasser und Wein macht uns lauter oder versöhnt mit Gott, es kommt auf die Gesinnung an; nicht im Amt, sondern im frommen Wandel liegt die Würde des Priesters. Die Kirche soll dem

Reichthum und der Erdenpracht entsagen und dem Geiste sich weihen. Innocenz rief zum Kreuzzug gegen diese Ketzer, und Raub, Mord und Feuer verwüsteten den Süden Frankreichs, wo der fanatische Dominicus die Inquisition, die peinliche Frage nach der Rechtgläubigkeit und das Gericht über die Andersdenkenden einführte. Aber die Flammen der Scheiterhaufen sind bei der Nachwelt zum Brandmal für Innocenz, zur Glorie für die Albigenser geworden. Und während der düstere spanische Mönch im ungestümen Drang die Menschen von allem zu bekehren was er für falsch hielt, und sie im Schos der Kirche zu bewahren, seine Anhänger nun nicht einsiedlerisch leben ließ, sondern wie Hunde des Herrn (domini canes) unter das Volk sandte um es zum rechten Glauben zu hetzen, fand die Lehre von der Armuth als der echten Nachfolge Christi im Gegensatz zu dem Pomp der Kirche innerhalb dieser selbst ihren schwärmerischen Apostel an Franz von Assisi, der die Ueppigkeit des Reichthums von sich warf, und einen wandernden Bettlerorden gründete den Armen das Evangelium zu predigen. Er hielt Zwiesprach mit Bäumen und Vögeln und sang Hymnen an seine Schwester die Sonne und seinen Bruder den Mond, sein in Entzückungen schwelgendes gottschauendes Gemüth, seine liebeselige Einbildungskraft kam der erregten Stimmung seiner Jünger entgegen, die an ihm die Wunden Jesu sahen und sein Leben legendenhaft zum Nachbild von dem des Heilandes ausschmückten. Nach mittelalterlicher Weise gestaltete sich ihm die Armuth zur Personification, kraft der er sie wie ein himmlisches Wesen als seine Braut, als die Herrin seiner Gedanken begrüßte. Es gibt keine größern Gegensätze, sagen wir mit Gregorovius, als die Gestalten des in weltherrlicher Majestät thronenden Hohenpriesters Innocenz III. und des demuthvollen Bettlers Sanct Franciscus, welcher, ein Diogenes des Mittelalters vor Alexander, vor jenem dastand, ein armer kranker Träumer, aber in seinem Nichts größer als er, ein Prophet und Mahner, ein Spiegel worin die Gottheit diesem Papst die Nichtigkeit aller Weltgröße zu zeigen schien. Franciscus aber wie Dominicus stellten das Mönchthum mitten in die Kämpfe der Zeit, in das Getriebe des Lebens; sie demokratisirten es. Das arbeitende und gedrückte Volk sah in ihnen die Armuth selber am Altar erhöht, sah in ihnen die Scheidung der Kirche von der Erdenpracht und damit eine gerechte Forderung der Ketzer erfüllt. Barfüßig pilgerten sie predigend in der Sprache des Volks durch das Land, die Beichte der Fürsten wie der Bettler hörend, ein streitbares Heer der Kirche. Wie Franz selber so begann auch einer seiner Jünger, Giacopone, in italienischer Mundart zu dichten. Mystische Begeisterung für die Herrlichkeit des Himmels und Zorn über die Sünden und Verkehrtheiten der Welt lösten ihm die Zunge zum Gesang; eine Satire auf den Papst Bonifacius VIII. büßte er im Kerker. Daß aber in diesen Kreisen wie gleichzeitig bei den Derwischen des Morgenlandes die Entsagung des Irdischen eine Befreiung des Geistes und ein Trost für alle Mühseligen und Beladenen war, mögen uns einige seiner Strophen bezeugen.

> Wer als Braut die Armuth freit
> Wohnt im Reich der Fröhlichkeit.
>
> Edle Armuth, hohes Wissen,
> Keinem Dinge dienen müssen,
> Und mit Gleichmuth haben, missen
> Was geschaffen in der Zeit.
>
> Gott kann nicht ins Herz gelangen
> Das im Irdischen befangen;
> Armuth hat so weit Umfangen
> Daß sie Raum dem Himmel beut.
>
> Armuth ist es nichts zu haben,
> Keinem Schatze nachzugraben,
> Zu besitzen alle Gaben
> In der Freiheit Herrlichkeit.

Aber aus dem neuen Orden erwuchsen bald auch die Führer im Reich der theologischen Wissenschaft, während schwärmerische Anhänger an Franz von Assisi den Anfang einer Vollendung des Christenthums, eines innerlich geistigen Reichs im Gegensatz zu der äußerlichen verweltlichten römischen Kirche erblickten, und über diese hinaus nach Griechenland wiesen, wo die ursprüngliche Reinheit besser gehütet worden sei. Der Abt Joachim gründete im Silawald des südlichen Calabriens das Kloster der heiligen Flora, nach welchem er gewöhnlich de Floris heißt; er las das Neue Testament und die Propheten, hob die Beziehungen zwischen beiden hervor, und fand daß das Reich des heiligen Geistes noch nicht gegründet sei; er wies auf den Engel der Apokalypse hin, der ein ewiges Evangelium bringt, und seine Bücher über den

Zusammenhang des alten und neuen Bundes, über die Apokalypse und das zehnsaitige Psalterion wurden 1254 von Gerard von Borgo San Donnino herausgegeben mit einer Vorrede die sich als Einleitung in das ewige Evangelium bezeichnet und das weiter entwickelt was er hier und da mit Winken angedeutet. Hier ist durch Renan nun Johannes von Parma herangezogen worden, der in der buchstäblichen Durchführung der Bergpredigt das Gesetz des neuen Lebens sah und in weltentsagender Gütergemeinschaft des Franciscanerordens die Form des Christenthums fand die an die Stelle der Kirche und des Staats treten solle. Joachim galt als der Prophet, Franz als der Messias, Johannes von Parma und seine Freunde hielten sich für die Apostel eines dritten Bundes, der an kein Regiment, an kein Mein und Dein gebunden sei. Die geistigen Menschen sind nicht der Kirche unterthan, der Papst hat kein Verständniß des geistigen Sinnes der Schrift. Die göttliche Weltregierung, sagt jene Einleitung, hat ihre Zeitalter: im Alterthum hat Gott der Vater, seit dem Christenthum Gott der Sohn sich offenbart und gewaltet, jetzt ist der Tag gekommen wo Gott als Geist sich bezeugt, wo statt äußerer Satzungen alles innerlich klar wird und der Weisheit, der Vernunft gemäß von statten geht. Wie auf das Alte Testament das Neue gefolgt ist, so ist nun das ewige Evangelium erschienen; Christus sprach in Bildern und Parabeln, jetzt wird die Wahrheit ohne Schleier kund und wir schauen Gott von Angesicht zu Angesicht. Das Alte Testament war die Zeit des Gesetzes, der Furcht, der Knechtschaft; das Neue ist die Zeit des Glaubens, der Kindschaft, der Gnade; das ewige Evangelium ist das Reich des Geistes, der Liebe, der Freiheit. Die drei Weltalter verhalten sich wie Sternennacht, Morgenröthe und sonniger Tag. — Die römische Kirche, die Dominicaner, die Universität Paris reichten sich die Hand um diese Lehre zu unterdrücken. Es gelang weil sie selbst den unsterblichen Gedanken in die sterbliche Hülle des Mönchthums gekleidet hatte, während die Zeit nach weltlicher Bildung und Wissenschaft zu streben begann. Dante begrüßt Joachim, den Seher besserer Zeit, im Sonnenhimmel der leuchtenden Lehrer an Bonaventura's Seite.

In unsern Tagen hat Cavour in Italien die Losung Arnold's von Brescia zu der seinen gemacht, und vor bald hundert Jahren hat Lessing die Idee Joachim's in der Erziehung des Menschengeschlechts aufgenommen und weiter entwickelt; noch arbeiten wir hier und dort an der Verwirklichung dieser Gedanken, an dem freien Bunde von Staat, Religion und Wissenschaft: so langsam reifen die Ideen, so lange Zeit braucht ihre Durchführung in der Breite des Lebens, ihr voller Sieg in der Weltgeschichte.

Auch Friedrich II. erscheint uns mannichfach wie ein moderner Mensch im Mittelalter. Durch Bildung und Geistesfreiheit leuchtet er seinem Jahrhundert voran; der frohmüthige Sinn, die Heiterkeit des Schönen, die der Glanzzeit des Mittelalters einen Anklang an das Hellenenthum verleiht, erschienen in ihm, erschienen an seinem Hof in Palermo. Denn nicht in Deutschland, sondern in Sicilien schuf er die Grundlage der Macht durch welche er Italien einigen und den Staat von der Kirchengewalt befreien wollte. Wie er selber im Verkehr mit Muhammedanern Duldung übte, war er so weit entfernt von allem engherzigen Dogmatismus, daß man ihm das Werk von den drei Betrügern, deren nur einer am Kreuz seinen Lohn gefunden, schon damals zugeschrieben hat; doch gab er aus politischen Rücksichten harte Verfügungen gegen die Ketzer, die des Heilands ungenähten Rock getrennt, die Kirche in Sekten auflösen wollten, statt daß er sich auf die neue Geistesbewegung im Streit gegen die Hierarchie hätte stützen sollen. Mit seinem Freund und Kanzler Petrus de Vineis arbeitete er ein allgemeines Gesetzbuch aus, das die gleiche Herrschaft des Gesetzes über alle, das den Grundsatz gleicher Rechte und gleicher Lasten ins Leben führen sollte; aber er, der Deutsche, galt den Italienern als Fremder, und der ritterliche Fürst trat den Städten entgegen, die von sich aus von unten auf dem Volksstaate der Zukunft zustrebten, welcher das patriarchalische Element in der Familie, das antirepublikanische in der Gemeinde bewahrt. Diese stellte sich nun neben den Feudalismus hin, der Mensch ward wieder Stadtbürger, und nahm durch Wissen und Arbeit Besitz von den Gütern der Erde. Ritterthum und Bürgerthum standen noch nebeneinander, während der Kaiser die Einheit des Ganzen darstellte. Aber es kam im Mittelalter noch nicht zur Durchdringung dieser Elemente, und das Kaiserthum erlag in Friedrich dem kühnen Versuche sich in ganzer Machtvollkommenheit geltend zu machen, von sich aus alles zu ordnen. Der Papst wagte es ihn zu bannen, das Volk vom Gehorsam zu entbinden; da berief er die Fürsten Europas gegen die Kirchengewalt, die zu ihrer ursprünglichen apostolischen

Reinheit zurückgeführt, der weltlichen Macht und Pracht entkleidet zur Demuth des Herrn bekehrt werden müsse. Sein Wort verhallte; von seiner Zeit verlassen starb der Held des Jahrhunderts in tragischer Einsamkeit.

Mönchthum und Ritterthum, fanatischer Glaubenseifer und ketzerische Freidenkerei, Rechte, Freiheiten, Richtungen, Staaten im Staat, so war damals das Mittelalter ein Nebeneinander mannichfacher Elemente, an ihrer Spitze das Papstthum und das Kaiserthum. Die großen Päpste, die zuerst die Unabhängigkeit der Kirche muthig erkämpften, dann aber die Welt beherrschen wollten, die tapfern Kaiser, welche die Freiheit des Weltgeistes vertheidigten und erstritten, sie waren die Führer der Geschichte, die Werkzeuge der sich fortentwickelnden Ordnung der Dinge. Gregorovius sagt vortrefflich: „Die mittelalterliche Welt war ihrem Ideal nach ein vollkommenes kosmisches System, dessen Zusammenhang und Einheit, ja selbst dessen philosophischer Gedanke unsere Gegenwart zur Bewunderung zwingt, weil die Menschheit dies ausgelebte System noch nicht durch eine gleich harmonische Verfassung hat ersetzen können. Als eine in sich abgerundete Sphäre hatte jene Welt zwei Pole, Kaiser und Papst. Die Verkörperung der die damalige Menschheit leitenden Principien in diesen beiden Weltfiguren wird ein ewig staunenswürdiges, ein nie mehr wiederholbares Erzeugniß der Geschichte bleiben. Sie waren wie zwei Demiurgen, zwei Geister des Lichts und der Macht, in die Welt gesetzt jeder seine Sphäre zu regieren und zu bewegen, Schöpfungen des sich fortsetzenden, im Medium irdischer Nothwendigkeit getrübten Culturgedankens des Christenthums, und dessen schöne Strahlenbrechung. Indem der eine die bürgerliche, der andere die geistliche Ordnung darstellte, der eine die Erde, der andere den Himmel vertrat, entstand dieser erhabene, die Menschheit bildende, die Jahrhunderte erfüllende und zusammenhaltende Titanenkampf, eins der großartigsten Schauspiele aller Zeiten."

Das Kaiserepos der Hohenstaufen verklang in wehmüthigen Balladen von dem Jüngling Konradin, von Manfred, dem König und Sänger, der Blume schöner Männlichkeit, herrlich im Heldentod; gegen den Wahn der Priester der ihn verdammte rief Dante:

<blockquote>
Denn sie geflucht ist noch nicht so vernichtet
Daß nicht die ewige Liebe retten könnte
Den Geist der hoffend sich emporgerichtet.
</blockquote>

Ritterthum und Frauendienst. 241

Als auch Konradin durch die Sirenenstimme des Südens in
Don Arrigo's Gesang über die Alpen gelockt, und der letzte zarte
Sproß des gewaltigen Stammes auf den Gräbern der Ahnen
geopfert ward, da war offenbar daß Deutschland nicht über Italien herrschen solle. Aber auch die Kirche, welche die nationale
Fahne verlassen und Karl von Anjou aus Frankreich nach Italien
gerufen, mußte es erleben daß nun Frankreich den Kampf aufnahm den die Hohenstaufen geführt hatten; das Staatsrecht und
das durch die Landstände vertheidigte Königthum siegte über das
Kirchenthum, und am 11. Februar 1302 ward eine Bannbulle
des Papstes unter Trompetenschall in Notre Dame zu Paris feierlich verbrannt. Am ersten wahrhaften Landesparlament Frankreichs
scheiterte das weltliche Papstthum des Mittelalters. Der Cultur-
geist der Hohenstaufen, der Gedanke der volksthümlichen Monarchie,
die Trennung geistlicher und weltlicher Macht war gerettet, war
siegreich. Aber der freudige Aufschwung der Cultur im 12. und
13. Jahrhundert ward doch gehemmt, die Inquisition wie die
Scholastik richteten ihre Schranken auf, und drängten den Geist für
Jahrhunderte in sich zurück, sodaß er viel später die entscheidenden
Schritte that, welche man damals schon so nahe glaubte.

Ritterthum und Frauendienst, Troubadours und Minnesänger.

Wehrhaftigkeit war Recht und Pflicht jedes freien deutschen
Mannes; doch bildeten sich im Alterthum jene Waffengenossen-
schaften als Gefolge eines Herzogs, des Führers der nach sieg-
reichem Kampf die Seinen mit erobertem Land belehnte. Als
Reiter sich auszurüsten war nur Vermögenden thunlich, und
Minderbegüterte schlossen einem Mächtigen sich an, der wenn ein
Aufgebot erging die in den Krieg Ziehenden bewaffnete, wofür
die zu Hause Bleibenden eine Abgabe zahlten; und so entstanden
allmählich zwei Klassen der Gesellschaft, solche die der Arbeit des
Friedens oblagen und solche die in der Waffenführung ihren
Lebensberuf fanden; diese steigerten ihren Glanz und ihre Ehren-

rechte, jene lauen mehr und mehr in Abhängigkeit und Dienstbarkeit. Die Kämpfe mit den Sarazenen in Spanien, mit den Ungarn in Deutschland gaben der Reiterei eine besondere Wichtigkeit und veranlaßten mit der Unsicherheit des Lebens durch kleine heimische Fehden die Ritter sich in ihren Burgen feste Häuser zu bauen, wo wieder die Umwohnenden in Kriegsnoth eine Zuflucht hatten. So wurden die größern Grundbesitzer die edeln Herren und die Gemeinfreien ihre Schutzgenossen und Vasallen, zumal es Gewohnheitsrecht ward die Lehngüter nur solchen zu geben deren Ahnen schon ritterliche Kriegsdienste geleistet hatten. Diese begünstigte Stellung gab ihnen Macht und Muße zur Bildung, zunächst allerdings in körperlicher Kraft und Gewandtheit in der Waffenführung; die alten Kampfspiele wurden zum Turnier. Der in den Waffen erzogene Jüngling trat als Knappe zu einem Ritter wie der Gesell zu einem Meister, bis auch ihm der Ritterschlag zutheil ward; die Schwertleite entsprach der alten Wehrhaftmachung und gewährte alle Rechte der Mündigkeit, des Vollbürgerthums. Ein Gottesdienst ging ihr voraus; dem Gelöbniß christlichen Lebenswandels, der Treue für Kirche und König, des Schutzes der Unschuldigen und Bedrängten, der Achtung der Frauen folgte die Umgürtung mit dem Schwert und der Schlag, der an das Leiden Christi mahnen und der letzte sein sollte den der Ritter duldete. Die Ritterehre ruhte zumeist im Ruhm der Waffen, der Tapferkeit. Schon die alte Reckenzeit hatte den Kampf gefordert damit sich zeige wer der Stärkste sei und als solcher anerkannt werden solle. Das erforderte aber daß man mit gleichen Waffen focht, daß man sich keiner Hinterlist bediente und den Gegner auch in Fehden erst angriff nachdem man den Kampf erklärt hatte, damit auch er gerüstet war. Dann aber schonte man den Besiegten. Dem Muthe mußte sich das ritterliche Geschick, die ritterliche Sitte gesellen; Wolfram von Eschenbach sagt: „Ein Mutterschwein wehrt sich auch tapfer wenn's dem Ferkel gilt, — der Mann verdient daß man ihn schilt der zur Kraft nicht Sitte fügt." Die persönliche Ehre war von der des Standes getragen, und darum unterzog sich der Adel den conventionellen Formen und drängte sich zur Ritterwürde. Mit dem ritterlichen Ehrbegriff hing die Anstandslehre zusammen, deren Regeln die Courtoisie, das höfische Wesen in sich befaßte. Wie der formale und damit auf das Aeußere der Erscheinung gerichtete Sinn der Franzosen auch in neuerer Zeit gewöhnlich in

Lebensweise und Mode für Europa den Ton angibt, so war es
auch schon damals, das Ritterthum fand sein conventionelles Gepräge, die adeliche Gesellschaft ihre Bildung in Frankreich. Dort
war im Süden die einst von den Griechen angepflanzte, von den
Römern gepflegte Cultur nie ganz zerstört, dort hatten sich Gewerbe, Handel und Verkehr am ersten wieder nach dem Sturm
der Völkerwanderung erholt und im Wetteifer mit den spanischen
Arabern gesteigert; wie bei diesen blühten die Künste des Friedens, die Freude an heiterm Lebensgenuß im sonnigmilden fruchtbaren Lande, in dessen wohltönender Sprache sofort auch die Poesie
erklang. Von der Provence aus kamen die Sänger und Gaukler,
kamen die weichern Sitten nach dem rauhern Norden. Aber von
dort aus erging auch die Predigt der Cluniacenser gegen den
Verfall der Kirche und ihrer Zucht, und dort ward schon 1041
nach Noth und Hunger im gesegneten Erntejahr Waffenruhe und
Buße gelobt; Fehde und Gewaltthat sollte aufhören; der Ruf
nach Friede erfüllte die Herzen mit Freude, man spürte in der
allgemeinen Bewegung ein höheres Walten, und begeistert ward
ein Gottesfriede verkündet, der wenigstens für die Hälfte der
Woche als trenga Dei gelten sollte. Unter kirchlichem Einfluß
ward das wilde kriegerische Wesen des Adels disciplinirt, und
daher empfing nach dem Geiste der Zeit die sich nun entwickelnde
feinere Form des Ritterthums die religiöse Weihe. Und so war
ein Aufschwung vorbereitet der die Gemüther ergriff und über
alles Gemeine emporhob, die Phantasie beflügelte und die Kampflust in den Dienst Gottes stellte; von Frankreich gingen die
Kreuzzüge aus; Provenzalen und Normannen, die Gründer und
Pfleger des Ritterthums, verbreiteten ihre Bildung, ihre Lebens-
formen unter den andern Nationen, mit denen sie im Morgenlande lagerten, durch deren Gebiete sie zogen; die Kriegsgenossen-
schaft, die gleiche Ehre des Schildamtes verband die europäische
Aristokratie zu einer großen Körperschaft mit gleichen Rechten und
Pflichten. Sie alle fanden bei den Arabern eine ähnliche Abenteuerlust und einen Sinn der längst schon Frauenliebe zur Wonne
und Zierde des Lebens gemacht hatte, und nun entwickelte sich
neben dem Gottes- und Herrendienst auch der Frauendienst, zum
König der Seele trat die Königin des Herzens, wie jene französische Devise besagt: „Gott meine Seele, mein Leben dem König,
mein Herz den Damen, die Ehre für mich." Der Geliebten zu
huldigen, mit süßen Träumen von ihr die Stunden der Muße zu

erfüllen, sie im Gesang zu preisen gewährte nun dem Leben der Heimgekehrten einen neuen Reiz. Minne heißt Andenken, das Wort deutet damit auf das Hegen und Pflegen eines lieben Bildes im Gemüth, auf das süße Sinnen der Seele. Von hier beginnt nicht blos die Liebe in aller Kunst zu walten, und die Empfindung, die Innerlichkeit der Gesinnung, das Subjective vor dem Objectiven und der Handlung sich geltend zu machen, von hier wird die ideale Träumerei der Frühjugend, wie sie der Ehe als Sehnen, Suchen und Finden der Herzen vorausgeht, und die Seelenreinigung durch die Liebe, die selbstbewußte Ergänzung der Persönlichkeiten zur vollen Menschwerdung in der Ehe ein neues Element in der Geschichte des Geistes.

In der romantischen Welt bildet das Weib die poetische Seite der Gesellschaft, wie es der Mann im Alterthum gethan, aber nicht blos weil die Last der Arbeit und die Unruhe des Erwerbs nicht so unmittelbar auf den Frauen ruht, sondern vorzüglich dadurch daß sie in der Harmonie des Gemüths die Totalität der menschlichen Natur bewahren und nun nach ihrem Frieden der Mann sich sehnt aus der Einseitigkeit, zu der ihn Beruf und Charakter bringen, aus deren geschäftigem Drange er Ruhe und Erquickung sucht und findet. Die Beschwerden unsers Lebens, bemerkt Gervinus sehr richtig, wehren uns den leichten Genuß und die rasche Befriedigung der Alten; sie schrecken uns in uns zurück, sie erzeugen die unbestimmte Sehnsucht nach einer Gefährtin, die uns die Last tragen hilft, und diese Lasten kannte der Grieche so wenig als unser eheliches und häusliches Glück. Ohne das Weib wäre für jede feinfühlende Seele das heutige Leben nicht zu ertragen, und es war eine wunderbare und wohlmeinende Fügung der Vorsehung daß als sie die Ordnungen der alten Welt und mit ihnen den Seelenadel der alten Männer zerstörte, sie die Frauen aus ihrer Unterordnung heraushob und zur Herrschaft über die Gemüther berief, ohne welche die neue Welt in Gemeinheit der Bestrebungen aufs tiefste hätte herabsinken müssen. Der Winsbeke bezeichnet in dieser Weise sehr treffend die echte ritterliche Zeitstimmung, wenn es in der Ermahnung des Vaters an den Sohn heißt: Die Frauen sind der Welt Zierde und Würde, die Gott mit seiner Gnade, als er sich im Himmel Engel schuf, uns auf Erden zu Engeln gab, an denen alle unsere Seligkeit liegt; sie sind mit der Krone geschmückt welche viel Edelsteine der Tugenden zieren; ihre Liebe heiligt und reinigt unsere Herzen und unser Gram und Kummer vergeht vor ihr wie Thau vor der Sonne. — Die Geschichte aber liebt es durch Gegensätze voranzuschreiten. Eine neue Idee bemächtigt sich der Gemüther mit ausschließlicher Gewalt und dann wird das Bestehende auch in seinem Rechte wenig geachtet, dann tritt eine plötzliche Umkehr der Dinge ein, die aber für sich nicht haltbar ist, weil ihr der Boden fehlt, den der Zusammenhang mit der Vergangenheit dem geistigen Dasein bereitet; erst wann so mancher üppige Ausschößling wieder abgefallen, so manche Verirrung gebüßt ist, versöhnt sich das Neue mit der Ueberlieferung der althergebrachten Sitte, um sie organisch fortzubilden und für sich eine dauernde Gestalt zu gewinnen. So ging es auch hier. Aus der Dienstbarkeit des Mannes ward das Weib plötzlich zur Herrschaft erhoben welcher der Mann im Minnedienst sich unterwarf.

> Was wäre Mannes Wonne, was soll' er gerne schaun,
> Wenn nicht schöne Mägdlein und herrliche Fraun?

Sobald der Ritter das einmal mit dem Sänger des Nibelungenliedes fühlte, warum sollte er säumen sich diese Freude oftmals zu bereiten, die Frauen aus der Abgeschiedenheit ihrer Gemächer hervortreten zu lassen, vor ihren Augen zu turniren und von ihren Händen den Dank des Sieges zu empfangen? Erschienen ihm die Frauen als ein Gut, so galt es sie hochzuhalten, um sie zu werben, ihren Besitz nur ihrem freien Willen als die Gabe ihrer Huld zu verdanken. War einmal die selbstständige Persönlichkeit zum Gefühl ihrer Eigenthümlichkeit gelangt, so konnte sie die Erfüllung ihrer Sehnsucht nach Lebensvollendung auch nur von einer wahlverwandten Natur erlangen, so war jener erhabene Eigensinn, der sein Alles an Eine bestimmte Persönlichkeit setzt, etwas mehr als Grille und Laune und stand im Hintergrunde des Spiels ein heiliger Ernst. Aber der Ernst ward allerdings zum Spiel, wenn das was das Gebot einzelner Herzen war zur Forderung der Sitte für alle ward, und wenn das Suchen, Werben und Gewähren zweier Individualitäten, das immer eine ganz individuelle Geschichte sein wird, conventionelle Regeln für seinen Verlauf und seine Stufen erhielt. Und das war der Fall im ritterschen Minnedienst. Der Fortschritt war daß aus der allgemeinen Verpflichtung zum Schutz der Frauen sich der Dienst einer einzelnen entwickelte, der man huldigte, deren Huld man durch Kühnheit und Treue zu gewinnen suchte; aber das Extrem war daß dies nun Modesache wurde, die ein jeder auch ohne Herzensantheil mitmachte, und daß die höfische Sitte im äußerlich übereinkömmlichen Gesetze die Freiheit einschloß, während die Frauen den Wechsel von Dienstbarkeit und Herrschaft schlecht ertrugen und zu übermüthiger Täubelei verführt wurden.

Wie Fauriel in der Geschichte der provenzalischen Poesie darthut nahmen die Troubadours vier Stufen des Minnedienstes an. Auf der ersten steht der schmachtende Ritter, der seine heimliche Liebe nicht zu gestehen wagt, sondern verbirgt und sich verstellt, der seignairo; hat er endlich ein Geständniß gewagt, dann ist er der Bittende, pregairo; nimmt die Frau seine Liebesdienste an, so ist er der Erhörte, entendeiro; ist ihm die höchste Gunst gewährt, dann ist er der erklärte Liebhaber, der Trantz, drulz. Der Erhörung ging eine Prüfungszeit voran und gar bald begannen die Damen die Ritter sehr lange schmachten zu lassen und sie auf seltsame Proben des Muthes und der Hingebung zu stellen. Waren sie bestanden, dann ward er auf ganz ähnliche Weise von der Königin seines Herzens als Vasall angenommen, wie es beim Ritterschlag vom Könige geschah. Knieend versprach er Treue und gleich dem Lehnsherrn legte die Dame ihre Hand zwischen seine Hände und nahm ihn mit Kuß und Ring zu ihrem Ritter an. Er trug nun ihre Farben und ein Wappenzeichen das sie ihm gab, eine Schleife, einen Gürtel, einen Aermel, oder ein anderes Kleidungsstück das sie getragen; er befestigte dies Liebeszeichen am Schilde oder an der Lanze, und ward es im Kampfspiele oder in der Schlacht zerfetzt, so war die Freude der Dame groß. „Am weitesten", sagt Weinhold in seinem Buche über die deutschen Frauen im Mittelalter, „ist die Sitte solcher Geschenke in dem gegenseitigen Tausche der Hemden geführt. Als der Castellan von Couch von seiner Dame scheiden mußte, sandte er ihr sein Hemd zum Troste und Liebesspiel. Wenn Gamuret in den Krieg oder zum Turniere ritt, gab ihm Herzeleide ein Hemd, das sie getragen, und er legte es über den Harnisch an. Ihrer sind 18 durchstochen, ehe er in den letzten Kampf zieht und die Frau hat mit Wonne diese zerhauenen Hader (Lumpen, Fetzen) wieder angethan. Man sieht wie fein diese Zeit im Liebesgenusse war und wie jeder Nerv den Geliebten schmeckte und fühlte."

Häufig verlangte die Frau eine edle oder große That, ehe

Ritterthum und Frauendienſt. 247

ſie den Dienſt des Ritters annahm, und gar mancher iſt auf
dieſe Weiſe zur Theilnahme an den Kreuzzügen getrieben worden; häufig aber verlangte ſie die Erfüllung launenhafter Einfälle, und das iſt dann immer der Beweis daß aus einer Her-
zensſache ein Spiel der Mode geworden. So ſcherzt und ſpottet
Tanhäuſer: daß er die Tauben aus Noah's Arche oder den Apfel
des Paris bringen ſolle, daß er die Rhone bei Nürnberg fließen
oder den Mäuſeberg wie Schnee zerrinnen laſſen möge, dann
werde er Gnade finden. Der Troubadour Guillem de Balaun
wollte gern wiſſen was ſüßer ſei, das Glück der erſten Erhörung
oder der Verſöhnung nach einem Streite; er ſtellte ſich alſo erzürnt gegen die Dame ſeines Herzens. Sie verſuchte ihn zu
beſänftigen und als das fruchtlos blieb, ließ ſie ihn aus dem
Schloſſe werfen. Er gerieth in Verzweiflung, ſie aber wollte
nichts mehr von ihm wiſſen, bis ein Freund ſie aufklärte und
nun verhieß ſie Verzeihung, wenn der Troubadour ſich den Nagel
ſeines kleinen Fingers ausziehen laſſe und ihn ihr überreiche nebſt
einem Gedichte, worin er ſeine Thorheit bekenne. So geſchah's.
Peter Vidal verliebte ſich in Loba von Carcaſſes und verkleidete
ſich darum in einen Wolfspelz, um als Lop (Wolf) vor ihr zu
erſcheinen, aber die Hunde verſtanden es unrecht und zerzauſten
ihm wie das fremde ſo das eigene Fell. Ulrich von Lichtenſtein
trinkt ſchon als blöder Knabe das Waſchwaſſer der Dame, die er
ſich im ſtillen zur Herrin erkoren, er läßt ſich ſeine Oberlippe
abſchneiden, weil ſie dieſelbe zu dick gefunden. Ein Finger wird
ihm im Turnier abgeſtochen, aber wieder angeheilt; da ſchmerzt
es ihn daß die Dame ihn nun nicht mehr bedauert, er läßt den
Finger abhauen und ſendet ihn ihr in einem ſammtgefütterten
Käſtchen mit einem Briefe in Verſen dazu, froh daß ſie nun ſeiner
gedenke. Dann erſcheint er in Venedig als Frau Venus oder
Frau Minne in Weiberkleidern, aus dem Meere ſteigend, und
turniert mit den Männern und zieht in den öſterreichiſchen Landen
umher, Ringe ſpendend an alle die den Speer mit ihm brachen,
alles zu Ehren der Gebieterin ſeines Herzens, die ihm einmal
einen nächtlichen Beſuch verſprach, aber ihn mit Hohnlachen zum
Fenſter hinauswerfen ließ. Sie war die Frau eines andern und
auch Ulrich hatte Weib und Kind daheim. Er hat in ſeinem
Frauendienſt das alles ſelbſt in zierliche Reime gebracht, ein Don
Culzote der ſich ſelbſt beſingt.

Und hier erkennen wir die Schattenſeite des Minnedienſtes.

Er war nicht der Ausdruck einer schnöden Liebe, die die Geliebte für das Leben erwerben will, er ging nicht der Ehe voraus, sondern neben derselben her, die Huldigung galt zumeist verheiratheten Frauen, die Männer gestatteten dem andern was sie für sich selber in Anspruch nahmen. Der Mönch Nostradamus stellte sogar die Behauptung auf, daß zwischen Ehegatten gar keine Liebe stattfinden könne; denn das Wesen der Liebe sei mit seinen Gaben an keinen Zwang gebunden, sondern freie Huld, die Ehe aber verlange daß eines sich in den Willen des andern unbedingt füge, und schließe damit die Liebe aus; — eine Verwechselung von Freiheit und Gesetzlosigkeit, die wir nicht zu widerlegen brauchen; die Liebe ist gerade die Gesetzerfüllung aus freier Lust, in beglückendem Wohlwollen. Trennte man aber Ehe und Minnedienst, so war dieser letztere entweder nur ein Spiel der Phantasie, oder die Gefahr, die in demselben lag, führte zur Sittenlosigkeit, zu einer Raffinerie der Lust im Versagen und Gewähren. Ja wie der Lehnsherr sich von den Vasallen zu Bette geleiten ließ, so folgte auch der Ritter seiner Dame ins Schlafgemach und entfernte sich erst, nachdem sie sich niedergelegt, was damals gewöhnlich ohne Gewand geschah. Wer wird nicht beistimmen, wenn Weinhold sagt: „In der galanten Gesellschaft des Mittelalters, die zwischen Naivetät und Lüsternheit schwankt, war eine solche Sitte eine sehr bedenkliche Versuchung der Menschlichkeit." Aber man ging noch weiter. Die Frau gewährte dem Liebhaber eine Nacht in ihren Armen, wenn er eidlich gelobte sich nur einen Kuß zu erlauben. Die Sitte war weit verbreitet und findet sich noch im Kiltgang oder Fensterln unserer Gebirgsbewohner, allein da zwischen Bursch und Mädchen, die als Verlobte gelten, und der Ehe vorausgehend. Wie oft mag in solch enthaltsamen Liebesnächten die Dame vom Elb entbunden oder der Ritter ihn in Leidenschaft gebrochen haben! König Wenzel von Böhmen rühmt sich: Ich brach die Rose nicht und hatt' es doch Gewalt; aber Hartmann von der Aue meint daß derer nicht viel seien die so handelten. Wir verdanken dieser Sitte die Albas oder Tagelieder. Die provenzalische Weise ist gewöhnlich die daß ein Freund des Ritters ein Hüteramt hat und ihn beim Anbruch der Morgenröthe (alba) erwachen oder aufstehen und scheiden heißt. Das schönste derartige Gedicht ist das folgende von Guiraut von Borneil:

„Glorreicher König, Licht und Glanz der Welt,
Allmächt'ger Gott und Herr, wenn dir's gefällt,
Sei meinem Freund ein schützender Begleiter:
Seitdem die Nacht kam, sah ich ihn nicht weiter,
    Und gleich erscheint der Morgen.

Geliebter Freund, wachst oder schläfst du noch?
Schlaf jetzt nicht mehr, der Morgen stört dich doch;
Ich seh' den Stern schon groß im Osten stehen,
Der uns den Tag bringt, klar ist er zu sehen,
    Und gleich erscheint der Morgen.

Geliebter Freund, ich warne mit Gesang:
Schlaf jetzt nicht mehr, das Vöglein singt schon lang,
Das im Gebüsch sich sehnt nach Tageshelle;
Der Eifersücht'ge, fürcht' ich, kommt zur Stelle,
    Und gleich erscheint der Morgen.

Geliebter Freund, tritt an das Fenster nur,
Betrachte selbst den Schein der Himmelsflur:
Daß ich ein treuer Bote, wirst du sagen,
Doch folgst du nicht, mußt du den Schaden tragen,
    Und gleich erscheint der Morgen.

Geliebter Freund, seitdem ich von dir schied,
Schlief ich nicht ein, nein harrte stets gekniet,
Zu Gott, dem Sohn Maria's stieg mein Flehen,
Dich woll' er mir zum treusten Freund ersehen, —
    Und gleich erscheint der Morgen.

Geliebter Freund, da braußen auf dem Stein
Hast du gebetenm daß ich nicht schlief ein,
Vielmehr dort wachte, bis es würde tagen,
Jetzt will mein Sang und ich dir nicht behagen,
    Und gleich erscheint der Morgen." —

„Liebsüßer Freund, so selig ruh' ich traun,
Ich möchte Tag und Morgen nimmer schau'n,
Im Arm der Schönsten, die ein Weib geboren,
Drum sollen mich die eifersücht'gen Thoren
    Nicht kümmern, noch der Morgen!" —

Bei Wolfram von Eschenbach ruft der Wächter, daß der Tag wie ein Löwe seine Klauen durch die Wolken schon geschlagen habe, und die Frau erwidert, daß ihr der Geliebte aus dem blanken Arm, nicht aus dem Herzen genommen werde. Die dem Volk lieb gewordenen Wächterlieder wandte später Nicolai auf das Religiöse, wenn er sang:

>   Wachet auf! ruft uns die Stimme
>   Des Wächters von der hohen Zinne.

Reizender war die Situation, wenn man sie in der Zwiesprache der Liebenden selbst darstellte, die erkennen daß es Zeit ist zu scheiden, und doch nicht scheiden wollen, und das war das gewöhnliche Thema der Tagelieder. So singt einer der ältern Minnesänger, Dietmar von Eist:

> „Schläfst du noch, mein Leben?
> Es ist wol Zeit uns zu erheben,
> Ein Vögelein so wohlgethan
> Hebt auf dem Lindenzweig zu singen an."

> „Ich schlief so sanft, dein Reden
> Ist mir, o Kind, ein arger Schrecken,
> Lieb ohne Leid mag nimmer sein,
> Thu, was du willst, Herzliebste mein."

> Die Frau begann zu weinen:
> „Nun reit'st du fort, läßt mich alleine,
> Wann kommst du wieder her zu mir?
> Weh, meine Freude nimmst du fort mit dir."

Oder Wolfram von Eschenbach:

> Des Morgen Schein bei Wächters Sang ersah
>   Die Frau, als sie geborgen
>   In des werthen Freundes Arme lag.
> Der süßen Freuden Ende ging ihr nah,
>   Da wurden ihr von Sorgen
>   Naß die Augen. „Weh", begann sie, „Tag!
> Wild und zahm erfreut sich dein
>   Und sieht dich gerne,
>   Ich nur nicht. Wie soll es mir ergehn?
> Nun mag nicht länger hier bei mir bestehn
> Mein Freund, ihn jagt von mir dein Schein."

> Der Tag gewaltig durch die Fenster drang,
>   Die Läden sie verschlossen,
>   Doch half es nicht. Noth ward ihnen kund.
> Den Freund die Freundin fester an sich zwang,
>   Viel Thränen ihnen flossen
>   Auf beider Wangen. Also sprach ihr Mund:

„Zwei Herzen und ein Leib sind wir
 Gar untrennlich.
 Unsre Treue wandert Hand in Hand;
 Wie schnell dies große Heil uns nun entschwand,
 Du kommst zu mir und ich zu dir."

Aber Wolfram selber erkannte, tiefsinnig und edel wie sein Gemüth war, das Unsittliche, was in solchen Verhältnissen lag oder doch leicht aus ihnen hervorgehen konnte, und wollte darum das Sauere nach dem Süßen nicht mehr singen; „ein offenkundig süß Gemahl kann solche Minne geben", ohne daß der Wächterruf oder die Späher uns erschrecken. Den schönsten Nachklang der Tagelieder finden wir bei Shakespeare, der im hohen Lied der Liebe auch die Formen der Minnepoesie verwerthet, wenn Romeo und Julia nach der Brautnacht scheiden, und sie anhebt:

Willst du schon gehn? Der Tag ist ja noch fern,
Es war die Nachtigall und nicht die Lerche!

Eine andere poetische Form haben wir im Tenzon, dem Kampf- oder Wettgesang, in welchem mehrere Dichter eine streitige Frage zu lösen suchten und einer oder mehrern Damen den Richterspruch übertrugen. So wird z. B. gestritten wer der Beglücktere sei, der die Geliebte anschaut, dem sie die Hand drückt oder den sie heimlich auf den Fuß tritt. Es waren geistige Turniere, und in Nordfrankreich entwickelten sich daraus förmliche Minnehöfe, aus Männern und Frauen bestehend, die sich auch nach Deutschland verbreiteten, und über die rechten Formen wachten, in streitigen Fällen die Entscheidung gaben.

Fragen wir überhaupt wie sich der Minnedienst und die Minne in der Poesie kundgegeben, so haben wir in ihr nicht bloß die lauterste Quelle für jene, sondern erinnern daran wie die Liebe selber der poetische Zustand des Gemüths ist, der mit seinem Sehnen und Verlangen, Haben und Genügen die Einbildungskraft mächtig erregt, daß sie in dem geliebten Bilde das Ideal der Seele entwirft, daß sie den dunkeln Ahnungen und Regungen Gestalt gibt und die Erfüllung und den Genuß in der Erinnerung verklärt. Die Engländer haben für Phantasie und Liebe das gemeinsame Wort fancy, und wir erkennen diese Einheit, wenn das liebende Gemüth sich rastlos in quälenden und entzückenden Träumen wiegt, oder wenn die Minne auch zu noch ungesehenen Persönlichkeiten durch die Einbildungskraft im Herzen mächtig wirkt. Sobald aber der Minnedienst conventionell war, machten viele ihn mit als begeisterungslose Thyrsusträger, und da es zur Bildung gehörte ein Lied singen zu können, so entstanden nun so viele Gedichte, die ohne den vollen Herzensdrang und ohne eigene Erfahrung individualitätslos das Herkömmliche wiederholen, in einem ganz allgemeinen und dadurch farblosen Preise der Geliebten aufgehen und deshalb nebeneinander langweilig werden. Das gilt von vielen Gedichten der Troubadours wie der deutschen Minnesänger. Daher Schiller's scharfes Wort vom Frühling der kommt, vom Sommer der geht, und von der Langeweile die bleibt.

Es sind so sehr dieselben Stoffe, dieselben Gesichtspunkte, daß Dietz einmal von den Troubadours äußerte, man könnte sich diese ganze Literatur als das Werk eines einzigen Dichters denken, nur in verschiedenen Stimmungen hervorgebracht. Aehnlich, wenn auch anerkennender, bemerkt Jakob Grimm über die Minnesänger: „Von weitem meinen wir denselben Grundton zu vernehmen, treten wir aber näher, so will keine Weise der andern gleich sein. Es strebt die eine sich noch einmal höher zu heben, die andere wieder herunterzusinken und liebend sich zu mäßigen. Was die eine wiederholt, spricht die andere nur halb aus. Diese Sänger haben sich selbst Nachtigallen genannt und gewißlich könnte man auch durch kein Gleichniß als das des Vogelgesanges ihren überreichen, nie zu erfassenden Ton treffender ausdrücken, in welchem jeden Augenblick die alten Schläge in immer neuer Modulation wiederkommen." — Aber es ist nur die Zierlichkeit der Einleitung und des wechselnden Ausdrucks oder Versmaßes für die wenigen Gefühle, Anschauungen und Gedanken; nur selten überraschen uns bei den meisten Troubadours wie Minnesängern individuelle Züge, die eine eigene Lebenserfahrung, eine eigene Naturbeobachtung ausdrücken, ein neues Bild für einen innern Zustand finden; die Mehrzahl hält sich an das Allgemeine. Der Deutsche singt:

> Freu' ein andrer sich der Sonne,
> Wenn sie vor dem Berg aufgeht,
> Sei es eines andern Wonne,
> Wenn die Ros' im Thaue steht;
> Mich erfreut allein ein Weib
> Sanft von Herzen, schön von Leib.

Aehnlich der Provenzale:

> Wann der Blätter Grün entquillt,
> Blüten aus den Zweigen bringen,
> Wann die Vöglein lieblich singen
> Fühl' ich mich von Wonn' erfüllt;
> Steh'n die Bäume schön im Flor,
> Tönt der Sang der Nachtigallen,
> Muß ein Herz vor Liebe wallen,
> Das sich edle Lieb' erkor.

Aber Bernard von Ventadour, der als Schwalbe nachts in das Kämmerlein der Geliebten fliegen möchte, empfindet auch das Entzücken der Liebe so mächtig, daß ihm die Eisblumen des Winters farbenbunt aufblühen, und der Schnee vor seinen seligen Blicken grünt; die innere Glut läßt ihn Sturm und Regen wie Thau und kühlende Lenzluft fühlen. Sein Weh ist eine süße Pein, mit der kein fremdes Glück sich mißt; und wenn so süß das Weh schon ist, wie herrlich muß das Glück erst sein!

Die Frauen wollen bald die Ehre genießen der Gegenstand für das Sehnen, Sinnen und Singen eines angesehenen Dichters zu sein, bald aber fordert auch wieder das Außereheliche dieser Huldigung und die wirklich hervorbrechende Leidenschaft oder der gewährte vertraute Umgang daß der Verkehr geheim bleibe; das nimmt wieder den Liedern die individuellen Bezüge, und bringt mit sich daß kein Name genannt, aber gegen Kläffer und Merker geeifert wird.

Erinnern wir uns indeß daran wie alles Conventionelle des Minnedienstes doch der Niederschlag davon war daß Frauenverehrung und Innigkeit der Liebe in den Gemüthern erwacht und in den Vordergrund des Lebens getreten, so werden wir auch festhalten daß die wirklichen und echten Dichter dieser Zeit das Gemüth als Quell und Gegenstand der Dichtung fanden und in der Liebe ein Gefühl für andere empfanden, das sich seiner Natur nach aussprechen und einen harmonischen Widerklang suchen mußte. Diese Erschließung von Subjectivität und Innenwelt ist der bleibende Gewinn. Daran reiht sich ein zweiter. Was uns geistig beschäftigt das wird ein Theil von uns, das bildet uns nach sich; und so nahm die Seele der Männer das Ewigweibliche in sich auf, die Roheit des Lebens ward dadurch gesittigt und gemildert, ein stilles inneres Glück warf einen Schein der Freude in die kriegerische Rauheit der Welt, man fragte bei edeln Frauen nach dem was sich ziemt, und sah in der Liebe die Seele sanft gestimmt und gereinigt werden. „Minne ist aller Tugenden ein Hort" sagt darum Walther von der Vogelweide, und wenn Bernard von Ventadour erklärt:

> Todt ist der Mensch dem der Genuß
> Der Liebe nicht das Herz beseelt,
> Ein Leben dem die Liebe fehlt
> Gereicht der Welt nur zum Verdruß; —

so sieht Pons von Capdueil in der Liebe den Quell der Humanität:

> Glückselig wer der Liebe Glück gewinnt:
> Die Lieb' ist Quell von jedem andern Gut,
> Durch Liebe wird man fittig, frohgemuth,
> Aufrichtig, fein, demüthig, hochgesinnt,
> Taugt tausendmal soviel zu Krieg und Rath,
> Woraus entspringt so manche hohe That.

So singt Markgraf Heinrich der Erlauchte von Meißen:

> Ja, reicher Gott, wie sanft es thut,
> Wen freundlich grüßt ein lieblich Weib,
> Dem wird so freudenreich der Muth
> Als ob sein Herz ihm und der Leib
> In Lüften flöge wunderbar,
> Ihm schwingt der Sinn sich hoch empor
> Als wie der edle Adelaar.

Dante sagt daß Herzensadel und Liebe stets zusammen sind, und vor ihm sang schon Guido Guinicelli:

> Im edlen Herzen herbergt immer Liebe
> Wie in des Waldes Laub der Vöglein Schar;
> Nicht schuf Natur vor edlen Herzen Liebe,
> Noch edles Herz eh Lieb' erschaffen war.

Die Kunst des Findens und Erfindens (trobar) hat dem provenzalischen Trobador, Troubadour, wie dem nordfranzösischen Trouvère den Namen gegeben; man nannte so alle die sich in freier Weise mit der Kunstdichtung beschäftigten, während Jongleur, Joculator (von iocus Scherz, Spiel) jeder hieß der aus Musik und Poesie ein Gewerbe machte. Beides ging häufig ineinander über, auch der Jongleur erfand Lieder, auch Ritter die wenig besaßen gingen als Dichter in den Dienst der Fürsten und übten die Kunst um Lohn. Doch waren die Spielleute zugleich auch Tänzer, Seilspringer, Possenreißer. Das Gleiche gilt von den Minstrels der Normannen und Engländer; Menestrel kommt von ministerium Handwerk, Metier. Immer müssen wir festhalten daß die Lieder nicht fürs Lesen geschrieben, sondern fürs Singen gedichtet wurden, daß sie sich an überlieferte Melodien anschlossen, wenn nicht der Dichter mit dem Versmaß auch die Tonweise erfand, oder ein Musiker diese ihm componirte. Die Monotonie der Gedanken und Redewendungen mindert und mildert sich, wenn frische Lebendigkeit des Vortrags die Worte erklingen läßt und die Musik der Harfe, Viola oder Zither sie begleitet. Eigenthümlich ist der Kunstdichtung die strophische Gliederung; sie reiht nicht fortwährend Verse von gleicher Länge aufeinander, sondern läßt längere und kürzere Zeilen nach einer bestimmten Regel wechseln, sie greift mit bindenden Reimen über mehrere Verse hinaus, und bildet eine Versgruppe, die dann in gleicher Weise mehrfach wiederholt wird. Bei den Provenzalen gehen häufig dieselben Reime durch alle Strophen, oder bei sonstiger Mannichfaltigkeit wenigstens Ein Reim durch das ganze Gedicht. Die Deutschen haben das nicht aufgenommen, dafür aber größere Ehre in die Erfindung neuer Strophenformen gesetzt. Lied heißt ursprünglich Glied, die Strophen sind die Glieder des Gedichts. Eigenthümlich ist auch den Provenzalen ein Nachhall des Gedichts, das Geleit, ein kleiner Epilog, der irgend eine persönliche Bemerkung des Dichters enthält, welcher hier seinen Namen nennt und das Lied selbst, oder den Boten des Gesanges anredet, einen Lobspruch auf die Geliebte oder auf den Gönner anfügt. Die letzten Reime der Strophe hallen im Geleite nach. Der Strophenbau selbst ist dreigliederig, indem zwei gleiche Theile von zwei oder mehr Versen einander entsprechen und ein dritter, für sich allein stehender, darauf folgt oder in der Mitte von jenen steht. Im Deutschen heißen sie Stollen und Abgesang; Satz, Gegensatz und Vermittelung treten solchergestalt hervor. Die Italiener bildeten danach mit formalem Schönheitssinne ihre Canzonen in der Art daß zuerst drei Verse ihr Gegenbild und ihr Reimecho in drei andern finden, und der Schluß, bald kürzer, bald reicher entfaltet, sich so anfügt daß sein erster Vers, der den weiter geführten Gedanken anhebt, durch seinen Reim auf den Schluß der Stollen sich zurückbezieht und an diesen gebunden ist, — ein reizender Altersspruch und zugleich seine Lösung in Form und Inhalt, gleichsam ein Septimenaccord in der Mitte der Strophe. Ist die Canzone für die wechselreiche Empfindung geschaffen, so wurde die in Deutschland von Walther von der Vogelweide bereits entwickelte, von Reimar von Zweter ausgebildete Spruchform zum Sonett: zwei Paare von je vier Versen sind Satz und Gegensatz, Bild und Gegenbild, und als solche bezeichnet und zusammengehalten dadurch daß die Binnen- und Außenreime dieselben sind, also Zeile 1, 4, 5, 8, Zeile 2, 3, 6, 7 aufeinander anklingen; dann folgt ein Abgesang von sechs Zeilen. Alle Zeilen haben die gleiche Länge von fünf Hebungen, und hier und da erweitern sie sich noch durch eine Coda, einen Anhang und Ausklang. — Descort, im Gegensatz zu Accort, heißt den Provenzalen ein Lied des Zwiespalts, wo die unerwiderte Liebe in Strophen klagt die formell nicht miteinander übereinstimmen.

Von der Provence hat sich die neue Kunstlyrik nach Nordfrankreich, von da über den Rhein nach Deutschland, von hier aus durch den Hof Friedrich's II. in Palermo nach Sicilien und Italien verbreitet, während die Troubadours selbst auf die Lombardei und nach Spanien hinüberwirkten. Daher begegnen uns viele übereinstimmende Züge in Form und Inhalt. So wandert das Bild des Schwanes, welcher singt wenn er sterben soll, von der Provence nach Nordfrankreich, von da nach Deutschland, von da nach Italien; ebenso die Liebesflamme in der das Herz geläutert wird wie das Gold im Feuer, oder Tristan's Trank aus dem Zauberbecher, der die Seelen unauflöslich bindet, oder die klagende Turteltaube über den Verlust des Gatten.

In der Provence blühte die Lyrik, in Nordfrankreich die epische Dichtung, während die Kunstlyrik nur ein solcher dürftiger Widerschein der südlichen ist; der Lai besteht aus ähnlichen, aber doch ungleichen Strophen und nimmt gern epische Elemente in sich auf; er scheint volksmäßig im Norden, gleichwie der Refrain, aus welchem sich der Abgesang entwickelt hat. Schon die vielen Fremdwörter in der höfischen Poesie Deutschlands weisen auf das Vorbild Frankreichs hin; aber die Trouvères wurden übertroffen durch die Lieder die weniger der Reflexion und mehr dem Gemüth entquollen, und durch die körnige, sinnige Spruchdichtung neben derselben, durch die Fülle der Töne, die ein nie matter

Erfindungsreichthum in immer neuer Weise anschlägt, sodaß jeder Dichter die seine, ja verschiedene für verschiedene Gesänge hat. Dem Lai verwandt ist der Leich, Spiel oder Musik mit Gesang, während im Lied der Gesang voransteht, die Musik begleitet, daher Leiche für Chorgesang und Reigen, in freiern Wechsel der Glieder oder Strophen bei durchherrschendem Grundton. Friedrich II. und Manfred waren selbst Dichter, ebenso der Kanzler Peter de Vineis und Enzio; durch sie kam die deutsche Technik zu den Italienern, welche die Form geschmackvoll begrenzten; ihre Strophe heißt Stanza, Zimmer; wie ein Zimmer von Wänden bildet sich die Ottave durch die Zusammenstellung von vier Reimpaaren; später gibt man den drei Reimpaaren einen Schluß von zwei aufeinander auslautenden Zeilen in der bekannten epischen Stanze. In der Lombardei sang man den Provenzalen in ihrer Mundart nach, die sicilianische kam am Hof Friedrich's II. in Gebrauch und verbreitete sich von dort nach Italien, wo bald die toscanische sich ihr anschloß; aus diesen Elementen erwuchs allmählich eine italienische Schriftsprache. Damals kam es vor daß ein Dichter mit provenzalischen, sicilianischen, ja lateinischen Versen oder Strophen in einem und demselben Lied wechselte; ja Raimbaut de Vaqueiras fügte auch noch das Nordfranzösische, Gascognische und Spanische hinzu um recht anschaulich zu machen in welche Verwirrung sein verliebter Sinn gerathen sei. Dagegen wirkte Brunetto Latini vornehmlich für die Reinheit der italienischen Sprache, und Gelehrte wie er griffen nun in die Dichtung ein, Guido Guinicelli, welchen Dante seinen und aller bessern Dichter Vater nennt, Guittone und Cavalcanti, welche mit philosophischer Bildung ausgestattet, durch erhabene Gedanken und geistvolle Gleichnisse in der Liebe zugleich die weltbewegende ewige Gottesmacht feierten, und im Anschluß an Platon in allem Sinnlichen nur das Abbild des Idealen sahen, leider aber auch in der Scholastik befangen sich in haarspaltenden Spitzfindigkeiten gefielen und allerhand Subtilitäten für eine allegorische Auslegung in ihre Canzonen hineingeheimnißten.

Mit Südspanien war von der Provence aus steter Verkehr; 1113 kam durch Heirath die Krone dieses Landes an Raimund Berengar III. von Barcelona, und dorthin folgten viele Troubadours nun ihrer Herrin, deren Gemahl an seinem Hofe ritterliche Fertigkeiten pflegte. Fünfundzwanzig Jahre später erwarben die Grafen von Barcelona auch Aragonien und verbreiteten die neue Bildung nach Saragossa. Die Fürsten selber wurden als Dichter gerühmt, und die Lieder sangen nicht blos von Minne, sie waren auch hier eine Waffe in den Staatshändeln und wurden mitunter zur Satire. In Spanien ging dieser Richtung ein nationaler Volksgesang voraus und zur Seite, in Portugal aber ward er durch die Troubadours und ihre Nachfolger zurückgedrängt, und mit wenigen Ausnahmen der kurzen Blütezeit im 16. Jahrhundert behielt hier die Poesie die weichen geschmeidigen Züge der Künstlichkeit, der Abhängigkeit von fremden Mustern. Im Liederbuch des Königs Diniz hat das was Franca in den Mund gelegt ist noch einen naturmelodischen Klang, einen originalen Hauch, aber wo sie im eigenen Namen dichten da zeigen die Männer ihre Formgewandtheit in der Uebertragung provenzalischer Weisen mit deren conventionellem Inhalt. Statt des sich selber gestaltenden Herzensdrangs herrscht die höfische Mode. Am Anfang des 13. Jahrhunderts kämpfte und fiel Peter von Aragonien für die Albigenser; viele Troubadours verließen die blutigen Trümmer der Heimat, wo nun die Inquisition wüthete, und fanden in Spanien eine Freistätte für ihre heitere Kunst, fanden dort die Minnehöfe, die dichterischen Wettkämpfe, an denen noch eine Zeit lang diese Kunstpoesie ihr Dasein fristete, bis sie wie überall mit dem alten und echten Rittersinn erlosch. Der Adel verarmte durch die Kreuzfahrten wie durch seine Sucht nach Glanz und Prunk, während die Städte durch Handel und Gewerbfleiß emporkamen; Roheit und Raubgier führte dort zur Entartung, während hier der Grund zu einer neuen Gesittung gelegt ward.

Bei den Troubadours nun ist die Liebe entweder mehr sinnliches Feuer oder Verstandessache und Spiel, bei den Minnesängern mehr Gemüthsstimmung und Herzenssache; jene sind männischer, lecker, verwegener, diese frauenhafter, inniger, schmachtender, und statt frischer Eroberungslust und freudigen Muths waltet selbstquälerische Klage, ein Verzagen und Erbangen, ein stilles Sinnen. Die Liebespoesie ist dem Provenzalen eine frohe Wissenschaft, ein gai sabor, dem Deutschen weit mehr eine Wonne der Wehmuth, das Träumen und Schmachten der Frühjugend in den Selbsttäuschungen der Einbildungskraft, ein Sichbesiegtfühlen und schüchternes Hoffen, das sein Empfinden kaum zu bekennen wagt, statt leidenschaftlicher Erlebnisse spiegelt die Dichtung sanft und stet die Zustände des Gemüths ab. Darum

bringen denn auch die Troubadours ihre Persönlichkeit überall
vor, und ihr Schicksal ist oft poetischer als ihre Verse; sie nehmen Theil an den Kämpfen der Zeit, sie ergreifen Partei und
machen sich durch ihre Rügen- und Fehdelieder gesucht und gefürchtet. Ein Sirventes vertritt die Stelle eines Leitartikels der
Zeitung, der Dichter legt darin seine Ansicht über eine Zeitfrage,
über eine öffentliche Angelegenheit nieder, er spricht seinen Haß
oder seine Theilnahme aus, und läßt selber, oder die Partei läßt
das Gedicht durch die Jongleurs, die herumwandernden Spielleute, von Markt zu Markt, von Schloß zu Schloß tragen. Der
Name bezeichnet ein Dienstgedicht, es ist im Dienst eines Herrn,
einer Sache verfaßt, Lob und Tadel, Mahnung oder Klage. In
solchen Gesängen richtet sich denn Zorn und Freimuth gegen die
Wölfe im Schafspelz, die schlechten Hirten, welche die Heerde
zerfleischen statt sie zu hüten, und die Sänger werden zu Herolden
der Geistesfreiheit, zu Fürsprechern der Armen und Gedrückten.
Rom sollte der Welt Licht und Leben sein, und ist alles Bösen
Grund geworden; der Papst maßt weltliche Gewalt sich an und
säet Zwietracht statt Frieden zu predigen, sagt Guillem Figueiras;
dafür wird die Hölle der Lohn für die giftige kronentragende
Schlange sein. Peire Vidal klagt:

> Die Päpst' und der Doctorenschwarm
> In solches Elend brachten die
> Die Kirche daß es Gott erbarm!
> So gottlos und so schlimm sind sie
> Daß sie erzeugt das Ketzerthum,
> Es ist die Sünd' ihr Ziel und Ruhm.

Am schärfsten geißelt Peire Cardinal am Anfang des 13. Jahrhunderts die Geistlichkeit:

> Sie heißen Hirten zwar, doch sind sie Mörder gar;
> Je höher gar ihr Stand, je schlimmer ist's bewandt;
> Auf Lüge wird gezählt je mehr die Wahrheit fehlt,
> Je wen'ger Wissenschaft je größ're Mäntelkraft,
> Und von der Demuth gar findet sich nicht ein Haar;
> Ja gegen Gott so feind hat's niemand noch gemeint
> Als dieses Pfaffenheer von allen Zeiten her.

Er will einen Berg von Gold dem Wahrhaftigen geben,
wenn ihm jeder Lügner ein Ei bringt, eine Mark dem Gütigen,

Ehrlichen, wenn ihm die Schelme und Unholde je einen Heller
zahlen. Die Großen haben so viel Mitleid mit den Armen wie
Kain mit Abel, kein wahres Wort entquillt ihnen, aber eine Lü-
genflut wie der Strom dem Berge. Der ist betrogen welcher
glaubt daß unrechtliche Gewalt und List zu Schaden komme, denn
sie triumphiren. Der Dichter hofft für sich auf einen milden
Spruch am Tage des Gerichts, weil er die böse Welt bekämpft;
er singt ein Rügelied statt eines Fluchs gegen die Habsucht der
Fürsten und Pfaffen:

> Um Land zu rauben geben sie Gesetze,
> Und spannen aus nach Beute ihre Netze
> Um immer mehr Gewalt sich zu verschaffen.

Sie wollen die Welt einfangen, und es scheint daß es ihnen
gelingt, sei's mit Heucheln oder mit Schmeicheln, sei's mit Ablaß
oder Bann, sei's mit Gott oder mit dem Teufel! — Pons von
Capdueil fordert in mehrern Liedern zum Kreuzzug auf, und
fügt hinzu:

> Wer alle Länder übern Meer besiegt
> Und Gott nicht ehrt dem frommt nicht sein Beginnen,
> Denn Alexander der die Welt bekriegt
> Nahm nichts als ein Stück Laken mit von hinnen;
> Wer Gutem Böses vorzieht ist von Sinnen,
> Denn für ein Glück das ihn nur kurz vergnügt
> Gibt er eins hin das Tag und Nacht genügt.
> Habsücht'ge Thoren, die sich nie besinnen,
> Dem Geize fröhnen und doch nichts gewinnen!

Es ist bekannt daß die blutigen Verfolgungen gegen die Albigenser die heitern Lieder verstummen machten. Die neue reine
Lehre ward von den Anhängern des Petrus Waldus selbst in alexan-
drinerartigen Versen mit langen Reimfolgen vorgetragen, die das
einfach evangelische Glaubensbekenntniß würdig aussprachen.

Der Preis der Edeln wird vornehmlich in den Klageliedern
auf die Todten laut, allein auch hier wie im Lob der Geliebten
fehlen meist die individuellen Züge, und die Tapferkeit, die Milde,
die Schönheit wird auf herkömmliche Weise im allgemeinen gefeiert. So heißt es in Gaucelm Faidit's Lied beim Tod von
Richard Löwenherz: „Mit einem Schlag ward uns das Beste
geraubt; er war ein Mann so tapfer, so freigebig: Alexander der

Sieger über Darius gab nicht mit solcher Milde seine Schätze
zur Spende, Karl und Arthur waren nicht tapferer wie er. In
Wahrheit machte er sich der einen Hälfte der Welt ebenso furchtbar als der andern verehrungswürdig." Von den Kriegsliedern
ist das frischeste eins von Bertram de Born, der sich rühmen
konnte daß ihm stets nur die Hälfte seiner Kraft nöthig sei, das
Saitenspiel oder die Lanze, die ritterliche oder dichterische Fertigkeit; wir glauben einen jener Wüstenkämpfer Arabiens zu hören,
wenn er anhebt:

> Mich freut des süßen Lenzes Flor
> Wenn Blatt und Blüte neu entspringt,
> Mich freut's hör' ich den muntern Chor
> Der Vöglein, deren Lied verjüngt
> Erschallet in den Wäldern;
> Mich freut es seh' ich weit und breit
> Gezelt und Hütten angereiht;
> Mich freut's wenn auf den Feldern
> Schon Mann und Roß zu nahem Streit
> Gewappnet stehen und bereit.
>
> Mich freut es wenn die Plänkler nah'n
> Und furchtsam Mensch und Heerde weicht,
> Mich freut's wenn sich auf ihrer Bahn
> Ein rauschend Heer von Kriegern zeigt;
> Es ist mir Augenweide
> Wenn man ein festes Schloß bezwingt,
> Und wenn die Mauer kracht und springt,
> Und wenn ich auf der Heide
> Ein Heer von Gräben seh' umringt
> Um die sich starkes Pfahlwerk schlingt.

Er freut sich der blanken Helme wie der zerhauenen Schilde,
und nichts gibt ihm solche Wonne als der Kampfruf: „Drauf!
Hinein!"

> Es schweifen leer Rosse
> Gefallner Reiter durch das Feld,
> Und im Getümmel denkt der Held,
> Wenn er ein edler Sprosse,
> Nur wie er Arm' und Köpfe spellt,
> Er der nicht nachgibt, lieber fällt.

Unter den deutschen Minnesängern reichte an solchen Reichthum des Lebens nur Walther von der Vogelweide heran († um

1228), aber nicht in wilder Leidenschaft, sondern in der Klarheit des Gedankens und der Tiefe der Empfindung. Er lebt die deutsche Geschichte seiner Zeit im Herzen und Geist mit durch, er begleitet die Ereignisse mit seinen Betrachtungen, er sucht durch Rath und That auf den Gang der Dinge einzuwirken. Er ist der größte Lyriker der Ritterwelt, würdig neben Petrarca zu stehen. In voller stolzer Weise verkündet Walther der Frauen Preis und spricht den Gedanken der Zeit melodisch aus:

> Durchsüßet und geblümet sind die reinen Frauen,
>   So Wonnigliches gab es niemals anzuschauen
> In Lüften, noch auf Erden, noch in allen grünen Aun.
> Lilien oder Rosenblumen, wenn sie blicken
>   Im Maien durch bethautes Gras, und kleiner Vögel Sang
> Sind gegen solche Wonnen farblos, ohne Klang,
> Wenn man ein schönes Weib erschaut; das kann den Sinn erquicken!
> Ja, wer am Kummer litt wird augenblicks gesund,
>   Wenn lieblich lacht in Lieb' ihr süßer rother Mund,
> Ihr glänzend Auge Pfeile schießt tief in des Mannes Herzensgrund.

Er preist Deutschland vor allen Landen, da wohne noch Sitte und reine Liebe. Deutsche Zucht geht über alle. Züchtig ist der deutsche Mann, deutsche Frauen sind engelschön und rein.

> Von der Elbe bis zum Rhein
>   Und zurück bis an der Ungarn Land
> Da mögen wol die Besten sein
>   Die ich irgend auf der Erde fand;
> Weiß ich recht zu schauen
>   Schönheit, Huld und Zier,
> Hilf mir Gott, so schwör' ich: sie sind besser hier
> Als der andern Länder Frauen.

Auch bei Walther herrscht hier und da die Reflexion, aber so empfindungsfrisch und musikalisch hat kein Ritter im Mittelalter einen Ton angeschlagen wie er im Liede das er dem Mädchen über das genossene Liebesglück in den Mund legt.

> Unter den Linden
>   An der Heide,
> Wo unser zweier Bette was,
> Da mögt ihr finden
>   Die wir beide
> Die Blumen brachen und Gras.

Vor dem Wald mit süßem Schall,
   Tandaradei!
   Sang im Thal die Nachtigall.

Ich kam gegangen
   Zu der Aue,
   Mein Liebster kam vor mir dahin;
Ich ward empfangen,
   Hehre Frau,
   Daß ich noch immer selig bin.
Ob er mir wol Küsse bot?
   Tandaradei!
   Seht wie ist mein Mund so roth.

Da ging er machen
   Uns ein Bette
   Aus süßen Blumen mancherlei.
Deß wird man lachen
   Noch, ich wette,
   So Jemand wandelt dort vorbei,
Bei den Rosen er wohl mag
   Tandaradei!
   Merken wo das Haupt mir lag.

Wie ich da ruhte
   Wüßt es Einer,
   Behüte Gott, ich schämte mich;
Wie mich der Gute
   Herzte, Keiner
   Erfahre das als er und ich,
Und ein kleines Waldvögelein,
   Tandaradei!
   Das wird wol getreue sein.

Wie er sitzt und sinnt über den Lauf der Welt, über die Möglichkeit Ehre und zeitliches Gut mit Gottes Segen zu verbinden, schildert er selber mit Meisterhand:

   Ich saß auf einem Steine,
   Da deckt' ich Bein mit Beine,
   Darauf der Ellenbogen stand;
   Es schmiegte sich in meine Hand
   Das Kinn und eine Wange.

Er steht zu Kaiser und Reich, er bekämpft die Gleisnerei, die Weltlichkeit, den Ablaßkram der herrschsüchtigen Kirche, er

fordert wahre Reue und reines Leben, denn das Wort ist ohne
Werke todt; Christ, Jude und Helde gilt ihm gleich, wenn er dem
Einen dient. Er predigt Maß und Selbstüberwindung:

> Wer schlägt den Leuen, wer schlägt den Riesen?
> Wer überwindet den und diesen?
> Das thut Jener der sich selbst bezwinget
> Und seine Glieder all getragen bringet
> Aus dem Sturm in steter Tugend Port.
> Erborgte Zucht und Scham vor Gästen
> Hält uns wol einen Tag zum Besten,
> Doch falscher Schimmer währt nicht fort.

Walther macht eben nicht Verse um der Mode willen, sondern er folgt dem Drang seines Herzens, das Leid und die Freude
der eigenen Seele wie seines Volks treibt ihn zum Liede und
klingt darin wieder. Er selber sagt:

> Verzagte Zweifler sprechen alles sei nun todt
>   Und niemand mehr der Schönes singe;
> Sie sollen doch bedenken die gemeine Noth,
>   Wie alle Welt mit Sorgen ringe;
> Kommt Sangeslag, so hört man Singen wol und Sagen,
>   Man kann noch Lieder,
> Ich hört' ein kleines Böglein jüngst dasselbe klagen,
>   Das barg sich wieder:
> „Ich singe nicht, erst muß es tagen."

Die Lust der Welt vergeht wie der lichten Blumen Schein,
darum richtet sich sein Gemüth auf das Ewige; aber wie es
beim Lyriker sein muß, es ist so zart besaitet daß jeder Hauch
ihn erschüttert wie eine Aeolsharfe, und darum kommt mit der
Herzensfreude stets auch Herzeleid, kein halber Tag geht ihm
in ungetrübter Wonne hin; ließen ihn Gedanken frei, so wüßt' er
nichts von Ungemach. Voll wunderbaren Tiefsinns klagt er am
Abend seines Lebens:

> O weh, wohin verschwunden ist so manches Jahr!
> Träumte mir mein Leben oder ist es wahr?
> Was stets mich wirklich däuchte war's ein trüglich Spiel?
> Ich habe lang geschlafen daß es mir entfiel:
> Nun bin ich erwacht und ist mir unbekannt
> Was mir so kund einst war wie diese jener Hand.
> Leut' und Land die meine Kinderjahre sahn
> Sind mir so fremde jetzt als wär' es Lug und Wahn;

Die mir Gespielen waren sind nun träg und alt,
Umbrochen ist das Feld, verhauen ist der Wald,
Nur das Wasser fließet wie es weiland floß:
Ja gewiß ich bin des Unglücks Spielgenoß.
Mich grüßt mancher lau der mich einst wohlgekannt;
Die Welt fiel allenthalben aus der Gnade Stand.
Weh', gedenk' ich jetzt an manchen Donnerstag,
Der mir nun zerronnen ist wie in das Meer ein Schlag:
Immer mehr o weh!

O weh, wie hat man uns mit Süßigkeit vergeben!
Ich seh' die Galle mitten in dem Honig schweben;
Die Welt ist außen lieblich, grün und weiß und roth,
Doch innen schwarzer Farbe, finster wie der Tod;
Wen sie verleitet hat der suche Trost und Heil,
Für kleine Bußen wird ihm Gnade noch zutheil.
Daran gedenket, Ritter, es ist euer Ding;
Ihr tragt die lichten Helme und manch harten Ring,
Dazu den festen Schild und das geweihte Schwert.
Wollte Gott ich wär' für ihn zu streiten werth,
So wollt' ich armer Mann verdienen reichen Sold;
Nicht mein' ich Hufen Landes, noch der Fürsten Gold,
Ich trüge Krone selber in der Engel Heer,
Die mag ein Söldner wohl erwerben mit dem Speer.
Dürft' ich die liebe Reise fahren über See,
So wollt' ich ewig singen Heil! und nimmermehr o weh!
Nimmermehr o weh!

Der Dichter hofft also daß das Weh der Welt endet, wenn ihre Kraft im Kreuzzug in den Dienst Gottes tritt. In Griechenland hatte Epimenides einen so langen Schlaf gethan daß die Welt ihm beim Erwachen fremd geworden und das frühere Leben wie ein Traum dünkte. In der Erinnerung daran fragen wir mit Wilhelm Grimm: ob wol das griechische Alterthum ein Lied von der innigen und großartigen Gesinnung wie das obige von sich weisen würde; ob Epimenides' Klage edler lauten könnte; und ob die römische Literatur etwas dagegen zu stellen habe?

Die Minnesänger sind Kunstdichter. Das Volk hatte seine alten Lieder nicht vergessen, fahrende Sänger trugen sie von Ort zu Ort, und hielten die Erinnerung an die alte Heldensage wach, während die Geistlichen seit der Ottonenzeit deutsche Ueberlieferungen in ein lateinisches Gewand kleideten. Geistliche, wie jener aus dem Kriegerstand entsprossene Archipoeta, die sich den Fahrenden anschlossen, bildeten ein vermittelndes Glied als nun zunächst die ritterliche Bildung sich zur Trägerin der Literatur machte. Die ältesten Minnelieder, die vom Kürenberger, von Dietmar von Eist, bewegen sich noch im volksthümlichen Ton, und lieben in einfachem Strophenbau das Symbol eines Naturbildes zur Anknüpfung für das Seelenhafte; wie der Falke seinen Horst kennt und zu dem erwählten Baume fliegt, so sehnt das liebende Herz sich nach der Einen; oder der gezähmte Falke hebt das goldumwundene Gefieder gen Himmel empor und fliegt in ferne Lande; Gott sende die zusammen die gern ein Liebespaar sein wollen. Man gedenkt dabei des Traums von Chriemhilde am Anfang der Nibelungen: ihren Falken würgen zwei Aare, das deutet auf den Tod des Geliebten von Mörderhand. Aber in der zweiten Hälfte des 12. Jahrhunderts wandte man sich unter provenzalischem Einfluß zur kunstvollern dreigliederigen Strophe; die Sprache war musikalisch klangvoll, der Reim rein, die Lieder wurden gesungen und von Saitenspiel begleitet; auf der allgemein angenommenen Basis erfand der Einzelne nun Versmaß und Melodie, und während die Franzosen gewöhnlich zwei Reime durch die Strophe hindurchführten, liebte der Deutsche einen reichern Wechsel und die Mannichfaltigkeit kürzerer und längerer Verszeilen. Freiere Bewegung erhielt man im Leiche, ursprünglich einer geistlichen Weise, die sich aus den Modulationen des Halleluja hervorbildete und daher auch Sequenz hieß. Die adeliche Jugend lernte Gesang und Musik, ältere Meister nahm sie zum Vorbild; die Kunst diente zur Ergötzung der feinern Gesellschaft, sie war höfisch, und an Fürstenhöfen wie bei Leopold von Oesterreich, bei Hermann von Thüringen auf der Wartburg bildeten sich Mittelpunkte für dichterischen Wetteifer und gewährte die Milde, die Freigebigkeit der Herrscher reichen Lohn. Die ritterlichen Dichter trugen ihre Lieder selber vor oder gaben sie einem Sänger; holde Frauen ließen sich Einzelnes und dann Sammlungen niederschreiben, und so sind uns gegen 160 Minnesänger erhalten. Die Persönlichkeiten traten jetzt aus dem Volk hervor um ihr besonderes Erleben, Streben und Empfinden auf eigene Art auszusprechen, und so wird der Name genannt und aufbewahrt. Walther von der Vogelweide steht auf dem Gipfel, Heinrich von Veldeke, Friedrich von Hausen, Reinmar der Alte leiten zu ihm hin. Reinmar von Zweter folgte ihm vornehmlich als Spruchdichter, ihm gehört das für jene Zeit so bezeichnende Wort:

> Zweifels Grund ist niemals fest;
> Willst du nicht den Zweifel lassen,
> Willst nicht fassen
> Ein Vertrauen,
> Wirst du nie so Großes bauen
> Als das kleinste Vogelnest.

Dann kommen um die zweite Hälfte des 13. Jahrhunderts bairische und österreichische Dichter, zunächst Neidhart, der die Tänze und Lieder der Dörfer, die winterlichen in der Stube wie die Frühlingsreigen im Freien für den Hof nachbildete; ihm schlossen Steinmar, Hadlaub und der Tanhäuser sich an, und der Humor mit dem sie den Stoff behandelten, führte zu komischer Selbstauflösung des Minnedienstes und seiner Verstiegenheit. Wie ein Schwein in einem Sacke fährt mein Herze hin und her, sagt der Tanhäuser, der selber zur Mythe geworden; den Sänger sinnlicher Liebesfreude ließ man in den Venusberg eingehen, aber sich wieder zur Oberwelt wenden; der Papst jedoch erklärt daß er so wenig Gnade finden werde als ein längst abgehauener Stab wieder Blätter treibe; da kehrt Tanhäuser in den Venusberg zurück, aber der Stab beginnt zu grünen.

Noch verdient bemerkt zu werden wie damals der Mariencultus gepflegt ward, der das Religiöse mit herzgewinnender Huld und Anmuth schmückte; die Frauenverehrung der Zeit hatte ihren Antheil daran und empfing von hier neue Nahrung und Weihe. Vor den Kreuzzügen erscheint Maria nicht in hervorragender Gestalt bei abendländischen Dichtern; die Berührung mit der morgenländischen Kirche aber ließ seit dem 12. Jahrhundert ihren Dienst rasch aufblühen; mit schwärmerischer Inbrunst, mit naiver Herzlichkeit war nun „unsere liebe Frau" gefeiert, und ihr Licht warf wieder einen Abglanz auf die irdische Geliebte. Noch schweigt Wolfram von Eschenbach ganz von der Jungfrau Maria; aber die Dichter aus dem Verfall des ritterlichen Lebens widmen ihr überschwengliche Huldigungen. Sinnliches und Geistiges wird ineinander verwoben, auch die Mönche hatten hier Anlaß zu lieblicher Schwärmerei. Der Gottfried von Straßburg zugeschriebene Hymnus nennt Maria die Rosenblüte, das Lilienblatt, den süßen Minnetrank daraus die Gottheit Süße trank, einen Spiegel der Wonne, einen Stern im Herzen und im Sinne; sie erfreut das liebende Gemüth wie der Thau die Blume; dann heißt es in der nachahmlichen Melodie der klangvollen Sprache:

> Du küle, du kalt, du warm, du heiz,
>   Du aller sälde ein umbekreiz,
>   Der dich nicht weiz
>   Wie ist dem so rechte swäre!
> Im ist der tag eins jares lanc,
>   Im grünet selten sein gedanc,
>   Er ist ane wank
>   Gar aller fröuden laere.
> Du bist so gar des herzen schin,
>   Eine fröudebernde sunne,
>   Ein herzelieb für senden pin,
>   Für trouren fröudevoller schrin,
>   Dem gernden sin
>   Für durst ein lebender brunne.

(sälde = Glück; bern = gebären, bringen; gern = begehren; senden = sehnende.)

Wir schließen mit Gottfried's Urtheil über seine Sangesgenossen, daß diese Nachtigallen ihres Amtes wohl walten mit ihrer holden Sommerweise. Ihr Ton ist lauter und ist gut, sie geben der Welt einen hohen Muth, und thun so recht dem Herzen wohl. Die Welt sie würde stumpf und hohl und läme außer allen Schwang ohne den lieben Vogelgesang; er mahnt an alles was lieb und gut und weckt zu Freuden frohen Muth.

Das malerische Element, das nun in der Kunst das tonangebende für Jahrhunderte werden sollte, zeigte sich zunächst in der eigenen äußern Erscheinung der Ritter und Edelfrauen, in der Farbensinnigkeit und in der Pracht der Kleidung. Im Kampf schirmte Helm, Schild und Panzerhemd den Ritter, in Frieden liebte man neben Leinwand und Wolle besonders Pelzwerk, Sammt oder gold- und silberdurchwobene Seide. Man liebte ein Spiel von Farben, die äußere Erscheinung sollte die Stimmung des Menschen ausdrücken, und so kleidete sich grün wer das erste Aufkeimen der Minne empfand, roth deutete auf das Glühen für Ruhm und Ehre und darauf daß das Herz gleich feuriger Kohle brenne; blau bezeichnete stete Treue, weiß das Hoffnungslicht der Erhörung, gelb den Minnesold, das Gold und Glück der Wonnegewährung, schwarz ist Leid, Zorn über verschmähte, Trauer über verlorene Liebe. „Bleich und roth", sagt Uhland, „verkündet in altteutscher Dichtersprache den innern Wechsel, die schwankende Bewegung von Leid und Freude, Furcht und Hoffnung, und auch gesondert sind die beiderlei Färbungen naturgetreuer Ausdruck der

Gemüthszuſtände. Selbſt das Lied der Nibelungen ſpielt dieſe Farben durch alle Töne, vom Anhauch der ſchüchternen Liebe bis zum Erglühen des Zorns und dem Schrecken der auch den Helden entfärbt." — Wie der Mai die Erde mit bunten Blumen ſchmückte, ſo lud er auch die Menſchen ein daß ſie in glänzender Tracht und hellem Schmuck auszogen ins Freie und heitere Feſte feierten, wo der Ritter im Turnier Kraft und Geſchick bewährte, und die Dame den Preis des Sieges ſpendete. Sonnenglanz, Waldesgrün, Liebeslied und Reigentanz bilden ein Ganzes der Sommerluſt, Sang und Klang entbinden die Freude der Bewegung, und die zauberiſchen Weiſen der Tarantellen heißen rothes oder grünes Tuch, je nachdem ſie leidenſchaftlich wild oder idylliſch mild erklingen; ſo waltet das innigſte friſcheſte Naturgefühl im Leben wie in der Dichtung.

Weltliche und religiöſe Lyrik der Geiſtlichen.

Der lyriſche Zug, der die ritterlichen Troubadours und Minneſänger zu Herolden einer neuen Bildung machte, trieb auch die ſeitherigen Träger der Cultur, die Geiſtlichen zum Geſang; ſie bedienten ſich der lateiniſchen Sprache fort, aber je mehr das eigene Herzensgefühl zum Liede begeiſterte, deſto mehr drängte es zum unmittelbaren Ausdruck in der heimiſchen, der franzöſiſchen, deutſchen, italieniſchen Zunge, und die volksthümlichen Laute brachen oft mitten in der fremden Umgebung zuerſt naiv, dann mit bewußtem Wechſel lateiniſcher und vaterländiſcher Verſe hervor. In einer Briefſammlung des Mönchs Wernher von Tegernſee (zweite Hälfte des 12. Jahrhunderts) ſchreibt die Geliebte noch lateiniſch: „Du allein biſt mir aus Tauſenden erleſen, du allein biſt in das Heiligthum meines Geiſtes aufgenommen, du allein biſt mir Genüge ſtatt allem, wenn du dich nämlich von meiner Liebe, wie ich hoffe, nimmer abwendeſt. Wie du gethan haſt habe auch ich gethan, aller Luſt aus Liebe zu dir entſagt; an dir allein hänge ich, auf dich habe ich alle meine Hoffnung und mein Vertrauen geſetzt." Dann aber ſchließen die herzigen deutſchen Reime:

Du bist mein, ich bin dein,
Dessen sollst gewiß du sein.
Du bist verschlossen in meinem Herzen,
Verloren ist das Schlüsselein,
Du mußt immer drinnen sein.

Indeß auch hier scheint es gingen die Franzosen voran. Denn schon in der ersten Hälfte des 12. Jahrhunderts hatte sich dort ein Ritter mit den Waffen der Dialektik gegürtet, und nachdem er im Turnier der Wissenschaft Ruhm und Siegesehre gewonnen, schlug die Flamme der Liebe mit herrlicher Gewalt in ihm empor, bis dem Glück das Leid folgte und er der Märtyrer seines Fühlens und Denkens ward. Aber ob ihm und seiner Geliebten von der Mitwelt die Dornenkrone gereicht ward, die Nachwelt schmückt das Denkmal derer in welchen eine Idee zum ersten mal in jener ganzen Macht aufleuchtet die alles um ihretwillen vergessen läßt, mit immergrünem Lorber, und so ist Abälard's und Heloise's Name um ihrer Herzensgeschichte willen in aller Munde geblieben. Denn in ihnen ist das romantische Liebesideal wirklich und seiner selbst bewußt geworden. Man lese ihre Briefe und die Leidensgeschichte, die ich deutsch herausgegeben, in dem Original, das alle spätere Umdichtung an Wahrheit und Poesie, wie an Glut der Empfindung weit übertrifft und in dieser Beziehung von keinem der Troubadours und Minnesänger erreicht wird. Hier bezeugen das Leben und die Worte daß die Liebe das sich Wiederfinden einer freien bestimmten Individualität in der entsprechenden andern ist, in der sie das Gegenbild ihrer Eigenthümlichkeit anschaut, daß es allerdings auf die wahlverwandte Persönlichkeit ankommt, für sie aber das Herz in so allgewaltiger Glut entbrennt, daß es sie allein und auf ewig begehrt, nur in ihrem Besitz Frieden und Seligkeit findet. Hier ist die Liebe die Totalität der menschlichen Natur in der Form der Empfindung, der innigste Vereinigungspunkt der Seele und der Sinne; was der Geist denkt das wogt und wallt im Blute, was das Herz höher schlagen macht das verklärt sich in der innern Anschauung zum Ideal. So mächtig ist die Herzensgewalt daß sie sich allein genügt und der Dauer für alle Zeit sicher ist; das Band der Ehe noch zu verlangen scheint ihr sogar wie eine Entwürdigung, wie ein Zweifel an der Liebe, statt daß gerade die Bestätigung ihrer Ausschließlichkeit und Ewigkeit darin zu erkennen ist. Heloise schreibt an Abälard: „Du bist es allein der mich betrüben, der mich erfreuen oder mich trösten kann. Nichts habe ich jemals, Gott weiß es, in dir gesucht als dich selber, rein nur dich und nicht das Deinige begehrend. Nicht den Stand der Ehe, nicht andere Heirathsgüter habe ich erwartet, nicht meinen Willen und meine Lust, sondern deine zu erfüllen gestrebt, wie du selber weißt. Und wenn der Name der Gattin heiliger und würdiger erscheint, süßer doch war's immer deine Geliebte zu heißen, oder wenn du nicht darüber zürnen willst — deine Buhle oder Hetäre; damit je tiefer ich mich für dich erniedrigte, ich um so größere Huld und Gnade bei dir fände und den Glanz deiner Herrlichkeit weniger beleidigte. Gott rufe ich zum Zeugen an, wenn Augustus, der Beherrscher der ganzen Welt, mich der Ehre seiner Gattin würdigen und mir die Herrschaft des ganzen Erdkreises für alle Zeit bestätigen wollte, so würde es mir lieber und würdiger erscheinen deine Buhle genannt zu werden als seine Kaiserin; denn der Reichste und Mächtigste ist darum auch nicht der Beste, jenes ist des Glückes, dieses der Tugend Werk. Zweierlei aber, ich gestehe es, war dir eigenthümlich, wodurch du die Herzen aller Frauen sogleich gewinnen konntest, die Anmuth des Wortes und des Gesanges. Indem du hieran wie an einem Spiel dich von der Anstrengung philosophischer Arbeiten erholtest, hast du viele im Maße oder Rhythmus der Liebe gedichtete Lieder hinterlassen, die wegen überschwenglicher Süßigkeit so der Worte wie der Melodie häufig nachgesungen meinen Namen in aller Munde unaufhörlich erhielten, sodaß die Lieblichkeit wohllautenden Gesanges auch die Ungebildeten deiner niemals vergessen ließ. Und da der größte Theil jener Lieder unsere Liebe besang, so verkündeten sie in kurzer Zeit vielen Ländern meinen Namen."

Aus Abälard's höhern Jahren sind uns lateinische Hymnen erhalten, die er für den Kirchengesang der Nonnen im Parallel schrieb, im einfachen Stil der alten Gesänge, ruhig betrachtender Art. Von bewegterer Empfindung sind lateinische Klagelieder, die er alttestamentlichen Personen in den Mund legt; sie spiegeln sein eigenes Leid; er selbst ist der niedergeworfene Simson, Jephtha's Tochter, die freiwillig zum Opferaltar tritt, ist Heloise, und sie klagt wie Jakob's Tochter Dina:

        Hat die Liebeshuld
        Nicht gesühnt die Schuld?
        Muntrer Jugend leicht und zart
        Zieme Strafe minder hart.

Ob die Weltgeschichte ein größeres Weib kennt als Heloise war? Liebe ist die Substanz ihres Wesens, verehrend schaut sie das Ideal in dem Manne für den ihre Pulse stärker schlagen, sodaß der freudige Genuß des sinnlichen Glücks sich zur Seligkeit verklärt; mit hochherzigem Stolz entsagt sie der Welt als ihr der Einzige geraubt wird. Ihre Herzensreinheit bedarf keiner Hülle, sondern vollendet sich im Heldensinne der Wahrheit und Aufrichtigkeit. Und dabei ist sie so klar ihrer selbst bewußt und umfaßt das Reich des Wissens mit mächtigem Geist, während die tiefsten Gefühle ihr Herz erwärmen, sodaß sie jetzt reformatorisch auf die Innerlichkeit der Gesinnung im Handeln gegen die heuchlerische Werkheiligkeit hinweist, weil nicht strenge Büßung, sondern ein gottseliges Leben dem Höchsten wohlgefällt, und jetzt mit solch wunderbarer Poesie das Bild ihres Geliebten malt, daß nimmer ein Mann schöner verherrlicht wurde.

Einen Wiederhall von Abälard's Liedern aus den Tagen des Glücks finden wir in lateinischen gereimten Liedern, die gleich den Troubadours und Minnesängern bald zart und hold von Lenz und Liebe reden, bald aber auch voll Geist und Lebensfreude einen sinnlich leckern Ton anschlagen und in der antiken Sprache die antike Nacktheit nicht scheuen, dem Ausdruck aber in den Reimstrophen frische unvergängliche Reize geben. Sind es doch die fahrenden Schüler des Mittelalters, junge Gelehrte, die arm und lustig durch das Land streichen, und die fahrende Liebe für die beste erklären, über die Frage ob die Minne des Klerikers oder des Ritters die vorzüglichere sei, junge Mädchen streiten lassen und dann zu Gunsten der erstern entscheiden. Heiterer Sang beim Becherklang ist ihnen die Würze des Daseins, hier schallt zuerst der volle Jubel der gemeinsamen Zechgelage, wie er in unsere Studentenzeit fortklingt:

> Da schäumt der Most und übervoll
> Sind Kannen und Pokale,
> Und wer sein Glas getrunken hat
> Leert es zum zweiten male.

Aber sie verschmähen auch den Ernst des Lebens nicht, vielmehr fechten sie mit Abälard und mit den Hohenstaufen für die Freiheit des Geistes und gegen die Anmaßung der römischen Geistlichkeit, gegen Mammonsdienst, Simonie, Herrschsucht und Verweltlichung der Kirche. Da wird Gott angerufen daß er komme zu richten, und nicht zu bulden wie der Tempel Salomon's zum Sitze der Buhlerin Babylons werde, die sich das Recht anmaße Sünden zu vergeben oder zu behalten, Könige und Völker zu binden oder zu lösen, und in den Schätzen der Erde schwelge. Da wird gegen die Pfaffen geeifert welche die Tugend im Mund und das Laster im Herzen führen, aus den Armen der Dirnen zum Altare kommen, und selber blind die Blinden leiten wollen, Esel in der Löwenhaut, Wölfe im Schafpelz. Ein strenger Sinn weist auf das Ewige; das Irdische ist ja gebrechlicher wie Glas, nur das Göttliche besteht. So stellen sich diese scharfen Strafgerichte den besten Sirventesen der Troubadours ebenbürtig zur Seite. Es sind mitunter dieselben Gedichte die in Frankreich an Walther von Chatillon, in England an Walther Map, Erzdechant von Oxford, in Deutschland an einen Walther geknüpft werden der sich selber scherzhaft Abt von Kuchanien heißt, vom Schlaraffenland, wo die Häuser mit Kuchen gedeckt sind. Ein andermal wird ein Primas als Verfasser bezeichnet, und Boccaccio sagt noch daß ein solcher lustiger Verseschmied allbekannt sei; oder ein Golias als Führer der Goliarden (von goliart, Betrüger, Landstreicher), endlich ein archipoeta, Erzpoet, der sich als der Taufpathe und Sänger von Reinald, dem Erzkanzler zu Köln und Freund Friedrich Rothbart's zu erkennen gibt. Aus kriegerischem Stamm entsprossen will er doch lieber der Dichter Vergil als der Held Paris sein, und so hat er den Auftrag die Thaten des Kaisers zu besingen, was er auch in lateinischen Reimen beginnt; aber das Leben reißt ihn in seine Strudel, er treibt sich namentlich in Italien herum; graben mag er nicht, denn er ist ein Gelehrter geworden, zu betteln und zu stehlen schämt er sich, und so kommt er zurück und ruft die Gnade des Erzkanzlers wieder an. Da hat nun die berühmte Beichte ihre durchaus persönlichen Anknüpfungspunkte, ihre individuelle Farbe, sodaß wir nicht anstehen unsern Deutschen für ihren Urheber und damit für den Meister jener Vagantenpoesie anzuerkennen, die in der Lombardei entsprang, sich über Frankreich verbreitete, am Rhein und bei seinen Reben den vollsten Ton anschlug, und in England ausklang. Der Dichter schildert sich selbst wie er vom unsteten Geiste einhergetrieben dem Blatt gleicht das ein Spiel des Windes ist, daß er versäumt wie ein weiser Mann sein Haus auf Felsengrund zu bauen, und wie ein Schiff ohne Steuermann auf dem Flusse dahinfährt: er bekennt daß ihn die Jugend in allerlei Thorheit und Schuld verstrickt; es ist das dreifache W der Weiber, der Würfel, des Weins, das ihn stets verlockt. Ist sein Herz doch jung, und wie sollte nicht brennen wer mitten im Feuer ist; die Mädchen sind gar zu reizend, und die er nicht mit Armen umschlingen kann, umarmt er im Herzen; führen doch nicht blos alle Wege nach Rom, sondern auch zum Lager der Liebe. Auch zum Spiel läßt er sich manchmal verleiten, doch wenn ihn das ausgebeutet hat, muß er wieder zur Feder greifen, und macht er dann um so bessere Verse. Endlich die Weinschenke will er nicht verlassen, denn am Becher entzündet sich die Leuchte des Geistes; nüchtern kann er einmal nicht dichten, und welchen Wein er trinkt, solche Lieder macht er mich:

> Unicuique proprium dat natura donum,
> Ego versus faciens bibo vinum bonum,
> Et quod habent purius dolia cauponum
> Vinum tale generat copiam sermonum.
>
> Tales versus facio quale vinum bibo,
> Nil possum incipere nisi sumpto cibo;
> Nihil valent penitus quae ieiunus scribo,
> Nasonem per calices carmine praeibo.

Bürger, „in welchem auch eine Ader dieser wilden das Leben bis zur Neige auskostenden Paganenpoesie war", hat die Weinstrophen so gut nachgedichtet, daß Jacob Grimm auch dies zum Zeugniß für den deutschen Grundton dieser lateinischen Dichtung heranzieht:

> Drum will ich bei Ja und Rein vor dem Zapfen sterben,
> Nach der letzten Oelung soll Hefe noch mich färben;
> Engelchöre weihen dann mich zum Kellererben:
> „Diesem Trinker Gnade, Gott! laß ihn nicht verderben!"

> Meum est propositum in taberna mori,
> Vinum sit appositum morientis ori;
> Tunc cantabunt laetius angelorum chori:
> Sit Deus propitius huic potatori!

So soll darum auch der bischöfliche Gönner nicht zürnen, und wie ein großmüthiger Löwe das Wild schonen; wer aber selber ohne Sünde ist, der möge einen Stein auf den Sänger werfen; er schließt:

Jam virtutes diligo, viciis irascor,
Renovatus animo, spiritu renascor,
Quasi modo genitus novo lacte pascor,
Ne sit meum amplius vanitatis vas cor.

Es ist bewunderswerth wie der Dichter hier uns mit jener kühnen Reimweise überrascht (pascor, vas cor, sonst auch iniectus, nec thus, peste penes te), durch welche Byron und Heine ihre humoristische Wirkung erzielen, bewundernswerth wie er nicht blos die Endungen, sondern Stammsilben, auf denen der Nachdruck des Gedankens ruht, durch den gleichen vollen Klang zusammenbindet; im Fluß und Wohllaut der Rede erquickt uns hier das heiterste Behagen, wie uns in religiösen Gesängen bald der Posaunenton erschüttert, bald jene süßen Mollaccorde auch das Leib in Lieblichkeit auflösen. Ist das nicht ein neuer Trieb aus dem Herzen der lateinischen Sprache heraus? Oder täuscht mich meine Vorliebe für diese Dichtungen, wenn ich behaupte daß diese Reimweise und accentuirende Rhythmik dem Latein nicht minder angemessen sei als jene aus dem Griechischen entlehnte quantitirende Form des Hexameters und der Ode, durch die Vergil, Properz, Horaz die Kunstdichtung des Alterthums vollendeten? Ist der Schritt vom Nationalrömischen zu diesen musikalisch empfindungsvollen Reimen größer als er zu jener Rhythmenplastik war? Ich sehe in den mittelalterlichen Meisterwerken nichts Fremdes, Gemachtes, ich fühle wie die quellende Triebkraft von innen heraus die neue Form erwachsen läßt. Es ist die musikalische Seele der Sache, es ist die Innigkeit der Empfindung, die sich selber singt:

> O sanctissima
> O piissima,
> Dulcis virgo Maria!
> Mater amata,
> Intemerata,
> Ora, ora pro nobis!

Oder:

> Ut axe sunt serena nocturna sidera,
> Ut verna sunt amoena in campis lilia:
> Sic virgo claritatis en flore fulgida,
> Sic mater caritatis en rore limpida!

Es war vornehmlich in Italien wo die religiöse Lyrik unter dem begeisternden Einflusse des heiligen Franz von Assisi zur Blüte kam. Ein Bonaventura ließ sich vor allen Dingen an Gott, seine Weisheit und Güte erinnern, und feierte die Maria in all den altestamentlichen Bildern die auch die Malerei gern zum Symbol für sich nahm. Ein Jacopone von Todi stellte sich aber mit ihr unter das Kreuz und sang das herrliche Stabat mater, während Thomas von Celano den Tag des Zornes, des Gerichtes herankommen sah, der die Welt zu Asche macht, wo die Gräber sich aufthun, und alles offenbar wird vor dem Auge des Herrn. Und ein Palestrina und Mozart haben die durch die Jahrhunderte fortklingende Musik dieser Gefühle, dieser Worte in ihre reine Tonsprache übersetzt, die Melodien entbunden die hier schlummerten, aber schon die Herzen der Dichter bewegt hatten.

Selbst ein Scholastiker wie Thomas von Aquino ruft zur Liebesfeier des Erlösers in prachtvollen Strophen auf: Lauda, Sion, Salvatorem', während der süßeste Zauber sich in einem Liede der in Liebessehnsucht nach dem Himmel sich verzehrenden Seele entfaltet. Da heißt es:

Huc odoriferos	Häufet mir labende
Huc soporiferos	Schlummerbegabende
Ramos depromite;	Zweige zusammen auf,
Rogos componite:	Regt mich in Flammen brauf;
Ut phoenix morior,	Als Phönix sterb' ich so,
In flammis orior!	Leben erwerb' ich so.
An amor dolor sit,	Ob Lieben Leiden sei,
An dolor amor sit,	Ob Leiden Lieben sei,
Utrumque nescio!	Weiß ich zu sagen nicht,
Hoc unum sentio:	Aber ich klage nicht;
Blandus hic dolor est	Lieblich das Leiden ist
Qui meus amor est.	Wenn Leiden Lieben ist.
Jam vitae flumina	Brich aus des Lebens Schos,
Rumpe, o anima!	O Seele, sterbend los!
Ignis accendere	Das Feuer will hinauf
Gestit et tendere	Und nimmer weilt hinauf
Ad coeli atria:	Bis an des Himmels Rand,
Haec mea patria.	Dort ist mein Vaterland!
	(A. W. Schlegel.)

Wie eine Nachtigall schwingt in einem Gesang Bonaventura's die Seele sich himmelwärts:

Die epische Dichtung.

Eia dulcis anima, eia dulcis rosa,
Lilium convallium, gemma pretiosa,
Cui carnis foeditas exstitit exosa,
Felix tuas exitus morsque pretiosa!

Heil nun liebe Seele dir, Heil dir, Rose feine,
Lilie im Wonnethal, Perl im lichten Schreine,
Die des Fleisches Schmutz gehaßt, Gottesbraut, du Reine,
Ein gar heil'ger sel'ger Tod ist fürwahr der deine!

Und am Grabe von Abälard und Heloise erklingt der Chorgesang:

Requiescant a labore   Ruhet nun im Todesschlummer
Doloroso et amore!   Von der Liebe, von dem Kummer!
Unionem coelitum   Nach der Seligen Vereln
Flagitabant,   War euer Streben,
Jam intrabant   Nun zum Leben
Salvatoris adytum.   Eures Heilandes gingt ihr ein!

Die epische Dichtung.

In der Kunstlyrik hatte Südfrankreich den Ton angeschlagen der sich über Europa verbreitete; dort, wo griechische und römische Bildung früh eine Stätte gefunden, war der formale Sinn des Alterthums am wirksamsten, und durch ihn vermochte die persönliche Stimmung, die Subjectivität der Dichter zuerst eine neue eigenthümliche Weise des Stils zu finden. Im Norden, dort wo die fränkischen und normannischen Germanen eingedrungen, herrschte das Epos, das sich aus den alten Volksgesängen und bald aus den keltischen Ueberlieferungen bildete. Ich betrachte auch hier die Entwickelung als ein großes Ganzes. Denn die nationale Abgeschiedenheit des Alterthums hat der gemeinsamen Culturarbeit des Abendlandes Platz gemacht. Wie die Kreuzzüge so ist auch die Scholastik, wie der Baustil so ist auch das ritterliche Epos gemeinsam; es bilden sich wol die besondern Landessprachen, aber die Inspiration ist die gleiche. Die Antriebe gehen von verschiedenen Seiten aus, die Initiative ist bald bei dieser, bald bei jener Nation: so hat später die Renaissance ihre Wiege in Italien, die

Reformation in Deutschland, in der Organisation des Staats schreitet England voran, und gibt durch seine Freidenker den Anstoß zur Aufklärung, die sich von Frankreich aus weiter verbreitet und in Deutschland philosophisch vertieft; die Ergebnisse werden Gemeingut.

Man unterscheidet im Mittelalter die volksthümliche Dichtung von der höfischen; jene behandelt die altheimischen Stoffe in nationaler Form, diese lebt in den aristokratischen Bildungskreisen, wird durch deren Geschmack beherrscht und erzählt zu deren Unterhaltung nicht das längst Bekannte, sondern Neues, wie es von den Kelten hergeholt oder nach deren Muster frisch erfunden wird. Bald aber werden auch mit der hier gewonnenen Kunst die vaterländischen Sagen behandelt, und wie derselbe fahrende Sänger oder Jongleur heute im Fürstenschloß, morgen auf der Ritterburg und übermorgen auf einem Markte der Stadt oder unter der Linde des Dorfes eine Hörerschar um sich versammeln kann, so ist jener Unterschied fließend. Doch erstreckt er sich auch auf die Form. Die Reimpaare von achtsilbigen Versen werden für die höfische Erzählung stehend, das Volksepos bleibt dem Gesange näher, es erhält in Deutschland seine Strophe, die zumeist aus Versen von sechs Hebungen oder betonten Silben mit einem Ruhepunkt in der Mitte besteht; in Frankreich finden wir zuerst fünf Hebungen und eine Cäsur nach der zweiten, dann sechs und einen Einschnitt nach der dritten, und wenn hier in der Mitte der Wortausgang männlich ist, so haben wir die Grundlage des Alexandriners, während der weibliche Ausgang mit dem Nachhall einer kurzen Silbe unserm Nibelungenvers entspricht. In Deutschland werden vier Verse zur Strophe gefügt, Frankreich hält die Mitte zwischen dieser und dem ununterbrochenen Flusse wie ihn der Hexameter, die Stola darstellt, indem dort ursprünglich größere oder kleinere Gruppen von Versen gebildet werden, welche alle derselbe Vocal in der letzten Silbe, oder bei weiblichen Endungen in der vorletzten zusammenbindet. Tirade oder Lais ist der Name solcher assonirenden Reihen von 10—100 Versen. Später aber verlangte man vollen Gleichklang auch der Endconsonanten, und der Reim kommt zur Herrschaft. Häufig verhallt die Tirade in einem refrainartigen kurzen Spruch oder einem Halbverse von drei Hebungen. Die Sprache selbst weist auf einen recitativartigen von Saitenspiel begleiteten Vortrag hin.

Wir betrachten die vorzüglichsten Werke die uns aus den verschiedenen Kreisen und Ländern erhalten sind.

Das französische Volksepos. Rolandslied und Albigenserkriege.

Als die Franken jenseit des Rheins die romanische Sprache und das Christenthum angenommen, verhallten die alten Götter- und Heldenlieder; aber die Erinnerung an ihre eigenen Großthaten auf dem neueroberten Boden pflanzte sich in die neue Sprache fort. Karl der Große ward, wie wir bereits gesehen, der Mittelpunkt eines Sagenkreises und neben ihn trat Wilhelm von Toulouse, dessen Geschichte gleichfalls der Kern ward an welche die Maurenkämpfe Otto's von Aquitanien und Wilhelm's von Provence sich anfügten, und wie er ein Vasall von unwandelbarer Treue war, so ging in Volksmund das auf ihn über was zwei Normannenherzoge für die Rechte des unerwachsenen Ludwig Transmarinus gethan.

Schon der geistliche Chronist Lambert von Ardre unterscheidet in Frankreich von Schwänken und Legenden Gedichte welche Heldenhäuser verherrlichen, und welche Ritterabenteuer erzählen. Die erstern sind eben volksthümlich fränkischer Art, die eigenen Erlebnisse werden hier durch die Einbildungskraft gestaltet und durch fahrende Sänger von Geschlecht zu Geschlecht überliefert und ausgebildet; Chansons de geste ist ihr Name. Gesta bedeutet zunächst die Heldenthat und den Bericht über sie, also Geschichte. Dann aber bezeichnet das Wort auch den Begriff von Haus oder Stamm. Der Familiengeist, der im Geschlecht waltet, knüpft die Thaten der Vergangenheit an die Gegenwart, der Sinn der Aeltern lebt in den Kindern fort, es ist ein Stamm der die gleichartigen Zweige treibt, der Thatenschatz des Hauses kommt dem einzelnen zugute. Das Haus der Karolinger, das Geschlecht Haimon's, der Stamm des Mainzers Deon, ihre Thaten und Geschicke werden in den chansons de geste besungen.

Ob es Geistliche oder Laien waren die den Uebergang von lyrisch gehaltenen Liedern zur epischen Erzählung vollzogen, in-

dem sie nicht blos jene aneinander reihten, sondern auch aus der
Gegenwart auf das in der Vergangenheit Vollbrachte hinblickend
die Begebenheiten wie sie in der Ueberlieferung erwachsen waren
nun in anschaulichem Zusammenhange vortrugen; — wir dürfen
annehmen daß es ähnlich wie in Deutschland durch Männer geschah denen die classische Bildung nicht fremd war, und die Werke
bezeugen daß ein ebenso kriegerischer als einfach frommer Geist
sie beseelte. Die Cultur ging im Norden Frankreichs von Klöstern, gelehrten Bischöfen und Königen aus, nicht von Handels-
städten, glänzenden Höfen und galanten Frauen wie im Süden.
Daher dort weniger Feinheit der Sitten und Formen, aber mehr
naturwüchsige Kraft, und bei gleichmäßigerer Bildung mehr gemeinsames Volksbewußtsein als Standesgefühl und individuelle
Empfindung; daher mehr Volksepos als Kunstlyrik. Die Gedichte
selbst bestehen aus einzelnen Branchen oder Zweigen, es sind Abschnitte die der Sänger nach dem Mahle der Großen oder vor
versammeltem Volke aus dem Strom des Ganzen heraus vortrug.
Wenn in den uns erhaltenen Branchen die eine kurz erwähnt was
die andere ausführlich berichtet, so knüpft der Sänger entweder
an Früheres an das er selber erzählt hat, und das ihm heute
zur Einleitung dient, oder er deutet auf anderes hin das er bei
anderer Gelegenheit näher darstellen wird. Die Bekanntschaft mit
der Sage in ihren allgemeinen Zügen setzt er bei den Hörern ja
voraus. Und wenn in mehrern Tiraden eine inhaltsvolle Rede,
ein wichtiges Ereigniß nur variirt wird, so sind das Abfassungen
verschiedener Dichter oder Aenderungen die der Dichter selber machte,
zwischen denen er wählte, ja für die Hörer mochte gleich musikalischen Variationen die freie Wiederholung des Gesangs bei solchen
Hauptpunkten selbst willkommen sein.

  Die alterthümliche und ursprüngliche Weise bis in die Mitte
des 12. Jahrhunderts zeigt in der rhythmischen Bewegung des
Verses wie im Fortschritte der Handlung einen gleichmäßigen ein-
tönigen Gang; der Dichter eilt nicht dem Ziele zu, das ja jeder
kennt, sondern gerade die mächtigen Hiebe der Kämpfenden, die
weisen Reden der Berathenden, die Gebete der Bedrängten, der
Trotz der Herausforderungen und die treffende Antwort des Gegners, besondere Wagnisse, tiefe Empfindungen will er mit seiner
Kunst den Hörern recht anschaulich und eindringlich machen.
Doch sind im ganzen die Schilderungen der Epiker nicht minder
gleichartig wie die Empfindungen der Lyriker, und wie überall so

haben auch hier die Helden, die Dinge ihre stehenden Beiwörter, und wird die Wiederholung einer Handlung oder die Ausführung eines Befehls, die Ausrichtung einer Botschaft durch die Wiederholung der zuerst angewandten Worte dargestellt. Bilder sind nicht häufig, und statt der ausgeführten Gleichnisse wie sie nach Homer's Vorgang die Kunstdichter, ein Vergil, ein Ariost lieben, wird der herangezogene Gegenstand nur genannt: Der Zürnende glüht wie eine Kohle, der Muthige blickt wie ein Löwe, der Verwegene dringt an wie ein Eber, der Held schlägt im Gebräng auf die Feinde wie ein Schmied oder Steinmetz, das Roß erkennt aus der Ferne den Herrn wie die Gattin den Gatten, die Jungfrau ist roth wie die Rose am Strauch und weiß wie Schnee. Wir sagen mit Tobler daß der Zweck erreicht wird, indem die Dichter eine Thätigkeit oder eine Eigenschaft dadurch steigern wollen daß sie über die Sphäre wo sie eben zur Anschauung kommt sie emporheben und mit einer entsprechenden Erscheinung aus einem andern Gebiete zusammenstellen, wo dieselbe allen störenden Einflüssen entrückt ist. Das kühne Anbringen vollzieht sich bei dem Eber viel rücksichtsloser, weil weniger durch irgendeine Erwägung gehemmt; die Vorstellung davon theilt dem Helden ihre Kraft mit. Verweilt aber der Dichter länger dabei, gibt er uns die sich sträubenden Borsten, die aufwühlenden Hauer mit in den Kauf, so geräth er in Gefahr das Verschmelzen der beiden Vorstellungen zu erschweren und statt die Lebendigkeit der erstern zu steigern sie durch die andere in den Hintergrund zu drängen.

Die Dichtungen sind durchaus auf den freien mündlichen Vortrag, nicht auf Schrift und Lektüre berechnet; mag der Sänger sie selbst geformt haben, oder, wie es das Gewöhnlichere war, mag er als Jongleur der Colporteur eines höher stehenden Trouvère sein, er stellt alles dar als ob es eben frisch seiner Brust entquelle, und bringt seine Persönlichkeit in mannichfache Beziehung zu den Hörern, um ihre Aufmerksamkeit wach zu halten und sie in die Sache hineinzuziehen, und gern schließt eine Branche mit der Einladung die Fortsetzung nicht zu versäumen, z. B.:

Ihr wackern Herren   ihr sehet es wohl fürwahr
Schon wird es Abend   und ich bin müd' des Gangs;
Nun bitt' ich alle   so wahr ihr lieb mich habt
Und Auberon   und Hüon tugendsam,
Kommt morgen wieder   wann ihr gegessen habt;
Jetzt gehn wir trinken,   wonach mich sehr verlangt.

Während die deutsche Heldensage aus heidnischer Wurzel aufsproß, ist die französische von Haus aus christlich, voll Ehrfurcht vor einem Gott ganz geweihten Leben, voll Vertrauen auf seinen Schutz. Das Gottesurtheil des Zweikampfs, das so oft angerufen wird, fußt auf dem Glauben daß Gott wo feierlich danach verlangt wird auch der Wahrheit und dem Recht die Ehre und den Sieg gibt. Wie das gesunde sittliche Volksgefühl es fordert, so muß auch der Dichter die sittliche Weltordnung stets im Ausgang ihre Herrschaft bewähren lassen; die poetische Gerechtigkeit bleibt niemals aus. Ein anderes Grundmotiv ist ferner die Liebe zum Vaterland, ein drittes das lebendige Familiengefühl; so sagt Reinald von seinem Vetter Maugis:

> Maugis ist meine Hülfe,   mein Hoffen und mein Leben,
> Mein Schild und meine Lanze   und auch mein blanker Degen,
> Mein Brot, mein Wein, mein Fleisch   und meine Herbergsstätte,
> Mein Diener und mein Herr,   mein Meister und mein Leben.

Ein viertes ist der Ruhm, die Rücksicht auf die öffentliche Meinung. Wie Roland nicht will daß man ein schlechtes Lied von ihm singe, so fordert Reinald von Montalban zum Kampf auf, damit man von ihm rede bis an das Meer und bis nach Paris, so soll von Wilhelm von Orange der Sturm gewagt werden, auf daß kein Spielmann sage bei seinem Sange es habe der Held Verrath begangen.

Der Sagenstoff, dessen wir bereits bei Karl dem Großen gedachten, hat sich zwar zu umfangreichen Erzählungen zusammenfügen lassen, zum Volksepos im eigentlichen Sinne des Worts ist jedoch nur das Rolandslied geworden. Dazu gehörte das Bewußtsein in der Nation, daß sie der Fels gewesen an welchem die Wogen der maurisch muhammedanischen Sturmflut sich gebrochen; die großen weltgeschichtlichen Erlebnisse machten die an sich unbedeutende Schlacht von Ronceval zu ihrem Symbol, zum Träger ihrer Idee; und die Zeit der Kreuzzüge konnte nach diesem Gedichte greifen um ihre eigene Begeisterung daran abzuspiegeln. Roland ist ein poetischer Held, es scheint fast daß er erst aus der Sage in die Geschichte kam; sein Horn und Schwert gehörten Wodan an. Der kämpfende, duldende, sittlich sich läuternde Mensch, der Volkskrieg um große sittliche Zwecke, der Heldentod für Glauben und Vaterland, der Sieg der ihm folgt, dies zusammen gab dem Lied die innere Weihe und Größe, und dem entsprechend wird dann auch das Aeußere gesteigert; alle Mauren werden aufgeboten zur Entscheidungsschlacht, und der seinen Neffen rächende Karl, der wirkliche Träger der weltgeschichtlichen Gedanken des Mittelalters, behauptet das Feld.

In der Schlacht von Hastings (1066) stritt Taillefer vom Heer Wilhelm des Eroberers voran und sang ein Lied von Karl dem Großen und seinen Vasallen Roland und Oliver, die bei Roncaval gefallen. Nach dem französischen Rolandslied ließ 100 Jahre später Heinrich der Löwe eine deutsche Bearbeitung durch den Pfaffen Konrad anfertigen. Das Epos der Franken zeigt uns die alte Heldenkraft, und bewegt sich in einfach faßlichem Ton gleich seinen Gestalten derb, ernst und streng ohne den spielenden Reiz der spätern Ritterdichtung; aber statt altnationaler Erinnerungen zieht es biblische heran, wie wenn Karl vor der Schlacht betet:

> Du wahrer Vater, schirm' uns diesen Tag!
> Du hast in Wahrheit Jonas einst behütet
> Als ihn der Walfisch schlang in seinen Leib,
> Hast Daniel vor Wundenqual bewahrt
> Als er war unten in der Löwengrube,
> Und die drei Knaben in dem Feuerofen:
> Laß deine Liebe heut mir nahe sein!

Für Karl wiederholt sich das Wunder Josua's daß die Sonne nicht herabsinkt ehe er den Sieg zur Rache Roland's gewonnen hat; ein Engel stärkt jenen in der Schlacht und geleitet die Seele von diesem gen Himmel. Die Helden sind Märtyrer des Glaubens, und wenn ihr Blut auf die Erde strömt, so haben sie durch Hiebe auf Heiden alle Schuld gebüßt, und die Seele bettet sich in die Blumen des Paradieses. Der Kampf für die Religion ist das gemeinsame Pathos aller, und ist es ausschließlich in der erwähnten deutschen Bearbeitung; im Original, das uns W. Herz übersetzt hat, klingt stets die Liebe zum süßen Frankreich mit ergreifender Innigkeit durch das freudige Schlachtgetöse und durch den Schmerz der Sterbenden, und dies Vaterlandsgefühl stempelt das Werk zum französischen Nationalgedicht. Es ist weder so reich an mannichfaltiger Lebensfülle noch an eigenartigen Charakteren wie die Ilias und der Nibelungen Noth, aber es ist großartig in Form und Gehalt, mächtig und maßvoll, und in den Kampfschilderungen jenen ebenbürtig. Heldenscherz und Freundestreue, Todesmuth und Frömmigkeit beleben und adeln die sonst ungefüge Körperkraft und ihre übergewaltigen Streiche. Vom Minnedienst noch keine Spur; nicht Roland sondern Olivier erinnert einmal in der Schlacht an dessen Braut Alda; doch ist die ihm so ganz zu eigen daß der heimkehrende Kaiser ihr vergebens seinen Sohn zum Ersatz für den Verlorenen bietet; die Rede ist mir fremd, versetzt sie; nicht wolle Gott daß ich nach Roland am Leben bleibe; — erbleichend sinkt sie nieder, ihr Herz ist gebrochen; Karl zieht sie an den Händen in die Höhe, aber auf die Schulter bleibt ihr Haupt geneigt; sie ist im Leid gestorben.

Im ersten Gesang ist Karl siegreich in Spanien. Die Sarazenen schicken Gesandte, bitten um Frieden und stellen Geiseln daß ihr Herrscher im nächsten Jahre nach Aachen komme um Karl zu huldigen und sich taufen zu lassen. Roland durchschaut die Hinterlist durch die sie nur den Rückzug der Franken bewirken wollen; Ganelon heißt ihn allzu blut- und kampfgierig, erschrickt aber als er die Botschaft an die Feinde bringen soll, und von Roland beleidigt verschwört er sich mit den Mauren zur Rache. Wenn Karl abgezogen ist, wird Roland die Nachhut haben, dann soll man ihn überfallen. So geschieht's. Und hier legt der Dichter in Roland's Seele einen Zug übermüthigen Heldentrotzes, der das Verhängniß heraufbeschwört. Als die Feinde in Sicht kommen, räth ihm sein Genoß Olivier in sein Horn Olifant zu stoßen; das höre der Kaiser und werde mit seinen Schaaren umkehren. Aber Roland will den Ruhm allein gewinnen; die Feinde seien dem Untergang geweiht.

> Wir werden haben eine harte Schlacht,
> Es sah kein Mensch je eine gleiche schlagen.
> Ich werde hauen mit Durendal dem Schwert,
> Und ihr, Geselle, haut mit Alleklere.
> Wir haben sie an manchem Ort getragen,
> Um gute Hiebe liebt uns mehr der Kaiser,
> Ein herrlich Lied soll singen man von uns!

Endlich stößt Roland in Kampfesnoth doch in das Horn. Karl hört es und weiß ihn nun in äußerster Bedrängniß; er wendet sich wieder nach Spanien, aber nun zu spät. Die tapfern Franken alle fallen für Gott und Vaterland, auch Turpin, auch Olivier, der den Bundesbruder Roland noch mit brechendem Auge wiedererkennt um ihm ein rührendes Lebewohl zu sagen. Sein

Schwert will Roland zerschmettern daß es keiner der Feinde trage; aber der Fels zerbricht die edle Klinge nicht, und Roland gedenkt in Trauer der guten Dienste die sie ihm geleistet, legt sie unter sein Haupt, und nach Spanien zurückblickend wie ein Eroberer haucht er seine große Seele aus.

Gar manches lernt wer große Leiden kennt, sagt der zweite Gesang. Karl mit seiner Schar findet die edeln Mannen alle erschlagen; aber nicht Klage, sondern Rache ist das erste. Er setzt den Mauren nach und überwältigt sie. Dann werden die Todten zu Roncevel beklagt und bestattet; Karl selbst wird ohnmächtig vor Weh um Roland und so viele Tapfere. Aber ein neuer Angriff ruft ihn aus dem Schmerz ins Leben der That. Der Admiral von Babylon ist den Mauren zu Hülfe gekommen; — „welch ein Held, hätt' er nur Christenthum!" Doch Karl überwindet ihn im Einzelkampf. Und nun wird Gericht über Ganelon gehalten; er betheuert daß er nur Rache gegen Roland, nicht Verrath geübt, aber das Gottesurtheil entscheidet gegen seine Eideshelfer, und so wird er von vier Pferden zerrissen. Die Männer unter den besiegten Sarazenen werden niedergehauen, wenn sie sich nicht taufen lassen; die Fürstin führen sie zum süßen Frankreich, durch Liebe will der Kaiser sie bekehren.

Glücklicherweise ist das Rolandslied in ursprünglicher Gestalt erhalten, während von der zweiten Hälfte des 12. Jahrhunderts an die Umarbeitungen der Sagen begannen, seit mit den Dichtungen aus dem Kreise von Arthur der höfische Geschmack und der Minnedienst zur Herrschaft kamen. Die Assonanz genügte nicht mehr, und der Reim trat an ihre Stelle; da mußten andere Worte, andere Verse eingeschoben werden, und das Streben nach größerer Zierlichkeit des Ausdrucks führte immer mehr ins Breite. Indem das Ganze nunmehr die Atmosphäre der conventionellen Ritterlichkeit erhielt, wurde auch der Inhalt umgeschmolzen. Zwar ließ man den alten Helden ihre gewaltige Körperstärke und ihre erstaunlichen Proben derselben in ungeheuerlichen Kraftstücken, aber die heftigen Ausbrüche des bewegten Gemüths galten nicht mehr für anständig; Schrecken und Furcht vor dem unentrinnbar Entsetzlichen, lauter Aufschrei des Schmerzes oder überwältigende Ohnmacht vor dem plötzlichen Unheil galt nicht mehr für männlich, und so wurde der ergreifende Ausdruck menschlicher Empfindung aus den Liedern getilgt und an seine Stelle eine kalte regelrechte Haltung gesetzt. Es schien als ob das Herz sich nur im Liebesgefühl regte, und Frauen und Mädchen wurden nun herangezogen, die dem Werben der Männer bereitwillig entgegenkommen, Sarazeninnen zumal, die sobald sie den christlichen Ritter gesehen, ihrem heidnischen Vater oder Bräutigam den Kopf abzuhauen, und dem fremden Geliebten zu folgen, sich von ihm taufen und umarmen zu lassen ohne weiteres geneigt und entschlossen sind. Das führte von selbst zu neuen Episoden, zu Thaten des Mannes im Dienste der Minne, um der Damen willen, und die Helden des Volks- und Glaubenskrieges mußten auf eine Zeit lang ihre ernsten Zwecke vergessen und irrende Ritter werden. Nun geht der zürnende Roland nicht blos auf einen Tag oder zwei in sein Zelt, sondern auf Jahre bis ins Morgenland um mit Riesen und Zauberern zu streiten und Liebesabenteuer zu bestehen. Nun wird das ursprüngliche Gedicht oft nur zum Eingang um eine Fortsetzung daran zu fügen die so wenig zu jenem paßt wie der Pferdehals und Fischschwanz zum Frauenkopf. Da lesen wir von den treuen Freunden Amicus und Amilius: der Aussätzige, überall ausgestoßen findet nicht blos Aufnahme bei seinem Bundesbruder, sondern dieser heilt auch den Kranken mit dem Blute seiner eigenen Kinder, die Gott wieder belebt, da sie aus Liebe geopfert waren. Dann aber wird die Geschichte dieser Kinder fortgesponnen: nach des Vaters Tod von der bösen Mutter ins Wasser ausgesetzt, von Schwänen gerettet, werden sie von einem Affen aufgezogen, der ihren Stiefvater bekämpft, und als Sieger von Karl dem Großen umarmt wird! So beginnt auch Hüon ganz episch. Der alte Karl gibt seinem mißrathenen Sohn gute Lehren, um ihn der Krone würdig zu machen. Da will sich der böse Amaury an dem verstorbenen Herzog von Bordeaux noch dadurch rächen daß er dessen Söhne verleumberisch für Rebellen erklärt. Nalmes vertheidigt die Jünglinge. Sie werden vor den Kaiser beschieden und kommen, aber Amaury beredet den Sohn Karl's ihnen heimtückisch im Wald aufzupassen, und der überfällt den jüngern Bruder, erliegt aber dem rächenden Schwert des ältern, Hüon's. Dieser weiß nicht wen er getroffen, und wie er vor Karl steht wird eine Leiche gebracht, er des Mordes angeklagt, und der Kaiser erkennt im Todten das eigene Kind. Hüon vertheidigt und rechtfertigt sich durch das Gottesurtheil des Zweikampfs mit Amaury; er kniet dann vor Karl nieder und bittet um Versöhnung; er sei bereit alles für den Kaiser zu thun. Da kommt plötzlich das ganz Grillen- und Launenhafte aus den Feengeschichten und aus dem entarteten Minnedienst herein, wenn Karl sagt: Nun gut, so gehe nach Babylon zum Sultan Ganriß, haue dort einem Muselmann den Kopf ab, lasse seine Tochter Gallarmonde und verlange und bringe mir den weißen Bart und vier Backenzähne des Sultans! Der Elfenkönig Oberon schenkt nun dem Ritter seine Gunst, und wir verzeihen dem mittelalterlichen Poeten seine sinnlosen Fabeleien dafür daß er diesen aus dem Volksglauben in der Dichtung erhalten, daß er für Shakspeare, Wieland, Weber den Ausgangspunkt unsterblicher Werke gegeben hat. Er erstattet uns z. B. über Oberon's Herkunft folgenden absurden Bericht: Judas Makkabäus hat die Sarazenen besiegt und ihrem König seine Tochter vermählt. Das Kind beider, ein Mädchen, wird der Liebling der Feen, und bekommt später den Julius Cäsar zum Sohn; der gelangt auf seinen Kriegsfahrten an den Hof von Arthur, wird dort der Gatte von dessen Schwester, der Fee Morgane, und hat von ihr zwei Söhne, den heiligen Georg, und den wunderschönen Zwerg Oberon! In solchen abgeschmackten Phantastereien wurde die Geschichte und der Mythus verkehrt. Sie machen es erklärlich daß die Renaissance auf Jahrhunderte die mittelalterliche Dichtung beiseiteschob, und mit den sinnlosen Fabeleien auch das Kernhafte, Echte verwerfen und vergessen konnte. Die Neuzeit wendet diesem nach Teutschlands Vorgang nun auch in Frankreich ihre Aufmerksamkeit zu; die ältesten Handschriften werden veröffentlicht und Gelehrte wie Paris der Vater und Sohn, wie Gautier erschließen der Gegenwart das Verständniß des mittelalterlichen Nationalgeistes.

Man sieht leicht: das Publikum der Sänger wollte Neues und wieder Neues hören, und die Trouvères wie die Jongleurs verdarben die volksthümlichen Dichtungen, indem sie dieselben mit eigenen Erfindungen im Ton der von den Kelten entlehnten Abenteuer, des Minnedienstes und der höfischen Unterhaltung durchflochten. Und während ursprünglich jeder Stoff seine eigene innere Construction und Gliederung mit sich brachte und das Gedicht dadurch wie ein originaler Organismus erschien, hatte man jetzt eine übereinkömmliche Schablone der Composition, indem stets eine Hofhaltung Karl's und eine Berathung beginnt, wo treue und falsche Männer sich bekämpfen; daraus entwickelt sich daß ein Held auf Abenteuer ausgesandt wird, und er besiegt sie in der Regel mit Hülfe einer hübschen Sarazenin, die sich ihm an den Hals wirft. Und diese so umgestalteten Geschichten aus der Karlsage haben sich kaum über Europa verbreitet, und sind namentlich in Italien eingedrungen, wo sich später aus ihnen eine feinere epische Kunstdichtung entwickelte. In Frankreich selbst schrieb man sie in dicken Büchern für den Zeitvertreib müßiger Stunden nieder, bis mit der Thronbesteigung der Valois (1328) die ritterliche Romantik erlosch und der nüchterne, realistisch bürgerliche Sinn die Verse in Prosaromane auflöste.

Der Süden Frankreichs übertrug in seine klangvolle Mundart die Sagen des Nordens wie die Erfindungen willkürlicher Einbildungskraft, aber die Troubadours, fruchtbar in der Lyrik, waren im Epos minder schöpferisch. Wenn sie z. B. auch die Haimonskinder nach dem Süden führten, so wiederholen sich in der zweiten Hälfte zu Montalban doch wesentlich dieselben Ereignisse, die uns bereits die erste in den Ardennen berichtet hat. Indeß bot das Leben der Troubadours selbst der Dichtung manchen Stoff, und unter einem poetisch gestimmten Geschlecht konnte das große Ereigniß des Albigenserkrieges nicht vorübergehen ohne eine dichterische Darstellung zu finden. Allein gerade hier sehen wir daß die Zeit der mündlichen Ueberlieferung und Sagenbildung im Verfließen ist und daß die schriftliche Aufzeichnung der Thatsachen beginnt, indem die Erzählung weit mehr das Gepräge der factisch glaubwürdigen Reimchronik als das des Epos annimmt, das dem Geist der Geschichte aus den Eindrücken der Begebenheiten auf das Gemüth einen idealen Leib erschafft.

Ein Troubadour überträgt den Stil, die Form der durch einen und denselben Reim gebundenen Tiraden der chansons de geste in seine klangvolle Mundart. Er steht auf der Seite der Nordfranzosen, die durch den Kreuzzug im eigenen Lande die Ketzerei vertilgen und die Provence dem Könige von Frankreich völlig zu eigen machen wollen; er steht auf Seiten des kirchlichen und weltlichen Feudalismus gegen die Freiheit des Geistes, gegen das Volk welches sich emporarbeitet und durch die angesehenen Bürger der Städte zunächst mit den Rittern sich eint, die ein heiteres glänzendes Leben führen. Das Volksgewissen das sich so kampfmuthig in einem Peire Cardinal und andern Sängern gegen die Entartung der Geistlichkeit empörte, der evangelische Sinn der Ketzer hat den Troubadour gleichgültig gelassen, mit Waffenlust und unbefangener Gläubigkeit an Rom erzählt er Schlachten, Belagerungen, Niedermetzelungen, und verherrlicht den

gewaltigen Grafen von Montfort, den Besieger Raimund's von
Toulouse. Aber wie mit der Rückkehr von dessen Söhnen und
mit Montfort's Tod ein Stern dem Süden aufging, und die Sache
desselben eine Zeit lang zu triumphiren schien, da ändert sich der
Ton des Gedichts, und zwar so sehr daß Guibal gewiß mit Recht
einen neuen Dichter eintreten läßt, der diese glückliche Wendung
nun in einer schwungvollen Weise mit innigem Herzensantheil feiert.
Er trägt freimüthig die Klagen des Volks dem Papste vor und
ladet die Geistlichkeit vor den Richterstuhl Gottes; er sieht in dem
Umschwung des Kampfes die Hand der Vorsehung, und spricht
den Gedanken des Epos ganz bestimmt aus:

> Gott und das Recht sie herrschen, bestehn in Wirklichkeit;
> Lug, Trug und Stolz sie haben das Feld wol einige Zeit,
> Am Ende doch überwindet sie die Gerechtigkeit.

„Herr, nun gib mir Sieg oder wirf mich zu Boden" betet
Graf Montfort als seine Genossen um ihn fallen, da läßt Frauenhand die Wurfmaschine auf der Mauer, und der Stein fliegt wohin er sollte, und trifft das Haupt des Belagerers. Der Kampf
mit Toulouse und die Befreiung der Stadt, sowie der Charakter
des ehernen Gegners und seiner ebenso kirchlich frommen als stolzen und unbeugsamen Seele sind Gegenstände die den Dichter zu
höherm Schwung erregen; da erzählt er nicht mehr blos die
äußern Ereignisse, er weiht uns in die Stimmungen der handelnden Menschen ein, er läßt ihre Gesinnungen, ihre Leidenschaften
sich aussprechen und die Handlungen begründen. Der Glanz seiner
Heimat leuchtet in seinem Gesang noch einmal würdig auf, ehe die
Inquisition ihr Zerstörungswerk vollführt.

Spanische Nationalpoesie.

Meerumflossen, durch den Wall der Pyrenäen gegen das
übrige Europa begrenzt, durch die von Afrika her eingedrungenen
Mauren mit neuen Bildungselementen begabt und zugleich nach
Süden und Westen hin in den Kampf für die Nationalität und
den christlichen Glauben hineingezogen, während Frankreich, Italien,

Deutschland die Kreuzzüge nach Osten hin unternahmen, — so mußte Spanien sich eigenartig entwickeln, und doch beweist nichts so sehr die gemeinsame Culturarbeit und die lebendige Wechselbeziehung der neuen Völker als daß auch hier die Einflüsse der provenzalischen Lyrik, des nordfranzösischen Epos nicht minder zur Geltung kamen wie die Grundzüge des romanischen und gothischen Stils in der Baukunst, und bedeutsamer einwirkten denn die Araber selbst. Ritterlicher Stolz und edle Aufopferungsfähigkeit eignete schon den alten Keltiberen; dann war römische Bildung tief eingedrungen; dann kamen die Gothen und unter der Herrschaft des Christenthums verschmolzen die germanischen Elemente mit der leidenschaftlichen Glut des Südens. Indem die Spanier mit ihrer Unabhängigkeit zugleich ihren Glauben vertheidigten, ward ein kirchlich frommer Sinn ihrem Thun und Dichten eingeprägt, und vornehmlich stellten sie die Jungfrau Maria wie die Göttlichkeit Jesu dem reinen Theismus der Muhammedaner gegenüber; in dem Gelingen ihrer Thaten sahen sie die Hand Gottes, den Beistand der Heiligen, und wo auch die Einbildungskraft der Helden sich nicht bis zur Vision derselben gesteigert hatte, da halfen die Sänger leicht nach. Auch die Könige, die das Land befreiten und das Christenthum wieder zur Herrschaft brachten, gewannen dadurch einen Glorienschein, eine unantastbare Weihe, die sich lange im Leben und in der Poesie erhielt. Der Spanier räumte den Regeln der Sitte wie den Standesverhältnissen auch über die Regungen des Herzens eine große Macht ein, die Satzungen des Glaubens wie der Ehre wurden nicht bestritten noch angezweifelt. Daneben aber kam ein freier demokratischer Zug dadurch in die Geschichte daß bei der Rückeroberung des Landes von den asturischen Bergen aus durch kleine Christenscharen ein jeder die Waffen trug und den Genossen gleich stand; nur Tapferkeit und Ruhm konnten die Führerschaft erwerben und behaupten. Dann genügten zum Schutz gegen die Mauren keine vereinzelten Burgen, sondern es bedurfte der festen Städte, die sich selber rathen und schützen mußten, sich selber regieren und ihre Rechte sicher stellen. So war jeder Spanier wehrhaft, der Bürger welcher sich als Reiter ausrüstete galt auch hier für ritterbürtig und altadelige Geschlechter strebten nach der Vorstandschaft der Städte. Dieser Kern des Volks war im Mittelalter der Träger des Nationalgefühls, und hat die Thaten seiner Helden in sagenhafter Form besungen; er hat sich in Bernardo del

Carpio, vornehmlich aber in Ruy Diaz, genannt der Cid, einen Repräsentanten geschaffen. Die Sage nennt Carpio das Kind der Liebe einer Königstochter und des Sancho Diaz; dieser liegt dafür im Gefängniß, der Sohn fordert später stets als den Preis seiner Thaten die Befreiung des Vaters. Er sagt mit stolzem Muthe:

> Meinem Willen vorzuschreiben sind die Könige nicht befugt,
> Denn um keinen Preis verhandelt wird der Freiheit edles Gut.

Auch Ruy Diaz ist der Sohn seiner Werke, ein Müllerbursche, das Kind eines Ritters und einer Bäuerin, und damit eben der Vertreter des freien Volks, trotzend auf die Macht und die Reichthümer die er in Kämpfen auf eigene Faust gewonnen, sodaß er sich weigert dem König die Hand zu küssen; er will ihm als Bundesgenosse dienen. Das Nationalgefühl läßt Carpio gegen die Fremdherrschaft der Franken bei Ronceval streiten; Cid ist historisch sein Held durch die Eroberung von Valencia (1094). Es war der Vorkämpfer von König Sancho II., und ließ nach der Ermordung desselben seinem Bruder Alfons nicht eher huldigen bis dieser feierlich seine Unschuld an der Frevelthat beschworen. Das preisen die Lieder und geleiten den Cid in die Verbannung, in die der neue König ihn hinausstößt; er lebt nun unter den Mauren, und gründet sich mit dem Heere, das sein siegesgewohntes Schwert und seine Freigebigkeit in der Beutevertheilung erwirbt, eine eigene Herrschaft in Valencia. So treten uns hier die beiden Motive der Karlsage, Glaubenskrieg und Vasallenkämpfe gleichfalls entgegen; der Sinn für persönliche Würde und Ehre lebt hier wie in Fernan Gonzales, und den sieben Infanten von Lara. Die Kühnheit der Hidalgos, die auf ihr Recht und ihre Kraft pocht, wird neben dem Sieg oder Heldentod im Maurenkrieg in den alten Liedern gefeiert.

Solche Heldenlieder haben von den Zeiten der Gothen her die Ereignisse begleitet. In ihnen sang das Volk durch die Jahrhunderte hin wie König Roderich die reizende Cava gewaltsam an sich gerissen, und ihr Vater um den Schimpf zu rächen die Araber ins Land gerufen; wie dann diesen Leon und Burgos wieder entrissen ward und das Land von den vielen neugebauten Castellen den Namen Castilien erhielt; wie die kleinen Königreiche entstanden, wie Toledo erobert, wie zuletzt auch Granada belagert und bezwungen ward. Nichts scheint näher zu liegen

als bei den hochbegabten Spaniern in ihrer Sprache voll Erz=
klang und majestätisch melodischem Flusse ein großes Volksepos
zu erwarten; aber es fehlte mehr als eine Grundbedingung zu
solchem, wenn auch der lebendig fluteude Sang der mehr lyrisch
gefärbten Heldenlieder in so reicher Fülle vorhanden war. Als
die Westgothen die romanisirten Hispanier bezwangen und mit
ihnen verschmolzen, da waren sie bereits Christen geworden, hat=
ten sich der römischen Civilisation angeschlossen, und auf den
langen Wanderungen unter neuen Erlebnissen verblaßten die alten
Erinnerungen der Heidenzeit; die Gegenwart aber brachte nun
täglich neue Kämpfe und nahm im Glaubensstreit mit Schwert
und Wort den Christen gegen den Muhammedaner in Anspruch;
und so fehlt im Volksbewußtsein der Mythus, es konnte keine
Göttersage sich auf die Helden niederlassen, es konnten solche
epische Elemente sich nicht „wie Tempeltrümmer deren Gottheiten
selbst unbekannt geworden" im Waldesdunkel der Volkspoesie er=
halten. An die Stelle des Naturglaubens war die Dogmatik ge=
treten, und der Nachhall der antiken Cultur wie die Berührung
mit der arabischen stellte zu sehr die Tageshelle der Geschichte
neben die Dämmerung der Sage. Der Sänger konnte nicht
eine abgeschlossene Heldenzeit ruhig abspiegeln, der Kampf der
Gegenwart nahm vielmehr immer wieder seinen Herzensantheil
in Anspruch, und so begleitete die Poesie wol die fortschreitende
Geschichte mit immer neuen Liedern, aber diese trugen doch bei
aller Sachlichkeit und anschaulichen Treue von der erregten
Stimmung des Augenblicks eine lyrische Färbung, und konnten
nicht zu einem Ganzen verschmelzen, um so weniger als keine
große gemeinsame Nationalthat die Befreiung des Vaterlandes
vollbrachte oder kein einzelnes Ereigniß zum Symbole derselben
ward, da die jahrhundertelangen Fehden an verschiedenen Orten
und unter verschiedenen Umständen geführt wurden. Wir sahen
etwas ganz Aehnliches bei den alten Arabern; auch dort fehlt
aus ähnlichen Gründen das Epos, während jene realistisch klaren
frischen Heldenlieder in Fülle vorhanden sind. Dafür hat aber
die spanische Romanzenpoesie sich mit dem Volke selbst entwickelt,
es hat sich in ihr selbst geschildert, seine Gefühle und seinen
Thatenruhm in ihr verewigt, sie hat in ihrer Art ein Gepräge
classischer Vollendung erhalten, und wenn sie uns mit dar=
stellender Kraft mitten in das Geschehende versetzt, wo sich das
Ereigniß durch Wechselrede und Wechselwirkung der handelnden

Spanische Nationalpoesie. 293

Persönlichkeiten gestaltet, so ist das Nationaldrama aus ihr erwachsen, und ist sie stets ein glänzendes Bestandstück desselben geblieben.

Die Form der Romanzen ist der schon im Lateinischen volksthümliche trochäische Tetrameter, dessen letzte Silbe gewöhnlich wegfällt, sodaß er männlich schließt. So sangen schon die Soldaten Cäsar's ihre Spottverse bei seinem Triumph, und so feierte der spanische Dichter Prudentius die Märtyrer. Der Wohlklang des Reims, der sich anfangs ungesucht am Ende einstellte, ward in Spanien bald gefordert, aber noch nicht in seiner vollen Reinheit, es genügte auch derselbe Vocal, aber mit den Arabern ließ man den gleichen Ausklang durch das ganze Gedicht herrschen. Als der kunstgebildete Sinn die Volksdichtung erfaßte und vollendete, so führte ihn die an volltönenden Vocalen so reiche Sprache dazu das Eintönige des oftmals wiederholten Reims dadurch zu milden daß nur derselbe Vocal der letzten betonten Silbe jedes Verses derselbe war, die Consonanten aber um ihn wechselten, während er dem Lied seinen Klangcharakter aufprägte; die Cäsur in der Mitte nach dem vierten Trochäus zerlegte den Vers in zwei Hälften, die man später gesondert druckte. F. Wolf, der gründliche Forscher in diesen Dingen, sagt vortrefflich: „Es ist keine Frage daß durch die absichtliche Vermeidung des vollen Einklangs und durch dessen Verwandlung in bloßen vocalischen Anklang die in ganzen Romanzen festgehaltene ermüdende Eintönigkeit in einen durch die Verhüllung um so reizender durchklingenden Accord aufgelöst wurde; so nur, indem nicht mehr mit den Hammerschlägen der einförmigen Consonanz, sondern mit den Guitarrenklängen der vielgestaltigen Assonanz das Ganze zusammengehalten wurde, konnte was ursprünglich nur zur Befriedigung des natürlichen Bedürfnisses eines vernehmbar gemachten Rhythmus diente, zum künstlerisch verfeinerten Genuß an einer die absichtliche Dissonanz und Rauheit übertönenden und bindenden und daher durch den Contrast erhöhten Harmonie gemacht werden."

Von den Romanzen unterscheidet sich sehr bestimmt das Gedicht vom Cid, das in der Mitte des 12. Jahrhunderts nach dem Muster der französischen chansons de geste abgefaßt wurde, und zwar im Sinn des Helden- wie des Geschlechtsgesanges, denn daß Cid durch Heldenkraft eine Familie gründet die in den Nachkommen seiner Töchter auf Spaniens Königsthronen herrscht, das ist der Stoff und Grundgedanke, und die beiden Gesänge zeigen jeder auf seine Art wie was den Cid kränken oder niederwerfen sollte nur zum Mittel seiner Verherrlichung wird. Daß Alfons ihn verbannt hies treibt ihn dazu mit seinen Getreuen auf eigene Hand unter die Mauren zu ziehen, sich zuerst eine Burg, dann die Stadt Valencia zu erobern. Sein Ruhm veranlaßt die Grafen von Carrion, daß sie sich um seine Töchter bewerben; er hat keine Lust ihnen dieselben zu geben, aber der König freit für sie und er legt die Entscheidung in des Königs Hand. Denn hier ist Cid bereits im Sinn der französisch ritterlichen Feudalität der treue Vasall, der nach jeder glücklichen Waffenthat durch glänzende Geschenke dem König huldigt und ihn dadurch sich nach und nach versöhnt, ja zu der Erklärung bringt: Ich that ihm großes Uebel, er that mir großes Wohl. Er heißt hier der zur guten Stunde Geborene, er wird das Muster spanischer Loyalität und Frömmigkeit, wenn er auch noch nicht gleich einem schmachtenden Minnesänger um Ximene wirbt oder in steifer Zierlichkeit des spätern Hofadels sich bewegt, wie in so manchen Romanzen die sich dadurch deutlich genug als Treibhauspflanzen späterer Kunst von den ursprünglichen Waldblumen der Volkspoesie unterscheiden; im Gedicht vielmehr führt Cid fast in jedem Kampf einen seiner gewaltigen Hiebe mit den Schwertern Tizon oder Colaba, und tummelt sein Roß Babieza wie ein Recke der fränkischen Heldensage.

Der zweite Gesang hebt an wie Cid eines Nachmittags eingeschlummert ist und sein Löwe aus dem Käfig frei wird; da flüchtet der eine der Schwiegersöhne sich unter einen Stuhl, der andere hinter eine Weinkelter, während der erwachte Held das wilde Thier mit seinem Blick bändigt und hinter sein Eisengitter zurückführt. Die Grafen meinen das sei ihnen zum Hohn geschehen, und ihrem Stolz dünkt die Verwandtschaft mit dem Emporkömmling nicht mehr gut genug; sie sinnen auf Rache, sie lassen ihre Frauen im öden Gebirge für todt zurück, nachdem sie sie mit Riemen blutig wund gegeißelt haben. Cid, der von Anfang an kein Wohlgefallen an ihnen hatte, gab vorsichtig den Töchtern einen seiner jungen Vettern zum Gefolge mit, dieser rettete sie, brachte sie zum Vater zurück. Der kommt nun als Kläger vor den König, es wird Gericht gehalten, die Grafen werden im Zweikampf besiegt, und Cid's Töchter werden die Frauen der Infanten von Aragon und Navarra. Der Held aus dem Volk, der Sohn seiner Thaten, der Schöpfer seiner selbst, sieht nun im Geist sein Geschlecht auf Königsthronen, sein Muth wie seine Vasallentreue haben reichen Lohn gefunden. Der Held ist der Mittelpunkt des Gedichts, die Verherrlichung seines Geschlechts das Ziel desselben. Auch die äußere Form erinnert an die chansons de geste, denn sie besteht in langen zweitheiligen Versen, jede Hälfte hat drei accentuirte und gewöhnlich ebenso viele oder mehr unbetonte Silben, und der Ausklang für eine kleinere oder größere Gruppe ist stets der gleiche Vocal. Die Darstellung ist schlicht und körnig, rührende Scenen wie Cid's Abschied von den Seinen im ersten oder die Trennung der Aeltern und Kinder im zweiten Gesang — sie trennen sich wie vom Fleisch der Nagel — wechseln mit Schlachten oder der Gerichtsverhandlung; Cid's Charakter steht durch innere Wahrheit und hohe Natürlichkeit anschaulich vor uns da und einzelne gelegentliche Züge geben demgemäß auch seinem äußern Aussehen die volle Bestimmtheit. Der Dialog verleiht der Erzählung dramatische Bewegtheit. Ich übersetze zur Probe eine Stelle aus den Kampfschilderungen:

In der Hand die Fahne sprang Pedro Bermues vor:
„Es segne dich der Schöpfer, Cid, edler Campeador!
In jenen dichten Haufen trag' ich die Fahne dein;
Ihr treuen Genossen alle ihr eilet schon rasch herbei!"
Er spornte sein Roß in das dichte Gedränge hinein.
Die Mauren empfangen ihn die Fahne zu gewinnen,
Versetzen ihm starke Hiebe, doch können ihn nicht bezwingen.
Der Cid rief zu den Seinen: Helft ihm, um Gottes Liebe!
Sie faßten die Schilde fest, die vor der Brust sie hielten,
Sie senkten die Lanzen tief, an denen die Fähnlein hingen,
Sie neigten ihr Gesicht bis zu den Bügeln nieder.
Wie tapfre Herzen zu streiten waren sie all entschlossen.
Da rief mit lauter Stimme der zur guten Stunde Geborene:
Um Gottes Liebe, drauf! Schlagt sie, ihr Ritter, schlagt!
Ich bin Ruy Diaz, der Cid, Campeador von Bivar!
Da hättet ihr gesehn so viele Lanzen heben und stoßen,
So viele Schilde durchhaun, so viele Panzer durchbrochen,
So viele weiße Fähnlein blutroth geworden,
Ohne Reiter fortsprengend so viel gute Rosse.

Wie dies Gedicht so ruht auch eine Reimchronik von Cid auf der Volksüberlieferung. Dagegen zeigt ein Gedicht von den Thaten des Fernan Gonzales, das mit dem Einfall der Mauren in Spanien beginnt, neben der geschichtlichen Grundlage die willtürlichen Erfindungen dichterischer Einbildungskraft. Kirchliche Stoffe und die Alexandersage wurden in Spanien gleichfalls behandelt. Auf die Romanzen werde ich in der Folge und im Vergleich mit englischen, dänischen, deutschen Volksballaden zurückkommen, da die meisten gleichzeitig mit diesen im 15. Jahrhundert die Form empfingen in welcher sie erhalten sind. Hier sei noch erwähnt daß Alfons der Weise in der Mitte des 13. Jahrhunderts die Wissenschaften, namentlich die Sternkunde im Anschluß an die Araber pflegte, und durch die von ihm veranlaßte Bibelübersetzung wie durch seine Gesetzbücher die kraft- und klangvolle Prosa in der spanischen Literatur begründete, das Castilianische zur Schriftsprache machte.

Antike Stoffe in romantischem Gewande.

Prägt sich im Rolandslied das christliche Heldenthum der Kreuzzüge symbolisch aus, so spiegelt sich der Zug in die Ferne, die Eroberung des Orients von Europa aus in der Alexander- und Trojanersage, während das Volk selbst die Geschichte des ersten Kreuzzuges so ausbildete daß sie später den bereiteten Stoff für Tasso's Kunstepos bieten konnte. Wir sind der Dichtung welche die Geschichte des großen Macedoniers umsponnen hat schon wiederholt im Morgenlande begegnet, bei Muhammed, bei den Juden, bei Firdusi. Eine gemeinsame Quelle für sie wie für die abendländischen Dichter bildet der griechische Roman des Kallisthenes, eine Sammlung und Erweiterung der Mythen und Märchen die sich seit den Thaten und dem Eindruck des Helden auf die Phantasie der Völker theils neu gebildet, theils auf ihn niedergelassen. Ein Südfranzose, Alberich von Besançon, um 1140 Mönch in Cluzay, wird als Vorbild und Quelle von dem deutschen Pfaffen Lamprecht genannt, der (um 1180) ihm nachdichtete. Von einem Lambert li Tors ist eine andere französische Bearbeitung begonnen, von Alexander von Bernay abgeschlossen; von ihr soll der bekannte Vers mit sechs Hebungen den Namen des Alexandriners führen. Hier schloß wieder der Spanier Juan Lorenzo Segura de Astorga sich an, während noch vor Ablauf

Antike Stoffe in romantischem Gewande.   297

des 12. Jahrhunderts Walther von Lille den Curtius zum Führer nahm; ihm folgten Ulrich von Eschenbach und Rudolf von Hohenems und gaben eine unerquickliche Sammlung und Mischung alles dessen was sie aus der Sage und Geschichte wußten. Nehmen wir ein englisches Gedicht aus dem Anfang des 14. Jahrhunderts hinzu, so sehen wir selbst in den uns erhaltenen Werken fast alle Culturvölker mit Alexander beschäftigt; statt des einen Homer hat er wenigstens eine reiche Sage und viele Sänger gefunden.

Unser deutsches Gedicht zeichnet sich vortheilhaft aus durch den raschen Gang der Handlung wie durch die herzliche Innigkeit und einfache Kraft der Darstellung. Der volksthümliche Stil unserer Heldensage, die Anklänge an unsere Heldenlieder stimmen hier zur Sache selbst und sind in den Schilderungen von Alexander's Kämpfen mit Darius und Porus von vortrefflicher Wirkung, während Lambert li Tors die Rittersitte mit ihren Festen und Turnieren hereinzog. Der englische Dichter steht dem deutschen näher an frischer und fesselnder Ursprünglichkeit; seine Schilderungen sind minder wortreich, aber packender als die des Franzosen, allein es klingt doch fast wie eine Travestie, wenn er eine Stadt mit Feuerrohren beschießen läßt, während Lamprecht dem Tone des Alterthums getreuer bleibt. So schön ist nichts als ein feingewandter Ritter, außer im Gottesdienst ein Priester, sagt der Engländer, und deutet damit wol an daß auch er einer der waffenfreudigen Geistlichen war. Allen Dichtern nach Kallisthenes ist die Gliederung in zwei Theile gemeinsam; im erstern herrscht mehr die geschichtliche Wahrheit in Schlachten und Heerfahrten, im zweiten die märchenhafte Erzählung von den Wundern der Ferne, die wie von Homer seinem Odysseus, so hier dem Alexander selbst in den Mund gelegt werden, — mag er die Bürgschaft für sie übernehmen; er schreibt sie an seine Mutter, an seinen Lehrer Aristoteles. Die Kindesliebe tritt besonders im deutschen Gedicht so schön hervor. Um meiner Mutter willen behandle ich alle Frauen gut, schreibt Alexander an Darius, als er dessen Familie gefangen genommen; Sehnsucht nach der Mutter ergreift ihn da er ans Ende der Welt gekommen, wo der Welt Abgrund steht und sich herum der Himmel dreht wie um die Achse ein Rad. Dem Alterthum gehört es schon an, wenn die Brahmanen oder Skythen, die sich etwas erbitten sollen, von dem Könige verlangen daß er sie unsterblich mache. Das kann er nicht. Wenn du denn selber sterblich ist, was führst du so viel

Krieg und wachst so viel Unruhe auf Erden? — Die Vorsehung
will daß auch ich ein Diener ihres Willens sei. Dem Wind
ist's gegeben das Meer und die Bäume zu bewegen, so lass'
auch ich die Menschen nicht träge ruhn. — Bei Lamprecht sagt
der skythische Wüstensohn: Nichts haben wir zu verlieren; Wohnung
und Grab sind uns allezeit zur Hand, denn wir haben
weder das eine noch das andere, aber den Trost im Leben und
Tod daß uns der Himmel bedeckt. Das imponirt dem Weltbesitzer
gleich dem bekannten Wort des Diogenes. Er wiederholt
dann das Gleichniß vom Sturm und Meer und fügt hinzu: Dieweil
ich Leben habe und meiner Sinne Meister bin muß ich
etwas beginnen das meinen Sinnen wohlthut. Was sollte uns
das Leben, wären alle so entsagungsvoll gesinnt wie ihr? Uns
ist von der höchsten Gewalt eingepflanzt zu üben die Kraft die
wir erhalten haben.

Aus dem zweiten Theile ist die Sage von den Blumenmädchen
voll bezaubernder Anmuth; sie steht nicht im Kallistheues,
sie scheint indischen Ursprungs. Alexander erzählt wie er und
seine Krieger ein liebliches Singen aus kühlem grünen Walde
hören; sie steigen von den Rossen und finden im Laubesschatten
eine reizende Mädchenschar; alle Last und alles Leid wird da
vergessen in Fülle der Freude; es dünkte dem Helden daß Krankheit
oder Tod solch wonnesamen Ort nicht nahen dürfen. Mit
den Frauen aber war es so. Wenn der Sommer kam und es
begann zu grünen, dann sprossen edle Blumen auf, herrlich von
Farbe, rund wie ein Ball und rings geschlossen. Sie wurden
wunderbar groß, dann öffneten sie sich und es sprangen holdselige
Jungfrauen aus ihren Kelchen hervor, in Züchten fröhlich
lachend, tanzend, singend mit süßester Stimme. Aber nur im
Schatten konnten sie leben, in der Sonne vergingen sie sogleich.
Der Wald erschallte von ihnen und von der Vögel Liedern, wie
mochte es lieblicher sein spät und früh? Ihr Gewand war ihnen
angewachsen, roth und weiß wie Blütenblätter. Da wir sie zu
uns gehen sahen, zog es uns lockend zu ihnen, wir freuten uns
mit Jubel der seltsamen Bräute und hatten mehr Wonne als je
seit wir geboren wurden. Weh aber wie bald verschwand das
innige Behagen! Mit der Sommerzeit verging unsere Freude;
wie die Blumen verwelkten und verdarben, da starben die schönen
Frauen. Da sank das Laub der Bäume auf sie hernieder; die
Brunnen ließen ihr Fließen, die Vögel ihr Singen. Da schied

Antike Stoffe in romantischem Gewande.

ich weg schwermüthigen Herzens. — Gervinus, der unserm Dichter zuerst gerecht geworden, bemerkt bereits: Wenn irgendetwas in inniger warmer Empfindung an Odysseus' von Wehmuth überzogene, von Sehnsucht durchbrochene, von schwankender Erinnerung an vergangene Seligkeit und Dauer begleitete Erzählung reicht, die so wunderbar die Stimmung der Seele trifft in welcher der Herumgefahrene Rast und Lust der Reise überdenkt, oder wenn irgendeine Dichtung die reinste Unschuld athmet und die naivste Gläubigkeit einer schönen geregelten und reichen Phantasie ausspricht, und bei der wunderbarsten Welt die sie öffnet den gesündesten Sinn bewahrt, so ist es diese unbeschreiblich liebliche Erzählung, die an Indien und die Nymphäen der Natur und Mythologie erinnert, und in der freilich gegen andere Theile des Gedichts gehalten die Anmuth der Darstellung außerordentlich hervorsticht.

Einmal kommt Alexander an einen Palast von Edelsteinen auf Bergesgipfel. Er hält sich an goldener Kette und steigt auf saphirner Treppe empor. Da sieht er auf goldenem Bett einen schönen Greis von einem Weinstock beschattet in süßer Ruhe schlummern. Alexander neigt sein Haupt vor diesem Bilde des tiefsten Friedens und kehrt schweigend zurück. Das klingt an die Gralburg an. Aber die Unersättlichkeit des Eroberers ist doch noch ungebrochen, und die Sage bezeichnet sie durch sein Begehren daß er auch von den Engelchören Zins haben und das Paradies mit Waffengewalt erstürmen will. Er zieht den Euphrat hinauf, aber die ersten die an die Pforte kommen finden sie verschlossen, und ein Alter heißt sie den König zur Demuth mahnen, das Paradies lasse sich nicht ertrotzen, er solle sich bekehren. Der Alte gibt ihnen einen Stein mit wie ein Menschenauge; der wiegt eine Masse Goldes auf, mit etwas Erde bedeckt wird er aber von einer Feder emporgeschnellt. Alexander geht in sich. Er entläßt sein Heer, kommt nach Griechenland zurück und sendet nach Weisen um Deutung des Steins. Ein Jude gewährt sie ihm, der Stein ist ja ein Beitrag der Juden zur Alexandersage: Des Menschen Auge hat nie genug, bis das Grab es bedeckt. Darum soll man der Gier entsagen und in sich selber Ruhe finden. Alexander folgt der Mahnung, wendet sein Herz zur Güte und Mäßigung und regiert noch zwölf Jahre in Frieden. Dann behielt er von all seinen Eroberungen sieben Fuß lang Erde, wie der ärmste Mann erhält, der je kam in diese Welt. —

So verherrlicht das Gedicht mit dem Muth und den glänzenden Thaten zugleich die Demuth und die Einkehr des Menschen in sich selbst, und schließt wie es begonnen mit der Eitelkeit alles Irdischen im Vergleich zu dem Himmelreich und dem Heil der Seele.

Der Phantasie des Mittelalters erschien nun auch Troia wie ein altes Jerusalem, und die homerischen Helden wurden zu christlichen Rittern. Die Objectivität, welche jedes Volk und jede Zeit in deren Eigenart erkennt und darstellt, bleibt einem Weltalter des Gemüths fremd, das seiner Natur nach alles nur in der Unzertrennbarkeit vom Gefühl, im Zusammenhange mit der Subjectivität begreift und darum den Dingen die Farbe seiner Empfindung leiht. Homer war in den Hintergrund getreten, statt seiner hielt man sich an jene spätern Darstellungen der Troersage von Dares und Dictys, welche alle Erzählungen von der Gründung bis zur Zerstörung der Stadt zusammenfügten und die ganze Stoffesfülle überlieferten, aus welcher der Genius das Herrlichste genommen um es zu einem lebensvollen Organismus künstlerisch zu formen. Sie wurden zuerst in lateinischen Versen bearbeitet, dann von dem Trouvere Benoit de Sainte Maure um die Mitte des 12. Jahrhunderts in französische Reime gebracht, und danach wiederum in Deutschland von Herbort von Fritzlar noch unbeholfen und roh behandelt, von Konrad von Würzburg mit dem bunten schimmernden Flitter der höfischen Weise ausgestattet. Endlich schloß für unsere Periode Guido von Columna, um 1280 Richter in Messina, den Kreis durch eine lateinische Zerstörung Troias, die bequeme und gewöhnliche Quelle der spätern Poeten. Man knüpfte durch Brutus die Briten, durch Francus die Franken, durch Sicanus die Siciler an Troia, und ließ dessen Untergang so durch die Vorsehung zum Ausgang der Völkerwanderung werden. Der Kampf um Troia war gleich den Kreuzfahrten ein Krieg zweier Welttheile. Hekuba's Frauengemach ward zum Minnehofe, die Reime der Romantik in Medea's Leidenschaft zu Jason, in Helena's Entführung, in Achilleus und Penthesilea kamen zur Blüte; die Heroen fügten sich der ritterlichen Sitte. An die Stelle der echt dichterischen Form fortschreitender Handlung trat nach dem Zeitgeschmack die Lust an malerischer Schilderung, und ein Poet überbot den andern mit Hunderten von Versen die Schönheit Helena's zu beschreiben, während Homer in wenig Worten ihre Wirkung auf das Gemüth zeigt und dadurch die Phantasie beflügelt um das Bild innerlich zu gestalten. Die Erzählung der Thaten ist eintönig, langweiliger noch sind die endlosen Berathungen, aber eine neue Zeit bricht an in der Vorliebe für die lyrischen Ergüsse des bewegten Herzens, für Seelenkämpfe und Seelenleiden. Am wenigsten ist dies bei dem Italiener der Fall, der gerade den Stoff am meisten beherrscht, während Franzosen und Deutsche im Gang der Handlung an die Vorgänger gebunden bleiben, kein Compositionstalent zeigen, nur im Ansmalen des Einzelnen ihre Kraft versuchen, ihren Witz geltend machen. Cholevius hat dargethan daß Konrad von Würzburg auch seine Bekanntschaft mit Ovid und Statius durch manche geschickte Nachbildung beweist; die Metamorphosen des erstern hat Albrecht von Halberstadt in deutsche Reime gebracht.

Besonders anziehend für den Uebergang des heroischen Epos in das sentimentale ist die Vergleichung Vergil's mit seinem ritterlichen Bearbeiter Heinrich von Veldeke. Dieser war auf jenem glänzenden Feste Barbarossa's in Mainz mit Chrétien von Troies, dem Meister der poetischen Erzählung zusammengetroffen, und wird als der Erste gepriesen der das Reis der höfischen Kunst auf deutschen Boden verpflanzt, und durch Zierlichkeit und Reinheit der Sprache wie der Reime ein Muster für das nachwachsende Geschlecht aufgestellt. Er hat den Vergil vor Augen, aber beruft sich auf eine welsche Quelle, und bereits 1140 hatte Pierre d'Auvergne in Frankreich die Aeneide umgebildet, während unseres Heinrich's Thätigkeit ein Menschenalter später fällt. Was uns bei Vergil so anzieht, das patriotische Gefühl, die Freude an der That, an der Römergröße, die kunstreiche Verwebung der spätern Geschichte mit den Anfängen, die Verknüpfung der Gegenwart mit der Vergangenheit, die männlich stolze Pracht der Sprache, all das fehlt dem Nachfolger; auch beschränkt derselbe die beständige Wechselwirkung der Sterblichen und Unsterblichen, das Eingreifen der vielgestaltigen Götterwelt in die Handlung, wodurch das antike Epos veranschaulicht wie alles Große in der Geschichte durch das Zusammenwirken des Göttlichen und Menschlichen vollbracht wird. Dafür macht Heinrich von Veldeke die Liebesepisoden zur Hauptsache; die Seelenzustände der Dido, der Lavinia bei dem Erwachen ungeahnter Gefühle, im Glück und Leid der Minne sollen dargelegt werden, aber freilich ist der Dichter hier noch ein Anfänger, und seine Naivetät, die in der Kindheit des Minnegesangs Bewunderer fand, dünkt uns mehr lächerlich kindisch als lieblich rührend. Vergil endigt mit dem Sieg seines Helden über Turnus; der Deutsche gibt seinem Werke den Schluß dadurch daß er nun eine lange Geschichte von Suchen und Meiden, Hangen und Bangen des Aeneas und der Lavinia anfügt, bis es endlich zum Hochzeitsfeste kommt, das dann mit allem höfischen Glanz geschildert wird. Die antike Plastik in der Zeichnung der Charaktere durch ihre Thaten, die bestimmte Anschaulichkeit der Außenwelt, der Naturumgebung ist verschwunden, wenn auch der Dichter bald die Gewänder seiner Heldinnen und bald einmal die Farbe eines Pferdeohrs beschreibt, und man gewahrt daß er sein Publikum besonders unter den Edeldamen sucht; die Empfindung soll einen Ersatz für die großen Staatsgedanken und Handlungen geben, aber es gelingt nicht überall so gut wie in den Gesprächen über die Minne zwischen Lavinia und ihrer Mutter, deren holden Reiz das Mittelalter so oft nachahmt.

Das Mittelalter sah die alten Römer- und Griechengötter für Dämonen an und gesellte sie seinem Teufel. Die Aebtissin Herrad setzt in ihrem hortus deliciarum den alten Dichtern schwarze Vögel auf die Schultern um anzudeuten daß sie von unreinen Geistern inspirirt die Götterfabeln geschrieben hätten. Herbort entschuldigt den Götzendienst seiner Helden damit daß damals ja Christus noch nicht geboren war; Konrad von Würzburg meint es hätten einmal Menschen von großer Kraft und Kenntniß namentlich der Naturgeheimnisse unter ihrem Hauptmann Jupiter in Waldesklüften gehaust; sie seien als Zauberer gefürchtet und verehrt worden, und so habe der Götzendienst seinen Ursprung genommen. Im Apollon der Orakel sah man vornehmlich den Teufel, der die Menschen durch Weissagungen köderte, in Bilder oder Statuen hineinfahre und aus ihnen rede. Venus aber verschmolz mit den heimischen Göttinnen zur Frau Minne; in Mondnächten reitet sie auf einer weißen Hirschkuh, grünumschleiert, laubenumflattert, mit leuchtenden Glühwürmern in den Locken; wenn sie da schweigend die Augen mit den langen Wimpern aufschlägt, und der zauberische Abgleich, das Elfenlied leis erklingt, dann ist es schwer ihr nicht zu folgen in den Berg, vor dem der alte Warner, der treue Eckhart steht.

Wir haben gesehen wie bereits in Alexandrien an die Stelle des Epos der Nationalthat der Roman des Privatlebens und der Herzensgeschichten getreten war, und ein Uebergangsglied in die

folgende Periode bildet, in welcher zunächst die Byzantiner ihn
aufnahmen und ihm morgenländische Erzählungen gesellten. So
begegnet uns namentlich im Apollonius von Tyrus derselbe bunte
Scenenwechsel, die abenteuerlichen Geschicke in Trennung und
Wiederfinden. Die Kreuzfahrer brachten ihn und ähnliche Werke
nach Haus, und sie kamen dem neuen Geschmacke an den keltischen Sagen entgegen, sie fanden mannichfachen Nachhall. Das
gemeinsame Thema bildet ein glückliches Gattenpaar; aber Mann
und Weib werden auseinandergerissen, die Kinder von Löwen,
Wölfen, Adlern geraubt oder von Mönchen, von Kaufleuten aufgezogen, bis sich endlich alle auf unerwartete Weise glücklich
wiedersehen. Eine solche Erzählung schlug auf einen der ersten
Normannenfürsten von England nieder und ward von Chretien
von Troies, in seinem König Wilhelm besungen. Im deutschen
Volksbuch vom Kaiser Octavian, in der Legende von Eustachius,
im guten Gerhard, in der englischen Dichtung vom Grafen Ysam-
brace von Savohen haben wir das Grundmotiv in mannichfachen
Variationen. Der christliche Sinn macht Trennung und Leid zur
Sühne übermüthigen Glückes oder zur Prüfung, bis das Heil
verdient und nun dankbar demüthig genossen wird.

Die Arthursage.

In der Karlsage hat die religiöse Begeisterung, in der
Alexandersage der Drang nach den Wundern der Ferne und die
Thatenlust der Kreuzzüge sich abgespiegelt; aber auch alle jene
persönlichen Gefühle der Tapferkeit, der Ehre, der Liebe, das
weltliche Ritterthum mit seiner höfischen Sitte und seinem Minnedienst verlangten nach poetischer Darstellung und fanden nach
dem Geiste der Zeit ihr symbolisches Abbild in der Arthursage.
Auch hier gewinnen wir einen Einblick eigenthümlicher Art in das
organische Wachsthum des Epos. Mythologisches und Geschicht-
liches verschmilzt miteinander; im Vaterland der Sage waltet das
Nationale, das Geschick des Volks vor; im Ausland aber tritt
dies dann zurück und wird nur zum Rahmen innerhalb dessen
die Sänger ausführen was der fortschreitenden Sitte und den

Stimmungen ihres Jahrhunderts gemäß ist; am Ende kommen
große Dichter und nehmen das so Vorbereitete zum Stoffe freier
idealer Werke, in welchen sie einen großen Gedanken künstlerisch
ausprägen oder die Lust am Schönen um ihrer selbst willen walten
lassen. So geschah es mit der Karlsage durch Ariost in Italien,
so mit der britischen durch Wolfram von Eschenbach und Gottfried
von Strasburg in Deutschland. Ja wir sehen gerade im Werke
Wolfram's wie mehrere Sagen gern sich ineinanderflechten, wenn
der Gral zur Tafelrunde hinzugefügt wird; wir erkennen wie die
mittelalterliche Kunst als ein Ganzes im Zusammenwirken der
Nationen herangewachsen ist, und nirgends so deutlich wie hier erscheinen die mitarbeitenden Kräfte nach ihren Naturelementen: die
Kelten in ihrem Neuerungsdrang, in ihrer Freude am Abenteuer
liefern den Stoff, die Romanen geben die poetische Form, die
Deutschen die Vertiefung durch den Gedanken, durch psychologische
Charakteristik und Gemüthsstimmung; es sind oft nur geringe
Aenderungen oder Zusätze, und doch hinreichend dem Gedicht die
deutsche Seele einzuhauchen.

Ich nehme hier einen Faden aus der Schilderung des Keltenthums wieder auf, wo uns bereits Arthur neben Urien im
Bardengesang als einer der allbritischen Fürsten bekannt geworden ist, welche die Unabhängigkeit ihres Volks und Vaterlandes
gegen eindringende Germanen vertheidigten, wo wir aus bre-
tagnischen Volksliedern sahen wie Arthur's Marsch statt des alten
Sturmgottes das wilde Heer bezeichnet das auszieht um die
Marken der Heimat zu schirmen. Ich erinnere daran daß Kam-
brier massenweise im 6. Jahrhundert nach Nordfrankreich aus-
wanderten und in regem Verkehr mit den keltischen Inselgenossen
blieben. Gerade sie, welche die alten Ueberlieferungen in ein anderes Land mitbrachten, steigerten nach dem Idealisirungstriebe
der Menschheit die verschwundene Zeit zum Urbild alles Großen
und Schönen, zumal gerade jetzt das Christenthum die religiöse
Bedeutung der Mythen aufhob, welche das Göttliche in Naturerscheinungen veranschaulicht hatten, sodaß das Volksgemüth, das
von ihnen nicht lassen mochte, sie um auf Helden niederschlagen
ließ, und deren Geschichte mit Feen, Riesen und Zwergen, Zauberern und Wunderquellen verknüpfte. So erscheint bereits Arthur während des 9. Jahrhunderts in der britischen Chronik von
Nennius als der stets siegreiche Oberfeldherr im Krieg gegen die
Sachsen, ja wie Karl der Große sollte auch er bereits eine Wall-

fahrt nach Jerusalem gemacht haben; die kommenden Ereignisse werfen in der Volksphantasie ihren Schatten voraus. Die Kelten in der Bretagne standen bald in kriegerischem bald in friedlichem Verkehr mit Franzosen und Normannen; dadurch vergrößerte sich ihr Geschichtskreis, erweiterte sich ihr Blick. Als nun von der Normandie aus durch Wilhelm den Eroberer (1066) England überwältigt wurde, da belebte der Sturz der Sachsenherrschaft die nationalen Hoffnungen der Walliser; unter Gruffyd, Rynant's Sohn, blühte die Poesie wieder auf, und an den Höfen der Häuptlinge, die eine gewisse Selbständigkeit behaupteten, fanden Bardenversammlungen statt „wie zu Arthur's Zeit". Auf dessen Wiederkunft aber hoffte das Volk, und Alanus ab insulis sagt man würde einen Zweifler daran in der Bretagne gesteinigt haben. Der Frühlingsgott war mit ihm wie mit unserm Karl oder Rothbart verschmolzen. Und nun erschien um 1140 ein Buch in welchem Arthur diese seine Auferstehung geistig feierte, durch welches er zu einer Herrschaft in der Phantasie der Menschheit über ganz Europa, ja bis nach Asien und Afrika hin gelangte. Die Kelten übertrugen die Bilder ihrer Sehnsucht und Hoffnung auf die Vorzeit, in welcher die Einbildungskraft verwirklichte was das Leben der Gegenwart versagte. Walther Erzdechant von Oxford hatte eine sagenhafte Geschichte der Briten zusammengestellt, die uns in welscher Sprache im Brut Tysylio erhalten zu sein scheint; Gottfried (Galfrid, Gruffudd) von Monmouth bearbeitete das Werk lateinisch und machte es zum Gemeingut der gebildeten Welt. Ein reiches Material aus den Erinnerungen der Erlebnisse und aus der Legende im Lauf der Jahrhunderte diesseits und jenseits des Kanals zusammengewoben, — was in alten Liedern gesungen war, was die Einbildungskraft der Gelehrten zur Anreihung der Kelten an das classische Alterthum ersonnen hatte und was die beglaubigte Kunde von den Berührungen der Gallier und Briten seit Camillus und Cäsar lehrte, — märchenhafte Abenteuer und historische Thaten erschienen hier in einer romantischen Geschichte, die bald eine Lieblingslektüre an Fürstenhöfen und auf Ritterburgen ward. Robert Wace übertrug das Werk in normannische Reime; er gab ihm bereits einen glänzenden Aufputz durch die Schilderung von Waffen, Kleidern, Festen, und ließ die Tafelrunde von Arthur gestiftet werden. Er fügte zur Ergänzung im Roman de Rou (Rollo) eine dichterische Geschichte der Normannen hinzu, und englische Schriftsteller führen fort das Buch nach vorne und hinten auszuweiten, ja um 1250 erschien eine Bearbeitung in rauhen lateinischen Hexametern mit der ausgesprochenen Absicht die britische Jugend zum Haß gegen fremde Eroberer anzufeuern, die Hoffnung auf die Herstellung der alten Herrlichkeit zu nähren. Die Wichtigkeit des Buchs für das Phantasieleben der Menschheit verdient einen Blick in dasselbe.

Gottfried beginnt mit der Zerstörung Troias. Offenbar haben Gelehrte zu den vielen Stammsagen des classischen Alterthums, welche italienische und griechische Städte an Aeneas und Troianerwanderungen knüpfen, diese neue erfunden und statt des ursprünglichen Pryd einen Brutus zum Stammvater der Briten gemacht. Der sei, heißt es, ein Enkel des Aeneas gewesen, habe seinen Vater Ascanius auf der Jagd erschossen, sei nach Griechenland geflohen, habe die dort zerstreuten Troianer gesammelt, den König Pandrasus geschlagen, dann dessen Tochter geheirathet, und sei mit seinen Scharen ausgewandert um eine neue Heimat zu suchen, die er endlich in Albion gefunden, wo die Urbewohner, Riesen, sich vor ihm zurückzogen. Er gründete Neutroia, Trinovant, das später nach Lud zu Cäsar's Zeit London genannt worden. Unter seinen Nachfolgern begegnen uns nun die durch Shakespeare und dessen Vorgänger bekannten Lear, Locrine, Ferrex und Porrex; hier liegen heimische Ueberlieferungen zu Grunde. Das dritte Buch flicht Mythe und Geschichte ineinander. Der Gott Beli, der Führer des Volks, unternimmt hier als Bruder von Brennius mit diesem einen größern Heereszug nach Rom; die Orte wo sein Dienst verbreitet war sind zu Stätten seiner Kriegsthaten geworden, und die römische Geschichte ist in die keltische Sage eingewoben. Zuerst hatte Brennius sich gegen seinen Bruder, König Beli, empört, war vertrieben worden, hatte in Gallien Aufnahme gefunden und dies gegen sein Vaterland aufgeboten; aber die Mutter wies ihn auf den Leib hin der ihn getragen, auf die Brüste die ihn gesäugt, und stiftete Frieden; die Scharen der Briten und Gallier vereinten sich zur Eroberung Roms. Später werden die Berichte Cäsar's, Sueton's, Orosius' mit den heimischen Erinnerungen verbunden, und die Bekehrung zum Christenthum wird erzählt. Als aber am Ende des 4. Jahrhunderts die römischen Legionen von der Insel abzogen, da rief Vortigern die Sachsen Hengist und Horsa zu Hülfe gegen die drängenden Schotten und Pikten, und jene setzten sich nun in England fest. Von hier an wird die Darstellung immer blühender und bewegt sich in epischer Anschaulichkeit, Breite und Fülle. Der Zauberer Merlin tritt auf und seine Weissagungen füllen den ganzen siebenten Abschnitt. Gottfried selber sagt daß er sie nach einem Gedicht bearbeitet hat. Die ältern tragen deutliche Spuren daß sie nach dem Erfolg hergestellt sind, wie wenn die Normannen geweissagt werden als ein Volk in Holz und Eisenhemden, das über die Sachsen komme; dann folgt vieles in Gestalt von Gesichten welche besonders Kämpfe von Drachen, Adlern, Ebern zum Gleichniß der Menschengeschichte machen, und in ihrer mystischen Art sich leicht so oder so auf wirkliche Ereignisse deuten ließen, sodaß mehrere Jahrhunderte bald mit Schrecken bald mit freudiger Verwunderung in diese Prophezeiungen wie in einen Zauberspiegel blickten und die Begebenheiten der Gegenwart in ihm zu erkennen meinten.

Nun sind wir an der Schwelle von Arthur's Thaten, die in mehrern Abschnitten ausführlich erzählt werden. König Uter entbrennt für Ingerna, die Gattin des Gorlois von Kornubien, und während darüber eine Fehde ausbricht, besucht Uter durch Merlin's Zauberkunst in Gorlois' Gestalt die Geliebte, die von ihm den Arthur empfängt. Wir werden an Zeus und Alkmene, an die Entstehung von Herakles erinnert; ein Niederschlag aus keltischer Mythologie dünkt mir das Wahrscheinlichste. Indeß ist Gorlois gefallen, seine Burg gebrochen, und Uter vermählt sich mit Ingerna. Schon im funfzehnten Jahre wird Arthur zum König gekrönt, ein Muster von Tapferkeit, Freigebigkeit, Schönheit. Mit Hülfe seines Neffen Hoel von Armorika besiegt er die Germanen, zündet den Wald an, in welchen sie geflüchtet, und gewährt ihnen Frieden. Sie aber brechen den, und nun gerüstet mit seiner Lanze Ron, seinem Schwert Kaliburn und seinem Schild Priven schlägt Arthur allein 470 Feinde in einer zweiten Entscheidungsschlacht. Dann herrscht er siegreich milde, gründet Kirchen und Städte, und erobert Schottland, Island, Gothland. Sein Ruf bringt in alle Lande, alle ausgezeichneten Männer tragen und wappnen sich wie Arthur's Ritter. Norwegen unterwirft sich, Gallien wird bezwungen, und der römische Tribun Flollo, der es regierte, fällt von Arthur's Hand im Zweikampf auf einer Insel, wo beide allein zusammengetroffen und mit wechselndem Glück ritterlich gestritten. Nun beruft Arthur auf Pfingsten zu einem Bundestag und Fest alle Großen der unterworfenen Länder nach Glamorgantia in Wales, und läßt sich zum Oberherrn des Reichs krönen. Gastmahle, Spiele, Turniere folgen in Gegenwart schöner Frauen. Da kündet der Kaiser von Rom Fehde an, und nun waffnet Arthur den Westen, während Asien und Europa sich gegen ihn rüsten. Es ist ein Kampf der Welttheile wie in den Kreuzzügen. Arthur übergibt das heimische Regiment seinem Neffen Mordred und seiner Gemahlin Ganhumara und geht zu Schiffe. Ein spanischer Riese hatte eine Nichte Hoel's geraubt; sie war jungfräulich im Ringen mit demselben gestorben, Arthur rächte sie. Dann gewinnt er die Schlacht gegen Rom, aber nun kommt Kunde daß Mordred in ehebrecherischer Liebe mit Ganhumara (Gwenhwyvar, Ginofer) sich verbunden. Der König kehrt heim, der Verführer flieht, die untreue Königin geht in ein Kloster, Arthur verfolgt Mordred, wird im Kampf mit ihm tödtlich verwundet und zur Heilung nach Avalon gebracht, wo er 542 stirbt. Gottfried führt dann die Geschichte 200 Jahre weiter fort, in kurzen raschen Zügen, während er die Arthursage sehr ausführlich vortrug. Hier spiegelt sich in ihr bereits der Hofhalt und das ritterliche Wesen der Normannenfürsten, und im ganzen herrscht noch ein heroischer Zug; man spürt den schöpferischen Hauch des Nationalgeistes. San Marte, der zu seinen vielen Verdiensten um die Arthur- und Gralsage auch das einer neuen Ausgabe von Gottfried's Chronik gefügt, hat den Nachweis geführt daß sie keineswegs eine windige subjective Fabelei, sondern die Sammlung und Verarbeitung altkeltischer Erinnerungen ist, indem er die Namen der Orte und Personen und die Anklänge der Erzählungen in der welschen Literatur dargethan. Freilich war es ein Misverstand, wenn man das Werk für factische Geschichte nahm, und da hatte die Kritik ein Recht zum Einspruch; allein gerade die Art wie solchen alsbald Wilhelm von Malmesbury erhob, zeugt für die lebendige Ueberlieferung; er verweist aus der Geschichte was gleichsam den Gemüthern der Menschen eingeschrieben aus der Erinnerung anmuthig von Arthur gefabelt werde. Vielleicht daß wir schon die Umwerbung und Entführung seiner Frau während seiner Abwesenheit auf Rechnung des Mythus setzen dürfen, der uns oft schon begegnete, auch bei Karl dem Großen; sicher ist Arthur's Entrückung nach Avalon, wo ihn eine Meerfrau aus dem Lande der ewigen Jugend und Freude, die Fee Morgane zur Heilung empfängt, ein Nachklang des Frühlings- und Sonnengottes, dessen Wiederkehr das Volk hofft; nun soll er als Held den Völkerfrühling bringen.

Jetzt war es für die Entwickelung der Poesie von Einfluß daß ein ritterlicher Kriegsheld und Förderer der Kunst und Wissenschaft, Heinrich II. von England zugleich über einen großen Theil von Nord- und Südfrankreich herrschte (1154—89). An seinem Hof fanden sich Dichter der Provence, Flanderns und der Normandie zusammen, sie theilten die alten Ueberlieferungen wie die neuen Schöpfungen einander mit, und in den Tagen wo Richard Löwenherz seine Abenteuer lebte, ward nun das Epos von Arthur zum Rahmen für die persönlichen Thaten und Gefühle des weltlichen Ritterthums. Wie die Ritter zu Turnieren auszogen um mit dem Preis bei gutem Glück auch die Hand einer schönen Dame zu gewinnen, wie sie aufbrachen um auch in andern Ländern am Krieg theilzunehmen und die Nähe und Ferne mit dem Ruf ihrer Thaten zu erfüllen, dies ward von der Einbildungskraft zu jenem irrenden Ritterthum gesteigert, das die Heimat verließ und in ganz freier Lebensstellung auf Abenteuer ausging, mit jedem Begegnenden einen Waffengang machte, den Frauen, der bedrängten Unschuld sich zum Schutze bot, und endlich zum Lohne neben der Ehre auch die Hand und das Land einer königlichen Gebieterin erwarb. Männer welche bereits Gottfried rühmlich genannt hatte, wie Walgain, Eventh, Mael, wurden als Gawan, Iwein, Lanzelot die Träger dieser Richtung, Arthur selbst ward zum ruhenden Mittelpunkt seiner Tafelrunde. Er und seine Gemahlin halten nun Hof zu Kaerleon mit 100 tapfern Rittern und holden Frauen, die sich alle der feinen Sitte befleißigen; ja sein Seneschal Kex oder Kai wacht wie die personifizirte Hofetikette streng über das Ceremoniell. Zwölf Ritter, die Edelsten der Edlen, sitzen mit dem König an der runden Tafel, Pfleger und Hüter der Ritterpflicht, des Ritterrechts, der Ritterehre, daher täglich und stündlich aufgerufen zur Vertheidigung der Unschuld, zum Kampf für Frauen, zum Minnedienst, hohnsprechende Recken zu demüthigen, Riesen, Zwerge, Zauberer zu überwinden, Gefangene zu lösen, und mit der Erzählung ihrer Fahrten die Gesellschaft wieder zu unterhalten. Der persönliche Ruhm, die sinnliche Liebe, die sentimentale Schwärmerei stehen an der Stelle der großen Nationalthaten und des Vaterlandsgefühls. Auch hier ist nicht alles frei erfunden, auch hier bieten wirkliche Erlebnisse den Anlaß zu schmückender Dichtung, auch hier liegen alte Ueberlieferungen zu Grunde. Auf ihre Quelle im Keltenthum weisen uns die Erzählungen die unter dem Namen

Manibogion oder die Märchen des rothen Buches von Hergest durch Lady Charlotte Guest englisch herausgegeben sind. Hier begegnen uns Kämpfe mit Ungeheuern, Riesen, dämonischen Mächten; es waltet nur noch ungeschlachte Kraft, noch nicht durch Glaube und Liebe zum Ritterthum der Kreuzzüge veredelt, und die Sitten des alten Wales, der alten Bretagner sind noch nicht höfisch verfeinert; hier begegnen uns jene menschenfresserischen schwarzen Waldmänner, jene wohlthätigen Feen, jene Wunderquellen und Zaubersteine, mit welchen die sagenbildende Phantasie der Kelten so gern gespielt; volksthümliche Bilder der Naturmythen und bunte Träume der Phantasie schlingen sich um die geschichtlich bekannten Namen. Wie die Erzählungen uns vorliegen sind sie nicht vor Ende des 14. Jahrhunderts niedergeschrieben; aber danach sie für eine Rückübersetzung französisch höfischer Dichtungen zu halten wäre ein falscher Schluß; die Anknüpfung an den Gral, der Hintergrund der höfischen Zustände fehlt. Es ist mancherlei aus spätern Darstellungen in sie eingedrungen, aber sie haben sich neben denselben im Volksmund erhalten, sowie die Siegfriedsage aus dem Volksmund und nach der Umgestaltung in ihn zum Volksbuch vom hürnen Siegfried und zum Märchen vom Dornröschen ward, diese aber keineswegs nach unserm Nibelungenliede und seiner ritterlichen Gestaltung der Sage bearbeitet sind. Der keltische Volks- und Aberglaube, der zur Heldensage und zum Märchen gewordene Mythus der Kelten ging nun als bunte Stoffesfülle ein in die romanische und germanische Poesie. Die beseelten Bäume, die bezauberten Brunnen, die Ringe mit magischen Kräften, die Drachen und Riesen erregten theils durch ihre Neuheit die Einbildungskraft, theils fühlte man sich ihnen urverwandt; die sinnliche Liebe, die Opferfreudigkeit, die Abenteuerlust des damaligen adeligen Geschlechts fand sich in den bretonischen Sagen wieder, sie dienten darum am besten zu angenehmer Unterhaltung, und doch konnte im geheimnißvollen Hintergrund des farbenbunten Gemäldes ein nachdenkliches Gemüth immer wieder einen tiefern Sinn erahnen, und je weniger national diese Erzählungen in Frankreich, Deutschland und Italien waren, desto leichter ging es eben sie nach der neuen Rittersitte umzubilden, ihnen den Geist des 12. Jahrhunderts einzuhauchen, die Tafelrunde zum Muster der höfischen Gesellschaft zu machen. Die provenzalische Lyrik hatte das Kriegs- und Gemüthsleben der Ritter zuerst und unmittelbar dichterisch ausgesprochen; es verlangte nun nach epischer Darstellung, der Minnedienst ward auch für diese eine Hauptsache, und die Liebe ist von da an der Gegenstand geworden dem kein Roman sich versagt hat. Endlich aber traten einige große Dichter auf, welche den oft bearbeiteten Stoffen mit klarem Bewußtsein einen Gedanken unterlegten, danach die Charaktere zeichneten, die Begebenheiten motivirten, und so das Werk zu ideal freier Dichtung hoben, wie Wolfram von Eschenbach und Gottfried von Straßburg.

Wir finden dieselbe Stoffe in Nord- und Südfrankreich, in England und Deutschland, in Italien und Skandinavien, ja in Griechenland vielfältig wiederholt, und eine nähere Forschung hat nachgewiesen daß dort wo Kelten und Normannen zusammentrafen, in Nordfrankreich, wo das Ritterwesen und sein Ceremoniell ausgebildet ward, auch die ersten Schritte poetischer Formgebung in der Artussage geschahen. Kurze Verse von vier Hebungen, einer auf den andern reimend, eigneten sich vortrefflich für eine leichte, kurze Erzählung, und wurden für diese Rittergeschichten angewandt, während der große breite Strom volksthümlich epischer Dichtung auch einen vollern und weitern Vers erfordert und erschaffen hat, so im Mittelalter der Vers der chansons de geste, den Alexandriner und die ihm nahe verwandte Nibelungenstrophe.

Vornehmlich erscheint ein ungemein thätiger und fruchtbarer nordfranzösischer Dichter tonangebend, Chretien von Troies in der zweiten Hälfte des 12. Jahrhunderts. Wie er die keltischen Stoffe geformt und denselben das Gepräge der Ritterlichkeit gegeben, so gingen sie durch Uebersetzerdichter in andere Sprachen über, und seinem Muster eiferte Frankreich, eiferte Europa in andern Erzählungen nach. Was indeß dem mittelalterlichen Kunstepos überhaupt fehlt das ist die geistige Perspective, welche das wahrhaft Bedeutende in den Vordergrund stellt und bis ins Einzelne durchbildet, das Nebensächliche, Episodische im Hintergrunde hält, kürzer und leichter behandelt. Jegliches wird in demselben Ton, in derselben Darstellungsweise ausgeführt, die uns oft zu knapp und öfter zu breit und dadurch ermüdend dünkt. Statt daß eine Hauptsache der Mittelpunkt wäre, in anschaulicher Fülle sich vor uns entwickelte, und um sie anderes gruppirt, durch Blicke in die Vergangenheit und Zukunft angedeutet würde, begleiten wir gewöhnlich den Helden durch sein ganzes Leben, und wo die Kunst der Charakterzeichnung wächst, da soll er schon durch die Natur seiner Aeltern vorbereitet erscheinen, sodaß ihr Geschick zur Einleitung für seine Geschichte dient und vorangestellt wird. So etwas an geeigneter Stelle erzählen zu lassen, da wo es die Mithandelnden selbst aufklären oder bestimmend auf sie einwirken würde, das liegt noch außer dem Gesichtskreis dieser Dichter. Wir betrachten einiges Einzelne das zur Erkenntniß der ganzen Art und Weise besonders geeignet ist.

Iwein der Ritter mit dem Löwen von Hartmann von der Aue war am Ende des 12. Jahrhunderts diejenige unter den deutschen höfischen Erzählungen welche durch gewandte Darstellung, leichten und natürlichen Vortrag in Ernst und Scherz, durch Maß und Milde im ganzen und einzelnen sich der Unterhaltung einer gebildeten Gesellschaft empfehlen mußte, und auch seit der Erneuerung unserer mittelalterlichen Literatur gern gelesen und gelobt wurde. Wer an rechte Güte wendet sein Gemüthe dem folgt Glück und Ehre, — dieser Gedanke zieht sich durch das Werk wie ihn der Dichter am Anfang und Ende selbst ausspricht. Man hat lange das zarte Verdecken aller Härten und Blößen der Sage, die feinen Urtheile, die lieblichen Erörterungen über die Macht der Minne unserm Hartmann als Verdienst angerechnet; die Herausgabe des französischen Werks zeigte indeß all das schon bei Chretien von Troies. Freilich ist auch bei ihm die Herzenskenntniß noch gering, die Seelenmalerei noch schwach, stärker die Lust an Putz und Waffenzier, an seltsamen Begebenheiten. Der alte Stoff, wie er im rothen Buch nun vorliegt, ist eigentlich nicht organisirt worden, sondern Chretien folgt der Erzählung treulich nach, schiebt hie und da ein Abenteuer ein, und wird der Sitte seiner Zeit gemäß in den Liebesscenen ausführlicher.

> Arthur der maienselige Mann
> Was irgend nur er je begann
> Begab sich stets an Pfingsttagen, —

so sagt Wolfram von Eschenbach nicht ohne Ironie über das Eintönige der Sagen, mir aber zum Beweise daß hier ursprünglich der Sonnengott gewaltet hat, daß sein Siegeszug und seine sommerliche Wende, sein Scheiden und seine Wiederkehr auf den Helden übertragen sind. Daß aber auch im Iwein der keltische Frühlingsgott nachklingt, hat Osterwald dargethan. Iwein ist der von den Barden vielbesungene Sohn Uriens, der aus dem

Kämpfer fürs Vaterland ein ritterlicher Abenteurer wird. Wie die britische Quelle so heben der französische und deutsche Dichter damit an daß von Arthur's Hof eine Geschichte erzählt wird, die den Iwein reizt das von einem andern nicht Vollführte glücklich zu vollbringen. Im Wald von Brezilianbe ist eine Quelle unter einer grünen Linde (dem Weltbaum); schöpft man mit einem Becken Wasser aus ihr und gießt es auf eine steinerne Schale, so verfinstert sich der Himmel, ein Gewitter entsteht mit Schloßen und Regen, dann aber wird es wieder hell, die Vögel singen in den Zweigen, aber der Herr der nahen Burg kommt und es gilt mit ihm den Kampf. Iwein besteht den Strauß, verfolgt den Gegner in seine Burg, ist dort zuerst gefangen, wird aber durch einen unsichtbar machenden Ring gerettet und gewinnt Herz und Hand der Gemahlin seines erschlagenen Feindes. Wie das Wasser aus der Tiefe aufsteigt, in der Himmelsschale gesammelt wird und dann im Regen niederrauscht, das wird hier durch eine symbolische Handlung dargestellt, welche dem Volksglauben gemäß das Naturereigniß mit magischer Gewalt nach sich zieht. Iwein erregt das erste Frühlingsgewitter, das den winterlichen Riesen zum Kampf hervorruft; er befreit die schöne Erdgöttin aus dessen Burg und vermählt sich mit ihr. — Nun ist Iwein der Hüter des Brunnens; Arthur kommt mit seinen Genossen und gießt das Wasser in die Schale; Iwein wirft den Kai nieder, gibt sich aber dann zu erkennen und bewirthet die Freunde. Gawan, der Gwalchmai, der Falke der Schlacht in der historischen Sage und im Barbengesang, mahnt Iwein daß er sich nicht verliege, im häuslichen Glück der Ehe nicht der ritterlichen Thaten vergesse, und dieser beurlaubt sich von seiner Gemahlin auf ein Jahr; sie gibt ihm einen wunderthätigen Ring zum Pfande der Rückkehr. Das Jahr ist halb unter Waffenthaten Iwein's und Gawan's verstrichen, der Held sitzt an der Tafelrunde, da erscheint eine Botin seiner Gattin, tadelt seine Vergeßlichkeit, und zieht ihm den Ring vom Finger, worauf er in Irrsinn verfällt, seine Kleider zerreißt und halb nackt im Walde lebt, bis ihn dort drei Frauen finden und durch eine Salbe der Fee Morgane heilen. Ein Löwe, den er aus dem Rachen eines Lindwurms befreit, wird von nun an sein treuer Begleiter und Mitstreiter. Iwein beweist sich zunächst seinen Retterinnen durch den Sieg über ihren Feind dankbar. Dann kommt er wieder zur Quelle, und versinkt in Wehmuth; seine Klagen hört die Zofe seiner Gemahlin, die ihm stets beigestanden, und verbrannt werden sollte, wenn nicht ein Kämpfer für sie auftrete. Ehe er das thut bezwingt er den Riesen Harpin; dann befreit er die Königstöchter die in einsamer Burg webten und spannen, und kämpft einen Tag lang für eine der Töchter des Herrn vom schwarzen Dorn mit Gawan, der für die Schwester stritt; diese haderten um die Erbschaft. Am Abend geben die Streiter sich zu erkennen, und Arthur stiftet Versöhnung. Nun schöpft Iwein von neuem Wasser aus der Quelle; seine Gemahlin hat keinen Vertheidiger, der Ritter mit dem Löwen, den sie suchen läßt, ist er selbst, und so vereinen sie sich beide in alter und neuer Liebe. — Im Löwen, der Iwein's Kämpfe entscheidet, der sich in das Schwert seines Herrn stürzen will als er ihn für todt hält, haben wir das Gegenbild des Helden, das Symbol der Sonne; die webenden Königstöchter, die diese befreit, sind die still schaffenden Kräfte der Natur, die der Winter eingekerkert hat. Iwein scheidet von der Gemahlin wie die Sommerwärme von der Erde, versinkt dann selber in Winterschlaf, hat sich selbst verloren, findet aber in neuem Jahr, in wiederholtem Bestehen des Abenteuers seine Gemahlin wieder.

Schon vor dem Iwein hatte Hartmann die Dichtung Erek und Enide dem Französischen von Chretien nachgebildet. Auch hier liegt die bretonische Erzählung zu Grunde: der Held vergißt im Arm der Liebe den Ruhm, er verliegt sich; die Gattin selbst treibt ihn an daß er wieder nach Thaten ausziehe, er meint sie thue es aus Neigung zu einem andern, und so werden seine Abenteuer zugleich Liebesproben für sie. Chretien wählt kunstvoll die Schlußhandlung so daß sie einen Contrast bietet, indem der Kampf gegen einen Ritter geschieht den sein Weib nicht ziehen lassen wollte, es sei denn daß er vor ihren Augen besiegt werde.

Das Leben Lanzelot's liegt uns bisjetzt in einer noch rohen deutschen Bearbeitung Ulrich's von Zazikoven vor, der seine Quelle im Besitz Hugo's von Morville fand, als dieser für Richard Löwenherz dem Herzog Leopold als Geisel gestellt war; französisch ist ein späteres viel verbreiteteres und übersetzteres Sammelwerk erhalten, in welchem die Erzählung Chretien's vom Ritter mit dem Wagen eingefügt ist. Bei Ulrich fehlt noch was später zur Hauptsache wird, die Liebe Lanzelot's zu Ginevra, der Gemahlin Arthur's. San Marte macht wahrscheinlich daß l'Anzelot (Diener) die Uebersetzung von Mael sei, und weist auf einen König dieses Namens in den Chroniken hin, der ebenso schön und tapfer wie sittenverderbt geschildert wird. Die britische Sage läßt den Knaben von der Meerfei Viviane geraubt und in ihrem krystallenen Hause erzogen werden. Dort erhält er durch wunderkräftige Steine die gute Laune die ihn auch im Ungemach nicht verläßt, und die Liebenswürdigkeit die ihm die Herzen der Frauen gewinnt. Ginaevra ist in der Sage keine treue Gattin; der Zaubermantel welcher nur der Tugendhaften paßt, das Horn aus welchem nur die Keusche trinken kann ohne sich zu begießen, verrathen sie; bald mit, bald wider ihren Willen wird sie von verschiedenen Rittern in verschiedenen Romanen entführt, wie Gottfried bereits von Morbred erzählt hatte. Ulrich von Zazikoven nennt den Valerin, Kiot's Parcival den Klinschor, vornehmlich aber tritt Lanzelot ein, der als ein Genoß der Tafelrunde ein ehebrecherisches Liebesverhältniß mit der Königin hat; sie werden beide zum Tode verurtheilt, aber sie entrinnen miteinander; Arthur verfolgt sie, sucht sie ein Jahr lang; es kommt zum Kampf, den ein Heiliger scheidet; Lanzelot entsagt und büßt in einer Einsiedelei. Das deutsche Gedicht hat eine Menge anderer Abenteuer ohne daß ein Gedanke sich durch dieselben hinzöge und planvoll ordnete. Mit Recht eifert Gervinus gegen das stumpfe moralische Gefühl, wenn da wie selbstverständlich berichtet wird daß Töchter oder Frauen mit Lanzelot der Minne pflegen nachdem er den Vater im Messerwurf erstochen, den Gatten erschlagen hat. Sind das auch ursprünglich Naturmythen gewesen, die Uebertragung auf Menschen hätte eben nicht ohne menschlich sittliche Empfindung geschehen sollen. Auch um Dichter wie Wolfram und Gottfried nach Verdienst zu würdigen muß man im Auge haben was Gervinus weiter sagt, und was gleichmäßig von den rohen Anfängen wie von den spätern Sammelwerken gilt, in denen ein stoffhungeriges Geschlecht beim Verfall des Ritterthums den Zeitvertreib suchte ohne für edeln Kunstgenuß Sinn zu haben: Wenn nur etwas Neues vom alten Arthur oder etwas Altes von einem neuen Helden erzählt wird, so ist alles gut. Kein fesselndes Ereigniß, kein Gefühl im Dichter oder seinen Geschöpfen, kein Schluß des Ganzen, nur mechanische Verbindung wunderlicher Albernheiten, keine anschauliche Darstellung, keine Unterdrückung des Zufälligen, kein nothwendiger Zusammenhang. Da ist nichts was ein kräftiges Herz locken oder begeistern könnte, kein großer Charakter, keine Geistes- und Gemüthskämpfe höherer Art, kein erhebendes Geschick. Wie durch ein Ceremoniengesetz wird trotz aller Weiberlaunen

Verlauf und Ausgang der Abenteuer geregelt, man weiß immer schon wie das Ding sich wenden wird, und bleibt darum ohne rechten Herzensantheil am Glück wie am Unglück. Statt eines Hagen in seiner dämonischen furchtbaren Erhabenheit, statt eines Ganelon und seiner gereizten verderblichen Heimtücke hier ein Kele, der tadel- und klatschsüchtig nur mit seiner Zunge Schaden stiftet und den Frieden der feinen Gesellschaft stört. Daneben aber ein besonderes Wohlgefallen an Fest- und Putzbeschreibungen. Darüber spottet Gottfried von Strasburg; die Knappen welche die Lanzensplitter aufgelesen mögen vom Turnier erzählen; selbst Wirnt von Gravenberg scherzt in seinem Wigalois daß man es ihm nicht übel deute, wenn er seine Dame so schön kleide; es koste ja nichts, daß er mit Worten so viel Zierath und Borten auf sie häufe. Er ist ein heller Kopf, der seinem Stoffe sich gegenüberstellt, die Ereignisse mit seinen Betrachtungen begleitet, und uns dadurch auf der einen Seite zu der Gedankenpoesie hinführt, auf der andern zu Dichtern welche den Stoff nach ihrer Weltanschauung gestalten und eine Idee in ihm ausprägen.

Die Gralsage und Wolfram von Eschenbach.

Der Gral war alles Segens Born,
Seliglicher Süße volles Horn;
Er that es dem beinahe gleich
Was man erzählt vom Himmelreich.

Er ist irdisches Heil im Abglanz des ewigen, Paradiesswonne, des Erdenwunsches Krone, wie Wolfram singt. Der funkelnde Edelstein ist selber das strahlende Symbol der Romantik. Die Elemente, die hier zusammen krystallisiren, bekunden morgenländischen und abendländischen, christlichen, muhammedanischen und heidnischen Ursprung. Wolfram der Vollender der Dichtung verweist auf einen Provenzalen, Kiot, und auf den sternkundigen Flegetanis, den Sohn eines Arabers und einer Jüdin, als dessen Quelle; das Local der Sage ist in Spanien und Südfrankreich, die Chronik von Anjou führt zu den Gralshütern Titurel und Frimutel, in Spanien steht Montsalvage, der

Berg der Rettung mit der Gralsburg. Die alten Araber verehrten heilige vom Himmel gefallene Steine als Mittler zwischen den Menschen und Gott; von einem Hain Cridawana im Sintamtagebirg, wo alle Weisheit und aller Friede wohnt, reden die Indier; vom Paradies, wo alles Hoffen erfüllt und jeder Wunsch befriedigt ist, Perser und Juden; von Bechern die sich selbst füllen, Tischen die sich selbst decken, erzählen orientalische, griechische und deutsche Märchen; die Kelten dichten vom Kessel oder Becken Ceridwen's, in welchem sie den Trank der Begeisterung brauen, aus dessen Wallen und Sieden sie weissagt. Zur Zeit der Kreuzzüge konnten all diese Stimmen zusammenklingen, und so finden wir zunächst zwei Fassungen, eine südliche und eine nördliche. Nach der südlichen ist der Edelstein aus Lucifer's, des erstgeschaffenen Lichtgeistes, Krone gefallen, als dieser sich empörte; Wolfram nennt ihn einfach den Stein des Herrn, ein himmlisches Kleinod, das Engel schwebend hielten und dann auf die Erde niedersenkten, wo die reinsten und edelsten Ritter und Jungfrauen seine Diener und Wächter, seine Trägerinnen wurden. Jeden Charfreitag bringt eine weiße Taube eine Hostie vom Himmel und legt sie auf den Gral, und dadurch gewinnt er die Kraft hervorzubringen was Gutes die Erde hegt an Speis und Trank, die Schüsseln derer die um seinen Tisch sitzen füllen sich von selber und wer ihn anschaut dem bleibt die Farbe des Antlitzes, der Locken, der stirbt nicht an jenem Tage. Mit diesem Steine, fügt Wolfram hinzu, verbrennt sich der Vogel Phönix um schöner wiedergeboren zu werden; so bewirkt er das höhere Leben aus dem Tode, wie Christus sagt: Wer an mich glaubt der wird leben, ob er gleich stürbe. Der Gral ist von Gott dem Vater gegeben, in der Taube ist der heilige Geist, in der Hostie Christus gegenwärtig, und so ist jener ein Heiligthum welches das Gottesreich veranschaulicht, ein Symbol des höchsten Gutes.

Nach der nördlichen Fassung, welcher Chretien von Troies gefolgt ist, wird der Gral (das Wort bedeutet Gefäß) die Schüssel genannt aus welcher Christus das Abendmahl genossen, in welche dann Joseph von Arimathia das Blut des Erlösers am Kreuz aufgefangen; nach mancher Wanderung kommt er in Britannien an, in Kamelot, wo Ebron's Sohn Alain, der reiche Fischer, dem Gral ein Schloß baut. Hier wird er in die Merlin- und Arthursage eingefügt, und da heißt er der goldene Kelch des Abendmahles, den Joseph von Arimathia auf eine Tafel gestellt, an welcher stets nur gute Menschen Platz nehmen, die Stelle des Judas aber immer leer bleibt. Das Gefäß, sagt Merlin zu Uter, ist zwar mit seinen Hütern nach dem Orient gezogen, aber stifte du, o König, eine Tafelrunde nach seinem Vorbild. — Zur Zeit der Reliquiensucht wurden neben heiligen Röcken auch einige heilige Schüsseln aus dem Orient gebracht, und noch heute rühmen sich die Genuesen daß sie in der Johanneskapelle ihres Doms den bei der Eroberung von Cäsarea 1101 erbeuteten Gral bewahren, ein smaragdgrünes sechseckiges Glasgefäß, das die Königin von Saba an Salomo geschenkt, das Joseph von Arimathia nach Jesu Abendmahl gen Cäsarea gebracht habe.

Uns erinnern die Wanderungen der Gralshüter an das Herumziehen der Juden mit der Bundeslade, und wie diese im Salomonischen Tempel eine feste Stelle fand, so der Gral in seiner bretonischen Burg, in seinem Dom auf Montsalvage. Die Schilderung von diesem, wie sie der deutsche Titurel in der zweiten Hälfte des 13. Jahrhunderts gibt, verdient als Bauphantasie jener Zeit unsere Beachtung. Als Titurel den Fels des Berges geglättet, fand er eines Morgens den Grundplan eingezeichnet. Es ist ein gothischer Centralbau, eine Rotunde, bekränzt von 72 achteckigen Kapellen; über je zweien derselben steigt ein achteckiger Thurm empor, bekrönt mit einem krystallenen Kreuz, über dem ein goldener Adler schwebt; der Thurm der Mitte ist doppelt so hoch als die 36 ihn umringenden Genossen. Drei Pforten führen von Abend, Mittag und Mitternacht ins Innere; das Gewölb ist ein blauer sternfunkelnder Himmel, die goldene Sonne, der silberne Mond ziehen tönend durch dasselbe hin; der Estrich gleicht dem Meere, durch seinen Krystall schimmern Fische und andere Seethiere; an den Wänden steigen goldene Bäume mit Vögeln empor, Rosen und Lilien blühen dazwischen. Propheten-, Apostel- und Heiligenbilder schmücken die Pfeiler. Die Fenster sind von buntfarbigen Edelsteinen; goldene Kronen mit leuchtenden Kerzen schweben von den Decken der Kapellen nieder. In der Mitte des Ganzen steht sein Abbild im kleinen, der Schrein des Grals.

Die Hüter des Grals sind Ritter die ihre Kraft in den Dienst Gottes stellen; so geschah's in den Kreuzzügen, und es hatten sich Orden gebildet die den Mönch und den Krieger, den Priester und den Kämpfer in sich vereinten, wie die Templer. Ihr Leben nennt Bernhard von Clairvaux ein zwiefaches Kämpfen, dort gegen den äußern Widersacher, hier gegen die feindlichen Mächte im Gemüth. Templois, Tempeleisen ist auch der Name ihres dichterischen Abbildes, der Gralswächter. Des Grales Volk das sind die Erwählten, immer selig hier und dort, sie repräsentiren das königliche Priesterthum, zu dem das Evangelium die Menschen aus der Finsterniß an das Licht berufen hat. Wie der Templerorden selbst seine Brüder erfor, so auch der Gral. Er kann nicht erjagt und ertrotzt werden, er muß zu sich berufen; er symbolisirt die göttliche Gnade und das Heil das sie bietet, aber der Mensch muß dasselbe in sein Denken und seinen Willen aufnehmen und so es verdienen. Der Gral erwählt die Seinen ohne Unterschied des Standes und des Geschlechtes, und er sendet sie aus zu Lenkern der Völker, zur Ausbreitung der Heilswahrheit; wenn es bei Wolfram heißt daß des Grales Reich sich über die ganze Erde und weiter bis in die Sterngefilde erstrecke, so bezeichnet er deutlich genug die unsichtbare Kirche, das Gottesreich.

Ein Kiot von Provence, den Wolfram seinen Vorgänger nennt, ist uns nicht bekannt; aber wie leicht war die Verwechselung mit Guiot von Provins in Brie, der ein Minnesänger in der Jugend und ein Mönch im Alter in seiner uns erhaltenen Bibel der Welt den Spiegel vorhält, daß sie durch Selbsterkenntniß gebessert werde; sein kräftiges Mahngedicht schildert mit Zorn und Humor das verkehrte Treiben der Völker und Stände, der Laien und Geistlichen. Während er gegen die Hab- und Herrschsucht der Römer eifert, die Mönche geisselt und behauptet daß in der Kirche die drei Jungfrauen Liebe Wahrheit und Recht durch schmutzige Vetteln Verrath Heuchelei und Simonie verdrängt seien, preist er die Templer wegen ihres Heldenthums im Dienste Gottes; Vernunft und Gerechtigkeit regiert ihr Walten, möge der weiße Mantel und das Kreuz sie vor Uebermuth und Habsucht warnen, an Reinheit und Demuth mahnen. Hat nun Guiot in der Mitte seiner Jahre ein Gedicht vom Gral geschrieben, so dürfen wir annehmen daß er bereits dem weltlichen Treiben und der ceremoniellen Werkheiligkeit die Thaten der Liebe, die Heiligung des Willens entgegenstellte, und so vermuthet San Marte daß auch ihm schon nicht sowol der Kampf gegen die Sarazenen und für die sichtbare Kirche der Weg zum Heiligthum des Grals war, sondern die Besiegung der Sünde im eigenen Herzen, das Reue und Buße zur Erlösung führen. Sicher ist daß bei Wolfram die Ritter von der Tafelrunde den äußern Kirchendienst mitmachen und die Messe hören, der Gral aber der Hierarchie des Papstes so wenig untergeordnet ist wie dem Baruch von Bagdad, daß Parcival ohne kirchliche Vermittelung durch Gottes Gnade und eigenes Streben das Heil erlangt, und daß jener evangelische Geist eines innern Christenthums, der im 12. Jahrhundert auftrat und im 13. von Rom verfolgt ward, seinen dichterischen Ausdruck im deutschen Parcival gefunden hat.

Den begebenheitlichen Stoff bot auch hier die Arthursage, boten die keltischen Erzählungen von Gawan und Peredur. Die Grundlage dieses letztern ist jener bretonische Held Morvan, der als Kind im Volkslied die Ritter in seiner Waldeinsamkeit vorüberreiten sieht, und nun von Sehnsucht nach Thaten ergriffen wird und für das Wohl seines Volkes streitet, ein Symbol der Kelten selber, die nun durch Franken und Normannen in ein waffenfreudiges glänzendes Dasein hineingezogen werden. Das Manibogi erzählt eine Reihe von Abenteuern welche Peredur besteht, die sich zugleich bei Chretien von Troies und bei Wolfram finden, andere sind jenem aber auch eigenthümlich. Ein Jüngling erscheint in mancherlei Gestalten um Peredur zu Thaten anzureizen, bis endlich die Hexen von Gloucester bezwungen werden, welche die Verwandten von beiden getödtet hatten. Schon Peredur wird in ritterlicher Zucht unterwiesen und vor allzu vielem Fragen gewarnt, und so sieht er eines Abends auf einem Schloß, wo er gastlich aufgenommen worden, das blutige Haupt eines Mannes auf einer Schüssel und eine bluttriefende Lanze unter dem Wehklagen der Umstehenden vor einem lahmen König vorübertragen ohne sich darum zu kümmern. Der lahme König symbolisirt das Vaterland, das blutende Haupt und die Lanze die Noth des Volks; jener wäre genesen, diese abgestellt worden, wenn die jugendlichen Helden danach fragen wollten. Ein englischer Parcival hat diesen Stoff ohne Bezug auf den Gral behandelt, und so hat wol Chretien von Troies denselben eingefügt. Er hat in seiner Weise die Geschichten erzählt, und Wolfram folgt ihm meistens darin nach, aber soweit bisjetzt die Acten offen liegen, dürfen wir sagen: die Idee ist sein, durch die er den Stoff beseelt, die Kunst ist sein, mit welcher er im Parcival einen Mittelpunkt gewonnen um von da aus in die Vergangenheit und Zukunft, in das Ganze der Sage zu schauen und aus der Masse das zur dichterischen Gestaltung Geeignetste, für den Ausdruck des Gedankens Bedeutendste zu erwählen.

Die Gralsage und Wolfram von Eschenbach.

Wolfram beginnt und schließt mit Betrachtungen die uns den Gedanken und den Zweck seiner Dichtung erklären. Unser Leben bewegt sich zwischen Himmel und Hölle, erhebt sich aus Nacht zum Licht; wer zweifelt und zwischen beiden schwankt hat noch Hoffnung des Heils, das die Untreue, der Abfall vom Guten verliert, während die Treue, das Festhalten an Recht und Wahrheit es gewinnt. Der verdient den Preis der die Seele Gott bewahrt und doch in der Welt Freude und Ehre gewinnt. So erfaßt der Dichter die Totalität des Lebens und gibt ein ganz neues und volles Weltbild; der Gralsritter steht nicht blos im Kampf wider das Böse und seine Lockungen in Klingschor und Orgeluse, — irdische Herrlichkeit und Minnelust bei den Tafelrundern, Weltentsagung und einsame Frömmigkeit in Trevrezent und Sigune bilden die beiden Seiten, deren eine gewöhnlich das Dasein eines Menschen füllt, deren Vereinigung aber erst die höchste Beseligung gewährt. Parcival ist glänzender Held und Priester des Grals zugleich, und sein Minnedienst führt zur Liebestreue im Herzensbunde mit der Gattin. So haben wir das Epos vom innern Menschen, wie er aus der Einfalt der Kindheit, der unbewußten Natur läugnend, irrend, zweifelnd, gottvergessend, dann aber umkehrend, büßend, nach dem Höchsten ringend, in edler Gesinnung und in Thaten bewährt, die Versöhnung mit sich selbst und mit Gott, Frieden und Heil erlangt. Das Seelenleben Parcival's nimmt allerdings in der malerisch bunten Fülle von Gestalten und Abenteuern einen verhältnißmäßig kleinen Raum ein, und hier vermissen wir jene geistige Perspective die das Hauptsächliche im Vordergrund hält und ausführt, aber mit großer Kunst schlingt sich doch Parcival's Streben und Thun durch alles auch scheinbar Fremdartige als der rothe Faden des Werks; auch wo Gawan's Thaten geschildert werden, verlieren wir ihn nie ganz aus den Augen und greift er stets in die Handlung wieder ein. Dann sind die Geisteskämpfe Parcival's noch nicht mit der Gedankenbestimmtheit entwickelt wie wir dies jetzt fordern, wie es im Hamlet, Nathan, Faust, Kain durch neuere Dichter geleistet ist, aber das Gemüth wird vor uns entfaltet, Wolfgang ist Meister der Stimmung, und die ahnungsvolle Morgenfrühe der Beleuchtung, die über das Werk ausgegossen ist, entspricht derselben.

Wolfram motivirt Parcival's Charakter durch das Wesen und die Geschichte seiner Aeltern, des rastlos die Erde im Thatendrang durchstürmenden Vaters, der stillsinnigen gefühlsinnigen Mutter. Sie erzieht ihn nach des Vaters Tod in der Waldeinsamkeit, und die Natur beider regt sich in ihm wenn er jagdlustig die Vögel schießt, deren Gesang er gelauscht, und wieder bei ihren Liedern in süßer Wehmuth Thränen vergießt, voll unnennbarer Sehnsucht. Er weint und kann der Mutter nicht sagen warum; sie will die Vöglein tödten lassen, er erbittet ihren Frieden, und die Mutter läßt ihn und sagt: das wäre ja auch gegen Gottes Gebot daß man den Thieren ein Leid thue. Da fragt er nach Gott, und sie sagt er sei lichter als der Tag, an seine Treue solle man sich halten, den finstern Höllenwirth aber, seine Untreue und den Zweifel meiden. Da sieht der Knabe nun drei glänzende Ritter, und hält sie für Gott, und wie er erfahren was sie sind, da hat er keine Ruhe mehr in der Einsamkeit, da muß er hinaus in die vielbewegte Welt. Die Mutter entläßt ihn im Narrengewand aus Kalbsfell und Sackleinwand, und so ist er das Bild der Frühjugend in ihrer lächerlichen Tölpelhaftigkeit neben ihrem reinen idealen Gemüth; und so wird er verlacht und bewundert zugleich, so gelingen und mißrathen die Dinge die er nach den wörtlich befolgten Lehren der Mutter ausführt, der dumpfklare und doch lichtstrahlende, keusch wie die Taube und mild wie Rebentraube, doch im ungestümen Thatendrang unwissend daß sein Scheiden der Mutter das Herz gebrochen hat. Er kommt an Arthur's Hof, er erprobt sich in den Waffen, er wird in der Ritterlichkeit unterwiesen, er befreit die holde Contwiramur von ihren Drängern, gewinnt ihre Liebe und vermählt sich mit ihr. Aber der Wandertrieb wie die Heimatsehnsucht, das Verlangen die Mutter wiederzusehen lassen ihn nicht lange weilen. Da gelangt er eines Abends an einen See und fragt Fischer nach der Herberge. Der eine weist ihn nach der nahen Burg, und da der trauernde Fischer ihn gesendet wird er eingelassen. Dort umfängt ihn ein wunderbarer Glanz im hohen Saal; unter die Ritter treten holde goldstrahlende Jungfrauen mit Leuchtern, mit Geräthen; die schönste setzt einen funkelnden Stein vor dem König nieder, der an schweren Wunden siech auf dem Ruhebette sitzt. Parcival nimmt neben ihm Platz, er sieht wie sich Teller und Becher vor den Rittern mit Trank und Speise füllen, er sieht durch die geöffnete Thür einen schneeweißen Greis auf einem Spannbett gelagert; er sieht wie eine bluttriefende Lanze durch den Saal getragen wird, er hört allgemeines Wehklagen, — aber

Die Gralsage und Wolfram von Eschenbach.

er fragt nicht danach. Hatte man ihm doch früher als Gebot der Klugheit und höfischen Sitte gesagt daß er nicht zu viel fragen solle. Er wird zu Bette geleitet, und als er erwacht, findet er am andern Morgen die Burg verödet, und ein Knappe höhnt den Wegreitenden daß er nicht gefragt habe. Er findet dann eine Jungfrau, Sigune, die den Leichnam ihres Geliebten Schionatulander klagend im Arme hält; er bietet ihr seinen Dienst an, und wie sie hört daß er von der nahen Burg komme, sagt sie daß die niemand finde wer nicht dazu berufen werde; sie erkennt ihn als ihren Verwandten Parcival, und hofft daß er den König von seinen Leiden erlöst habe; als er aber nicht gefragt hat, will sie weiter nichts von ihm hören. Das Heil ist göttliche Gnade, es kann nicht ertrotzt, erjagt werden, aber der Mensch muß danach fragen, wenn es sich ihm bietet, er muß es nicht an sich vorübergehen lassen. Nach Art der Weltkinder hat Parcival die Wunder Gottes gesehen ohne Gottes Walten und Wesen darin zu erkennen; die Klugheitsregel der Welt hat er im Sinne gehabt und ist dadurch zu einem Thoren vor Gott geworden; das Herrliche wie das Leidvolle hat er vorübergehen lassen ohne in Mitgefühl und Wahrheitsdurst danach zu fragen.

Parcival reitet schweigend nachdenklich von dannen und versinkt in träumerisches Sinnen über drei Blutstropfen im Schnee; sie erinnern ihn plötzlich an zwei Thränen in den Augen und eine am Kinn seiner geliebten Frau, die sie vergoß als er von ihr schied; an derselben Stelle findet er sie später mit Zwillingsknaben an der Brust; so ist das Bild in Traumes Weise Erinnerung und Vorbedeutung. Die Blutstropfen begegnen uns in der keltischen Sage wie im deutschen Märchen. Die Arthusritter, die Parcival suchten und fanden, konnten ihn nicht eher zu sich selbst bringen bis sie jene bedeckten. Er zog mit ihnen, er soll ein Genoß der Tafelrunde werden, da kommt die wilde Botin des Grals und spricht den Fluch über ihn aus, weil er dem wahren und höchsten Heil nicht nachgefragt. Er hielt sich für gerecht und meint daß er den Fluch nicht verdient habe; er ruft: „Weh', was ist Gott? Ich hab' ihm doch gedient mein Leben lang, wenn er mächtig und gütig ist, warum wird mir Hohn zum Lohne? Ich will ihm künftig Dienst versagen, hat er Haß den will ich tragen." Als Gawan ihm Glück von Gott zur weitern Fahrt wünscht, versetzt er: Ein Weib beschütze dich im Streit! Aber er bereut seine Schuld, daß er den König Amfortas

durch die unterlassene Frage in seinen Schmerzen ließ, und das
wieder gut zu machen, den Gral zu suchen treibt ihn nun des
Herzens Drang. Vier Jahre lang irrt er umher, zweifelnd, ver-
zweifelnd, aber aufrecht gehalten durch die treue Liebe zur Gattin,
durch die Sehnsucht nach dem Gral. Nun treten Gawan's Abenteuer in den Vordergrund, aber immer und immer wieder taucht
doch Parcival in ihnen auf, ja auch Gawan wird dadurch bestimmt nach dem Gral zu suchen. Und wie Parcival, der lange
nicht an Gott gedacht, einen grauen Ritter mit Frau und Töchtern barfuß im frischen Schnee wandern sieht, und sie ihn fragen
wie er am Charfreitag Waffen tragen möge, da wird auch ihm
die ewige Liebe in Christi Opfertod offenbar, und er beginnt wieder auf Gottes Gnade zu hoffen; er legt dem Roß die Zügel auf
den Hals, ob es ihn nach der Einsiedlerklause tragen werde, wo
er Rath finden sollte. Und dort trifft er seinen Oheim Trevrezent, der ihn über den Gral aufklärt, dem er seine Sünden bekennt, aber mit Hochmuth vorrechnet daß er nicht nach Verdienst
Hülfe gefunden habe; er meint Gott müsse seinem ritterlichen
Streben Folge geben. Der Einsiedler weist ihn aber auf Gottes
Allwissenheit und Güte, er zeigt ihm wie Jugend und Selbstvertrauen ihn zum Uebermuth verlockt, wie er nach dem Heile nicht
gefragt. Der andere Oheim, der Gralkönig Amfortas, hatte sich
in sündlich sinnliche Liebe verstrickt und war dabei durch eine ver-
giftete sarazenische Lanze verwundet worden; der Anblick des Grals
hielt ihn am Leben, aber Erlösung von seinen Schmerzen sollte
ihm erst werden, wenn Parcival, der zu seinem Nachfolger berufen, ohne Aufforderung den Wundern nachfrage die er auf der
Gralburg sehen werde. Nun bekennt Parcival von neuem seine
unablässige Liebe zur Gattin und zum Gral, nun läutert er sich
in Demuth innerlich, und ist gefeit gegen die Reize der Lust in
den Lockungen Orgelusens, die seinen Oheim Amfortas überwältigt hatten, wie gegen Klingschor's schwarze Magie, die sich mit
ihr verbündet zum Verderben der christlichen Ritterwelt, und selbst
die Gemahlin Arthur's in das Zauberschloß im Osten entführt
hatte. Es gelingt Gawan diesen Höllenzauber zu brechen, ja
Orgeluse und den stolzen Gramoflanz aus den dämonischen Banden wilder Leidenschaft zu reißen, aber Parcival siegt dennoch über
ihn als sie unbekannt miteinander kämpfen. Die Tafelrunde nimmt
ihn auf, aber er strebt nach dem höhern Heil. Sein eigener
Bruder, den der Vater im Morgenlande mit einer Mohrin er-

zeugt, Feirefiß, kommt herangezogen um von der verführerischen Sekundille bethört dem Lichtreich den Todesstoß zu geben; Parcival streitet mit ihm, überwindet ihn, aber Gottes Güte läßt das siegreiche Schwert auf dem Helm des Heiden zersplittern, damit der Bruder den Bruder nicht erschlage, sondern bekehre. Und jetzt ist Parcival würdig des Glückes, das er in der Gedankenlosigkeit der Jugend verfehlt, an dem er verzweifelt, bis er in der Ueberwindung des Zweifels durch Seelenreinigung, durch Liebestreue, durch edle Mannesthaten es verdient; jetzt wird er durch die Botin des Grals zu diesem hinberufen, jetzt fragt er nach dem was er schaut, erlöst den Oheim, wird König des Grals. Feirefiß läßt sich taufen und zieht mit der Trägerin des Grals, der er sich vermählt, zurück in den Orient, wo ihr Sohn, der Priester Johannes, in Indien das Reich Gottes ausbreitet. Parcival hat seine Gemahlin mit den Kindern gleichfalls gefunden, und freut sich der Krone des Lebens, die ihm geworden.

Wolfram eröffnet noch einen Blick in die Zukunft. Parcival's Sohn Lohengrin soll ihm im Hüterthume des Grals folgen. Er wird eines Tags zum Kämpfer für die unschuldig bedrängte Fürstin von Brabant entsendet; sie gewinnt dann seine Liebe, aber niemand soll sie nach ihrem Namen fragen die auf dem Schiff vom Schwan gezogen erscheinen, sonst holt der Schwan sie wieder ab, wie es auch hier geschieht. Die Verwandlung von Rittern in Schwäne oder Raben ist eine Bezeichnung des Todes, die Rückwandlung eine Neubelebung, die Schwanensage ein Bild des Sterbens und Wiedererwachens in der Natur. Die verbotene Frage aber knüpft sich als bedeutsamer Gegensatz an die unterlassene Parcival's; jene findet sich oft wo ein höheres Wesen sich dem niedern in Liebe gesellt, wie Eros der Psyche; sie warnt vor unzeitiger Neugier, der Schleier von dem Bild zu Sais soll nicht gehoben werden, uns soll an der Nähe des Göttlichen, am Gefühl seiner Gegenwart, seines Waltens genügen, bis es sich uns ganz enthüllt, von Angesicht zu Angesicht erkennbar.

Wolfram's Parcival ist nächst Dante's Göttlicher Komödie das tiefsinnigste und umfassendste Werk eines mittelalterlichen Dichters. Wirnt von Gravenberg sagt daß Laienmund nie besser sprach, und wir bewundern die Weisheit mit welcher er das geistige Christenthum und die Seelengeschichte des Helden hineingestellt in das mannichfaltige Weben und Treiben des weltlichen Ritterthums, und so seine Phantasie zu einem treuen Spiegel des

Jahrhunderts gemacht, dessen verklärte Gestalt sie wiederstrahlt. Wolfram liebt seltsame Gleichnisse, die das Entlegene verknüpfen, räthselhafte Bilder, ja barocke Wendungen, in welchen aber nicht sowol seine Geschmacklosigkeit anzuklagen, als ein Aufdämmern des Humors zu erkennen ist. Der Parcival ward am Anfang des 13. Jahrhunderts gedichtet, und zwar auf der Wartburg am Hof Hermann's von Thüringen, den damals die fahrenden Ritter und Sänger umdrängten, wo auch Walther von der Vogelweide Aufnahme gefunden; es war das mittelalterliche Vorspiel des weimarer Dichterkreises, der sich 600 Jahre später um Karl August scharte. Dort verfaßte Wolfram auch seinen Wilhelm Orange nach französischen Quellen, indem er auch diesmal aus der ganzen Sagenmenge, die sich an einen Fürsten der Karolingerzeit geknüpft, den Sarazenenkampf zum Mittelpunkt nahm; der Held ging später in ein Kloster; mit seiner Legende waren die Thaten gleichnamiger Normannen zusammengeflossen. Auch hier hat Wolfram in den Ulrichen von Turlin und von Türcheim Fortsetzer gefunden, denen es mehr auf die ganze Stoffesmenge als auf die Kunstform für das Bedeutende ankam. Dann aber haben wir von Wolfram neben einem Kranz von Minneliedern eine Reihe von Strophen welche die erwachende Jugendliebe von Sigune und Schionatulander darstellen; im Parcival war sie uns mehrmals als bräutliche Witwe begegnet, die dem Geliebten betrauernd der Welt entsagte. Wenn Wolfram im Parcival dem Laufe der Erzählung folgt, aber sie stets mit seinen Betrachtungen begleitet oder unterbricht, und seine Subjectivität in das Epos eindrängt, so schwebt er hier wie ein Lyriker frei über dem Stoff um die reine Blüte des Dichterischen vom Gegenstande zu pflücken, den Glanz der Poesie auf die ihm zusagenden Stellen der Wirklichkeit auszugießen, zugleich aber hinter dem Werk zu verschwinden, die Personen in plastischer Anschaulichkeit sich entfalten und ihr Fühlen und Denken aussprechen zu lassen. Statt der kurzen Reimpaare hat der Inhalt selber sich eine klangvolle Strophe angebildet, und in ihrem dunkelnden Reiz ist das kleine Werk ein Edelstein mittelalterlicher, ein Kleinod aller Literatur. Der alte Titurel, den wir in der Gralsburg auf seinem Spannbette ruhen sahen, wie klar und prächtig steht er hier vor uns da, wenn er im Rückblick auf die Waffenthaten und Minnefreude seiner frühern Jahre nun die Krone des Grals seinem Sohn Frimutel übergibt, und dabei dessen fünf Kinder und ihre Geschicke erwähnt! Eine der

Töchter ist die Mutter Sigunens, und wie deren Busen sich rundete, das blonde Haar sich bräunte, da traf sie mit Schionatulander zusammen. Nun folgt die Betrachtung über der Liebe Macht, deren Art und Wesen alle Schreiber nicht ausschreiben; sie bezwingt den Ritter unter dem Helme, den Mönch in der Kutte; sie hat ihr Haus auf Erden und leitet zum Himmel, sie ist allwärts außer in der Hölle. Wen der Sehnsucht Pein je herzliche Liebe ergründen ließ der lauscht nun gerne wie die holden Gespielen einander ihr Herz entdecken.

Minne ist das ein Er? Kannst du Minne beschreiben?
Ist das eine Sie? Und kommt mir Minne, wo soll ich mit ihr bleiben?
Soll ich sie verwahren bei den Docken? (Puppen)
Fliegt sie uns auf die Hand, oder ist sie wild? Ich kann ihr wohl locken.

Er erwidert wie er von Männern und Frauen sagen höre daß Minne den Bogen auf Alt und Jung spanne; er habe sie seither nur aus Mären gekannt, nun erfahre er daß sie in Gedanken wohne, daß sie Freude in Schmerz, und Schmerz in Freude kehre. Doch Sigune will erst unter Schildesdach verdient sein, und Schionatulander zieht mit Parcival's Vater Gamuret ins Morgenland; aber wie Bienen stets aus Blumen Süße sogen, so hat die Minne seinem Herzen alle Freud' entzogen. Doch Gamuret freut sich daß sein Knappe sich so edler Schönheit zugewandt, und hofft daß in Sigunens Glanz seine Farbe bald wieder aufblühe. Aber auch daheim im Herzen von Sigunens mütterlicher Freundin wächst der Dorn des Kummers daß sie das holde Kind wie eine thauige Rose in Thränen sah. Wie zart ist nun Sorgfalt in der Fragenden, Unschuld in der Geständigen, überströmende Empfindung und feine Sitte, Wehmuth über die entschwundene Kindheit und jauchzendes Erbangen über ein neues höheres Gefühlsleben verwoben! Wir werden an Goethe's Gretchen erinnert, wenn Sigune sagt:

Nach dem lieben Freunde ist all mein Schauen
Aus den Fenstern auf die Straße über Haid' und nach den lichten Turm
Vergebens, ich erspäh' ihn allzu selten.
Drum müssen meine Augen des Freundes Minne weinend theur entgelten.

So geh' ich von dem Fenster hinauf an die Zinnen
Und schaue ostwärts westwärts ob ich sein nicht Kunde mag gewinnen,
Der mein Herz schon lange hat bezwungen;
Man mag mich zu den alten Liebenden zählen, nicht zu den jungen.

Wenn ich dann auf wilder Flut im Nachen gleite,
So spähen meine Blicke wol über dreißig Meilen in die Weite,
Ob ich solche Kunde möge finden,
Die des Leids um meinen jungen klaren Freund mich könn' entbinden.

Dann erzählt ein Bruchstück wie Schionatulander im Wald einen Bracken fängt, an dessen Halsband und Seil eine Schrift enthalten war; da Sigune sie lesen wollte, entsprang der Jagdhund, und sie knüpft nun den Besitz ihrer Hand daran daß sie das Seil wieder erhalte.

Diese beiden Fragmente nun hat in der zweiten Hälfte des Jahrhunderts Albrecht von Scharffenberg seinem Titurel einverleibt, in welchem er von diesem an die ganze Geschichte des Grals erzählt. Es ist das langweilige manierirte und gezierte Werk eines Nachahmers, des ultramontanen Geistlichen statt des evangelischen Ritters, des Buchgelehrten statt des welterfahrenen Denkers. Während Wolfram das allgemeine Priesterthum, die innerliche Heiligung feiert, wird hier Werkheiligkeit, geistliches Amt, päpstliche Gewalt und Oberhoheit gepriesen, und die Vermittelung der Priester, der Mariencultus, der Rosenkranz für die Erlösung gefordert. Als Schionatulander von Sigune auszieht, da will er sich durch den Anblick ihrer Schönheit feien, und lächelnd ihren blanken Leib erblicken, auf blühendem Reise die reinen Aepfel; und sie löst den Gürtel und läßt den Mantel niedersinken; er küßt und umhalst sie; — wär' ihm mehr geworden, sein Herz wäre in reicher Flut geschwommen. Nachdem der Inhalt des Porcival eingeschoben ist, wird der Gral nach Indien zum Priesterkönig Johannes gebracht, und hier wird das Papstthum in seinem weltlichen Prunk symbolisch verherrlicht; die Macht und Pracht der siegenden Kirche zu preisen, diese Tendenz ersetzt die Absicht Wolfram's den innern Bildungsgang eines christlich ritterlichen Menschen zu schildern.

Auch Wolfram's Hinweisung auf Loheugrin hat gegen Ende des Jahrhunderts eine Ausführung erhalten, die dem Sängerkrieg auf der Wartburg als ein Weltgedicht eingeschoben ist und mit der flandrischen Schwanensage ein Stück deutscher Kaisergeschichte und eine Sarazenenschlacht verflicht. Ich erwähne diese Werke weil sie uns wieder einen Beleg über den Gang des Epos geben: zuerst mannichfaltige Sagen, dann ein großer Dichter welcher das ihm Zusagende, ideal Bedeutende herausgreift und künstlerisch gestaltet, dann Epigonen die wie die griechischen Kykliker das nur

Angedeutete ausspinnen und alles ab ovo der Reihe nach weitläufig berichten; im Verfall der Poesie überwiegt die gelehrte Vollständigkeit zur Unterhaltung stoffhungriger Leser.

Tristan und Isolde.

Die Sage von Tristan entspricht ursprünglich bei den Kelten der von Siegfried bei den Germanen. Hier wie dort weist der Drachensieg welcher die Jungfrau befreit auf den himmlischen Gewitterkampf der arischen Urzeit; hier wie dort folgt der ersten Liebe eine zweite verhängnißvoll todbringende, und wenn auch Isolde selbst nicht dem Morgenroth verglichen würde, wir möchten doch der Sonne gedenken welche die Morgenröthe verläßt um später der neuen Geliebten, der Abendröthe, in die Arme, und damit selber im Westen ins Todtenreich hinabzusinken; hier wie dort wird ein Zaubertrank das Symbol der Herzensgewalt welche den Helden überwältigt. Aber bedeutsam genug ist die verschiedene Art der Fortbildung. In Deutschland hat sich der Mythus mit der Weltgeschichte, Siegfried's persönliches Geschick mit der Völkerwanderung und ihren Kämpfen verflochten und das Nibelungenlied ist als großes Volksepos zu ihrem Spiegel geworden; bei den Kelten hat sich die Tristansage zum ersten socialen Roman entwickelt, das Herz im Conflict mit der äußern Ordnung, die Liebe im Streit mit der Pflicht hat hier eine Darstellung gefunden, die in ihrer Vollendung durch Gottfried von Strasburg auf ähnliche Weise die Gefühlswelt der mittelalterlichen Gesellschaft veranschaulicht wie uns das beste Ideenleben jener Tage in Wolfram von Eschenbach's Parcival offenbar geworden; sachgemäß ist die hellere Gefälligkeit der Form, der blühende Reiz der Sprache an die Stelle des Helldunkels, des tiefsinnig Schweren und oft Verwunderlichen im Ausdruck getreten.

Welsche Traben nennen Tristan unter den drei feurig Liebenden; seit dem 12. Jahrhundert lebt er und Isolde im Munde der Troubadours: er ist Held und Sänger wie sie, ein Muster der Ritterlichkeit, und sein Geschick ward zum Bilde für der Liebe Leid und Lust, für Ebbe und Flut des Menschenherzens und

Menschenlebens, für süßeste Wonne und bitterstes Weh in Minneglück, Eifersucht, Trennung und Tod. Auch hier geschah die erste Zusammenfassung der Geschichte in lateinischer Sprache; darauf folgten französische Gedichte, die das Wohlgefallen am überlieferten Stoff bald mit einer Umschmelzung in die neuern Sitten und mit frei erfundenen Erweiterungen verbanden. Deutsche und Engländer, Italiener und Spanier, Slawen und Standinavier folgten nach und machten die Dichtung zu einem Gemeingut Europas. In der französischen Darstellung, welcher Eilhart von Oberg und nach diesem das deutsche Volksbuch gefolgt ist, erscheint vieles noch ungefüg, roh und unverfeinert durch die höfische Bildung. Thomas von Bretagne, auf den sich auch die von Walter Scott herausgegebene angelsächsische Bearbeitung beruft, wird dagegen von Gottfried als die rechte Quelle gepriesen; Bruchstücke von ihm sind erhalten; der Angelsachse folgte ihm in volksmäßigen Strophen die Handlung raschen Gangs vorüberführend, während Gottfried in kurzen Reimpaaren ausführlich erzählt und die Empfindungen des Gemüths reich und glänzend entfaltet. Durch psychologische Motivirung, durch lebensvolle Seelenmalerei hat er eins der vorzüglichsten Kunstwerke des Mittelalters geschaffen, obwol auch er es noch nicht unternahm den überlieferten Stoff in freier Composition nach der Idee zu gestalten. Sein Gedicht blieb Bruchstück, und die Fortsetzer erreichten ihn nicht, weder der nüchterne trockene Ulrich von Türheim, noch der geschmeidigere Heinrich von Friberg (Freiberg oder Frierberg?). In Frankreich faßte am Ende des Mittelalters ein Roman nicht blos die mancherlei Begebenheiten aus verschiedenen Quellen zusammen, sondern verflocht auch Tristan in die Arthursage, indem er ihn mehrmals mit seinem Ebenbilde Lanzelot zusammenführte und zum Genoß der Tafelrunde machte, ja er ließ ihn auch mit Parcival in Berührung kommen und das Streben nach dem Gral sollte seine sinnliche Liebesglut läutern. So bewegen wir uns auch hier auf einer an- und absteigenden Bahn: die Stofferfindung ist bei den Kelten, die erste poetische Formgebung bei den Romanen, die Vertiefung und rechte dichterische Belebung bei den Deutschen; darauf folgt das prosaische Sammelwerk mit wiederum blos stofflichem Interesse. Wir halten uns an die Blüte, an Gottfried's Gedicht aus dem Anfange des 13. Jahrhunderts.

Wie in der Liebe der Gegensatz von Mann und Weib vorhanden und zugleich gelöst erscheint, wie sie sinnlich und ideal zugleich schon bei Platon der Armuth und des Reichthums Kind, ein Sehnen und Bangen und zugleich ein Haben und Genießen ist, so sagt Gottfried: „Wer nie von Liebesleid gewußt wußt' auch von Liebesfreude nie", und sagen will er sich selber zu Trauer und Trost und denen „die zusammenhegen in Einer Brust das süße Leid, die bittere Lust, das Herzensglück, die bange Noth, das selige Leben, leiden Tod, seligen Tod, das leide Leben". Sein Tristan, das glänzend heitere Bild des weltfreudigen allgewandten Ritters mit Schwert und Harfe, ist doch durch die Geburt und den Namen der Trauer geweiht, ein Schmerzenreich. Die Mutter stirbt bei seiner Geburt, und sie hat ihn empfangen als sie im Arm ihres todtwunden Geliebten geruht. Tristan trägt stetes Leid bei währender Glückseligkeit: die Liebeswonne die ihm wird ist gegen das Gesetz, und so ist er unablässig in Gemüthskämpfe verstrickt: es ist die Gattin des Oheims die er minnt, und es ist das Bild der Geliebten das ihm vor der Seele steht, wenn er einer andern Isolde die Hand reicht. So streitet auch zuerst in Isolde's Brust die Verwandtenpflicht, welche Blutrache für den erschlagenen Oheim heischt, mit der Dankbarkeit für ihren Retter Tristan. Und als beide den Zauberbecher geleert, da erzittert Isolde's Gemüth zwischen jungfräulicher Scham und überwältigendem Herzensdrang wie der Vogel an der Leimruthe hin- und herflattert und nicht entrinnen kann, während in Tristan das Gefühl der Liebe mit dem Gefühl der Ehre, der Treue für den König und Oheim kämpft, dem er die Braut bringen soll die er selber liebt.

> Lieb' ist so reich an Seligkeit,
> So selig macht ihr Glück, ihr Leid,
> Daß ohne ihre Lehre
> Niemand Tugend hat und Ehre.

Dieser Spruch Gottfried's setzt den Enthusiasmus der Leidenschaft an die Stelle sittlicher Grundsätze; die Allgewalt eines Gefühls, das begeisternd den Menschen über alles Gemeine zum Höchsten erhebt, läßt ihn aber auch in trunkener Selbstvergessenheit sich über alles hinwegsetzen, andere Rechte und Gesetze verletzen, und so sehen wir in unserm Gedichte wie das Leben Tristan's, einst so reich an edelm Ruhm im Heldenkampf fürs Vaterland, nun aufgeht in den kleinen Fährlichkeiten und Listen, durch die er die verbotene Lust gewinnt, indem er den Oheim mit verwerflichem Truge hintergeht, und sich später in eine Sophistik der Sinnlichkeit verstrickt, aber doch wieder die Gattin, der er sich vermählt, lieblos täuscht. Man kann sagen daß die Ehe, gegen welche die Liebe kämpft und als das Höhere gefeiert wird, nur eine Scheinehe, nur äußerlich geschlossen war, aber man wird zugeben müssen daß uns hier der Grundschaden des mittelalterlichen Minnedienstes klar wird, welcher die Liebe nicht zum Ausgangspunkt und zur Seele der Ehe machte, sondern sie neben dieselbe stellte. Es ist die Tragik der sich über alles hinaussetzenden Leidenschaft, daß sie Glück und Leid nothwendig verbindet, daß ihr Feuer den Menschen verzehrt, auch wenn es ihn verklärt; so hat Goethe seine Wahlverwandtschaften gedichtet, an die wir hier erinnert werden. Aber Goethe läßt Ottilien sich entsagend läutern und die Schuld sühnen, während Gottfried in einem Zwielichte zwischen natürlichem Recht und sittlichem Unrecht als ein Sohn seines Jahrhunderts befangen bleibt. Die Wächter ehelicher Zucht sind ihm bösartige Aufpasser und Angeber; Liebestreue in ehelicher Untreue dünkt ihm schön, wie uns das im 18. Jahrhundert in den pariser Salons wieder begegnet. Nach Gottfried sollte Marke die Gattin und den Neffen leben und lieben lassen wie ihnen gefiel; er tadelt es mit Recht daß Marke den sinnlichen Liebesgenuß bei Isolde begehrte, deren Herz nicht sein war, er tadelt ihn daß er mit sehenden Augen nicht sehen wollte, aber er entschuldigt Isolden damit daß der Gemahl durch allzu strenge Hut sie zur Uebertretung gereizt habe, denn nur wo das Weib dem Manne auch das Herz in freier Liebe schenkt, da honigt die Tanne, balsamt der Schierling und trägt die Nessel Rosen. Bloße Sinnenlust ist für Gottfried verächtlich, wahre Minne ist zugleich Seelenliebe und Treue; sie ist eine unwiderstehliche Schicksalsmacht; sie adelt den Menschen den sie ergreift, sie bringt ihn wieder ins Paradies; — aber daß die ihr Geweihten dennoch schuldig werden, sofern sie statt ihr zu leben und wenn es sein muß für sie das Leben zu opfern, andere Ehebündnisse eingehen, das hat er nicht betont, und so nöthigt er uns das Unsittliche des ganzen Verhältnisses zu vergessen, wenn wir unsere Freude an den Einzelscenen haben sollen, die er so hinreißend schildert.

  In der ältern Fassung der Sage lebt Tristan's Vater als Erzieher des Sohns. Als dieser an Marke's Hof gekommen und im siegreichen Kampf mit Morolt von dessen vergiftetem Schwert verwundet worden, übergibt er sich auf einem Kahn den Winden und Wogen. Sie tragen ihn nach Irland, und der König des

Landes findet ihn am Strand und fordert von seiner Gattin aus
Mitleid ein Heilmittel; Tristan genest ohne daß er und Isolde
einander gesehen. Als er heimgekehrt lassen zwei Schwalben vor
Marke's Füßen ein blondes langes Frauenhaar niederfallen, und
dieser beschließt die Frau zu heirathen die es getragen; Tristan
wird ausgesandt sie zu suchen. Nach langer Fahrt mit vergeb-
lichem Forschen wird er vom Sturme nach Irland verschlagen;
er tödtet dort einen Drachen, kommt dadurch an den Hof und
findet in Isolde die Trägerin jenes Haars, die er dem Oheim
freit. Hier geschieht kaum etwas durch Denken und Wollen der
Menschen; eine mysteriöse Naturmacht leitet die Begebenheiten in
märchenhaftem Spiel des Zufalls. Da haben wir die altkeltische
Grundlage, in welche sofort der fränkisch-normännische Geist die
menschliche Individualität und ihr selbstbewußtes Wollen einführt
um daraus die Ereignisse herzuleiten. Daher Tristan's ver-
hängnißvolle Erzeugung und Geburt. Er wird zu jeder ritterlichen Trefflichkeit erzogen; sein Kampf mit Morolt wird lebendig
geschildert, und er hört von dem Sterbenden daß er des Siegs
nicht froh sein werde, weil niemand die Wunde heilen könne die
er empfangen, denn nur Isolde, die das Schwert mit Gift ge-
salbt, kenne das Gegengift. Darauf läßt sich Tristan als Harfner verkleidet an Irlands Küste aussetzen, und sein Harfenspiel
bewegt Isolde daß sie den kranken Sänger heilt. Er, der Dienstmann, wagt nicht den Blick zur Königstochter zu erheben, räth
aber dem Oheim und König sie zu freien. In Irland wird
mittlerweile dem ihre Hand verheißen der den landverwüstenden
Drachen tödte. Tristan thut es, und wie er aus der Betäubung
vom Gifthauch des Ungethüms erwacht, da steht Isolde mit gezücktem Schwert vor ihm, denn sie hat in eine Scharte desselben
den Splitter aus Morolt's, ihres Oheims, Haupte hineingepaßt,
sie hat in dem Helden den Sänger wiedererkannt. Doch sie senkt
die Waffe und folgt ihrem Retter, als Braut eines andern. So
hat Tristan sie verdient, und beider Jugend und Schönheit bereitet
den Zaubertrank der Liebe, den ihnen die gemeinsame Meerfahrt
credenzt. Gottfried hat ihn als Symbol beibehalten, aber das
Erwachen der Leidenschaft und die Bewältigung der gegen sie an-
kämpfenden Herzen psychologisch dargelegt. Gern würden wir es
missen daß auch bei Gottfried Isoldens Freundin Brangäne in der
Brautnacht deren Stelle bei König Marke vertritt, und dann den
Mördern überliefert wird, damit sie die Täuschung nicht verrathe;

obwol sie gerettet wird und Gottfried alles glatt und mild behandelt, erscheint Isolde hier niederträchtig und furchtbar, gegen die sonstige Zeichnung ihres Charakters im Sinne der Ritterzeit. Statt der Verdammung zum Tode und der Rettung der Liebenden bringt Gottfried ein Gottesurtheil. Isolde weiß es zu veranstalten daß Tristan als Pilger verkleidet sie aus dem Schiffe hebt und am Strande mit ihr niederfällt, und nun schwört sie kühnlich daß sie in keines Mannes Arm gelegen außer in dem ihres Gatten und des fremden Pilgers, der eben mit ihr gestrauchelt; sie trägt unversehrt das glühende Eisen.

> Da ward wol offen erkläret
> Und aller Welt bewähret
> Daß der viel tugendhafte Christ
> Umwendbar wie ein Aermel ist;
> Er fügt sich bei und schmiegt sich an,
> So man mit ihm es fügen kann;
> Er ist allen Herzen gleich bereit
> Zum Trug wie zur Wahrhaftigkeit;
> Ist es Ernst oder ist es Spiel,
> Er ist je so man ihn will.

Die Schilderung der Fährlichkeiten welche nun Tristan und Isolde um ihrer Liebe willen zu bestehen haben, der Listen die sie den Nachstellungen entgegensetzen, beweist wie hier viele Troubadours nach dem Leben und erfinderisch vorgearbeitet, und die Darstellung ist manchmal Boccaccio's würdig, während kaum ein Zaubergarten Ariost's sich der Minnegrotte vergleicht, die endlich bei Gottfried in sommerlicher Waldeinsamkeit die Liebenden aufnimmt. Sie waren Eins und Eines, bedurften weiter Keines, sie waren einander die ganze Welt; sie waren wo sie sollten und hatten was sie wollten. Die wonnige Grotte, sagt Gottfried, ist von runder Wölbung wie die Einfalt der Minne, die keinen Winkel für Trug und Falschheit hat; sie ist weit wie der Minne Kraft, der nichts Ziel und Ende schafft, sie ist hoch wie der hohe Muth; der grüne Marmorboden bezeichnet die Beständigkeit, das Lager ist aus Krystall geschnitten, denn rein, durchsichtig, lauter soll die Liebe sein. Ihr allein öffnet sich die eherne Thüre; Weisheit und Keuschheit sind deren Riegel. Die Klinke an der Spille außen ist von Zinn, die Klinke innen von Gold; das Zinn ist das Streben und Wollen, das Gold Glück und Gelingen. Die Fenster sind Güte, Demuth und Zucht. Die Grotte liegt wie ein seliges

Eiland in der Wildniß der Welt; „sie ist mir wohlbekannt schon seit meinem elften Jahr, obwol ich nie in Cornwall war", sagt der Dichter, und erzählt nun wie die Liebenden im Morgenthaue baden, an der Quelle dem Lied der Vögel lauschen, unter dem Schatten der Linde ruhen, die Harfe schlagen, von Glück und Leid der Liebe singen und sagen, und in der Grotte am herzensreinen Spiel der Minne sich erfreuen. Dort kommt Marke hin; sie sind entschlummert und haben ein Schwert zwischen sich gelegt. Er sieht Isolden glühen, weiß nicht nach welchen Mühen; ihre Wange, ihre Lippe leuchtet der Rose gleich, ein Sonnenstrahl fankelt darüber hin, Licht an Licht entzündend. Marke schwankt hin und her, ob er sie schuldig finde; er läßt die Liebenden wieder an den Hof, wird aber bald anzweidentig seines Loses inne und verbannt nun den Neffen.

Tristan kommt an den Hof des Herzogs von Arundel, und wird der Genosse von dessen Sohne Kaedbin. Die Reize, der Name von dessen schöner Schwester Isolde Weißhand fesseln ihn bald; sie glaubt daß er ihr seine Gefühle zusänge, wenn der Refrain seine Lieder durchklingt: Isolde hold, Isolde mein, mein Tod und Leben bist du allein! Ihre Neigung wird immer ernster und entschiedener; die gegenwärtige Lust, die sie bietet, und Mitleid mit ihr kämpft nun in Tristan's Brust mit der Treue für die Entfernte, die nun vielleicht in Marke's Arme ruht.

Hier brach Gottfried ab, wol vom Tod in der Jugend dahingerafft. Wir wissen aus den andern Darstellungen daß Tristan sich mit Isolde Weißhand vermählte, aber sie unberührt ließ als das Bild der blonden Erstgeliebten in der Brautnacht vor ihm aufstieg. Durch eine neue Wunde, die er von Stein- oder Speerwurf empfängt, bricht die alte wieder auf, und nun schwerkrank sendet er nach seiner Isolde, daß sie ihn heile. Ein schwarzes Segel soll das Schiff aufziehen, wenn es ohne sie komme, ein weißes, wenn es sie mitbringe. Tristan stirbt als Isolde Weißhand das Segel schwarz nennt, aber es war weiß, — wir gedenken an Theseus in Griechenland, — und die blonde Isolde haucht ihre Seele im Kuß bei der Leiche des Geliebten aus. Ein Grab umschließt beide, Rebe und Rose sprießen auf und verzweigen sich untrennbar; die Liebenden leben in ihnen fort, wie in slawischen Volksliedern.

Wenn Gottfried den Namen Meister führte, während die Wolfram, Walther, Hartmann mit Herr bezeichnet werden, so

deutet das auf seine bürgerliche Herkunft im Unterschied von
ihrem Adel, und so kündigt leise eine neue Zeit sich an, wenn er,
der Seelenmaler, der nicht mehr bloß den Beifall höfischer Kreise
zur Geschmacksregel hat, über ausführliche Turnierschilderungen
sich mit der Bemerkung hinwegsetzt: von den gebrochenen Speeren
möchten die Knappen berichten die sie aufgelesen, — wenn er
statt die Schwertleite Tristan's zu beschreiben, vielmehr dazu die
zeitgenössischen Dichter beruft und sie mit Liebe charakterisirt.. Er
nennt unter ihnen auch Blicker von Steinach, dessen Worte wie
Adler schweben und gleich Harfenklang die Gedanken begleiten;
sein Umhang schildert die Bilder die von Frauenhand nach Sitte
der Zeit auf die Teppiche gestickt waren. Neben ihm, Hartmann
von der Aue, Heinrich von Veldek ist aber mit deutlicher Anspielung auf Wolfram von Eschenbach die Rede von andern die in
Mären wildern und wilde Mären bildern, den Sinn verwirren,
statt Perlen Staub aus ihrer Büchse schütteln, statt grünen lau-
bigen Zweiges dürren Strunk bieten, und der Glossen und Noten
der Ausleger bedürfen statt dichterischen Genuß zu gewähren.
Wir finden hier den Gegensatz des Tiefsinns und der Anmuth
wie bei Dante und Ariost; Wolfram ruft wie Klopstock den
Geist in Waffen, während Gottfried wie Wieland mit gefälliger
Glätte den Sinnen sich einschmeichelt; wo jener das Entlegene
kühn verknüpft, da wiegt dieser auf dem wohllautenden Wellenschlag seiner Verse sich behaglich heiter dahin und ist an innerm
und äußerm Reize der Darstellung allen Zeitgenossen überlegen,
ein Kind der Welt das mit ihrem Strome schwimmt, während
Wolfram ihr ein höheres Ideal vorhält und uns durch die Größe
seiner Lebensauffassung imponirt. Erst Schiller und Goethe haben
den Gegensatz mit sittlichem Edelsinne versöhnt und dadurch zu
gleich das Höchste in der Kunst erreicht.

Das deutsche Volksepos.

In Frankreich unterscheiden sich die Troubadours standesmäßig scharf von den Jongleurs, die bald im Dienste jener standen und deren Lieder vortrugen, bald auf eigene Hand in Stadt

und Laub, auf Burgen und Jahrmärkten das Volk fingend und springend ergötzen; die Bitterkeit mit welcher sie häufig von den ritterlich vornehmen Genossen als Verderber der Mären und des Geschmacks angegriffen werden, verräth einen geheimen Neid auf ihre Erfolge. In Deutschland war die Grenze zwischen den höfischen und volksthümlichen Dichtern eine fließende; die Minnesänger erwähnen der Fahrenden ohne Groll, die besten ritterlichen Dichter gehörten dem niedern Adel an und waren besitzlos, sodaß auch sie hin und her zogen und an Höfen und Burgen auf die Milde der Großen rechneten. Die Poesie war bei uns niemals zünftig, sie ward nie für ein Standesvorrecht, sondern stets für eine Gottesgabe gehalten, und geistliche oder ritterliche Sänger wetteiferten mit den Männern des Volks um die altbeliebten Sagen in frischen Tönen unter der Linde wie in der Schloßhalle vorzutragen. So erlangen denn in der zweiten Hälfte des 12. Jahrhunderts durch die Fahrenden die Lieder von Siegfried und Dietrich von Bern bereits in der Weise daß sie wie Glieder eines großen Ganzen aus dem Gefühl desselben heraus gesungen wurden. Schon in der Edda wird die Sigurdsage nicht aus vereinzelten Liedern erst zusammengefügt, sondern sie besteht als Ganzes im Bewußtsein, die besondern Gedichte sind Zweige eines Stammes und weisen aufeinander hin, wenn sie auch von verschiedenen Dichtern herrühren, und wer in Deutschland Chriemhildens Traum erzählte der hatte auch seine Erfüllung und Chriemhildens Rache im Auge, sowie wer von Hagen's Todeskampf sang es im Rückblick auf die Ermordung Siegfried's that. Denn wie wir gesehen haben war schon längst die Anknüpfung der Göttermythe an die Geschichte der Franken, Burgunder, Hunnen und Gothen erfolgt, die Sagenkreise waren bereits wie Bäche aus verschiedenen Quellen zu einem Strome zusammengerauscht, ganz unwillkürlich hatte wer vom Sturz eines Königs Gundicar durch die Hunnen hörte darin die Strafe Gunther's für Siegfried's Tod erkannt; daß Hagen in den Untergang verflochten, daß Chriemhild zur Blutrache getrieben, erschien selbstverständlich; der große Rahmen einer Verkettung von Glück und Leid, von Schuld und Sühne war gegeben, innerhalb dessen im Lauf der Jahrhunderte die besten poetischen Kräfte der Nation die Charaktere, die Begebenheiten stets fester und zweckentsprechender gestalteten, bis am Ende selbst in den umfassenden Kampfschilderungen nicht blos jeder Held seine Stelle erhielt, sondern auch jeder Hieb saß und die hauptsächlichsten Worte des Heldentrotzes oder des klagenden Schmerzes ausgeprägt waren. Um solchen bestimmten Kern konnte dann der Vortrag der Sänger, der immer eine Art von Improvisation, von Wiedererzeugung war, sich leicht und frei entfalten.

Ich habe der Brautfahrtgedichte erwähnt, in denen die Geschichte der Ottonen sich abspiegelte; solche erhielten nun eine neue Zugkraft durch ihre Hinwendung auf den Orient, auf Griechenland und Palästina, in der Zeit der Kreuzfahrer. Alle Götter- und Heldensage klingt jetzt im König Orendel dahin aus daß er durch seine Meerfahrt ins Gelobte Land kommt und dort das Königthum und ein Weib gewinnt, seiner Vaterstadt Trier aber Christi ungenähten Rock erwirbt. Der Olnit erzählt wie dieser Lombardenfürst mit des Zwergenkönigs Elberich Hülfe eine syrische Prinzessin entführt, und dann durch Drachen getödtet wird, die ihm sein Schwäher ins Land sendet. Wolfdietrich rächt ihn und gewinnt seine Witwe zum Weib, hat aber schon vorher vielerlei Abenteuer im Morgenlande bestanden; wenn diese an Isfendiar's Thaten bei Firdusi erinnern, so beruht das doch wol mehr auf dem was Deutsche im Morgenland erzählen hörten, als auf ursprünglicher arischer Gemeinsamkeit; germanisch ist die rastlose Königstreue für die gefangenen Dienstmannen. Wolfdietrich selber ist der Sohn des constantinopolitanischen Hugdietrich, der als Mädchen verkleidet die Gunst der Königstochter von Thessalonich gewonnen. Nah verwandt mit ihm ist König Rother. Brautwerbung, Gefangenschaft, Entführung spielen auch hier im Orient, die Heimat der Sage aber ist Tirol, und alte Ueberlieferungen sind mit neuen Anschauungen und Empfindungen verwoben; in der Wilkinasage ist das Wesentliche von Osantrix erzählt. Die Gesandten, welche um die Braut werben, werden eingekerkert; aber verkleidet kommt ihr König nach, und gewinnt das Herz der Braut; von einem Paar Schuhe, das er zum Geschenke schickt, will einer nicht passen, bis er selber ihn ihr anzieht und sich zu erkennen gibt. Die Prinzessin erbittet einige freie Tage für die Gefangenen; mit rührender Freude begrüßen sie das Licht des Tages, und helfen die Braut gewinnen. Die Riesen welche der verkleidete Rother mitgebracht, Widolt den man in Ketten führen muß, Asprian der einen Löwen des Kaisers von Constantinopel an die Wand wirft und Feuer aus Mühlsteinen reibt, sie schildern den Schrecken welchen die Westländer dem Kaiser Alexius I. wirklich eingejagt, und weisen mit andern Zügen darauf hin daß der Dichter im Morgenlande war. Er spinnt nach Art der griechischen Romane die Geschichte weiter, wenn die Braut auf der Reise nach der Lombardei durch einen Spielmann wieder entführt wird und dem König von Babylon vermählt werden soll; aber am Hochzeitsfeste ist Rother mit seinen Getreuen bereits unter dem Tische verborgen, steckt ihr seinen Ring an den Finger und befreit sie für sich. Solche Entführungs- und Wiedererkennungsabenteuer werden in buntem Gewebe auch an König Salomon und seinen Freund Morolf angeknüpft, die beide zugleich im Gegensatze der biblischen und der volksmäßigen Spruchweisheit ihre Gesprächspiele durch mehrere Jahrhunderte hin führen.

Die Kämpfe die Herzog Ernst von Schwaben gegen seinen Stiefvater Konrad II. bestanden, hatte das Volk um so mehr für ein mannhaftes Andringen gegen fürstliche Allgewalt genommen und besungen, als seine Freundestreue für Werner von Kiburg und das mutvolle Ende beider Männer rührend zum Herzen sprach. Damit verschmolzen ältere Lieder von dem Krieg Otto's I. mit seinem Sohne Liudolf, und die Irrfahrten, die dieser in seiner Verbannung gemacht haben sollte, wurden nun in der Zeit der Kreuzzüge zur Hauptsache; sie wurden mit allen Wundern der Ferne ausgeschmückt, Sagen des Alterthums und des Morgenlandes wurden angereiht, Kraniche welche indische Prinzessinnen rauben und lieber mit den Schnäbeln todtstechen als wieder erobern lassen, Greife welche die in Seehundsfelle genähten Männer aus dem Lebermeere retten, wo ihnen der Magnetberg aus Tausend und Einer Nacht alles Eisen aus dem Schiff gezogen, plattfüßige Bursche die beim Regenwetter ihre Füße zum Schirm über den Kopf legen, und Leute die sich in ihre Ohren wickeln, stehen neben Homer's Kyklopen und Pygmäen, neben Herodot's Arimaspen. — In Frankreich wie in Deutschland dichtete man Kreuzfahrergeschichten, in denen die Liebe schöner Sarazeninnen nicht fehlte, und suchte bestimmte Fürstenhäuser zu verherrlichen, indem man wirkliche Erlebnisse mit phantastischen verzierte.

In der Siegfried- und Dietrichsage, diesem Gemeingute des Volks, blieben die Dichter dem großen Stoffe treu, aber der höfische Geschmack übte seinen Einfluß auf die Behandlung, die Riesen- und Drachensieger erhielten einen Anflug von den sanften Empfindungen der Minnesänger, die Recken legten ein ritterlich

Gewand an, die Lust an glänzenden Waffen und Festen führte zu breiten Schilderungen. Weitschweifigkeit und ursprünglich gedrungene Gelegenheit liegen nebeneinander, die strenge Kraft des Volksgesangs wird in der weichern farbenreichern Reimstrophe gemildert, die künstlerische Einheit in Form und Inhalt ist selten, der Genuß mehr durch den Stoff im ganzen und durch vorzügliche Einzelheiten als durch gleichmäßige Harmonie bedingt. In spätern Bänkelsängerton ist uns ein Gedicht vom hörnernen Siegfried erhalten; da wird er vom Schmied, bei dem er in der Lehre steht, in den Wald gesendet, wo der Lindwurm haust, in dessen Blut er die Hornhaut gewinnt; dann erlöst er die von einem andern Drachen geraubte burgundische Königstochter Chriemhild. Ein Zwerg muß ihm den Weg weisen, einen am Felsen wachehaltenden Riesen muß er in Stücke reißen ehe er den geflügelten Drachen bezwingt; Zwerge tragen während des Kampfes den Nibelungenschatz aus der Kluft hervor, weil sie fürchten daß der Berg vom Getümmel einstürze; Siegfried führt ihn mit der Braut von dannen; die Zwerge weissagen sein frühes Ende. — Aus dem Sagenkreise Dietrich's von Bern ist das Gedicht von der Rabenschlacht erhalten; der historische Kampf Theodorich's mit Odoaker bei Ravenna 493 ist zum Streite mit dem Oheim geworden, der ihn aus dem Reiche vertrieben haben sollte. Schön ist die Episode von Attila's Knaben Scharf und Ort. Dietrich hat sich der Mutter für ihr Leben verbürgt, aber sie entziehen sich kampflustig der Hut Ilsan's, und werden von Witig erschlagen; den verfolgt Dietrich bis er ins Meer springt, wo seine Mutter Wagilde ihn aufnimmt. Dietrich's eigener Schmerz versöhnt die trostlose Mutter der Knaben. Zu den Sagen von seinen Mannen gehört Alphart's Tod; von seinen Riesen- und Drachenkämpfen erwähnen wir Eden Ausfahrt. Dieser will nichts davon hören daß Dietrich der Stärkste sei, vielmehr soll man in allen Landen sagen: Herr Ecke hat den Berner erschlagen. Die Goldbrünne des Riesen leuchtet durch das Waldesdunkel, sein Helm erklingt wie eine Glocke unter dem Schlag der Aeste, das Wild entflieht, die Vögel verstummen als er dahinzieht, und dann wird zwei Tage lang gefochten, bis endlich Dietrich siegt und dem Gegner ein „Gnad' dir Gott, lieber Ecke!" in das 18 Schuh lange Grab nachruft. — Der König Laurin führt uns in die Zwergensage nach Tirol, wo dieser seinen Rosengarten mit einem Seidenfaden umzogen hat und Hand und Fuß jedem abhaut der ihn beschädigt. Durch einen Zaubertrank entschlummert erwacht Dietrich gefesselt in einem Kerker, aber sein Feuerathem schmilzt die Ketten.

Im Gedichte vom Rosengarten zu Worms haben wir zwar keine Volkssage, sondern den willkürlichen Einfall eines Dichters einmal die rheinischen und lombardischen Helden aus den Kreisen Siegfried's und Dietrich's von Bern und diese beiden selbst in heiter-ernstem Kampfspiel gegenüberzustellen, zu welchem Chriemhild einladet; aber die Darstellung zeigt volksthümliche Frische und die Charaktere der Helden sind im Zusammenhange mit der Ueberlieferung gut gezeichnet, vornehmlich ist der Bruder des alten Hildebrand eine prächtige Gestalt und der Träger eines derb gesunden Humors, jener Ilsan, der wie es oft geschah nach vielen weltlichen Abenteuern ins Kloster gegangen, aber noch den Harnisch unter der Kutte trägt und sogleich in alter Kampflust auflacht als der Waffenruf ertönt; nun ist das Schwert sein Predigerstab, und als er gleich den andern Siegern von Chriemhild Kuß und Rosenkranz empfängt, da reibt er sie mit seinem Barte, und drückt später heimgekehrt den Mönchen die Dornen des Kranzes in ihre Platten. Er ist mit Recht für Jahrhunderte Lieblingsfigur des Volks geworden. Dietrich von Bern hat anfangs schlechte Lust zum Streit mit Siegfried; sein Waffenmeister Hildebrand tadelt ihn darob, ja gibt ihm einen Faustschlag, den der König mit einem Schwertstreich erwidert, und dann zornig in den Kampf geht. Aber Hildebrand vernimmt daß sein Herr übel fechte und läßt ihm zurufen daß er, der Alte, von jenem Schwertstreich gestorben sei. Darüber entbrennt Dietrich vor Schmerz und Groll, sodaß ein Feuerathem aus seinem Munde geht, Siegfried's Hornhaut zu schmelzen beginnt und Chriemhild über den Geliebten den Schleier wirft. Die schwer aufzuregende, dann aber gewaltige und unwiderstehliche deutsche Mannesnatur ist hier in Dietrich dem Jüngling Siegfried gegenüber gezeichnet.

Doch hoch über alle diese Einzelsagen ragt das echte große Volksepos, das Nibelungenlied, empor, und es ist mehr seinetwegen als um ihrer selbst willen daß wir jener gedenken. Ich habe bereits bei der Betrachtung der Edda und der Völkerwanderung die mythologische und geschichtliche Grundlage der Dichtung erörtert und ihr Wachsthum mit dem Volke selbst verfolgt; schon daraus wird klar daß wir von einem Dichter nur in dem Sinne eines ordnenden Gestalters reden können, welcher den Schöpfungen des Gesammtgeistes, die bisher nur in mündlicher Ueberlieferung und lebendiger Flüssigkeit stets neugeboren auch wieder verschwanden, nun eine feste Form für die Literatur gab, und das Ganze, das nicht äußerlich, sondern nur im Gemüthe vorhanden war, und stets nur in den einzelnen Liedern als seinen Gliedern verwirklicht ward, nun auch als Ganzes selbstbewußt hinstellte. Dies ist in Oesterreich am Anfang des 13. Jahrhunderts durch einen Mann von höfischer Bildung geschehen, in welchem wir immerhin den Kürenberger mit Franz Pfeiffer sehen mögen, da die Nibelungenstrophe seine Weise heißt und der Ton seiner Lieder in Chriemhild's und Siegfried's Minne wiederklingt. Die Handlungen und Charaktere fand er vor, aber wie die Sage selbst ihren Sinn und Gehalt schon in mannichfache Gestalten gekleidet hatte, so war ihm nicht alles gleichmäßig bekannt; was an der Donau geschieht lag ihm näher, und hier ist das Werk in geschlossener Einheit groß und klar; ferner und undeutlicher war ihm die am Rhein localisirte Geschichte, und hier begegnen uns Lücken, hier gewahren wir daß ihm Motive, die er in Volksliedern fand, nicht deutlich waren, daß ihm namentlich Siegfried's ursprüngliche Liebe zu Brunhild entgangen ist, und er deshalb selbst die Thränen nicht versteht die sie am Hochzeitstag an Gunther's Seite weint, da sie Chriemhild als Siegfried's Gattin erblickt, — nicht versteht warum die Flammen des Zornes so furchtbar in ihrer Brust auflodern mußten als sie hört daß es Siegfried war der sie bezwungen, sie gewonnen und einem andern Manne vermählt hat; so sieht sie sich verrathen und verhöhnt, und es ist die Liebe die in den tödtlichen Haß umschlägt, an Siegfried's Leiche aber wieder erwacht und in freiwilligem Tod sich ihm auf ewig vereint. Auf diese Art wird auch Siegfried's Untergang zur Sühne, der Dichter aber erhält die Aufgabe statt des Tranks der Vergessenheit, der ihm in der Edda credenzt wird, die jugendliche Liebeshuld Chriemhild's eintreten zu lassen, in der seine Männlichkeit sich ergänzt, sodaß ihm der Bund mit Brunhild mehr wie Heldenfreundschaft erscheint und er wohlmeinend glaubt daß ihre Ehe mit Gunther den Mann besänftigen, das Weib sänftigen und mildern und so beide zum Heile führen werde. Siegfried's sonnige reine Heiterkeit besteht recht gut hiermit, und wenn wir die ganze Herrlichkeit des deutschen Volksepos genießen wollen, müssen wir uns eben productiv verhalten und uns die erste Hälfte des Nibelungenliedes in der angegebenen Weise ergänzen. Immerhin ist aber das Verdienst unseres Dichters nicht gering anzuschlagen. Er hat aus der vielstimmigen Ueberlieferung das ihm Zweckdienliche ausgewählt und ausgleichend erweitert, er hat alles in die Sitte des öffentlichen und häuslichen Lebens seiner Zeit gekleidet, und gleichmäßig über das Ganze den Farbenton verbreitet, der das Ende des 12. Jahrhunderts bezeichnet. Die subjective Stimmung welche die Sage in ihm erweckt, waltet innerlich im ganzen Gedicht; sie gibt sich gleich am Anfange kund, wenn Chriemhildens Traum von dem erwürgten Falken seinen ahnungsvollen Schatten wirft; wir empfinden sie wenn Siegfried in hohem Uebermuthe Brunhild's Ring und Gürtel raubt, und wenn er sterbend todesbleich in die Blumen sinkt; am Schlusse faßt sie sich in das Wort zusammen: Wie die Freude Leiden stets am letzten Ende leiht. Und wie diese Stimmung, so hält das Schicksal, nicht als blinde Gewalt sondern als göttliche Gerechtigkeit und sittliche Weltordnung in enger Verkettung von Lust und Schmerz, von Schuld und Buße das Ganze unverbrüchlich zusammen. Lachmann hat 20 Liederperlen, in welchen die echte volksthümliche Poesie hervorleuchtet, aus der Fassung herausgenommen die ihnen der höfische Geschmack mit weitgeschweisten Verzierungen gegeben; ohne anzunehmen daß sie so vorhanden waren, können wir doch an ihnen den ästhetisch reinen Genuß haben, und werden dies dem scharf- und feinsinnigen Kritiker stets Dank wissen.

Das Dämonische im Naturmythus, in der heidnischen Götterwelt ist unserm Dichter verdunkelt, oder blickt nur hier und da, ihm selber unbewußt, noch aus dem Hintergrund hervor; das Christenthum ist die herrschende Religion geworden, und wie mit diesem das Gemüth des Menschen zum Mittelpunkt des Lebens ward, so waltet das Dämonische nun in der Menschenbrust, im holden Zauber der Minne wie in der furchtbaren Gewalt der Leidenschaften, ja es ist die Treue selber, die Liebestreue Chriemhild's, die Mannestreue Hagen's, die hier in ihrer alleinherrschenden, alles übrige für nichts achtenden Rücksichtslosigkeit sich mit dem Schrecken der tragischen Erhabenheit offenbart und das Netz eines unentrinnbaren Verhängnisses wie aus ehernen Fäden flicht. Ja das Weib als die eigentliche Trägerin der Gemüthswelt ist die sichtbare Mitte des Ganzen; mit den Mädchenträumen Chriemhildens hebt das Lied an und endet mit ihrem Tod. Ihr stilles, sich selbst noch unbekanntes Ahnen und Sinnen findet

seine glücklich holde Entfaltung als Siegfried erscheint. Sie tritt
hervor wie das Morgenroth aus dunkeln Wolken. Ihre Neigung
gibt sich schweigend in Blicken, Händedrücken und Küssen kund;
die Jungfrau ahnt daß er um ihretwillen mit ihren Brüdern
gegen die Sachsen streitet, die Brunhild für Gunther freit, bis
er seine Liebe bekennt und selige Tage sie vereinen. In der
Freude ihres Herzens kann sie es nicht bergen wie es ihren
Busen schwellt daß ihr Gemahl der herrlichste vor allen Helden
ist, wie der lichte Vollmond vor den Sternen strahlt, — arglos,
ohne zu wissen wie tief das Brunhild kränkt; ihre Liebe zu Siegfried, ihr Stolz auf ihn machen sie unnachgiebig und legen ihr
bittere, ja unwahr übertreibende Worte auf die Lippen, durch die
eine Brunhild viel zu schmerzlich beleidigt wird als daß ihr Gatte,
daß ein Dienstmann wie Hagen ihr Weinen ansehen könnte ohne
den Entschluß der Rache. Noch immer arglos zeichnet sie selbst
das rothe Kreuz auf Siegfried's Mantel an der Stelle wo er
verwundbar ist. Wie sie aber den Todten in der Morgenfrühe
vor ihrer Schwelle findet, da ist ihr auf einmal alles klar, da
steht auf einmal der Gedanke fest in ihrer Seele daß nun ihr
ganzes Leben der Trauer und der Vergeltung geweiht sei. Jahrelang lebt sie still dahin; als Rüdiger für König Etzel um sie
wirbt, da erklärt sie daß wer ihres Herzeleides kundig wäre ihr
nicht zum neuen Bunde rathen würde; sie habe an Einem Mann
mehr verloren als je ein Weib gewann. Dann aber gedenkt sie
der Möglichkeit daß die Macht der Hunnen ihr zur Rache dienen
könne, und sie läßt Rüdiger schwören daß er der erste sein wolle
ihr beizustehen, wenn es noththue. Wieder sind Jahre verflossen
als sie von Etzel die Einladung ihrer rheinischen Verwandten erbittet; „Chriemhild weint noch immer", so warnt Dietrich von
Bern die Heranziehenden. Und wie dann Hagen trotzig einge-
steht daß er Siegfried erschlagen, aber kein Hunne sich an den
Recken wagt, da läßt sie zuerst das Heergefolge überfallen und
niederhauen, da läßt sie den Saal über den Brüdern anzünden
und verlangt Hagen's Auslieferung. Sie wird versagt. So
mögen die Brüder, der unschuldige Giselher mit den schuldigen,
sammt Hagen zu Grunde gehen. Ja wie Hagen und Gunther
noch allein übrig und gefangen sind, da schlägt sie dem eigenen
Bruder das Haupt ab, als Hagen nicht angeben will wo der
Hort der Nibelungen im Rheine versenkt worden, solange sein
Herr lebe. Sie reißt Siegfried's Schwert von Hagen's Seite,

und in ihrer Haub rächt es Siegfried's Mord. Da haut der alte Hildebrand sie selber nieder, weil sie den Frieden gebrochen den Dietrich von Bern beiden Gefangenen gab. Von ihrem Gemüth aus steigert sich das Verhängniß und wächst lavinenartig, da die Burgunder ihrerseits es fördern, weil sie im Uebermuth Etzel'n das Wort nicht gönnen; so reißt es viele mit ins Verderben; aber es entfaltet dann wiederum in den Untergehenden selbst noch so große edle Züge, daß wir hier wie in der Aeschyleischen und Shakspeare'schen Tragödie vor dem gigantischen Schicksal uns beugen, „welches den Menschen erhebt, wenn es den Menschen zermalmt".

Die Treue für die beleidigte Königin reißt den grimmen Hagen statt zu offenem ehrlichen Kampfe zum Meuchelmord. Er weiß daß ihm Chriemhildens Rache gilt; er könnte zu Hause bleiben, aber er will die Genossen nicht allein ziehen lassen. Als ihm die Wasserfrauen geweissagt daß nur der Kaplan heimkehren solle, da verflucht er das Schicksal und schleudert diesen in die Donau; wie derselbe ans Ufer schwimmt, zertrümmert Hagen beim Aussteigen das Schiff. Als dann der Furchtbare vor Chriemhilden nicht aufsteht, sondern Siegfried's Schwert mit grausamem Hohn über seine Schenkel legt, da gewinnt er in dem Spielmann Volker den Bundesbruder, und es ist rührend schön wie beide die Nachtwache halten damit die Fürsten, die Freunde noch einmal ruhig schlafen mögen, ja in die folgenden blutig düstern Kampfbilder kommt ein Zug kernigen Humors, wenn Etzel von dem kühnen Fiedelmann sagen muß:

> Seine Weisen lauten übel, seine Striche sind roth;
> Wohl schlagen seine Töne mir manchen Helden todt.

Dagegen freut sich Gunther des rothen Anstrichs an Volker's Schwertfiedelbogen, der durch den harten Stahl schneidet, dessen Weisen durch Helm und Schildesrand hallen. Wir denken an Siegfried's Ermordung, wenn nach dem Kampf bei Tage des Nachts der Saal über den Burgundern angezündet wird; die Durstigen trinken vom Blut der Gefallenen; unter den rauchenden Trümmern stehen sie im Morgengrauen, sie möchten heraus, wenigstens an der Luft, im Lichte sollen, aber die Fürsten wollen den freien Abzug nicht, da Hagen's Auslieferung die Bedingung ist; niemand soll die Treue scheiden. Die Bewirthung der Reisenden auf Rüdiger's Burg, wo Giselher der junge sich mit dessen Tochter verlobt, Gernot mit ihm das Schwert getauscht, Hagen einen Schild empfangen, — erschien uns wie ein mildes Idyll vor dem Ausbruch des Kampfes, der an die Götterdämmerung selbst gemahnt; nun werden wir inne wie zugleich die Motive zu ergreifenden neuen Scenen daraus entfaltet werden. Chriemhild erinnert Rüdiger an seinen Eid, den soll er nun der Königin halten und gegen die Männer streiten die er gastlich empfangen und hergeleitet, mit denen er so enge Bünde geschlossen hat. Sein Gemüthskampf ist vortrefflich dargestellt; er möchte lieber heimatlos in die Fremde ziehen, lieber todt sein als den Schwur halten und die Freunde bekämpfen, als die Freunde retten und den Eid brechen. Mit blutendem Herzen sucht er den Schlachtentod; er und Gernot fallen einer von des andern Hand, seine Mannen werden mit ihm erschlagen. Die Stille nach diesem Kampfe, und dann die laute Klage bringt zu Dietrich von Bern. Er sendet den alten Hildebrand nach Kunde; die jungen Recken waffnen sich ihn zu begleiten; sie fordern Rüdiger's Leiche, sie springen wie junge Löwen in den Saal, ihre frische Kraft mißt sich mit den sturmmüden Burgundern; wie in der Ilias sind die Einzelkämpfe lebendig geschildert und einer durch innere Motive an den andern gekettet. Die berner Jugend ist gefallen, als Hildebrand, nachdem er Volker's Haupt gespalten, allein vor Hagen entflieht, der selbst nur noch mit Gunther am Leben ist. Beide bezwingt Dietrich von Bern, und steht dann einsam groß über den Leichen, wie sein Bild über den Trümmern der Völkerwanderung, über dem Untergang der Gothen und Hunnen in der Weltgeschichte.

Die intensive Kraft in dieser zweiten Hälfte des Nibelungenliedes ist anderer Art als die klar harmonische Entfaltung in der Ilias, aber sie ist nicht minder bewunderungswürdig. Statt der behaglichen Breite, mit welcher Homer's Helden ihr Inneres darlegen, faßt das deutsche Gedicht ganze Gedankenfamilien in einzelne Schlagworte zusammen, deren inhaltschwere Kürze an die größten Dramatiker gemahnt, ihnen ebenbürtig. Wie der Jüngling sich vor der Geliebten demüthigt, in der er ein unerreichbares Ideal anschaut, und doch nicht von ihr lassen kann, es liegt in den wenigen Versen, die Siegfried in seinem Sinne spricht als er Chriemhilden erblickt:

> Wie dacht' ich je daran
> Daß ich dich minnen sollte? Das ist ein eitler Wahn.
> Soll ich dich aber meiden, so wär' ich sanfter lobt.

Und wie Chriemhild seine Leiche sieht, da weiß sie auf einmal alles, da steigt sofort auch die ganze Zukunft blitzartig in ihr auf:

> O weh meines Leibes! Nun ist dir doch dein Schild
> Von Schwertern nicht zerhauen! Du bist ermordet!
> Wüßt' ich wer es hat gethan, ich könn' ihm immer seinen Tod.

Wie sie beim Königsmahl in Etzel's Burg sitzen und die Kunde kommt daß auf das Gefolge bereits ein Angriff geschehen, da macht Hagen den Bruch unheilbar, indem er dem Sohne Etzel's das Haupt abhaut mit den schauerlich schönen Worten:

> Nun trinken wir die Minne und opfern des Königs Wein!

Der Minnetrunk zu Siegfried's Angedenken er soll das Blut der Hunnen sein, Schwerter die Becher die ihn credenzen; im großen Todtenopfer soll Blut das Blut sühnen.
Mit malerischer Anschaulichkeit stehen die Charaktere vor uns da, in contrastirenden Gruppen, in handelnder Wechselbeziehung; die sichern Umrißlinien der Erscheinung erinnern wieder an Homer, ja es kommt vor daß die Geberde dem Auge klar macht was die Rede verschweigt. Hagen sieht wie Chriemhild die Brüder ungleich empfängt, indem sie den Giselher allein küßt; da bindet er seinen Helm fester. Dann aber ist das gerade so bedeutend daß alles äußerlich Begebenheitliche innerlich begründet wird, daß wir in die Seelenstimmung eingeweiht sind aus der eine Handlung hervorgeht, ja daß kaum ein gewichtiger Hieb fällt ohne daß wir erfahren wie dem zu Muthe war der ihn that und der ihn litt. So ist die Innerlichkeit des deutschen Gemüths auch in der äußern Anschaulichkeit des epischen Stils bewahrt. Das griechische Epos siegt durch die reine Anmuth der Form, das deutsche durch die Größe des Gehalts. Seine Gestalten sind aus Erz gegossen, mitunter grau wie Eisen und schneidig wie das Schwert, aber mit der geheimnißvollen Zugkraft des Magnets begabt; die des griechischen sind lichthelle Marmorgebilde, auf deren Stirn die ewige Götterjugend lächelnd thront. Wir eignen uns auf unsere Weise eine Vergleichung an, die Gervinus zuerst

ausgesprochen. Wie der griechische Tempel ist das griechische Epos dem innern und äußern Auge mit einem Blick überschaubar, nach einfach klarem Plan in edlem Ebenmaß ausgeführt, das Einzelne wie das Ganze künstlerisch vollendet. Das deutsche aber ist einem jener Dome ähnlich an welchem die Jahrhunderte gebaut; im romanischen Rundbogenstil entworfen und begonnen ward er im gothischen fortgesetzt, durch Anbauten erweitert, himmelanstrebend, für den ästhetischen Gesammteindruck minder befriedigend, für den historischen Sinn um so lehrreicher und anziehender; nicht so einheitlich harmonisch, aber von unerschöpflicher Fülle des Besondern; man muß ins Innere hineintreten, dort erst erschließt sich uns seine Größe, und erfüllt uns mit dem Schauer der Erhabenheit.

Wir gehen an der Nibelungen Klage vorüber, einem Kunstgedicht, das den Angehörigen der Gefallenen ihren Todeskampf berichtet und betrachten ein anderes Werk, das sich in ähnlicher Weise zu den Nibelungen verhält wie Nal und Damajanti zum Kern des Mahabarata, wie die Odyssee zur Ilias; gleich beiden ein Lied von Frauentreue, das uns ins häusliche Leben blicken läßt und aus Kampf und Bedrängniß zu Frieden und Freude leitet, gleich der Odyssee ein meerdurchrauschter Gesang. Es ist die Gudrun, nicht die Nebensonne der Nibelungen, weil das nur eine scheinsame Abspiegelung im Dunstkreis wäre, wohl aber dem milden Mond neben der blutigglühenden Sonne auch darum vergleichbar weil das Nibelungenlied im ursprünglichen Licht strahlt und von ihm aus oder nach ihm die Gudrun zum Epos geworden ist. Die bis in das Volksmärchen hin in Deutschland so beliebte, dem eigenen Wesen so zusagende Frauengestalt, die in der Zurücksetzung, der Niedrigkeit und Dienstbarkeit sich bewährt und läutert, bis sie endlich Glück und Sieg erlangt, sie hat hier eine großartig edle Durchbildung gewonnen, wenn Gudrun in der äußern Herabwürdigung den Adel ihrer Seele erst recht entfaltet, und dann in der Erhöhung Segen um sich verbreitet. Zugleich hat das Werk seinen bedeutenden geschichtlichen Hintergrund: es führt aus dem Völkerkampf zum Völkerbund und Frieden.

Auch hier haben wir in der Edda den Beweis alterthümlicher Sagenelemente. Zunächst sitzt in der Götterruhe Freyr, der Sonnengott, auf Odin's Thron und gewahrt die schöne Gerd, wol die im Winterschmuck des Eises und Schnees glänzende Erde. Mit goldenen Aepfeln, einem Ring und seinem Schwert sendet

er einen Diener um ihre Liebe zu werben; sie verheißt ihm nach
neun Nächten eine Zusammenkunft, und Freyr singt:

> Lang ist eine Nacht, länger sind zwei,
> Wie mag ich dreie dauern?
> Oft deucht ein Monat mir minder lang
> Als eine halbe Nacht des Harrens.

Der Mythus der sehnenden Liebe hat auch in Deutschland
seinen Nachhall im Märchen vom treuen Johannes. Dann aber
berichtet uns die jüngere Edda wie König Högni's Tochter Hilde
von Hedin geraubt wird, wie er sie bei den Orkneyinseln findet
und dort die Schlacht den ganzen Tag dauert. In der Nacht
weckt Hilde auf der Walstatt die Gefallenen, und sie kämpfen am
andern Tag wieder; so geht es fort bis zur Götterdämmerung.
Hier begegnen uns die Namen die als Hagen, Hilde, Hettel auch
in unserm Gedicht vorkommen, und die Doppelgeschichte von Hilde's
und Gudrun's Entführung und den Kämpfen um sie scheint aus
verschiedenen Darstellungen einer und derselben Sage entsprungen,
dann aber nach mittelalterlicher Art sinnvoll vom Dichter so verwerthet daß er in der Geschichte der Aeltern den Keim für das
Los der Tochter zeigt, und daß zugleich durch Schicksalsvergeltung
die Aeltern das Leiden erfahren müssen was sie früher andern gethan. Die Sage, wie K. Hoffmann dargethan an den Inseln
nordwärts von Schottland heimisch und dort in Balladen fortge-
pflanzt, ward in Friesland, Dänemark und der Normandie loca-
lifirt und hier zur symbolischen Darstellung der Seezüge und Fehden
dieser Küstenvölker. Wie Frauenraub so oft die Kriege veranlaßte,
so sollen sie endlich durch Liebestreue in friedlichen Ehebünden ihr
Ziel finden. Der Dichter ist auch hier nicht Erfinder, sondern der
abschließend ordnende Gestalter dessen was der Geist der Nation
allmählich geschaffen hatte.

Die Vorgeschichte Hagen's scheiden wir ab; daß er als Kind
aus Irland von einem Greif nach Indien getragen wird und sich
von dort mit einigen Königstöchtern befreit, ist eben nicht deutsch,
sondern in irisch keltischem Geschmack hier störend angesetzt. Hagen
liebt seine Tochter Hilde so innig daß er sie keinem Freier gönnt.
König Hettel im Dänenland sendet nach ihr seine Mannen, den
alten starken Wate, den klugen Frute, den Sänger Horant; als
Kaufleute mit reichen Gaben unternehmen sie die Fahrt; Wate
besteht Hagen in einer Kampfprobe, Frute bringt seine Geschenke,

Horand fingt seine Lieder, wundersame Welsen, die alle Herzen rühren, ja das Wild läßt die Weide und die Fische schwimmen lauschend heran. So wird auch hier mit Gold, mit dem Schwert und dem Lied um die Liebe geworben. Aber der Gesang ist der beste Träger ihrer Sehnsucht, seinem Ruf folgt Hilde. Hagen eilt ihr nach, es kommt zu Waleis am Meeresstrande zur Schlacht, Hilde scheidet die Kämpfenden als ihr Vater von Hettel schwer bedrängt ist, und dieser erklärt sich selbst von der Tüchtigkeit der Männer befriedigt, bei denen seine Tochter fortan wohnen soll. Hilde wird Mutter zweier Kinder, des Sohnes Ortwin, der Tochter Gudrun. Um diese wirbt Hartmut von der Normandie, wird aber zurückgewiesen, während Herwig von Seeland sie durch kecke Waffenthat zur Braut gewinnt. Doch als dieser mit Hettel auf einem Kriegszug abwesend ist, brechen die Normannen in Dänenland ein und rauben die Jungfrau. Aber ihr Vater, ihr Geliebter bieten alles auf sie zu retten. Es kommt zur vielbesungenen Schlacht auf dem Wülpensande. Hettel fällt von der Hand des Normannenkönigs Ludwig. Der Einbruch der Nacht scheidet den Kampf, aber ihre Dunkelheit macht den Normannen das Entrinnen möglich. Wate bringt Hilden die Botschaft.

>   Da sprach die Trauerschwere: Wie sollte das noch sein —
>   Darum wollt' ich geben alles was nur mein —
>   Daß ich Rache hätte wie es auch geschähe,
>   Und daß ich Gottesarme meine liebe Tochter wieder sähe!

Rache um den Gemahl, aber zugleich die Hoffnung auf das Wiedersehen Gudrun's füllen ihre Seele; nicht Schmerz und Rache allein, wie bei Chriemhild; ein lichter milder Strahl fällt in ihren Kummer, und öffnet uns hier schon die Aussicht daß aus Leid Freude werde.

Hartmut bietet sich und das Seine der von ihm geliebten Gudrun, aber sie schlägt beides aus; sein Vater hat den Ihrigen im Kampf gefällt, wie möchte sie da ihm im Arme ruhen? Und Herwig hat bereits ihre Liebe. Nun nimmt die alte Königin Gerlind sie in harte Zucht. Meiner Mutter Tochter hat selten Brände geschürt, sagt sie, wenn sie das Feuer anzünden muß. Sie findet dann in Ortrun, Hartmut's Schwester, eine theilnehmende Freundin, sowie ihr Hildburg treu zur Seite steht. Die beiden müssen zusammen barfuß an den Meeresstrand, das Haar zerwühlt vom rauhen Märzwinde, die Kleider der Königin waschen, da erscheinen Herwig und Ortwein. Weibliche Scham läßt die Jungfrauen fliehen, die Männer rufen sie freundlich zurück, bieten ihnen Mäntel und erkundigen sich nach den Gebietern des Landes, Ortwin fragt nach Gudrun, während Herwig die Züge der einen Jungfrau mit dem Bilde vergleicht das er im Herzen trägt, und es ausspricht daß sie Gudrun sein müsse. Sie versetzt: Einem den ich kannte gleicht auch ihr; lebt Herwig, so löst er meine Bande. Erkennt ihr das Gold an meinem Arm, so führ' ich euch minniglich von hinnen, sagt Herwig, und in Freude lachend zeigt sie den Ring, durch den er sich ihr verlobt. Er möchte sie sogleich mitnehmen, aber Ortwein verlangt daß die mit Gewalt Geraubte auch im Sturm zurückerobert werde. Die Männer fahren nach dem Heere, dem sie vorausgeritten.

Da sprach die Hildentochter: Dazu bin ich zu hehr,
Gerlinden Kleider wasch' ich nimmermehr;
Zu so geringem Dienste ist mir die Lust vergangen,
Es haben mich zwei Könige geküsset und mit Armen mich umfangen.

Was auch Hildburg sagte, zum Meere trug Gudrun
Gerlinde's Kleider alle; ins Zürnen kam sie nun;
Sie schwang sie mit den Händen; sie fielen weit nieder
Und schwammen eine Weile; ich glaube niemand fand sie jemals wieder.

Wie sie heimkommt will Gerlinde sie binden und mit Ruthen streichen lassen. Gudrun sagt lachend: das würde der Jungfrau übel stehen die andern Tags sich vermählen und eine Kreue tragen wolle. Die Königin hört das gern, sie sendet nach ihrem Sohn, sie glaubt Gudrun's Trotz gebrochen, und doch macht ihr deren plötzliche Freude wieder bang. Mit Recht. Denn bei Tages Anbruch liegt das Heer aus Seeland und Dänemark vor der Normannenburg, und Wate stößt ins Horn. König Ludwig, der einst Hettel erschlagen, fällt von Herwig's Hand und Hartmut ist durch Wate in Todesnoth. Da bittet auf seiner Schwester Ortrun Flehen Gudrun ihren Geliebten Herwig daß er ihn rette. Gudrun schützt dann die Normannenfrauen, nur als Wate die böse Gerlind ergreift, überläßt sie diese der verdienten Strafe. Hartmut und Ortrun, die königlichen Geschwister, werden gefangen fortgeführt; aber wie Gudrun die Mutter wiedergefunden hat und dem Geliebten sich vermählt, da will sie daß nun fortan Friede und Freude sei, und verlobt ihre Freundin Hildburg mit Hartmut, ihren Bruder Ortwin mit Ortrun. Hartmut soll heimlehren und sein Reich wieder in Besitz nehmen. Hildburg soll so mit ihm leben daß er der frühern Fehden nicht mehr gedenkt; die Rache ist genommen, die Schuld gesühnt, fortan soll Friede sein.

Das Gedicht ist abgerundeter, gefeilter als die Nibelungen; es bringt neue Charaktere, und weiß jedem seinen eigenthümlichen Ausdruck zu bewahren. Die Strophe ist eine Erweiterung der Kürenbergischen, die bekanntlich aus vier Versen besteht; der erste und zweite, der dritte und vierte reimen aufeinander mit männlichem Ausklang; aber jeder besteht aus zwei Hälften, deren erste durch drei Hebungen oder betonte Silben gebildet wird, und weiblich mit einer Cäsur endet; die zweite Hälfte des vierten Verses hat zum gewichtigern Abschluß nicht drei, sondern vier Hebungen. Die unbetonten Silben können vor- oder nachstehen, wodurch der Gang iambisch oder trochäisch wird; sie können selbst fehlen, wodurch die Hebungen scharf aneinander stoßen, z. B. die stahlhärten Helme. Die Strophe hat dadurch große rhythmische Mannichfaltigkeit, wie z. B. es von Volker heißt:

> Da strich er seine Saiten, daß all das Haus erdoß.
> Seine Kraft und sein Geschicke die waren beide groß.
> Süßer immer, süßer geigen er begann;
> So spielt er in Schlummer gar manchen sorgenvollen Mann.

Die Gudrunstrophe hat in ihrer zweiten Hälfte weibliche Reime und im abschließenden Halbvers fünf Hebungen; sie ist weicher und minder einfach, von lyrischer Art, während die Nibelungenverse mehr episch sind.

Wir sagen mit Gervinus: „Beide Gedichte dürfen für unsere Nation ein ewiger Ruhm heißen. Wenn wir diese Werke voll gesunder Kraft, voll biederer, wenn auch rauher Sinnesart, voll derber, aber auch reiner edler Sitte betrachten neben dem schamlosen, ekeln und windigen Inhalt britischer, und neben den schalen, läppischen und zuchtlosen Stoffen französischer Romane, so werden wir ganz andere Zeugnisse für die angestammte Vortrefflichkeit unsers Volks reden hören als die dürren Aussagen der Chronisten, und im Keime werden wir bei unsern Vätern schon die Ehrbarkeit, die Besonnenheit, die Innigkeit und alle die ehrenden Eigenschaften finden, die uns noch heute im Kreise der europäischen Völker auszeichnen. Diese herrlichen Stoffe uralter

Dichtung laſſen, wenn ſie auch nicht geiſtige Gewandtheit zur
Schau tragen, wie das die fremden Poeſien jener Zeiten beſſer
können, auf eine Fülle des Gemüths und auf eine geſunde Be-
urtheilung aller menſchlichen und göttlichen Dinge ſchließen, die
ein Erbtheil der Nation geblieben ſind, das mit jedem Umſatz
wuchernd zu einem weiten Vermögen heranwächſt."

Endlich gewann der deutſche Geiſt im Thierepos noch eine
ganz eigenthümliche und höchſt werthvolle künſtleriſche Ausprägung,
indem der volksthümliche Stoff nicht aus dem Geſichtspunkte und
der Standesbildung des Ritterthums, ſondern in allgemein menſch-
licher und darum immergültiger Weiſe aufgefaßt und behandelt
wurde. Wir ſind der Thierſage in der ariſchen Urzeit und dann
ihren erſten Aufzeichnungen durch Geiſtliche in lateiniſcher Sprache
bereits begegnet. Sie war Gemeingut der Germanen, fand aber
nun ihre dichteriſche Pflege bei den Franken in Nordfrankreich, in
Flandern, am Niederrhein. In Frankreich wurden die altbeliebten
Geſchichten nun in der Sprache der Novellen und Schwänke, in
kurzen Reimpaaren vorgetragen, lebendig, muthwillig heiter, mit
jenem Talent für leichte frivole Erzählung das die Nation auszeichnet, aber ſie auch in Schlüpfrigkeiten erfinderiſch macht, und
das geht bei der mittelalterlichen Ungenirtheit oft ins Schmutzige;
es iſt ein unzulängliches Gegengewicht wenn die Dichter morali-
ſirend hervorheben daß ſie ja die Gierigkeit, die Untreue kenn-
zeichnen wollen. Meon hat aus zwölf Handſchriften 32 Branchen
herausgegeben, Zweige oder Aeſte am Stamm der Sage, in welchen bald einzelne Abenteuer, bald mehrere aneinandergereiht und
ineinander verflochten, bald in naiv ſchelmiſchem Ton, bald mit
bewußter Ironie der menſchlichen Geſellſchaft dargeſtellt werden.
Sie haben ſich zu keinem Epos Renart zuſammengeſchloſſen und
ſind in Frankreich bald verſchollen, während in Deutſchland ein
Ganzes von ſo gutem Gefüge entſtand daß es ſich fortwährend in
der Gunſt der Nation erhielt und daß ſelbſt der größte Künſtler
unter den Dichtern der Neuzeit an ſeinem Bau nichts zu ändern
fand als er ihm jenes claſſiſche Gewand ſeiner Hexameter gab,
das aber die treuherzig ungeſuchte Komik der niederdeutſchen Reime
vermiſſen läßt.

Auf jene lateiniſchen Bearbeitungen in der Thierſage war
um die Mitte des 12. Jahrhunderts ein hochdeutſches Gedicht
erſchienen, deſſen Verfaſſer ſich Heinrich der Glichesäre nennt und
auf franzöſiſche Vorgänger beruft; er reiht zehn Geſchichten vom

Wolf und Fuchs aneinander. Aber erst ein Flamänder, Willam de Madoc, fand am Ende des 13. Jahrhunderts den Zweig, der in heimischer Erde zum Epos sich entfaltet hat; er fand in seinem Reinaert den rechten Ton für die Darstellung dieser Sagen, die das Thierische im Menschen und das Menschliche im Thiere veranschaulichen. Dort wo später in der bildenden Kunst das Genre und die Thiermalerei so vorzüglich ausgebildet wurden, hat der Hang zum Stillleben und die Freude an der Natur die Heimlichkeiten der Thierwelt dichterisch rein gestaltet und mit gleicher Treue der Charakteristik, mit gleich erquicklichem Wohlbehagen ausgeführt. Hier sind keine verkleideten Menschen, sondern Thiere, aber mit den Fähigkeiten ausgestattet ihr instinctives Treiben zu erklären, also mit Reflexion und Sprache begabt, unbewußt allklug, sicher in sich selbst, voll Mutterwitz der Natur, aber ohne ideale Tendenzen, ohne die Freuden aber auch ohne die Leiden des höhern geistigen Lebens, voll ungestörter Lust in sich befriedigt; dabei sind die Menschen so behandelt wie sie vom Standpunkt der freien Thiere sich ansehen, räthselhaft fremde Wesen, und ganz ungesucht werden die Charaktere und die Gesellschaft der Thiere doch zu einem Abbilde der Menschenwelt, das sich in seinem waldesfrischen Realismus von selbst zu einem Gegensatze des sich übersteigernden kirchlich ritterlichen Idealismus des Mittelalters macht. In diesem Sinne hat Gervinus unsere Dichtung mit der attischen Komödie verglichen; beide sind durchaus eigenartig und jede in ihrer Weise unsterblich.

Wenn hier um die herrliche Pfingstenzeit König Nobel seinen Hof hält und die Thiere klagbar gegen Reinhard werden, so erfahren wir schon eine ganze Reihe der Fuchsgeschichten, und wenn er dann dem Kater, dem Bär, die ihn holen sollen, übel mitspielt, dem befreundeten Dachse aber beichtet, so entfaltet sich alles ungesucht von einem Mittelpunkt aus in sachlichem Zusammenhange. Der verurtheilte Fuchs erfindet die Geschichte von der Verschwörung des Bären und Wolfs gegen den Löwen, und lügt von Ermenrich's Schatz; mit diesem Namen klingt die Heldensage herein, in jener Verschwörung liegt die Erinnerung daß ursprünglich der Bär im deutschen Walde König war. Der Fuchs wird nun zu Gnaden angenommen, mit einer dem Bären abgestreiften Scherpe, mit dem Wolf und der Wölfin abgezogenen Schuhen zur Pilgerfahrt ausgerüstet, vom Widder und Hasen auf der Pilgerfahrt begleitet. So kommt er nach seiner Burg zurück,

Poetische Erzählungen; Legenden und Schwänke. 355

verzehrt den Hasen, sendet mit dessen Kopf als angeblichem Kleinode den Widder zurück, und lacht in seiner Feste all seiner Feinde. — Hier hat nun eine Fortsetzung von anderer Hand einen zweiten Theil angefügt. Neue Anklagen gegen den Fuchs, der abermals zu seiner Vertheidigung erscheint, und unter anderm die Beutetheilung und die Heilung des kranken Löwen als Verdienste seines Vaters um des Königs Vater darstellte. In Wechselrede mit dem Wolf erfahren wir die besten Streiche die sie einander gespielt, und endlich soll ein Zweikampf beider wie ein Gottesurtheil entscheiden. Die List des Fuchses siegt, und triumphirend kehrt er heim.

Grimm ist unbillig gegen diese Fortsetzung; sie fügt sich dem Tone des ursprünglichen Werks an, sie ergänzt dasselbe durch viele der wichtigsten und glücklichsten Geschichten; wenn sie auch einmal in einer Beschreibung von Kleinodien fremde Fabeln heranzieht, so stehen dieselben dadurch bezeichnend genug neben den heimischen Begebenheiten, und im Zweikampf wird ein echtepischer Abschluß gewonnen. Darum lebt auch das Werk als Ein Ganzes fort, erneut durch den plattdeutschen Reinecke Vos des Nikolaus Baumann zu Lübeck im Jahre 1498, durch Goethe und durch Kaulbach's geniale Zeichnungen, die gleich dem Gedicht die Treue für die thierische Natur mit menschlichem Ausdruck und porträtartiger Individualisirung verschmelzen.

Poetische Erzählungen; Legenden und Schwänke.

Während große Stoffe durch große Dichter zum Epos wurden, vergnügte sich die poetische Lust des Erzählens und Hörens an kleinern Darstellungen aller Art. Geistliche und andere fromme Pilger, die nach dem Gelobten Lande wallfahrten, trugen die Legenden die sie wußten oder nun erfuhren von Ort zu Ort, und weltliche Krieger tauschten die beliebtesten Geschichten des Abendlandes gegen die des Morgenlandes, welche bereits bei den Arabern auch aus Indien und Persien zugeströmt waren. Ich habe bereits I, 518 fg. ein Bild von den Wanderungen und Schicksalen solcher Dichtungen entworfen und gezeigt wie dieselben

Motive ländlich und sittlich umgebildet und in das Heimische der einzelnen Völker eingeschmolzen werden. Indem ich daran erinnere, werfe ich auf dasjenige einen flüchtigen Blick was besonders für die Bildung und Empfindung des Mittelalters bezeichnend erscheint.

Da begegnen uns zunächst die kirchlichen Stoffe, die Erzählungen von den Märtyrern und Heiligen, an denen die Wallfahrer wie die Nonnen und Mönche in der Klosterzelle, das Landvolk wie die frommen Edelfrauen sich erbauten; sie werden meist schlicht und innig aufgefaßt und gleichen in der poetischen Darstellung den Bildern in Gebetbüchern und Brevieren. In dem längsten Gedicht unserer Sprache, den 100000 Versen des Passionals sind sie nach mannichfachen Quellen mit Geschick zusammengestellt. Man ging von den apokryphen Evangelien aus und übertrug die kirchlichen Legenden aus der lateinischen Prosa in die Verse der neuern Sprachen. Der mittelalterliche Frauendienst wirkt auf den Mariencultus ein; ihr Leben ward im 12. Jahrhundert am schönsten von Werner von Tegernsee erzählt, ihre Verherrlichung am glänzendsten und gekünsteltsten in der goldenen Schmiede von Konrad von Würzburg ausgeführt, indem der Dichter alle herkömmlichen Bilder aus der Natur und der heiligen Geschichte zusammenfaßte um daraus ihre Reinheit, Demuth und Erhöhung in immer neuer Strahlenbrechung funkeln zu lassen. Dann sagte dem ritterlichen Sinne vor allem der heilige Georg zu, auf welchen nun die griechische Perseus-, die deutsche Siegfriedsage niederschlug, ja Pilatus selber ward dem Germanenthum angeeignet: der uneheliche Sohn eines Königs von Mainz sollte er den echten Reichserben umgebracht haben und dafür als Geisel nach Rom geschickt worden sein; nachdem er wilde Stämme am Pontus gebändigt, sei er zur Bezwingung der Juden auserlesen worden. Wegen Christi Tod zur Rechenschaft nach Rom berufen habe er sich umgebracht; sein Leichnam sei in die Tiber, dann in die Rhone geworfen worden, habe aber stets den Fluß zu Ueberschwemmungen aufgeregt, bis man ihn in einen See an dem nach ihm genannten Schweizerberge versenkt, wo er Wetter und Sturm erzeuge bis zum jüngsten Tag. — Die Legende wie der christliche Jüngling Josaphat seinen heidnischen Vater Barlaam für den Glauben gewinnt, kam aus Constantinopel und bot sich besonders scholastischen Dichtern dar um in scharfsinnigen Streitreden die Kirchenlehre zu erörtern. Das Papstthum saub eine Glorification in Gregor auf dem Steine. Ein Kind zweier Geschwister hat er unwissend die eigene Mutter geheirathet, dann aber, als er deß inne ward, sich auf einem Felsen im Meer anschmieden laßen. Bei einer Papstwahl wird den Römern offenbart daß nur Einer würdig sei den Stuhl Petri zu besteigen, jener der seit 17 Jahren im Meer unfreiwillige Schuld büße. Er, Gregor, wird nun geholt, und wird als Papst aller Sünder Trost und Rath, sodaß auch die eigene Mutter durch ihn Vergebung findet. Durch eigene Buße hat er sich der Macht zu binden und zu lösen werth gemacht. Die Oedipussage im christlichen Gewande lehrt wie die freiwillige und unfreiwillige Sünde durch echte Reue zu sühnen ist, wie der Büßende von Gott begnadet wird. Andererseits zeigt die Geschichte des Theophilus von Kilikien ein Bündniß mit dem Teufel um Macht und Ehre zu erlangen; doch kann Maria ihn retten, da er wol Gott und die Heiligen, aber nicht die Himmelskönigin abgeschworen hat. Endlich wird vom irischen Ritter Tundalus, der aus dem Scheintod erwacht, seine Wanderung durch Hölle, Fegefeuer und Himmel erzählt, die erste rohe Grundlage für Dante's göttliche Komödie. Und wo das Leben selbst Legendenstoff bot, da fand er seine dichterische Bearbeitung, und so treten im Leben der heiligen Elisabeth die Werke der Barmherzigkeit und die religiösen Gefühle in Contrast mit dem ritterlichen Sängerhof auf der Wartburg. Aehnlich hat Nordfrankreich seine Sagen von den Herzogen Robert dem Teufel und Richard ohne Furcht legendenhaft ausgebildet. Richard besteht seine Abenteuer mit den Geistern die er sieht; Robert, unter Sturm und Gewitter geboren, haust im wilden Wald und übt so böse Thaten daß er endlich vor sich selbst erschrickt, und sich nun durch harte Buße demüthigt und mit Gott versöhnt.

Das führt uns zu jenen Erzählungen in welchen ernste Begebenheiten in religiösem Sinn aufgefaßt sind, wie in Hartmann's von der Aue vorzüglichem Gedichte vom armen Heinrich. Es ist auf den Volksglauben gebaut daß der im Mittelalter verbreitete Aussatz nur durch freiwillig geopfertes Menschenblut geheilt werden könne. Von dieser Krankheit befallen hat sich der sonst so reiche, nur dadurch arme Herr Heinrich in ein einsames Gehöft zurückgezogen, und die Tochter des Meiers beschließt ihn durch ihr Leben zu retten, indem die aufkeimende Liebe zu dem Leidenden sich in den Ausdruck der Sehnsucht nach dem Himmel verbirgt, den sie ja durch ihren Tod verdiene. So zieht sie mit dem kranken Herrn nach Salerno, und wie sie dort ruhig heiter auf dem Secirtische des Arztes liegt, da rührt ihre Gottergebenheit den Ritter, also daß er sein Leid wie eine höhere Fügung tragen und sein Leben nicht auf Kosten eines andern retten will. Und dieser innere Umschwung des Gemüths bringt ihm auf der Heimfahrt die Genesung; seine Retterin wird seine Gemahlin. — Der gute Gerhard von Rudolf von Ems zeigt wie das Gute, das ein Mensch thut, seinen Werth durch Selbstgefälligkeit verliert; es soll nicht um des Ruhmes vor der Welt, sondern um Gottes willen gethan werden. — In der Crescentia begegnen wir der Gattin die während der Gemahl auf dem Kreuzzug fern ist dem Verführer widersteht, aber verleumdet und verstoßen wird, bis endlich ihre bewährte Treue erkannt wird, wie in der Genofevasage. Die Sache erhält im Heraklius eine andere Wendung; hier wird die Kaiserin untreu, aber die Schuld wird dem Gemahl zugerechnet der durch seine Ueberhut sie zur Uebertretung gereizt habe.

Ein bedeutendes Gedicht verwebt Legende und Weltgeschichte; der Lobgesang auf den heiligen Anno, der 1075 als Erzbischof von Köln gestorben ist. Von der Schöpfung, dem Sündenfall und der Erlösung hebt der Dichter an, und kommt so auf Köln, wo so viele Märtyrer ruhen, wo Anno gewirkt. Das Lob des Mannes und der Stadt führt den Flug der Einbildungskraft auf die Gründer der ersten Städte und Reiche, nach Babylon und nach Rom, auf Cäsar und auf Augustus, unter dessen Herrschaft Christus geboren und Köln erbaut ward. Aber mit besserm Sieg als Cäsar haben die Sendboten Christi das Land gewonnen, und ein rechter Nachfolger von ihnen ist der Bischof, dessen Leben nun ihm zum Ruhme, den Hörern zur Nacheiferung geschildert wird. Schon Herder hat etwas Pindarisches in dem schwungvollen Gedicht gefunden. Es lehnt sich an die Kaiserchronik, welche die Legende aller Heiligen im Rahmen der römischen Kaisergeschichte erzählt, in denselben aber auch die anziehendsten Sagen und Ereignisse aus der alten Königszeit und Republik einfügt.

Neben den idealen und religiösen Strebungen aber forderte auch der gewöhnliche Weltlauf sein Recht, und in einer Fülle anekdotenhafter oder novellistischer Stoffe ward nun auch das tägliche Thun und Treiben der Menschen, der Reiz der Sinn-

Poetische Erzählungen; Legenden und Schwänke. 359

lichkeit, die Macht der Leidenschaft, der Sieg der Klugheit und des Witzes wie die Tugenden der Standhaftigkeit, Tapferkeit, Freundestreue in immer neuen Wendungen und Situationen, in überraschenden Glückswechseln, in ernster und lächerlicher Verwickelung und Lösung der Geschicke dargestellt. Hier vornehmlich drangen die Stoffe des Orients ein und lebten in mannichfacher Umwandlung fort. Ein spanischer Jude, Moses von Huesca, der sich zum Christenthum bekehrte, ließ in der disciplina clericalis einen Vater die Lebensregeln und Mahnungen an den erwachsenen Sohn durch Beispiele der Erfahrung belegen, zu welchen er vornehmlich die Erzählungen verwerthete die ihm die Araber überlieferten; er ward die Quelle vieler einzelner poetischen Nachbildungen, zunächst in Frankreich. Die Ministrels, die Jongleurs trugen die contes oder fabliaux von Ort zu Ort, und benutzten sie die Neuigkeiten damit zu verbinden, welche sie selbst auf ihren Wanderungen sahen und hörten. Sie wollten unterhalten und ergötzen, und die Reimpaare der kurzen achtsilbigen Verse eigneten sich vortrefflich für diese leichten heitern Erzählungen, die auf der Beobachtung der wirklichen Welt fußend das Leben in Dorf und Stadt, im Hause wie im Kloster schildern, und an Streichen der Einfalt oder Klugheit, der Ehrlichkeit oder List ihre Sittenbilder zur Anschauung bringen. Sie sind in Schlüpfrigkeiten erfinderisch, sie weiden sich an den verstohlenen Genüssen verbotener Liebe, besonders wenn sich das Recht der Natur einer unnatürlichen Convenienz zum Trotze geltend macht, und treiben gern mit Mönchen und Nonnen ihren Scherz, wenn sie die Conflicte berichten in welche diese der sinnliche Trieb mit dem Keuschheitsgelübbe bringt, und wenn sie auch hin und wieder eine moralisirende Wendung nehmen, so wollen sie doch am liebsten lachend die Wahrheit sagen und die Lächerlichkeiten der Welt zur Belustigung der Hörer ausbeuten. Was die Jean de Boves, Gauwain und Rutebeuf hier in der scheinbar so lässigen und doch so pikanten Darstellungsweise begonnen, das hat nicht blos in der spätern Literatur Frankreichs fortgewirkt, sondern damals sogleich seine anregende Kraft auf das übrige Europa ausgeübt, und wenn auch diese Weise in der folgenden Periode ihre volle Blüte trieb, so gehört doch vieles was Hagen in seinem Gesammtabenteuer herausgegeben, auch in Deutschland schon jener Zeit an. So unter anderm die prächtige versificirte Dorfgeschichte vom Meyer Helmbrecht, die uns den Bauernburschen zeigt der adeliches Wesen annimmt und auch nicht mehr von seiner Hände Arbeit, sondern nach Art des bereits ausartenden Ritterthums aus dem Stegreif leben will. Da wird er denn unter adelicher Führung ein Wegelagerer, und weiß auch seine Schwester in das liederliche Treiben hineinzuziehen, bis er eingefangen wird und der Henker ihm eine Hand und einen Fuß abhaut, die Augen aussticht. Bauern, die er früher geängstigt und geplündert hat, hängen ihn endlich mit Hohn an einem Baum auf. Es ist das gesunde sittliche Volksgefühl das hier auch im Dichter, Wilhelm dem Gärtner, gegen den Verfall der vornehmen Gesellschaft und die Ansteckung des Bürgerthums durch sie einen kräftigen Rückschlag übt, und die Darstellung ist voll anschaulicher Frische.

Suchen wir nach einem französischen Gegenbilde, so nenne ich Aucassin und Nicolette. Die Heimat der Dichtung ist die Provence. Dort, sagen wir mit ihrem Uebersetzer W. Hertz, dort ist der Held der Geschichte geboren, dort ist der Mittelpunkt der Handlung, von dorther kommt der Gluthauch rücksichtsloser Leidenschaft, der uns aus Reden und Schilderungen wie der starke Duft südlicher Gärten entgegenathmet, jener überzärtlichen, übertrotzigen Sehnsucht, die nur Ein Lebensziel kennt und nur Eine Pflicht nach diesem Ziele zu streben, und außer ihm alle Güter des Himmels und der Erde verachtet. Der Grafensohn liebt die holde Maurin aus unbekanntem Geschlecht, aber sein Bann und Kerker mag die Minne wehren; sie finden einander im blühenden Walde; sie werden wieder auseinandergerissen und Nicolette als Sklavin den eigenen Aeltern, den Fürsten von Carthago verkauft. Nachdem sie erkannt worden, kehrt sie als Fiedler verkleidet nach der Provence zurück, und singt vor dem Geliebten von ihrem Geschick, von der Königstochter des Morgenlandes die ihre Heimat verlassen um nicht einen Heidenfürsten zu heirathen, während sie die Liebe zu Aucassin im Herzen hege. Ein nordfranzösischer Dichter aus der Hälfte des 13. Jahrhunderts hat den Stoff in einem Wechsel von Vers und Prosa behandelt, je nachdem Phantasie und Empfindung mehr oder minder angeregt sind. Und während über Nicolette aller Zauber der Romantik schwebt, steht Aucassin in einem wundersamen Zwielicht von Jugendherrlichkeit und Jugendtollheit, indem der Dichter das Uebertriebene in den Aeußerungen seiner Leidenschaft fühlt, und sie gleich den seltsamen Begebenheiten zwar scheinbar ganz treuherzig berichtet, im Grunde aber mit einem Anflug von Ariostischer Laune humoristisch behandelt. So stellt er den von der Einbildungskraft überstiegerten Liebesschmerzen des ritterlichen Jünglings die wirkliche materielle Noth eines plumpen Bauernburschen gegenüber, und führt sein Liebespaar einmal in ein Land wo der Mann sich ins Bett legt und die Glückwünsche empfängt, wenn die Frau ein Kind geboren hat; da ist der Mann alles, das Weib nichts, und hat selbst von dem Kinde nur die Mühsal als die Dienerin des Mannes, dem allein die Ehre gezollt wird, während der ritterliche Minnedienst die Frau zur Herrin der Gesellschaft machte.

Eine Dichterin aus der Normandie, Marie de France, lebte um die Mitte des 13. Jahrhunderts am Hofe von England, an welchem die französische Sprache und Bildung herrschte und das Angelsächsische zurückdrängte; statt seiner großartigen Volkspoesie ward nun der zierliche Reimgesang der Trouveres in den höhern Kreisen herrschend, und blühte unter Richard Löwenherz und Heinrich III. Unsere Dichterin aber hat, während die keltische Arthursage im Epos sich entfaltete, sich Stoffe bretonischer Volkslieder auserwählt um sie auf zarte und naiv sinnige Weise behaglich klar zu erzählen. Wohl ragt das Mythische mit seinen Wundern hier und da in die Gegenwart herein, zugleich aber werden die merkwürdigen und anmuthigen Begebenheiten psychologisch motivirt und vornehmlich das weibliche Gemüthsleben darin entfaltet. Marie de France sieht im Ehebruch eine zu büßende Schuld und setzt sich nur dann darüber hinweg wenn alte tyrannische Männer junge Frauen mistrauisch hüten und zur Enthaltsamkeit zwingen wollen; da tritt die Natur in ihr freies Recht gegenüber der Convenienz. Sonst aber führt echte Liebe die sich ihr angeloben zu süßem Glück oder zu süßem gemeinsamen Tod, — hinüber nach Avalon. Die Widmung der Dichterin beginnt:

> Wem Gott die Wissenschaft gegeben
> Der Rede Kunstgewand zu weben,
> Der soll die Gabe nicht verschweigen,
> Rein freudig allen Menschen zeigen.
> Hört man das Gute darin und wann,
> So fängt es erst zu knospen an,
> Doch lebt's in jeglichem Gemüthe,
> So steht es recht in voller Blüte.

Gegen die Schelmereien der Weltkinder in den lustigen
Schwänken und gegen den Spott und die Neckereien womit häufig
die Pfaffen sammt der abergläubischen Einfalt bedacht wurden,
suchten geistliche Erzähler nach einem Gegengewicht in frommen
Geschichten, wie der Prior Gautier de Coinsi zu Soissons, der
in allerlei Erfindungen und Sagen die Wunderkraft Maria's verherrlichen wollte. Aber wenn nun Maria einer Aebtissin, die sie
in ihren Nöthen anruft, als Hebamme beisteht, oder das Kloster-
amt der liederlichen Nonne versieht, die sich draußen mit Soldaten ergötzt, so weiß man freilich nicht wo hier der Ernst auf-
hört und der frivole Spaß anfängt. Man malt wie nach Schiller's
Rath am zugleich den geistlich und weltlich Gesinnten zu gefallen
die Wollust und den Teufel dazu, und der Teufel selbst unterliegt
der Himmelskönigin. Auch Cäsarius der Mönch von Heisterbach
belehrt in seinem Dialoge einen Novizen daß Maria für einen
Ritter, der in der Messe den Anfang des Turniers versäumt,
aufs Pferd gestiegen und den Gegner aus dem Sattel gehoben,
und einen andern von sündhafter Liebe zu ihr durch einen Kuß
geheilt habe.

Nach orientalischer Art liebte man eine Reihe von Geschichten in einem gemeinsamen Rahmen zusammenzufügen, wie in
den sieben weisen Meistern. Die gesta Romanorum sind ein
Haufwerk von Erzählungen mit angehängter Moral, aus dem
Alterthum, aus dem Orient, aus dem mittelalterlichen Leben, gleich
bequem für Beichtväter und Sittenprediger wie für die Unterhaltung müßiger Stunden und lustiger Gesellschaften, eine Fundgrube des Stoffes für umarbeitende Novellisten und Dramatiker
bis in die neueste Zeit. Im volksthümlichen Geiste des Mittelalters aber war es wenn frei herum flatternde Geschichten, die
überall und nirgends passiren, sich einen mythischen Träger suchten
und diesen selbst zur typischen Gestalt machten. So geschah es
später mit Faust und Eulenspiegel; damals aber war es der Pfaffe
Amis, der aus England stammt, aber auch in Frankreich war,
und endlich durch den Dichter Stricker in die deutsche Literatur
eingeführt wurde, ein Held der Schelmenstreiche und Schwänke,
der die Welt durchstreift und sich überall auf Kosten der Albern-
nen, Dummdreisten und Ueberklugen den Seckel füllt und die
Lachlust befriedigt. Wie unser arabischer Freund Abu Said von
Serug tritt dieser Pfaffe in allerhand Verwandlungen bald als
Maler oder Reliquienkrämer, bald als Kaufmann oder Heiliger

auf, in immer andern Kreifen feine Schalkhaftigkeiten ausübend. Theilweife verfchmolz er mit dem Eulenfpiegel, und ein Stück von ihm feierte feine Auferftehung in Bürger's Abt von Sanct Gallen.

Sonft können wir uns nicht bergen daß die Erzähler in der zweiten Hälfte des 13. Jahrhunderts den großen Stoffen des Epos, denen fie fich oft wieder zuwenden, nicht gewachfen find, daß ihre Sammelwerke gerade bei einzelnen Zierathen den Epigonencharakter tragen; auch beginnen fie die abenteuerlichen Spiele der Einbildungskraft für unwahren Tand anzufehen und fich dem Lehrhaften oder in Reimchroniken der Gefchichte zuzuwenden, und Rudolf von Ems fühlt es daß in der allgemeinen Verbreitung des Verfemachens der Geift der Kunft verbafte, wenn er fagt daß fie um fo vereinfamter fei je gemeinfamer fie erfcheine.

Auch das war epigonenhaft daß man am Ende der vorliegenden Periode die Poefie felbft zum Gegenftande der Poefie machte, wie das im Sängerkrieg auf der Wartburg gefchah, einem unerquicklichen Werke, das keineswegs die Dichter in ihrer Eigenart charakterifirt, fondern fich in herkömmlichen Redensarten und dunkeln Räthfelfpielen gefällt, übrigens aber als große Tenzone auf deutfchem Boden in der Gegenüberftellung der miteinander ringenden Kräfte den Keim des Dramas in fich birgt und damit in die Zukunft weift.

Epifche Gedankendichtung.

Während der griechifche Geift vornehmlich auf Anfchauung gerichtet nach folcher auch den Menfchen als den bezeichnet der das Antlitz aufwärts wendet, nennt ihn die indifche wie die deutfche Sprache den Denkenden, und daß die Germanen fich gleich ihren Brüdern am Ganges früh zur Gedankenwelt hingezogen fühlten, bewies uns die Spruchweisheit der Edda. Doch auch auf Homer folgten Hefiod und Empedokles, während die Epiker die den innern Menfchen zum Gegenftand hatten, fchon dadurch felbft zu Betrachtungen hingeführt wurden, die fie an den Anfang und an das Ende ihrer Dichtungen ftellten, oder gelegentlich einwoben, wie Wolfram und Gottfried beides thaten, während die Lyriker wie Walther und Reinmar ihre patriotischen oder sittlichen Empfindungen gleichfalls zu bestimmten Gedanken ausprägten. Auch dem französischen Geist ist das Verständige, Rationale so eigen, daß es nicht blos in der Zeit der Renaissance zur Herrschaft kam, sondern jetzt schon den ernsten und scherzhaften Erzählungen gern einen lehrhaften oder satirischen Beigeschmack gab. Trat dies Gedankenhafte in den Vordergrund, so wurde die Geschichte ausdrücklich nach diesem Sinne zugerichtet, und erhielt auch den Namen des Beispieles, und zur Thiersage gesellte sich die Fabel, bei Marie de France wie bei Stricker und Boner. Gern verkörperte man Seeleneigenschaften, Tugenden und Laster und flocht sie in die Erzählung ein, und wir werden solchen Allegorien vorzüglich im Drama begegnen. Die französische Romantik schließt am Ende des 13. Jahrhunderts mit dem Roman von der Rose, den Guillaume de Lorris in fließenden Versen begann und Jean de Meung vollendete. Im Traume sieht sich der Dichter in die Nähe des Gartens der Liebe versetzt, und wie ein wunderlicher Traum oder wie eine wirre verzauberte Bildniß muthet das Buch uns an, das Moral und Satire, Empfindsamkeit und haarspaltende Erörterung bunt und bizarr miteinander vermischt, durch seine symbolischen Zweideutigkeiten zugleich den Verstand reizt und die Sinnlichkeit kitzelt, und diesen Dingen dann wieder eine theologische Deutung gibt. Dame Müßigkeit öffnet dem Dichter die Pforte, und wie er den Liebesgarten betritt wird er von Amor's Pfeil verwundet und begehrt die schöne Rose zu pflücken. Herr Willkomm läßt sie ihn sehen, aber der Verräther Fährniß bereitet Schwierigkeiten, bis Dame Gescheidigkeit hülfreich ins Mittel tritt. Nun werden Gräben übersprungen und Schlösser gesprengt, die Laster mit dem Beistand der Tugenden überwunden; die Burg ist mit Sturm genommen, die Rose wird gepflückt. Wie das Buch gelesen und gepriesen, wie es bestritten und von dem Kanzler der pariser Universität gleich einer unzüchtigen Vettel zum Schandpfahl verdammt wurde, das macht es für die Culturgeschichte interessanter als sein ästhetischer Werth verdient. Es glaubt an keine weibliche Keuschheit, und verkündet ganz offen den Satz daß alle für alle zum Liebesgenuß geschaffen seien.

Von dem florentiner Geschichtschreiber Dino Compagni, einem der Gründer der italienischen Literatur, haben wir in einer an Dante anklingenden Sprache und Anschauungsweise ein allegorisches Gedicht: Intelligenzia. Der Dichter kommt im Frühling zum Zauberschloß der Frühlingskönigin, dessen mit Bildern geschmückter Saal von ihm beschrieben wird. An der Gewölbedecke um den Amor in der Mitte sind die Gestalten berühmter Liebenden, wie Paris und Helena, David und Bathseba, Tristan und Isolde; an den Wänden glorreiche Heldenthaten, der troianische Krieg, Alexander's und Cäsar's Geschichte, wie sie die mittelalterliche Dichtung dargestellt, sodaß die Blumenmärchen so wenig fehlen wie der verliebte Aristoteles, der wie ein gezähmtes Roß auf allen Vieren trabend auf dem Rücken die Schöne trägt, derethalb er Tags zuvor seinen Zögling ausgescholten. Dann nennt Dino seine Heldin und deutet seine Allegorie. Nicht die natürliche, sondern die geistig belebende Frühlingsmacht ist es, die Weisheit oder Erkenntniß, die vor Gott steht und vom Himmel her die Sterne bewegt und alle Triebkräfte des Lebens weckt. Die 60 Edelsteine ihrer Krone sind die Tugenden, ihre sieben Dienerinnen die freien Künste, ihre Burg ist der Mensch, und der Gemäldesaal das Herz mit seiner Liebe und seinen Erinnerungen. Die ganze Sinnenwelt ist nur die Erscheinung des wahren, des idealen Seins. — Directer noch auf Dante weist ein in veroneser Mundart von Fra Giacomino geschriebenes Werk: Das himmlische Jerusalem und die Stadt Babel. Die Form ist den chansons de gesto entlehnt, der Dichter will wettstreiten mit deren Berichten von Olivier und Roland, indem er uns ins Paradies führt, wo die Liebe beseligt und das Anschauen Gottes die höchste Wonne ist, und in die Hölle, wo in Gottesferne alles finster und kalt ist und der Haß der Teufel die Verbannten mit Jubel begrüßt. Kirchengemälde wie Augustin und Bonaventura boten den Stoff zum ersten, Phantasien aus alter wie aus christlicher Zeit die Motive zum zweiten Gesang, wo verzehrende Flammen mit eisigen Strömen wechseln. Der Dichter sagt selbst daß man die Höllenstrafen symbolisch nehmen soll, und es ist bereits ein feiner großen Nachfolgers würdiger Zug, wenn zwei Tyrannen, Vater und Sohn, sich mit Vorwürfen, dann mit Nägeln und Zähnen zerreißen; wenn sie könnten, würden sie sich auch das Herz mit den Zähnen zerfleischen!

Daß in einer Zeit die eigentlich noch keine Prosa kannte auch die astronomischen Kenntnisse wie die Jagdregeln oder die

Eigenschaften der Edelsteine in Verse gebracht wurden, macht solche Reimereien noch nicht zu Gedichten. Wir gehen ihnen vorüber um bei einigen Werken zu verweilen, die uns den Geist der Zeit abspiegeln, die uns zeigen was für gute Sitte und wahre Sittlichkeit galt. Es war eine glückliche und beliebte Einkleidung die Mutter zur Tochter, den Vater zum Sohne reden zu lassen, doch nirgends werden die Erfahrungen des Alters in so sanftfeierlichem Tone der Jugend dargelegt wie im deutschen Winsbeke, welcher Menschenkenntniß mit Gottesfurcht verbindet, das irdische Leben nicht vertändelt oder nicht verachtet, sondern in seiner Beziehung zur Ewigkeit betrachtet wissen will. Er lehrt auf die Worte der Priester achten und sich nicht irremachen lassen durch ihre Werke. Er lehrt die Frauen schätzen, die der Welt Zierde sind, an deren all unsere Seligkeit liegt, deren Liebe unsere Herzen heilt und heiligt, und vor deren Blick die Thränen unsers Kummers wie Thau vor der Sonne vergehen. Er lehrt die Kräfte in der Jugend regen und brauchen, denn früh brennt was eine Nessel werden will, er warnt vor weichlichem Verliegen, das keinen Ruhm erwirbt. Er lehrt Milde und Höflichkeit gegen jedermann, Großmuth gegen die Friude. Und wenn so das Beste der Rittersitte geschildert wird, so hält doch den Dichter kein Standesvorurtheil gefangen, sondern die Tugend macht den Adel, und der Hochgeborene ohne sie wird dem Niedern nachgesetzt der nach Ehre strebt.

Wie im Mittelalter die zwei Schwerter, das geistliche und weltliche, nebeneinander aufgerichtet waren, und die Aufgabe war daß die Religion allmählich das ganze Leben durchdringe, der Staat sich mit den idealen Zwecken erfülle, so zeigt uns Freidank's Bescheidenheit das Nebeneinander und die anhebende Vermittelung des Christlichen und Rationalen in der Verbindung volksthümlicher Sprüche und weltkluger Erfahrungen mit den Geboten des Evangeliums und der Lehre daß unser wahres Vaterland der Himmel sei.

> Gott dienen ohne Wank
> Ist aller Weisheit Anfang.
> Wer um die kurze Lebensfrist
> Die Freude der Ewigkeit vergißt,
> Der hat sich selber sehr betrogen
> Und zimmert auf den Regenbogen.

> Wer die Seele will bewahren
> Muß die Selbstsucht lassen fahren.
> Wer da lebt in Gottes Gebot
> In dem ist Gott und er in Gott.

So hebt der Dichter an, und in gleicher Körnigkeit, in gleicher Frische faßt er in Worte was im Herzen des Volks lebt, indem gerade die Bildlichkeit des Sprichworts der Poesie zugute kommt. So heißt es von der Zunge sie habe kein Bein und breche doch Stein und Bein, und von der guten Pfennigsalbe daß sie das starrste Gemüth biegsam mache, und von der Hoffart daß sie den kurzen Mann zwinge auf den Zehen zu gehen. Der Dichter will daß sich die Reue in guten Werken bewähre; er eifert gegen den Ablaß, denn nur Gott kann Sünden vergeben, ja erklärt daß die Bedeutung und die Wirkung der Messe für das Seelenheil nicht in der äußern Handlung, sondern in der innern Beschaffenheit der Menschen liege die sie hören. So betont Freidank durchaus das Innere, und wie die reformatorische Bewegung sich verbreitete und das deutsche Bürgerthum emporstieg, wuchs auch das Ansehen seines Büchleins, das in allen Dingen das rechte Maß lehren wollte.

Vergleicht sich der Freidank den sieben Weisen Griechenlands, so weht uns ein Hauch der Sokratik an aus dem welschen Gast von Thomasin von Cieclaria; der Italiener aus Friaul hat im Grenzlande auch die deutsche Sprache gelernt, und nachdem er vorher ein romanisches Werk von höfischer Sitte verfaßt, wird er jetzt zum dichtenden Philosophen, und spendet uns ein Gastgeschenk, indem er, der viel edle und schöne Thaten in Liedern preisen hörte, nun sagen will was Tugend und Frömmigkeit sei; denn die Jugend möge sich an der Heldensage wie an Bildern und Beispielen schulen und freuen, der Mann aber müsse den Sinn erforschen und die Wahrheit im Gedanken erfassen. Wir hören die besten Ergebnisse der antiken Ethik, wenn Thomasin jene grundsätzliche Tugend lehrt die dem Menschen Fassung, Halt und Dauer gibt, daß er nicht wie ein Spielball zwischen Freud und Leid hin- und hergeworfen wird; wenn er das Glück in die Zufriedenheit und die Seelenruhe setzt, die der Arme wie der Reiche sich aneignen solle, und wenn er dabei die Vergänglichkeit irdischer Macht und die Leere des äußern Vergnügens gegenüber dem stillen Glücke des Bedürfnißlosen schildert, den keine Sorge

quält. Es gemahnt uns an das was die Stoiker vom Weisen
sagen, wenn es heißt daß den Guten nichts erschüttere noch irre;
Krankheit lehrt ihn Duldung, auch in der Verbannung bleibt er
bei sich selbst in seiner edeln Gesinnung zu Hause, und kein Dunkel
des Gefängnisses löscht das Licht das in seinem Geiste leuchtet;
der Tod erlöst ihn aus aller Noth, und der Himmel deckt ihn
ebenso wohl als ein ehrender Grabstein. Mit solchem antiken
Elemente verschmilzt dann das christlich germanische, daß der Wille
dem Werk den Namen gibt, daß Gott auf die Absicht sieht, daß
der Gute selig lebt ihm geschehe lieb oder leid, denn wer Unrecht
thut ist unseliger als wer Unrecht leidet; den Guten würde un-
getrübtes Glück sicher machen und auch der Böse hat Augenblicke
wo er recht thut, sobaß dafür das irdische Glück ihm lohnt. Das
Unglück stählt und läutert den Edeln, und so ist es gut für ihn.
Edel aber ist nicht der Vornehme, sondern wer sein Herz und
Gemüth an das Gute wendet. Und wie die Heldensage so sieht
Thomasin den Kern der Tugend in der Treue, in der Stetigkeit;
er bekämpft die Unstete, den Zweifel, den Wankelmuth, das lügne-
rische Wesen das zugleich streichelt und rauft, das nicht Wort hält;
er preist die Beständigkeit, die ein Ewiges in das Zeitliche herein-
zieht, indem er den Menschen von Stetigkeit und Treue wie einen
echten Ritter mit allen Tugenden zum Kampf und Sieg gegen die
Laster waffnet; derselbige wird siegen, denn was innerlich ist weicht
niemals dem Aeußern.

Diese Werke gehören dem Anfang des 13. Jahrhunderts an;
der Renner Hugo von Trimberg's am Ende desselben ist bereits
mehr Erzeugniß der Schulgelehrsamkeit als der frischen Lebens-
weisheit. Er will den Honig aus den Schriften weltlicher Wissenschaft ziehen, aber das Gift zurücklassen, denn Gift sei alles was
nicht mit dem Buchstaben der Bibel stimmt. So meint er als
Sammler sein Verdienst zu haben, nütze ja doch der Esel mehr
als die Nachtigall. Er ist mehr Sittenprediger und Sittenschil-
derer als Dichter; das Dichterische sind die vielen Gleichnisse
aus der Natur, die vielen Beispiele aus der Geschichte die ihm
stets zur Hand sind, wenn er die Hoffart, die Habgier, die Un-
mäßigkeit, die ja auch wie wilde Bestien in Dante's Weg treten,
in ihren mannichfaltigen Formen geißelt. Sein Buch soll rennen
durch alle Lande; aber es könnte auch Renner heißen weil es wie
ein wildes Pferd beständig mit dem Reiter durchgeht und ihn in

Kreuz- und Quersprüngen unabläſſig vom Hundertſten ins Tauſendſte führt. Doch hat es verdient für lange Zeit ein vielgeleſenes Werk zu ſein, weil es dem thätigen wie dem beſchaulichen Leben in gleicher Weiſe gerecht wird.

Die Anfänge des Dramas.

Wenn man erwägt wie dramatiſche Darſtellungen ſtets bei allen Völkern ſich finden, während die Blüte der dramatiſchen Poeſie allerdings nur Höhepunkte weltgeſchichtlicher Entwickelung ſchmückt, ſo ergibt ſich die Forſchung als müßig die da beſtimmen möchte welches die erſten mittelalterlichen Werke auf dieſem Gebiete geweſen ſeien. Vielmehr kann man bemerken daß die Luſt an Schauſpielen, welche die Römer in die eroberten Provinzen trugen, dort ſich erhielt und daß eine ununterbrochene Kette von ihren Mimen und Poſſenreißern zu den franzöſiſchen Jongleurs und der italieniſchen Stegreifkomödie hinüberleitet. Wir haben alſo auch hier ein Element antiker Ueberlieferung. Ein zweites deutete ich bereits an in den Aufzügen, Wettkämpfen und Wechſelgeſängen des germaniſchen Heidenthums. Das dritte bildet die chriſtliche Liturgie; es iſt das wichtigſte; auch unſer Drama war wie das griechiſche urſprünglich eine gottesdienſtliche Handlung, eine religiöſe Feier, und empfing durch ſie die Weihe zu ſeiner hohen Beſtimmung, der Erhebung des Gemüths über Leid und Untergang, der Läuterung der Seele durch Schmerz und Freude. Der Sündenfall und die Erlöſung, der Urſprung des Böſen durch die Abwendung des menſchlichen Willens vom göttlichen, und die Ueberwindung des Böſen, der Selbſtentzweiung des Geiſtes, durch die Verſöhnung mit Gott im ſelbſtbewußten Willen des Guten, Chriſtus als der Held dieſer Verſöhnung, ſeine Geburt und ſein todüberwindender Opfertod und Eingang in die ewige Herrlichkeit, dies große Myſterium der Liebe und Freiheit war der Ausgangspunkt und die Grundidee der Miſterien oder Miniſterien, gottesdienſtlichen Darſtellungen, die hier das große Drama der Menſchheit dem Volk zu unmittelbarer Anſchauung brachten. Schuld und Sühne war die Grundlage der Tragödie mit ihren ernſten Schrecken in der Offenbarung göttlicher Gerechtigkeit und Gnade; zugleich aber wird Gott als das wahre Sein, das von ihm Abgetrennte, das Böse damit als das nicht sein Sollende und als das Nichtige gewußt, und daraus folgt daß es eine Thorheit ist, die sich aufspreizt und doch nur sich selber auflöst, und in dieser Hinsicht bot es sich zum Stoff der Komödie; der Teufel selbst ward zum dummen oder lustigen Teufel, um bald durch die Kraft des sarkastischen Spottes in seiner Rede, bald durch die Selbstverkehrung seiner Anschläge als der Spaßmacher zu erscheinen; in der Verquickung des Erhabenen und Lächerlichen ward der Humor entbunden.

Die Messe mit den symbolischen Handlungen und Wechselgesängen von Priester und Gemeinde, mit dem Genusse des Versöhnungsmahles zum Schluß entspricht den eleusinischen Mysterien im Griechenthum, eine kunstvoll gestaltete dramatische religiöse Feier wie sie. Die Ordnung der Feste von Weihnachten zu Palmsonntag, Charfreitag, Ostern und Himmelfahrt ließ die einzelnen Acte eines großen Dramas erkennen, und wir dürfen daran erinnern wie sie mit der Geburt der Sonne in der Wintersonnenwende, mit dem Erwachen der Natur im Frühling zusammentrafen, um es erklärlich zu finden daß die Kirche die volksthümliche Feier des Naturdienstes an sich heranzog und geistig verwerthete. Wenn hier das Bild des neugeborenen Heilandes auf dem Schoße der Mutter den Gläubigen gezeigt wurde, so neigten sie sich selbst gleich den Hirten und Weisen vor ihm, während der Friedensgruß der Engel erscholl; wenn am Charfreitag das Kreuz verhüllt und in die Gruft gesenkt, am Ostermorgen wieder emporgezogen ward, so lag es nahe daß die Leidensgeschichte in lebendiger Wechselrede, mit anschaulichem Geberdenspiel von den Priestern dem Volke vorgetragen ward. Ebenso traten an den Festtagen der Heiligen aus der Erzählung ihres Lebens und Sterbens die wichtigsten Momente um so eindringlicher hervor, wenn ein Geistlicher sich an ihre Stelle versetzte, und so durch Wechselrede und Handlung die vergangene Geschichte unmittelbar vergegenwärtigt wurde. Die Gemälde in der Kirche hießen ja die Bibel der Armen, und die Geistlichen pflegten bei Verlesung des Textes eine Rolle zu entfalten welche den Inhalt bildlich darstellte.

Solange die ersten Anfänge dramatischer Darstellungen solcher Art ganz in den Händen der Geistlichen waren, bedienten sie sich der lateinischen Sprache; die ältesten erhaltenen Weih-

Die Anfänge des Dramas. 371

nachts- und Passionsspiele sind in derselben. Wie aber schon im 11. Jahrhundert in Frankreich die Weise der epistola farsita aufkam, welche abwechselnd den Priester lateinisch, die Gemeinde romanisch reden und singen läßt, so ist auch schon in der dramatischen Darstellung des Gleichnisses von den klugen und thörichten Jungfrauen die Sprache in ähnlicher Weise gemischt, und in dem Oelkrämer, an den diese sich wenden, eine Figur aus dem gegenwärtigen Leben mit leisem komischen Anflug eingeführt. Noch herrschte der Gesang im Vortrag über die Rede. Aber wie im 12. Jahrhundert die Poesie in der Volkssprache sich entwickelte, im 13. blühte, so wurden nun auch die kirchlichen Schauspiele reicher entfaltet und kamen gleichfalls aus den geistlichen in weltliche Hände. Anfangs war die Kirche selbst die Schaubühne gewesen, und wir ersehen aus einem Erlasse des Papstes Innocenz III. von 1210, sowie aus einem etwas spätern spanischen Gesetze daß die Geistlichen bereits die Jongleurs, im Spanischen contrafacedores geheißen, gern herangezogen um ihnen, die aus mimischen Darstellungen ein Gewerbe machten, namentlich jene mehr komischen Rollen zu übertragen, die damals schon so verbreitet waren daß eben die Possenspiele und Spottgedichte aus den Kirchen verbannt werden. Nun schlug man die Bühne vor diesen auf, und zwar gern in drei Stockwerken, deren oberstes das Paradies, das mittlere die Erde, das untere den Höllenrachen veranschaulichte. Ging auch Frankreich in der Ausbildung dieser religiösen Schauspiele voran, so verbreiteten und entwickelten sie sich doch in England und Deutschland, in Spanien und Italien auf ähnliche Art. Durch Handlung und Wechselgespräch ward die Begebenheit in die Gegenwart gerückt, aber noch nicht aus Charakteren, ihren Stimmungen und Leidenschaften entwickelt, vielmehr nur das Ereigniß in seinem äußern Geschehen nach epischer Weise geschildert und der Erguß des Gefühls in lyrischen Gesängen ausgesprochen. Aber gewonnen war bereits der große Stoff, der unmittelbar eine die Menschheit bewegende Idee ausprägt, gewonnen der lebendige Sinn für Action, für die ihrem Ziel zuschreitende Handlung.

Nach mittelalterlicher Weise symbolischer Personification ließ man gern die Gestalten der Wahrheit, der Gerechtigkeit, des Friedens und ähnliche in den Mysterien auftreten, und daraus entwickelten sich die selbständigen Moralitäten, so genannt weil vornehmlich die sittlichen Kämpfe und Angelegenheiten des Men-

24*

schen durch sie dargestellt wurden. Die Tugenden und die Laster rangen miteinander um die menschliche Seele, und der Heiland selbst konnte auch hier wieder rettend erscheinen. So ließ der Trouvère Guillaume Hermann nach Adam's Fall die Wahrheit und Gerechtigkeit anklagend vor Gottes Thron auftreten, während Barmherzigkeit und Friede für den Menschen sprachen; die Hinweisung Gottes auf den künftigen Erlöser stellte die Eintracht der vier Schwestern her. Solch eine Versöhnung von Gnade und Gerechtigkeit, wie sie Anselm wissenschaftlich versucht, stellte auch (1207) sein Nachfolger im Erzbisthum von Canterbury, Langton, dramatisch dar; es ist in allegorischer Weise der Grundgedanke den auch Shakespeare im Kaufmann von Venedig rein menschlich entfaltet hat, und wir bemerken wie hier die sittliche Idee, der Kampf des Guten und Bösen, als ein Grundprincip jedes echten Dramas gewonnen ist; das sittliche Handeln, welches das eigentliche Drama in der Mannichfaltigkeit des Lebens und der Charaktere entwickeln soll, wird hier seinem allgemeinen Gehalte nach zunächst allegorisch veranschaulicht, bis die Kunst immer mehr individualisiren und die geschichtlichen Persönlichkeiten in ihrem selbstbereiteten Geschick darstellen lernte.

Dazu führte ein drittes Element, die Figuren aus dem gewöhnlichen Leben, der Quacksalber, der Reliquienhändler, der Kriegsknecht, die in den Mysterien auftraten, dazu führten possenhafte und ernste Bilder aus der Wirklichkeit, wie sie von den Jongleurs vorgetragen wurden, z. B. der Monolog in welchem ein Bürgersmann rathschlagt ob er heirathen soll oder nicht, der Dialog eines Ritters der das Kreuz genommen hat mit einem andern der zu Hause bleibt. Auch die Pastorelle der Troubadours, Wechselgesänge von Hirten und Hirtinnen, die den Verlauf einer Liebesgeschichte darstellten, boten sich zu dramatischer Aufführung dar, und so ist uns unter anderm ein reizendes Schäferspiel von Adam de la Hale erhalten. Rutebeuf, den wir als Erzähler schon erwähnten, dichtete auch ein Drama von Theophilus, der vom Bischof zurückgesetzt in seiner Verzweiflung auch nichts mehr von Gott wissen will, wenn dieser ihn verlassen, und sich durch einen Schwarzkünstler an den Teufel wendet, dem huldigt und seine Seele mit seinem Blute verschreibt, und nun zu weltlichen Ehren und Wohlleben kommt, bald aber seine Schuld erkennt und bereut, und durch seine Zerknirschung die Jungfrau Maria erweicht daß sie dem Teufel die Verschreibung wieder abfordern. Ein Tedeum schließt das Drama, in welchem ein Keim zu unserm Faust enthalten ist.

Durch die Genossenschaften für Schauspiele, die sich schon im 13. Jahrhundert in Paris wie in Chester und Coventry bildeten, entstanden stehende Bühnen, und kam das Drama in die Hände des Bürgerthums; den Aufschwung den es mit demselben nahm werden wir später betrachten.

Die mittelalterliche Musik.

Karl der Große war ein Freund des Gesanges gewesen, und um die kirchliche Musik zu pflegen und die Einheit des Ritus zu bewahren hatte er Franken nach Rom gesandt und römische Singlehrer berufen; in Metz, in Soisson, in Sanct Gallen waren Schulen entstanden, wo die altehrwürdigen Weisen des Gregorianischen Gesanges eingeübt und neue nachgebildet wurden. Je mehr die Geistlichen den von Instrumenten begleiteten Kirchengesang kunst- und regelrecht ausführten, desto mehr ward die Gemeinde auf die refrainartigen Wiederholungen des Kyrie eleison oder Hallelujah beschränkt, wußte sich aber durch Dehnung der Silben oder durch eingelegte und angeknüpfte wortlose Gefühlsergüsse in Tönen etwas zu entschädigen, die, weil sie den Worten folgten, Sequenzen genannt wurden. Diesen Modulationen wurden dann wieder Texte untergelegt, und weil sie ohne Rücksicht auf Versmaß und Reim den Tonreihen und ihrer Bewegung sich anschlossen, hießen sie Prosen. Sie bestanden aus mehrern melodischen Sätzen, welche unmittelbar oder nach einer Einschiebung wiederholt wurden, und alle ganz gleiche oder ähnliche Schlußcadenzen hatten. Notker Balbulus wird als ein Meister dieser Weise genannt. In dieser Abhängigkeit von der Musik begegneten die Prosen dem volksthümlichen Tanzlied oder Leich, und beide wurden nun zu Processionen, vor dem Kampf und auf Wallfahrten gesungen; sie standen wie freie Naturpoesie den Werken der Kunst und Schule zur Seite. Und wie in ihnen die neuen Volksgeister sich regten und bewegten und ihr Selbstgefühl laut werden ließen, so entsprach der Gregorianische Gesang der Kirche mit ihrer überall gleichmäßigen lateinischen Bildung, und bereitete so den gleichartigen Boden für die gemeinsame Entwickelung einer abendländischen Musik. Das Mittelalter nahm ihn sammt der Theorie des Boethius gläubig auf, und gesellte die Musik als eine der sieben freien Künste der Arithmetik und Astronomie, denn sie galt der Scholastik als die Lehre von den in den Tönen und ihrer Harmonie herrschenden Zahlen.

Am Anfange des 10. Jahrhunderts nun tritt uns als ordnender und begründender Meister für das eigentliche Mittelalter der flandrische Mönch Hucbald entgegen, der dem Gesammtcharakter der Epoche getreu mit den antiken und christlichen Ueberlieferungen das volksmäßig Neue zu vermitteln und zu verbinden beflissen war. Auch er suchte nach anschaulicher Tonschrift um das Steigen und Fallen der Stimme zu versinnlichen; er gab dem einen Sänger einen zweiten schon zum freien Geleite, der die Melodie des erstern mit fremden, aber passenden Tönen begleitete, während bei den Schlüssen beide im Einklang oder in der Octave zusammentreffen, sodaß die Zeitgenossen von einer übereinstimmenden Entzweiung redeten, und die Grundlage für die Entwickelung der Harmonie gelegt ward, die nun der einfachen Melodienplastik des Griechenthums das Princip der malerischen Gruppenbildung und mannichfaltigen selbständigen und doch wechselbezogenen Vielstimmigkeit in der Musik gegenüberstellte. Noch erhob sie sich nicht zur freien Schönheit wie die Architektur, noch blieben auf der einen Seite die Kunstübungen kirchlich scholastisch, während auf der andern die poetische Empfindung sich in den Liedern der Troubadours und Minnesänger ergoß ohne an die Schulregel sich zu binden, oder ein Franz von Assisi mit der Lerche wetteifernd die liebeglühende Seele in ungebundenen Rhythmen sich gen Himmel schwingen ließ. Die Schule hatte ihren Meister in dem Benedictinermönch Guido von Arezzo, der in der ersten Hälfte des 11. Jahrhunderts nicht blos das Gehör und die Stimme der ihm anvertrauten Jugend durch eine einfache Unterrichtsmethode rasch bildete, sondern auch den Noten durch ihre Stellung ober-, inner- oder unterhalb eines Systems von Linien eine bezeichnende und feste Stelle gab. Er verlangte daß der Gesang dem Sinn der Worte, dem Wechsel der Dinge sich anpasse, sodaß er ausdrücke was die Worte sagen, frisch und übermüthig beim Jüngling, streng und ernst beim Greis, bei der Trauer in ruhigen, beim Glück in frohbewegten Verbindungen der Töne.

Sang man einmal mehrstimmig, so mußte die Zeitdauer der Töne festgesetzt sein, zumal wenn auf einen Ton der untern mehrere Töne der obern Stimme kamen. Ebenso mußte die Harmonie nicht sowol theoretisch als nach dem Gehör erkannt und bestimmt werden. Das 12. und 13. Jahrhundert übernahmen diese Arbeit. Man unterschied um vollkommene, unvollkommene und mittlere wohllautende Zusammenklänge oder Concordanzen, als Octaven, als Quint und Quarte, als die Terzen; man fühlte daß das Ohr auch Discordanzen erträgt, und sah die Septen als solche an, ja man erkannte daß sie vor einer Consonanz eine gute Wirkung haben, wodurch der Gebrauch und die Auflösung der Dissonanzen, und dadurch wiederum ein neues und höchst wichtiges Kunstmittel der Musik entdeckt ward. In Frankreich war es gewöhnlich daß eine mittlere Stimme die Melodie hielt und trug, daher Tenor genannt; über ihr entfaltete sich eine obere, Discant geheißen, bald in Consonanzen, bald so daß sie sich in bunten Figuren rasch bewegte, endlich aber auch so daß sie stieg wenn der Tenor sank, sank wenn er stieg, wodurch seine Bewegung also eine Gegenbewegung erhielt und das Princip des Contrastes, das im Colorit wie in der malerischen Composition seine Rolle spielt, auch in die Musik gebracht, ja für eine gleichzeitige doppelte Melodienführung die Bahn gebrochen war. Man gesellte dann eine dritte und vierte Stimme, und schon war eine nicht mehr der Reflex der andern, sondern ein Gegenbild, das sich im Schlusse mit ihr zu vermitteln und zu versöhnen hatte; schon durften Dissonanzen erklingen, wenn sie das Streben nach dem Ziel ausdrückten, das der volle reine Accord erreichte, in dem die verschiedenen Kräfte und Wege sich zusammenfanden. Ja man ging noch weiter. Hatte schon das Organum Hucbald's nach Oskar Paul's Forschungen nicht sowol darin bestanden daß eine Melodie in reinen Quinten oder Quarten begleitet wurde, was eine üble Scholastik gewesen wäre, sondern bezeichnete es vielmehr daß eine Stimme der andern in der Quinte oder Quarte nachfolgte und das von ihr Vorgetragene wiederholte oder im Wechselgesang auf die erste Melodie in einer andern Tonlage antwortete, so kam man jetzt zur Nachahmung, indem ein Tongang in mehrere Momente zerlegt und von mehrern Stimmen so vorgetragen ward daß eine der andern folgte, und während diese weiter ging, das von ihr Vorgetragene wiederholte; dieselbe Phrase ward von verschiedenen Stimmen in verschiedenen Momenten vorgetragen; es galt daß doch ein guter Zusammenhang bewahrt blieb; man vernahm unmittelbar wie Grund und Folge, wie der erste und der zweite Theil übereinstimmen.

So kam allmählich zum Rhythmus und der Melodie das dritte Element der Musik, die Harmonie zur Entwickelung, wodurch diese Kunst erst zur vollen Freiheit gelangte und leisten lernte was keine andere annähernd vermag, die Mannichfaltigkeit selbständiger Lebensbewegungen in ihrer Wechselwirkung und ihrer organischen Einheit, oder den Organismus des Werdens im Geist und in der Natur darzustellen und das Streben und Ringen der verschiedenen Kräfte zur Versöhnung zu leiten. Wie in der Architektur Thurm gegen Thurm steht, wie die Kirche über der Krypte emporsteigt, wie Säule und Pfeiler rhythmisch wechseln oder zur Gruppe zusammentreten und die Bogen auf- und absteigen von einer Stütze zur andern und in dem Schlußstein gegenseitig sich tragen und halten, so stellt sich eine Stimme neben die andere, gegen die andere, so baut sich eine Melodie über die andere, so erklingen statt einzelner Töne die Accorde, so bewegen sich die Stimmen gegensätzlich auf und ab um endlich harmonisch sich zu vereinigen.

Während die Musik in der Kirche künstlerisch entwickelt ward, nahm die ritterliche Gesellschaft Gesang und Tanz, diese geselligen Künste in ihre Pflege; ihre Uebung gehörte zur Standesbildung. Die Leier, die Harfe, die Fiedel wurden von Männern und Frauen gespielt; Flöten und Schalmeien erklangen dazu, und von den Arabern nahm man die Oboen, Trompeten und Trommeln auf. Wir erinnern uns daß der adeliche Troubadour gewöhnlich seinen Spieler, Jongleur, zur Seite hatte, daß dieser ein Sänger um Lohn war, während in jenes Namen Sorbel erklärte: er gebe ohne zu nehmen und wolle für seine Kunst keinen andern als Liebeslohn. So waren auch den nordfranzösischen und normannischen Trouvères musikverständige Dienstmannen, Minstrels, gesellt. Im Anschluß an die Strophe ward hier die Melodie zu einem in sich gerundeten Organismus; zwei Theile entsprechen symmetrisch einander, ein dritter schließt ab; die Töne folgen dem Rhythmus der Verse. Nach Ambros' Urtheil war die Melodie mit welcher Blondel seinen gefangenen König Richard

Löwenherz gesucht und gefunden haben soll, gleich den Weisen älterer Meister noch etwas starr und wenig bewegt, während am Anfang des 13. Jahrhunderts die Anmuth jüngerer Gesänge kaum noch etwas zu wünschen übrigläßt. Man erkennt selbst in den Noten den Wellengang der Töne wie er bald ruhig gemessen, bald kühn erregt dahinzieht. Zu den Reihen- und Hüpftänzen wurde gewöhnlich ein Lied, Ballade genannt, von einer Dame vorgetragen, die Tanzenden fielen als Chor mit dem Refrain ein. Wol mochte ein Marienlied von Adam de la Hale von besonders zarter Innigkeit erklingen, da ja die schönen Augen einer zeitgenössischen Maria ihn dem geistlichen Stand entfremdeten; doch kehrte er später zu demselben zurück und versuchte sich nun als mathematisch gelehrter Musiker in vielstimmigem Satz, der aber noch hart und reizlos blieb; die Schulübung und der Herzensdrang melodischer Erfindung gingen noch nicht ineinander auf. Der deutsche Minnesänger war am liebsten sein eigener Fiedler und Harfner, wie das die Helden der Sage Volker, Horand und Tristan bezeugen. Ich sehe nicht so sehr eine Verwandtschaft mit dem gregorianischen als mit dem germanischen epischen Volksgesange darin daß der Minnesänger weit mehr Rhapsode war als der Troubadour, und daß demgemäß viele Melodien nicht so liedmäßig in sich geschlossen und den Worten gegenüber selbständig sind wie die französischen, sondern im einzelnen dem Sinne, dem Verse sich enger anschließen, auf seine Accente ohne reguläre Taktbewegung Rücksicht nehmen, ihm Halt und Färbung geben. Im griechischen Chorliede vereinten sich Sprache, Musik und Tanz, aber die Poesie herrschte, ihre Zeitmessung der Silben, ihr kunstreicher Rhythmus war die Grundlage; die Motivation im Wechsel der Töne und der Körperbewegungen belebte, verstärkte und veranschaulichte den Bau der Strophe, den Ton der Worte. In Sprachen aber die nur eine bestimmte Zahl von Hebungen oder durch Alliteration gebundene Worte im Verse verlangen, konnte die Musik erst eine rhythmische Periode für sich ausführen ohne mit ganzen und halben Tönen sich streng an die gegebenen langen und kurzen Silben zu binden. Die Dreigliedrigkeit der Strophe und die freiere Bewegung innerhalb der einzelnen Verse kam der selbständigen Ausbildung der Musik entgegen, und diese entwickelte sich zu Kraft und Klarheit; aus manchen Melodien meinen wir ein deutsches Kirchenlied herauszuhören. Der Gesang der geistlichen Schauspiele war selbstverständlich theils ritualgerechter Kirchenton, theils schloß er sich demselben an und verwerthete Sequenzmelodien, oder erging sich in recitativischer Declamation. Wie der Humor in die Dichtung eindrang und das wirkliche Leben komisch aufgefaßt wurde, wenn Judas um die Silberlinge schachert, oder der Salbenkrämer den zum Grabe eilenden Frauen seine Waare anbot, so hat Ambros aus prager Handschriften dargethan daß sich hier die ungeschlachte Volks- und Bänkelsängerweise, der Gassenhauer bereits breit macht, wie andererseits in dem französischen Schäferspiele Adam de la Hale schon die noch heute im Vaudeville gewöhnliche, für die Franzosen charakteristische Melodik übt, die wenige Töne auf einfache Art zu gefälligen Combinationen leicht und ungenirt verbindet und eine glücklich gefundene Tonfigur gern wieder und wieder anbringt.

Hören wir die mittelalterlichen Schriftsteller über Musik reden, so lernen wir die Symbolisirungen der Mystik und Scholastik auch hier kennen. Da schreiten die authentischen und Plagaltöne wie vier Brautpaare aus der Hochzeitskammer, da sind die vier Grundtöne die vier Elemente die den Makrokosmos bilden, oder die vier Temperamente des Menschen, die vier Tages- und Jahreszeiten, die vier Evangelien. Wie bei Pythagoras ist das Universum ein musikalisch geordnetes, bewegtes Ganze. Wie bewundernswerth, sagt Marchettus von Padua, ist doch dieser Baum der Musik: seine Zweige sind schön nach Zahlenverhältnissen geordnet, seine Blüten sind Wohllänge, seine Früchte die Harmonien welche aus den Blüten reifen. Nach de Muris ist das System der Musik ein Bild der Kirche. Wie diese nach dem Vorbild der Schwestern Martha und Maria das Leben in ein werkthätiges und beschauliches theilt, so ist die Musik thätig beim Sänger, contemplativ bei dem der sie im Herzen und Gedächtniß hat und aufnimmt. Der authentische und Plagalton versinnbildlicht die Liebe zu Gott und zum Nächsten. Die drei Octaven sind die Stufen der Buße vom Tiefklang der Zerknirschung durch das laute Bekenntniß zur Höhe der Genugthuung in guten Werken. Dreierlei Tonwerkzeuge verwendet die Kirche, Schlag-, Blas- und Saiteninstrumente; sie gleichen der Verbindung von Glaube, Liebe, Hoffnung. Kein Tonsatz kann ohne Anfang, Mitte und Ende sein; keines kann des andern entbehren und alle drei sind eins, ein Bild der göttlichen Dreieinigkeit. Vier Kirchentöne gleichen den Cardinaltugenden, auf denen die acht Seligkeiten beruhen. Wie die Erkenntniß der Kirche in den vier Evangelien, so besteht die der Noten in den vier Linien. Wie der Finalton den authentischen vom plagalen, so scheidet Christus die Schafe von den Böcken; wie das Ende des Gesangs durch Anfang und Mitte, so wird das Ende des Lebens, Verdammniß oder Seligkeit, durch seinen Beginn und seine Führung bestimmt.

Die gothische Architektur.

Das Selbstgefühl der christlich germanischen Welt wie es durch die Kreuzzüge mündig geworden war, sein Sehnsuchtsdrang nach dem Unendlichen, sein begeisterter Aufschwung, sein Ringen nach persönlicher Selbständigkeit und seine kühne Phantasie fand den vollendetsten Ausdruck im gothischen Baustil. Wie der Staat innerhalb des Christenthums bleibt, wenn er auch sich von der Uebermacht der Hierarchie freizukämpfen trachtet, so wird die seither gewonnene Grundgestalt der Kirche erhalten, und die neuen Formen entwickeln sich aus den romanischen. In diesen war die Masse gegliedert und gestaltet worden wie das Volk durch die Autorität der Priester; aber das christliche Volk soll nicht Masse sein, jeder Einzelne soll als selbstbewußtes und willenskräftiges Glied im Gottesreich dastehen, und wie eine tiefere Poesie des Wissens und die Macht des eigenen Denkens sich regt, so wird auch im Bau die Masse durch die eigenthümliche Lebensgestalt aller besondern Werkstücke überwunden, und das Ganze erscheint wie eine freie Einigung aufstrebender Pfeiler, die sich zusammenneigen und zusammenwirken. Im romanischen Stil verschmolz unter der Leitung der Geistlichkeit die antike Ueberlieferung mit den Forderungen des Cultus und der Gemüthsstimmung der neuen Völker; so war auch in der Literatur die lateinische Sprache die herrschende gewesen. Jetzt aber werden die Ritter, die Städte Träger der Bildung, jetzt wollen die Menschen in ihrer Muttersprache ihr Herz und ihre Weltanschauung dichterisch kundgeben, jetzt treibt es sie auch in eigenen architektonischen Formen die Sinnesweise und Richtung der Zeit zu offenbaren. Die Grundlage dieser Formen ist der Spitzbogen. Wenn man durch den Rundbogen zwei Stützen verbindet, so ist sein Mittelpunkt die Mitte ihrer Entfernungen; vergrößert man aber den Radius und schlägt nun die Kreislinien von den Stützen aus, so schneiden sie einander, und wird ein Höhepunkt gewonnen wo sie zusammentreffen und sich gegenseitig emporhalten, während der Halbkreis wieder zu seinem Ausgangsniveau hinableitet, sodaß erst im Spitzbogen die Höhenrichtung der christlichen Architektur ihren Gipfel erreicht. Auch ist zwischen zwei Punkten nur der eine Halbkreis möglich, während es uns freisteht die Spitzbogen aus größern oder kleinern Kreisen zu construiren, und dadurch wird es möglich verschiedene Entfernungen doch in gleicher Höhe zu überwölben, dadurch ist der selbständigen Individualität ein Spielraum ihrer Entfaltung gewährt.

Das Christenthum will eine Gemeinde der Gläubigen, keine Priesterherrschaft; das demokratische Princip macht sich im Franciscanerorden selber geltend und fordert großräumige Hallen für die Prediger, die Geistlichen treten auf gleichen Boden mit den Laien, und in dem Drang nach der Höhe und dem Licht verschwindet die düstere gedrückte Krypte. So heißt es im Titurel vom Graltempel:

> Und fragt ihr dort nach Grüften?
> Nein! Gott der Herr bewahre
> Daß in der Erde Schlüften
> Sündhaft ein reines Volk sich schare,
> Wie das sich birgt in dunklen Gründen.
> Man soll in lichter Welle
> Den Christusdienst und Christenglauben künden!

In lichtvoller Erhabenheit des ganzen Baues sollte der Schauer des Unendlichen das Gemüth ergreifen, das Geheimniß Gottes sich offenbaren, nicht im Dunkel einer engen Stätte.

Im Grundriß ward zunächst das lateinische Kreuz beibehalten, in den großen Domen aber gesellten sich im Langhaus dem überragenden Mittelraume auf jeder Seite zwei Seitenschiffe, eines in den Querflügeln, und der runde Chorschluß ward durch einen polygonen ersetzt, der zur vollen Höhe des Baues emporstrigt, aber von einem Kranze niedriger Kapellen umgeben wird. Das Kreuzgewölbe der Decke ward beibehalten, aber die Gurten, die im romanischen Stil ornamentartig hervortraten, wurden jetzt

Die gothische Architektur.

zu Trägern ausgebildet und die Decke wie ein Kreuznetz von Gurten und Rippen conſtruirt, die in der Linie des Spitzbogens ſich trafen und ſpannten, ſodaß die ſphäriſchen Dreiecke zwiſchen ihnen nur wie eine leichte Füllung erſchienen, das ganze Gewölbe ſich in ſchwebender Bewegung aus den Pfeilern entfaltete. Dieſe erhielten nun alle den gleichen Abſtand und die gleiche Geſtalt; der Spitzbogen machte es möglich auch die doppelte Breite des Mittelſchiffs zu überſpannen, und dem Kreuzgewölbe hier die Geſtalt des Oblongums zu geben, während es in den Seitenſchiffen die des Quadrats bewahrte. Der Spitzbogen aber wirft viel entſchiedener die Laſt auf die Achſe der Stütze und bedarf eines viel ſchwächern Seitenſchubs als der Rundbogen, der Pfeiler konnte daher viel ſchlanker werden und nahm wieder die runde Säulengeſtalt zu ſeinem Kerne; während aber dieſe in Griechenland durch die Rieſelung einwärts gezogen ward und doch einheitlich herrſchend blieb, quellen aus ihr kleinere oder größere Kreisausſchnitte in ſymmetriſchem Wechſel hervor und bilden auf der gemeinſamen Baſis eine wohlzegliederte Gruppe: an dem Schafte ſtrahlen leichte Halbſäulchen hoch bis zur Decke empor, größere oder kleinere Dienſte, wie man ſie paſſend genannt hat, denn ſie ſind es auf welchen das Gerippe des Gewölbes ruht. Ein kelchförmiges Capitäl leitet dieſen Umſchwung ein; das Aufſtreben ſoll nicht gehemmt werden, wie Zweige aus dem Stamme ſich allſeitig ausbreiten, ſo ſoll die Decke aus ihrem Pfeiler hervorſpritzen, daher kein Ausdruck der Laſt, kein Würfelknauf, ſondern eine ſanft ſich aufſchwingende Linie holt umkränzt von ſchmückenden Blättern, „durch welche die edle Geſtalt des Stammes durchblickt wie durch das Frühlingsgrün der Bäume" nach Schnaaſe's ſchönen Worten. Die gewölbtragenden Bogen ſetzen die Geſtalt des Pfeilers im Wechſel elaſtiſchen Einzehens und Hervorquellens durch Rundſtäbe und Hohlkehlen fort, aber die Rundſtäbe wurden dem Spitzbogen gemäß ſelber herz- oder birnenförmig zugeſpitzt, und der Schlußſtein, wo die Diagonalen der Gurten ſich ſchneiden, ward gern mit einer Blätterroſe geſchmückt, die ſchwebenden Felder zwiſchen ihnen mit Sternen. So ſtanden Pfeiler und Decke in organiſchem Zuſammenhang, und es bedurfte keiner ſtarken Mauermaſſe mehr zum Widerlager, ſondern man brauchte nur nach außen hin die Stützpunkte der Gewölbgurten zu ſichern, und die Seitenträger der Seitenſchiffgewölbe, die nach außen als Strebepfeiler vortraten, erhielten natürlich auch nun die gleiche Behandlung wie ihre freistehenden Genossen. Die lebendige Bewegung aufstrebender Kräfte, ihre Entfaltung zur schwebenden, nicht lastenden Decke erschien in einer reichen symmetrischen Gliederung, und der Zweck, die Bestimmung, die Leistung war durch die Form selber ausgesprochen, durch anmuthiges Ornament sinnvoll umspielt.

War aber die gleichmäßig starke Mauer aufgelöst in eine Reihe von Strebepfeilern, so bedurfte es nur unten und oben eines Abschlusses für das Gebäude, die ganze mittlere Fläche konnte offen bleiben, und gab als ein einziges großes Fenster dem ersehnten Lichte freien Eingang in das Heiligthum. Die hohen Fenster erhielten eine Umrahmung, deren Profil im Wechsel von Hohlkehlen und Stäben an die Pfeiler anklingt und die durch den Spitzbogen abgeschlossen wird: von der Brüstung bis zu ihm hin wurden mehrere schlanke Pfosten eingefügt und mit Spitzbogen untereinander verbunden, der Raum unter dem Bogen des Ganzen aber durch Maßwerk ausgefüllt, zunächst kreis- und rosettenförmig, dann dem Drei- oder Vierblatt des Klees ähnlich, dann im Formenspiel geschwungener Linien, das Ganze wie eine steinerne Blüte der aufstrebenden Pfostenstengel, doch ohne Naturnachahmung, alles in geometrisch meßbaren Kreissegmenten dem Gesetze des Materials und der Architektur gemäß. Wollte man die horizontalen Mauerreste noch beleben, so lief unter den Fenstern des Obergeschosses eine Bogengalerie her, oder diese Pfeilerstäbe und Spitzbogen standen als Triforium ornamentartig vor der Wand über den Scheidbogen oder dem Basament der Außenmauer. Die oft so phantastischen Verzierungen des romanischen Stils sind auf diese Weise jenen einfachen Linienverschlingungen gewichen, in denen das Princip des Spitzbogens wiederklingt, während um die Capitälkelche die heimischen Blüten und Blätter der Rose, Rebe, Eiche erscheinen. Die constructiven Glieder des Baues sind aber schon so behauen daß ihre Kernform zweckvoll und anmuthig zugleich, also echt künstlerisch gestaltet ist, daß daher das Ornament keine müßigen Massen zu bekleiden braucht, sondern das Große selbst in zierlicher Feinheit sich darstellt, und der zusammenhängende Organismus des Ganzen seinen Schmuck im einzelnen aus sich selbst, aus seinen constructiven Kräften erzeugt.

So ist der Eindruck des Innern feierlich lichtvoll, erhebend und erfreuend zugleich. Das Auge wird von den Pfeilern emporgezogen, welche sich aus sich selber zur Decke verzweigen, und die mannichfaltigen Durchblicke und Reflexe im Spiel von Licht und Schatten gewähren an sich einen malerischen Reiz. Und wie die Malerei nicht an die Schwere der Materie gebunden ist, so scheint dieselbe auch in dieser malerischen Architektur überwunden; nichts lastet und drückt, alles hält einander in gegenseitiger Strahlung und Spannung, der allseitige Lebensdrang trägt sich selbst in harmonischer Wechselwirkung, die Sehnsucht nach dem Unendlichen ist zugleich geweckt und gestillt. Aber hierzu kommt noch daß das Licht nicht durch weiße, sondern durch farbige Fenster hereinscheint und daß dadurch ein magisches Spiel ineinander verschwebender Töne hervorgebracht wird, während aus der höchsten Quelle, aus der thurmartigen Laterne über dem Kreuzungsquadrate, das Licht voll und rein hervorbricht und damit wieder das Auge nach diesem idealen Mittelpunkt lockt. Die Farben der Fenster fügen sich zu Gestalten, zu Bildern zusammen und schimmern am Boden, an den Pfeilern wieder, wenn ihr voller Glanz die Steine trifft. Das Material selbst nimmt gern am festen Pfeilerkern einen dunkeln, an den Diensten einen hellern Ton an, und Gold funkelt an den Sternen der Deckenfelder oder an den Ornamenten der Capitäle. Dieser Farbenzauber des Hellbunkels gesellt sich dem Wunder der Construction, welche alle Erdenschwere besiegt, und vollendet den malerischen Eindruck des Ganzen.

Betrachten wir das Aeußere, so treten hier die Strebepfeiler aus der Mauer hervor und lösen sie in Einzelglieder auf, welche durch den gemeinsamen Sockel und das Gesimse des Dachs verbunden werden, über dieses aber mit freien Spitzen gen Himmel ragen; sie erheben sich in mehrern Absätzen wie in organischem Wachsthum nach oben hin verjüngt; die Absätze sind durch feine horizontale Bänder bezeichnet, die sich über einem Rundstab und einer Hohlkehle abgeschrägt niedersenken. Stab- und Maßwerk leitet das Auge von einem Absatz zum andern empor; die Belastung der untern Theile ist technisch nothwendig und führt ästhetisch dazu daß man die Strebepfeiler mit einem Spitzhelm und säulengetragenen Baldachin bekrönt, oder sie in schlanken Pyramiden, den Fialen, auswachsen läßt, die auf den Spitzen Kreuzblumen tragen, und an den Ecken, an den Seiten mit kleinen Steinblumen, Knollen oder Krabben geschmückt sind. Aber die Pfeiler, welche das Dach des Mittelschiffs hoch über die

Seitenschiffe emportragen, bedürfen eines Haltes nach außen, und finden ihn durch Strebebogen, die man von den äußern Strebepfeilern durch die Luft nach ihnen hinschlägt, und sind zwei Seitenschiffe vorhanden, so ragen auch die Pfeiler die sie theilen über das Dach hervor, und von außen zu ihnen, von ihnen nach dem Dache des Mittelschiffs hin gehen nun die Bogen schräg aufwärts, dadurch entlastet daß sie selbst im Innern maßwerkartig durchbrochen sind. Sie tragen auf ihrem Rücken die Rinnen für das Wasser, das dann thierische oder dämonische Gestalten ausspeien. So sehr ist die Gothik eine Architektur des Innern, daß nach außen hin der Organismus des Baues sein Knochengerüste, sein Steingerippe zeigt, das in der Natur unter der unburchbrochenen Hülle des Fleisches und der Haut liegt; hier aber tritt alles constructiv Bedeutende auch mächtig und bestimmt hervor, aber allerdings mehr in malerischer Fülle als in plastischer Klarheit, und es läßt sich nicht leugnen daß besonders am Chorschluß und überhaupt bei perspectivischer Ansicht diese Streben und Bogen sich vor uns etwas verwirren. Die einheitlich horizontale Linie des Daches wurde nicht blos durch sie unterbrochen, sondern auch zwischen ihnen über den Fenstern durch spitzgiebelige Aufsätze, deren Inneres Maßwerk öffnet und schmückt, deren Seitenpfosten in einer Kreuzblume ausblühten; Wimberge, Windbergen, ist ihr Name. In die Seitenansichten kommt einige Ruhe durch die hervortretenden Querflügel, die mit einem Portal sich öffnen, und über demselben ein großes Fenster wieder durch einen Wimberg bekrönen. Ihren entschiedensten Ausdruck fand die Einheit wie die Höhenrichtung in der Fassade, mochte nun ein Thurm vor dem Mittelschiff emporsteigen, oder lieber noch zwei gleiche Thürme vor den Seitenschiffen stehen und das Hauptschiff kraftvoll umschließen. Dann war in dessen Mitte das Hauptportal, und über demselben ein großes Prachtfenster und reichausgestalteter Giebel, während die Thürme zunächst durch vier mächtig hervorspringende Eckpfeiler senkrecht emporstiegen, und zwischen diesen die Mauern durch Portale und Fenster sich öffneten, durch Stab- und Maßwerk belebten. Eine Galerie schloß dieser Unterbau, in dessen vier Ecken nun spitze Fialen aufsprossen, während zwischen ihnen ein achteckiges Obergeschoß mit hohen Fenstern luftiger und leichter sich erhob, und zwischen seinen Wimbergen dann die steile achtseitige Pyramide des Helms in der Art das Ganze bekrönte daß acht Stein-

Die gothische Architektur.

ballen mit an ihnen emporflimmenden Krabben in einer Spitze zusammentrafen und mit einer Kreuzblume endeten, zwischen ihnen aber horizontale Stäbe ein Netz von Maßwerk aufnahmen. Dies lichte durchbrechene Steinbach war zwar weder zweckmäßig noch in seiner riesenhaften Höhe leicht vollendbar, aber es zeigt das rücksichtslos ideale Streben einem Drange des Gemüths, einem Gefühl des Aufschwungs den mächtigsten Ausdruck zu verleihen.

Die reichen Prachtbauten, in welchen überhaupt die Gothik zur Vollendung kommt, wurden mit freiem Maßwerk wie umsponnen oder spitzenartig geschmückt, und in diesem Ornamente setzt sich eben die architektonische Construction mit eigener Triebkraft fort. Wie die Baukunst im Innern der Malerei keine selbstständige Fläche läßt, und die Bilder der Fenster zu Mitteln ihres eigenen malerischen Eindrucks macht, so gewährt sie zwar in den Tabernakeln und an den Portalen für Einzelstatuen, für Gruppen und Reliefs den Raum, aber sie zieht die Gestalten in die eigene Richtung hinein, sie macht sie lang und schmal und gibt den Gewändern einen weichen Fluß, der Haltung selbst ein schwärmerisch gefühlvolles, bald demüthiges bald verlangendes Gepräge der Beziehung auf ein Jenseitiges, Unendliches; sie läßt thierische, dämonische, menschliche Figuren an den Enden der Strebebogen zu Wasserausgüssen in seltsam vorgestreckter Bildung mit Humor, oft aber auch mit cynischer Derbheit dienen; sie stellt in das Pfostenwerk der nach innen sich verjüngenden Portale nicht blos Figuren senkrecht auf, sie läßt sie auch der Neigung der krönenden Giebellinien folgen, wo sie herabzufallen drohen oder sich biegen und winden müssen; sie füllt das Mittelfeld mit Reliefs, die aber bei ihrer Kleinheit wenig für sich bedeuten, — kurz sie wird der Plastik nicht um dieser selbst willen gerecht, sie scheint zu empfinden daß ein selbstgenugsames Beruhen in sich, ein Gleichgewicht des geistigen und sinnlichen Lebens wie es derselben eignet, hier mit der bewegenden Kraft des Ganzen, die alles aus sich hervortreibt, nicht im Einklang stünde. Der Spitzbogen ist das herrschende Princip; er war technisch längst vorhanden, aber ästhetisch ward er hier verwerthet und zum Ausgang wie zum Bestimmungsgrunde des Baues; das Aufstreben vollendet sich durch ihn, durch ihn ist es möglich das Ganze als die Einigung selbstständiger verticaler Glieder erscheinen zu lassen, die in ihm gipfeln und einander tragen.

Vergleichen wir den gothischen Dom mit dem dorischen Tempel, so ist er der volle künstlerische Gegensatz desselben. Dort ist das Innere vor allem herrlich, hier war es unbedeutend, das Aeußere aber erzschön gestaltet, im Gleichgewicht von Kraft und Last und in der Versöhnung ihres Kampfes, während dort die Kraft allen Druck der Schwere überwindet. Der griechische Tempel lagert sich mit ruhigem Behagen auf der Erde, die Horizontallinie des Architravs, des Gesimses herrscht, und in stumpfem Winkel neigen sich die Giebellinien zusammen, während in dem gothischen Dome die steilen Thurmspitzen den Himmel suchen, die Strebepfeiler, die Wimberge überall das Dach unterbrechen und übertragen, und eine über das Irdische hinausdrängende Triebkraft überall und mit sich emporreißt. Im griechischen Bau waltet die Einheit vor, er ist maßvoll klar, in sich geschlossen, der gothische macht die Mannichfaltigkeit zum Princip, es genügt ihm daß die individuell gestalteten Glieder vom Geiste des Ganzen durchdrungen sind. Dort scharfer Gegensatz und seine Ausgleichung, hier sanfte Uebergänge, ein rastlos sich Entfalten und Verzweigen. Dort das Werk selbst von plastischem Eindruck und für die Sculptur berechnet, hier malerische Fülle, hier die feierlich milde Stimmung des Innern mit Hülfe des farbigen Lichtes erreicht.

Schnaase sieht in der griechischen Form den naiven Ausdruck eines männlichen, edeln, vollgenügenden Selbstgefühls, während die gothische eine wärmere, aber auch unbestimmtere weibliche Empfindung erwecke; ein organisches Leben sei in beiden, auch im griechischen Bau lasse die Bildung seiner Glieder ein Wachsen und Werden erkennen, aber es sei vorüber und liege hinter ihm; im gothischen Bau sei es gegenwärtig und die Formen erscheinen wie in der vegetabilischen Natur noch in frischem Sprießen und Entfalten. Dafür sind denn aber die hellenischen Bauten fertig geworden wie der Meister sie entwarf, die gothischen aber vielfach im Werden geblieben, unvollendet, oder im Lauf der Jahrhunderte durch Zusätze verändert, und in anderer Weise fortgesetzt als begonnen; sie geben dem historischen Sinn des Beschauers reichere Anregung, jene dem ästhetischen eine vollere Befriedigung. — Kugler weist darauf hin wie zur Herstellung des gothischen Domes mit dem ekstatischen Aufschwunge des Gefühls und dem künstlerischen Versenken des Geistes in die Aufgabe der schärfste Calcul und die Nüchternheit des handwerklichen Betriebes Hand in Hand gehe; wie die staunenerregende Wunderwirkung des

Die gothische Architektur.

Innenbaues erkauft werde durch ein zerflüftetes, zerftückeltes Gerüft im Aeußern, deffen Vorsprünge und Bogenmaffen einander felbft und die Körper des Baues in ftetem Wechfel decken, nirgends ein feftes Bild des Gefammtzufammenhangs und damit keinen in fich beschloffenen und beruhigenden Eindruck gewährend; auch sei die Fülle des Ornaments durchweg nur das Erzeugniß eines trockenen Schematismus, mit Lineal und Zirkel geschlagen, nicht aus künftlerischer Empfindung geboren. Wir können hinzufügen daß dies durchbrochene Steingerippe der Thurmhelme, Fialen, Strebebogen so wenig dauerbar als zweckmäßig erscheint, daß noch vor der Vollendung des doch für die Dauer beftimmten monumentalen Baues schon für die wiederherstellende Erhaltung Sorge getragen werden muß. Mit kühnfter Folgerichtigkeit hat die Gothik ihr Princip auf die Spitze getrieben, dadurch ift fie einseitig geworden. Während ein Architekt unserer Tage, Ludwig Lange, sagt die Aufgabe der Baukunft sei das Reale zu idealifiren, nicht aber ein Ideal zu realifiren, hat die Gothik dies letztere angestrebt, sie hat das Ideal ihrer Zeit architektonisch ausgeprägt, und es ift als ob der chriftlich mittelalterliche Geift die beften künftlerischen Kräfte zweier Jahrhunderte an sich herangezogen um sich im gothischen Dom zu verkörpern, und dies ift höchfter Bewunderung werth. Wir sehen hier kein immer und überall Gültiges, aber dennoch eine der glänzendften Schöpfungen der Menschheit, die dadurch eine Stufe ihres Entwickelungsganges bezeichnet, und der religiösen Begeifterung des christlichen Mittelalters, dem himmelanftrebenden Drange des Gemüths wie dem Ringen nach Selbftändigkeit und Geltung der perfönlichen Eigenthümlichkeiten innerhalb des Ganzen das großartigfte und ergreifendfte Denkmal errichtet hat.

Das war nur möglich indem der ritterlich phantaftische Zug und Schwung von der foliden Arbeit des Bürgerthums getragen und begleitet ward. Die Menge der zur Ausführung nothwendigen Kräfte organifirte fich um den anordnenden Meifter zunftgenoffenschaftlich in den Bauhütten, die ein gemeinsames Band durch verschiedene Länder hin verknüpfte. Der Zusammenfluß vieler Menschen bei so umfaffenden Werken machte eine fefte Lebensordnung nöthig; in der Bauhütte, wo die Arbeit vertheilt, der Lohn bezahlt wurde, fchlichtete man auch die Streitigkeiten; kein fremder Richter follte angerufen werden. Da wurden die Lehrlinge, die Gefellen geprüft, und der Bewährte setzte fein Zeichen auf seine Werkstücke. Er gelobte Zucht und Ehrbarkeit, er beschwor die Zunftordnung, er erhielt das Erkennungszeichen durch Wort, Gruß, Händedruck, wodurch er auch in andern Städten sich ausweisen konnte. Die mathematischen Formeln, die Handgriffe welche nöthig waren um die Gestalt der einzelnen Steine in die elastisch geschwungenen Bogenlinien passend zu machen, waren dem Arbeiter ein Zunftgeheimniß, das ihn zu Werken über sein Verständniß hinaus befähigte; aber diese Regeln, diese Figuren und Zahlen und ihre Verhältnisse waren von dem abstrahirt was die Erfindungskraft der Phantasie geschaffen hatte, und selbst nicht schöpferisch, sondern nur die Mittel wiederholender Ausführung. Der formale Verstand des Scholastikers und der Tiefsinn des mystischen Gefühls, die in der Wissenschaft zu keiner rechten Durchdringung kamen und an die Ueberlieferung gebunden blieben, hier in der Architektur haben sie zusammengewirkt, gleich wie die Kirche und das weltliche Ritterthum in den Kreuzzügen. Nur die vorzüglichsten epischen Dichtungen des Mittelalters lassen sich seinen Domen vergleichen.

Das Mittelalter liebte es in seinem Sinn für Symbolik den Dom wie ein Bild der Welt zu betrachten. Die Wände stellen die Völker dar, die von den vier Weltgegenden her in der Christenheit sich einigen. Die würfelförmigen Steine deuten auf die vier Cardinaltugenden, der Kitt auf die Liebe. Christus ist die Thür, der Weg zum Leben, die Pfeiler sind die Apostel, die Fenster erleuchtende Lehrer. Selbstverständlich hat man dem Bau nicht darum ein Dach gegeben um auszudrücken daß die Liebe die Menge der Sünden decke; aber man hat es darauf gedeutet, und die grübelnde Scholastik hat gar manche kleinliche Anspielung nachtens herausgesucht, kann in Einzelheiten des Baues hineingeheimnißt.

Wie die Kreuzzüge, das Ritterthum und die Ritterdichtung so ging auch der gothische Stil von Frankreich aus, und zwar von jener echt fränkischen Mitte zwischen dem normannischen Norden und dem romanischen Süden. In Paris begegneten beide einander, und so trafen sich hier die Formenelemente der das Mittelschiff stützenden Bogen der Seitenschiffe, des Chorumgangs und Pflanzenornaments aus der Provence mit dem Kreuzgewölbe, der symmetrischen Construction, der Thurmfassade der Normandie. Aber es gab keine bloße Mischung, sondern ein neues Formprincip, der Spitzbogen, einte das Zweckdienliche zu einem neuen Organismus. Es geschah zuerst 1140 durch den Abt Suger an der Kirche von Saint Denis. Noch ist das Schwerfällige nicht überwunden, noch sind die Fenster klein, noch schmückt kein Maßwerk; aber Schritt vor Schritt macht jeder frische Bau der Gegend eine Eroberung auf der betretenen Bahn; so zu Noyon, zu Chalons, zu Rheims; und schon beginnt man romanische Kirchen umzubauen oder in der neuen Weise fortzusetzen, sodaß man ihre Entwickelung aus der alten an den Werken selber sieht. Da tritt noch vor Ende des Jahrhunderts Notre Dame von Paris auf; noch wuchtvoll, aber bereits mit einem kühn entwickelten System der Strebebogen und Strebepfeiler an dem fünfschiffigen Bau mit rundem Chorschluß und ansteigender Ausbildung der Höhenrichtung; vornehmlich aber ist die Fassade meisterhaft: zwei Thürme, drei Portale, Galerien mit Statuen in der Vertiefung zwischen den Strebepfeilern, von Thurm zu Thurm hinüber ein horizontaler Abschluß, in der Mitte das dominirend prachtvolle Rundfenster, die strahlende Rose, diese Elemente zeigen eine harmonisch klare Mäßigung der vertical aufstrebenden Kraft durch horizontale Gliederung und durch eine befriedigende Centralstelle. So ist das Ganze von ernstgroßartiger Würde. Mit dem 13. Jahrhundert werden nun die Bauten leichter und lichter; die reichgegliederten Rundpfeiler statt der stämmigen Säulen, und die hohen maßwerkreichen Fenster, krönende Spitzgiebel und aufsprießende Fialen und der Kapellenkranz um den Chor zeigen in Chartres, in Rheims, in Meaux, in Amiens, in Beauvais die Blütezeit des Stils. Die Meister sind erfinderisch, das Gute, Wohlgefällige wird rasch verbreitet, das Constructive herrscht und treibt das Ornament hervor, das nirgends äußerliche Zierde sein, sondern die Leistung und Bedeutung der baulichen Glieder mit einem Anklang an das organische Leben aussprechen soll. Die heilige Kapelle zu Paris, 1243 von Ludwig dem Heiligen gegründet, gilt mit Recht auch darum für ein Juwel mittelalterlicher Kunst, weil die Formen anmuthig entfaltet, der Farbenschmuck des Innern in Harmonie mit den Glasgemälden der Fenster erhalten ist; im magischen Reize des Ganzen zerschmilzt vor dem Beschauer die Energie des einzelnen zu einem milden wonnigen Accord.

Die Normandie zieht die gothischen Formen, den Kapellenkranz des Chors, den reichen Schmuck der Fassade durch aufwärts strebende Gliederung der Massen, die Fialen und Strebebogen zu der constructiven Gediegenheit ihrer romanischen Werke heran; wie sie den Thurm über der Centralstelle beibehält, so scheint es überhaupt als ob die ursprüngliche Richtung nun ihre Vollendung durch lichte Klarheit und reiche Zierde fände. Daher steht nicht blos die neue Kathedrale von Coutance fest, klar und stattlich da, auch der Uebergang von den romanischen zu den gothischen Formen an den um- und fortgebauten Kirchen von Caen, von Jecamp, von Bayeux macht den befriedigenden Eindruck natürlichen Wachsthums, und Rouen entfaltet im 13. Jahrhundert einen feierlichen Glanz.

Dagegen bleibt im Süden die langgestreckte Form vor der hochanstrebenden herrschend; die Strebepfeiler werden lieber abgerundet als durch spitze Fialen bekrönt. So macht der Dom von Alby einen festungsartig schweren Eindruck, und an der reichen Fassade von Dijon überwiegt in dem Doppelgeschoß der Arkadenhallen über den Portalen die Horizontallinie. Zu Bordeaux, zu Clermont sind es nordfranzösische Meister die den Stil ihrer Heimat reiner durchführen. — Die französische Schweiz zeigt uns in Lausanne und Genf ein anziehendes Suchen und Ringen die gothischen und romanischen Formen zu verbinden, jene zu diesen hinzuführen. Aehnlich die Niederlande, wo Sanct Gudula zu Brüssel die primitiven Formen des Innern mit reich entwickelter Fassade schmückt; Sanct Bavo von Gent zeigt burgartig trotzende Kraft, während der Chor von der Kathedrale zu Tournay sich majestätisch reich entfaltet.

Der französische Baumeister Wilhelm von Sens ward 1174 nach Canterbury berufen um den Neubau der Kathedrale zu leiten; er brachte den gothischen Baustil dorthin, aber nur die berühmte Westminsterkirche zu London aus der Mitte des 13. Jahrhunderts hat entschieden das französische Gepräge, außerdem ward die neue Weise in England eigenthümlich umgebildet, und traf mit der Verschmelzung der sächsischen und normännischen Stämme zur englischen Nationalität zusammen. Ein praktischer Sinn hält sich von dem Ueberschwenglichen fern, und betont das Schöne erst neben dem Nützlichen, sodaß weder die Höhenrichtung noch die durchgeführte organische Gliederung zur vollen Entwickelung kommt, statt dessen aber an einfachen Grundformen ein glänzender Schmuck sich spielend ausbreitet, und zwar ähnlich wie schon der romanisch normannische Stil die constructiv bedeutenden Theile verbkräftig und schlicht hervorgehoben, und statt sie decorativ zu verherrlichen vielmehr die gleichgültigern Räume zwischen ihnen zur Stelle mannichfaltiger Zierrathen gemacht hatte. Die englischen Kirchen sind mehr langgestreckt als hoch, sie schließen im Chor nach altbritischer Ueberlieferung durch eine gerade Wand, die bald einem großen Fenster die Stelle bietet, sie legen das Querschiff in die Mitte, führen einen viereckigen Hauptthurm über der Kreuzung auf, und fügen in der zweiten Hälfte häufig ein zweites kleineres Querschiff an, das gleich dem ersten seine Seitenschiffe oder nur ein östliches erhält; auch das Mittelschiff hat rechts und links nur ein Seitenschiff, und bei der geringen Höhe sind die Strebebogen unnöthig, und das Dach empfängt statt der vielfach durchschneidenden Fialen und Wimberge eine Zinnenkrönung, die bald auch die Thürme statt des achteckigen Helmes burgartig schmückt. Im Innern werden die mit Spitzbogen verbundenen Pfeiler nur bis zur Höhe der Seitenschiffe emporgeführt; im Mittelschiff tragen sie zunächst ein Triforium, durch lanzettförmige Spitzbogen verbundene Arkaden, die wieder die horizontale Richtung hervortreten lassen; über ihnen öffnen sich die Fenster, zwischen welchen auf Consolen die Dienste ansetzen die sich zu den Gurten der Decke verzweigen, sodaß kein ununterbrochenes Aufsteigen und keine organische Entfaltung stattfindet. Statt der Gliederung und des Maßwerks behält man lange eine Gruppe von drei schmalen spitzzulaufenden Fenstern, deren mittleres die andern bedeutend überragt. Die Pfeiler liebt man buntgegliedert, ein Bündel schlanker Säulen die sich um einen Kern gruppiren und kaum mit ihm zusammenhängen; kelchförmige Capitäle laden tellerartig aus und sind oft mit krausem überfallendem Laubwerk verziert. Die Scheidbogen setzen die Gliederung der Pfeiler fort und schmücken sich gern mit scharfgezeichneten Vierblättern. An der Deckenwölbung aber entwickelt sich von den polygonen Capitelsälen aus statt der auf dem Continent noch üblichen einfachen Kreuze ein sternförmig glänzendes Gebilde der von dem Mittelpunkt nach den Ecken ausstrahlenden und sich untereinander verbindenden Gurten; derartige Räume zu Lichfield, zu Salisbury sind voll heiterer Würde, und die hier gewonnene Deckengliederung geht auf die Kirchen und in andere Länder über. Das Maßwerk des 13. Jahrhunderts spitzt die durchflochtenen Bogen der Normannenzeit, oder legt einen lanzettförmigen Dreipaß unter den Lanzettbogen. Im Aeußern bekleiden Blendarkaden, den Triforien im Innern entsprechend, die Wandflächen. Die Portale bleiben klein und ohne Bezug auf plastischen Schmuck, und statt des schönen, dem Innern entsprechenden Systems der französischen Fassade kommt man in ein unbefriedigtes Versuchen; man fängt an statt der Thürme einen decorativen Vorbau aufzuführen, der sich über die Höhe der Seitenschiffe bis zum Giebel des Mittelschiffs erhebt, Thürmchen an seinen Seiten hat und willkürlichen Verzierungen Raum bietet, ähnlich jenen Scheinfassaden Italiens ohne rechten Zusammenhang mit der innern Construction der Kirche.

Die Kathedralen zu Salisbury, Beverley, Wells, Lincoln, Lichfield haben diesen früh englischen Stil im 13. Jahrhundert ausgebildet. Schottland schließt sich an mit Elgin und Glasgow. Die Kathedrale von Salisbury hat eine Gesammtlänge von 430 Fuß; das Mittelschiff ist 33 Fuß breit und 78 Fuß hoch; in Notre Dame zu Paris hat es 36 Fuß Breite und 106 Fuß Höhe, und zu Amiens, zu Rheims übersteigt die Höhe die Breite um das Dreifache, während die Länge der Gebäude geringer ist als in England, viel geringer in ihrem Verhältniß zur Breite der fünf Schiffe. Schnaase weist auf den schroffen Geschmackswechsel hin der sich nun in der Vorliebe für schlanke zierliche Formen zeigt im Gegensatz gegen die kraftstrotzende aber plumpe Schwere des romanischen Normannenthums; diese war der Ausdruck wehrhafter Stärke der Beherrscher eines besiegten Volks. Aber jetzt waren die Stämme eins geworden, und nun ordnete die englische Nation ihre Angelegenheiten in klarer segensvoller Weise. Man wollte jetzt den Muth, den unbeugsamen Willen nicht im Trotz, sondern in der Gesetzlichkeit, gepaart mit der ritterlichen Empfänglichkeit für zarte Gefühle. So eignete man leicht den neuen Stil sich an, der dieser Richtung entgegenkam. Man mäßigte den überschwenglichen Drang mit praktischer Nüchternheit, man überhob sich der Anforderung in jedem Glied seine Function auszusprechen und doch das Ganze in Harmonie zu halten; man fügte an die einfache Grundlage den festlich glänzenden Schmuck. Wir werden die weitere Entfaltung dieser Architektur später betrachten, sie blieb in England volksthümlich; hier schließen wir mit dem genannten feinsinnigen Kenner: „Die dunkeln Hallen, die schweren Formen der normannischen Bauten erinnerten und erinnern die Dichter an die eiserne Herrschaft der stolzen normannischen Barone über die besiegten Sachsen, die mildern Züge des gothischen Stils an die glückliche Verschmelzung der feindlichen Stämme zu einer einigen Nation, an die schlichte und edle Sitte des frühen Ritterthums.

Die gothische Architektur. 393

an die religiöse Begeisterung und die Romantik der Kreuzzüge. Die Lanzettbogen welche so kühn aufstreben, die schlanken Säulchen welche so zierlich dienen, die reichen Ornamente in welchen die Ueberfülle der Kraft sich in anmuthiger und weicher Empfindung äußert, die einfache und mäßige Haltung der meisten Glieder, ihre ruhige Wiederholung sind Symbole der Eigenschaften geworden, nach welchen die Edlern der Nation noch immer streben, auf welchen die Sitte und das Bestehen des Volks beruht, des festen und doch milden Sinnes, der Kühnheit für gerechte Sache, der ritterlichen Großmuth, der Mäßigung und Gesetzlichkeit. Die Briten sahen darin stets die Jugendzüge ihrer Nation und betrachteten sie mit Liebe auch als die Kunst selbst auf andere Wege fortgerissen wurde."

In Norwegen zeigt der Dom zu Drontheim den Anschluß an englische Vorbilder in selbstbewußt freier poetischer Meisterschaft, die über die Kunstmittel gebietet und mannichfache Formen trefflich verwerthete. An einen romanischen Querbau schließen sich Chor und Vorderschiff in gothischem Stil; ein prachtvolles Kuppelachteck bekrönt den Chor. In Schweden dagegen zeigt die Kirche von Upsala die im Ziegelbau der deutschen Ostseeprovinzen vereinfachte französische Weise.

Die großartige Ausbildung die der romanische Stil in den gewölbten Domen am Rhein erhalten, die Treue für das einmal Liebgewordene, wol auch die Verbindung mit Italien ließ Deutschland zunächst noch bei jenem beharren. Auch fehlte im Lande ein tonangebendes Centrum, zu dem damals bereits sich Paris für Frankreich erhob, und der Individualismus der Stämme, der Städte gab sich daher durch fortwährende Modificationen auf der einmal gewonnenen Grundlage kund. So entwickelte sich denn vornehmlich in der zweiten Hälfte des 12. Jahrhunderts und dauerte bis in das 13. hinein eine eigenthümliche Bauart, die man als den Uebergangsstil aus dem romanischen zum gothischen zu bezeichnen pflegt; nicht als ob dieser sich aus jenem hier hervorgebildet hätte, denn er war ja bereits neben ihm herrlich vorhanden, wohl aber weil die in jenem entworfenen Werke Elemente des neuen in sich aufnahmen und dadurch eine glänzende Nachblüte hatten. Man bereicherte die Gliederung der Pfeiler und im Zusammenhange mit ihnen die der Gewölbe, man führte einen viereckigen Chorschluß ein, man fügte zwei Fenster unter einem gemeinsamen Bogen zusammen und brachte im Feld über ihnen eine runde oder kleeblattförmige Lichtöffnung an, oder man nahm eine Gruppe von drei Fenstern, und ließ das mittlere die andern übertragen; man gliederte und belebte im Aeußern die Mauermassen durch Säulen und Bogen um Fenster und Fenstergruppen, durch vorragende Lisenen, durch Arkaden unter dem Dache und Blendarkaden an andern Maurflächen. Dann setzte man auch Bogen aus Kreisabschnitten kleeblattartig zusammen oder zackte sie nach innen hin, und wir erkennen hier in manchen Ornamenten die maurischen Vorbilder, deren Anschauung die Kreuzzüge gebracht; vornehmlich an Burgen, wie am Schlosse Friedrich Rothbart's zu Gelnhausen kamen solche keck phantastische Formen zur Anwendung. Und wie die jungen Gelehrten um der Wissenschaft willen nach Paris gingen, die Dichter französische Redensarten ins Deutsche einflochten, so ward denn auch der Spitzbogen herübergenommen, und in flacher Haltung bald neben dem Rundbogen, bald für sich allein im Gewölbe und als Fensterabschluß angewandt. So blieb die Wucht des Ganzen bestehen, aber sie ward im einzelnen überall belebt, erleichtert und auf eine zierlich geschmackvolle Weise durch fein ausgeführte Ornamente heiter geschmückt. Namentlich kam an den Portalen die Sculptur zur Blüte.

Werke die noch in mehr alterthümlicher Weise begonnen waren, wie der Dom zu Trier, der Münster zu Bonn, nahmen im Fortbau die neuen Formen auf. Die Kirche Sanct Gereon in Köln erhielt einen Anbau in Gestalt eines überwölbten Zehnecks. Die Abteikirche zu Heisterbach, die Dome von Basel, Münster, Naumburg, Limburg, Gelnhausen, Bamberg sind vor andern von edelm Rhythmus der lebendigen Gliederung, von imponirendem Ebenmaß der Verhältnisse, und es gehörten namentlich die letzteren zu den denkwürdigsten Thaten mittelalterlicher Kunst, großartig kühn, in klarer Gliederung der Masse, in gediegenem Formenreichthum der Ornamente. Es ist wohl nicht bloß subjectiv unser Nationalgefühl, sondern in den Werken selbst die Verbindung von gediegener Stärke mit anmuthiger Gliederung und feiner Durchbildung, was unser besonderes Wohlgefallen an ihnen bedingt. — Die Klosterkirchen des Cistercienserordens, der von Cluny aus die Strenge der Kirchenzucht reformatorisch durch die Lande trug, und mit der Frömmigkeit den Sinn für militärische Ordnung und praktische Thätigkeit verband, nahmen den frühgothischen Stil in schlichtester Weise; sie schlossen den Chor geradlinig, sie bildeten einfach viereckige Pfeiler, sie ließen den Fenstern häufig den Rundbogen, aber sie führten die Wölbung überall ein. Zum Theil neben diesen Bauten oder bald nach ihnen fand aber auch der gothische Stil Aufnahme in Deutschland, ja ebenso seine vollendende Durchbildung wie die Gral- und Tristansage durch deutsche Dichter in der Poesie. Die Mannichfaltigkeit in einer Fülle von Bauten auf der einen Seite und dann an einigen Meisterwerken die gesetzmäßig harmonische Klarheit und jene Verbindung von Kraft und Anmuth die das Ornament aus der innern Bedeutung und Bewegung der constructiven Glieder hervortreibt und diese selbst in ihrer Majestät doch fein, ja zierlich behandelt, — dies hat den gothischen Stil so recht als den germanischen erkennen lassen, und ich wiederhole es, in Frankreich ist es ja nicht das keltische oder römische, sondern das fränkische Element der Nation, das ihn erzeugt hat; opus francigenum hieß sein Werk im Mittelalter. Neben Kirchen die sich an das bereits glänzend entwickelte System anschließen, finden wir in Teutschland eine Zurückführung auf ein einfaches Maß, auf schlichtere Formen, und als eine national eigenthümliche Weise gibt sich der viel verbreitete Hallenbau kund. Statt der ritterlich kühnen Aufgipfelung der Mittelräume über die Seitenschiffe wurde das ganze Innere in gleicher oder fast gleicher Höhe einheitlich ausgeführt, und es offenbart sich uns gerade darin der klare verständige Sinn des deutschen Bürgerthums. Das Motiv war in romanischen Kirchen Westfalens gegeben. Erhielt zu Anfang des 13. Jahrhunderts der magdeburger Dom seinen Chor mit dem vieleckigen Umgang und Kapellenkranz nach französischem Vorbild, so zeigte bald nachher die Liebfrauenkirche zu Trier eine neuschöpferische Verwerthung des Stils für einen polygonisch gegliederten Centralbau, indem hier das emporragende griechische Kreuz mit einem Thurm in der Mitte so durch Kapellen umgeben wird daß die Außenmauer ein in den Kreis gezeichnetes Vieleck darstellt. Dann bietet die 1235 begonnene Elisabethkirche zu Marburg das folgenreiche Beispiel eines Hallenbaues in knospenhafter Frische und klarer Gediegenheit. Noch hat man an den bis zur gleichen Höhe des Mittelraums emporgeführten, mit ihm unter einem Dach geeinigten Seitenschiffen die ganze Fläche zwischen je zwei Strebepfeilern nicht mit einem, sondern mit zwei Fenstern übereinander ausgefüllt, noch sind die schlanken Thurmhelme undurchbrochen. Der Grundriß zeigt das lateinische Kreuz. Zunächst die Rahngegenden bauten in diesem Geiste weiter, und als nun das eine Fenster von der Brüstung über dem Sockel bis zum Gesims emporstieg, da war natürlich für reiche Entfaltung des Maßwerks sowol der Raum als das Gebot gegeben. Norddeutschland erkor sich die Hallenform und bildete sie reicher aus, in Meißen, in Heiligenstadt, während die Kirchen Westfalens sich durch Einfachheit und Klarheit auszeichnen. Viele wurden indeß hier wie in Sachsen und Süddeutschland erst in der folgenden Periode ausgeführt.

Kirchen im Elsaß, in Neuweiler, Ruffach, Schlettstadt lassen die Entwickelung des frühgothischen Stils nach französischer Art verfolgen, während die durch den Dominicaner- und Franciscaner-orden veranlaßte Vereinfachung des Grundplans, namentlich im Abschluß des Chors, und die schmucklose Behandlung des Aeußern uns in Kreuznach, Colmar, Basel, Zürich, Bern und Constanz entgegentritt. Dagegen entfaltet sich der in Nordfrankreich bereits so großartig prachtvoll ausgebildete Bau der imposanten Kathedrale zur schönsten Blüte in den herrlichen Domen von Köln, Freiburg, Straßburg.

Der nicht sehr bedeutende Brand einer ältern Kirche Kölns ward von dem mächtigen Erzbischof Konrad von Hochstaden benutzt um den Chor nach dem Vorbilde von dem zu Amiens herrlich neuzubauen; 1248 ward der Grundstein gelegt, und bald konnte der Bau eine fabrica gloriosa genannt werden, doch schritt er langsam voran und ward erst 1322 eingeweiht. Meister Gerhard hatte dem Werk vorgestanden, und er hat sein Muster übertroffen, indem er durch die von ihm hergestellte gleiche Breite der Seitenschiffe und durch engere und regelmäßigere Pfeilerstellung die harmonische Klarheit der Grundlage erhöhte, den Schmuck aber in der Gliederung der Pfeiler, in den leichtaufsprossenden Fialen wie in dem Maßwerk der Fenster und dem Blätterkranz der Capitäle noch reicher und doch stets edel und klar entfaltete. Die untern Partien sind strenger gehalten, je höher das Ganze emporsteigt desto lichter, desto glänzender entwickelt sich die Gestalt der Strebepfeiler, der Strebebogen und der Wimberge. Siebenseitig schließt der Chor ab, es folgt ein Umgang und ein Kranz von sieben Kapellen, das Mittelschiff des Langhauses hat zwei, das der Querflügel des Kreuzes ein Seitenschiff auf jeder Seite; an jeder Seite hat der Querbau drei stattliche Portale. So stand an dem ältern Bau der neue Theil, und nun ward im 14. Jahrhundert der Entschluß gefaßt jenen abzubrechen und alles in gleichem Stil auszuführen.

Da entwickelte ein neuer Meister aus dem Vorhandenen folgerichtig nicht das dreischiffige Langhaus, wie in Amiens, sondern das fünfschiffige, und entwarf die Faſſade mit den beiden koloſſalen Thürmen. Bekanntlich wurde der Dom nicht vollendet, aber der Riß blieb erhalten und unſer Jahrhundert ſchritt zum Ausbau deſſelben. In der Faſſade iſt die aufſtrebende Richtung vom Sockel bis zur Kreuzblume der durchbrochenen Thurmhelme mit kühnſter Folgerichtigkeit durchgeführt, in dieſer Ausſchließlichkeit mehr zum athemloſen Staunen der Bewunderung hinreißend, als ruhig befriedigend. Die Kreuzform iſt im Innern energiſch ausgeprägt. Einfache Verhältniſſe liegen der Mannichfaltigkeit zu Grunde, ähnlich wie den Accorden einer Symphonie. Funfzig zehnzollige Fuß mißt die Breite des Mittelſchiffs von einer Pfeilerachſe zur andern; jedes der vier Seitenſchiffe mißt die Hälfte, die ganze Breite des Langbaues iſt das Dreifache; und 150 Fuß iſt auch die Höhe des Mittelſchiffs; die der Seitenſchiffe ⅔ davon; das Mittelſchiff iſt alſo dreimal ſo hoch als breit. Die Breite des dreiſchiffigen Querbaues des Kreuzes verhält ſich zu der des Langbaues wie 2:3; jener iſt 250 Fuß lang, das Verhältniß der Länge zur Breite alſo 5:2. Die Länge des ganzen Doms iſt das Neunfache der Breite des Mittelſchiffs, 450 Fuß. Dieſer Länge ſollte die Höhe der Thürme gleich erſcheinen, darum ward ſie auf 500 Fuß beſtimmt. — Als Boiſſerée ſein berühmtes Buch herausgab, da ſchien es als ſei der Plan die mit einem Schlag fertig und frei entworfene That eines einzelnen Meiſters; jetzt ſehen wir in dieſem Werk ähnlich wie in der Kunſtvollendung des Volksepos hervorragende Künſtlergeſchlechter von gemeinſamem Stil getragen und dieſen ſelbſt immer edler ausbildend eine harmoniſche Schöpfung ausführen, und dieſe Gemeinſamkeit ganzer künſtleriſcher Generationen nennen wir für die Architektur mit Schnaaſe etwas viel Größeres und Schöneres als die Genialität eines einzelnen ſeine Zeitgenoſſen weit überragenden Künſtlers.

Unter dem Einfluß der kölner Bauhütte entſtanden die Kirchen zu Altenberg, zu Ahrweiler, wahrſcheinlich auch zu Oppenheim, zu Utrecht und zu Wimpfen. Der Uebergangsſtil wich bei Neubauten der reinen Gothik, und große Dome, die wie der zu Freiburg im romaniſchen, der zu Strasburg in den Uebergangsformen begonnen waren, wurden nun in der neuen Weiſe vollendet. In Freiburg wird die Faſſade durch einen Thurm gebildet, der aus dem noch massig schweren Untergeschoß in organischem Wachsthum stets leichter und freudiger emporsprießt und den schönsten der durchbrochenen Helme trägt die zur Ausführung gekommen. In Strasburg zeigt die lichte Weite bei mäßiger Höhe im Langhaus das deutsche Gefühl in eigenthümlicher Kraft der Formgestaltung, und verschmilzt die Fassade Erwin's von Steinbach (1277) aufs glücklichste die deutsche Weise des Emporstrebens mit den horizontalen Bändern und der centralen Rose der französischen Architektur; die klare Großartigkeit der Verhältnisse wie der zierliche Schwung im Detail, im strahlenden Gebilde des Rosenfensters wie in dem schlank aufsteigenden Stabwerk machen diese Fassade zur schönsten von allen gothischen die je gebaut worden; hier fühlen wir uns erhoben und beruhigt, angeregt und befriedigt zugleich. Die für beide Thürme bestimmte durchbrochene Steinpyramide ist leider nur auf einem und in minder reiner Form der Spätzeit 1439 von Johann Hülz aus Köln hergestellt worden. Zur Zeit Erwin's begann Andreas Egel den Dom zu Regensburg und hielt gleichfalls in wohldurchdachter Art die Stimmung des vaterländischen Hallenbaues noch fest, obwol der Mittelraum über die Seitenschiffe im Verhältniß von 5 zu 3 emporragt; auch ist die doppelthürmige Fassade in ihrer majestätischen Klarheit über das später eingefügte Detail Herr geblieben. Ein durchaus edler Bau im französischen System ist der Dom zu Halberstadt.

Spanien führt zuerst noch wie Deutschland den decorativ belebten romanischen Stil fort, und nimmt dann im 13. Jahrhundert die französische Gothik auf; doch macht der Sinn für weite Räume die Schiffe breiter, und über der Kreuzung ist eine Kuppel beliebt. Im Ornament aber dringen die maurisch phantastischen Elemente ein und geben durch Zackenbogen, durch Arabeskenmuster an den Diensten und Wänden den großartig angelegten Bauten einen glänzenden Schmuck, der uns mitunter an Bänder und Spitzen erinnert. Die Kathedralen von Burgos, Toledo, Valladolid, Leon und Valencia gehören unserer Epoche an und zählen zu den hervorragenden Schöpfungen des Mittelalters.

Auch Italien wendet an romanischen Bauten gothische Formen an, und baut im 13. Jahrhundert nach dem Vorbilde der Marcuskirche dem heiligen Antonius in Padua einen Dom, in welchem aber doch die Längenrichtung und das lateinische Kreuz

herrschend werden, sodaß nicht blos vier Kuppeln um die der
Mitte sich erheben, sondern noch eine andere nach dem Eingang
hin sich über dem Mittelschiff wölbt und ein Chor mit Kapellenkranz weit anslader. Das Ganze macht den Eindruck einer leeren
Größe. Doch wie die gothischen Formen im 13. Jahrhundert
eindrangen, es behielt immer die Erinnerung an das Alterthum
die Oberhand. Man verwerthete den Spitzbogen mehr um weite
Räume zu überspannen als um steil in die Höhe zu streben, man
ließ die Fenster klein um Wandflächen für Gemälde zu behalten,
man ließ das Mittelschiff nur wenig über die Seitenschiffe em-
porragen, die Strebebogen nur lisenenartig die Außenmauer gliedern, man ließ die Horizontallinie des Daches zur Geltung kommen. Eine Kuppel über der Kreuzung der Mitte dient statt der
Thürme und die Fassade wird am liebsten so gebildet daß sie
wie ein Marmorschild vor dem Gebäude steht, über das sie emporragt. Doch weist ihre Gliederung auf das Innere; vier
stalengekrönte Pfeiler haben drei Portale zwischen ihnen, die nach
den drei Schiffen hinleiten; die Mitte ist von doppelter Breite
wie die Seitenräume, nimmt eine Fensterrose auf und steigt höher
empor, gleich den Seiten durch einen spitzen Giebel abgeschlossen.
Galerien mit Statuen, Reliefs, bunte Marmorstreifen, selbst Mosaiken dienen zu geschmackvoll glänzender Decoration. In Assisi
ward über der mit einer Krypte versehenen romanischen Kirche
noch eine gothische mit gegliederten Pfeilern und Spitzbogen errichtet; Florenz folgte mit Santa Trinita und Santa Maria
Novella; an dem Dom von Siena kam durch Giovanni Pisano,
an dem Dom von Orvieto durch Lorenzo Maitano die Pracht-
fassade zur schönsten Gestaltung. Der honiggelbe Marmor, die
farbenbunten Mosaiken schimmern hier im Glanz der Abendsonne in
zauberischem Reiz wie ein riesiger Gemäldeschrein; man zweifelt
ob die Architektur den Schmuck der Bildwerke empfing, oder ihnen
zur Umrahmung dient.

Die Ritter legten ihre Burgen am liebsten auf Bergen an;
in der Ebene suchte man sie durch Wall und Wasser zu schützen.
Den Kern bildete ein starker Rundthurm, Bergfried in Deutschland, belfry in England, donjon in Frankreich geheißen. Er
war nur im obern Geschoß zugänglich, in den untern Raum mit
einem Brunnen, das Burgverließ, senkte man die Gefangenen
von oben herab; ein Saal, mehrere Gemächer waren in der
Mitte angelegt, oben saß der Wächter und spähte hinter den

Zinnen in die Ferne. Eine Mauer umgab den Hofraum mit den Ställen. Der Thurm konnte die ganze Burg sein. Gewöhnlich stand ihm aber eine Kapelle zur Seite, sodann ein Palas, das Herrenhaus, zu dessen Saal eine Außentreppe emporleitete, und die Frauenwohnung oder Kemenate; sodann Vorrathshäuser, Werkstätten, Gelasse für die Dienerschaft. Die vollständig ausgestattete Burg hatte einen Vorhof oder Zwinger; durch eine Zugbrücke gelangte man über den Graben nach der Pforte die zu dem ummauerten Innern führte. Die Vertheilung der Gebäude bot mehr malerischen Reiz als Regelmäßigkeit, die Portale, die Fenster waren anfangs rundbogig, dann spitzbogig abgeschlossen. Zinnen krönten die Mauer, und boten dem Vertheidiger auf dem Gang hinter ihnen bald Schutz bald Raum zum Schießen oder Steinschleudern. In Italien beginnt bereits der Palastbau in den Städten. Die castellartigen Häuser in Florenz, unten voll trotzig fester Kraft, oben mit bogengekrönten Fenstern zierlich ausgestaltet, deuten auf Wohlbehagen des gesicherten Daseins. Der Palazzo vecchio steht wie eine kriegerische Burg mitten in der Stadt. Dagegen öffnet sich der Palazzo publico zu Piacenza, zu Cremona im Untergeschoß zwischen den Pfeilern, die durch Spitzbögen verbunden sind, zu einer Halle, die Fenstergruppen des Obergeschosses umschließt eine portalartige Decoration, und stattliche Zinnen krönen die Mauer. So hebt hier schon der Civilbau an, der sich in der folgenden Epoche mit dem Bürgerthum entwickelt.

Plastik und Malerei im 12. und 13. Jahrhundert.

Die Ritter führten weder Meißel noch Pinsel, darum kam die bildende Kunst erst da zur Blüte wo die Städte sich zu Trägern der Cultur emporarbeiteten. Sie blieb kirchlich und der Architektur untergeordnet, doch regte sich der Sinn und die Empfindung einer neuen Epoche auch in ihr. Im ganzen stehen wir in den Anfängen; neben dem frischen innigen Lebensgefühl, neben rohen Erstlingsversuchen liegen antike Reminiscenzen noch unvermittelt; aber dann sehen wir auch die in sich harmonischen Keime einer selbständigen Kunst so energisch und klar hervorbrechen daß es scheinen möchte als sei nur noch ein kleiner Schritt zur nahen Vollendung.

Im 12. Jahrhundert kam es gerade dem mannichfachen Suchen und Tasten in der Plastik zugute, daß der Portal- und Fassadenbau der Dome den Bildwerken eine festumgrenzte Stelle bot, wo sie dem Rhythmus der architektonischen Linien und den Gesetze der Symmetrie sich einfügen mußten; und wie in den Uebergangsformen der Baukunst so zeigt sich auch hier die ernste Strenge, die Gebiegenheit des romanischen Stils als die Grundlage auf der die frischen Triebe sich entwickeln. Eigenthümlich ist die Mischung fabelhafter Thier- und Menschengestalten mit den bekannten christlichen Figuren; das wirre Durcheinander lichtet sich allmählich und wir sehen wie die nordischen Mythen, die nationalen Heldensagen die Gemüther bewegten, und in phantastischer Symbolik an das Heiligthum herangezogen zu Sinnbildern und Parallelen der biblischen Gedanken und Begebenheiten gemacht wurden. Damit hatte man schon im 11. Jahrhundert begonnen, wie das Portal der Kirche zu Großenlinden bei Gießen beweist; nun begegnet uns Aehnliches in Regensburg, Freiburg und Zürich wie in Verona, wo der Name des Meisters Wiligelm auf den deutschen Einfluß hindeutet, der über die Alpen hinüberdrang. Am Westportal des Baptisteriums von Parma sehen wir die Werke der Barmherzigkeit und den weltrichtenden Heiland; am Südportal steht ein fruchtreicher Baum, dessen Wurzeln Wölfe benagen; ein Mensch ist in seine Zweige geflüchtet, ein Drache speit Feuer gegen ihn; Sonne und Mond jagen auf ihren Gespannen von Rossen und Stieren zur Hülfe heran: der Weltuntergang ist hier im Anschluß an die Esche Ygdrasil, an die Götterdämmerung der Edda dargestellt. In Basel zog man die Thiersage, hier und in Genf die antike Mythe heran. In Aquileja gab man den Evangelisten Flügel und den Kopf des Arlers, Stiers oder Löwen. — Die Gärungen des keltischen Geistes zeigen sich in der kraufen Bilderfülle französischer Fassaden, in den barock phantastischen Dämonen von Autun, von Vezeley, wo grauenhaft Lächerliches mit dem ergreifend Feierlichen im Eindrucke sich vermengt. Dann aber geht Frankreich auch hier voran und gewinnt eine klare Anordnung für die symbolisch historischen Gedankenkreise, wie an den Kirchen zu Souillac, zu Conques, und erreicht in Chartres eine Beseelung der regungslos starr und steif gehaltenen Figuren auf den Säulenschaften des Portals, die für die christliche Kunst durchaus charakteristisch ist: während bei den so trefflich bewegten und behandelten Körpern der Reginelen die Köpfe jenes ausdruckslose Lächeln zeigten und unschön blieben, sind hier die Körper schematisch gebunden, aber in der Kopfbildung zeigt sich, wie Lübke das Wort glücklich gefunden hat, gleich einem ersten Lächeln des Frühlings das germanische Volksgesicht mit seinen treuherzig schlichten Zügen, und rührt uns der Ausdruck demüthig schüchterner, milder Empfindung. Solch ein Hauch seelenhafter Anmuth weht dann weiter über den Aposteln wie über den Königen und Königinnen zu le Mans. Dagegen waren die Arbeiten in Italien noch formlos, ungefüg und roh, aber die Persönlichkeit der Künstler wollte sich schon geltend machen, und schon faßte man ihre Leistungen nicht blos nach ihrer kirchlichen Bedeutung, sondern ästhetisch, als Kunstwerke ins Auge; schon regte sich der Sinn der später so Herrliches hervorbrachte. Auch löste der Erzguß sein Abhängigkeitsverhältniß von den Byzantinern und strebte auf den Kirchenthüren zu Ravello bei Amalfi, zu Monreale bei Palermo nach Feinheit im graziösen Ornament und in den Figuren.

Die Blüte der epischen und lyrischen Poesie am Ende des 12. und am Anfange des 13. Jahrhunderts und die Vollendung der gothischen Architektur war nun auch von dem Aufschwunge der Plastik begleitet. Das Leben selbst legte Werth auf eine anmuthige Erscheinung, auf edle Sitte, auf zierliche Haltung, auf eine geschmeidige Gewandung, die um die Hüften gegürtet den Körper in weichen Faltenwellen umfließt. Die Künstler beobachteten die Natur, und standen innerhalb der christlichen Anschauung, welche die Heilslehre als ein großes Ganzes umfaßte, das sie nun in der Schöpfung und dem Sündenfall wie in der Erlösung durch die Geburt, das Leben und den Tod Jesu, endlich im Jüngsten Gericht und in der Seligkeit des Himmels veranschaulichen sollten, wobei die Ereignisse des Alten Testaments als weissagende Vorbilder des Neuen herangezogen werden und die Gestalten der Erzväter, der Propheten, der Apostel neben den Reliefdarstellungen einzelner Scenen stehen, aber auch der Kreislauf des Jahres mit seinen Arbeiten, Künste, Wissenschaften, Vergnügungen herangezogen werden, alles in innigster Beziehung zur Religion, sodaß das Wirken Gottes auf Erden großartig und allseitig zur Erscheinung kommt. Die drei Fassaden der Dome,

vornehmlich die Portale, die Vorhalle innerhalb der Thürme, die
Fialen endlich mit ihren Baldachinen und Nischen für Figuren
bilden auf diese Weise ein wohlausgedachtes Ganze, ein tiefsinniges Epos des religiösen Lebens in Stein; und daß dieser göttlichen Komödie auch der Humor nicht fehle, predigt hier der
Fuchs den Hühnern, schleicht dort der Wolf in der Mönchskutte,
und rienen Dämonen, Drachen und seltsame Fratzen in possen-
haften Stellungen zu Wasserspeiern. Statt klösterlicher Befangenheit gibt sich ein frisches freudiges Volksleben, ein kräftiges Naturgefühl kund. Begeisterte Bewunderer vergleichen die Plastik
des 13. Jahrhunderts mit Phidias und seiner Zeit: hier wie
dort der Anschluß an die Architektur, welcher Einzelstatuen, Gruppen, Reliefs bedingt; hier wie dort eine erhöhte ideale Lebens-
stimmung und die Aufgabe nicht sowol ganz Neues zu erfinden
als das alte Ueberlieferte, im Glauben Geheiligte durch reinere
Formen und feineres Gefühl zu beseelen und zu vollenden. Indeß war die Plastik für das Uebergewicht des Geistes und Gemüths im Christenthum nicht die entsprechende Kunst, sondern
die Malerei, und bei ihr werden wir das den griechischen Meistern Ebenbürtige am Wendepunkt des 15. und 16. Jahrhunderts
finden. Weil den Hellenen das Göttliche, soweit sie es faßten,
voll und ganz in der Naturgestalt, in der Leiblichkeit offenbar
wurde, deshalb bildeten sie auch den Körper des Menschen nach
seinen organischen Gesetzen zur lebenswahren Schönheit durch,
und das Gewand sollte das Nackte nicht verbergen, sondern seinen Bau und seine Bewegung in jeder Falte erkennen lassen, ja
hervorheben. Dagegen hatte, wie Lübke bereits selbst betont, die
christliche Kunst des 13. Jahrhunderts im Körper das Durch-
scheinen der Seele, des Geistigen zu veranschaulichen, und darum
ward derselbe nur nach seinen allgemeinen Verhältnissen empfunden und mehr vom Gewande verhüllt, dessen Linienfluß seine
Haltung nur leise wie eine Melodie in volltönender Instrumen-
talbekleidung nachklingen läßt. Und so können wir beistimmen
daß die christliche Empfindung sich allerdings hier einen ihr entsprechenden Stil geschaffen, daß die holdselige Lieblichkeit der
Engel, die stille Seligkeit der Verklärten, der Ernst der Apostel,
die Demuth oder Himmelssehnsucht der Märtyrer, die milde Klarheit des lehrenden und die feierliche Würde des richtenden Heilandes nie höher und reiner von der Plastik dargestellt worden
sei, — aber mit dem Beisatz daß dies alles mehr in der Ge-

sammtwirkung des Ganzen und in den Grundmotiven der Figuren als in der Durchbildung des einzelnen zu Tage kommt, während es die höchste Aufgabe der Plastik ist in der Einzelgestalt die Schönheit des Universums zu zeigen, die Einzelgestalt in selbstgenugsamer Hoheit in sich vollendet zu veranschaulichen, wir aber an den Domen die malerische Fülle und Beziehung der Figuren bald aufeinander bald auf ein höheres Jenseitiges bewundern. Es bleibt das Verhältniß der Form ähnlich wie das des Materiales, des grauen oder braunen nordischen Sandsteins zum krystallinisch weißen Marmor von Hellas. Und wie in der Architektur so sehen wir häufig an einem und demselben Bau auch in der Plastik den Fortgang des Stils von der noch gedrungenen Kraft und Strenge zu weicher Anmuth und geschmeidiger Bewegung: die Gestalten neigen sich und beugen sich über der Hüfte, sie ziehen die eine Seite ein und kehren die andere heraus, sie richten mit schwärmerischem oder demüthigem Lächeln das Haupt auf- oder abwärts, oder wenden sich zueinander wie in traulichem Gespräch, auch wenn sie jede für sich in Nischen stehen. Dabei mußte vieles, und gerade die meisten Einzelstatuen, den handwerklichen Arbeitern überlassen und damit ohne den Hauch der Vollendung bleiben, während gerade in kleinern Werken, namentlich in Reliefs, die Hand der Meister sichtbar wird.

In Frankreich beginnt die Entwickelung an Notre Dame zu Paris, und geht in der Sainte Chapelle zu schlanker Zartheit fort; sie zeigt sich besonders deutlich in Chartres, bis der Stil seine Pracht und Schönheit am Dom zu Rheims entfaltet. Hier wetteifert der großartige Gedanke der Anordnung mit dem Reichthum der Ausführung, hier sind einzelne Gestalten ebenso jugendheiter und sittig hold, als ein Christus am Seitenportal durch Kraft, Adel und milde Klarheit im Ausdruck wie durch volles Verständniß der Körperformen und des Faltenwurfs bewundernswerth; hier wetteifert in einem Relief der Auferstehung die Mannichfaltigkeit der seelischen Empfindungen des Erstaunens und Flehens, der Freude und frommen Ergebung mit den körperlichen Bewegungen des Erwachens, des Aufsteigens aus den Gräbern in Naivetät und maßvoller Bestimmtheit. Ueberhaupt steht der Reliefstil der reingriechischen Weise nahe, die jede Gestalt für sich im Profil entfaltet und das Gedräng hintereinander stehender oder einander deckender Figuren meidet. — Rouen, Bourges, Lausanne suchen den gewonnenen Stil anzunehmen.

Bemerkenswerth ist wie auf Grabsteinen die noch gebundene Kunst die Darstellung des Schlummers liebt, während später die Porträtstatuen mit freien offenen Augen gebildet werden. Die Königsgruft von Saint Denis läßt die Entwickelung vom Schweren und Plumpen zu ruhiger Würde und zu bewegter Lebensanmuth in der Darstellung der Herrscher Frankreichs verfolgen.

Aehnlich wie in der Architektur zeigt sich der Einfluß der neuen Richtung auf deutschem Boden in einer innigen Beseelung und anmuthigen Fortbildung des romanischen Stils, und zwar vorzüglich in der Kirche zu Wechselburg und wahrhaft classisch an der zu Freiberg. Da herrscht edle Leibesfülle und zugleich Seelenausdruck, und ein frisches Naturgefühl bewegt die Gestalten und bricht aus der antikisirten Gewandung hervor. So schon an den Reliefs der Kanzel und des Altars in Wechselburg, im Opfer Abraham's, in Kain und Abel und der Aufrichtung der ehernen Schlange, so noch viel herrlicher an der goldenen Pforte zu Freiberg. Da stehen an den Säulen des Portals diese so ehrwürdig ernsten, so jugendlieblichen Gestalten von Männern und Frauen des alten und neuen Bundes, in welchen das eigene innige Empfinden der deutschen Seele mit dem in der Schule des Alterthums gereisten Schönheitssinne einträchtig zusammenwirkt um Meisterwerke von eigenthümlichen, jenen französischen Arbeiten ebenbürtigem Werthe zu schaffen. Ihnen nahe verwandt ist der Altar zu Wechselburg, der in Thon gebrannte Gekreuzigte zwischen Johannes und Maria. Gleichfalls aus der Mitte des 13. Jahrhunderts stammen die Sculpturen an der Klosterkirche zu Tischnowitz in Mähren, und mit ihnen wetteiferten die fränkischen Arbeiten in Bamberg, wo in den Wandnischen am Georgenchor des Doms die antikisirende Schule noch im Ringen mit einem frischen Naturalismus erscheint, und die Figuren wie in der dramatischen Bewegung eines Mysterienspiels einherschreiten. Dann kommt der neue gothische Stil zur Herrschaft, und in lebensgroßen Statuen am südlichen Portal der Ostseite wie des nördlichen Seitenschiffs und im Innern gelangt er zu vorzüglicher Blüte. Adam und Eva, Kaiser Heinrich VI. und seine Gemahlin, die symbolischen Gestalten der Kirche und Synagoge, alles wird in seiner Art verständig aufgefaßt und empfindungsvoll ausgeführt. Schwung und zierliche Feinheit stehen hier im Bunde. — Soram schließen die beiden großen Münster von Freiburg und Strasburg auch in der Plastik sich dem französischen Vorgang würdig an. Beide erzählen in Statuen und Reliefs die Geschichte der Erlösung. In Freiburg folgen wir der Entwickelung des Stils von einfacher Strenge zu flüssig freier Bewegung; in Strasburg nennt sich uns Sabina, die Tochter Erwin's von Steinbach als die Schöpferin eines Evangelisten Johannes, und gern schreibt man ihr auch das bei allem Reichthum von Figuren klar componirte, rührend ergreifende Relief vom Tode Maria's zu. — Unter den Grabsteinen nenne ich die Heinrich's des Löwen und seiner Gemahlin Mathilde im Dom zu Braunschweig, von ausdrucksvoller reiner Schönheit; angesichts ihrer erinnert Kugler wieder an die besten Tage der griechischen Plastik, der es gleichfalls weniger um naturgetreue Porträts als um ideale Verklärung der Gefeierten zu thun war. — Auch der Erzguß zeigt an einem von Meister Eckard zu Worms gefertigten Taufbecken den Fortschritt des Jahrhunderts, das seine frische Kraft selbst in Reiterbildern, wie von Otto I. in Magdeburg, versucht.

Englan d zeigt schon jetzt, wo die Nationalität als solche aus den keltischen, romanischen, normannischen und sächsischen Elementen hervorgeht, einen geringen Sinn für ideale Bildnerkunst und eine Vorliebe für individuelles Leben und scharfe Charakteristik. Der Sculpturenschmuck der ältern gothischen Kirchen steht unter französischem Einfluß und ist nicht umfangreich; wo die Engländer selbständig arbeiten, da suchen sie selbst die Engel sein zu individualisiren oder ihren Humor um das Heilige spielen zu lassen. Heinrich III. berief bereits Künstler aus Italien und Teutschland. Die Grabdenkmäler aber zeigen die eigene volksthümliche Richtung. Die Gestalten erscheinen nicht in der Ruhe des Schlummerns, sondern in bewegter Thätigkeit, im Waffenrock und Kettenpanzer, und das Streben der Bildner ist darauf gerichtet sowol die Köpfe in treuer Aehnlichkeit und entschiedenem Ausdruck wie die Körper in immer frischen Motiven der Haltung auszuprägen. Strenger sind Bischöfe behandelt; von großer Vortrefflichkeit das Grabmal Heinrich's III. und das der Königin Eleonore, Ergüsse des Goldschmieds William Torrell.

Der Aufschwung der Bildnerei in Italien ward nicht vom Geiste des Ganzen getragen, hing nicht mit figurenreichen und grandiosen cyklischen Werken zusammen, sondern ging von einer künstlerischen Persönlichkeit aus und entfaltete sich an einzelnen Marmorarbeiten, Kanzeln, Altären, Grabmonumenten. Nicht das religiöse Gefühl, sondern die Durchbildung der Form als solche, das rein Künstlerische tritt uns überraschend entgegen. Denn wenn auch deutsche Meister auf Nicola Pisano Einfluß übten, so war es doch weit mehr die Antike die hier in einem congenialen Geiste überwältigend aufging; er studirte nach römischen Sarkophagen, und seine Meisterwerke sind weil eher für eine verfrühte Renaissance als für die Blüte des romanischen Stils anzusehen. Schon seine Jugendarbeit (1233), eine Kreuzabnahme im Dom zu Lucca, stellt sich der verwilderten Phantastik durch klar verständige Anordnung der Figuren und durch Mäßigung des Ausdrucks entgegen; die Kanzeln zu Pisa und Siena aber, die er in männlicher Reife schuf (1260—70), zeigen im Aufbau des Ganzen schon durch die Verwerthung der Säulen und der symbolischen Einzelfiguren, vollends aber in den Reliefs von der Geburt und Kindheit wie vom Tod Jesu und vom Jüngsten Gerichte das erfolgreiche Streben nach Größe und Schönheit in der Fülle der Körperformen und der Gewandung; statt der typischen Züge wie sie allmählich zum Ausdruck des Innern und der Empfindung in der christlichen Kunst sich gestaltet hatten und ihrer individuellen Beseelung und Vollendung harrten, griff Nicola nach der heidnischen Götter- und Heldenwelt zurück; nicht wie die demüthige Magd des Herrn, sondern in der Selbstherrlichkeit einer Juno ist Maria auf dem Relief von Christi Geburt gebildet, und mit imperatorischer Majestät empfängt sie die Gaben der Könige aus Morgenland. Der Bruch zwischen Form und Inhalt ist nicht zu verkennen, die Gemüthsinnerlichkeit der christlichen Stoffe läßt sich nicht in Zügen ausprägen welche in der Leibesschönheit die Natur als solche geadelt hatten; aber die Kraft und Hoheit, der Schwung und das Ebenmaß dieser Züge wurden ein Damm gegen schwächliche Sentimentalität wie gegen laszive Versuche der Phantastik und des Realismus; sie führten Italien auf die Bahn der formalen Schönheit, auf der es groß geworden ist, wenn die Nachahmung der Antike als solche und ihre Uebertragung auf die neuen Aufgaben auch alsbald von den Gehülfen und Nachfolgern des Meisters verlassen ward. Schon das Grabmal des heiligen Dominicus zu Bologna, an dem er selber noch thätig war, zeigt mehr Innigkeit der Empfindung, und die Reliefs der Monate und ihrer Beschäftigungen, der Wissenschaften und Künste am Marktbrunnen zu Perugia sind voll freien selbstständigen Lebens. Nicola's Sohn Giovanni ging bereits an der

Kanzel zu Pistoja zum leidenschaftlichen Ausdruck des Schmerzes, zu heftiger Bewegung der Gestalten fort, während seine Madonnastatuen noch durch edle Hoheit wirken und nur in der liebevollen Hinwendung zum Kinde das christliche Gefühl sich regt. Unter seiner Leitung ward mit Hülfe deutscher Meister der plastische Schmuck an der Domfassade zu Orvieto ausgeführt. Nicht nach gothischer Weise die Portale, sondern die großen Wandflächen der Pfeiler zwischen denselben wählte er für die Flachreliefs, die er arabeskenhaft in Laubwerk einrahmte, sodaß die Darstellungen der Schöpfung und der ersten Entfaltung der menschlichen Kräfte sich in Ephenrauken, die des Jüngsten Gerichts in den Zweigen eines Weinstocks darstellen, während zwischen ihnen Scenen des Alten und Neuen Testaments von den Stammbäumen getragen werden, die neben schlummernden Patriarchen aufsprossen. Hier wirkt die dichterische Phantasie und das Streben nach Ausdruck in Haltung und Bewegung vom Norden her mit der Klarheit und dem verständig ordnenden Sinne des Südens zusammen. Der Nachdruck liegt bereits auf der Darstellung des Gedankens und der Seele; ein frischer gesunder Lebensblick sucht und findet die Formen hierfür in der Natur, und die Anschauung der Antike läutert sie zu Ebenmaß und Klarheit.

In Rom arbeitete das 13. Jahrhundert entlang das Steinmetzengeschlecht der Cosmaten. Architektur, Sculptur, Mosaiken wurden von ihnen in Tabernakeln, Kanzeln und Grabmälern vereinigt, ebenso antike Ueberlieferungen, ja Werkstücke oder ganze Sarkophage mit den gothischen Formen. Marmorne Engel, die am Grabmal Wilhelm's von Durante den Schlummer des Todten bewachen, werden um ihrer stillen Weihe willen als das Meisterwerk der Schule gepriesen. — Hatten schon Friedrich II. und sein Kanzler ihre Statuen, so wollte auch Karl von Anjou nicht ohne solche bleiben. Der Bildhauer nahm für die Gestalt und Gewandung einen antiken Senator oder Imperator zum Muster, modellirte aber den Kopf nach der Natur, und die starren finstern Züge drücken ungesucht das Wesen des Tyrannen aus. Die Sitte der Ehrenbilder von Stein und Erz lebte in Italien wieder auf.

Auch in der Malerei des 12. Jahrhunderts sehen wir die frischen Triebkräfte mit der alten Ueberlieferung ringen, sie bald naturalistisch durchbrechen bald empfindungsvoll beseelen, bis sich aus diesem Uebergang der gothische Stil hervorbildet. Die Kunst will nicht mehr blos lehren und erbauen, sie will auch im Garten der Ergötzlichkeiten von der Aebtissin Herrad von Landsberg durch Bilder der Natur und des Lebens Auge und Herz erquicken, oder in Wernher's Leben der Maria durch den heftigen Schmerz der bethlehemitischen Mütter unser Mitgefühl ergreifen; sie sucht mit einem Heinrich von Veldek in naiver Auffassung, in schlichter Zeichnung der ins Ritterliche übersetzten Aeneassage zu wetteifern, ja sie versucht sich im Porträt und gewinnt für das Ornament ganz prächtige Motive in phantasie- und schwungvoller Buchstabenverzierung. — Wie in den Handschriften so ging auch in der Wandmalerei die Kunst zu größerer Freiheit, Bewegung und Anmuth fort; so in niederrheinischen und westfälischen Kirchen, so vornehmlich in Halberstadt, wo Salomon und die Königin von Saba, Propheten und die Himmelfahrt Maria's die Liebfrauenkirche nicht nur so groß und lebensvoll, sondern so von Schönheit angehaucht verzierten, daß ein Vergleich mit den Statuen der goldenen Pforte von Freiberg nahe liegt. Auch Italien hat aus dem Anfang des 13. Jahrhunderts Malereien im Baptisterium von Parma, vor allen aber herrliche Mosaiken in der Marcuskirche, die gleich denen im Dom von Parenzo die byzantinische Strenge mildern und zu den großartigen Formen und Compositionen die individuell ausdrucksvolle Bewegung fügen.

In Frankreich und Deutschland unterbrach der gothische Stil die Entwickelung der Wandmalerei, indem er ihr die großräumigen Flächen entzog; einzelne Reste wie in der ramersdorfer Kapelle bei Bonn sind schlicht und edel empfunden und ausgeführt, und lassen im Keim erkennen und schmerzlich vermissen was die deutsche Kunst in idyllischen Compositionen hätte leisten können, wäre sie auf der Bahn fortgegangen die sie am Rhein wie in Norddeutschland nach den erhaltenen Resten in Schwarzrheindorf, Hildesheim und in Braunschweig mit glücklichem Erfolg eingeschlagen hatte. Dagegen boten sich die hohen Fenster der Glasmalerei. Sonnendurchstrahlt gleichen sie aus Glut und Licht gewobenen Teppichen und vollenden den magischen Eindruck des Innenbaues; aber sie bleiben der Architektur dienstbar, sie werden ornamental behandelt, kleine Figuren werden innerhalb des Stabwerks aus kleinen Scheiben mosaikartig zusammengefügt, die Formen in schweren Umrißlinien durch die Verbleiung oder mit dunkeln Schattenlinien im hellen Farbenspiel bezeichnet, und diese Darstellungsweise wie diese Technik hemmte und beeinträchtigte die selbständige Entfaltung der Malerei, die sich den baulichen Formen und Zwecken nicht blos einfügen, sondern unterordnen mußte. Die französischen Kathedralen sind vorzüglich reich an solchen Werken, am glanzvollsten die zu Rheims und Bourges; auch in Notre Dame von Paris ist das Rosenfenster der Fassade von wunderbarer Wirkung. England und Deutschland folgten nach, doch vornehmlich erst im folgenden Jahrhundert.

Die stark aufgetragenen Umrisse und die lichten Farben in den Miniaturen der Handschriften zeigen den Einfluß der Glasmalerei. Schon Dante rühmt die Kunst „die in Paris man nennt illuminiren". Deutschland hielt gleichen Schritt. Charakteristisch sind für uns die Darstellungen in den Ritterepen und der Minnelyrik. Die Gestalten erheben sich hellfarbig mit leichter farbiger Schattirung auf dunklerm teppichartigem Grunde; zart geschwungene wellige Gewänder umfließen die Körper, deren Organismus allerdings oft mangelhaft bleibt, aber die Empfindung des Gesichts, die Haltung der Figuren, die Bewegung der Hände hat mannichfach sprechende Motive und erfreut bald durch naive Grazie, bald zeigen sich aber auch wie in der Poesie conventionelle Manieren im Ausdruck sentimentaler Stimmung. Selbst in religiösen Büchern wagt die weltlich heitere Laune das Rankenwerk der Einfassungen mit muthwilligen Arabesken zu beleben.

In Italien ist es wieder ähnlich wie bei der Sculptur; während im Norden der mächtigere Geist der Zeit die Künstler beseelt und trägt und die einzelnen sammt ihren Namen in großen gemeinsamen Werken aufgehen läßt, treten dort die Persönlichkeiten mit eigenthümlichen Arbeiten hervor, und gehen weniger auf die Innigkeit der romantischen Empfindung als auf den Adel der Form und den Rhythmus der Composition aus; die Ueberlieferung des Alterthums bleibt gegenwärtig, der Sinn auf das Schöne um seiner selbst willen gewandt. Florenz und Siena stehen voran. Cimabue und Duccio di Buoninsegna sind die bahnbrechenden Meister, nachdem schon Giunta von Pisa den byzantinischen Typus mit energischer Leidenschaft durchbrochen, Guido von Siena ihn durch sanftes Gefühl gemildert, Torriti in ausdrucksvollen Mosaiken die altchristliche Weise der gegenwärtigen Empfindung angebildet hatte. Cimabue hat in der Kirche von Assisi nach den Büchern Mosis und nach den Evangelien gemalt; er beseelt die strengen Formen, indem er die Handlung auf dem Gipfel des dramatischen Conflicts erfaßt, und erreicht dadurch ein feierliches Pathos. Seine Madonnenbilder in Florenz zeigen eine frische Naturbeobachtung, und besonders in den Engelsköpfen ein Streben nach Lieblichkeit auf der Grundlage der einfachsten Ueberlieferung. Cimabue's Stile folgt Gaddo Gaddi's Krönung der Maria im Dome zu Florenz. Von Duccio ist eine auf zwei Seiten gemalte Altartafel im Dom zu Siena erhalten. Auf der einen Maria zwischen Heiligen: großartig, ruhig, doch voll Anmuth im Antlitz und in den weichen Gewandfalten. Die andere Seite ist das Meisterwerk des Jahrhunderts, eine wohlgegliederte Scenenreihe aus der Passionsgeschichte, voll Erfindungskraft der Phantasie, reich an Naturbeobachtung, die Composition, die Zeichnung, der Ausdruck edel und klar; — wir schauen einem Zeitgenossen Dante's ins Auge.

Die Scholastik.

An der Stelle der freien Forschung, die das Wirkliche zu begreifen und das Vernünftige zu entwickeln strebt, stand im Mittelalter immer noch die Aufgabe fest, daß der Geist zunächst die Ueberlieferung der Kirchenlehre, des römischen Rechts, der griechischen Heilkunde sich aneigne; neben dem Dogma wurden Aristoteles, Hippokrates, die Pandekten zu Autoritäten; man deducirte aus den Vordersätzen, die sie enthielten, die Gesetze des Geistes und der Natur, und arbeitete mit herkömmlichen Begriffen, stritt mit Worten statt sich die Sachen selbst mit eigenen Augen anzusehen. Man erweiterte die Schulregeln für das Urtheilen und Schließen mit ebenso zweckloser als haarspaltender Spitzfindigkeit, ohne zu erwägen daß in das Spinnegewebe des leeren Formalismus das Leben mit seiner Kraft und Eigenthümlichkeit sich nicht einfangen und fesseln läßt. Wie man auch nach den byzantinischen Formeln von barbara, celarent oder ferison Schlüsse machen lehrte, die ungeprüften Vordersätze konnten kein sicheres, kein die Menschheit förderndes Ergebniß liefern. Raimundus Lullus befestigte sechs concentrische Kreise drehbar übereinander, sodaß immer einer über den andern hervorrage; er beschrieb sie mit den Kategorien des logischen und natürlichen Seins, mit Tugenden und Lastern, mit physischen und metaphysischen Prädicaten der Dinge: man sollte einen Gegenstand nehmen und zusehen wie er sich zu diesen Bestimmungen und zu den Combinationen derselben bei der Bewegung der Kreise verhalte. Auf diese ganz mechanische Weise sollte man geschickt werden über alles Mögliche zu denken und zu reden: das ist klar daß man thatsächlich dadurch nichts erkennt und durch ein solches Schema so wenig zum Philosophen wie durch Schablonen zum Maler wird.

Wichtig war immerhin daß man die Wahrheit nicht blos im Buchstaben der Ueberlieferung, sondern im eigenen Verständniß besitzen wollte, und daß die Wissenschaft aus den Klöstern an die hohen Schulen kam, die seit den Kreuzzügen in bedeutenden Städten gegründet wurden; so Paris für Theologie, Bologna für das Recht, Salerno für die Medicin, und nach ihrem Muster viele andere. Die Seltenheit der Bücher machte die Vorträge eines berühmten Lehrers zum Anziehungspunkt für Tausende von nah und fern, und so gaben Abälard in Frankreich, Irnerius in Italien den Orten wo sie wirkten das Gepräge ihrer Studien und die große Bedeutung für den Gang der Cultur. Die Einsicht des Culturzusammenhangs der Gegenwart mit dem Alterthum lag dem naiven Ausdruck zu Grunde daß das mittelalterliche Kaiserthum die Fortsetzung des römischen sei, und die Hohenstaufen gründeten ihre weltlichen Machtansprüche gegenüber der Kirche auf die Autorität der Imperatoren; wie die antiken Elemente überhaupt in Italien am meisten erhalten blieben, so konnte man dort zuerst anfangen das römische Recht zu studiren, während die Nähe der Araber und der Verkehr mit ihnen Salerno zum Sitz der Arzneikunde machte. Auch sie hielt sich an die Ueberlieferung ohne den Thatbestand der Erfahrungen kritisch zu prüfen und die Kenntnisse methodisch zu erweitern. Paris aber war das Haupt der Scholastik; der Formalismus der Wissenschaft ward wie der des Ritterthums und seiner Bräuche in Frankreich ausgebildet, und nur wer in Paris geschult war oder gelehrt hatte, galt für vollwichtig. Italien sagte man habe die Kirche, Deutschland das Kaiserthum, Frankreich das Studium der Wissenschaft. Paris nahm zuerst alle Facultäten auf.

Das Mittelalter sah in der Kirchenlehre die Wahrheit; es hatte vergessen wie die einzelnen Sätze derselben entstanden waren, es meinte daß alles von Anfang an fertig dagewesen sei, und höchstens bei bestimmten Veranlassungen seine feste Gestalt empfangen habe. Das Hauswerk der Dogmen sollte systematisch geordnet werden; da fand sich gar manche Lücke auszufüllen, gar manche Uebergangsbestimmung zu geben, und wo das im Geiste des Ganzen gelungen schien, da nahm auch die Kirche das Neue in den Zusammenhang ihrer Lehre auf, wie wenn es von jeher so gegolten hätte. So war dem folgenden Verstande für Einzelausführungen Raum gelassen, aber an die Principien sollte er nicht rühren, die sollte er nur zu verstehen suchen. Denn wenn auch vieles in der Offenbarung über die Vernunft sei, sodaß diese es nicht finden noch ganz begreifen könne, so sei es doch nicht wider die Vernunft, denn die göttliche und menschliche Wahrheit dürfe sich nicht widersprechen, aber die göttliche sei die höhere, darum habe sich alle Erkenntniß nach der Dogmatik zu richten und die Philosophie sei die Magd der Theologie. Der Inhalt, die Kirchenlehre, war wie die Ausbildung des logischen Formalismus etwas ganz Allgemeines und Gleiches für alle Nationen, und die Scholastik zeigt die Gemeinsamkeit des abendländischen Geistes, wenn wir auch innerhalb desselben in ihren Häuptern die Volkscharaktere vertreten sahen, in dem Franzosen Abälard die kühne Initiative, den bewegten Lebensdrang, die Formgewandtheit, in dem Deutschen Albertus Magnus das Streben nach Universalität, nach allumfassender Systematik, in dem Italiener Thomas von Aquino den innigsten Anschluß an die römische Kirche und die Regelung des Gefühls und der Phantasie durch das klare Maßbewußtsein, eine Eigenschaft die ja auch einen Dante, einen Rafael vor den Künstlern anderer Nationen auszeichnet, — in Duns Scotus endlich den grüblerischen Scharfsinn des Kelten neben dem gesunden Menschenverstand des Engländers in Wilhelm von Occam, der die Scholastik in den Dienst der weltlichen Interessen einführte.

Abälard hat uns sein Leben meisterhaft beschrieben; er nennt es Leidensgeschichte, und es ward dazu nicht bloß durch die schmähliche Verstümmelung die er wegen seiner Liebe zu Heloisen erfuhr, als diese selbst nicht seine Gattin heißen wollte damit er ferner Theologie lehren könne, — sondern auch durch das Märtyrerthum für den freien Gedanken. Ein Sohn der Bretagne aus ritterlichem Geschlecht nahm er statt des Schwertes die Waffenrüstung der Dialektik um im Wortgefecht statt im Turnier Siegesehre zu gewinnen. So trat er in die Kämpfe der Realisten und Nominalisten hinein und erklärte daß die Gedanken Gottes, die platonischen Ideen als das Allgemeine die Grundlage und Substanz der Dinge seien, die darin ihr Bestehen und Wesen haben; in der Natur, in der Welt sind die Allgemeinbegriffe in den Einzelwesen besondert, unser denkender Geist findet die Einheit wieder die dem Mannichfaltigen zu Grunde liegt, und spricht sie aus indem er die Begriffe bildet. Seine große rhetorische Gewandtheit, die schon die Zeitgenossen an Cicero erinnerte, seine Verbindung aristotelischer Logik mit platonischen Ideen, seine Verehrung für die Weisheit des Alterthums und sein Streben sie mit dem christlichen Glauben zu verschmelzen machten ihn zum hervorragenden Vertreter der Geistesrichtung seiner Zeit, die solche Gegensätze zu vermitteln sich zur Aufgabe gestellt sah; aber er that einen großen Schritt weiter und stellte dem Anselm'schen credo ut intelligam den Gedanken entgegen daß er nichts glauben könne was er nicht eingesehen habe, denn es sei überflüssig Worte hervorzubringen die nicht begriffen würden. Ein unablässiges und ernstes Fragen das ist der Schlüssel der Erkenntniß. Suchet, so werdet ihr finden; durch den Zweifel kommen wir zur Wahrheit, der auf Einsicht gegründete Glaube führt uns zur Liebe zu Gott, und so ist er beseligend. Abälard dachte nicht daran das Christenthum oder die Kirchenlehre zu bekämpfen, sein Ziel war sie zu begreifen, das Evangelium war ihm eine Reformation des Naturgesetzes; aber schon das Streben die Dogmen auf die Vernunft zu begründen war der Kirche verdächtig, denn dann konnte die Vernunft ja auch eine andere Wahrheit finden und stand über der äußern Autorität. Und daß Abälard zum Prüfen und Nachdenken wecken wollte, bewies sein Buch „Sic et non" (Ja und Nein), in welchem er das Für und Wider in Bezug auf die Glaubenssätze dadurch darstellt daß er die Aussprüche der Kirchenväter sammelt, welche die einzelnen dogmatischen Bestimmungen bestätigen oder bestreiten. Er selbst schrieb ein Buch über die Dreieinigkeit. Gott ist ihm die eine Wesenheit, die durch sich selber und durch die alles andere besteht; sie ist gut und vollkommen und wird dreifach bestimmt und durch drei Namen bezeichnet. Vater heißt Gott nach der Allmacht seiner Majestät, die alles erschaffen hat und alles wirken kann was sie will, Sohn nach der Weisheit die alles erkennt und ordnet, Geist als die Liebe die alles zum besten Ziele führt und allgütig auch das Böse zum Guten lenkt. Jedes Moment kann nicht ohne die andern sein, die Macht wirkt mit Weisheit und Liebe, die Liebe ist einsichtig und willenskräftig, die Weisheit voll Güte und Stärke, sonst wären sie nicht göttlich, nicht vollkommen. So ist es eine Wesenheit die sich dreifach bestimmt nach dem vorwiegenden Gesichtspunkt einer oder der andern Eigenschaft. Gott wirkt alles in allem, seinen Willen zu vollbringen gebraucht er uns als Werkzeuge; nichts geschieht durch Zufall, sondern in allem waltet die Vorsehung, die jegliches am Besten ordnet und zum Ziele führt. Das Böse hat darum Gott möglich gemacht daß wir frei sein können, das Gute aus eigenem Willen thun. Aber Gott lenkt auch das Böse der menschlichen Absicht zum Guten hin, der Teufel dient ihm die Frommen versuchend zu bewähren, die Bösen zu strafen. Christus starb am Kreuz nach Gottes Rathschluß; daß Judas ihn verrieth war eine Sünde nach Maßgabe seiner schlimmen Gesinnung; aber Gott wandte es zum Heil, weil durch Christi Leiden am Kreuz und durch seinen Tod die Liebe zu ihm entzündet ward, indem er uns zugleich durch das Wort und durch die That belehrte; unsere Erlösung ist die durch das Leiden und Sterben Jesu in uns erweckte Liebe, die uns von der Knechtschaft der Sünde entbindet und uns die Freiheit der Kinder Gottes gibt.

Aus diesen Grundzügen ist klar daß Abälard seiner Zeit gemäß vom Dogma ausging, aber dasselbe rationell zu deuten suchte, daß er es umbildete indem er es philosophisch zu begreifen und zu erklären bestrebt war, ganz ähnlich wie Hegel. Bei diesem und Schelling ist es ein Rückfall in die Scholastik daß sie nicht von den religiösen Erfahrungen als solchen und von den kritisch geprüften Thatsachen der religiösen Geschichte ausgingen um sie mit den übrigen Erkenntnissen der Gegenwart in Verbindung zu bringen, von ihnen aus das Princip und den Zweck des Lebens zu bestimmen, sondern daß sie das was der Verstand und Unverstand früherer Jahrhunderte bereits aus jenen Erfahrungen und Thatsachen herausgeklügelt und wie die Satzung sie gefaßt und dogmatisch ausgeprägt hatte, nun begrifflich zu rechtfertigen suchten und ihm den Sinn ihrer eigenen Lehren unterlegten. Abälard aber war innerhalb der Scholastik ein Vorkämpfer der Vernunft, der humanen Bildung.

Auch eine Sittenlehre verfaßte Abälard unter dem Titel: Erkenne dich selbst. Die Tugend besteht ihm nicht in äußerlichen Handlungen, sondern in der Innerlichkeit der Gesinnung;

es kommt auf die Absicht, nicht auf den Erfolg der That an. Was nicht gegen Wissen und Gewissen ist kann nicht Sünde heißen. Wer Christum nicht kennt und seinen Glauben verschmäht weil er ihn für Gott widerwärtig hält (der Muhammedaner), wie wäre der ein Verächter Gottes, für den er ja zu wirken überzeugt ist? Die Christum kreuzigten und ein gutes Werk zu thun meinten (die Juden), haben keine Schuld. Die Freuden der Sinne sind nicht sündlich, aber die Heuchelei ist es, und der Ceremoniendienst hat keinen Werth. Die Liebe ist des Gesetzes Erfüllung.

Hätte Abälard den sittenlosen Mönchen auch das Bild der sittenstrengen griechischen Weisen nicht entgegengehalten, nicht gegen die Geistlichen geeifert die aus Habgier für Geld Ablaß der Sünden verkauften, seine Geistesrichtung als solche mußte ihm den Kampf mit der Hierarchie heraufbeschwören. Er hatte den Lehrstuhl in Paris mit einem Kloster vertauscht, aber auch die Einsiedelei in der Nähe von Provins, wohin er sich zurückzog, war bald ein Sammelplatz der wißbegierigen Jugend, also daß die Lehrer von Paris und Rheims ihn. beneideten. Gegen seine theologischen Ansichten ward ein Concil nach Soissons berufen (1121). Er wollte sich vertheidigen, aber er mußte sein Buch über die Dreieinigkeit mit eigener Hand ins Feuer werfen. Aus dem Kloster, wo ihm neue Widerwärtigkeiten bevorstanden, zog er sich in die Einöde bei Nogent an der Seine zurück; aber bald bauten 600 Schüler um ihn sich Hütten und gründeten mit ihm ein Haus dem heiligen Geiste, dem Tröster (Paraklet), der in alle Wahrheit leitet. Aufs neue verketzert übergab er die Stiftung seiner Heloise, die zu Argenteuil den Schleier genommen, und die fortan dem Paraklet vorstand. Er ward zum Abte des Klosters Ruys in der Bretagne berufen, und kämpfte dort gegen den Verfall der Klosterzucht, bestieg aber dann den Lehrstuhl zu Paris aufs neue. Da erhob sich der heilige Bernhard gegen ihn.

Dieser war ein Gefühlsmensch, der in dem Eindruck der Thatsachen und Lehren auf das Gemüth, in der Beseligung des Herzens den Erweis der Wahrheit fand, und den Buchstaben nicht aufgeben wollte der sie ihm vermittelte. Ihm sprachen die Wälder vernehmlicher als die Bücher, Steine und Bäume sollten lehren was die Menschen nicht sagen konnten. Er betonte die unsichtbare Gnade im sichtbaren Zeichen des Sacraments, er wollte mit Recht nicht ein Bild oder einen Schein, sondern die wirkliche Gegenwart Gottes, und hielt darum am Aeußerlichen fest als ob das Innere und Ideale ohne jenes verloren ginge. Eine Geistererscheinung hatte ihn bewogen ins Kloster zu gehen, und in Entsagung und Selbstpeinigung reformirte er das Mönchs- wesen und gewann solch Ansehen daß er von seiner Zelle aus Europa lenken konnte. Der dritte Kreuzzug ward von ihm ge- predigt; ein Brief von ihm schlichtete Angelegenheiten des Staats und der Kirche in Frankreich, England und Rom. Die leiden- schaftliche Gewalt seiner Rede war unwiderstehlich, und Wunder bezeichneten der erregten Einbildungskraft der Gläubigen die Spur seines Weges. Daß Abälard nichts glauben wolle was er nicht begreife, dieser Satz erschütterte die Autorität der Kirche, meinte Bernhard nicht mit Unrecht; er sah in Abälard's Ansichten alle Gedanken wieder lebendig werden welche die Orthodoxie für ketze- risch erklärt hatte, wie die von Arius und Pelagius. Die Er- hebung griechischer Philosophen dünkte ihm ein Hohn gegen die Kirchenlehrer; ein neues Evangelium, so rief er, werde von Burg zu Burg, von Stadt zu Stadt gepredigt, wie ein Goliath streite Abälard und sein Waffenträger Arnold von Brescia gegen die Frommen, und kein David sei da. Die Herausforderung Abä- lard's zu einem offenen Kampf um die Wahrheit schlug Bernhard aus; die Schriften genügten bereits zur Verdammung. Als Abä- lard auf der Synode zu Sens (1140) sich zu den Sätzen bekannte die man aus seinen Büchern gezogen, ward ihm die Vertheidi- gung abgeschnitten und die Bücher zum Feuer, er zu klösterlicher Einsperrung verurtheilt. Doch Peter der Ehrwürdige sicherte ihm in Clugny eine Freistätte für die zwei Jahre die er noch zu leben hatte, ja er führte eine Art von Verständigung mit Bernhard herbei.

Die Gefühlstheologie, die beschauliche Mystik Bernhard's ward durch Hugo und Richard von Saint Victor fortgebildet. „Wo Liebe da Licht" war ihr Wahlspruch. Die Welt ward wie ein Spiegel Gottes angesehen, vor allem aber sollte man seine Gnadenerweisungen im Innern selbst erfahren, in der Klarheit der Einsicht und in der Kräftigung zum Guten; denn die Güte ist stets die Genossin der Wahrheit. Das ist die Würde der Seele daß sie das Heil, die Einigung mit Gott, durch sich selbst verdiene und erwerbe; Gott bietet es, der Mensch muß es er- greifen. Daneben stellte Peter der Lombarde die Sätze der Kirchenlehre zusammen und suchte sie auf die Autorität der Bibel, der Kirchenväter zu stützen und dem Verstand durch Gründe annehmlich zu machen. Auf Abälard's Bahn ging Johann von Salisbury, wenn er neben der unmittelbaren Offenbarung Gottes die mittelbare durch die Vernunft und Wissenschaft behauptete, die göttliche Vernunft als die Wahrheit aller Dinge setzte und unsere Vernünftigkeit daher ableitete daß wir Gott als die Wahrheit in uns wissen.

Nach sorgfältigen Quellenstudien hat Prantl in der Geschichte der Logik behauptet daß der Fortschritt in der Wissenschaft des Mittelalters auf dem Wachsthum der Stoffzufuhr beruhe, und in der That beginnt eine neue Periode mit dem 13. Jahrhundert dadurch daß nun zur Logik des Aristoteles auch seine Physik, Metaphysik und Ethik durch die Vermittelung der Araber in den Gesichtskreis der Scholastiker trat, daß ihnen auch das Material der arabischen Naturforschung überliefert ward. Wie in der ersten Hälfte des Mittelalters die geistliche, in der zweiten die weltliche Bildung vorwiegt, so macht sich nun auch die Kenntniß der irdischen Dinge neben der Theologie geltend. Die so vermehrten Kenntnisse stellte Vincent von Beauvais in einer Encyklopädie zusammen, die er Spiegel nannte; ein ähnliches Werk war der Schatz Brunetto Latini's, des Lehrers von Dante; er habe ihn von Stunde zu Stunde väterlich unterwiesen wie der Mensch sich verewigt, rühmt der große Dichter mit dankbarer Verehrung. — Albert der Große, ein Schwabe, der in Pavia und Bologna studirt hatte und abwechselnd in Paris, in Köln und andern Orten Deutschlands lehrte, suchte die ganze Stoffesfülle der Weltweisheit mit der christlichen Dogmatik in Verbindung zu bringen. Er schrieb den Aristoteles um, indem er da wo die Kirche anderer Ansicht war, wie in Bezug auf die Ewigkeit der Welt, die biblische Lehre von der Schöpfung einführte, die persönliche Seelenunsterblichkeit behauptete, in Bezug auf die Welt und die Seele aber in das scholastische Lehrgebäude all das einfügte was der Grieche über den Himmel und seine Bewegung, über die Erde und ihre Elemente, über Pflanzen, Thiere, Menschen erkannt oder sich vorgestellt hatte, nun bereichert durch all die Erfahrungen und Entdeckungen welche die Araber auf dem Felde der Naturforschung gemacht hatten, sodaß Albert seinen Zeitgenossen gegenüber wie ein Magier und Tausendkünstler erscheinen konnte. Das Reich der Natur ist die Unterlage für das Reich der Gnade, das

Die Scholastik.

sittliche; hier schließt er die griechischen Cardinaltugenden der Weisheit, Tapferkeit, Mäßigung, Gerechtigkeit an die christlichen Glaube, Liebe, Hoffnung an; das ewige selige Leben ist das Ende und der Zweck der Zeitlichkeit und des irdischen Kreislaufes der Dinge.

Albert's Richtung auf die Natur fand ihren Fortsetzer in dem Englänver Roger Bacon, der bereits auf Sprachstudium, Physik und Mathematik nachdrücklich hinwies, auf Anschauung drang, und durch Figuren zu versinnlichen suchte wie jeder Punkt der Erde die Spitze einer Pyramide von himmlischer Wirksamkeit sei; denn die Kräfte des Himmels strahlen von allen Enden und erwecken oder bestimmen das Irdische. Er wird den Zeitgenossen und der Sage zum Zauberer, wenn er die Experimente, die Instrumente, die Kenntnisse der Araber sich aneignet und dem Abendlande mittheilt; er schaut mit kühnen phantasievollen Ahnungen in die Zukunft, und nimmt in Forderungen und Träumen vielfach die Entdeckungen und Einsichten der Folgezeit voraus, wobei er den Schein nicht meidet als ob er bereits in ihrem Besitze sei. — Die religionswissenschaftlichen Bestrebungen Albert's vollendete sein Schüler Thomas von Aquino. Das weltliche Leben wird dem geistlichen untergeordnet, die Weltweisheit des Aristoteles dem Dogma. Die Kirchenlehre empfängt von ihm eine in sich abgerundete Gestalt, die noch heute den Nachzüglern des Mittelalters für das Höchste gilt. Der Wille Gottes wählt die beste Welt, und verwirklicht sich durch die Schöpfung; die Dinge der Welt sind in verschiedenen Graden gottähnlich, selbstthätig; die Seele hat das Ebenbild Gottes empfangen, daß sie Verstand und Wille ist wie er, und indem sie Gott erkennt, wendet sich das von ihm Ausgegangene wieder zu ihm hin. — Ein selbstständiger Denker ist Johannes von Duns an Schottlands Grenze; er heißt doctor subtilis, und kein Scholastiker hat das Für und Wider der Beweise schärfer und ermüdender geübt als er, wenn er bei jedem Gegenstande zunächst die Schwierigkeiten und Zweifel aufstellt, die Gründe, Gegengründe und Gegengründe der Gegengründe ins Gefecht bringt, dann darlegt was für die Sache spricht und endlich nach einer Lösung sucht. So hat er die quodlibetanische Manier veranlaßt, die über alles Beliebige mit Fragen und Antworten sich ergeht. Ihm selbst ist der sittliche Gesichtspunkt der entscheidende und maßgebende, er fragt nach dem Zweck des Lebens, und hält sich an das Fortwirken des heiligen Geistes in der Kirche, sodaß ihm die Lehre noch nicht für abgeschlossen gilt; das Zusammenwirken Gottes und des Menschen ist nöthig, wenn uns die Seligkeit zutheil werden soll. Duns Scotus unterscheidet zwischen dem Nothwendigen, das aus dem Wesen der Dinge oder aus der Vernunft unumgänglich folgt, und dem was ein Werk der Freiheit oder des Willens ist und auch anders sein könnte; jenes können wir erschließen, dieses nur durch Erfahrung erkennen. Aber er übertreibt diese richtige Einsicht so weit, daß er auch das Natur- und Sittengesetz von der Willkür Gottes ableitet, die auch etwas anders hätte anordnen und gebieten können; dann ermäßigt er indeß diesen Satz wieder dahin daß Wille und Wesen in Gott sich nicht widerstreiten, und daß wenn Gott einmal die Welt will, ihre Gesetze aus seinem ewigen Wesen fließen. Alles Weltliche hat nur Werth als Mittel für den Zweck des ewigen Lebens, und die Verstandesbildung soll dazu dienen uns zu guten Menschen zu machen.

Der Streit der Thomisten und Scotisten drehte sich theils über das Verhältniß der Form zur Materie, theils um dogmatische Bestimmungen, worunter vornehmlich die Frage obenan stand ob Maria ohne Erbsünde empfangen worden, was bekanntlich in unsern Tagen den Katholiken zu glauben auferlegt worden ist! Sie können es, nur muß man hinzufügen daß überhaupt die Gattenliebe in reiner ehelicher Treue Sinnlichkeit und Gemüth zu sittlichem Einklang führt; so befleckt die wechselseitige Hingabe der Persönlichkeit nicht, noch ist ihre Frucht eine Geburt der Sünde. — Es ereignete sich übrigens im 13. Jahrhundert daß eine Synode zu Paris die Physik und Metaphysik des Aristoteles verdammte, und nun half man sich mit der Unterscheidung daß eine Lehre theologisch wahr, aber philosophisch falsch sein könne, und umgekehrt, wodurch die Selbstauflösung der Scholastik begann.

Die mystische Richtung vollendete sich in Bonaventura, den man den doctor angelicus nannte. Er war der nächste christlich wissenschaftliche Vorläufer Dante's, von morgenländischer Theosophie genährt, gleich dieser den Glauben des Volks vergeistigend, ein tiefes poetisches Gemüth, das sich über alles Irdische und Buchstäbliche erhebt, wenn es sich in sich selbst versenkt und das Ewige in der eigenen Innerlichkeit anschaut, oder wenn es in allen Dingen den siebenfachen Stoff zum Lobe Gottes sucht. Gott waltet in allem, darum kann eine jede Empfindung das Gefühl von ihm oder die in der Seele schlummernde Gottheit wecken, darum ist jede Kenntniß der Dinge ein Wachsthum unsers Wissens von ihm und alle echte Wissenschaft Gotteserkenntniß.

Dante.

So hat kein anderer Dichter sein ganzes Selbst in Ein großes Werk ergossen, und zugleich das politische und religiöse Leben seines Volks, das Empfinden, Glauben und Wissen seines Jahrhunderts allseitig und großartig darin zusammengepreßt wie Dante. Während die Auflösung des Mittelalters beginnt, vertieft er sich noch einmal in das Ideal desselben um es in dichterischer Gestaltung als das einzige Heil und Rettungsmittel mahnend und begeisternd aufzustellen, er der erste gewaltige Sprecher des Bürgerthums, des Seelenadels, des freien Geistes, die nun an die Stelle der feudalen Ritterlichkeit und Kirchlichkeit treten, der erste Mann welcher in der Schule des Alterthums die Kunstvollendung plastischer Formen für den romantischen Inhalt gewinnt, indem er dem schwärmerischen Idealismus der Gedanken und Gefühle einen naturwahren und gesunden Realismus der Weltauffassung und des Ausdrucks gesellt. Er ist ganz subjectiv, er legt uns seine Seelengeschichte dar, er selbst mit seinem Zorn und seiner Liebe ist der Mittelpunkt seines Gedichts, des Epos vom innern Menschen, in welchem das zum Abschluß kommt was Wolfram von Eschenbach begonnen, aber seine Darstellungsweise ist von einer plastischen Bestimmtheit, die das Auge des Jägers, Malers oder Naturforschers voraussetzt. Seine Bildung ist scholastisch, aber sein Gemüth erfaßt das Ewige und Allgemeingültige des Christenthums und hält sich an die Liebe, die Freiheit als Grund und Ziel des Lebens. Rückwärts gewandt ist er doch ein Prophet der Zukunft, der erste Herold der staatlichen Einheit und der von weltlicher Herrschaft gelösten Religion für sein Vaterland, ein geistiger Stammvater Italiens, dem er in einem überwältigenden Kunstwerk die gemeinsame volksthümliche Schriftsprache schafft; Italien das bisher in der Poesie hinter Frankreich und Deutsch-

land zurückgestanden, gewann durch sein Genie mit einem Schlage
den Vorrang, er selbst ward der Begründer der neueuropäischen
Literatur genannt, und sein Vaterland hat nach 600 Jahren in
unsern Tagen seine eigene Auferstehung durch das Jubelfest seiner
Geburt gefeiert.

Ein Ahnherr des Dichters, der Ritter Cacciaguida, war als
Kreuzfahrer im heiligen Lande gefallen; seine Gattin war eine
Aldighiera, die Familie nannte sich nach ihr Alighieri, der Name
ist germanisch, Aldiger oder Aldegar, Speergewaltig, und so finden
wir auch in Dante's Blute die Mischung romanischer und germanischer Elemente, die ihn zum Repräsentanten des Mittelalters
werden läßt. Im Jahre 1265 in Florenz geboren erhielt er eine
vortreffliche Erziehung in Künsten und Wissenschaften; er disputirte
auf verschiedenen Universitäten, er focht in mehrern Schlachten
mit Tapferkeit und Glück, und führte zugleich vom neunten Jahre
an ein tiefsinnerliches neues Dasein, seit er die holde Beatrice
Portinari gesehen hatte: „Der Geist des Lebens, welcher in der
geheimsten Kammer des Herzens wohnt, fing an so heftig zu erzittern, daß es zum Erschrecken sichtbar wurde in den kleinsten
Pulsen, und bebend sagte er die Worte: siehe da ein Gott mächtiger denn ich, welcher kommt über mich zu herrschen; und der
Geist der Empfindung fühlte: meine Seligkeit ist erschienen." In
rührender Einfachheit schildern seine Liebesgedichte wie ihm in der
Geliebten der Himmel aufgeht, wie sie die schönste Blume im
Garten Gottes ist, wie er sich gewöhnt bei allem Guten und Be-
glückenden an sie zu denken.

> Von solcher Anmuth Adel ist umwoben
> Die Holde, daß wem grüßend sie sich neigt
> Dem plötzlich seine Zunge bebend schweigt,
> Sein Blick sich senkt, der sich zu hoch erhoben.
>
> Sie geht dahin, hört leise sie sich loben,
> Weil in der Demuth Kleide sie sich zeigt;
> Wol scheint's daß sie zur Erde niedersteigt
> Ein herrlich Wunder aus dem Himmel droben.
>
> Wenn ihres Auges Zauber ich betrachte,
> Fühl' ich wie Wonne mir im Herzen quillt,
> Die nie begreift wer sie nicht selbst erlebet;
> Herab von ihren süßen Lippen schwebet
> Ein milder Geist von Liebeshuld erfüllt
> Und spricht zu meiner Seele scheidend: Schmachte!

Als ein früher Tod Beatricen entrückt, da verklärt sich vollends in seinen Klagen die irdische Liebe zur himmlischen, da personificirt sich in ihr die Harmonie der Welt, da wird sie zur Blüte der Natur, zum reinen Ebenbild Gottes, das den Dichter emporzieht. Die Innigkeit des erlebten Gefühls ist die Triebkraft dieser Gedichte, die er später im „Neuen Leben" prosaisch ausgelegt und weitläufig erläutert hat. Wir würden auch ohne diese nüchterne Beigabe den christlichen Platonismus seiner Sonette verstehen und in ihnen erkennen wie der Mensch durch Schmerz und Liebe vom Irdischen zum Ueberfinnlichen geläutert wird. Das Werkchen bietet in Wahrheit und Dichtung die Selbstbiographie seiner Jugend; neben der sanften Melancholie seiner schwärmerischen Empfindungen und Verzückungen lagert sich die Reflexion, das scholastische Allegorisiren; er rechnet für alle Ereignisse in Beatrice's Leben die Zahl 9 heraus; deren Wurzel ist 3, das Symbol der Dreieinigkeit, und diese der Ursprung der Geliebten. Und doch wird von solchem Beiwerk die Naivetät des Herzens nicht erstickt, sie blickt vielmehr rührend durch dasselbe hervor, und das Büchlein eröffnet die Reihenfolge jener dem Alterthum fremden Werke die bis auf Rousseau und Goethe hin die Individualität des Gemüths aufschließen, und es zeigt das erste noch unbeholfene Ringen Dante's seinen Ausspruch zu bewähren daß die bloße poetische Stimmung und Anlage nicht ausreiche, daß nur der die Palme verdiene welcher Kunst und Wissenschaft vereint.

Nach Dante's eigenem Bekenntniß dürfen wir nicht zweifeln daß er in philosophischen Studien Trost suchte und doch keinen rechten Frieden fand, daß sinnliche Leidenschaft zu andern Frauen, deren eine seine Gattin warb, ihn ergriff, daß das Leben von Florenz ihn in seine wildbewegten Strudel zog. Die jugendfrische Stadt erhielt damals die Bedeutung für Italien welche früher Mailand gehabt; sie war in unabläffiger Gärung, in ununterbrochenen Verfassungskämpfen begriffen, aber in den Leidenschaften und Härten derselben wurden auch alle Kräfte geweckt und die selbständigen Charaktere gestählt. Durch die Handelsthätigkeit der italienischen Städte entfaltete sich die Geldmacht, mit ihr Habsucht und Jagd nach Gewinn, aber auch verfeinerter Lebensgenuß und die Freude an öffentlichen Kunstwerken. Die Guelfen waren in Florenz herrschend, Dante gehörte ihnen durch seine Familie an; sie spalteten sich aber selbst in die Parteien der

Schwarzen und Weißen. Im Sieg des Bürgerthums über den Adel hatte das Volk alle Macht an sich genommen; um an der Staatsverwaltung Antheil zu gewinnen ließ nun Dante kraft seiner naturwissenschaftlichen Kenntnisse sich in die Zunft der Apotheker und Aerzte einschreiben. Er ward in die Vorstandschaft der Republik gewählt und erhielt den Auftrag Papst Bonifacius VIII. zu einer Vermittelung in den florentiner Wirren zu bewegen (1302). Der aber veranlaßte es daß der Bruder des französischen Königs, Karl von Valois mit Heeresmacht einzog, um im Namen des Papstes die Zwistigkeiten zu schlichten; die Schwarzen wurden begünstigt, die Weißen verbannt, Dante's Haus zerstört, und er selbst nach einem gescheiterten Versuch die Rückkehr zu ertrotzen zum Feuertode verdammt. Von seiner Familie und seinen Gütern getrennt wanderte er nun von Stadt zu Stadt, „auf sich allein gestellt, er selbst seine Partei" erfuhr er „wie fremdes Brot nach Salze schmeckt und welch ein harter Weg es ist fremde Treppen auf- und abzusteigen". Schon in Rom war ihm das Unheil der weltlichen Herrschaft der Kirche klar geworden, und mehr und mehr erkannte er die Nothwendigkeit für Italien daß ihm das Kaiserthum Einheit und Frieden begründe. So schloß er sich nun mit seiner Feuerseele den Ghibellinen an, und entwickelte die Politik der er huldigte in einer lateinischen Schrift über die Monarchie. Jede Nation, jede Stadt soll ihre Eigenthümlichkeit bewahren, ihre innern Angelegenheiten verwalten, aber über allen soll als oberster Schirmherr der Kaiser stehen, Ordnung und Frieden zu verleihen. Das Volk ist nicht um des Königs, sondern der König um des Volkes willen da; der Oberherr soll der Diener der allgemeinen Wohlfahrt sein. Dante will die Einigung seines zerrissenen Vaterlandes; die Glieder desselben sollen einander nicht mehr befehden, der Parteihader in den Gemeinden soll sich beruhigen. Die Begründung einer Weltmonarchie, in welcher der Kaiser an höchster Stelle alle irdischen Dinge lenkt und leitet, während der Papst die Menschheit durch die Religion zum geistigen Heile führt, diese Idee Karl's des Großen fand in Dante ihren letzten welthistorischen Verherrlicher. In dieser zeitlichen Hülle aber liegt zugleich die Erkenntniß vom Wesen des Staats in seiner sittlichen Bedeutung, die Forderung seiner Selbständigkeit. Der Mensch steht in der Mitte zwischen dem Vergänglichen und Unvergänglichen, so hat er einen doppelten Zweck, ein doppeltes Heil, die Seligkeit dieses Lebens, die in der eigenen Kraft besteht, und die Seligkeit des ewigen Lebens, zu welcher diese Kraft sich durch Gottes Beistand erhebt. Zum zeitlichen Glück soll der Staat, zum ewigen die Religion führen. Dazu ist die Weltmonarchie erforderlich; das römische Volk, der Kaiser ist ihr Träger; unter diesem Haupt schließt sich der Körper der Menschheit zu einem vielgliederigen Organismus zusammen. Die Aufgabe des Staats ist Frieden, Gerechtigkeit, Freiheit, die Grundlage des menschlichen Wohls auf Erden zu erhalten; denn Ordnung und Friede sind nothwendig, sollen wir anders unsere ideale Bestimmung erreichen, und zur Führung der Menschen bedarf es der Weisheit und der Kraft. Das alles erkannte Dante, und dem trachtet seit seiner Zeit ja die Menschheit nach, wenn auch nicht im Universalstaat unter der Oberhoheit eines Einzelnen, sondern im Bund und Wetteifer selbständiger Völker. Dante sah nach mittelalterlicher Art nicht blos im damaligen Kaiserthum die Fortsetzung des römischen, sondern er schrieb den Römern auf ähnliche Weise die politische Sendung zu wie den Juden die religiöse. Sie sind das Volk des Rechts, Vergil hat ihnen die Herrschaft geweissagt, Christus ward unter Augustus geboren, und sein Kreuzestod erhielt dadurch den Charakter der Strafe für die Sünden der Menschheit daß er im Namen des rechtmäßigen Weltherrschers durch dessen Statthalter angeordnet ward; — so sagt Dante ganz scholastisch, und bringt Brutus und Cassius in der untersten Hölle mit dem Verräther Judas zusammen, weil sich jene gegen Cäsar vergangen, den Gründer des Reichs.

Der Römerzug Heinrich's VII. traf in diese Gedanken Dante's. Hatte er ihm doch zugerufen:

> Komm sieh dein Rom in Thränen für und für,
> Die Wittwe einsam Tag und Nacht durchklagen:
> „Warum, mein Cäsar, bist du nicht bei mir?"

Wie mußte es den Dichter begeistern daß die Erfüllung seines Ideals herangekommen schien! So schrieb, so wirkte er für den Kaiser, mußte es aber erleben zu sehen wie derselbe gekommen um Frieden zu bringen und Recht, und darum auf keine der streitenden Parteien sich stützend ohne festen Halt und ohne reale Macht erfolglos blieb, und als er diese endlich gesammelt hatte, plötzlich starb. Durch ein Schuldbekenntniß hätte Dante die Rückkehr nach Florenz erkaufen können; aber wie sehr er auch nach der Heimat

verlangte, er wollte sie auf keinem Wege wiederfinden der seiner
Ehre zuwider wäre. „Werde ich nicht das Licht der Sonne und
der Gestirne überall erblicken? Werde ich nicht unter jedem Himmel der süßesten Wahrheit nachforschen können, solange ich mich
nicht dem Volk und der Republik Florenz gegenüber würde- und
ruhmlos benehme?" So schrieb er einem Freunde. Doch verfolgte die Sehnsucht nach der Vaterstadt ihn bis in seine Träume,
und er hoffte daß sie ihn zurückrufen werde um die weißen Haare,
die einst blond am Arno waren, mit dem Lorber zu schmücken.
Er singt im Paradies:

> Zwing' je ich mit des heil'gen Lieds Accorden,
> Dran Hand gelegt der Himmel und die Erde,
> Woburch für viele Jahr' ich mager worden,
> Den harten Sinn, der mich von jener Heerde
> Genossen ausschließt, die als Lamm mich sahn,
> Den Wölfen feind, die ihnen zur Gefährde, —
> Mit anderm Haar dann, andrer Stimme nahn
> Werd' ich als Dichter, und an jenem Brunnen,
> Trin ich getauft, den Lorbeerkranz empfahn!

Er starb 1321 zu Ravenna in der Verbannung. Schauen
wir aber auf die Frucht derselben, auf das wunderbare Werk
seiner Schmerzen und seiner Erhebung, so hat sich doch das
Selbstvertrauen bestätigt, kraft dessen er sich schon in der Hölle
von seinem Lehrer Brunetto Latini zurufen ließ: Wenn deinem
Stern du folgst, kannst du den ruhmvollen Hafen nicht verfehlen!
Und so sagen wir mit Michel Angelo:

> O wär' ich Er, zu gleichem Los geboren,
> Gern hält' ich für der Welt glückreichstes Leben
> Mit seine Tugend, seinen Bann erkoren!

Noch vor der Göttlichen Komödie erschien ein italienisches
Prosawerk, das Gastmahl, und eine lateinische Schrift über die
Volkssprache. Dort lädt er die Leser zu Gaste, 14 Canzonen
sollen das Gericht bilden das er durch seine Erläuterungen mundgerecht machen will. Gedichte zum Lob einer reizenden Frau, die
zwischen seine schüchterne Verehrung der lebenden Beatrice und
seinen das Weltall umfassenden Lobgesang auf die verklärte getreten, deutet er hier auf die Philosophie, auf die anfängliche Befriedigung und erneute Unruhe die sie ihm gewährt; der eigentliche

Zweck ist aber auf ganz gelegentliche Weise die Leser zu höherer Erkenntniß zu führen, indem er den Zunftgeist der Gelehrten geißelt und den Ungelehrten die Quellen der Wissenschaft aufschließt, um so einen gebildeten Mittelstand heranzuziehen. Denn der Adel liegt ihm in der Gesinnung, die wahre Anmuth der Sitte in der Sittlichkeit. Den lyrischen Gedichten mangelt das unmittelbar melodisch Quellende, der leichte Fluß der sich von selbst singenden Empfindung; der Gedanke, die Anschauung wiegen vor, und wo sie zu walten haben da ist Dante groß. Er hebt einmal nach Art der Minnesänger an:

> O frische grüne Rose,
> O holde Frühlingslüfte!
> Am Bach durch Wiesendüfte
> Geh' ich und jubl' und singe
> Daß euer Lob erklinge rings im Grünen.

Aber ein mannhaftes Ringen nach Licht und Freiheit, und die Wehmuth daß er durch eigene Kraft das Heil nicht ertrotzen kann, wie die Hoffnung daß es sich ihm dennoch nicht versagen werde, bilden den Grundton.

Schon im Gastmahl bekennt er seine Liebe zur Muttersprache, die ebenso geschickt sei wie die lateinische die erhabensten und neuesten Gedanken auszudrücken. Im Buch von der Volkssprache führt er dies weiter aus. Das Lateinische ist in viele Dialekte zersplittert und aufgelöst, es gilt eine Auswahl des Besten zu treffen, denn jede Stadt hat einiges Schöne, keine alles. Aber er wußte daß zur Begründung einer nationalen Schriftsprache die Poesie das Beste thun müsse, und er leistete dies durch sein Epos auf ähnliche Weise für Italien wie Luther durch seine Bibelübersetzung für Deutschland; er nahm das Florentinische zum Ausgangspunkte, und ergänzte es durch andere Dialekte. Auch hier kam sein Wanderleben der Literatur zugute, und wie in Griechenland sieben Städte, die alle zum Volksepos beigetragen, sich um die Geburt Homer's stritten, so können viele Provinzen Italiens der Ehre sich rühmen daß einzelne Theile des Nationalgesangs bei ihnen geschrieben, Formen und Worte aus ihrer Mundart in denselben eingegangen seien. Diesem genialen Werke verdankt es Italien daß es zur Einheit einer Nationalliteratur gelangte und daß seine Sprache am frühesten unter allen in Europa eine klare feste Gestalt erhielt. Wir bewundern aber-

mals wie bei Dante die Naturgewalt der Poesie mit der wissenschaftlichen Reflexion zusammenwirkt, wenn wir zugleich gewahren
wie die herkömmliche Scholastik neben den freien großen Gedanken
einherläuft. Denn er behauptet ganz richtig daß dem Menschen
die Sprachfähigkeit von Gott verliehen, aber kein fertiges Idiom
auserschaffen sei, sondern daß die Ausbildung der Rede durch unsere
eigene That und in verschiedenen Lagen verschieden vollzogen werde;
aber dabei will er durch allerhand Spitzfindigkeiten ergrübeln daß
das erste Wort, das Adam im Paradies hervorgebracht, El ge-
lautet habe.

Nicht blos daß der wachsende Ruhm ihm einen süßen Trost
in der Verbannung gab, in allen Kämpfen, Wirren und Leiden
der Erde hielt ihn der Blick zum Himmel aufrecht, sein Vertrauen
auf die sittliche Weltordnung, sein Gerechtigkeitssinn waren uner-
schütterlich, und durch die Einkehr in sich selbst fand er Gott in
den Tiefen seiner Seele, sodaß er von nun an die Dinge im Lichte
der Ewigkeit oder vom Standpunkte der Unendlichkeit betrachtete,
von wo aus er das Treiben der Erde belächelt und den für weise
erklärt der es gering achtet und den Geist auf das Unvergängliche
richtet.

Dante erzählt am Schlusse des Neuen Lebens wie ihm ein
Gesicht geworden kraft dessen er von Beatricen reden wolle wie
noch von keiner Sterblichen gesprochen worden sei; das Gedicht
das alles Irdische und Himmlische, Natur und Geschichte, Hölle,
Fegefeuer und Paradies zugleich umfassen sollte, in welchem er
die Wissenschaft seiner Zeit und das Abbild all ihres Strebens
vereinigen wollte, es ward seiner Geliebten zum Denkmal bestimmt. Mit unerbittlichem Ernst, mit erhabener Unparteilich-
keit maß er das Treiben der Welt am Maßstabe der Sittlichkeit;
sein Zorneseifer kehrte sich gegen die Entartung der Kirche,
gegen die selbstsüchtigen Leidenschaften die sein Vaterland zerrissen,
gegen Sünde und Verkehrtheit jeder Art, um dem Laster seine
eigene Häßlichkeit, seine Pein und Selbstvernichtung zu zeigen in
der Hölle; dann wie er selbst sich läuterte, so führte er die bessern
Zeitgenossen den Berg der Reinigung mit sich hinan, und suchte
endlich den Frieden, die Beseligung des Paradieses, die er selbst
im Anschauen Gottes fand, der Menschheit mitzutheilen. Sein
Gerechtigkeitsgefühl ist das höchste; er darf es wagen über die
Zeitgenossen das Weltgericht der Weltgeschichte heraufzubeschwören
und die bedeutendsten Menschen der Vergangenheit und Gegenwart

einer jener drei Sphären zuzutheilen. „Verfolge deinen Weg und
laß reden die Leute, steh fest wie ein Thurm, der nimmer die
Spitze beuget, wie ihn die Winde umbrausen!" läßt er sich im
Fegefeuer zurufen; er zeigt sich nach eigenem Wort als furchtloser
Freund der Wahrheit, der den Wind nachahmt welcher die höchsten Gipfel am heftigsten schüttelt; ungebleudet vom Scheine sagt
er in der Hölle:

> Wie viel ehrt man als große Fürsten droben,
> Die Schweinen gleich im Koth hier stecken werden,
> Dieweil man ihnen flucht statt sie zu loben.

Das ist Dante's Größe daß er gleichmäßig an der doppelten
Welt, der äußern und innern, festhält, daß er neben dem praktischen Wirken fürs Vaterland zugleich den Glauben an das Ideal
der Wahrheit und der Liebe in seiner Seele trägt, daß alle
Schmerzen und Leiden ihn lehren sich selbst und Gott zu suchen, in
Gott zu leben. Die menschliche Natur hat nach ihm zwei Seligkeiten, die des handelnden und beschaulichen Lebens; das Glück des
erstern besteht in tugendhaften Thaten, das des zweiten im Genuß
des Anschauens der Gottheit. Zu beiden hat er sich erhoben, beide
möchte er der Welt mittheilen, und in diesem religiös begeisterten
Streben wie in dem glühenden Eifer gegen die Verworfenheit und
Verkehrtheit auf Erden steht er unter allen neuern Dichtern den
hebräischen Propheten am nächsten. So klagt sein Zorn über das
von Parteien zerrissene Vaterland:

> O Sklavin du, Italia, Schmerzenställe,
> Im wilden Sturm ein Fahrzeug ohne Steuer,
> Herrin des Landes nicht, nein Unzuchtbelle!
> Wie war die edle Seele voll von Feuer
> Beim bloßen Klang vom süßen Vaterland,
> Wie war des Volkes Ruhm für sie so theuer!
> Doch wild in dir steht Hand nun gegen Hand,
> Die selber sinnen drauf wie sie sich morden
> Die Eine Mauer, die Ein Wall umspannt.
> Blick' in dein eigen Herz! An allen Borden
> Elende, such' — o such' an jedem Strand
> Ob einem Ort in dir ist Friede worden!

Ein Schamerröthen geht durch den Himmel wie einst bei Jesu
Tod die Luft sich verfinsterte, als Petrus im Paradies die Stimme
gegen seine Nachfolger erhebt, die sein Bild zum Siegel verlaufter

Privilegien gemacht, das Zeichen der Schlüssel auf eine Kriegs-
fahne gegen Mitchristen gesetzt. Der Apostel ruft:

> Er der sich selbst auf Erden hat erhöht
> Und angemaßt des Rechts zu meinem Stuhle,
> Dem Stuhl der leer vor Christi Augen steht,
> Er hat mein Grab verwandelt jetzt zum Pfuhle
> Voll Bluts und Stanks, daß sich im Abgrund freut
> Der ewigen Nacht hinabgestürzter Buhle!

Kaum eifert Dante gegen irgendeine Sünde heftiger als gegen
den geldgierigen Handel mit geistlichen Aemtern. Die Habsucht
simonistischer Pfaffen tritt die Guten mit Füßen und erhöht die
Schlechten; sie machen sich Gold und Silber zum Götzen; mit dem
Geld des Sündenablasses mästen sie ihre Schweine und anderes
was schlimmer als Schweine. Die Kirche muß zur ursprünglichen
Reinheit zurückgebracht werden, sie darf nicht in weltliche Händel
verstrickt sein, wenn sie die Wahrheit des Evangeliums verkündigen
und das Gottesreich der Liebe ausbreiten soll.

Der Mensch bedarf der Führung aus der Nacht der Gottesferne, aber wenn er sich durch Reue und Selbsterkenntniß geläutert
hat, wenn er zur wahren Freiheit gelangt ist, dann kann er dem
eigenen Willen und Gefallen folgen, da er nun nichts anderes denn
was Gott auch will, dann bedarf er keiner andern Vermittelung
mehr, wie Vergil scheidend zu Dante sagt:

> Nicht frage mehr um Wort und Zeichen mich:
> Frei ward und rein in dir, dem Erdensohne,
> Der Wille; folg' ihm ganz, und über dich
> Reich' ich dir selbst die Mitra und die Krone!

d. h.: Du bist nun durch deine Vernunft dein eigener Kaiser und
Papst geworden; du hast Gott in deinen Willen aufgenommen, er
ist in dir geboren. So erscheint auch am Ende des Paradieses
das Menschenantlitz im reinen Lichte der Gottheit, denn der Mensch
ist eine Offenbarung derselben, ursprünglich rein, dann durch die
Sünde getrübt, durch die Schuld losgerissen von seinem Lebens-
quell, aber durch die Liebe zum Wiedereingang berufen; das Ziel
der Seele ist daß sie in Gott sich wiederfinde.

> Aus haucht die höchste Güte unser Leben
> Unmittelbar und tränkt es so mit Liebe
> Daß sehnsuchtsvoll nach ihr wir immer streben.

Notter citirt zu diesem Vers was Iacopone da Tobi von der Seele sagt:

In Christum umgewandelt ist sie Christus,
Mit Gott vereint ist selbst sie göttlich worden.

Die Vergottung des Menschen, von der bereits Erigena geredet, ward jetzt vom Bunde der Gottesfreunde wieder ergriffen; wie von ihr die großen persischen Lyriker sangen, so werden wir bald die deutschen Mystiker von ihr reden hören. Bei Dante ist dieser Zug nach dem Ueberirdischen, diese tiefe selige Ruhe in Gott aufs innigste verbunden mit der reformatorischen Begeisterung fürs Vaterland, für Kunst und Wissenschaft. Er ist der Apostel der Wahrheit die er im Innern geschaut, er will der Welt zeigen daß es noch Jemand gibt der Werth auf Tugend und Freiheit legt, und er bietet ihr sein Gedicht, das auf jeder Seite den Spruch Vergil's einschärft:

Lernet gewarnt recht thun und nicht mißachten die Gottheit!

Die Göttliche Komödie ist äußerlich betrachtet die Darstellung einer Wanderung des Dichters durch die Hölle, das Purgatorium und das Paradies, und die Schilderung des Zustandes der Seelen in diesen Räumen, angeschlossen an die feste Gestaltung welche das Jenseits im christlichen Volksglauben gewonnen hatte. Der Dichter fügt aber selbst hinzu: Gegenstand des Gedichtes sei der Mensch wie er infolge seiner Willensfreiheit gut oder schlecht handelnd der belohnenden oder strafenden Gerechtigkeit anheimfällt. So gehen Diesseits und Jenseits ineinander über, und Strafe und Lohn veranschaulichen uns auch den gegenwärtigen Zustand des Sünders und des Frommen; der Schmerz der Reue wird dem Büßenden zum Heil, „ich sage Pein und sollte Freude sagen", berichtigt sich selbst ein solcher. Strafe, Buße, Seligkeit will der Dichter schildern um die Menschen loszureißen von ihrem Unheil und sie zum Heil zu leiten; durch die Höllenfahrt der Selbsterkenntniß, durch die Sehnsucht nach Frieden und Ruhe soll die Welt aus der Unruhe und Gottentfremdung zur Einkehr in sich selbst und in Gott berufen werden; oder wie wiederum Dante selbst in der Zueignung des Paradieses an Can grande sagt: Der Zweck des ganzen Gedichts ist die Menschen soweit sie diesem Leben angehören aus dem Zustande des Elendes zu befreien und sie zu dem der Glückseligkeit zu geleiten; oder wie Wegele dies näher bestimmt: im Spiegel der übersinnlichen Welt und seiner Wanderung durch sie zeigt er der Menschheit wie weit sie von Gottes Absichten mit ihr abgeirrt ist, zeigt ihr die alles zerrüttenden Folgen dieser Verirrung und zugleich daß und wie sie das verlorene Heil wiederfinden kann durch die Verkündigung der Weltordnung, ohne welche die Menschheit nach seiner Ansicht weder ihre zeitliche noch ihre ewige Bestimmung erreichen kann, und die durch die Zerstörung des Kaiserthums und die Verweltlichung des Papstthums auf das heilloseste verwirrt ist. Das Pathos und die Kühnheit womit der Dichter hier die Souveränetät seines subjectiven Empfindens und seines persönlichen Systems der ganzen Welt gegenüberstellt und ihr diese unterwirft, ist geschichtlich betrachtet das Merkwürdigste an diesem Gedicht, das sich mit seltener poetischer und sittlicher Kraft zu der Höhe des Weltgerichts erhebt und unter den Völkern aller Zeiten einzig und unvergleichlich dasteht. — In solcher Stimmung greift Dante nach dem Lorber der die Stirne der triumphirenden Cäsaren schmückt; er will wirken wie ein Held mit seinem Gesang: aus kleinem Funken wird oft große Flamme.

Er nennt sein Gedicht eine Komödie in dem Sinne daß es anfangs rauh und schrecklich am Ende beglückend und lieblich sei, und weil die Darstellung dem Stoffe gemäß bald Erhabenheit, bald die Sprache des gewöhnlichen Lebens erfordere; nicht die dramatische Form, sondern der Inhalt war ihm also für den Namen maßgebend. Indeß gibt er uns ein großes Schauspiel, und dessen Gliederung lehnt sich an die Bühne der Mysterien, ja er erinnert an die attische Komödie durch die schonungslose Verwegenheit mit welcher er auch Zeitgenossen persönlich angreift, durch die Plastik mit welcher er innere Zustände nach außen kehrt und äußerlich veranschaulicht, durch die Meisterschaft mit welcher er aller Tonarten der Sprache an ihrer Stelle mächtig ist. Das Aeußere des Gedichts zeigt wie ein gothischer Dom neben der grandiosen Phantasie der Conception die sicher messende Verständigkeit, die symmetrische Behandlung im einzelnen und die Zahlenmystik der Scholastiker. Es sind 3 Reiche, jedes hat 3×3 Abtheilungen; die 3 Theile des Gedichts sind beinahe von gleicher Länge; jede Strophe besteht aus 3 Versen; 3 Reime verketten die Strophen untereinander; $(3 \times 3 + 1) \times 3 + 3$ oder $3 \times 10 + 3 = 33$ Gesänge hat jeder Theil, zum ersten

aber kommt ein Einleitungsgesang, und so ist die Summe aller
= 100, dem Quadrat von 10; 10 aber, die Summe von
1 + 2 + 3 + 4 ist die bekannte Tetraktys der Pythagoreer.

Wir steigen auf zum Wiedersehn der Sterne

schließt die Hölle, und bezeichnet so den Emporgang des Lebens
und Gedichts aus dem Dunkel zum Licht; dann auf den Gipfel
des Reinigungsberges erhebt sich des Dichter

Rein und bereit zum Aufschwung nach den Sternen;

das Paradies endigt mit dem Verse der den Grundgedanken andeutet:

Die Liebe die beweget Sonn' und Sterne.

Die Erde liegt für Dante im Mittelpunkt der Welt; in ihre
Tiefe bis zum Centrum geht trichterförmig die Hölle hinein, und
dieser entsprechend erhebt sich jenseits von Jerusalem der kegel-
förmig aufsteigende Berg der Reinigung; sein Gipfel ist das irdische
Paradies; der Himmel umgibt die Erde mit neun durchsichtigen übereinander gewölbten Sphären, denen des Mondes, des
Mercur, der Venus, der Sonne, des Mars, des Jupiter, des
Saturn, der Fixsterne und dem krystallinischen Himmelsgewölbe;
es ist das erste Bewegende, das von Gott alle Bewegung auf
die andern Gebiete überträgt, und über ihm ruht das Empyreum, ein Kreis von Licht und Liebe wo die Urvernunft waltet.
Die antike Kosmologie erhält hier verwoben mit christlichen Ideen
ihre poetische Verklärung. Und indem Dante das Universum
durchschreitet und die Geschicke der Seelen verkündet, so vollendet
er jene alterthümlichen Dichtungen von den Wanderungen und
Wandlungen der Seele, durch Schrecken und Reinigung bis zum
Eingang in Gott, die uns schon im Todtenbuch und an den Grab-
denkmalen der Aegypter entgegentraten, die bei Homer und Vergil vorkommen, wenn Odysseus und Aeneas in die Schattenwelt
zu Verdammten und Seligen gelangen, — die dann in der Phantasie der Christen und Muhammedaner weiter gewirkt haben und
in Visionen oder Mysterienspielen zu Dante's Zeit mannichfach
behandelt wurden, — so vollendet er das orphische Epos von
den Läuterungen der Seele, eine Gedankendichtung die alles zusammenfaßt was er in seinen andern Werken von Glauben und

Liebe, von Politik und Wissenschaft gelehrt und gesungen, alles eingeschmolzen in der Feueresse seines Gemüths; — das Epos vom innern Menschen, ganz subjectiv im Geiste seiner Zeit, dem Weltalter des Gemüths, sodaß er selbst mit seiner individuellen Persönlichkeit den Mittelpunkt bildet, und doch ganz objectiv durch die Festigkeit der Begriffe und Formen, die klare Bestimmtheit der Bilder. Er hat das Jenseits in so deutlichen Umrissen hingestellt, daß man sich stets veranlaßt fühlt seine Höllenkreise und Himmelsphären zu zeichnen; und da Jenseits und Diesseits doch nur Eine Welt bilden, und dort im Sein was hier im Werden ist, dort in harmonischer Vollendung was hier im Kampf und Gährungstrübheit erscheint, so begegnen auch dort uns die lebendigen Charaktere der Geschichte, wie sie mit ihrem Wollen und Handeln uns bekannt geworden, und nun in der Ewigkeit selbst wie eherne Bilder dem Zeitstrom entrissen verewigt sind. Wie das Irdische in Himmel und Hölle sein Ziel und den Ausdruck seiner wahren Gestalt findet, so ist die Erinnerung an die Erde in den Abgeschiedenen und im Dichter wach, und Gleichnisse der Sinnenwelt veranschaulichen das Uebersinnliche. Ampere hat eine Voyage Dantesque geschrieben, indem er alle Orte besucht welche Dante in der göttlichen Komödie erwähnt, und zeigt wie derselbe aus unmittelbarer Anschauung der italienischen Landschaften Ton und Form für seine Schilderungen gewann. Mit ihm beginnt wieder der Realismus der Kunst, der die Wirklichkeit um ihrer selbst willen betrachtet, und doch ist ihm auch noch jede Erscheinung ein Symbol des Göttlichen und Geistigen. Sein Wahrheitssinn blickt den Menschen und Dingen ins Herz, und von innen heraus weiß er die Formen so auszuprägen daß sie die Bedeutung der Sache ausdrücken. Neben ausgemalten Gleichnissen nach Art der Alten ist es gewöhnlich nur ein Zug den er in die Handlung einflicht oder zur Verdeutlichung heranzieht, aber dieser eine ist ganz sprechend, mag er eine spähende Seele mit dem alten Schneider vergleichen der das schwache Auge zuspitzt um das Nadelöhr zu finden, oder mag ein hochherziger Verdammter stumm die Vorüberwandelnden anblicken wie ein Löwe der ausruht. In der Hölle sind es besonders Bilder aus der Thierwelt von wilder oder widriger Art um ihre Schauer und Qualen zu bezeichnen, am Berg der Reinigung streben die Pflanzen empor, die Lilie die der Sonne den Kelch öffnet, der Dorn der verdorrt scheint und doch im Frühling wieder Rosen trägt, und im Paradiese strahlt und funkelt das Licht mit seinen Farben, der Himmel mit seinen Gestirnen. Durchgeht man die göttliche Komödie mit Rücksicht auf die Gleichnisse aus der Natur und dem Menschenleben, so bewundert man zugleich ihre Fülle und Bestimmtheit; das offene Auge ergreift das Charakteristische und der Mund hat das rechte Wort dafür. Ein neuer Naturalismus, der sich nicht mit dem Herkömmlichen begnügt, sondern in der Freude des eigenen Sehens und Fühlens schwelgt, kommt hier zuerst durch die Poesie in die Kunst; Dante's Freund Giotto geht als Maler auf dieser Bahn, am nächsten aber kommt ihm van Eyck und seine Schule. Und diese Gleichnisse sind kein müßiger Zierath, sondern geben dem Jenseitigen jene sichere Bestimmtheit welche nöthig war, wenn der Dichter als Augen- und Ohrenzeuge redete, und welche die schlagende Wirkung hatte daß das Volk vor dem Manne mit Scheu zur Seite trat der in der Hölle gewesen und dessen Stirn der Engel gezeichnet.

> Einem göttlichen Gedichte
> Hat er alles einverleibet
> Mit so ewigen Feuerzügen
> Wie der Blitz in Felsen schreibet.

Der Strophe Uhland's reiht ein Ausspruch Carlyle's sich an: „Intensität ist das vorherrschende Gepräge von Dante's Geist. Seine Größe hat in jedem Sinne sich selbst concentrirt zu feuriger Kraft und Tiefe. Erinnert euch wie er die Höllenstadt des Dis zuerst erblickt: eine rothe Zinne, ein rothglühender Eisenkegel leuchtend durch die dunkle Unermeßlichkeit der Finsterniß; — so lebendig, so bestimmt sichtbar auf einmal und für immer! Es ist ein Sinnbild von dem ganzen Genius Dante's."

Das Ewigweibliche zieht uns hinan! Dies Wort, in welchem Goethe's Faust ausklingt, gibt uns auch den Schlüssel zu Dante's göttlicher Komödie. Die Liebe zu Beatrice hat ihn vom Sinnlichen zum Idealen erhoben, und als der Tod sie ihm entrissen, da ward sie zum Ideal der Seele, die in Gott eingegangen und verklärt, ein Strahl des ewigen Lichts, das ethische Wesen Gottes, Gnade und Wahrheit ihm offenbart. Die Erinnerung an sie hat ihn aus dem Taumel der Welt und der Verwirrung des Parteitreibens erweckt und zur Betrachtung des Ewigen hingezogen, dadurch hat er den Frieden gefunden, und ihr zum Denkmal schafft er nun das Werk, das dem Volk verkünden soll

wie er selbst innerlich gewesen sein eigenes Leben und die ganze
Welt im Verhältniß zur sittlichen Weltordnung ansieht. So ist
allerdings niemals eine Geliebte gefeiert worden, das Gedicht ist
der Gipfel des mittelalterlichen Frauendienstes, der hier aber
durchaus edel und geistig erscheint, indem die Liebe das Herz von
aller Selbstsucht reinigt und zum Unendlichen leitet. Von Beatrice kommt was Dante denkt und dichtet; seine Seele hat die
Wahrheit von ihrem schönen Selbst angenommen, ist geistig mit
ihr eins geworden, und dadurch ist ihm auch das Bewußtsein der
Gottinnigkeit, der Wiedergeburt im ewigen Wesen aufgegangen,
wie er das alles selbst ausspricht. So verschmilzt Beatrice mit
der Religion, so offenbart sich die Liebe Gottes in ihr, aber sie
bleibt darum doch in ihrer persönlichen Eigenthümlichkeit bestehen,
und es heißt alle Poesie mit Stangen hinaustreiben, wenn man
sie zur Allegorie der Theologie macht. Allerdings wie Dante,
dieser individuelle Mann und Dichter mit seinem reformatorischen
Feuereifer, seinem Freiheitsdrang, seiner Ruhmbegierde doch auch
den Menschen in seinem Erdenwallen, in seiner Läuterung und
Vergöttlichung darstellt, so sind seine Führer Vergil und Beatrice
für ihn was der Rechtstaat, das Kaiserthum, die Weltweisheit
auf der einen und die christliche Religion auf der andern Seite
für die Menschheit und ihre Leitung zum Heil bedeuten. Aber
man muß aller Empfindung bar sein, wenn man nicht fühlt wie
jenes Erzittern bei dem ersten Begegnen auf Erden noch nachbebt,
sobald Dante die verklärte Geliebte wieder erblickt, wenn man
nicht fühlt mit welch hinreißender Herzinnigkeit er an ihren Augen,
ihrem Lächeln hängt, da sie sogar im Himmel ihm noch sagen
muß daß nicht blos in ihren Augen Paradies sei, und da Gott
selbst in ihrem heitern Antlitz sich zu freuen scheint. Dante sagt
die Wahrheit von sich:

> Ich bin so einer der es spürt, wenn Liebe
> Begeisternd haucht, und auf dieselbe Weise
> Wie sie mir innen vorspricht schreib' ich nieder.

Es ist die Eigenthümlichkeit aller echten Kunst daß sie im
Besondern die Idee, im Los des Einzelnen das allgemeine Schicksal darstellt, und wenn auch der Dichter von letztern, vom Gesetz und Gedanken ausgegangen, sobald es ihm gelingt sie zu
lebensvoller Wirklichkeit zu gestalten, ist sein Werk keine Allegorie.
Das gilt auch von Dante's göttlicher Komödie. Aber es sind

Allegorien in ihr enthalten, und neben der erlebten und geistig aufgefaßten Wirklichkeit stehen allerdings Gebilde seiner Phantasie welche Verstandesbegriffe des scholastischen Lehrsystems zu Scheinfiguren aus Attributen zusammensetzen, und jetzt z. B. vier Frauen zu Hieroglyphen der Cardinaltugenden machen, die uns kurz zuvor in den Sternen des südlichen Kreuzes entgegenschimmerten. Diese bloße Zeichensprache ist allerdings unkünstlerisch, und Dante hat wie Goethe im zweiten Theile des Faust auch solche Maskenspiele, die das Mittelalter liebte, in seinem Werk. Etwas anderes wiederum ist es daß man sich von früh an in der christlichen Kunst gewöhnt hat im Bild der Personen und Sachen einen tiefern Sinn zu erkennen, im Hiob die Geduld, im Elias auf feurigem Wagen die Erlösung des Menschen überhaupt oder den Triumph des Glaubens: da bleibt das Individuelle als solches, und der Gedanke ist in ihm gegenwärtig, nicht einmal wie eine zweite feinere Linie von Künstlerhand in die erste hineingezogen, sondern ganz eins mit ihm. Dante sagt in dieser Beziehung selbst daß sein Gedicht einen buchstäblichen und einen mystischen oder allegorischen Sinn habe, und verdeutlicht dies durch ein Beispiel. Da Israel auszog aus Aegypten, da ward Juda sein Heiligthum. Diese Psalmenstelle berichte zunächst buchstäblich genommen eine Thatsache, diese bilde aber zugleich unsere Erlösung durch Christus vor, und mahne in sittlicher Hinsicht an unsere Rettung aus der Knechtschaft der Sünde, an unsern Einzug in die Freiheit der Kinder Gottes und ihre Glorie. Auf solche Art haben wir sein Werk im ganzen und einzelnen zu verstehen.

>Ich fand auf unsres Lebensweges Mitte
>In einem dunkeln Walde mich verirrt,
>Vom rechten Weg hatt' ich gelenkt die Schritte.

So beginnt er sein Gedicht. Da ist der Wald die Welt der Sünde, der Sinnlichkeit; aber wir müssen es auch dem Italiener Rossetti Dank wissen daß er nach Dionisi's und Marchetti's Vorgang überall den Blick auf die politischen Zeitverhältnisse richtet, ohne daß wir in die einseitige Uebertreibung dieser Deutungsweise einstimmen. Auch Florenz mit dem Unfug der Parteikämpfe, mit seinem selbst- und gemißsüchtigen Treiben ist der Wald, und die Vision, welche Dante in das Jahr 1300, sein 35. verlegt, fiel in die Tage wo er sich zugleich seiner idealen Jugendliebe wieder zuwandte und zu klarer politischer Ueberzeugung kam. So ist der

rechte Weg im allgemeinen die Einheit mit Gott und seinem Gesetz, im besondern aber die providentielle Ordnung durch welche
Kaiser- und Christenthum die Menschheit zum Ziele führen sollten,
zur sonnigen Höhe; aber die Kirche ist entartet, das Kaiserthum
misachtet, und so gehen die Völker in der Irre. Eine Auffassung schließt die andere nicht aus, vielmehr hat Dante's scho-
lastischer Verstand die Sache so angelegt daß eine mehrfache Deutung möglich und berechtigt ist. Er blickt nach einem sonnigen
Hügel empor, aber drei Thiere versperren ihm den Weg, ein
Pardel, ein Löwe und eine Wölfin. Die hat schon Jeremias V,
6 so zusammengestellt, und Boethius hat bereits die Laster mit
ihnen verglichen, sodaß wir im Pardel die Sinnenlust und Ueppigkeit, im Löwen die selbstsüchtige Hoffart, in der Wölfin die habsüch-
tige Gier erblicken, jene drei Cardinalsünden der mittelalterlichen
Moralsysteme. Aber diese ethisch-religiöse Deutung besteht neben
der historisch-politischen, nach welcher in der Wölfin, dem Wappenthiere Roms, die entartete Kirche und ihre Habsucht, im Löwen,
dem Wappen Frankreichs, der damals in Florenz eingebrungene
Karl von Valois und die Fremdherrschaft der Franzosen in Süditalien, und im Pardel mit gesprenkeltem Felle, das ausdrücklich
betont wird, die florentinischen Parteien der Schwarzen und Weißen
gemeint sind. Eins schließt das andere nicht aus, und der Windhund, der die Wölfin zur Hölle jagen soll, geht auf einen Retter
des Vaterlandes der die weltliche Herrschaft des Papstes brechen
wird, auf Can grande della scala, bei welchem Dante Aufnahme gefunden, auf welchen er nach Heinrich's VII. Tode seine
Hoffnung setzte. — Nun erbarmt sich Beatrice des bedrängten Geliebten und bewirkt daß Vergil ihm zu Hülfe kommt. Dieser wird
sein Führer, indem er zuerst sein Vorbild als Dichter war, aber
auch als Sänger welcher Christus geweissagt, unter Cäsar und
Augustus, den Gründern des Weltreichs, gelebt, und selbst die
Gründung Roms und dessen providentiellen Beruf poetisch verherrlicht, als Sänger also des idealen Kaiserthums, als Vertreter der
Weltweisheit, der das irdische Leben ordnenden Geisteskraft, der
menschlichen Vernunft; er soll den Wanderer bis dahin geleiten
wo er sich über das Irdische zur Anschauung des Göttlichen erhebt, dazu bedarf es der erleuchtenden Gnade, denn ohne daß
die Idee Gottes durch ihn innerlich in uns gegenwärtig wäre,
würden wir nicht aus bloßer Betrachtung des Endlichen über
diese hinaus zu ihr, zum Unendlichen gelangen. Hätte Dante

nach einem Repräsentanten der Philosophie, der Vernunft schlechthin gesucht, dann bot sich ihm Aristoteles dar, den er selbst den Meister der Wissenden nennt; aber wie Beatrice die Gesinnung der Liebe veranschaulicht, die den Menschen zu Gott führt, so Vergil die Staatsweisheit, die Lehre vom Weltkaiserthum, und so geleitet er zur Seligkeit dieses Lebens, zum Glück der Thätigkeit, während jene die Wonne der Beschaulichkeit, den Himmel erschließt.

Wie Aeneas in die Unterwelt hinabstieg und Paulus in den Himmel verzückt ward, so will Vergil nun Dante's Begleiter sein, daß er dem Wald entrinne, indem er durch die Hölle wandert und den Berg der Reinigung hinansteigt. Er soll die Rückseite aller menschlichen Größe und alles selbstsüchtigen Treibens nicht blos durch Worte lernen, sondern in der That anschauen, wie Schlosser treffend sagt, durch den Anblick der Strafgerichte Gottes gereinigt soll er die Welt zur Umkehr rufen.

> Ich führe nach der Stadt, zur Qual erkoren,
> Ich führe zu der ew'gen Schmerzenspein,
> Ich führ' ins Reich der Geister, die verloren.
> Es rief mich aus Gerechtigkeit ins Sein
> Mein hoher Meister, in mir offenbaren
> Sich Liebe, Macht und Weisheit im Verein.
> Vor mir war Ewiges nur zu gewahren,
> Auch ich bestehe für die Ewigkeit.
> An meiner Schwelle laßt die Hoffnung fahren.

So lautet im Lapidarstil die Inschrift der Höllenpforte. Die Höllenstrafen nun sind die äußere Veranschaulichung des innern Zustandes der Sünde, nach dem Bibelspruch: Womit du sündigest sollst du gestraft werden. Verstoßen von den Guten und Bösen schwirren im traurigen Gefühl der eigenen Nichtigkeit die Lauen einher, die ohne Lob und Schande gelebt; — „kein Wort von ihnen; schau und geh vorüber". Die edeln Heiden aber, die Helden, Weisen, Dichter der vorchristlichen Zeit, sie sind in einer ruhig heitern Genossenschaft ohne Schmerz wie ohne Hoffnung vereint, während der glühende Sturm der Begierde die nicht zu Ruhe kommen läßt die geschlechtlicher Sinnenlust ungesetzlich gefröhnt, die Schlemmer im Schlamme stecken, die Schmeichler, die alles, auch das Schlechteste gepriesen, mit den Buhlerinnen im Unflat sitzen, Geizige und Verschwender stets gegeneinanderstoßen, einander schmähen, auseinanderfahren und wieder zusammentreffen, die Zornigen einander zerfleischen und schlagen, die Gewaltthätigen in einen heißen Blutstrom eingetaucht sind, die Wahrsager mit verdrehten Köpfen, die Heuchler unter Kutten einhergehen außen golden, innen bleiern schwer, Diebe und Schlangen einander die Gestalt stehlen und sich ineinander verwandeln, und die herzlosen Verräther, in denen alles Wohlwollen erstarrt ist, in nie schmelzendem Eis eingefroren sind. Dante verwerthet in der Hölle den Charon und Cerberus wie die Harpyien und andere Figuren der Mythologie, denn er sieht in dieser keine leere Fabel, sondern die verirrte Auffassung realer Wahrheiten. In besondern Kreisen werden die besondern Verbrechen gebüßt. Die Ströme der Unterwelt dienen zur Scheidung der Höllenräume um anzudeuten wie so ganz verschieden die Qualen des Gewissens die Seele zerreißen, wenn sie inne wird daß sie den Zweck des Daseins verfehlt. Schlosser hat dies trefflich erörtert. Auf Kreta steht das Bild eines Greises, des Zeitgottes, bereitet wie jenes in Nebukadnezar's Traumgesicht bei Daniel, das Haupt von Gold, Brust und Arme von Silber, die Schenkel von Erz, ein Fuß von Eisen, der andere von Thon. Die Metalle deutet Dante, jüdische und griechische Vorstellungen verschmelzend, auf die Zeitalter; nur das Haupt ist heil, die andern Theile aber sind geborsten und Thränen rinnen aus den Rissen, Zeugen des Wehs und der Schuld der Menschheit, rinnen nieder und werden zu den Höllenflüssen welche die finstern Räume trennen. Die welche die höhere Bestimmung des Menschen durch das Christenthum nicht kennen gelernt, sonst aber tugendhaft gelebt, scheidet von den eigentlichen Sündern der Strom aus dem Silber, den die Alten den Freudeleeren (Acheron) nannten, weil jener Loos keine Strafe, nur Entbehrung der Himmelswonne ist. Die Burg derer die auf ihren eigenen Verstand trotzten, das Sittengesetz, den Ruf Gottes verachteten, umgibt der Strom des Hasses und der Sehen, der aus dem Erze quillt, der Styx, vor dessen Namen auch die Götter beben. Die Frevler welche Gewalt übten statt ritterlich das Recht zu schützen, quält der glühende Fluß aus dem Eisen, der Flegethon, der Gleiches mit Gleichem, die brennende Begierde mit ewig ungestillter Glut vergilt. Unten aber erstarren alle jene Jammerströme zum Eise des Cocytus, in welchem die einfrieren die ohne Güte in sich verhärtet sind, zu unterst Satan, der die Verräther des Heilands und des Vaterlandes im Rachen zerbeißt.

Dante's Wanderung geht nicht ohne Mühen und Schrecken

für ihn selbst von statten, und überall hat er Gelegenheit auf
Freunde oder Feinde zu stoßen und so das energievolle Gemälde
seiner Zeit mit ihren Sitten und Charakteren zu entwerfen. Hoch
berühmt unter andern ist jene Stelle wo unter den die Sinnenlust Büßenden Francesca und Paolo gleich Tauben zu ihm
niederschweben und ihm berichten wie die Liebe, die stets liebende
Herzen zusammenführt, sie auch im Tode noch hold vereint. Francesca spricht:

> Es ist das bitterste der Leiden
> Sich zu erinnern einer süßen Zeit,
> Wenn uns von ihr des Elends Stunden scheiden . . .
>
> Zur Kurzweil lasen wir in jenen Tagen
> Von Lanzelot und seinen Liebeswunden,
> Wir zwei allein und meinten nichts zu wagen.
> Oft hatten unsre Augen sich gefunden,
> Dieweil wir lasen, oft entfärbt die Wangen,
> Doch nur Ein Zug war's der uns überwunden.
> Wir lasen wie des Kusses heiß Verlangen
> Im süßen Lächeln endlich fand Gewähr;
> Da küßt' auch mich der stets wird an mir hangen.
> Am ganzen Leibe zitternd küßt' mich er;
> Galeotto war das Buch und der's geschrieben.
> In jenem Tage lasen wir nicht mehr.

Galeotto, brauche ich kaum zu bemerken, ist der Gelegenheitsmacher des Rittergedichts. Wie ein Regenbogen auf finstern
Wetterwolken schweben sie durch die Hölle dahin, wie sanfter Flö-
tenton klingt ihre Stimme durch das Klaggeheul der Verdammten.
Dagegen entrollt Dante ein Schauergemälde des Schreckens, wenn
Ugolino, dessen Kopf sich mit dem seines Feindes Ruggiero zerbeißt, den Mund abwischt und erzählt wie er mit seinen Söhnen
im Hungerthurm gestorben; das furchtbare Los ist Buße für Vater-
landsverrath, und die ursprünglich edle Natur erwacht in der Sorge
für die Kinder, die um ihretwillen das eigene Leid verbirgt. Mit
kecker Meisterschaft schildert Dante, den Ovid übertreffend, wie die
Diebe und Schlangen ineinander sich verwandeln, und in den
Uebelkulgen spielt der Humor des Dichters mit den Teufeln wie
mit gräßlichen Hanswürsten; die Scene muthet uns shakespearisch
an. Die Ketzer liegen in Flammengräbern, deren Deckel halb
offen sind, vom Brand ihrer rastlosen Zweifel innerlich verzehrt.
Da erhebt sich des Dichters Landsmann Farinata so mit Stirn

und Brust als ob er die ganze Hölle in großer Verachtung hätte; zu hören daß es im Vaterlande nicht wohlsteht das brennt ihn ärger als sein Feuerbett. Ebenso unbekümmert um die Theologenhölle, die dort auch Kaiser Friedrich II. birgt, ist Cavalcante, und wir fragen billig ob wir hier nicht an eine Stelle gekommen sind wo Dante's eigener Geist gegen die dogmatische Rechtgläubigkeit sich empört, wie wir schon fragen wollten als wir die berühmten Männer des Alterthums, Cäsar, Homer, Aristoteles begrüßten, wie wir fragen müssen wenn Cato außerhalb der Hölle den Berg der Reinigung hütet, er der Gerechte, der Freie im Leben und Tod, den Ort wo die Befreiung der Menschen eingeleitet wird, und wenn ihm Vergil eine selige Auferstehung verheißt, — trotz seines Heidenthums und Selbstmordes, ja wenn endlich Trajan und Ripheus, der gerechteste Trojaner nach Aeneide II, 425, doch im Himmel sind. Der Dichter läßt sich im Paradies verkünden: am jüngsten Tag werde mancher Heide dem Heiland näher stehen als viele die ihn jetzt Herr! Herr! anrufen; und wenn sein Zweifel wie die Ausschließung der tugendhaften Heiden von der Seligkeit sich mit Gottes Gerechtigkeit und Güte vertrage, nicht gelöst, sondern nur schweigen geheißen wird durch die Erklärung daß der menschliche Verstand zu schwach sei die göttlichen Rathschlüsse zu durchschauen, so liegt es nahe diese Worte auch so zu nehmen daß Menschensatzung sich nicht anmaßen möge den Nichtchristen das Heil abzusprechen. Hat doch Gottes Gnade auch den Ripheus so durchhaucht daß sich ihm das Auge für die künftige Erlösung öffnete:

> Darum enthaltet euch, ihr Staubgebornen,
> Des Richtens, denn selbst uns, die Gott doch schauen,
> Sind noch bekannt nicht alle Auserkornen!

So klingt es aus dem Mund eines Seligen:

> Dem Reich der Himmel kann Gewalt geschehn
> Durch innig Hoffen und durch heißes Lieben,
> Die über Gottes Willen sich erhöhn,
> Nicht so wie Menschen Macht an Menschen üben, —
> Weil er besiegt sein will wird er besiegt,
> Da seine Gnade selbst dazu getrieben.

Mit solchen Worten wird die Frage der ewigen Verdammniß

überhaupt für eine offene erklärt, und ich bekenne daß dichterisch zunächst die Hölle zwar an furchtbarem Schauer gewinnt, wenn ihre Schrecken für immerdar unentrinnbar sind, daß aber doch für das feinere Gefühl in der Seligkeit selbst ein bitterer Wermutstropfen liegen müßte, wenn die Begnadeten mit fruchtlosem Mitleid auf die Unglücklichen niederblickten, die für die Schuld der flüchtigen Stunde mit endloser Pein behaftet wären. Hier ist eine der dogmatisch scholastischen Grenzen die Dante's Geist umschlossen hielten; er rüttelte an der Kette, aber bricht sie nicht; sein Werk wird auch dadurch zum Spiegel des Mittelalters. Wir erinnern uns (III, 1, 254) wie Dante's Freund, der Inde Immanuel sich viel unbefangener aussprach. Wenn wir indeß die Hölle überhaupt für die Darstellung der Gottentfremdung, des unbußfertigen bösen Willens nehmen, der sich selber zur Qual ist so lang er in seiner Verkehrtheit beharrt, so können wir uns ohne Anstoß dem poetischen Genuß hingeben.

Die Dichter schwingen sich im Centrum der Erde um Lucifer herum, und klimmen eine lange finstere Höhle hinan, bis sie die Sterne jenseits bei den Gegenfüßlern wiedersehen. Das Zittern der Meereswellen unter dem ersten Strahl des Morgens ist das Bild des Gemüths das nach dem Grauen der Nacht nun auf das Licht und den Sieg des Lichtes hofft. Dort steigt der Berg der Reinigung empor. Cato ist sein Wächter. Auch hier ist eine zugleich drei- und neunfache Gliederung: unten der Kreis der Säumigen, die nun durch längeres Warten auf die Seligkeit dafür selber daß sie mit der Besserung gezögert; dann in sieben Terrassen um den Berg selbst die Büße der Sünden wie die Kirchenlehre solche festgestellt: Stolz, Neid, Zorn, Trägheit, Geiz, Völlerei, Unkeuschheit; endlich oben das Irdische Paradies. Statt des Heulens und Fluchens der Hölle ertönen nun Loblieder, statt der Grauengestalten der Mythologie hüten nun Engel den Aus- und Eingang der Kreise und geleiten den Wanderer hinan. In der Hölle ging Dante bald mit dem Eifer der Mißbilligung bald mit der Wehmuth des Mitleids an den Sündern und ihrer Strafe vorüber; im Purgatorium wird er selbstthätiger, der Stellvertreter der Menschheit die von Gottes Gnade geführt aus Nacht zum Licht emporgeht; sein eigenes Gemüth läutert sich wie er den Berg der Läuterung hinanklimmt, anfangs mit Anstrengung, dann mit leichterer Mühe, je mehr er in der Besserung fortschreitet; liegen doch die Keime aller Sünden in uns und haben wir alle sie zu überwinden. Der tiefsinnige Dichter sieht in der Liebe den Kern des Seins, damit auch den Samen alles Guten, und in ihrer Verirrung den Quell der Sünde. Wird die Selbstliebe so mächtig daß man um ihretwillen das Unheil des andern sucht, aus seinem Sturz die eigene Erhebung hofft, durch seine Größe sich beeinträchtigt wähnt, oder durch eine Beleidigung sich so beschämt erachtet daß man nach Rache dürstet, dann entstehen Stolz, Neid, Zorn; mit falscher Liebe liebt der Träge die Ruhe, der Habgierige den Besitz, der Schlemmer Speis' und Trank, der Unkeusche die Geschlechtslust. Die Bußen sind mannichfacher Art, sie veranschaulichen den Seelenzustand des Menschen der seine Schuld bereut und von ihr gereinigt wird; bald entsprechen sie der Sünde und stellen das drückende Bewußtsein derselben dar, bald ihr Gegentheil. Die Stolzen sind zu Boden gekrümmt unter Felsblöcken, sie hatten sich selbst erhöht und werden erniedrigt, ihr Bewußtsein läßt sie nun sich beugen; den Neidischen ist das Auge mit Draht verglittert daß sie des Lichts nicht genießen das sie andern mißgönnt; die Zornigen sitzen im dunkeln Rauch ihrer Selbstverdüsterung durch blinde Wuth; die Trägen laufen nun; die welche durch Habsucht, Geiz oder Verschwendung um des Besitzes willen gesündigt liegen mit dem Gesicht am Boden gebunden, wie ihr Herz an die Erde gekettet war und sich nicht über das Irdische erhob; die Schlemmer sind abgemagert in Hunger und Durst nach den himmlischen Früchten des Baumes, der diese vor ihnen emporschwingt wenn sie danach langen; die Unkeuschen endlich brennen in verzehrenden Flammen. Hierzu kommen Bilder der versäumten Tugenden oder begangenen Sünden durch berühmte Männer und Frauen des Alten und Neuen Testaments, der griechischen und römischen Geschichte, zuerst in die Wände eingegraben oder gemalt, dann wie Visionen vor den Büßenden erscheinend, dann durch unsichtbare Stimmen ihnen zugerufen; je höher wir kommen desto geistiger wird alles. Ebenso ertönt ein Spruch der Seligpreisungen aus der Bergpredigt sinnvoll angewandt in jedem Kreise: selig sind die nach Gerechtigkeit hungert und dürstet! hören die Schlemmer, selig sind die reines Herzens sind! klingt durch die Luft als Dante aus dem Kreis der Sinnenlust emporsteigt.

Im Traume fühlt Dante sich wie Ganymed vom Adler des Zeus ergriffen und aufwärts getragen; er erwacht, durch die Zugkraft der göttlichen Liebe zur steilen Felswand erhoben und denen gesellt die sich bessern und das Heil erwerben. Drei Stufen bezeichnen das Thor zum Berg der Sühne: die eine marmorhell und marmorglatt, der treue Spiegel aufrichtiger Selbsterkenntniß, die zweite dunkel, rauh, geborsten, die Zerknirschung des Sünders, die dritte von blutrothem Porphyr, die Losreißung vom Bösen und seine Ueberwindung, die nicht ohne schmerzvoll blutige Opfer vollzogen wird. Die Schwelle des Einganges ist ein Demant, der Fels von Christi Wort und Werk. Der Wächterengel zeichnet mit seinem Schwert sieben P auf Dante's Stirn, die Male der sieben Sünden, peccata, und stets wird eine derselben von Engelsfittich hinweggeweht, wenn er einen Ring der Läuterung hindurchgegangen. Auch hier begegnet er vielen Bekannten, vielen namhaften Männern der Vorzeit, und die Unterhaltung mit ihnen hält die Erinnerung an die Erde wach. Der Berg erbebt wie die Erde bei Christi Auferstehung, so oft eine rein gewordene Seele sich gen Himmel schwingt; so die des Dichters Statius, die sich dem Wanderern gesellt. Umwallt von den Flammen der sinnlichen Liebe kämpft Dante noch einmal den Kampf zwischen der sinnlichen und geistigen Natur; die Erinnerung an Beatrice hebt ihn nach oben. Sein Wille ist nun lauter und gesund geworden, er kann dem Zuge des Herzens folgen, kann im irdischen Paradies, das in Wahrheit die Höhe des Parnasses und das goldene Zeitalter darstellt, sich mit Rahel oder Lea der Wonne des beschaulichen oder thätigen Lebens hingeben.

Auf der Höhe des Berges der Reinigung bewegen sich apokalyptische Bilder vor ihm. Sieben Bäume werden zu strahlenden Leuchtern, die Gnadengaben des Geistes; 24 lilienbekränzte Männer in weißen Gewändern kommen heran, die Aeltesten, Personificationen der Bücher des Alten Testaments, neben ihnen die Thiere der Evangelisten, Symbole der Evangelien. In der Mitte wird der Siegeswagen der Kirche von einem Greifen gezogen, der seine Flügel in die Unendlichkeit ausspannt, — Christus selbst, so weit er Vogel ist reines Gold nach seiner himmlischen Natur, das übrige roth und weiß nach seiner reinen Menschheit und seinem vergossenen Blut. Weiß, roth und grün gekleidet schlingen sich zu seiner Rechten drei Frauengestalten im Reigen, Glaube, Liebe, Hoffnung; vier andere, die Cardinaltugenden Weisheit, Tapferkeit, Mäßigung, Gerechtigkeit, tanzen zu seiner Linken. Hinter dem Wagen folgen die Apostel. Der Zug hält, Blumen sinken aus der Höhe und Hosianna erschallt.

Oft sah ich, wenn die Nacht hinabgegangen,
Den Osten ganz von Rosenglut erfüllt,
Doch klar im Licht den andern Himmel prangen;
Auf stieg der Sonne Antlitz dann verhüllt,
Ein weicher Dunst stand mildernd ihr entgegen,
Sodaß das Auge lang ertrug ihr Bild.
Also in einem duftigen Blumenregen,
Den Engelshände, zarte Blütenstreuer,
Auswarfen ob des hehren Zuges Wegen,
Erschien mit Oellaub um den weißen Schleier
Bekränzt ein Weib, das grüne Oberkleid
Um Farben wallend von lebendigem Feuer.
Jedoch mein Geist — ob auch so lange Zeit
Vorüber, seit nicht mehr in ihren Nähen
Ich zitternd hinsank vor der Herrlichkeit, —
Fühlt', eh' die Augen weiter noch gesehen,
Nun von geheimer Kraft aus ihr durchzückt
Die Macht der alten Liebe auferstehen.
Sobald ihr hehres Bild mir zugeschickt
Die Himmelspfeile die mich einst durchdrangen
Eh' ich dem Knabenalter noch entrückt,
Wandt' ich zur Linken mich, also befangen
Wie man das Kind zur Mutter fliehn entweichen,
Wenn es sich Schutz sucht wider Gram und Bangen,
Um zu Vergil zu sagen: Nicht mir eigen
Blieb nur ein Tropfen Blutes der nicht zittert,
Wohl kenn' ich ja der alten Flamme Zeichen!

Aber Vergil ist verschwunden, und während Dante weinend nach ihm verlangt, hört er die Frage Beatrice's: Warum er so spät zu ihr emporsteigt, wo doch allein die Seligkeit zu finden sei. Eine Zeit lang haben ihre jugendlichen Augen ihn auf dem rechten Weg gehalten, als sie aber dem Fleisch entrückt worden, da habe er die täuschenden Bilder jener Güter verfolgt die nicht hielten was sie verheißen. In Thränen sinkt der Dichter nieder, mit leisem Ja seine Schuld bekennend. Sie fährt fort:

Nie hat Natur, nie Kunst dich so entzückt
Wie jener holde Leib der mich umschlossen,
Auf dessen Asche längst die Scholle drückt.
Und wenn das Höchste was dein Herz genossen
Mein Tod dir nahm, wie mochtest du ein Heil
Bei andern suchen das der Erd' entsprossen?

Dante hebt von neuem den Blick zu ihr und bricht von

neuem im Schmerz der Selbsterkenntniß zusammen, bis ihm ein
Becher aus der Lethe, der Vergessenheit der Schuld, credenzt
wird. Nun hängt sein Auge fest am Auge der Verklärten. Dann
aber verschwindet jener Zug der triumphirenden Kirche, und Dante
sieht nun in Sinnbildern die Geschichte der streitenden, der entarteten. Ein Drache im Wagen personificirt das verweltlichte
Papstthum, und auf dem Ungethüm sitzt eine Buhlerin wie jene
babylonische der Apokalypse; ein frecher Riese gibt ihr geile Küsse:
es ist der französische König, der die innerlich verdorbene Kirchengewalt aus Rom entführt und in Avignon seinen Zwecken dienstbar macht. Beatrice vertröstet den Dichter auf eine bessere Zukunft der Christenheit, indem sie einen Reformator weissagt, und
nachdem Dante aus dem Quell Eunoe das Bewußtsein alles Guten
und Schönen getrunken, fühlt er sich rein und stark zum Aufschwung
in den Himmel.

Das Auge auf Beatrice gerichtet schwebt er empor, und
fühlt sich wiedergeboren im Aether, aufgenommen in Gott, in
dessen Licht und Leben er immer tiefer eindringt. Allenthalben
im Himmel ist Paradies, aber in verschiedenen Seelen ist das
Ewige auf verschiedene Weise offenbar. Dem Sein der Seligen
ist es wesentlich daß ihr Willen im göttlichen Willen bleibt, sagt
der Dichter, darum sind alle einträchtig. Deßhalb begegneten uns
in der Hölle, wo die Selbstsucht und der Selbsttrotz die Gegensätze schärft, die Charaktere in schroffer Eigenart, während
im Himmel alles in ätherisch durchsichtigen Formen sein wie
Spiegelbilder strahlt, die Farben ineinander spielen, alles zu-
sammenstimmt wie im musikalischen Accord; denn um dieses ein-
helligen Vollklangs willen ist eben Mannichfaltigkeit. Das Emporsteigen von Stern zu Stern veranschaulicht die Steigerung
des innern Lebens, die Erhebung zu höherer Erkenntniß, Liebe,
Seligkeit. Denn diese drei sind untrennbar. Im Lichte der
Wahrheit wird der Geist seines eigenen Wesens inne, vernimmt
die Vernunft sich selbst, und finden wir Ruhe in Gott, dem
Urwahren. Denn wenn wir Einzelnes erkennen, so wird es uns
stets ein Anlaß weitern Forschens, am Fuß jeder besondern Wahrheit keimt wie ein Schößling der Zweifel, die neue Frage, und
so ist es des Geistes Gesetz daß wir von Höhe zu Höhe bis zum
Höchsten getrieben werden. Das Universum ist ein Organismus,
eine sichtbare Darstellung des Unsichtbaren, das in ihm waltet
wie die Seele in unserm Leibe; Gottes Güte strahlt als die

innere Wirkungskraft aus den Himmelskörpern hervor wie die Freude aus unserm Augenstern; darum wenn wir die Naturordnung betrachten, so gewinnen wir einen Vorgeschmack von der Anschauung Gottes. Sein Wesen aber erfordert daß seine Liebe aus unzähligen Wesen hervorleuchtet immerdar, und in dieser Einsicht durchbricht Dante die Enge der Schulbegriffe seiner Zeit und kommt zur Idee der Schöpfung als einer ewigen Offenbarung Gottes. Diese Schulbegriffe seiner Zeit, nicht blos in der Theologie, sondern auch in der Astronomie, Physik und Physiologie begegnen uns freilich in den Gesprächen Dante's mit Beatrice und andern Seligen im Himmel immer häufiger, hier wo der Sache nach nicht das weltliche Aeußere, sondern das geistig Innere, der Gedanke zur Darstellung kommt und die Seligkeit des beschaulichen Lebens uns aufgehen soll. Das Lehrhafte ist hier nicht immer Poesie geworden, das Rechte nicht immer gefunden, die spitzfindigen Untersuchungen über den Sündenfall der Engel, die Art ihres Denkens, über die Flecken des Mondes oder die Zeit die Adam im Paradiese zugebracht, sind uns schwer genießbar und mehr für den Gelehrten als den Musenfreund; dann aber strahlt sein Genius, seine idealisirende Phantasie oft wieder so herrlich auf und kleidet die allgemeingültige religiöse Wahrheit so rein und glänzend in das Gewand der Dichtung, daß man es wohl begreift wie Männer die sich Dante zum Geleiter durchs Leben erkoren, nicht die Hölle, sondern das Paradies für das Vorzüglichste erklären. Dante weiß es selber daß er hier nicht für die Menge dichtet. Von denen die mit kleinem Kahne seinem Schiffe gefolgt sind, das mit Gesang die Salzflut theilt, mögen in jenes noch unbetretene Meer, in das nun des Geistes Hauch die geschwellten Segel hinaustreibt, nur diejenigen mitfahren welche früher schon die Hand ausgestreckt nach jenem Himmelsbrote das uns Seelennahrung ist und deß man doch nie satt wird.

Für das himmlische Paradies kommt dem Dichter das ptolemäische Weltsystem vortrefflich zu statten: in den neun übereinander gewölbten beweglichen Sphären kann die Seligkeit an verschiedenen Orten in verschiedenen Formen zur Erscheinung kommen, wie die Uebung besonderer Tugenden, der Besitz besonderer Geistesgaben solche bedingt; so wird der Raum für eine episch anschauliche Entwickelung gewonnen. Die Seligen vertheilen sich in der Sternenwelt, und über dieser schwebt wieder das Empyreum,

ganz Licht und Liebe, und eint wieder in sich, in Gott das für die
sinnliche, raumzeitliche Anschauung Getrennte, da in Wahrheit der
Himmel doch kein anderes Wo als die Seele Gottes hat, sodaß
dieselben Gestalten uns hier und dort begegnen können, je nachdem
sie jetzt völlig hingegeben an Gott in ihn eintauchen, und dann
wieder als Spiegel seiner Herrlichkeit, als Strahlen seines Lichts
aus ihm hervorgehen.

In der Sphäre des Mondes, des wechselnden mit dunkeln
Flecken und hellem Schein, sind diejenigen welche sich Gott gelobten und doch wieder in weltliche Interessen verstricken ließen, in
der des Mercur die welche bei ihren guten Werken der Begierde
nach Ruhm und Ehre folgten, die Venus bewohnen die vornehmlich an sinnlicher Liebe ihre Lebenswonne hatten, die Sonne die
Lehrer der Weisheit, den Mars die Kämpfer für die Sache
Christi, den Jupiter die Gerechten, Fürsten und Richter, den Saturn die Heiligen der Beschaulichkeit. Im Fixsternhimmel begegnet
Dante der Maria und den Aposteln, und im ersten Beweglichen,
von wo aus die Kraft Gottes lenkt und belebt, ist der Sitz der
Engel, der Träger seines Willens. Das mehr oder minder klare
Anschauen Gottes, die mehr oder minder innige Gemeinschaft mit
ihm unterscheidet die Seligen, aber alle sind in sich befriedigt,
denn Gottes Wille ist ihr Frieden und ihre Wonne, Liebe zu
ihm und zu den Nächsten der allbeherrschende Trieb. In der
Sphäre des Mars bilden die Seelen derer die in den Kreuzzügen gestritten ein großes Strahlenkreuz, und einer derselben,
Dante's Ahnherr Cacciaguida, weissagt ihm sein Schicksal und
fordert ihn auf wie ein Prophet der Welt die Wahrheit zu verkündigen die er auf seiner Wanderung im Jenseits geschaut. Die
Geister der Gerechten im Jupiter bilden die Gestalt eines Adlers,
das Zeichen des römischen Reichs. Von der Sphäre des Saturn
aus, also von der Höhe göttlicher Betrachtung blickt Dante auf
die Erde zurück; sie ist so klein daß er lächeln muß; darum hält
er den Entschluß für den besten der sie am geringsten achtet und
den Gedanken auf das Ewige und Unendliche richtet; ist doch das
Leben auf der Erde selbst nur ein Laufen nach dem Tode.
Beatrice, die von Stern zu Stern immer leuchtender, immer
schöner geworden, weist ihn auf den Triumphzug Christi hin, der
sich durch den Fixsternhimmel bewegt. Die lieblichste Musik erschallt wie der Engel Gabriel einer Fackel gleich im Fluge sich
um das Haupt Maria's schwingt und so dem Beschauer zum

Strahlenkranze wird. Petrus, Jacobus, Johannes treten heran um Dante zu prüfen. Dem ersten bekennt er seinen Glauben an den einen Gott, der selber unbewegt alles durch Liebe bewegt; der Glaube ist ihm die wesentliche Gegenwart des Uebersinnlichen im Gemüth, der Ausgangspunkt zur Begründung des Unsichtbaren. Kein Sohn der streitenden Kirche ist reicher an Hoffnung als Dante, sagt Beatrice, und dieser selbst erklärt vor Jacobus die Hoffnung für das sichere Erwarten zukünftiger Herrlichkeit. Dann spricht er sich vor Johannes über die Liebe aus. Das Gute entzündet Liebe und Gott ist das höchste Gut; von seiner Güte lebt das All und strebt darum zu ihm hin. Das Laub, sagt er, mit welchem der Garten des ewigen Gärtners ergrünt, lieb' ich nur so viel als in jedem von seiner Güte vertheilt ist. All die Bisse die das Herz zu Gott wenden, das Sein der Welt und mein eigenes, der lebenbringende Tod Jesu haben mich zur Liebe geführt und in ihr das ewige Wesen erkennen lassen. — Es gereicht Dante zur Genugthuung und zum Entzücken daß die Apostel ihn umarmen, daß der Lobgesang der Seligen in seine Worte einstimmt, daß gegenüber so vieler Fabeln und Narretheidinge, die auf den Kanzeln gepredigt werden und die unerfahrenen Schafe mit Wind füttern, diese einfachen Grundlehren des Evangeliums als das rechte Christenthum bestätigt sind. Möge man sich an die Heilige Schrift halten und bedenken wie viel Blut ihr Aussäen in der Welt gekostet hat!

Nun spiegelt sich in Beatrice's Auge ein Lichtpunkt der den Dichter blendet, der Punkt von welchem der Himmel und die Natur abhängt, von welchem aus die göttliche Kraft in alle Dinge strömt; derselbe ist von den neun Kreisen der Engel umschwebt, scheinbar vom Weltall umschlossen, das er doch selbst einschließt, — Gott, der Mittelpunkt ist zugleich der Allumfasser. Dann aber überglänzt Beatrice's Schönheit und ihres Lächelns Süßigkeit alles Vermögen der Darstellung, denn sie ist mit dem Dichter eingegangen in den Himmel der reines Licht ist, Erkenntniß, Liebe, Wonne.

> Ich sah das Licht als einen Fluß von Strahlen
> Aufblitzen zwischen zweien Ufern hin,
> Zu einem Wunderfrühling beide malen,
> Und aus dem Strom lebend'ge Funken sprühn;
> Und in die Blumen senkten sich die Funken,
> So glänzt in goldnem Reife der Rubin;

Dann tauchten sie von süßen Düften trunken
Sich wieder in die Wunderfluten ein,
Und der erhob sich neu, wenn der versunken.

Es ist das Auf- und Niedertauchen der Seligen im Geiste Gottes.

Dem Vater, Sohn und heiligen Geiste sang
Das ganze Paradies; ihm jubelt' alles,
Sodaß berauscht ich ward von holdem Klang.
Ein Lächeln schien zu sein des Wellenalls
Das was ich sah in Wonnetrunkenheit,
Beglückt vom Reiz des Bildes wie des Schalles.
O Lust, o unnennbare Seligkeit,
O freudenreiches lieberfülltes Leben,
O sichrer Reichthum ohne Wunsch und Neid!

Sind doch, so erläutert sich uns der letzte Vers, die himmlischen Güter von der Art daß alle zugleich daran theilhaben, daß wir selbst reicher werden, wenn andere das Geistige mit uns besitzen und genießen.

Des Himmels unaussprechlich große Wonnen
Sie senken sich ins liebende Gemüth
Wie in den Spiegel blitzt ein Strahl der Sonnen.
Sie geben sich je mehr je mehr es glüht,
Und reicher strömt die ewige Kraft hernieder,
Je freudiger des Herzens Lieb' erblüht.
Erhebt die Seel' erst aufwärts ihr Gefieder,
Dann liebt sie mehr je mehr zu lieben ist,
Denn eine strahlt den Glanz der andern wieder.

Die Seligen ordnen sich zu einer großen weißen Rose und wie Bienen nach Blütenkelchen fliegen Engel zwischen ihnen auf und ab. Dorthin setzt sich auch Beatrice, und Gottes ewige Strahlen spiegeln sich in ihr und umkränzen sie. Dante ruft ihr zu: Du hast vom Sklaven mich zum Freien gemacht, dir dank' ich den Anblick und die Wirkung alles dessen was mir zu schauen vergönnt war, erhalte deine Herrlichkeit in mir! — Der heilige Bernhard steht nun an Dante's Seite und betet zu Maria daß dem Dichter Kraft und Gnade werde um zur reinen Anschauung der Gottheit zu gelangen, und im Grunde des ewigen Lichts sieht er durch die Liebe in Einen Bund gesammelt was sich im Weltall auseinanderblättert; das Heil das jedes Wesens Ziel ist einigt sich in Gott, und was außer ihm unvollkommen, in ihm ist's vollkommen; das Freie ist mit dem Gesetz verschmolzen. Drei Kreise spiegeln sich ineinander in wechselseitigem Erkennen, Lieben und Lächeln, und wie Dante sich in Betrachtung versenkt, glänzt ihm aus der Tiefe das Bild des menschlichen Angesichts entgegen. Sein Geist wird wie vom Blitze durchzuckt, sein Sehnen ist erfüllt. Der Phantasie fehlt die Kraft, aber wie ein gleichbewegtes Rad bewegt seinen Willen und sein Verlangen die Liebe welche die Sonne kreisen läßt und die Sterne.

Das klare Maß, die symmetrische Composition, die Sonderung des Wesentlichen und Unwesentlichen und die dem entsprechende Behandlung des Stoffes in der göttlichen Komödie ist die erste reife Frucht des Studiums antiker Poesie in der christlichen Kunst. Dadurch ist Dante der einzige Dichter des Mittelalters zu welchem alle gebildeten Nationen immer und immer wieder zurückkehren. Wegele sagt: „Durch den Zauber seiner Sprache die er sich selbst erst bilden mußte, durch eine Gestaltungskraft der Phantasie die keinen Vergleich zu scheuen braucht, durch einen Stil den Macaulay mit Recht unvergleichlich nennt, durch die hinreißende Kraft und Wahrheit seiner Gefühle hat er die Hindernisse besiegt die ihm seine Zeit in den Weg stellte. Denn in jedem großen Dichter leben zwei Dichter, deren einer allen Zeiten und Ländern angehört, der sich zum Organ allgemeiner Gefühle und Zustände macht, der die beweglichen Schauspiele vorführt welche die Menschlichkeit, die Leidenschaften, die Natur dem Gedanken überall und stets darbieten, deren anderer aber das besondere Gepräge seines Zeitalters trägt und abspiegelt, die Freuden und Schmerzen die den Menschen desselben gerade eigenthümlich sind. Der eine von diesen beiden Dichtern, die sich in der Einheit Eines Genius verknüpfen, ist ewig und stets zugänglich und gefeiert, der andere trägt ein sterbliches Gewand und ist die Hülle in welcher der erste eingeschlossen ist. Bei Dante waren beide in hohem Grad vorhanden, der unvergängliche und der vergängliche, und es ist das schlagendste Zeugniß für seinen Charakter und für sein Genie daß das Gleichgewicht, welches seine Zeit ihm an die Schwingen hing, den Aufflug in die ewigen Kreise der Menschlichkeit und der Natur ihm nicht zu verhindern vermochte." Die Cultur die ihn umgab war keine einfach harmonische: Mystik und Scholastik, Volksthümlichkeit und Ueberlieferung, Phantasie und Verstand rangen miteinander; sie ringen auch in Dante, ja es ist als ob ein ganzes Weltalter vor seinem Untergang sich concentrirt habe, damit er ihm den Schwanengesang anstimme und alle Strahlen und Richtungen in einen Brennpunkt sammle. Dante hat es gethan, und zwar nicht wie ein Talent der Empfänglichkeit, sondern so daß er allem den Stempel seiner Eigenthümlichkeit aufdrückt: er ist die größte Künstlerpersönlichkeit des Mittelalters, und weil dessen Seele mit seiner eigenen in seinem Werke lebt, hab' ich ihn ausführlich behandelt. Er will studirt sein, aber er lohnt das Studium. Der Ahnherr Cacciaguida sagt ja selbst zum Dichter:

> Ist auch dein Wort anfänglich schwer zu fassen
> Und schmeckt es herb, so wird es wenn verdaut
> Dem Hörer Lebensnahrung hinterlassen.

Justi schreibt in der Biographie Winckelmann's: „Bei zwei Völkern, den einzigen künstlerischen der Geschichte, weil sie in keiner andern als der Sprache der Kunst sich so vollkommen ausdrückten, erscheint der größte dichterische Genius am Eingang ihrer Geschichte, wie ein Sonnenaufgang der über alle Herrlichkeiten des Tages war. In der Iliade und in der göttlichen Komödie, zwei räthselhaften, alle Zukunft überraschenden und beherrschenden Manifestationen ihres Nationalgeistes, liegt eine Welt von plastischen und malerischen Motiven beschlossen: lauter Aufforderungen, Vorstudien, Weissagungen für die bildenden Künste."

Was Deutschland für Texteskritik und philologisches Verständniß durch Blanc und Witte, für historische und dogmatische Erläuterung durch Philalethes gethan, wird auch in Italien anerkannt; daneben eignen sich die Schriften Schlosser's und Wegele's zur Einführung in Dante's Geist und Zeit, und nun hat Notter die göttliche Komödie auch in formgetreuer Uebersetzung lesbar gemacht, nachdem sie König Johann von Sachsen und Karl Witte in reimlosen Jamben trefflich wiedergegeben. So that auch Longfellow für England, und indem er den oft gebrauchten Vergleich des Gedichts mit einem Dome wieder aufnimmt, in dessen Heiligthum das wirre Brausen der bösen Zeit erstickt und die Ewigkeit um uns wacht und webt, fährt er fort:

Wie fremd das Bildwerk dieses Münsterbaus!
Dies Statuenvoll, in dessen Aermelsfalten
Die Vögel nisten; schlank emporgehalten
Schlägt das Portal in Marmorzierath aus.

Ein Blumenkreuz erscheint das Gotteshaus!
Doch Drachen ringeln sich am Dach, es schalten
Um Christus und die Schächer Spukgestalten,
Und Judas blickt, der Erzschelm, in den Graus.

Aus welcher Herzensnoth und Geisteskraft,
Verzweiflung, Jubel, Zorn und Liebessehnen,
Aus welchem Aufschrei tiefster Leidenschaft
Ist dies Gedicht voll Seligkeit und Thränen,
Das Erde, Höll' und Himmel uns gesungen,
Des Mittelalters Wunderlied entsprungen!

(A. J. Altenhöfer.)

Auf die nothwendige Verschiedenheit der drei Theile hat Schelling hingewiesen. Das Inferuum, wie es das furchtbarste in dem Gegenstand ist, sei auch das stärkste im Ausdruck, das strengste in der Diction, auch den Worten nach dunkel und grauenvoll; es sei der plastische Theil des Gedichts. Das Purgatorium dagegen sei ganz pittoresk, voll malerischer Pracht der Aussichten, mit wechselnden Scenen. In einer Stimmung der Stille verstummen die Wehklagen der untern Welt, und in den Vorhöfen des Himmels wird alles Farbe. Wir können selbst das erwähnen daß Gemälde tugendhafter und böser Thaten den Büßenden vor Augen stehen. Im Paradies bleibt nur die reine Musik des Lichts, es ist die Harmonie der Sphären; die feste Gestaltung verschwindet und die Lyrik der Empfindung, die Innerlichkeit des Gedankens herrscht.

Schon bei Betrachtung des Hiob ward auf die Parallele mit der göttlichen Komödie hingedeutet, die Gustav Baur durchgeführt hat; die Neuzeit hat in Goethe's Faust das dritte Werk erhalten, das sich beiden an die Seite stellt, aber nicht gleich ihnen auf dem Grunde einer unbefangenen religiösen Volksansicht und objectiv gültigen Weltanschauung ruht, sondern sich auf die Freiheit des individuellen Geistes stellt, der alle Erkenntniß aus der Subjectivität hervorbilden will. Dadurch trägt es mehr als jene das Gepräge des Suchens und Ringens nach der Wahrheit, und die dramatische Form, der jene sich zuneigen, kommt in ihm zur Erscheinung; sein Grundton aber ist jenen epischen Gedankenrichtungen gegenüber ein lyrischer, und es kommt nicht zu der festen Geschlossenheit, dem gleichen Ebenmaß und gleichen Stil wie sie. Der Prolog des Faust knüpft an den Hiob, der Epilog an die göttliche Komödie sich an. Indeß hat Goethe nicht in Einem Gedicht sein ganzes Wesen dargelegt wie Dante, wir müssen seine andern Schöpfungen heranziehen um sagen zu können daß er weltgeschichtlich doch die Einigung von Dante und Ariost vollzogen hat, dieser Pole des ernsten Tiefsinns und der heitern Anmuth, der erhabenen Strenge und des leichten Phantasiespiels, die Tasso aber nur in sehr abgedämpfter Weise verbindet, während die energische Mitte für Italien nicht auf dem Felde der Poesie, sondern der Malerei durch Rafael erreicht ward.

Verfall der kirchlichen und ritterlichen, Aufschwung der bürgerlichen Cultur.

Mit den Hohenstaufen war die Herrlichkeit des Kaiserthums zu Grabe gegangen und die siegreiche Kirche war verweltlicht; sie kam durch ihren Anschluß an Frankreich unter die Botmäßigkeit seiner Könige und die Päpste mußten von 1309—77 ihren Sitz in Avignon aufschlagen, wo ihr Hof an Schwelgerei ersetzte was er an Macht verlor. Hatte die Kirche sich früher dadurch erhalten und war sie dadurch emporgekommen daß sie von unten herauf arbeitende reformatorische Kräfte für sich wirken ließ, so verfolgte sie solche jetzt durch die Ketzergerichte mit Bann und Scheiterhaufen. Sie saugte die Länder aus indem sie für Geld Ablaß ertheilte, für Geld die Ehehindernisse und andere drückende Bestimmungen wieder aufhob die sie vorher erst eingesetzt hatte, für Geld die höhern Stellen und Würden an Unwürdige verkaufte, die sich dann im Besitz derselben wieder zu bereichern verstanden. Wie früher schon die Kunst, so kam nun auch die Wissenschaft in die Hände der Laien; Stadtschulen und Universitäten mehrten sich, während die Geistlichen stets roher wurden, dem Volk aber die Bibel verboten. Hunderte von Schwänken und Novellen geben Zeugniß wie das Volk sich an der Liederlichkeit, der Dummheit oder der gemeinen Schlauheit der Pfaffen ergötzte, die den Aberglauben für sich ausbeuteten und Nonnenklöster zu Lusthäusern für sich und für den verwilderten Adel machten. Die Geistlichkeit selbst verbreitete von Frankreich aus jene Narren- und Eselsfeste, Travestien des christlichen Cultus durch tollen Mummenschanz, Zotenlieder und Würfelspiel vor dem Altar, Ausbrüche brutaler Roheit gegen die Vergötterung der Ceremonien. Schied man auch das Amt und Sacrament von schlechten Trägern und Spendern, so war das doch immerhin ein schlimmer Bruch innerhalb einer Religion die von Anfang an auf das sittliche Ideal gebaut war.

Fürchterliche Krankheiten, der schwarze Tod, das große Sterben verheerten Europa; man gab sie der Brunnenvergiftung durch die Juden schuld und erhielt einen Anlaß Mord und Raub an diesen zu üben, das Geld wieder einzuziehen das diese durch Wucher gewonnen; an mehr als einem Orte brachte sich lieber die ganze Judenschaft in den Flammen der angezündeten Synagoge selbst zum Opfer, als daß sie sich durch Abschwören ihres Glaubens gerettet hätte. Anderwärts aber zogen christliche Schaaren einher und zergeißelten sich den nackten Rücken mit ekstatischer Aufregung, oder schlangen in Krämpfen von Wollust und Schmerz den Reigen der Tanzwuth durch Stadt und Land. Danach da das Sterben, die Geißelfahrt und Judenschlacht ein Ende hatte, sagt die limburger Chronik von der Mitte des 14. Jahrhunderts, hub die Welt wieder an zu leben und fröhlich zu sein. Die Welt bewegte sich auf und ab im Wechsel von Ausgelassenheit und Zerknirschung. Ernstere Gemüther bildeten unter dem Namen der Gottesfreunde eine stille Gemeinde durch die verschiedenen Länder hin; durch Ueberwindung der Selbstsucht, durch ruhige Gottergebenheit und Menschenliebe suchten und fanden sie das Heil und fühlten sie sich eins mit dem Ewigen. Sich selbst zu entwerden und dadurch in Gott wiedergeboren den Frieden zu haben war der Seele Ziel. Seherische begeisterte Frauen, die Schwedin Brigitta in Rom und Katharina von Siena gaben das Heldenbeispiel in der Entsagung des eigenen Selbst, und forderten von den Päpsten in Avignon die Rückkehr nach Rom und die Reformation der Kirche in einem heilig reinen Leben. Auch die Geißeler sangen davon daß sie mit Bildern nicht umgehen, sondern ins Wesen eingehen und von der Anderheit frei sein wollten, und die Brüder und Schwestern des freien Geistes steigerten sich zu dem verbrecherischen Hochmuthe daß ihnen in der Einigung mit Gott nun kein Gesetz mehr gegeben wäre und sie thun könnten was sie gelüstete. Das mochte in den Gottesfreunden die Ueberzeugung hervorrufen daß die sittliche Bildung des Volks noch nicht so erstarkt sei um sich auf das eigene Gewissen stellen zu können; deshalb blieben sie innerhalb der entarteten Kirche trotz der Verfolgung die auch sie erfuhren. Kühne Schwärmer in Italien wie Segarelli und Dolcino redeten bereits vom Betrug der Päpste und nannten alle die ketzerisch welche von der Armuth Christi abwichen. Männer der Wissenschaft, die an Dante sich anlehnten, verwarfen alle weltliche Gewalt der Kirche, stellten der Hierarchie die Gemeinde der Gläubigen entgegen und sprachen dem Papst die Schlüsselgewalt ab, da nur Gott binde und löse. Auch Wiclef in England und Huß in Böhmen schritten zum Angriff vor; sie erklärten sich gegen die Oberherrschaft des Papstes, nur Christus sei der Kirche Haupt; sie eiferten gegen die Sittenlosigkeit der Klerisei, gegen Cölibat und Klostergelübde; die Reue der Seele, nicht die Gewalt des Geistlichen befreit von Sünde und Strafe; der Kelch der Abendmahlsgemeinschaft soll den Laien nicht fürder entzogen, die Kirchenlehre an der Bibel geprüft werden. Die Verfolgung gegen die Lehrer weckte den Fanatismus der Anhänger, und namentlich brach im dumpfen Gefühl der Slawen die langsam angesammelte Erbitterung gegen Rom wie gegen Deutschland furchtbar hervor. Die öffentliche Meinung Europas forderte eine Reformation der Kirche an Haupt und Gliedern; die großen Concilien in der ersten Hälfte des 15. Jahrhunderts traten wie ein europäisches Parlament auf, in welchem neben den Geistlichen auch Abgeordnete der Universitäten der Wissenschaft ein entscheidendes Wort sicherten; eine europäische öffentliche Meinung war zur Macht geworden, die Adler Frankreichs Johannes Gerson und Peter d'Ailly erfochten die Unabhängigkeit der Reichsgewalt vom Papstthum und stellten dasselbe unter die Concilien, und diese steuerten dem Unfug daß drei Päpste nebeneinander die Christenheit unter sich theilten, aber sie brachten doch die rechte Hülfe nicht, die keineswegs von außen durch Verbesserung der Hierarchie, sondern von innen durch die Freiheit des sittlichen Gewissens kommen konnte.

  Das Ritterthum hatte in den Kreuzzügen seine religiöse Weihe und seinen poetischen Glanz gefunden, in den Stürmen des 14. Jahrhunderts verblich derselbe; der Papst selbst opferte die Templer und ihre Güter dem französischen Könige. Seit die Städte emporkamen war der Adel nicht mehr der eigentliche

Träger des Staats und der Zeitbildung. Durch das Fußvolk, vom Schießpulver unterstützt, begann der dritte Stand die Schlachten zu entscheiden. An die Stelle der religiösen Orden traten Turniergesellschaften die auf Standeslehre hielten, und in Frankreich zumal schlossen die alten Geschlechter dem Königthum als Hofadel und Pfleger der seinen vornehmen Sitte sich an, die den Edelmuth der alten Ritterzeiten nach den Rittergedichten gern theatralisch zur Schau trug und die politischen Unternehmungen mit hülfesuchenden Damen und tapfern Beschützern ihrer Unschuld ausstaffirte. Ihre deutschen Standesgenossen hießen den zierlich gewandten Franzosen roh und schwerfällig, habsüchtig und nudel; die wüsten Fehden der kaiserlosen Zeit hatten sie verwildert, das Faustrecht, die Wegelagerung an die Tagesordnung gebracht. Auch für England und Italien gab Paris den obern Klassen der Gesellschaft den Ton an, und so las man nun eifrig jene Sammelwerke der epischen Poesie und ihre Auflösung in Prosa, aber einen frischen Trieb der Kunst erzeugte dies Schelmwesen nicht mehr. Das Glücksritterthum der Söldnerbanden und ihrer Führer war auch jenseits der Alpen ein arg verwilderter Auswuchs der Feudalzeit, ein Werkzeug ihrer Selbstzerstörung.

Den realen Gewinn der Kreuzzüge hatten die Städte, zunächst die italienischen, durch den Welthandel, durch die Gewerbthätigkeit in seinem Gefolge, durch die Steigerung des Handwerks zur Kunst und durch die Ausbildung eines selbständigen Bürgerthums, der freien Gemeinde. In Deutschland wie in den meisten andern Ländern waren fürstliche Burgen oder geistliche Stifte der Grundstock an welchen Gutsbesitzer vom Land und Handwerker sich anschlossen um durch die Mauern geborgen den Organismus eines Gemeinwesens darzustellen. Ihnen, den alten Geschlechtern, gesellten sich zinspflichtige Zuzügler, die sich nach ihren Arbeitszweigen in Zünften zusammenhalten und allmählich politische Rechte erkämpften. Anfangs übte ein fürstlicher Beamter, der Vogt oder Burggraf das Hoheitsrecht des Kaisers oder Fürsten, je nachdem die Städte unmittelbar dem Reich angehörten oder von einem Mitgliede des hohen Adels, auch der Geistlichkeit abhingen. Mit dem Sinken der kaiserlichen Macht stieg der Wohlstand und das Ansehen der Städte, und sie verwalteten nun ihre Angelegenheiten selbst unter freigewählten Rathsherren und Bürgermeistern. Nun mußten sie sich auch selbst vertheidigen, gegen die Ritter vom Stegreif ihre Habe schützen und nach außen hin die Waffen führten, nun erkämpften die wehrhaften Zunftgenossen sich das Vollbürgerrecht und die Theilnahme an der Regierung.

Hier sehen wir einen großen weltgeschichtlichen Fortschritt über das Alterthum. Die productive Arbeit ward emancipirt, ja geadelt; innerhalb der städtischen Mauern gab es keine persönliche Unfreiheit, keine Leibeigenschaft, während Griechenland und Rom die Gewerbe durch Sklaven oder Fremde verrichten ließen, die am Staat keinen Antheil hatten, und die Arbeit um des Erwerbes willen für philisterhaft, für unwürdig des freien Mannes ansahen, welcher Kraft und Zeit der Ausbildung seiner Persönlichkeit und den öffentlichen Angelegenheiten widmete. Im Mittelalter aber beruhte gerade auf der Arbeit und ihrer besondern Art der Eintritt des Bürgers in eine der Innungen, in welche die Gemeinde sich gliederte und in welchen die Männer ihre eigenen Angelegenheiten selbst verwalten und dadurch auch die öffentlichen führen lernten. Die Güte seiner Arbeit gab dem geschickten Bürger Vermögen und Ehre, und beides führte wieder dazu das Handwerk zur Kunst zu steigern und ihm eine ideale Weihe zu geben, während jene ehrenhafte Tüchtigkeit des freien Arbeiters zugleich einen sittlichen Charakter trug und die Grundlage der Bürgersitte, der Rechtlichkeit, der Gediegenheit war.

Wie im Innern der Stadt die Zünfte lernen mußten ihre Interessen gegenseitig auszugleichen oder zu beschränken, sich zu vertragen und für die gemeinsamen Angelegenheiten des Ganzen den Rath und Bürgermeister einzusetzen, wie sie einander Sicherheit der Person und des Eigenthums verbürgten, so führte dieser Erfolg des genossenschaftlichen Lebens dazu daß nun viele Städte einander die Hand zum Bunde reichten, zumal ihr Gewerbfleiß und Handel eine größere Sicherheit verlangten als der feudale Staat und sein Zerfall in ein fehde- und beutelustiges Treiben der Ritter und ihrer Lanzknechte gewährte. So entstanden denn die großen Städtebünde, nach dem Vorgang der lombardischen die in Oberdeutschland und vor allen die niederdeutsche Hansa. Ihren 85 Städten standen Lübeck, Köln, Braunschweig, Danzig in vier Kreisen vor; sie handhabte das Recht, sie schützte die Arbeit zu Hause und in der Fremde, sie wahrte die bürgerliche Freiheit, sie schuf eine Kriegsflotte, sie beherrschte durch den Handel und die Waffen den Norden von Europa, sie verbreitete durch ihre Colonien und Factoreien bis an den finnischen Meerbusen, bis nach

Polen und Rußland hin deutsche Sprache und Gesittung mit den Anfängen der bürgerlichen Cultur. In Südfrankreich und Spanien entwickelten sich die Städte unter dem Einfluß der italienischen; in Nordfrankreich und Flandern begegneten sich die Einwirkungen der Provence und Niederdeutschlands. Ueberwog in der Hansa der Handel, in Oberdeutschland die Industrie, so standen beide Elemente in Flandern im Gleichgewicht. Solange der Weltverkehr sich im Becken des Mittelmeeres und noch nicht im Atlantischen Ocean bewegte, waren die englischen Städte nicht viel mehr als Colonien und Stapelplätze von Flandern und Niederdeutschland, und war die größte Gunst der Lage für Italien. Florenz und Venedig, Köln, Augsburg und Nürnberg, Gent und Brügge, wie sie politisch die Fahne des Bürgerthums trugen und seine Cultur repräsentirten, so waren sie auch vom 14. bis ins 16. Jahrhundert die Hauptsitze der bildenden Kunst, die wieder wie im Griechenthum als die schönste Blüte des freien Städtelebens erschien.

In Italien wurden die Städte der Staat wie im Alterthum, und war der Sieg der Demokratie am vollständigsten, dafür aber auch die Verfassungswechsel am häufigsten und das Ende kein anderes als daß an den meisten Orten militärisch und politisch gebildete Männer ähnlich wie die sogenannten Tyrannen in Griechenland sich der Obergewalt bemächtigten. Auch konnte die Zersplitterung der Nation in vereinzelte Stadtgebiete der Fremdherrschaft nicht wehren, die zuerst im Süden, dann auch im Norden Fuß faßte. Die Geschichte verzeichnet den Aufruf den Florenz 1376 an die Städte und Herren Italiens erließ: das Joch der Priester abzuwerfen, die Nation aus der Gewalt der Fremden zu erretten und einen Freiheitsbund zu schließen. Duldet nicht, hieß es im Schreiben an die Römer, daß euer Italien, das eure Ahnen mit ihrem Blut zur Herrin der Welt gemacht, Barbaren und Fremdlingen unterthan sei; erhebt zum öffentlichen Beschluß jenen Spruch des berühmten Cato: Wir wollen frei sein indem wir mit Freien leben! Die Geschichte verzeichnet wie der Papst antwortete: mit dem gräßlichsten Fluch, der ihm selber zum Brandmal der Schande geworden. Hab und Gut und Person eines jeden florentiner Bürgers erklärte er für vogelfrei; Florentiner wo sie immer sich befänden möge man ausplündern und zu Sklaven machen. Florenz hatte damals schon seinen Dante, Petrarca, Boccaccio, seinen Giotto und Orcagna erzeugt, und schickte sich an durch die Wiedererweckung des Alterthums einen neuen Lebenstag humaner Bildung für Europa heraufzuführen, wie Athen im Alterthum ein Weltreich der Schönheit zu gründen. Da hatte wahrlich sein Gesandter das Recht gegen jenen päpstlichen Bannspruch an das Urtheil des Weltrichters Jesus Christus zu appelliren. Das Papstthum hatte seine Mission gehabt die Herrschaft des Sittengesetzes über brutale Gewalt und irdische Interessen aufzurichten, jetzt war es selbst in weltlicher Ueppigkeit roh und feindselig gegen Freiheit und Bildung geworden; darum wird es von der Weltgeschichte und dem in ihr waltenden Gottesgeist gerichtet.

In Deutschland erhielten die Städtebünde die Cultur in der Verwirrung der kaiserlosen Zeit und im Verfall des Mittelalters. Seit Rudolf von Habsburg waren die Kaiser mehr darauf bedacht sich neben den andern Fürsten eine Hausmacht zu begründen als für die Einigung aller Glieder in einem organischen Ganzen zu sorgen und die Einheit kräftig in sich darzustellen. Die höhere Aristokratie der Kurfürsten und anderer Landesherren, die niedere Reichsritterschaft, die Städte standen in einem Zwitterding von feudalem und modernem Staat jahrhundertelang nebeneinander, die Kleinstaaterei wucherte immer weiter, und weder die Ritter noch die Städte verstanden es auch den Bauernstand zur Freiheit heranzuziehen und mit ihm ein neues großes Gemeinwesen zu bilden. Denn dieser war immer mehr durch Lasten und Leiden gedrückt worden, je mehr die obern Stände für ihre Sonderrechte sorgten. Waren die Leibeigenen ursprünglich aus den Kriegsgefangenen und deren Familien hervorgegangen, so waren immer mehr freie Bauern durch Verschuldung oder Verfolgung getrieben worden sich in die Hörigkeit der Ritter zu flüchten, und viele waren durch Gewalt dazu gezwungen und mit Frondiensten und Abgaben aller Art geplagt. Nur in der Schweiz hatten die Landgemeinden ihre Unabhängigkeit bewahrt; sie vertheidigten sie siegreich gegen das Haus Habsburg im Anfang des 14. Jahrhunderts durch Kämpfe welche bald von der Mythe und dem Gesang verherrlicht wurden, indem Erinnerungen der Vorzeit auf neue Volkshelden niederschlugen wie in der Tellsage, oder der Heldentod eines Winkelried zum Symbol des Bauernthums ward, das sich die Ritterspeere in die Brust drückte um der Freiheit eine Gasse zu brechen. Hier in der Schweiz schlossen sich die Städte mit den Landgemeinden zu einer Eidgenossenschaft zusammen, die im 15. Jahrhundert ihre Existenz und damit den ersten neuen Volksstaat gegen die Herrschergelüste Karl's des Kühnen glorreich sicherstellte.

Die übrigen Nationen gingen andere Wege. Die Einheit von Staat und Volk gegenüber der Zersplitterung in kleine Gebiete und schroff geschiedene Stände war die Forderung der Geschichte, und wo die Einsicht oder der gute Wille fehlte sie zu vollziehen, da bediente die Vorsehung sich der Energie selbstsüchtiger Kräfte, die während sie nach dem Ihren trachteten doch das Heil des Ganzen förderten. Fürsten stellten sich als den Mittelpunkt hin und centralisirten die Völker, indem sie alle Gewalt in sich vereinigten; wenn anders nicht, so sollte durch gemeinsame Knechtschaft das Gefühl der allgemeinen Menschenrechte und des gleichen Staatsbürgerthums geweckt werden. Mit der Formenfertigkeit des französischen Geistes ergriffen seine Könige die Initiative. Philipp IV. emancipirte sich von der Kirche, indem er neben Klerus und Adel die Städte in den Reichstag berief und eine dieser Mächte durch die andere in Schach hielt; vornehmlich aber stützte sich das Königthum, das nun die Regierungsthätigkeit viel einheitlich durchgreifender auffaßte, auf das Bürgerthum, dem die Zukunft gehörte. Die Kriege mit England kräftigten das Nationalbewußtsein, und als dasselbe in der Jungfrau von Orleans seine gottbegeisterte Heldin fand, da rettete es sich selbst im gläubigen Aufschwung für den König, in welchem es seinen natürlichen Träger und Führer sah. Dann vollzog Ludwig XI. mit harter kalter Staatsklugheit die Unterwerfung der Vasallen und machte sie zu Zierathen seines Throns.

In England verstand die Aristokratie die Aufgabe der Zeit. Sie ertrotzte die Magna Charta, sie zog das Bürgerthum heran und gewährte ihm eine ständische Vertretung im Hause der Gemeinen neben dem der Lords; so blieb sie im modernen Staat wie im feudalen das lebendige Band desselben in seiner Gliederung unter dem einigenden Königthum, das nach den Vasallenkämpfen der rothen und weißen Rose im Mittelstand die gesicherte Grundlage für sich selbst und für die öffentliche Freiheit fand; regieren die Adelsfamilien den Staat, so geschieht es weil sie durch Patriotismus und Bildung ihre Befähigung so bewähren daß die Krone und das Volk sie zur Leitung der öffentlichen Angelegenheiten erwählen. Das normannische Alterthum verschmolz nun in Sprache und Sitte mit dem sächsischen Kerne des Volks, und dieser behielt seine Gemeindefreiheit, seine landschaftliche Selbstregierung, während er vor der kleinstaatlichen Zersplitterung durch jenes romanische Element bewahrt und zu wohlgegliederter Einheit geführt ward, innerhalb der kann die Freiheit im Laufe der Jahrhunderte sich höher und tiefer entwickeln und die Verfassung im organischen Wachsthum ausbilden konnte.

Auch in Spanien einigte das Königthum die Nation, und da dies gleichzeitig mit der völligen Vertreibung der Mauren am Ende des Mittelalters geschah, da hierzu Staat und Kirche einträchtig zusammenwirkten, so empfing die Krone dadurch eine religiöse Weihe und wurde der mittelalterliche Geist dort mehr als anderwärts in die Formen des neuern Lebens hinübergeleitet und erhalten.

Blicken wir auf das äußere Leben dieser Periode, so erscheint es malerisch reich und spiegelt sich in mannichfachen Gegensätzen die Zeit des Uebergangs. Der Ritter legt den Plattenharnisch als festen Eisenpanzer gegen die Kugeln um seinen Leib, und prunkt in Turnier und Schlacht mit dem wappengeschmückten Helm. Daneben werden die Lanzknechte, die Bogenschützen scheu gleichmäßig durch rothe oder grüne Waffenröcke uniformirt. Im Friedenskleid tritt an die Stelle der weiten, oberhalb der Hüften gegürteten Tunica der Gegensatz der enganliegenden Beinkleider und des Wamses mit dem kürzern und freiabstehenden Mantel bei den Männern, das enge Mieder und unterhalb desselben der faltig weit wallende Rock der Frauen. Spitze und in die Höhe geschweifte Schnabelschuhe und lange Schleppen zeigten bei Adelichen und Bürgerlichen die nun in ihrem Wechsel oft sinnlos barocke Mode; das Gedankenhafte jener Schuhe parodirte sich selbst, wenn sie mit Schellen behangen wurden, und von diesen Pfauenschweifen sagt ein Sittenprediger: sie seien der Tanzplatz der Teufelchen, und Gott würde, falls die Frauen solcher Schwänze bedürften, sie wol mit etwas der Art versehen haben. Die Festlust äußerte sich mit buntem Glanz, und bei Tänzen und Gelagen zeigte sich die sinnliche Kraft in derber Frische und Ausgelassenheit. Das Gleichmaß der Schönheit in der Sitte fand zuerst die Renaissance in Italien.

In der Scholastik endlich löste sich das Band zwischen Glauben und Wissen. War sie von der Voraussetzung der gleichen Wahrheit in Offenbarung und Vernunft ausgegangen, so kam sie zur Einsicht daß keineswegs alle Kirchenlehren vor dem Verstand gerechtfertigt oder mit dem Verstand bewiesen werden könnten; aber das sollte ihrer Glaubwürdigkeit noch keinen Eintrag thun; man meinte das Uebersinnliche mit anderm Maßstab als das Sinnliche messen zu dürfen, man sagte es könne etwas in der

Theologie wahr nur in der Philosophie falsch sein und umgekehrt. Noch ordnete die Vernunft der äußern Autorität sich unter, aber die Zeit der großen Dogmatiker war vorüber, und die Gelehrten, die immer mehr aus dem Laienstande hervorgingen, wandten ihre dialektische Schule und Disputirfertigkeit nunmehr auf weltliche Dinge, und suchten das Recht und die Heilkunde auf ähnliche Weise aus den Ueberlieferungen der Alten zu deduciren wie sie die Theologie nach Sätzen der Kirchenväter dargestellt hatten. Noch dachte man nicht daran daß die Wissenschaft sich vor allem an die eigene innere und äußere Erfahrung zu halten und von Thatsachen auszugehen habe, man hielt sich an die Satzungen des römischen Rechts, an die Ansprüche des Aristoteles oder Galen um auf sie ein weiteres Schlußgebäude mit Worten zu bauen, und begnügte sich mit dessen Folgerichtigkeit. Man meinte auch das Gewöhnlichste in syllogistischer Breite darlegen zu müssen. Autoritätsgläubig bewies man mit Citaten, und je mehr Meinungen oder Beispiele aus dem Alten und Neuen Testament oder aus der griechisch-römischen Geschichte man anführen konnte, um so besser begründet galt eine Sache, und wäre sie so nichtswürdig gewesen wie ein gedungener Meuchelmord oder so sinnlos wie der Aberglaube an Hexerei. Die Theologen disputirten über die Zahl der Engel die auf einer Nadelspitze tanzen könnten, über die Frage ob Christus statt die Gestalt des Menschen auch die des Esels oder Kürbisses hätte annehmen können, und wie er dann seine Wunder gethan haben würde. Von der hohlen Weitschweifigkeit und trockenen Geschmacklosigkeit die durch diesen autoritätssüchtigen Citatencultus der Gelehrten selbst in das gewöhnliche Leben kam, gibt Schnaase zwei läßliche Beispiele. Der Magistrat von Berlin fängt eine Polizeiverordnung über den Fleischhandel der Juden damit an daß er Aristoteles im ersten Buch der Städteregierung zum Beweise der großen Wahrheit heranzieht wie der Mensch unter allen Thieren das vornehmste sei; und König Karl V. von Frankreich in einem Hausgesetze vom Jahre 1374 beruft sich um die Bestimmung des Großjährigkeitstermins seiner Nachkommen zu begründen nicht nur auf eine stattliche Reihe jüdischer, macedonischer und fränkischer Könige, sondern schließlich auf einen Vers aus der Liebeskunst des Ovid.

Unter diesem Scheinwesen aber wuchs der gesunde Menschenverstand in der Beobachtung der Natur für die Zwecke der

Gewerbe wie in der Führung der häuslichen und städtischen Angelegenheiten heran; der Volksmund sang in einfach schlichten Liedern von Leid und Freude des Herzens, und das Gemüth vertiefte sich in einen Verkehr mit Gott ohne Priestervermittelung; die Maler drückten das Seelenleben klar und innig aus, und in einzelnen Geistern brach bereits in der Erkenntniß der Antike ein neuer Tag formenklarer Schönheit an. Die Schranken der feudalen Standesunterschiede wurden gebrochen, die Ideale des Mittelalters, das Papstthum und das Kaiserthum, entartet oder kraftlos, wurden von der Kritik zersetzt, und das classische Alterthum ward wiedererweckt und zum dauernden Element einer humanen Bildung. Wie schon Dante im Geleit Vergil's durch die Geisterwelt schritt, so ward Cicero der Lebensgefährte Petrarca's, und die barbarische Geschmacklosigkeit der Scholastik wie ihre Unterwerfung unter die Autorität der Kirchenlehre wich dem Studium Platon's und dem neuerwachenden selbständigen Denken.

In einer Uebergangszeit schiebt sich Altes und Neues ineinander. Ich werde deshalb ohne mich durch eine Jahreszahl zu begrenzen noch hier anfügen, was entschieden das Gepräge trägt ein Ausläufer des Mittelalters zu sein; die frische Erfassung aber des eigenen Lebens und der Natur, wie sie der Volksgesang und die Malerei der Florentiner seit Masaccio, der Niederländer seit van Eyck bewährt, wird neben der Wiedererweckung des Griechenthums in der Literatur den Anfang der folgenden Epoche bilden.

Nachblüte des gothischen Stils vornehmlich im Civilbau.

„Die Geschichte zeigt es auf jeder Seite daß die Zeit des Ahnens und Strebens der Kunst günstiger sei als die des Wissens und Besitzens. Das noch unbekannte, nur erstrebte Ideal steht vor der Seele wie ein mächtiges Geheimniß, unbegrenzt und groß, verwandt mit den religiösen Geheimnissen und wie sie mit hingebender ehrfurchtsvoller Begeisterung betrachtet; glaubt man das Wort des Räthsels gefunden zu haben, so schwindet dieser Nimbus, die Kunst wird eine Aufgabe wie die andern Geschäfte des Tages; Praxis und Theorie gehen auseinander, und es kann nicht ausbleiben daß nach Neigung, Mode oder abstract verständiger Consequenz einzelne Elemente einseitig hervorgehoben und betont werden." Dieser classische Ausspruch Schnaase's findet in Bezug auf die Gothik nun seine volle Bestätigung. Man hat erkannt daß sie ein Verticalsystem ist und hebt die Höhenrichtung bald mit nüchterner Entschiedenheit, bald ungemildert und unruhig hervor, während doch das Raumgefühl der Zeit in die Breite sich auszuweiten anhebt. Man ist der Technik Herr geworden und prunkt mit ihr bald in effectvoller Massenhaftigkeit, bald in trauter Fülle zierlich durchbrochener Gliederung. Die Berechnung macht sich geltend und die Einbildungskraft spielt um sie her in flüssigen geschwelften Formen. Es lockert und löst sich allmählich die Einheit von Phantasie und Verstand, die jene Wunderwerke schuf, in welchen das constructiv Bedeutende kunstvoll klar und anmuthig hervortrat und der Schmuck die Deutung desselben sinnig ausklingen ließ; bald wird das Einzelne über dem Ganzen vergessen, bald das Einzelne für sich mit üppigen Verschlingungen überladen. Die Formen werden conventionell und die Persönlichkeit des Baumeisters verwendet sie willkürlich nach eigenem Sinn; sie bethätigt sich schöpferisch in der Uebertragung der am Kirchenbau gewonnenen Formen auf das Schloß, das Rath- und Kaufhaus, den Palast der Großen und die Wohnung der Bürger; der Architekt wird hier zum Uebersetzer, der das Gegebene nach den neuen Zwecken umbildet; der weltliche Geist des aus dem Feudalismus hervorwachsenden Bürgerthums spricht sich hierdurch vorzüglich aus.

Je reicher man die Gewölbrippen gliederte desto dünner machte man unter ihnen die Dienste um den Kern des Pfeilers; der Kern selber barg sich hinter den röhrenförmigen Rundstäben, und das hohe Bündel derselben verzweigte sich zum Netz der Decke oft ganz unmittelbar ohne Capitäl oder dies nur mit losen Blättern bezeichnend. So ließ man auch die Capitäle an den Schaften des Maßwerks und die runde Rose unter dem großen umschließenden Fenstergiebel weg, und ließ die Schafte selbst sich sprießend in wellenförmig verschlungenen, fischblasenartig sich brechenden Linien entfalten und in Scheitelpunkte wieder zusammenstreben. An den Fassaden wurden horizontale Linien der Galerien mit ihrem Statuenschmuck und die centrale herrliche Fensterrose mit ihrer Ruhe dem aufstrebenden Stabwerk und den spitzbogigen Fenstern geopfert. Im Spitzbogen selbst aber wurden an Portalen, Giebeln und Fenstern gern die nach innen sich zusammenneigenden Linien oben in weichem elastischen Gegenschwung nach außen gebogen, sodaß sie in einer Spitze zusammentrafen und außen über derselben wieder zur Kreuzblume ausblühten. Diese geschweifte Gestalt nannte man Eselsrücken. Vornehmlich aber schuf Deutschland jetzt jene himmelansteigenden durchbrochenen Thurmhelme, in welchen die kühne Poesie der Gothik sich vollendet und die Fülle des Maßwerks in Giebeln, Fenstern und Galerien zur Ehre Gottes herrlich ausklingt. Daneben gefiel man sich bereits in Scheingiebeln zwischen den Kirchenthürmen wie vor Häusern, sodaß die Fassade dem Innern nicht entsprach, wie im Leben der Schein kirchlicher und ritterlicher Formen ohne den ursprünglichen Geist und Gehalt noch bestand.

In Frankreich folgte während der englischen Kriege eine Ermattung der im 13. Jahrhundert so stark angespannten Bauthätigkeit; die Werkmeister waren Epigonen, welche meist die Arbeit an dem nicht ganz fertigen Dome langsam ausführten. Im 15. Jahrhundert flackerte dann im Norden nach dem Frieden die Baulust noch einmal auf, und zwar in jenem ratlos gleich züngelndem Feuer bewegten Maßwerk, das diesem Stil den Namen des flammenden (flamboyant) zuzog. Im Süden wählte man breitere Verhältnisse in weitgewölbten einschiffigen Kathedralen mit zinnenbekrönten Thürmen und einfachen festungsartigen Außenmauern von Ziegeln.

Deutschland vollendete seine großen Dome und ließ im Ausbau des Begonnenen wie in neuen Unternehmungen die Modificationen des Stiles ans Licht treten. Das Selbstgefühl der mächtigen freien Bürgerschaften verlangte nach hellen weiten Hallen, und so gab man gern den Schiffen fast die gleiche Höhe und ein gemeinsames Dach ohne das Steingerippe des Strebensystems. Das Maßwerk der großen Fenster veranschaulichte die vom Mittelpunkt aus strahlende Sonne oder einen radförmigen Umschwung, indem es der Kreisgestalt ihr Recht ließ; ja die Unruhe des Wogenden und Sprießenden, die uns anderwärts begegnet, mag noch auf die bewegte Lichtflut hindeuten die hier ihren Eingang findet. Die Choranlage ward vereinfacht. Ich nenne von Neubauten die Stephanskirche zu Wien, die Dome von Prag und Frankfurt, Magdeburg, die Lorenz- und Sebalduskirche von Nürnberg, das Münster von Ulm, die Frauenkirche von Eßlingen. Die Stiftskirche zu Wetzlar zeigt deutlich wie kaum eine andere, die Entwickelung vom frühromanischen bis zum spätgothischen Stil. Neben diesen hervorragenden Werken in Haustein gewinnt der norddeutsche Ziegelbau seine charakteristische Vollendung. Die Hallenform und das die Seiten hoch überragende Mittelschiff kommen ziemlich gleichmäßig vor, aber beidemal herrscht doch der massenhafte Charakter über die Auflösung in einzelne verticale Werkstücke; die Mauer macht sich um die Fenster geltend, die großen Flächen werden meist schmucklos behandelt und die Strebepfeiler sind oft nach innen gezogen, so daß Kapellen zwischen ihnen unter den Fenstern angelegt werden. Statt plastisch vortretender Profile und Ornamente liebt man die Hauptlinien durch verschiedenartig gebrannte Ziegel zu bezeichnen und mit mathematisch construirten Mustern in hellern oder dunklern Farbentönen zu beleben. Auch liebt man das Dach der Langseiten durch Ziergiebel über den Fenstern zu unterbrechen und den Reiz derselben an die Stelle der Strebepfeiler und Bogen zu setzen. Die großartige Marienkirche in Lübeck ist der Führerin der Hansa würdig und schreitet den Kirchen in Mecklenburg, Pommern und der Mark Brandenburg stolz voran; ich nenne die von Stendal, Tangermünde und Wilsnack als besonders ansehnlich. In Schlesien kreuzt sich der Ziegel- und Hausteinbau. Den Domen der Tiefebene Niederdeutschlands winkt von der Hochebene am Fuß der Alpen die Frauenkirche zu München und die zu Ingolstadt, weite hohe Hallenbauten von einfach gediegener Mächtigkeit. In Preußen war die deutsche Colonisation und christliche Cultur durch einen Ritterorden eingeführt, der seinen Burgen auch Kirchen einfügte oder solche frei errichtete, einfach schlicht im Aeußern, im Innern besonders durch die Netz- und Fächerwölbungen der Decke ausgezeichnet. Es sind Hallenbauten, deren Seitenschiffe im Innern gewöhnlich noch durch Kapellenreihen bekränzt sind. Da die Pfeiler der Mauern nach innen gezogen werden, so steigen diese nach außen massenstark und in schlichter Festigkeit empor, und der Zinnenkranz des Dachgesimses gesellt dem kirchlichen Eindruck den kriegerisch wehrhaften. Die Dome von Thorn, von Königsberg übertrifft noch der von Danzig durch imposanten Umfang und gewaltigen Thurm nach außen wie durch die Fülle schlanker Pfeiler, wohlgegliederter Hallen und harmonischer Verhältnisse im Innern. Ueberhaupt bewährte auf dem jungfräulichen Boden des deutschen Nordostens die Architektur eine ursprüngliche Frische.

In den westlichen Niederlanden bleibt Belgien der französischen Weise getreuer, während Holland dem großräumigen massenhaft kräftigen Hallenbau huldigt; in Gent berühren beide Weisen einander. Der Dom von Antwerpen hat rechts und links an die beiden schmalen Seitenschiffe noch ein äußeres von doppelter Breite gelegt und dadurch in einem weiten pfeilerreichen Hallenbau eine höchst malerische Wirkung im Spiel von Licht und Schatten und in perspectivischen Durchblicken erzielt.

Der Krieg mit Frankreich führte in England die normannische Aristokratie zum Frieden und zur Verschmelzung mit dem sächsischen Volk; die englische Sprache gewann ihr Gepräge, indem sie das germanische Element mit romanischen Wörtern bereicherte, und ward im Parlament und in der Schule wie in der Literatur nun herrschend. Auch in der Baukunst bemächtigte sich das heimische Gefühl der von Frankreich überlieferten Formen, brachte die Horizontale mit der Höhenrichtung in Gleichgewicht und gefälligen Zusammenklang durch mild verbindende Uebergänge, und entfaltete in der Freude am Schmuck einen edeln Geschmack. Darum sehen die Engländer im Stil des 14. Jahrhunderts die Blüte ihrer Gothik; sie nennen ihn decorated, das wir nicht durch verziert übersetzen dürfen, denn er hält in anmuthigem Reichthum die schöne Mitte zwischen früherer Sprödigkeit und späterer regelrechter Glätte. Die Decoration wird allerdings nicht aus dem Körper des Baues entfaltet, umspinnt ihn aber mit plastisch kräftigen und reizenden Gebilden. Der Geist der Erfindung bethätigte sich mit Vorliebe im Maßwerk, das in Wellenlinien auf- und abwogend den Namen des fließenden (flowing) erhalten hat, ebenso sehr aber auch an pflanzliches Sprießen gemahnt. Die Gewölbe gestalteten sich zu netz- und sternartigen Figuren, die allerdings das Constructive hinter dem Linienspiel decorativer Muster zurücktreten lassen, das Auge aber mit stets neuem Reize befriedigen. Die Kathedralen von Lichfield, York, Wells und Ely sind die berühmten Werke dieser Periode; sie sind ganz von Maßwerk umsponnen, das in Ely „wie Diamanten facettirt, wie Spitzenarbeit ausgezackt" allerdings mehr der rauschenden Festfreude weltlicher Lust als der Würde kirchlicher Feier entspricht. Da brachte am Ende des Jahrhunderts Wilhelm von Wykeham Maß und Ruhe, aber auch nüchtern kühle Verständigkeit durch den Perpendicularstil, der seinen Namen von dem senkrecht aufsteigenden Stabwerk hat, das nun in den Verzierungen herrscht und den rechten Winkel mit seinen geraden Linien an die Stelle der wellig weichen Formen setzt oder ihnen dadurch Halt gewährt. Ueberhaupt tritt die Horizontale wie namentlich im zinnengekrönten Dach hervor, und statt der steilen Lanzette wird der breitgedrückte, nach oben geschweifte Tudorbogen beliebt. Wie die naturwüchsige Verfassung Englands den mittelalterlichen Geist ohne gewaltsamen Bruch in den modernen hinüberleitet, so muthet dieser Stil uns an wie eine Klärung der Gothik durch die Renaissance, wie eine Milderung des mittelalterlichen Spiritualismus durch den Weltverstand des neuen Bürgerthums. Und gerade darum hat er sich auch in England so lange erhalten. Er ging von den Collegienhäusern zu Winchester und Oxford aus, in welchen selber eine minder strenge klösterliche Ordnung mit freier und allgemeinerer Wissenschaftlichkeit walten sollte, und bezeichnet diese Verbindung kirchlicher und weltlicher Zwecke. Er ward auf die Kathedralen wie auf die Schlösser übertragen. Zugleich macht sich die altgermanische Freude an der Holzdecke bei dem schiffbautreibenden Inselvolke wieder geltend, und Sprengwerke voll Kraft und Schmuck treten an die Stelle des Gewölbes. Oder dies entfaltet sich fächerartig gleich halben Blumendolden, die in der Mitte aneinanderstoßen, aus den Pfeilern, wie im Kreuzgang von Gloucester, während in der Westminsterkapelle Heinrich's VII. das Gewölbe mit seinen Rippen sich auf und niederschwingt, und freischwebend herabhangende Schlußsteine in seinem üppig bewegten, üppig verzierten Netzwerk hat.

In Italien werden die griechischen Formen den Künstlern bereits neben andern ein Element freier Verwendung. Der Dom von Florenz zeigt den nationalen Sinn für lichte Breite statt der steilen Höhe, der Glockenthurm desselben in Giotto's farbenvoller Ornamentik die vorwaltende Horizontale. In der Certosa von Pavia wechseln rund- und spitzbogige Formen und die Fassade ist bereits ein prangendes Denkmal der Frührenaissance; der Dom San Petronio in Bologna hat den kolossalen Entwurf nur halb ausgeführt. Das größte und glänzendste Werk der italienischen Gothik ist der von einem deutschen Meister, Heinrich von Gmünd, 1386 begonnene Dom von Mailand. Fünfschiffig mit dreischiffigem Querbau, einer Kuppel über der Vierung und vieleckigem Chorschluß zeigt er in seiner von der Mitte sich leis abstufenden Höhe den lichten weiten Hallencharakter; nach außen wird die Horizontale des flachen Daches von schmuckreichen Fialen durchbrechen, welche einen Wald von Statuen hoch in die Luft tragen. Im Innern haben die schlanken Pfeiler schwerfällige samenkapfelähnliche Capitäle, die wieder mit Statuen besetzt sind. Burckhardt nennt den Bau, der das Nordische mit dem Italienischen unorganisch durcheinandermengt, eine lehrreiche Probe, wenn man einen künstlerischen Eindruck von einem phantastischen unterscheiden wolle. Doch räth auch er an daß man den letztern sich enthalten möge, und nennt den Dom ein durchsichtiges Marmorgebirge, prachtvoll bei Tag und fabelhaft bei Mondschein, außen und innen voller Sculpturen und Glasgemälde und verknüpft mit geschichtlichen Erinnerungen aller Art, ein Ganzes dergleichen die Welt kein zweites aufweist. Der erste Eindruck beim Eintritt ins Innere und eine klare Morgenstunde auf der Zinne des Dachs, wo die weißen Fialen mit ihren Statuen und Ornamenten sonnengoldumfunkelt in den blauen Himmel ragen, während unten das Häusermeer der Stadt liegt, die Lombardei wie ein Garten zu schauen ist und die Alpen im Norden mit schneeglänzenden Häuptern die Aussicht begrenzen, — beides wird mir wenigstens unvergeßlich sein und gehört zur ästhetischen Wirkung des Ganzen.

Spanien setzt seine Bauthätigkeit ununterbrochen fort. Auf fränkischer Grundlage prangt das an die maurische Ueberlieferung anklingende Ornament, das namentlich die Bogen in Zackensäumungen spitzenartig bekleidet. Die Kathedralen von Leon, Barcelona, Valencia, Burgos, Sevilla und Saragossa gehören hierher.

Vornehmlich aber müssen wir der Uebertragung des gothischen Stils auf weltliche Bauten erwähnen, die den eigentlich künstlerischen Ausdruck des Zeitgeistes auf architektonischem Gebiete bildet. Die Städte wurden mit Wall und zinnengekrönter Ringmauer umgeben, die festen Thore häufig mit einem Thurm überbaut, und Thürme überragten auch zwischen ihnen die Mauer, Sammelplätze der Vertheidiger. Die Stadt konnte sich nach außen nicht erweitern, ihr Wachsthum verengte die Gassen und griff nach dem Verticalismus des Baustils um die Häuser in die Höhe zu führen. Sie kehren den Giebel der Straße zu, und lassen ihn oft noch über das Dach sich erheben; lisenenartige Wandstreifen leiten zu ihm hinan, nehmen die Fenster zwischen sich, und sind mit Fialen bekrönt, während schmale Horizontallinien zwischen ihnen terrassenförmig auf- und absteigen. Der vordere Theil des Untergeschosses ruht häufig auf Pfeilern, die von Haus zu Haus einen Laubengang bilden können; dann folgt eine Flur für den Geschäftsbetrieb, und eine Treppe führt zu dem Söller empor, um den die Wohn- und Schlafzimmer sich lagern. Nach außen springt gern im Obergeschoß an der Ecke thurmähnlich oder auch in der Mitte ein Erker malerisch hervor. Dicht aneinander gedrängt, in ihrer Besonderheit in sich geschlossen und doch im Wesentlichen einander ähnlich entspricht die Häuserreihe dem mannhaften Bürgerthum der Stadtgemeinde, und bis ins 15. Jahrhundert bleiben wie in Athen vor Perikles die Privatwohnungen einfach, während der große Stil und die Pracht der öffentlichen Gebäude die Macht der Stadt und den Stolz auf ihre selbstgeschaffene Größe verkünden. Schloß man im Wohnhaus die Fenster gewöhnlich geradlinig, so wandte man in der Burg, im Rath- oder Kaufhaus gleich wie bei den Portalen die Spitzbogen an, und stattlich gewölbte Säle gaben sich nach außen durch hohe weite Fenster mit Maßwerk kund. Der Welthandel verlangte eine Halle für den Waarenverkehr, die Glocke die zur Versammlung laden sollte, wie die Wächter gegen Feindes- und Feuersgefahr forderten einen Thurm, und man baute ihn gern recht stattlich zum Wahrzeichen städtischer Macht und Freiheit, und verband ihn mit dem Stadthause, das im Untergeschoß die pfeilergetragene Halle, im Obergeschosse die Rathsäle hatte. Oder man errichtete dem Verkehr und der Regierung ihre besondern Paläste. Vor allen zeigen uns die niederländischen Städte wie Brüssel, Gent, Brügge, Löwen, Ypern solche herrliche Civilbauten, die den Fortgang von den schweren burgartigen Kirchen dem Sinne der Zeit gemäß zu weltlich heiterer Kraft und Lebensfülle bekunden.

In Deutschland gesellt sich der Verschiedenheit des Hau- und Backsteinbaues auch noch in den Gegenden des holzreichen Harzes eine malerische Fachwerkfassade, welche auf consolenartig behauenen Balken die Stockwerke übereinander vorträgt und das Ganze reich mit Schnitzwerk verziert. Am Rathhaus von Braunschweig tragen die Pfeiler des Untergeschosses nach außen hin einen Laubengang, den frei durchbrochene Giebel mit schönem Maßwerk schmücken. Von gediegener Kraft sind überhaupt die Stadthäuser der Hansa, und die Thore von Lübeck, Stendal, Tangermünde verbinden in ähnlicher Weise Festigkeit und Eleganz. Das Gewölbe der Innenräume im Artushof zu Danzig, das aus Granitsäulen sich fächerartig entfaltet, weist uns nach einem der herrlichsten Werke des Mittelalters, dem Schloß zu Marienburg. Noch jetzt schauen die Burgen des Deutschen Ordens, der Preußen eroberte und belehrte, von Hügeln oder künstlichen Unterbauten stattlich über die Lande hin, vor allen aber ist das genannte hochmeisterliche Schloß, sorgfältig hergestellt, die Perle aller mittelalterlichen Ritterbauten, und gibt ein großartiges Bild der geistlichen und weltlichen Bedeutung, der Macht und des Glanzes, die der Orden in der Geschichte hat. An das einfachere ältere Hochschloß stießen jüngere reichgeschmückte Flügel und eine edel ausgeführte Kirche. Das Mittelschloß schildere ich im Anschluß an Schnaase's Worte: Es ist ein Werk voll geblegener Pracht, schön und würdig, man möchte sagen von der Sohle bis zum Scheitel, von den Kellern und Vorrathsräumen bis zu den Zinnen. Das edelste Juwel in diesem Kranz architektonischer Zierden ist der berühmte Conventsremter, ein länglicher Saal von bedeutenden Verhältnissen, durch hohe spitzbogige Fenster beleuchtet, in welchen drei schlanke Granitsäulen mit Capitälen von edelster Bildung ein Palmgewölbe tragen, das an Leichtigkeit und Schönheit alles übertrifft was die gothische Baukunst anderer Länder in solchen Werken geleistet hat. Von den zarten Pfeilern in kühnem Schwung aufsteigend und beim Durchblicke von verschiedenen Standpunkten die mannichfaltigsten Durchschneidungen gewährend trägt dies Gewölbe den Character ritterlicher Gewandtheit und Eleganz und zugleich den der Strenge und Einfachheit ohne jede Spur des Ueppigen und Weichlichen. Auch von außen macht der ganze Bau einen fürstlich gebietenden Eindruck, fest und behaglich zugleich.

In Frankreich ist neben dem Hotel Cluny zu Paris oder dem prächtigen Justizpalast zu Rouen das Haus des Jacques Coeur zu Bourges auch durch seine sinnige Ausstattung mit Reliefs berühmt geworden, die den Zweck der einzelnen Wohnräume naiv und klar bezeichnen. An der Faßade sieht man den Wahlspruch des Besitzers: A vaillants ♡ ♡ (coeurs) rien impossible. Finster und großartig steigt in Avignon der päpstliche Palast mit Thürmen und Zinnen empor, halb Burg, halb Gefängniß. — In England ist der Perpendicularstil wie er sich an den Collegienhäusern entwickelte, so vornehmlich auf die Burgen des Adels übertragen worden, die eine Zierde des Landes sind und das Gepräge der Wohnlichkeit und des Reichthums mit dem der Festigkeit und Abgeschlossenheit verschmelzen.

Noch mehr wie in den Niederlanden finden wir in Italien an weltlichen Bauten eine größere Vollendung oder geschmackvollere Verwerthung des gothischen Stils als an den Kirchen. Da zeigt sich der freistädtische Geist in wohlverwahrten Burgen voll aristokratischen Trotzes, wie in Gemeindehäusern mit offenen Hallen und heitern Ornamenten. Der Eindruck der italienischen Städte wird noch heute auf entscheidende Weise dadurch bedingt. Ich habe schon in der vorigen Periode solcher Bauten in Florenz und benachbarten Orten gedacht; Siena, Bologna, Padua, Verona, Mailand schließen sich an; das kriegerisch Düstere weicht dem einladend Klaren, das aber in dem Maß edler Verhältnisse seine Festigkeit bewahrt. In der Halle Orcagnas zu Florenz, die zur Vollziehung öffentlicher Acte vor versammeltem Volk bestimmt war und später loggia de lanzi heißt weil sie den Lanzknechten zur Wache diente, gemahnt das ruhige Gleichgewicht der Verhältnisse bereits an die Antike; vier stattliche Pfeiler sind durch Rundbogen verbunden und durch eine schlichte Maßwerkbrüstung bekrönt. — Endlich aber legt Venedig seine Eigenthümlichkeit in dieser Periode auf bewunderungswerthe Weise architektonisch dar. Das große Staatsgebäude, der Dogenpalast, zeigt im Erdgeschoß eine offene Spitzbogenhalle, deren schwere Säulen kräftig sind das Ganze zu tragen, während sie dem Handelsverkehr den Raum öffnen. Darüber läuft vor dem Obergeschoß eine Galerie leichterer Säulen mit zierlich durchbrochenem Rosettenmaßwerk über den Bogen, und gibt den mannichfachen Genuß des Ein- und Ausblicks in luftiger Bewegung; man schaut von hier auf das Meer und die Schiffe. Darüber breitet die Masse der Wand sich aus, und doch lastet sie nicht schwerfällig; denn Spitzbogenfenster durchbrechen und spitze Zinnen bekrönen sie, schlanke Säulen schießen wie Maste oder Zeltstangen an den Ecken empor, und scheinen die durch farbiges Gestein gemusterte Fläche wie einen Teppich auszuspannen, an den Orient erinnernd, aus dem der Reichthum Venedigs fließt. Dieser fürstliche Reichthum der Bürger läßt dann auch Privatpaläste aus dem Spiegel der Wasserstraßen emporwachsen, deren schlichtes Erdgeschoß zum Waarenlager dient, während die Obergeschosse mit Balkonen oder Säulenarkaden sich öffnen und mit Maßwerk anmuthsvoll verziert sind. Der Spitzbogen nimmt auch orientalisch geschweifte Formen an. Platen singt:

Die gothischen Bogen, die sich reich verweben,
Sind von Rosetten überblüht, gehalten
Durch Marmorschalle, vom Balkon umgeben.
Welch eine reiche Fülle von Gestalten,
Wo triefend von des Augenblickes Leben
Tiefsinn und Schönheit im Vereine walten!

Plastik und Malerei.

Noch bleibt die bildende Kunst im engsten Zusammenhang mit den Stimmungen und Zwecken der Religion, allein die Kirche bedient sich für ihre Aufgaben der Laienhände, und für die Darstellung des individuellen Lebens wird es förderlich daß bei dem Verfall der Hierarchie die frommen Gefühle und Anschauungen der einzelnen nach einem Ausdruck ringen der ihrer Innigkeit gemäß ist und das Ideal der Seele in ihrer Reinheit und ihrem Frieden mit Gott zur Erscheinung bringt. Bildnerei und Malerei sind städtische Gewerbe, sie werden gleich solchen gelernt und gelehrt; und wenn dieser gesunde Volksboden sie vor aller Willkür bewahrt und den Grund einer tüchtigen Technik legt, so tritt dafür der persönliche Genius in seiner Freiheit kaum hervor; ein gemeinsamer Stil der Schule trägt und beschränkt die Kräfte, und die besten derselben erzeugen ähnlich wie im Volksgesang ganz naturwüchsige Blüten der Schönheit. Nur in Italien kündet die Morgenröthe der Neuzeit auch dadurch sich an daß die Subjectivität der schaffenden Künstler mächtiger hervorbricht. Und schon jetzt zeigt sich bei den Italienern die Richtung auf den Adel der Form, den Rhythmus der Linien, während diesseits der Alpen die Lieblichkeit und Kraft des Ausdrucks und der Farbe voransteht.

Die Sculptur kommt zunächst zu einem massenhaften Betrieb durch den Statuenschmuck der gothischen Dome und schließt der Architektur in dem schlanken Aufstreben und den schwanken Biegungen der Figuren mit weichem Fluß der reichen Falten sich an. Statt des epischen Stils im Cyklus würdevoller Gestalten waltet der lyrische Empfindungsausdruck der einzelnen, und solche Formen werden stehend welche demüthige oder sehnsuchtsvolle Hingabe der Seele darstellen, denn um diese letztere gilt es und man betrachtet die Körperbildung nicht um ihrer selbst willen, sondern sucht in der Naturerscheinung den Ausdruck des Gefühls. Wir haben meist Steinmetzenarbeit, aus der sich in Deutschland an den Kirchen von Köln, Eßlingen, Gmünd gar manches Treffliche hervorhebt, vornehmlich aber zeichnet Nürnberg sich aus, wo die Ueberlieferung Sebald Schonhoser als den Meister nennt welcher durch kräftige Charakteristik der Männer wie durch Anmuth der Frauen an der dortigen Frauenkirche sich auszeichnete. Seinen Einfluß erkennen wir im schönen Brunnen, den neben den Propheten und Patriarchen, neben Karl dem Großen und Gottfried von Bouillon auch die heidnischen Helden Hektor, Alexander, Cäsar schmücken, sowie an der reizenden Brautthür der Sebalduskirche. Unter den vielen Madonnen vereinigt eine am Südportal des Domes zu Augsburg und eine zu Wetzlar würdevolle Haltung mit lieblichem Ausdruck. Ein kolossales Hochrelief von Maria mit dem Kinde ist in Marienburg auf dauernde Weise dadurch vielfarbig hergestellt daß es mit einem Mosaiküberzuge von vergoldeten oder farbigen Glasstückchen ganz bekleidet erscheint. — Reliefs in der Choreinfassung von Notre Dame zu Paris erzählen das Leben Jesu mit monumentaler Ruhe und Klarheit, während sonst die französische Sculptur die Blüte der vorigen Periode abwelken läßt. — Erwähnen mögen wir noch wie der Humor immer dreister mit den wasserspeienden Dämonen seine derben Späße macht, wie Bär und Löwe ihre Nasen aneinander wetzen, Hund und Katze sich beim Schwanz kriegen, und namentlich die Thiersage herangezogen wird. In Amiens am Dom schmeichelt der Fuchs dem Raben sein Stück Käse ab, und zieht der Kranich dem Wolf den Knochen aus dem Hals, in Brandenburg predigt der Wolf im Schafspelz den Schafen, in Strasburg der Fuchs in der Mönchskutte den Hühnern, auch der lautenschlagende Esel ist nicht vergessen.

Die Grabstatuen werden häufig; sie stellen die Verstorbenen lebend oder im Frieden des Todes dar, und geben die Tracht getreulich wieder; sie stehen an der Wand, oder der Deckel des Sarkophags dient ihnen zum Lager. Wird das Denkmal in den Fußboden der Kirche eingelassen, so ist es im Flachrelief ausgeführt, oder man ritzt die Zeichnung ein und incrustirt sie wol mit farbigen Streifen. Daran schließen sich dann die ehernen Platten mit den eingravirten Bildnissen, umgeben von architektonischem Ornament und kleinen Figuren von Engeln und Heiligen. Erzbischöfliche Denkmäler von Köln am Ende des 14. und am Anfang des 15. Jahrhunderts schmücken die Sarkophagwände mit Heiligen, die ideal in Sandstein ausgeführt das noch mangelnde Naturverständniß nicht vermissen lassen; die Zartheit der Linien entspricht der Innigkeit der Empfindung, und wir sehen hier ebenso die Nähe der berühmten Malerschule, als das Wunder von Eyck's und seines Realismus in der folgenden Epoche seine Vorbereitung in den Plastikern findet welche in Flandern seit der Mitte des 14. Jahrhunderts bei der Reliefdarstellung der Grabmäler nach individueller Wahrheit strebten und die Naturformen bis auf Hautfalten und Gelenke nachbildeten. Eine Reihe solcher Werke ist in Tournay erhalten.

Die Figuren der Altarschreine wurden außerhalb Italiens gewöhnlich aus Holz geschnitzt. Man gab ihnen noch einen Gipsüberzug, der etwaige Härten des Messers ausglich, und fügte die farbige Zierde hinzu. Die Figuren stehen vor einem vergoldeten Hintergrunde, welchem Teppichmuster eingeprägt sind, und befinden sich überhaupt innerhalb eines Raumes der dem Licht nur durch gemalte Fenster Zugang gewährt, sodaß sie dadurch von Farbentönen umflossen werden; sie stehen endlich in Verbindung mit den Gemälden der Flügelthüren, die geöffnet sich rechts und links an sie anschließen. Dies alles reizte dazu auch ihnen ein Colorit zu geben, das aber nicht nach naturalistischer Illusion, sondern nach künstlerisch harmonischer Stimmung trachtete. Und wie beim Menschen in der erröthenden und erbleichenden Wange, im Glanze des Auges die Seele mit ihren wechselnden Zuständen sich spiegelt, so griff demgemäß eine auf Empfindung gerichtete Kunst zu dem Material der Farbe um die Symbolik der Form dadurch zu beleben und dem Ausdruck seine unmittelbar ergreifende Wirkung zu sichern. Daß dem Volksgemüthe die Malerei vornehmlich zusagt und darum zur tonangebenden Kunst geworden, macht sich nun auch in dem Farbenschimmer geltend den sie über die Plastik wirft; sie läßt sich von ihr die Gestalten körperlich modelliren, die sie mit Empfindung und Seele begaben will. Während die großen kirchlichen Werke dem Gesammtgeist angehören, und hier kein Fortschritt über das vorige Jahrhundert geschah, vielmehr Epigonenthum und Auflösung des Stils sich nicht leugnen lassen, kann in den kleinern Arbeiten die Individualität des Bestellers wie des Künstlers sich geltend machen und letztere über das Handwerkliche sich aufschwungen. Kugler nennt ein Altarwerk der Kirche zu Triebsees die edelste und vollendetste Schöpfung deutsch-gothischer Sculptur. Wie das Wort Fleisch wird, das ist zwar geschmacklos materiell dargestellt, wenn Engel es in einen Mühlentrichter schütten, aus dem es in einen Backtrog läuft, daraus als Christkind hervorgeht und sich über den Kelch stellt; aber Sündenfall, Erlösung, Abendmahl sind mit so lauterer Anmuth in den gesetzlichen Formen eines idealen Stils geschildert, es vereint sich mit der feierlichen Würde der Gestalten die Milde des Ausdrucks in so heiterer Naivetät, daß auch Ernst Förster das Werk an die entzückenden Schöpfungen Fiesole's anreiht. Dazu verlangte der Reichthum des bürgerlichen Lebens nach dem Schmuck der Kunst in Goldgeschmeide und Silbergeschirr, an Truhen und Sesseln; aber die Uebertragung gothischer Constructionen und architektonischer Ornamente auf das Geräth der Kirche und des Hauses drückte demselben vielmehr fremde Formen auf, statt die natur- und zweckgemäße zur Schönheit durchzubilden, wenn auch die Künstlichkeit im zierlich Durchbrochenen die feine Sicherheit der Technik steigerte. Am erfreulichsten ist die Zierplastik der Elfenbeinschnitzerei an Bücherdeckeln und Schmuckkästchen, die sich hier ganz passend der Darstellung des Minnedienstes und der Ritterdichtung zuwendet und sie mit graziöser Heiterkeit ausführt.

In Italien hielt sich die Sculptur nicht blos freier von dem überwältigenden Eindruck der gothischen Architektur, auch die antikisirende Schule von Pisa, der ich bereits gedachte, gab ihr eine Richtung auf Rundung, Kraft und sinnliche Fülle der Form, und der weiße Marmor verlangte in dieser selbst das ausgeprägt was im Norden die Farbe hinzufügte. Doch sahen wir die classische Richtung Nicolo's schon bei dessen Sohn Giovanni Pisano unter dem Einflusse deutscher Meister sich wieder dem christlichen Typus annähern, und durch sein offenes Auge für Naturwahrheit neben erfinderischer Phantasie ebnete Giotto die Bahn. Dieser übertrug den Stil seiner Zeichnung auch auf die Reliefs mit welchen er den Campanile am Dom zu Florenz schmückte, Darstellungen des menschlichen Culturlebens und seiner Entwickelung durch Gruppen in bestimmter Thätigkeit, nach der christlich malerischen Auffassung statt der ruhenden Individualgestalt der Antike: säuende oder erntende Menschen statt der Ceres, ein Astronom der den Himmel betrachtet statt der Muse Urania. Unter Giotto's Einfluß arbeitete Andrea Pisano um 1330 die eherne Südthür am Baptisterium zu Florenz. Darstellungen der Geschichte Johannes des Täufers, die den plastischen Reliefstil in edler Einfachheit treu bewahren, in der Composition mit Wenigem viel sagen, die Typen des gothischen Stils mit neuer Lebenskraft ausfüllen und mit künstlerischem Sinn durchbilden. Ein Gleiches gilt von den symbolischen Gestalten der Tugenden. Der Ernst der Composition, die Frische der Lebensäußerung und das Maß der Schönheit verbinden sich bei ihm, und diese letztere zeigt sich besonders auch in der ideal gehaltenen Gewandung, welche den Bau des Körpers erkennen läßt den sie umfließt. Dies hat auch sein Sohn Nino mit besonderer Feinheit durchgeführt. Andrea di Cione, unter dem Namen Orcagna bekannt, entwarf für seine herrliche Halle auch Reliefs der Tugenden, in reinem Linienschwung des Baues würdig, und schuf ein Meisterwerk im Altartabernakel von Or San Michele, zwischen Statuetten von Propheten und Engeln das Leben Maria's in marmornen Reliefs, ruhige Gemessenheit und Formenschönheit mit Naturwahrheit im Bunde. Orcagna's Schüler Lionardo di Sergiovanni übertraf an einem großen Altarwerk zu Pistoja die Mitarbeiter, und zeigte das Uebergewicht der Florentiner; doch ging er bereits durch Andeutung landschaftlicher Hintergründe über die plastische Grenze des Reliefs hinaus. — In Verona bezeichnen die Denkmäler der Scaliger den Uebergang zu den weltlichen Monumenten, die sich von religiösen Rücksichten lösen; sie stehen nicht mehr in der Kirche, sie wollen die Helden- und Herrscherkraft unter freiem Himmel vor dem Volk verherrlichen. Die bedeutendern beginnen mit Can Grande, auf welchen Dante seine Hoffnung für Italien und den Sturz der weltlichen Kirchengewalt stützte. Der säulengetragene Sarkophag wird von einem säulengetragenen Baldachin überragt, und diesen krönt die Reiterstatue des Verstorbenen, noch in kleinem Maßstab und dem architektonischen Organismus angeschlossen, aber doch der Ausgangspunkt der selbständigen Reiterstandbilder der Folgezeit. Am Monumente Carl Signorio's hat Bonino da Campiglione die gegebene Form zu reichstem Effect ausgebildet; ihm wird auch das Prachtwerk der Arca des heiligen Augustinus im Dom zu Pavia zugeschrieben. In ähnlicher Weise wie zu Verona betont in Neapel das Grabmal das Andrea Ciccione für Johanna II. und ihren Bruder errichtete, neben den symbolischen Figuren die mehrmals wiederholte Persönlichkeit der Herrscher. In Venedig ist der

Erbauer des Dogenpalastes Filippo Calendario auch für dessen plastische Ausschmückung thätig. Statuen der Madonna und Apostel in der Marcuskirche von Jacobello und Pietro Paolo dalle Massegne zeigen ideal behandelte Köpfe und bewegten Linienfluß der Gewänder in zierlich weichen Formen. In Venedig führte überhaupt die mangelnde Großräumigkeit der Gebäude zur Freude am plastischen Schmuck, und unter dem Einfluß der pisaner Schule ging hier die Sculptur der spätern Blüte der Malerei voraus. Ueberhaupt nahm von der Schwesterkunst die Plastik das malerische Gepräge auch in der Vorliebe für das Relief in Italien an, aber sie lohnte der Malerei durch den Sinn für Maß, Klarheit und leibliche Formenschönheit was sie von derselben durch die sittliche Auffassung der Motive und die überzeugende Kraft der Composition empfing. Das gesonderte Wirken gereichte beiden zu größerm Heil als ihre Vereinigung in dem farbigen Schnitzwerk Deutschlands.

Der Zug der Zeit war nach einer Blüte der Malerei gerichtet und solche brach auch gegen das Ende des 14. Jahrhunderts lieblichrein und herzerquickend in Deutschland auf, langsam vorbereitet durch die Bestrebungen vieler Kräfte an vielen Orten, da anfangs ein bahnbrechender und maßgebender Genius fehlte, wie Giotto in Italien war. Die nordische Gothik entzog der Malerei die Wandfläche in der Kirche, und überwies ihr dafür die Fenster, und hier ward in Frankreich, England, Deutschland durch harmonische Farbenpracht Vorzügliches geleistet; doch blieben die Figuren meistens klein und gingen im Gesammteindruck auf. Die Frescomalerei schmückte nun die Burgen, und wie Chaucer's Gedichte von England berichten, so zeigt uns heute noch das Schloß Runkelstein in Tirol die Freuden der Ritter in Jagd, Spiel und Tanz neben den Helden der Geschichte und Sage in Gruppen von je drei Gestalten, sodann Scenen aus dem Epos von Tristan und Isolde und aus dem Roman von Garel im blühenden Thal, leicht colorirte Umrisse in flüssiger Linienführung. Auch sonst ist hie und da in Deutschland noch manches unter der Tünche wieder hervorgetreten, aber für die Entwickelungsgeschichte der Kunst sind wir selber mehr auf die Miniaturen in Handschriften hingewiesen, die sich nun nit der farbigen Ausfüllung der Federzeichnung nicht mehr begnügen, sondern im Streben nach Weichheit und Anmuth das Ganze mit dem Pinsel ausführen, und allmählich auch die landschaftliche

Natur zum Hintergrunde nehmen. — Die Illustration sucht das Gefällige, und wie sie dem Buch zur Zierde dient, so wendet sie ihren Fleiß auf das was den Menschen schmückt, auf Blumen und Perlen, Goldbrokat und Edelsteine; oder sie erheitert auch in allerhand arabeskenartigen Figuren den Blick des Beschauers durch überraschende Scherze. Paris behauptet durch das 14. Jahrhundert hin seinen Ruhm, dann aber wird es von Flandern überflügelt, wo namentlich auch Philipp der Kühne, Herzog von Burgund, sich Prachtwerke herstellen ließ. Eine frischere Naturwahrheit gesellte sich hier den zarten Formen und der reizenden Farbenwirkung, und die Kunst bereitete im Kleinen den Aufschwung vor, den sie hier bald im Großen nehmen wollte.

Vornehmlich aber ward die Tafelmalerei geübt und geliebt. Wie die Frömmigkeit persönlicher ward und sich aus dem öffentlichen Kirchenthum in das Gemüth und in die kleinern Kreise gleichgesinnter Gottesfreunde zurückzog, so verlangte sie auch statt der episch ansprechenden Wandmalerei vielmehr nach der lyrischen Darstellung himmlischen Erbarmens und menschlicher Seelensehnsucht und Seelenfreude, und dem kamen die Maler entgegen, wenn sie nun für Hausaltäre Bilder herstellten, welche die Tiefe und Klarheit des Ausdrucks für die Betrachtung der Nähe in liebevoller Durchbildung, in zarten Farbentönen gewannen. Ein Hauptbild der Mitte ward gewöhnlich von zwei Flügelbildern begleitet, welche sich den Gestalten oder der Scene von jenem als Gefolge oder durch symbolische Beziehung anschlossen. Die Geburt Christi, die Mutter mit dem Kinde, die Verehrung des Neugeborenen und dann das Leiden und der erlösende Kreuzestod boten sich als die geeignetsten Stoffe; der Zweck der Andacht schloß dramatisch bewegte Scenen aus und verlangte nach Frieden und Reinheit des Gemüths, nach Güte und trostreicher Verklärung des Leibes im Ausdruck. Auf erhaltenen Bildern aus der ersten Hälfte des 14. Jahrhunderts gelingt zuerst die Darstellung klarer kindlicher Offenheit. In der zweiten Hälfte finden wir mehrere Schulen, die sich durch feste Satzungen zusammenschließen und ihre besondern Wege gehen.

Zuerst die Schule von Prag aus den Tagen Kaiser Karl's IV., der dort thronte. Ein älteres Passional der Prinzessin Kunigunde zeigt den moralischen Ernst und das tiefe Gefühl des Malers auch in übertriebener Bewegung, und in den Wandmalereien des Kreuzganges vom Kloster Emmaus will Schnaase die Züge der

Schule Giotto's erkennen. Mit Theoderich von Prag arbeitete Wurmser von Strasburg für die Ausschmückung des Karlstein, eines böhmischen Nationalheiligthums, der Schatzkammer seiner Reliquien und Reichskleinodien im Hinblick auf den Gralstempel errichtet. Die Brustbilder der Heiligen von der Hand des einen, die Scenen aus dem Neuen Testament von der Hand des andern Meisters bleiben bei aller Weichheit doch noch schwerfällig unbeholfen und ohne Adel der Form. Dagegen zeigen einige altschwäbische Werke bei aller Befangenheit eine Richtung auf das Zierliche.

Zu weit höherer Entwickelung kam die Malerei in Nürnberg, wo ihr die Bildhauerschule Schonhover's das Auge für den Bau und die Verhältnisse des menschlichen Körpers öffnete und zum Wetteifer in der Formenbezeichnung anregte. Hierin übertrifft sie die kölner Schule, der sie aber an poetischem Reiz nachsteht, deren klare Lieblichkeit ihre bräunlichen Farbentöne nicht erreichen. Größer ist die religiöse Begeisterung und die Schönheitsfreude der Rheinländer; der fränkische Sinn ist bürgerlich ehrenhaft, verständig besonnen auf die Wirklichkeit gewandt ohne jenes „süße Lächeln träumerischer Gefühle", das Schnaase an den kölner Bildern rühmt. Um 1400 treten uns mehrere Stiftungen der Familie Imhof entgegen, eine von rhythmisch edelm Faltenwurf des Gewandes umflossene Madonna mit dem nackten Kind auf dem Arme, in deren statuarischer Haltung der Einfluß von Bildhauern unverkennbar ist, und der berühmte Altar in der Vorauzkirche, eine Krönung der Maria, die ihre Hände vor der Brust erhebt und Kopf und Oberkörper dem göttlichen Sohne in holder Bescheidenheit entgegenneigt; der Ausdruck ist seelenvoll mild, die Zeichnung bestimmt und fein. Derber sind die Apostel der Seitenbilder, die knieenden Angehörigen der Imhoff'schen Familie noch ohne Porträtähnlichkeit ganz allgemein gehalten. Dagegen erscheinen die Bildnisse auf der Gedächtnißtafel der Frau Prüsterin (1430) schon ganz individuell, und der Tucher'sche und Haller'sche Altar, die beide Christi Kreuzestod zum Mittelpunkt haben, zeigen die Falten in breitern Massen statt sie in langen Linien sanft um die schlanken Glieder fließen zu lassen; die Gestalten selbst sind kürzer und voller, ihre Bewegung ist frei, ihre Anordnung wohldurchdacht.

In Köln, damals der ersten und schönsten Stadt Deutschlands, geben uns alte Wandmalereien den gothischen Stil in schlanken Gestalten mit elastischer Biegung, in welligweichen Linien und klaren Farben, und durch Verstärkung des Tones dieser letztern beginnt die Modellirung. Zur Blüte kommt die Kunst aber durch die Tafelmalerei in der zweiten Hälfte des Jahrhunderts. Die Kindesunschuld, die Stille und der Frieden der Seele, ihre Freude in Gott ist die Grundstimmung der Bilder, und dem entspricht die Zartheit der Linien, der Schmelz der Farben in rosigen Fleischtönen und hellen Gewändern auf Goldgrund; stärkere Modellirung, schärfere Individualisirung würde hier weniger am Orte sein, darum wirkt die Unkenntniß des Knochengerüstes nicht störend; dramatische Gegensätze, kräftige Charaktere gelingen ebenso wenig als Mannichfaltigkeit des Ausdrucks, man meidet sie lieber und wählt Stoffe mit dem holden Reiz der Jugend um eine liebliche Heiterkeit darüber auszugießen. Den Malern kommt es auf die Seele an, die wollen sie durch Form und Geberde des Körpers, durch den Blick des Auges unbefangen zur Erscheinung bringen in keuscher ungetrübter ungebrochener Wesenheit; Hotho spricht deshalb sehr passend von der Seelenplastik der Schule, und preist als Hauptpunkt die Unschuld, in der sie das Herz mit religiösem Inhalt erfüllt, und Gestalt und Antlitz zum hellen Gefäß eines Seelenglückes klärt, das Schmerz und Thränen nur über die Schmerzen des Heilands kennt. Das Holdselige dieses Glücks ist niemals einfacher und gerade dadurch erreicht daß die Seele ganz und der Körper kaum ins Leben tritt. Die Formen sind deutlich, doch der Wirklichkeit weniger als einer Phantasie entnommen die ihre Menschen makellos aus Duft und Goldwolken bilden möchte. Was der fromme Glaube von Engeln träumt gewinnt hier zum ersten mal Blut und Leben. Die typische Ueberlieferung der Vorzeit gibt der Haltung etwas ruhig Feierliches, aber sie wird erwärmt von der Einfühlung der Künstler, die aus dem Gemüth heraus schaffen und die Natur noch nicht um ihrer selbst willen beobachten, die Mangelhaftigkeit der Zeichnung mit dem Wohllaut des Colorits verschleiern. Das Idyllisch Milde, das ihnen am besten gelingt, bezeichnet ein Bildchen der münchener Pinakothek: Madonna, nicht die hehre Himmelskönigin, sondern die Magd des Herrn, wie sie in ihrer Demuth sich selber genannt, die Holdselige, wie der Engel sie angeredet, thront im Freien; Barbara und Katharina stehen neben ihr, Agnes und Agathe sitzen auf dem Rasen; Maria hält eine Rose in der Hand, Engel halten eine Krone über ihrem Haupt,

und das Christkind auf ihrem Schoos spielt die Zither, die ein
Engel ihm darreicht, während andere Engel in der Luft schwebend
mit Harfen und Lauten accompagniren: das Ganze ist wie jener
Lobgesang der Minnesänger, der dem Gottfried von Strasburg
zugeschrieben wird. Veronika mit dem Schweißtuch auf welchem
das Haupt des leidenden Heilandes sich abgeprägt hat, zeigt uns
daneben die Weihe eines reinen Schmerzes, der auch dem jungfräulichen Gemüth den Einblick in die Tiefen des Daseins und
damit einen geheimnißvollen Ausdruck der Wehmuth verleiht, die
doch in ihrem Glauben Trost findet. Aehnliche Gefühlsidealität
athmen andere Bilder die sich meistens noch in Köln befinden.
Die limburger Chronik bemerkt beim Jahre 1380: „In dieser
Zeit war ein Maler zu Köln der hieß Wilhelm; der war der
beste Maler in allen deutschen Landen, als er ward geachtet von
den Meistern." Auch nennt das Archiv der Stadt den Magister
Guilelmus, an welchen die Zahlung für die lebensgroßen Männer-
gestalten im Hansesaal entrichtet worden. Ihm schreibt man daher die vorzüglichsten Bilder der Schule zu. Sein Einfluß wirkte
hinüber nach Westfalen, wo jungfräuliche Heilige wie Ottilie
mit der Palme und Perlenkrone, Dorothea mit dem Rosenkörb-
chen im Stadtmuseum zu Münster auf einen ebenbürtigen Künstler hinweisen, der statt des freudehellen Lächelns doch mehr ein
ernstes Sinnen in den märchenhaft holden Zügen liebt. Auch
Flandern erfuhr die Einwirkung von Köln, und erwiderte sie durch
die Richtung des Blicks auf größere Naturtreue und vollere Ab-
rundung der Körperformen, auf den getreuern Ausdruck männlicher Charaktere in schlichter Tüchtigkeit. Die schmächtigen Pro-
portionen werden gedrungener, die Bewegungen freier, die Abstufungen der Lebensalter deutlicher und mannichfacher; in Waffen
und Geräthen wird das Stoffartige wiedergegeben, in der Gewandung die Tracht der eigenen Zeit nachgebildet. Nicht überall
bleibt dieser realistische Zug in Harmonie mit den Vorzügen der
frühern Generation; er stört mitunter den Einklang der Empfindung und trübt die Durchsichtigkeit der Erscheinung, welche den
Gedanken so rein und zart aussprach. Aber in den besten Wer-
en schließt das Neue dem Alten sich an. So in zwei Madon-
nenbildern. Die Jungfrau im Rosenhag sitzt auf blumiger Wiese
von musicirenden Engeln umringt; die Madonna des Priester-
seminars steht aufrecht und bietet dem Kind auf ihrem rechten
Arme mit der Linken eine Blume dar; eine Taube schwebt über ihr,

und in kleinem Maßstab gewahren wir in den obern Ecken Gottvater und singende Engel. Die Lieblichkeit ist geblieben, die Formen aber sind voller, reifer geworden; der Künstler wagt nun auch in der Lebensgröße die Lebenswahrheit der Erscheinung mit der Seeleninnigkeit der Empfindung zu verschmelzen. Gern mögen wir annehmen daß es derselbe war der nun im berühmten Dombilde eine der Perlen aller Kunst geschaffen und das Gemüthsideal wie es der Schule vorschwebte zur vollendeten Gestalt gebracht hat. Was das heilige Köln Ehrwürdiges hat, die königlichen Weisen des Morgenlandes, Ursula mit ihren Jungfrauen, Gereon mit seinen Reisigen, er vereinigt sie alle und weiß wie der Malerei es ziemt den einen Moment zu finden der das Mannichfaltige innerlich verbindet. Der Mittelpunkt ist auch hier die Jungfrau mit dem Christuskinde, und auf dem Mittelbilde bringen die Könige ihre Gaben dar, auf einem der Flügel schreitet Gereon, auf dem andern Ursula mit ihrem Gefolge heran, auch sie der Verehrung des in die Menschheit eingegangenen Gottes geweiht; die Jungfrauen wandeln sittig heiter wie zum Brautaltar, die Jünglinge voll froher Kraft wie zum Siegesfest, und doch ist alles so feierlich: sie alle schreiten ja dem Opferlob entgegen, aber dadurch in den Himmel ein. Die Madonna erscheint wie das jungfräuliche Abbild des Kindes auf ihrem Schoos, die Kindlichkeit der Seele, die nach des Heilands Wort das Himmelreich gewinnt, ist klar und hold in ihren Zügen ausgeprägt, und dabei liegt doch etwas Königliches in ihrer Haltung unter den Königen, deren zwei vor ihr knien, der eine ein Greis, der anbetend die Hoffnung seines ganzen Lebens erfüllt sieht, der andere in männlicher Schöne voll ruhiger Zuversicht; hinter diesem harrt der dritte wie im Sehnen der Jugend sein Herz und seine Gabe darzubringen. Das Gefolge tritt im Halbkreis zurück; hier ein jugendlicher Krieger, dort ein Fahnenträger, dann Diener neben ihnen, alle voll Erstaunen, Andacht und Freude erfüllt. So ist die Composition wohl abgewogen, symmetrisch und doch voll Mannichfaltigkeit; freie individuelle Motive in klarer Ordnung. Die Flügelbilder schließen sich würdig an im Gegensatze männlicher und weiblicher Jugend bei gleicher Seelenstimmung. Die stille Größe, die sinnige Anmuth des Innern ist umwoben von sonniger Farbenpracht; reiche volle warme Töne stimmen wohllautend zusammen, und es ist die Lust des Malers das Heilige mit der Pracht der Erde zu schmücken; Pelz und Sammt, goldene Zierath und hellspiegelnde Panzerstücke nachzubilden. Wir vergessen darüber die mitunter behaglich breite Haltung, etwas gespreizte Beine, etwas gehäufte Köpfe; über einzelne Mängel der Form triumphirt die Empfindung und die Farbe. Sind die Flügel geschlossen, so zeigt die Außenseite des einen den Engel der Verkündigung, die des andern Maria die sein Wort vernimmt und erwägt. Albrecht Dürer berichtet in seinem Tagebuch daß er zwei Weißpfennige bezahlt um die Tafel aufzusperren die Meister Steffen gemacht hat; archivarische Forschung hat uns in Stephan Lochner den Künstler namhaft gemacht, der aus Constanz gebürtig sich in Köln ankaufte, dort in den Rath gewählt wurde und 1451 starb; sein Meisterwerk war für den Hauptaltar der Rathhauskapelle bestimmt, die 1426 gestiftet ward.

In Deutschland war der germanische Volksstum der Mittelpunkt, und das Studium der antiken Ueberlieferung führte zur Veredlung der Volksgestalten; Italien hat die antike Unterlage zum eigentlich heimischen Volkselement, es reinigt sie von barbarischen Zuthaten und beseelt sie durch christliche Empfindung, wenn es den neuen Lebensgehalt mittels ihrer läutert. In solchem Sinn faßt auch Hotho die charakteristischen Unterschiede in seiner geistvollen Geschichte der Malerei. Wir mögen hinzufügen daß Deutschland und Italien, die den Wettkampf des Papst- und Kaiserthums gestritten und dadurch in national-staatlicher Entwickelung hinter Frankreich und England zurückblieben, dafür von der Culturgeschichte den Kranz im Epos und nun in der Malerei empfingen. Später schreiten sie im Reich des Geistes durch Renaissance und Reformation den andern Völkern voran, und so bleibt jene leidenvolle Großthat nicht unbelohnt.

Wenden wir uns nach Italien und zurück zum Anfang des 14. Jahrhunderts, so fällt uns zunächst ins Auge wie hier die großräumige Frescomalerei fort und fort gepflegt ward; wäre auch der Volksgeist nicht ebenso sehr auf Anschauung wie auf Empfindung gerichtet, die Maltechnik hätte auch schon dazu geführt mehr durch die Form als durch die Farbe zu sprechen, die Composition im Rhythmus der Linien aufzubauen und den Kern zu erfassen, von welchem aus die Bedeutung der Sache im entscheidenden Augenblicke sichtbar und verständlich wird. Das freie Florenz schreitet voran, Siena tritt wetteifernd ihm zur Seite, doch so daß dort mehr die epische, hier die lyrische Auffassung herrscht, daß die Subjectivität des schaffenden Künstlers, die sich nun in der Darstellung offenbart, und nicht mehr dem Herkömmlichen und Typischen unterthan bleibt, dort mehr gedankenvoll zum Geiste redet, hier mehr gemüthvoll die Empfindung anspricht. Man könnte daran erinnern wie Cornelius und Overbeck in Rom an der Schwelle der neuen deutschen Kunst stehen, um zugleich nicht vergessen zu lassen daß der Unterschied ein fließender ist, wie ja auch Overbeck durch sinnvolle Symbolik unsere Betrachtung anregt, Cornelius durch tiefes Gefühl das Herz ergreift.

An der Schwelle der Periode steht Giotto als bahnbrechender tonangebender Genius. Wenn die Zeitgenossen vornehmlich die Natürlichkeit seiner Bilder bewundern, so ist das nicht im Sinne der Illusion, der genauen Bezeichnung der Stoffe und dergleichen; da wäre ihm jeder heutige Genremaler überlegen; er bildet das Aeußere nur insoweit aus daß es zur Bezeichnung des Innern hinreicht, aber er weiß die Gefühle und Gedanken durch Haltung und Geberde der Gestalten so schlagend darzustellen, dem Schmerz und der Freude, der Trauer wie der Hoffnung, der Frage, der Verwunderung, dem Hohn, der Anbetung so sprechenden Ausdruck zu geben, daß die Beschauer, die von den typisch starren Gemälden der Byzantiner zu den seinigen kamen, sich aus einer fremden Welt in die heimische Wirklichkeit versetzt glaubten. Sie saßen mit den Jüngern des Herrn zu Tisch und stimmten ein in die thränenvolle Klage um seinen Tod, die niemand ergreifender gemalt hat. Wie Dante schuf Giotto eine gebildete Volkssprache der Kunst und verbreitete sie über sein ganzes Vaterland. Der Künstler Ghiberti, ein Liebling der Grazien, rühmt neben der Natürlichkeit auch die Gentilezza, den Seelenadel, und das Maß bei Giotto; es ist die Energie der sittlichen Wahrheit die uns bei ihm wie bei Dante als Grundzug seines Charakters und danach seiner Darstellung entgegentritt. Doch idealisirt der Dichter mehr als der Maler, der noch nicht nach der Schönheit um der Schönheit willen trachtet, und noch keine Stellung oder Bewegung zeichnet weil sie anmuthig ist oder vom Rhythmus der Composition gefordert wird, sondern weil der Gegenstand sie verlangt. Neben dem Ideal Beatrice's wie es vor Dante's Seele schwebt, vermögen uns die schmachtenden Madonnen Giotto's mit den halbgeöffneten geschlitzten Augen, der länglichen Nase, dem feinen Munde in dem nonnenhaft umschleierten Antlitz nicht zu genügen, geschweige zu entzücken. Gleich ist beiden Freunden der Ausgang vom Gedanken und das Bestreben stets den Sinn der

Begebenheit anschaulich zu machen, und während Giotto es versteht in der Handlung selbst jenen Höhepunkt aufzufinden wo das Innere sichtbar in die Erscheinung tritt und der prägnante Moment das Vorhergegangene wie das Nachfolgende ahnen läßt, verwerthet er mit großem Geschick die Nebenfiguren um die Sache auch durch den Eindruck den sie macht dem Beschauer zu erklären. Die mittelalterlich scholastische Bildung führt beide zu Allegorien, aber beide wissen auch oft das äußerlich Symbolische zu überwinden und in glücklicher Personification die geistigen Mächte nach ihrem Wesen und Walten in unmittelbar sprechenden Formen darzustellen. In der untern Kirche von Assisi malte Giotto über dem Grabe des heiligen Franciscus wie derselbe sein Ordensgelübde erfüllt. Die Vermählung mit der Armuth hält sich genau an die Verse aus dem 11. Gesang des Paradieses: Christus führt die Armuth zu dem Heiligen hin; sie steht in Dornen, Hunde bellen sie an, Buben verspotten sie; ein Engel geleitet den Jüngling der sein Kleid einem Armen schenkt, während vornehme Reiche sich trotzig abwenden. Die Keuschheit sitzt jungfräulich in einer festen Burg, von Engeln behütet; im Vordergrund wird ein Mann gebadet und getauft, Reinheit und Stärke begrüßen ihn; auf der einen Seite führt Franciscus Geistliche und Laien heran, auf der andern wird die Sinnenlust und die Unreinigkeit verjagt. Den Gehorsam zu veranschaulichen legt ein Engel ein Joch auf die Schulter des Heiligen, während er ihm mit der Hand den Mund zum Schweigen schließt. In der Kirche der Arena zu Padua malte Giotto die Geschichte von Joseph, Maria und Christus mit deutlicher Beziehung auf die Geschichte der Seele überhaupt, sowie Dante in seiner Wanderung die Menschheit in ihrem Ringen aus Nacht zum Licht darstellt; daß der Nachdruck überall auf den großen sittlichen Lebensfragen liegt, daß es sich um das zeitliche und ewige Heil handelt, beweisen die Symbole der Tugenden und Laster und der Anblick des Jüngsten Gerichts, das über der Pforte sich dem aus der Kirche Gehenden mahnend vor Augen stellt. Auch wo Giotto die besondern Arten des Guten und Bösen in herkömmlicher Weise durch Frauengestalten mit den Attributen ihrer Wirksamkeit allegorisirt, sucht er doch durch Körperbau, Haltung, Gesichtsausdruck nach näherer Bezeichnung; so schwebt die Hoffnung geflügelt jungfräulich zart dem Genius entgegen und streckt den Arm nach der Krone aus die er bringt; die Verzweiflung ist ein Weib das sich erhängt, die Zornwuth zerreißt ihr Kleid, Schlangen gehen aus dem Munde der Schelsucht hervor um sie zu zernagen, die Ungerechtigkeit lagert in Gestalt eines Raubritters mit Klauen und Hafen vor einer Burg, und der Unglaube wandert im Doctorengewande selbstgefällig dem Abgrund zu, in welchen ihn der Götze hineinzieht den er trägt, und der ihm den Strick an den Hals gelegt hat. — Der Parallelismus des Gedankens verknüpft in einem Chklus von Tafelbildern Scenen aus der Geschichte Jesu mit solchen aus dem Leben von Franciscus. — Endlich bemerken wir daß uns Dante's Porträt von Giotto's Hand erhalten ist und den Beweis führt wie viel er mit wenig Mitteln auch in der Auffassung der Persönlichkeit zu leisten wußte.

Künstlerisch werthvoll sind vor allem Giotto's Darstellungen aus der biblischen Geschichte. Das Geheimniß ihrer Kraft hat Schnaase ausgesprochen: es liegt in ihrer sittlichen Wahrheit, in der Tiefe des Gefühls mit welcher er, ganz auf das Seelenleben gerichtet, die Aeußerungen desselben in den Begebenheiten aufzeigte, in der Keuschheit und Energie mit der er diesem Ziele unbeirrt vor allem andern nachging. Darum verließ er die typisch feste Zeichnung seiner Vorgänger und opferte die allgemeine aber fremdartige Schönheit; die eckigern Gesichtsformen erleichterten den Ausdruck der Leidenschaft, und die breite Gewandbehandlung gestattete es die natürlichen Bewegungen des Körpers anzudeuten und so die Regung des Gemüths noch im Faltenwurf ausklingen zu lassen. Seine anspruchlose Vortragsweise, die schlichte Andeutung der umgebenden Außenwelt hält den Beschauer beim Ausdruck des Geistigen, im Mittelpunkt der Handlung fest, die er mit der ganzen Kraft der Gegenwart nach ihrer ethischen Bedeutung empfindet. Wir reihen noch eine feine Bemerkung Burckhardt's an. Allerdings spricht Giotto's Kunst nicht zu dem zerstreuten und überfälligten Auge; der Gedanke muß ihr entgegenkommen; dann aber bedarf es keiner besondern Kennerschaft. Nehmen wir z. B. sein Gethsemane; unfreundlich, scheinbar ohne Lichteffect und Individualisirung, wird das Bild nicht schöner auch wenn man es mit der Lupe untersucht. Vielleicht besinnt sich aber jemand auf andere Darstellungen desselben Gegenstandes, wo die drei schlafenden Jünger zwar nach allen Gesetzen der verfeinerten Kunst geordnet, colorirt und beleuchtet, aber eben nur drei Schläfer in idealer Draperie sind. Giotto deutet an daß sie unter dem Beten eingeschlafen seien. Und solcher unsterblich großen Züge enthalten die

Werke seiner Schule viele, aber nur wer sie sucht wird sie finden. Hat doch auch Boccaccio schon gesagt daß Giotto nicht darauf ausge gangen die Augen der Unwissenden zu ergötzen, sondern dem Verstande der Einsichtigen zu gefallen.

Giotto lebte von 1276—1336; Florenz war der Mittelpunkt seiner Thätigkeit, aber sie verbreitete sich über Italien und sein Geist beherrschte ein Jahrhundert lang die Schule die sich ihm anschloß. Sie machte zum Gemeingut wie er die ganze Scala der Gefühle in Formen und Geberden ausgeprägt, und reprobirte die glücklich gefundenen Motive mit freien Zuthaten, wie das auch in der antiken Kunst geschehen ist; sie zollte gleich ihm der Allegorie ihren Tribut, oder erlag manchmal den Aufgaben der Buchgelehrsamkeit, sie schwang sich aber auch zu Schöpfungen empor welche das Symbolische und das Individuelle so innig oder so kühn verschmelzen wie die göttliche Komödie, die auch für sie ein Leitstern blieb. Selbst die handwerksmäßigen Meister empfingen im Besitzthum der Schule die Mittel zu Bildern von edler Art, und wie die Maler nach der einen Seite hin zünftig waren und mit andern Gewerben sich zu einer Gilde verbanden, so betrachteten sie doch selber ihr Amt wie ein priesterliches, und die Künstler von Siena nennen sich gerade in ihren Zunftsatzungen durch Gottes Gnade berufene Offenbarer, welche den Unwissenden die nicht lesen können die wunderbaren Thaten des Glaubens darstellen. Und wie die Empfänglichkeit des Volks gerade den Bildern entgegenkam, und gern die Räthsel der Symbolik löste, das bezeugt uns der Volkstribun Cola di Rienzi, wenn er in Rom durch Gemälde die patriotische Leidenschaft entflammen will. Da sah man eines Tags am Stadthaus ein Wrack auf stürmendem Meer, das trug ein hohes Weib in Trauerkleidern mit aufgelöstem Haar, kniend und betend, die verwitwete Roma; um sie auf Schiffstrümmern vier todte Frauen, die um ihrer Ungerechtigkeit willen den Tod gefunden: Babylon und Karthago, Troia und Jerusalem. Geflügelte Thiere, die auf Muscheln blasend den Sturm erregten, ließen sich als Anspielungen auf die Namen römischer Aristokraten und ihre Wappen erkennen. In der Höhe schwebte der schreckliche Weltrichter, Schwerter gingen aus seinem Munde. Seine Strafe sollte die Schuldigen treffen, Rom gerettet werden. Ein andermal war eine Frau ausgestellt, die zwischen Plebejern und Königen in Flammen brannte; ein Engel mit nacktem Schwert kam zur Rettung, und während flüchtige Raubvögel ins Feuer stürzten, schwebte eine

Taube mit einer Myrtenkrone über dem Haupt der Matrone; „ich sehe die Zeit der großen Gerechtigkeit und du erwarte die Zeit" lautete die Inschrift.

Nach dem Tode des Meisters war Taddeo Gaddi, der 24 Jahre lang mit ihm gearbeitet hatte, das Haupt der Schule. Die Reize des täglichen Lebens gingen dem Auge auf und boten anmuthige Züge dar, die man in die Darstellung des Heiligen aufnahm, wie namentlich Angelo Gaddi in der zweiten Hälfte des Jahrhunderts that. Um die Mitte desselben aber geht allen Genossen Andrea di Cione voran, der durch Verkürzung seines Beinamens Arcagnolo gewöhnlich Orcagna heißt. Wir kennen ihn schon als Baumeister und Bildhauer; das gesteigerte Schönheitsgefühl von Andrea Pisano kam durch ihn in die Malerei; grandios und phantasievoll kühn im Gedanken steht er in der Energie des Ausdrucks wie im Adel der Form Dante noch näher als Giotto selbst. Zwar die Hölle hat er oder sein Bruder in San Maria Novella mit allzu ängstlichem Anschluß an den Dichter gemalt, indem er in einem Durchschnitt des unterirdischen Schlundes seine Abtheilungen und Strafarten erscheinen läßt; aber das Paradies behandelt er frei und groß als die Gemeinschaft der Seligen in malerischen Gruppen voll Hoheit und Liebreiz. Diesem stand wieder an Ernst und Pathos Nicolo di Piero so nahe daß manche seiner um 50 Jahre jüngern Werke dem Altmeister zugeschrieben worden sind. Dagegen verführte die Leichtfertigkeit der Production den Spinello von Arezzo (daher Aretino) zur Oberflächlichkeit und handfertigen Wiederholung der wohlbekannten Figuren und Motive ohne jene geistige Anstrengung die zwar aufgeht in das Werk, sodaß man ihm die Arbeit nicht ansieht die es gekostet, die ihm aber allein eine dauernde Anziehungskraft verleiht.

Betrachten wir einige hervorragende Werke und treten in den Kapitelsaal neben Santa Maria Novella zu Florenz. Die Altarwand zeigt die Passion Christi, das Kreuzgewölbe der Decke Auferstehung und Himmelfahrt. Die rechte Wand gibt uns ein symbolisches Bild mittelalterlicher Weltanschauung: vor einem Dome thronen Kaiser und Papst umgeben von den Würdenträgern des Staats und der Kirche; eine Heerde Schafe von Hunden bewacht weidet zu Füßen des Papstes, eine andere wird im Hintergrunde von Wölfen angefallen, vertheidigt von schwarz und weiß gefleckten Hunden, die als domini canes die Dominicaner bedeuten, deren Stifter dann auch in Person gegen die Ketzer predigt, und wei-

lerhin die in Freuden und Verirrungen des weltlichen Treibens
Verstrickten zur Buße ruft. In der Mitte der obern Hälfte des
Bildes ist die Pforte des Himmels aufgethan. So sehen wir
hier die Wirksamkeit der Kirche, während die Wand gegenüber
ihre Weisheit verherrlicht. Thomas von Aquin thront in der
Mitte; Engel schweben über ihm, Propheten und Evangelisten
sitzen zu seiner Rechten und Linken, und zu seinen Füßen kauern
überwundene Ketzerfürsten. Unter dieser Gruppe sitzen unter
gothischen Baldachinen 14 Frauen, Tugenden, Künste und Wissenschaften, und jeder zu Füßen ein Mann der durch sie Ruhm gewonnen. Das Ganze hat offenbar ein staubtrockener Scholastiker
angeordnet, es ist ohne die Freiheit der Composition wie sie später ein Rafael so glorreich in der Disputa bei aller feierlichen
Gemessenheit bewährt, aber in dieser Gebundenheit hat der Künstler nun bei den Frauen feinen Sinn für Anmuth in Form und
Bewegung entfaltet, bei den Männern das Forschen nach der
Wahrheit oder die begeisterte Freude im Genuß derselben in
mancherlei Abstufungen trefflich ausgeprägt. Sinniger als die
Vermengung von Symbol, Allegorie und Wirklichkeit in dieser
Kapelle sind in der Incoronata zu Neapel die Sacramente dargestellt durch Situationen des menschlichen Lebens, welche das
Irdische in seinen Beziehungen zum Göttlichen von der Wiege
bis zum Grabe auf eine Weise ausdrücken die mich an die dichterische Auffassung in Schiller's Glocke erinnert. So wird z. B.
die Ehe durch die Vermählung eines fürstlichen Paares bezeichnet;
während der Bräutigam der Braut den Ring bietet, nähert der
Priester die Häube beiden; Ritter halten einen Baldachin über
ihnen, Engel segnen von oben den Bund, und unten beginnen
Posaunenbläser und Geiger aufzuspielen zu dem Reigen, zu
dem Edelknaben und Edelfräulein zierlich antreten. Man hielt
die Gemälde lange für Giotto's Arbeit, doch Minieri Rizzi und
Schulz haben dargethan daß die Kapelle durch die Königin
Johanna gestiftet wurde, die bei des Meisters Tod erst 10 Jahre
alt war, und auf deren Vermählung mit Ludwig von Tarent
gerade das erwähnte Gemälde sich bezieht. Auch zeigt die Ausführung jene naive Grazie, jene Richtung auf das Wohlgefällige
die erst unter dem nachwachsenden Geschlecht in der Schule sich
entwickelt.

Ein Heiligthum der Kunst ist das Campo santo zu Pisa;
die offene Grabstätte in der Mitte ist von einem hohen Corridor

umgeben, der nach innen durch Arkaden sich öffnet, während die
Innenseite der Wandfläche durch Malereien geschmückt sind. Da
malte Buonamico Buffalmaco die Kreuzigung, Auferstehung und
Himmelfahrt Christi, und bewährte sich als einer der geistvollsten
Schüler Giotto's. Er war durch seinen guten Humor so sehr
ein Liebling der Novellenerzähler geworden, daß Rumohr ihn
ganz zur Mythe machen wollte, während nun eine alte Liste der
Malergenossenschaft vom Jahre 1351 seinen Namen und seine
Existenz sicherstellt. Dann kam nach Vasari Orcagna von Florenz
herüber, aber die ihm zugeschriebenen herrlichen Werke spricht
die neuere Kritik seit Ernst Förster ihm ab. Zunächst ist im
Campo santo die Hölle von neuem dargestellt, jetzt etwas selbstständiger mit größern und besser geordneten Figuren, aber immer
eine nicht recht erquickliche Illustration des Dichters. Im Jüngsten Gericht ist der Maler selbständig; Christus der ernst und
drohend seine Wundenmale zeigt, Johannes und Maria neben
ihm, der Erzengel der das Gericht verkündet, das Gegenüber von
Seelenschmerz und Himmelswonne, von seliger Ruhe und bewegter Verzweiflung, das alles ist hier schon in voller Macht vorhanden und der Keim geworden für die Schöpfungen eines Michel
Angelo und Cornelius. Dann stellt sich der Maler in seiner
Weise mit einem selbsterfundenen Farbengedicht vom Triumph
des Todes an Dante's Seite. In der Mitte des Bildes schwebt
die Todesgestalt, ein gewaltiges Weib (la morte) in dunkelm
Gewand mit wildflatterndem Haar zwischen den Fledermausflügeln, die Sense schwingend, — keine Allegorie, kein Symbol,
sondern eine dämonische Macht in schlagend wirkender Verkörperung, aus Gefühl und Phantasie geboren und beide unmittelbar anregend. Leichen aus allen Ständen liegen unter dem Tod
am Boden, Engel und Teufel streiten sich um ihre Seelen, und
führen die gerechten himmelan oder schleudern die sündigen in
flammenspeiende Schlünde des Gebirges rechts im Hintergrund.
Blinde, Krüppel, Bettler strecken in paralleler um Erlösung
flehender Geberde ihre Arme nach dem Tod aus; der aber fliegt
auf eine Gesellschaft in der rechten Ecke des Bildes, die lebens-
heiter wie jene im Decamerone von Boccaccio unter Blüten-
bäumen des Gesanges und der Liebe sich freut. Gegenüber auf
der linken Seite des Bildes bewegt sich ein ritterlicher Jagdzug
durchs Gefild; da stößt er auf drei verwesende Fürstenleichen in
ihren Särgen; ein Mönch deutet auf diese hin, zwei Reiter kehren

sich ab, schaudernd der eine, gleichgültig der andere, ein dritter beugt sich zu näherem Anblick vor; selbst in der Haltung der edeln Rosse ist das Ungewöhnliche des Eindrucks sichtbar; die trefflich georduete Gruppe gipfelt für uns in einer Dame die wehmüthiges Sinnen zur Einkehr in sich selber bringt. Den Frieden der Seele durch die Richtung derselben vom Vergänglichem zum Ewigen haben die Einsiedler gewonnen, die hier am Berge im Hintergrund ihr beschauliches Leben führen. Es weht ein Hauch romantischer Poesie über dem Ganzen; Glanz und Lust der Erde wie die Schauer des Todes stehen in großartigem Contrast einander gegenüber, wirken ineinander und leiten den Beschauer zur Erhebung über das Irdische, Sinnliche, Vergängliche zum Geistigen, zur Ruhe in Gott.

Andere florentinische Künstler, ein Franciscus, ein Andreas, ein Antonius malten an derselben Wand in der zweiten Hälfte des 14. Jahrhunderts weiter. Da sehen wir zunächst die Geschichte Hiob's im landschaftlich und architektonisch entwickelten Hintergrund nach ihren verschiedenen Acten geschildert; auch die Thiere sind hier gut gezeichnet, und vorzüglich ist im Vordergrunde die Eröffnungsscene im Himmel, wo Jehova in ehrwürdig milder Gestalt Zwiesprach hält mit dem Satan, der hier zottig behaart mit Hörnern und Fledermausflügeln „in trotziger Ritterlichkeit" auftritt, phantastisch, aber großartig, nicht als die fratzenhafte Caricatur, zu der die Teufel sonst gewöhnlich werden. Ein anderes Gemälde der Brüder Pietro und Ambrogio di Lorenzo stellt das Leben der Einsiedler in der thebanischen Wüste dar, wo der Versucher ihnen bald als verlockendes Weib, bald als disputirender Philosoph entgegentritt und doch durch die Maske seine Krallen zeigt. Oder es werden die Geschichten des heiligen Rainer, endlich von Spinello Aretino die des Ephesus und Potitus erzählt. An der gegenüberstehenden Wand malte Pietro von Orvieto Schöpfung, Sündenfall und Sündflut; daran reihten sich später Benozzo Gozzoli's liebenswürdige Darstellungen des menschlichen Lebens im Spiegel des Patriarchenthums.

Florenz mit seinem vielbewegten Treiben sowol in der fruchtbaren Thätigkeit der Gewerbe und des Verkehrs wie in den politischen Kämpfen wandte sich auch in der Kunst zur Haudlung, zu dramatischer Spannung und epischer Entfaltung; die Bergstadt Siena führte zu stillerer Beschaulichkeit, zur Pflege schwär merischer Gefühle, und damit zu lyrischen Stimmungsbildern. Da ist es interessant daß während Dante seinen Freund Giotto den Meister nannte der den Nichts der andern verdunkele, Petrarca seine Laura von Simon Martini dem Sienesen malen ließ und ihn in drei Sonetten feierte. Statt die einfachen Typen der altchristlichen Ueberlieferung mit der Charakteristik der besondern Richtungen und Bethätigungen des Geistes zu vertauschen beseelte man sie mit der Wärme des Gemüths und löste die Starrheit und Härte der byzantinischen Formen durch weiche Empfindungen zu milder Friedensruhe. Die Schönheit des Heiligen ward hier das Ziel, die Andachtsbilder gelangen am besten. Von solchen des genannten Meisters sagt E. Förster: „Wunderbar zieht über alle Gesichter ein sanfter Duft, der sie uns in eine obschon leuchtende Ferne rückt, ein Gefühl fast unwiderstehlicher Sehnsucht im Beschauer rege macht, und uns einen Blick in die ahnungsreiche nur von durchsichtigem Schleier umwobene Seele des Künstlers thun läßt, der ausgerüstet mit den Anlagen zu höchster Vollendung noch in dem Bann der ungeübten und unfreien Kindheit der Kunst gehalten wird." — Die Lorinzetti, Pietro und Ambrogio, ragen dann hervor. Der letztere, der sich auch im Campo santo den Compositionen der Florentiner angenähert und in die erste Reihe der Künstler tritt, wenn wie Crowe und Cavalcaselle behaupten, er auch dort das Jüngste Gericht und den Triumph des Todes gemalt hat, Bilder die vor andern herrlich sind. — Ambrogio stellte mit poetischem Gefühl in umfassenden Werken sowol Begebenheiten als Ideen dar. Im Kreuzgang des Minoritenklosters malte er die Schicksale von Franciscanern, die den Sarazenen das Evangelium predigten und Märtyrer ihres Glaubens wurden; es ist erstaunlich wie er da im Gemälde eines Sturmes die Stimmung und Macht der Natur zur Anschauung bringt, wenn die Bäume sich biegen und brechen, die Frauen das Haupt verhüllen, die Krieger die Schilde übers Haupt halten um den Hagel aufzufangen. In einem Saale des öffentlichen Palastes seiner Vaterstadt malte er gutes und schlechtes Regiment mit seinen Folgen. Gerechtigkeit, Weisheit, Eintracht mit paarweis geordneten wohlgesinnt und friedlichen Bürgern sehen wir an der einen Wand; die andere zeigt einen Greis mit Scepter und Krone, der das Stadtregiment darstellt, umgeben von den religiösen und bürgerlichen Tugenden; darunter eine wehrhafte Reiterschar, Hülfesuchende und bestrafte

Uebelthäter. Mehrere der allegorischen Figuren sind innerlich beseelt, wie denn die Friedensgöttin, die sorglos auf dem Polster ruht und das Haupt in der Hand wiegt, durch ihre edelmilden Züge und das sanft die Glieder umwallende weiße Gewand lebendig zur Seele spricht. Auf der rechten Seitenwand sehen wir die Folgen der guten Regierung: Handel und Wandel auf dem Markt und in den Gassen der Stadt, Tanz und Festfreude, das Land voll grüner Saaten und arbeitender Bauern, ein lustiger Jagdzug, dann beladene Karren auf den Straßen bis zum Seehafen hin; der Segen der Ordnung, die über dem Ganzen schwebt, ist klar und freundlich dargestellt. Auf der Wand gegenüber sitzt die Thyrannei, eisengerüstet in blutrothem Mantel, mit Hörnern und Schweinshauern, den Dolch in der Hand, umgeben von Stolz, Geiz, Verrath, Wuth, Krieg; zu ihren Füßen liegt die Gerechtigkeit gebunden; Reisende werden geplündert, wilde Banden verwüsten eine brennende Stadt, das Feld liegt wüste. Bei der mehr andeutenden als sinnlich ausführenden Darstellungsweise ist, wie auch Schnaase sein bemerkt, die Verbindung der symbolischen Figuren mit den genrehaften Scenen der Wirklichkeit keineswegs störend; das Ganze hält die Mitte zwischen einem Vortrag den man ablesen soll und einem für den Genuß der Anschauung componirten Gemälde, und der Maler hat naiv treuherzige Verse beigeschrieben die seine Absicht im einzelnen wie nach der sittlichen Wirkung des Ganzen aussprechen.

In der zweiten Hälfte des 14. Jahrhunderts ist Berna oder Barna, und gegen Ende desselben Taddeo di Bartolo der namhafteste Meister, beide voll Empfindung und Anmuth, der letztere durch Arbeiten in Perugia einflußreich auf die umbrische Schule. Bei andern ward die Milde matt und sentimental.

In Oberitalien herrschte eine frische Wechselwirkung der Künstler in der Fortbildung von Giotto's Weise; die reifste Frucht sind die beiden Kapellen der Heiligen Felix und Georg zu Padua, von Altichiero da Zevio und Giacomo d'Avanzo ausgemalt. Ernst Förster hat das Verdienst sie vom Staube befreit und gewürdigt zu haben. Scenen aus der Jugend und der Passion Jesu stehen zwischen der Legende der genannten Heiligen sowie der Lucia und Katharina. Ein entschiedener Fortschritt in der Technik zeigt sich durch die sorgsam abrundende Modellirung der Körperformen und die lokalen Mittel-, die tiefen Localtöne in den fein abgestuften

Farben; in gleichem Maße sind Schönheitsgefühl und Naturkenntniß gewachsen, und das Augenblickliche des Ausdrucks, die Individualität der Charaktere, die Deutlichkeit der Handlung in der Menschenwelt entfaltet sich bald in architektonischer, bald in landschaftlicher Umgebung, die mit richtiger Perspective gezeichnet hier das Feierliche, dort das Heitere der Stimmung erhöht.

Zu noch herrlicherer Vollendung gedieh die stenesische Weise in der ersten Hälfte des 15. Jahrhunderts durch Gentile da Fabriano und durch Beato Giovanni Angelico von Fiesole, den Dominicanermönch des Marcusklosters zu Florenz. Michel Angelo sagte von dem erstern seine Bilder seien wie sein Name: das italienische Wort gentile verbindet die Bedeutung sittlichen Adels mit Anmuth in Sitte und äußerm Leben. Die Lust des Frühlings und der Liebe athmet in seinen Bildern wie in den Liedern der Minnesänger, und gleich den jüngern Meistern der kölner Schule hat er bei aller Frömmigkeit seine kindliche Freude an Glanz und Schmuck, die auch er in einer Anbetung der Könige huldigend vor dem Christkind erscheinen läßt. Das Wenige das von ihm erhalten ist berechtigte dennoch Kugler zu dem Ausspruch: Fiesole und Gentile erscheinen wie zwei Brüder, beide hochbegabte Naturen, beide voll des innigsten liebenswürdigsten Gemüths, aber jener ist ein Mönch und dieser ein Ritter geworden.

Der Meister von Fiesole (1387—1455) erwarb durch die Frömmigkeit seines Herzens und seiner Bilder den Beinamen des Seligen und Engelgleichen, Beato Angelico. Er war ins Kloster getreten um ungestört vom Treiben der Welt und von irdischer Sorge seinem Seelenheil und seiner Kunst leben zu können, und zog das auch dem Bischofssitze vor, den ihm Papst Nikolaus V. anbot. Nie ging er ohne Gebet an die Arbeit, und oft flossen seine Thränen, wenn er das Leiden des Heilandes darstellte; was sich in innerer Anschauung ihm aus der Tiefe seines Gefühls reflexionslos gestaltete und in empfindungsvollen Linien aus seiner Hand hervorquoll das dünkte ihm ein Gnadengeschenk des Himmels. Die Seligkeit der reinen Seele, die ihren Frieden in sich und Gott gefunden hat, kann nicht vollkommener dargestellt werden als von ihm; dagegen ist das Leidenschaftliche oder Böse ihm fremd, und er ist zaghaft und befangen, wenn er es bei den Widersachern oder Verdammten ausdrücken, in heftiger und kräftiger Bewegung zeigen soll. Dafür gelingt ihm die Schönheit des Heiligen, die stille selige Anbetung, die Hingebung des gläubigen und hoffenden Gemüths; er gibt seinen Gestalten so viel Körperlichkeit als nöthig ist dies zur Erscheinung zu bringen in rhythmisch klaren Linien, in lichten harmonischen Farbentönen. Burckhardt sagt nicht zu viel: Eine ganze große ideale Seite des Mittelalters blüht in seinen Werken voll und herrlich aus; wie das Reich des Himmels, der Engel, Heiligen und Seligen im frommen Gemüthe der damaligen Menschheit sich spiegelt wissen wir am genauesten und vollständigsten durch ihn, sodaß seinen Gemälden jedenfalls der Werth religionsgeschichtlicher Urkunden ersten Ranges nicht abgesprochen werden kann.

Nicht blos weil er anfangs Miniaturen in Handschriften malte, sondern weil seine auf überirdische Reinheit gerichtete Darstellungsweise hier sich am feinsten und befriedigendsten äußerte, gelangen ihm kleine Tafelbilder am besten; Gott Vater in der Glorie, der Empfang der Seligen durch den Erlöser ist stets bewundernswerth. Das ganze Leben Jesu läßt sich so nach ihm zusammenstellen, und vornehmlich tritt der sittliche Empfindungsgehalt der Begebenheiten, der Seelenausdruck der Gestalten liebenswürdig klar hervor. Seine Mäßigung in den Darstellungsmitteln stimmte wieder mit der Frescomalerei, und hier sind die Bilder aus den Evangelien und der Legende, mit denen er die Zellen seiner Klosterbrüder zu Ermahnung, Trost und Freude verzierte, die unmittelbarsten Ergüsse seiner frommen Begeisterung, die lautersten Bekenntnisse seiner Künstlerseele. Aber auch in größerm Maßstab versuchte er sich die körperhaftere Durchbildung der Formen anzueignen, die hier nöthig ward und die damals die Zeitgenossen erreichten, als er die Evangelisten und Kirchenlehrer am Gewölbe und die Geschichten des heiligen Stephanus und Laurentius in einer Kapelle des Vaticans ausmalte. Voll edler Majestät schwebt seine Gruppe der Propheten über den erschütternden Weltgerichtsbildern die Luca Signorelli in der Madonnenkapelle des Doms von Orvieto schuf. Das ergreifendste und vollkommenste seiner umfangreichen Werke bleibt mir die Andacht zum Kreuz im Kapitelsaal seines Klosters. Nicht blos die treuen Frauen und der Jünger der Liebe stehen hier dem gekreuzigten Erlöser nahe, auch Heilige, Kirchenväter, Ordensstifter und Scholastiker schließen in friesartiger Composition sich an; die Intensivität der Empfindung ist ebenso unübertrefflich als die zarte persönliche Individualisirung der Charaktere und die Abstufung des Ausdrucks der Verehrung, der sinnenden Betrachtung, des Schmerzes, der schwärmerischen Hingebung bewundernswerth.

Der deutsche Meistergesang und die Musikschule der Niederlande.

Konrad von Würzburg hatte darauf hingewiesen daß unter allen Künsten die des Gesanges weder gelehrt noch gelernt werden könne, sondern der Ausfluß einer göttlichen Gnadengabe sei; das 14. Jahrhundert machte in unsern Städten auch Poesie und Musik zur Sache der Schule, der zunftmäßigen Ausübung. An die Stelle der höfischen Dichter, der ritterlichen Minnesänger traten Handwerker, welche nun die von jenen befolgten Regeln im Bau der Verse und der Melodien aufnahmen und erweiterten, sodaß sie sich selbst als deren Nachfolger und Fortsetzer bezeichneten. Heinrich von Meißen, genannt Frauenlob, gilt als der erste der in Mainz eine bürgerliche Genossenschaft zur Pflege der Dicht- und Sangeskunst gründete; man kämpfte mit Liedern um Ehrenpreise und erwarb den Meisternamen wie sonst in den Zünften durch ein Meisterstück, das heißt durch die Erfindung und den fehlerlosen Vortrag eines Tons, eines Gedichtes in eigenem Versmaß und eigener Melodie. Manchmal waren es die Mitglieder eines bestimmten Gewerks, gewöhnlich die Sangeslustigen aus allen Zünften, die sich zu einer Innung zusammenschlossen; deren Vorstand hieß das Gemerk, es bestand aus dem Merkmeister und seinen Merkern, den Kritikern, dem verwaltenden Schlüsselmeister, dem kassaführenden Büchsenmeister und dem preisaustheilenden Kronmeister. Kränze von Gold- oder Silberdraht oder ein aus Goldblech geschlagenes Bild vom harfenspielenden König David waren der Preis; die Gedichte welche ihn gewonnen wurden in das Zunftbuch eingetragen. Die Regeln hießen Tabulatur; wer sie einübte war Schüler, wer sie verstand war Schulfreund, wer Lieder nach fremden Tönen verfaßte und vortrug war Sänger. Das Gesetz der Dreigliedrigkeit galt für die Strophen fort; um immer neue zu erfinden machte man sie länger, ersann immer verwickeltere Reimverschlingungen mit vielerlei Ueberkünstelung. Gewöhnlich kamen die „Liebhaber des deutschen Meistergesanges" an Sonn- und Feiertagen nach geendetem Gottesdienst in ihrer Schule zusammen zur Ehre Gottes; nichts Schaubares oder Gemeines sollte vorgetragen werden; die Stoffe der Lieder waren der Bibel entlehnt und einer der Merker hatte aufzupassen daß nichts gegen die Heilige Schrift darin vorkomme, während die drei andern die Reime, das Versmaß und die Melodie überwachten. Im Inhalt herrschte statt Gefühl und Schwung eine verständige Lehrhaftigkeit; Sittensprüche wurden durch Beispiele aus dem Alten und Neuen Testament, auch aus der heimischen Sage und der Zeitgeschichte erläutert und veranschaulicht und die Gleichnisse wieder durch moralisirende Betrachtung ausgelegt. Die Form ward nicht durch den Stoff erzeugt, sondern war eine fertige überkünstliche Schablone, die man mit Worten ausfüllte; doch war es von Bedeutung daß man in Deutschland einmal auf die Form so viel Werth und Nachdruck legte. Auch die Melodien der umfangreichen Strophen waren schwerfällig und geistlos nüchtern; es kam eben zu Tage was man in der Kunst lehren und lernen kann. Und dennoch daß das Handwerk sich auf seine Art auch hier der Kunst näherte, war eine Brücke zwischen dem Ideal und der alltäglichen Wirklichkeit und ihrer Arbeit; und die ehrbare Haltung, die treue Einigkeit die das Bürgerthum in dieser seiner Festfreude bewies, wird stets in der Sittengeschichte zu preisen sein, wenn auch diese zunft- und schulmäßige Uebung von Poesie und Musik für die Literatur beider Künste keine vorzüglichen Früchte trug. So blieben der Nachwelt meist nur die verwunderlichen Namen im Gedächtniß, mit denen die Meister und ihre Gevattern die neuen Töne tauften, wo neben dem grünen und rothen Ton auch die Gelbveigleinweis, die gestreifte Safranblütweis vorkommt, der geschwänzte Affenton an der Fettbachsweis eine Kameradin findet und der gläserne Halbkrügelton sich der Schreibpapierweis gesellt.

Der Meistergesang war Kunst im Regelzwang der Schule; die Musiker welche Melodien für Instrumente verarbeiten wollten, griffen nicht nach seinen Weisen, sondern schöpften lieber aus dem Quell des Volksliedes, der nie versiegte. Die limburger Chronik erwähnt mehrmals welche Melodien gemein waren zu pfeifen und zu trommeln und zu allen Freuden, und gedenkt 1374 eines aussätzigen Barfüßermönchs: „Was er sang das sungen alle

Leute gern, und alle Meister pfiffen und alle Spielleut führten den Gesang und das Gedicht." Und doch mußte der kranke Gottbegnadete klagen:

> Man weist mich Armen vor die Thür,
> Untreu ich spür
> Zu allen Zeiten.

Fahrende Musikanten, diese Kunstvagabunden, zogen durch die Länder und waren den Bauern zum Tanz der Lieder oder der Bürgerschaft zum Gelag im Rathhaussaale willkommen. Der Thürmer, der das Feuer oder den Feind durch seine Horn- oder Posaunensignale zu verkünden hatte, sollte von seiner hohen Warte herab nicht blos erschrecken, sondern auch am Abend oder Morgen einen Choral über die Stadt hin erklingen lassen; um ihn scharten sich dann die Pfeifer, und thaten sich mit Trommlern, Geigern und andern Spielleuten zu Innungen zusammen, die ihren Zunftmeister Pfeifer- oder Geigenkönig nannten, ihre eigenen Gerichtstage hielten und von Ort zu Ort ihre Verbindungen hatten. Aehnlich bildeten sich die Musikantenbrüderschaften in Frankreich, die Minstrelzünfte in England. Hatten doch auch die Bettler in Paris ihre genossenschaftliche Ordnung und ihren König Peteau.

In Italien finden wir vornehmlich künstlerisch gebildete Sänger, welche zu den Worten der Dichter die Melodie finden und mit wohlklingender Stimme vortragen. So begegnen sie uns in den Novellen, so in der Göttlichen Komödie, wo Casella am Berg der Reinigung jene Canzone Dante's „Die Liebe die mit mir im Geiste redet" so süß zu singen anhebt, daß alle Seelen so beseligt scheinen als ob ihnen nichts anderes am Herzen liege.

Die natürliche Begabung und das lebendige Schönheitsgefühl führte in Italien dazu daß zwischen der Unmittelbarkeit des Volksgesanges und den contrapunktlich ausgeklügelten Compositionen die Kunst des Improvisirens gepflegt ward; es galt der Gelegenheit ein Gedicht zu schaffen und die Stimmung des Augenblicks melodisch laut werden zu lassen; der Sänger begleitete sich auf der Laute, und wie später Leonardo da Vinci, so wird jetzt schon ein vielseitiger Meister der bildenden Kunst, Andrea Orcagna, als solch poetischer Lautenspieler gepriesen.

Wir erinnern uns wie schon das frühere Mittelalter die Harmonielehre ausgebildet, Franco von Köln bereits eine Theorie derselben gegeben. Das Zusammensingen verlangte eine feste Zeitmessung der einzelnen Noten, man theilte sie in ganze, halbe, viertel, achtel Töne, und regelte den gemeinsamen Gang der verschiedenen Stimmen so daß stets Tongruppen von gleicher Zeitdauer einander entsprachen, mochten sie nun durch eine oder mehrere dort lange, hier kurze Noten oder selbst durch Pausen ausgefüllt sein; man kam allmählich dazu den Takt nicht blos durch Striche in der Notenschrift oder durch die Fingerbewegung im Gesang fürs Auge zu bezeichnen, sondern auch die ersten Noten durch einen Accent zu markiren, wodurch das ganze Tonwerk seine präcise Gliederung erhält wie ein Bau durch behauene Werkstücke, und in der Mannichfaltigkeit der Bewegung das gesetzliche Maß der Zeit gleich den Pendelschlägen einer großen Uhr vernommen wird. Hatte man sich anfangs begnügt über den festen gehaltenen Pauf der Melodie, welche der Tenor vortrug, eine höhere Stimme, den Discant, allerhand Tonfiguren ausführen und so die einzelnen Noten jener arabeskenartig umspielen zu lassen, hatte man eine kindliche Freude daran gehabt auch ganz auseinanderliegende Melodien doch harmonisch zu verbinden, so strebte man jetzt nach einem Ganzen, das aus mannichfaltigen einander entsprechenden Gliedern bestand. Eine Note stand hier über der andern, ein Punkt gegen den andern, daher der Name der contrapunktlichen Schreibart, die alle Stimmen von einer vollkommenen Consonanz aus sich entfalten und wieder zu ihr zurückkehren ließ, mochte nun eine die andere werden und zur Nachfolge reizen während sie selber voranschritt, oder mochten die Oberstimmen das Thema des Tenors vielfältig umranken, oder mochten alle denselben Gedanken von verschiedenen Stimmungen oder Individualitäten aus durchführen. Mehr und mehr erkannte man wie die aus dem Gegeneinanderstreben und der Unterschiedlichkeit der einzelnen Kräfte und Lebenstriebe sich entwickelnde Versöhnung durch das Eintreten und die Auflösung dissonirender Klänge zum reinen Accord darzustellen ist. Man nahm nun am liebsten für die Instrumentalmusik oder den kunstvollen Kirchengesang eine Volksmelodie zum Thema, das man mit einem wahren Stimmengeflecht umwob; hier konnte der Meister sein Verständniß der Harmonielehre, hier seinen Erfindungsreichthum zeigen, während das Grundmotiv wie der Text einer Predigt dem Hörer bereits vertraut war und durch dasselbe das Ganze volksthümlich blieb.

Den ausgebildeten Tonsatz, der auf solche Weise Kirchliches und Weltliches verschmolz, verdanken wir den Niederländern; dort wo ein Jahrhundert später die Oelmalerei durch van Eyck und seine Schule in der Verbindung des naturwahren Realismus mit der idealen und gedankenvollen Composition eine neue Epoche für die Malerei begründete und den Italienern voranging, vollzog sich eine künstlerische That von nicht minderer Größe. Die Blüte der flandrischen Städte beruht auf der Verbindung von Handel und Gewerbe; vereinte Kraft schützte das Land gegen das Meer; Gesetzlichkeit und Freiheit erhob das Volk zu Macht und Lebensfreude: so fand denn hier das Zusammensingen, das ich von Anfang an als ein besonderes Kennzeichen deutscher Art schon in Bezug auf die Ursprünge des Volksepos betont habe, nun hier musikalisch seine künstlerische Durchbildung. Man wollte nicht so sehr die vollendete Virtuosität des Einzelsängers hören, in geselliger Freude vielmehr wollten alle einstimmen und in selbstständiger Entfaltung, in lebendigem Ringen wie in einträchtigem Zusammenwirken der verschiedenen Kräfte das gemeinsame Gefühl aussprechen, das gemeinsame Ziel erreichen. Der Italiener Guicciardini hat es selber anerkannt daß die Belgier die wahren Vorsteher der musikalischen Kunst seien, die sie sowol begründet als zur Vollkommenheit gebracht. Es sei ihnen natürlich und wie angeboren daß Männer und Frauen nicht blos aufs lieblichste, sondern auch eine ganz richtige Musik miteinander singen, und da zu dieser Anlage die Kunst sich gesellt habe, so haben sie sich zu jenen Leistungen der Vocal- und Instrumentalmusik emporgeschwungen, um bereitwillen sie in andere Länder berufen und überall so hochgeachtet werden. Die Meisterschaft mit welcher die niederländischen Tonsetzer, ein Wilhelm Dufay, ein Eloy, ein Egid von Binch sogleich auftreten, setzt eine eifrige volksthümliche Kunstübung wie die wissenschaftliche Arbeit der früheren Zeit voraus; in Bezug auf jene mögen wir mit Ambros sagen: „Wo man seit lange so vortreffliche Zeuge und Stoffe webt, war man prädestinirt auch die Töne zu reichen Kunstgebilden zu verweben, und wie die Teppichwirker von Arras die historische Figurengruppe eines Haupt- und Mittelbildes mit dem zierlichsten Rankenwerke von Arabesken umgaben, so umgab der Tonsetzer seinen Tenor mit reichem Stimmengeflechte."

Mit der zweiten Hälfte des 14. Jahrhunderts beginnt diese ältere niederländische Schule, die nun nicht mehr blos über den cantus firmus der Messe durch geschickte Sänger lustige verwebende Tongebäude aufführt, sondern ihre Compositionen gründlich durcharbeitet und schriftlich aufzeichnet. Sie nehmen zugleich vom Gregorianischen Gesang und vom unchristlichunigen weltlichen Lied ihren Ausgang, und sind in ihren Arbeiten bereits so sicher in der Stimmführung und in der Technik des Satzes, daß von ihnen die neue Aera der Musik datirt werden muß. Es liegt ganz im Geiste der Zeit und des aufstrebenden Bürgerthums daß sie ihren Messen beliebte Melodien weltlicher Lieder zu Grunde legen; gerade so kleiden die nachfolgenden Maler die Gestalten der biblischen Geschichte in das Gewand der damaligen Niederländer und versetzen sie in die Stuben oder die Landschaft der eigenen Heimat: das Heilige wird dadurch heimisch und das weltliche Leben in seiner Tüchtigkeit empfängt die religiöse Weihe.

Die Lyrik. Petrarca.

Als Rudolf von Habsburg den Thron bestieg, da drängten sich die ritterlichen Poeten an ihn heran, aber er war mit nüchternem Sinn bedacht den Frieden gegen die adelichen Räuber zu schaffen und sich eine Hausmacht zu gründen; das minniglich Schwärmerische, das abenteuerlich Phantastische lag ihm fern, er ließ die literarischen Epigonen, die noch davon sich geistig und leiblich nähren wollten, unbeachtet stehen, und es kümmerte ihn nicht wie sie darüber klagten und ihn verklagten. Noch bildete das Ritterthum ohne die ideale Weihe aus der Zeit der Kreuzzüge die höfische Gesellschaft, und zeigte in den Turnieren neben der Kraft des Arms und der Gewandtheit in der Waffenführung die vornehme Sitte und den Glanz einer stattlichen Erscheinung, und da finden sich auch Versemacher ein um die Heroldsdienste zu verrichten, die Wappen in gereimten Beschreibungen zu schildern, in Reimsprüchen die Turnierordnung auszurufen und den Sieger mit einem Ehrenlied zu begrüßen. Ein solcher ist der Suchenwirt, der die Thaten der österreichischen Edeln am Ende des 14. Jahrhunderts besingt, mit geblümten Phrasen anhebt, dann trocken erzählt, und gewöhnlich das Lob seines Helden mit dem Hinblick

Die Lyrik. Petrarca. 505

auf sein Wappen beschließt. Es liegt ganz im allegorieliebenden
Geschmack der Zeit, wenn die Wappenthiere als Symbole der
Helden, die Helden unter der Gestalt der Wappenthiere besungen
werden. Auch der Suchenwirt klagt über den Verfall des Ritter-
thums, das statt Gott und den Frauen zu dienen, Witwen und
Waisen zu schützen, bei Tanz und Spiel verliege oder räuberisch
am Weg lagere. Die Hoffnung daß es besser werde hat sein
Freund der Teichner aufgegeben; er entsagt dem Gaukelspiel der
Welt und wird ein ernster Sittenprediger. Hans Beheim, der sein
ehrsames Weberhandwerk verlassen hat um an den Höfen seine
Kunst zu üben, preist seine Dienstherren nach dem würdelosen
Wahlspruch: Weß Brot ich esse deß Lied ich singe.

Wie waren da doch jene bürgerlichen Meistersänger, deren
wir bereits erwähnten, von wahrhaft edlerm Schlag! Sie blieben auf dem Felde der Poesie noch Handwerker in der Kunst, zu
deren freier Höhe die besseren Maler oder Bildhauer sich erhoben,
aber sie trieben die Kunst um Gottes willen und zu eigener
Seelenfreude. Wie sie in Deutschland um die Wette sangen und
den Sieger krönten, so finden wir am 1. Mai in Frankreich die
Blumenspiele zu Toulouse, wo der Rath 1324 alle Poeten aufgefordert hatte zusammenzukommen und freudigen Herzens um den
Preis eines goldenen Veilchens zu kämpfen. Eine reiche Bür-
gerin, Clemence Isaure, die Sappho von Toulouse, erneuerte die
Wettkämpfe indem sie auch noch eine silberne Rose stiftete. In
Nordfrankreich und Belgien bildeten sich die Kammern der Rhe-
toriker, die das Band mit der Musik lösten und sich nach der
Art gelehrter Literaturvereine auf das gesprochene Wort be-
schränkten.

Den künstlerischen Abschluß für die Poesie der Troubadours
und Minnesänger gab Petrarca in Italien, wo die Liebe bereits
als Genuß der Schönheit aufgefaßt ward und nun das neu-
erwachende Studium des classischen Alterthums den Sinn für
formale Vollendung ausbildete. Bei Petrarca sind der Dichter
und der Mensch nicht eins wie bei Dante, er ist vielmehr eine
doppel- und mehrseitig schillernde Natur, es ist viel Scheinsames
an ihm, in trüber gärender Zeit geht der Zauber der reinen
klaren Form ihm auf, und nun beherrscht ihr Reiz und die Rücksicht auf sie das Gemüth und überwiegt den Gehalt. Das ist
seine Größe daß in seiner Seele schon der Geist des Alterthums
eine Wohnstätte gewonnen, und wenn seine innige warme Liebe zu

Italien vergebens auf eine politische und religiöse Reformation gehofft, so hat er mit rastloser Begeisterung an der Wiedererweckung der antiken Literatur gearbeitet und ist dadurch der Morgenbote eines neuen Weltalters humaner Bildung für sein Vaterland geworden, hat diesem dadurch eine dritte Führerschaft Europas vorbereitet. Hochgeehrt in seiner Zeit und viel gepriesen von seinen Freunden während mehrerer Jahrhunderte hat er gerade in dem unsrigen — ich erinnere an Schlosser und Ruth — das harte Verdammungsurtheil erfahren daß er ein gesinnungsloser Höfling, ein heuchlerischer Schmeichler, ein nur vorgeblich contemplativer Schönredner gewesen. Allerdings suchte Petrarca die Gunst der Großen und die Beifallsbezeigungen des Volks, aber er verwerthete seinen Ruhm und seinen Einfluß um zum Heile der Menschheit zu wirken; er richtete seine mahnende strafende Rede an Kaiser und Papst, und bewies durch die That daß die Colonnas ihm theuer, theurer aber Rom und Italien waren. Fürsten und Städte suchten seinen Rath und seine Vermittelung, indem sie auf seine weltmännische Gewandtheit wie auf den Glanz seines Namens rechneten, und sie hörten auf seine Stimme, weil sie sich dieselbe für die Nachwelt sichern und gewinnen wollten. Er war der Liebling des Jahrhunderts, der sich vieles erlauben durfte, er stand mit allen hervorragenden Zeitgenossen in persönlichem oder brieflichem Verkehr, er war das Orakel der nach Bildung Verlangenden, er gefiel sich in dieser Stellung, aber er benutzte sie um in der gewaltthätigen Zeit des Verfalls einer überlieferten Gesittung die Macht des Geistes zur Geltung zu bringen. Das war nicht blos durch kleinliche Künste der Eitelkeit, das war nur möglich wenn ein großes Talent sich selber einsetzte. Wir werden in mancher Beziehung durch ihn an Alexander von Humboldt erinnert. Und halten wir fest daß eine bedeutende, die Menschheit fördernde Wirkung doch nur das Ergebniß einer wirklichen Kraft sein kann, so mögen wir immerhin zugestehen daß er die Geheimnisse seiner Seele in Zwiegesprächen mit dem heiligen Augustin dem Publikum zu Gehör beichtete, daß er in seinen Briefen an die Nachwelt sich selbst so zurechtsetzte wie er gern von ihr gesehen sein wollte, daß er eine einseitig ästhetische, keine ethische Natur war, ein Mann des schönen Scheins, der ja nicht gehaltlos zu sein braucht, auf den es ja in der Kunst ankommt, und der auch im Leben nicht zu verachten ist. Um sich selbst mit Würde zu verbrämen wirft der gereizte

Mann in lateinischen Schriften geringschätzige Seitenblicke auf seine italienischen Liebesreime wie auf Jugendverirrungen, aber er fühlt doch daß sie gerade ihn unsterblich machen, und darum wird er auch im Alter nicht müde an ihnen zu glätten und zu feilen. In der lateinischen Prosa hatte er sich den Cicero zum Muster erkoren, und wie bei diesem der Schriftsteller größer ist als der Mensch, der Denker, der Staatsmann, ebenso bei Petrarca; nicht was er sage, sondern wie er es sage war auch sein erstes Augenmerk; dafür aber lebte zum ersten mal nach den barbarischen Wörtern und Satzgefügen der Scholastiker und Kanzleien in seinem Stil der reine Abel der lateinischen Sprache in Kraft und Eleganz wieder auf, während aller weiche Wohllaut dessen das Italienische fähig ist im Tonfall seiner Verse das Ohr entzückt.

Petrarca war 1304 in Arezzo geboren. Sein Vater war in demselben Jahr wie Dante aus Florenz verbannt worden und siedelte bald darauf mit seiner Familie nach Avignon über, wo damals der päpstliche Hof residirte. Der Sohn sollte in Montpellier und Bologna die Rechte studiren, aber seine rege Phantasie führte ihn dort zu der Poesie und dem Leben der Troubadours, sein wissenschaftlicher Eifer hier zu Vergil und Cicero. Sein Vater starb früh und der zweiundzwanzigjährige Jüngling trat in den geistlichen Stand ein um durch Erlangung einer Pfründe den Musen leben zu können. Da sah er in der Kirche am Charfreitag des Jahres 1327 Laura, die Gattin Hugo's de Sabe, und entbrannte in Liebe zu ihr; nach Art des mittelalterlichen Minnedienstes huldigte der Kleriker nun der Verheiratheten in seinen Liedern; er zog sich in die Einsamkeit zurück und erfüllte die Luft von Vaucluse mit seinen poetischen Seufzern, die sofort allgemeine Bewunderung erregten. Laura wußte in einer Mischung von sittlichem Takt und Selbstgefälligkeit den Begehrlichen in seine Schranken zu weisen, den Verzweifelnden lächelnd wieder heranzuziehen, und während er davon sang wie ihre Schönheit ihn zur Tugend und zum Himmel führe, tröstete er sich über das versagte Glück in ihren Armen durch eine wilde Ehe auf dem Lande oder durch die Gunst der buhlerischen Königin Johanna von Neapel. Noch gedachte er seinen Dichterruhm eigentlich durch das lateinische Epos Afrika zu begründen, das in der Geschichte des dritten Punischen Kriegs die alte Römergröße und den Scipio besingt, längst aber ungenießbar geworden ist. Er strebte durch eine öffentliche und feierliche Krönung in Rom den vorher zu erlangen. Er ward dazu eingeladen, ging aber zuerst nach Neapel um von König Robert durch ein Examen seine Würdigkeit in Kunst und Wissenschaft prüfen zu lassen. Mit dem Mantel dieses Königs angethan erschien er 1341 in Rom, zwölf scharlachbekleidete Knaben eröffneten den Zug aufs Capitol, die angesehensten Männer folgten, und unter dem Jauchzen der Menge setzte ihm der Senator Orso den Kranz aufs Haupt. Das Diplom erklärte daß Gott das Princip der Heldentugend und des Genies in die ruhmvollste Stadt von Ewigkeit eingepflanzt habe, daß die Männer des Schwerts durch die Dichter unsterblich geworden. Zwar meinten viele die Poesie bestände in nichts als in lügnerischen Erfindungen. Aber das Amt des Dichters sei hoch und ernst, die Verkündigung der Wahrheit in anmuthigen Formen und Farben. — Es ist das Glück des Genius daß wenn er seine persönlichen Neigungen und Leidenschaften befriedigt, er zugleich eine Mission für die Menschheit erfüllt. Wie Petrarca die Krönung betrieb und in Scene setzte, erscheint sie als ein Schaustück der Eitelkeit, und doch lautet das Urtheil der Geschichte wie Gregorovius es verkündet: „Mitten unter den Freveln der Parteikämpfe, in der düstern Verlassenheit Roms glänzte der Ehrentag eines Dichters vor dem milden Lichte reiner Menschlichkeit; er rief vom classischen Capitol herab der in Haß und Aberglauben versunkenen Welt ins Bewußtsein zurück daß die erlösende Arbeit des Geistes ihr ewiges Bedürfniß, ihr höchster Beruf und ihr schönster Triumph ist."

Schon früher war Petrarca durch seine Sehnsucht nach Rom geführt worden, schon früher hatte er den Papst zur Rückkehr dorthin in einer poetischen Epistel aufgefordert, und man kann sagen daß fortwährend aus seinem Munde die Stimme Italiens gegen die Abwesenheit des Hauptes der Christenheit protestirte. Da begannen die alten Steine mit ihren Inschriften zu einem jungen Notar in Rom zu reden und ihn für die Freiheit und Größe seiner Vaterstadt zu entflammen, und dieser Cola Rienzi ward als Sprecher des Volks gegen den Druck der Aristokraten nach Avignon gesandt. Dort sah er Petrarca, beide schwärmten mit dichterischer Phantasie von der Wiederherstellung Roms, und heimgekehrt beschloß Cola den Traum von der alten Herrlichkeit zu verwirklichen, „was er lesend gelernt hatte handelnd zu unternehmen". Wie Don Quixote von seinen Ritterbüchern aus die Welt im Schimmer der Romantik sah und auszog danach zu leben und zu wirken, so auch der junge Römer im Bann der Geistersprüche die aus den Dichtern, Rednern, Geschichtschreibern wie aus den Ruinen des Alterthums ihn umklangen; in weißer Toga predigte er von dem Majestätsrecht des römischen Volks, das er retten wolle aus der Gewalt des räuberischen Adels, und während der des Narren spottete der den Staat durch Bilder reformiren wolle, zog Cola in feierlicher Procession aus der Kirche am Pfingstmorgen auf das Capitol, wohin er das Volk durch Herolde zur Versammlung berufen hatte; seine feurige Rede stellte die Mißbräuche und das Elend der Gegenwart in Contrast mit der Verfassung und der Größe der antiken Republik; das Volk genehmigte die neue Ordnung der Dinge die er nach dem Muster der alten vorschlug, und übertrug ihm jubelnd die unumschränkte Gewalt als seinem Tribun und Reformator des Staats. Bestürzt entflohen die Großen, das Volk stand in Waffen, aber es ward kein Blut vergossen, der Adel huldigte auf den Ruf Cola's seiner Verfassung. Der Tribun schrieb an die römischen Provinzen, an die Städte Italiens das Joch abzuwerfen und die freie Verbrüderung eines heiligen und untheilbaren Italiens zu schließen; am 1. August solle in Rom ein gemeinsames Nationalparlament gehalten, eine Bundesgenossenschaft mit dem Haupte Rom gegründet werden. Und daß er diese große Idee ausgesprochen, daß er sie durch Italiens eigene vereinte Kraft ausgeführt wissen wollte, bleibt Cola's weltgeschichtliches Verdienst, wenn er nun auch trunken vom ersten Glück und von der Vergötterung des Volks mit prunkenden Reden, festlichen Aufzügen und theatralischem Gepränge eine politische und religiöse Umwälzung und Neubildung zu vollziehen wähnte wie man ein Schauspiel aufführt, während dazu die ganze sittliche Energie und das ganze organisatorische Genie eines Cromwell und die ernste und gründliche Mitarbeit des Volks nöthig gewesen wäre. Die gute Natur des Volks zeigte sich beim ersten Lichtstrahl des Friedens und der Freiheit, ein heimkehrender Bote erzählte wie er den Stab Rienzi's durchs Land getragen und die Menschen vor demselben niedergekniet und ihn mit Freudenthränen geküßt hätten, weil nun die Straßen und Wälder sicher vor Räubern seien. Petrarca sah mit Stolz und Wonne daß Italien sich wie durch einen Zauberschlag aufrichte und sein Ruhm bis ans Ende der Welt bringe; er rief dem Tribun Heil zu und ermahnte das Volk ihn wie einen Gottgesandten zu ehren; jetzt galt es die Freiheit zu behaupten und das Reich wieder zu erlangen. Die Adelsgeschlechter Italiens, mit denen er sonst so gern verkehrt, sind ihm jetzt fremde Eindringlinge, nach ihren Wappenthieren geartet, taub gegen das Flehen der Armen, blind für die Thränen der Frauen und Kinder; ein Sohn Roms aber steht auf dem Felsen Tarpejas um aus aller Noth zu erlösen, und nie ist einem Sterblichen der Weg zur Größe so leicht gebahnt gewesen. Hören wir einige Strophen der prächtigen Canzone:

> Du edler Geist, Regierer jener Hülle,
> In der ein Held die Pilgerschaft hienieden
> Vollendet, klug, erfahren und verwegen,
> Nun dir der Stab der Ehren ward beschieden,
> Mit dem du Rom von seines Irrsals Fülle
> Zurückführst mahnend zu den alten Wegen,
> Ruf' ich zu dir! Wo fänd' ich sonst ein Regen
> Der Tugend, der die Menschen überdrüßig?
> Wo einen Mann vor böser That erbangend?
> Weß sitz du wol erwartend, weß verlangend,
> Italia? Trotz deiner Noth unschlüssig,
> All, fühllos, träge, müßig?
> Schläfst du für immer? Wird dich niemand wecken?
> Am Haar möcht' ich dich aus dem Schlafe schrecken!
>
> Nein, nimmer wird aus diesem dumpfen Brüten
> Ein Menschenruf die matten Glieder rütteln,
> Von schwerer Wucht am Boden festgehalten.
> Doch da deß Arme kräftig sind zu schütteln
> Und aufzurichten, du hast nun zu hüten
> Rom, unser Haupt, nicht ohne Schicksalswalten.
> So leg denn Hand an; die zerstreuten alten
> Ehrwürd'gen Locken fasse mit Vertrauen,
> Daß aus dem Schlamm die Faule sich erhebe!
> Ich der ich Tag und Nacht um sie erbebe,
> Ich muß auf dich mein höchstes Hoffen bauen;
> Soll wieder aufwärts schauen
> Das Volk des Mars zu seines Ruhmes Hallen,
> So wird dies Glück in deine Tage fallen.
>
> Die alten Mauern, die mit Furcht und Zittern
> Und Liebe heute noch die Welt erfüllen,
> Wenn sie sich wendet zu vergangenen Tagen,
> Die Gräber, drin bestattet sind die Hüllen
> Derer die nicht vor dieser Welt zersplittern
> Von Ruhm vergeß'ne Namen werden tragen,
> Dies alles was jetzt Ein Ruin erschlagen

Hoff' nur von dir jedweder Noth Zerstreuung.
O treuer Brutus, große Scipionen,
Wie werdet ihr mit Dank die Stunde lohnen
Von eures Amtes würdiger Erneuung!
Wie richtet in Erfreuung
Fabricius sich auf und ruft hernieder:
Mein Rom, mein Rom, du wirst noch herrlich wieder!

Aber statt alle Kraft der politischen Aufgabe zuzuwenden verglich sich Rienzi mit Christus und bezog die Messiashoffnungen der Mystiker auf sich; er meinte mit seinen Erlassen die Tyrannen der italienischen Städte zu vertreiben und durch die Schenkung des römischen Bürgerrechts den Particularismus zu brechen; er lud Papst, Kaiser und Könige nach Rom um ihre Aemter von der Majestät des römischen Volks zu empfangen. Der Riesenschatten des antiken Reichs, der auf Rom lag, wurde von den Enkeln für ein wirkliches Wesen gehalten, sagt der geistvolle Geschichtschreiber der Stadt, und findet in Dante's und Petrarca's Lehren Milderungsgründe für die Phantastereien des Tribunen. Der meinte etwas gethan zu haben wenn er die neuen Bundesartikel Italiens auf eherne Tafeln eingraben ließ, und aus dem Bundestage der Nation ward ein eitles Verbrüderungsfest mit der Farce eines Ritterschlags und des Rosenwasserbades das Cola im Taufbecken Constantin's vornahm, worauf er sich mit sechs Kränzen krönen und zum Augustus wie zum Candidaten des heiligen Geistes ausrufen ließ. Das Volk schlug eine Empörung der Barone nieder, aber nun verwandelte sich der Tribun in einen grausamen und schwelgerischen Tyrannen; aus dem Taumel des Rausches verfiel er in muthlose Schwäche als der Papst jetzt gegen ihn einschritt; er legte seinen silbernen Kranz und sein stählernes Scepter auf dem Altar der Jungfrau von Aracöli nieder und entfloh; sein Werk verschwand von der Bühne der Welt wie ein Carnevalspiel von der Herrlichkeit des Alterthums, ein nebelhaftes Vorspiel von dessen geistiger Wiedergeburt. Umsonst hatte Petrarca zu Maß und Besonnenheit gemahnt: „Wo ist dein Genius der dir guten Rath eingibt? Wenn es wahr ist was ich höre, dann lebe wohl auch du, mein Rom, auf lange Zeit!" Dann in Avignon wegen der Verfassung Roms um Rath gefragt verlangte er eine demokratische Verwaltung; die Römer sollten den Senat mit Männern des Volks selbst besetzen, dem Adel und seiner Parteisucht müsse die alles verpestende Tyrannei entrissen werden. Rienzi lebte mehrere Jahre unter schwärmerischen Einsiedlern in den Abruzzen, und erschien plötzlich vor Karl IV. in Prag; der aber forderte praktische Mittel zum Römerzug statt der Prophezeiungen Merlin's und der weissagenden Träume von einer irdischen Dreieinigkeit des Kaisers, Papstes und Volkstribuns; er ließ ihn gefangen setzen und lieferte ihn dann nach Avignon aus. Dort nahm Petrarca seiner sich an; der Dichter wollte nicht daß einem Patrioten die Begeisterung für die Größe und Freiheit des Vaterlandes zum Verbrechen angerechnet werde; er beklagte den unwürdigen Ausgang, aber pries den glorreichen Anfang Cola's, und hieß die Römer ihren Bürger sich vom Papst zurückzufordern, denn das Reich gehöre der Stadt Rom und wenn auch nichts von ihr mehr übrig wäre als der nackte Fels des Capitols. Und ein neuer Papst, Innocenz VI., gedachte den Kirchenstaat wieder aufzurichten, und sandte mit dem großen Staatsmann Cardinal Albornoz auch den phantastischen Rienzi nach Rom, wo dieser Senator ward und zum zweiten mal, nun im Dienste der Kirche, regierte; aber er war älter, doch nicht verständiger und fester geworden, nur seine Ideen hatten ihren Flug, seine Worte ihren Zauber verloren. Er lachte und weinte in einem Athem, Geldnoth trieb ihn zur Bedrückung des Volks, Gewaltmaßregeln erbitterten den Adel; vergebens entfaltete er das Banner Roms gegen eine Empörung und wies auf die goldenen Buchstaben Senatus populusque Romanus, die für ihn reden sollten; von einem Degenstoß ward er durchbohrt, sein Leichnam durch Juden am Mausoleum des Augustus verbrannt, die Asche wie jene Arnold's von Brescia zerstreut. Er war der letzte den der Glaube des Mittelalters an die Weltmacht Roms noch einmal begeisterte, aber zugleich zeigte er prophetisch seinem Vaterland das Ziel der Zukunft und verkündete die Ideen einer neuen Zeit; die geniale Art wie er sie aussprach, gab ihm jene magisch verstrickende Gewalt über die Herzen, wenn auch die träumerische oder lächerliche Art wie er sie zu verwirklichen wähnte, ihm den tragischen Sturz bereitete. Gregorovius nennt sein ganzes Leben ein Gedicht und ihn selbst einen in die Politik verirrten Poeten; die Phantasie Roms hat diese Gestalt erzeugt, sie ist aus der dichterischen Kraft des Volksgeistes zu erklären, „ein Heldenspieler im zerlumpten Purpur des Alterthums" ist er selbst das Abbild Roms in seinem

Verfall, und darum charakteristisch für unsere Betrachtung des Phantasielebens der Menschheit.

Die Erneuerung der römischen Republik in der politischen Sphäre war ein Traum, die Wiedererweckung des Alterthums im Reiche des Geistes, der humanen Bildung, Kunst und Wissenschaft aber war die reale Aufgabe, der nun Petrarca seine Kraft widmete. Ueberall auf seinen Reisen in Italien, Frankreich, Deutschland und durch seinen brieflichen Verkehr in England, ja bis nach Constantinopel hin weckte er das Interesse für die classischen Schriftsteller, für die Entdeckung, die Sammlung und das Studium ihrer Werke. Hier war nun der Dichter Boccaccio sein eifrigster Genosse, und die eigenen Bücher die er schrieb, der Trostspiegel in Glück und Unglück, in welchem Freude und Schmerz, Furcht und Hoffnung sich unterreden, seine Briefe an die von ihm bewunderten Männer des Alterthums, seine Lebensbeschreibung römischer Helden, seine historischen Erzählungen, anekdotenhaft gefällig und stets mit Rücksicht auf die Anwendung fürs Leben vorgetragen, sie waren nach Form und Inhalt die Frucht jener Studien für ihn selbst und für die Nation.

Daneben fuhr er fort gegen Avignon, „die Weltkloake" zu eifern. Die Sündenlast schreit zum Himmel, daß Feuer herabregne, heißt es in einem seiner Sonette; ein anderes schildert das Verderbniß der Kirche und des päpstlichen Hofes mit folgenden Worten:

> Herberge du des Zorns, des Jammers Quelle,
> Des Irrthums Schule, Haus der Ketzereien,
> Einst Rom, nun Babel, die wir maledeien,
> Weil ihr entsprang endloser Thränen Welle,

> Werkstatt des Trugs, der Unschuld Marterstelle,
> Pfuhl dem die Bösen ihren Lüsten weihen,
> Hölle Lebend'ger, hoffst du auf Verzeihen?
> Ein Wunder wär's daß dich nicht Gott zerschelle!

> Gegründet arm und keusch, blickst frech du nieder
> Auf deine Gründer, zeigst der Hörner Stärke,
> Schamlose! Wie, soll Hoffnung dir noch frommen?
> Auf was? Auf deiner Buhlen schnöde Werke?
> Auf deinen Raub? Constantin kehrt nicht wieder,
> Und was er schnelle werde dir genommen!

Ein anderes Sonett schließt:

> Zerschlagen werden deine Truggestalten,
> Zertrümmert stürzen deine Burgen nieder,
> Es frißt die Flamme die darinnen schalten;
> Dann kehrt die Unschuld schöner Seelen wieder
> Zur Erde, golden wird sie sich gestalten,
> Und alte Tugend preisen neue Lieder.

Und dann erhebt er noch einmal seine Stimme für das geliebte Vaterland in der berühmten Canzone an die Machthaber Italiens, die er zur Einigkeit und zur Befreiung vom fremden Joch, zur Vertreibung der Söldnerscharen auffordert. Er hebt an:

> O mein Italien, ob kein Wort das Fieber
> Der tödlich tiefen Wunden,
> Die deinen schönen Leib durchwühlen, heile,
> So sei doch meine Klage so erfunden
> Wie Arno hofft und Tiber
> Und Po, an dem ich jetzt mit Schmerzen weile!

Sagt was soll das Schwert der Fremdlinge auf dem Boden der Heimat! ruft er entrüstet aus. Hat doch die Natur die Schirmwand der Alpen aufgethürmt, und Marius und Cäsar die wilden Eindringlinge hinausgeworfen. Aber ihr, in niederm Zwist gespalten, laßt der Erde schönsten Fleck zerreißen.

> Ihr Herrscher, seht wie rasch die Zeiten fliehen
> Und wie das Leben leise
> Mitfließt und wie der Tod im Rücken lauert.
> Noch seid ihr hier, — seid eingedenk der Reise!
> Nackt muß die Seele ziehen
> Zum dunklen Paß, von Einsamkeit umschauert.
> So lang der Weg noch dauert
> Legt ab den Groll, den Haß und das Verachten,
> Verkehrte Winde für die Fahrt durchs Leben.
> Die Zeit die ihr zum Streben
> Nach Schaden braucht, laßt sie zu edlem Trachten
> Im Rath und in den Schlachten
> Fortan verwendet werden
> Um echten Ehrgeiz rühmlich zu bekunden!
> Nur so wird Heil auf Erden
> Und offen einst der Himmelsweg gefunden.

Und nun jene göttliche Stanze, wie Alfieri sie nannte, die Macchiavell zum Schlusse seines Buchs vom Fürsten erkor:

Ist dies der Boden nicht der mich erzogen?
Ist's meine Wiege nicht,
Das süße Nest das traulich mich umfangen?
Mein Vaterland und meine Zuversicht,
Die Mutter, fromm gewogen,
Die meiner beiden Aeltern Staub empfangen?
Um Gott, hört mein Verlangen
Und laßt euch endlich rühren! Mit Erbarmen
Schaut dieses schmerzenreichen Volkes Zähren,
Die Hülfe nun begehren
Nächst Gott von Euch! Gebt daß ihr wollt erwarmen
Nur einem Wink den Armen,
Und gegen Wuth wird Tugend
In Waffen stehn und kurz wird sein das Kämpfen,
Denn in Italiens Jugend
Ließ sich noch nicht der Muth der Väter dämpfen!

Wie solche Zeitgedichte Petrarca's der Gipfel aller Sirventesen der Troubadours sind, so wurde die Minnepoesie in den Sonetten und Canzonen zu Ehren Laura's vollendet und abgeschlossen, ähnlich wie später das höfische Epos des irrenden Ritterthums von Ariost. Durch Kefule und Biegeleben haben wir eine vortreffliche Uebersetzung erhalten, der ich mit wenigen Aenderungen folgen kann. Petrarca ist Kunstlyriker, und statt der Lieder die ein unmittelbarer Aushauch der Seelenstimmung ihre Melodie mit sich bringen und in leichten sangbaren Weisen erklingen, liebt er das Sonett, das schon in seiner Gestalt auf Satz, Gegensatz und Vermittelung hinweist, in lang austönenden Versen zur Betrachtung einlädt, aber in seiner Kürze auch wieder den Gedanken krystallinisch gleich einem Edelstein zu schleifen anreizt; und so finden wir bei Petrarca ein Spiel mit Empfindungen in zierlichen Redewendungen, eine wohlgeschulte Gefühlsdialektik, die sich zu Antithesen zuspitzt, und wie sie an Feinheit und Klarheit die Vorgänger, von denen sie vieles aufnimmt, alle übertrifft, so zu einer überreichen Nachfolge anreizt, die mehr durch sinnreiche Einfälle, gewandte Technik und wohllautende Reime als durch Originalität und Wahrheit des Gefühls und Ausdrucks glänzt. Auch bei ihm selber schon wirkt die Variation desselben Gedankens im symmetrisch gegliederten Strophenbau und der klangvollen Sprache wie Musik. Er schwelgt im wunderbaren Glanz der holden Augen Laura's und klagt daß diesen das Glück versagt sei sich selbst zu sehen; ihm sind sie die Sterne

die ihn im Sturm auf den Wogen des Lebens zum Hafen leiten,
ihn treibt der liebende Gedanke, der ihrem Blick entstrahlt, zu
Thaten und Gesängen, ihr verdankt er's wenn er die Unsterblichkeit erringt. Sie ist die Krone der Schöpfung, die ganze Natur
ist verklärt in ihr.

> Wo fand die Liebe Adern Goldes, webend
> Zwei blonde Flechten? Und die frischen Rosen
> An welchen Büschen? Und auf welchen Rosen
> Den duft'gen Schnee, ihm Puls und Athem gebend?
>
> Woher die Perlen, wo gezügelt schwebend
> So süße Worte fremd und sittig losen?
> Woher der Stirne Pracht, der wolkenlosen,
> In heiterm Reize sich zum Himmel hebend?
>
> Aus welcher Engel Sphären stieg uns nieder
> Der himmlische Gesang, der mich durchhaucht
> Und schmelzt, daß kaum zu schmelzen was geblieben?
> Aus welcher Sonne quoll der glanzvoll lieben
> Fernaugen Licht, das Krieg und Frieden wieder
> Mir gibt, und mich in Eis und Feuer taucht?
>
> ———
>
> So glänzend sah ich nie die Sonne steigen,
> Wenn sich des Himmels Düfte rings verzogen,
> Nie nach dem Regen den geschmückten Bogen
> So blühende Farben in den Lüften zeigen,
>
> Wie damals, als ich ihr mich gab zu eigen,
> Von süßer Flammen anmuthsvollen Wogen
> Das Engelsantlitz lieblich schön umflogen,
> Vor dem sich Erdenreize schüchtern neigen.
>
> Ich sah den Liebesgott so selig lenken
> Die schönen Augen daß mir dunkler Schatten
> Seitdem auf alles andre sank hernieder;
> Sah wie sein Bogen mich zum Ziele halte,
> Darf nimmer nun an sichre Tage denken,
> Und säh' so gerne doch so Süßes wieder.

Nur aus dem Lande der Ideen kann ihre Schönheit stammen, und wer sie geschaut der sucht das göttlich Schöne; wie
Gott anschauen das ewige Leben ist, so verleiht ihr Anblick Seligkeit im wechselvollen irdischen Dasein. So verwebt Petrarca den
Platonismus mit der mittelalterlichen Liebespoesie. Das conven-

tionelle Preisen wird zu einem Idealbild der weiblichen Natur;
er sieht in der Geliebten

> Bei edlem Blut ein still demüthig Leben,
> Bei hohem Geist ein kindlich rein Gemüthe,
> Die Frucht des Alters bei der Jugend Blüte,
> Ein fröhlich Herz, das Mild' und Ernst umweben.

Sie hat sich vom Himmel herabgeneigt um den Dichter dorthin emporzuheben; er singt:

> Der Tugend Blüte du, der Schönheit Quell
> Die mir das Herz von Niedrigkeit gereinigt!

Dieser veredelnde Einfluß der Liebe kommt ihm namentlich
nach Laura's Tod zum Bewußtsein; das Bild ihrer Seelenschön-
heit hebt sich in seinen rührenden Klagen auf dem dunkeln Grunde
der Wehmuth um so reiner hervor. Glühend und doch das Heil
der Seele suchend konnte er in das schöne strenge Antlitz schauen,
sie hat ihm Tugend, er ihr Ruhm bereitet. Ich bin nicht todt,
o wärst auch du am Leben! vernimmt er als Geistergruß aus dem
Jenseits; ach nur die Thräne kann auf Erden dauern! seufzt er
leise, und hofft daß wenn sein Lied so mächtig werde wie sein Leid,
dann die Edelsten das Andenken der Geliebten bewahren werden.

> Wie herrlich sahen wir hemiedersteigen
> Ein Wunder, das zu bleiben nicht begehrte,
> Das kaum gesehn zurück zum Himmel kehrte,
> Als Sterbe für den ewigen Sternenreigen!
>
> Doch mir geboth der Welt sein Bild zu zeigen
> Die Liebe die zuerst mich singen lehrte,
> Und in verlorner Mühe dann verzehrte
> Was nur an Kunst und Geist und Zeit mein eigen.
>
> Noch ist im Lied das Höchste nicht gelungen,
> Ich weiß es selbst, und jeden der zum Preise
> Der Liebe sang ruf' ich zum Zeugen an.
> Wer sich zum Schaun der Wahrheit aufgeschwungen
> Der senkt den Griffel still und seufzet leise:
> Selig die Augen die sie lebend sahn!

Im höhern Alter machte Petrarca noch einen Versuch durch
ein allegorisches Gedicht in Terzinen mit Dante zu wetteifern;
aber dazu mangelte ihm die Tiefe des Gedankens und die plastische

Kraft der Charakteristik, wenn auch die Anlage etwas geistvoll Großartiges hat. Eine Reihenfolge von Visionen entwickelt sich vor seiner Seele. Zuerst kommt der Triumphzug der sinnlichen Liebe, Amor mit den von ihm Bezwungenen, darunter namentlich die erotischen Poeten Roms und des Mittelalters; dann aber siegt in Laura die Keuschheit über die Sinnlichkeit, und sie legt ihren Kranz triumphirend im Tempel der Sittsamkeit nieder. Da kommt der Tod, und da es der Wille Gottes ist daß alles Irdische ihm erliegt, folgt auch Laura seinem Reigen; von der Erde scheidend erscheint sie dem Dichter und bekennt ihm ihre Liebe, und wie sie durch Entsagen und Versagen sein und ihr Heil erworben habe. Da erscheint dem Tod gegenüber der Ruhm, und sein Geselle bilden die Helden, die Weisen, die durch ihn das Sterben besiegt haben. Auch hier werden viele namhaft aufgeführt, aber nicht recht lebendig veranschaulicht. Doch mit Unwillen erblickt die Zeit daß Endliches ihr trotzen will, und vor ihren Augen erbleichen und verschwinden allmählich auch die stolzesten Namen; der Ruhm ist doch nur eine zweite Sterblichkeit. Da wendet sich der Dichter vom Vergänglichen zu Gott und fragt nach dem Ende des Wechsels, und nun steigt vor seinem vertieften Geiste der Triumph der Ewigkeit empor, in der alles Edle, Schöne in unvergänglicher Gegenwart verklärt besteht und die Herrlichkeit Gottes in allem offenbar wird.

> Und nimmer wird der frische Kranz erblassen
> Des ewigen Ruhmes und der ewigen Schöne.
> Doch allen die das Erdenkleid verlassen
> Strahlt sie voran, die meine müden Töne
> Für diese Erde fordern, aber fest
> Der Himmel hält daß er sie liebend kröne. —
> Am Strome der den Genfersee verläßt
> Hat Liebe mir den langen Krieg beschieden,
> Der mir das Herz noch in Erinn'rung preßt.
> Glücksel'ger Stein, der du sie deckst in Frieden!
> Einst wird ihr schöner Schleier auferstehn,
> Und war ihr Anschaun Seligkeit hienieden,
> Was wird erst sein ihr himmlisch Wiedersehn!

Während so die Kunstdichtung des Mittelalters nicht blos in Frankreich und Deutschland verhallte, sondern zugleich in Italien formal vollendet wurde, erklang in den Bergen der Schweiz das historische Volkslied in naturfrischen Tönen. Der Kampf der freien Land- und Stadtgemeinden gegen das Haus Habsburg entwickelte sich zum Sieg des Bauernthums über die Ritter, des Bürgerthums über die feudale Aristokratie; die schlichte Sitte, das Vaterlandsgefühl freuten sich ihrer Kraft, und sahen ihr Gottvertrauen durch den glücklichen Ausgang belohnt. Da klang auch der alte einfache Volkston aufs neue in den Liedern welche die Schlachten von Frauenbrunnen, Sempach und Näfels feierten, ihren Helden und Gott zu Ehren; sie gingen von Mund zu Mund, sie wurden ein Gemeingut und als solches fortgebildet, und hallten in dem Gesang Veit Weber's nach, der die burgundischen Kriege schon etwas chronikenhafter schildert. Um die Schweizerberge herum fing damals schon die Helle der Geschichte zu leuchten an, und die historische Aufzeichnung der Begebenheiten hinderte das Anwachsen der Lieder zum Volksepos; aber wie sie und nach ihnen die Sage durch die Erneuerung alter mythischer Erinnerungen und durch die Ausprägung einiger typischen Gestalten und Thaten in Tell, im Rütlibund in Winkelried das Factische dichterisch aufgefaßt, so ist es in das Volksbewußtsein eingegangen, so wirkt es fort in der Geschichte.

Allegorien. Poetische Erzählungen in Vers und Prosa.

In der echten Kunst sind Begriff und Anschauung nicht geschieden, die Idee beseelt die Erscheinung und gewinnt Gestalt in ihr, das Einzelne empfängt die Weihe des Allgemeinen, dessen Gesetz es selbstkräftig erfüllt. Am Ende des Mittelalters aber kam ein frisches volksthümliches Naturgefühl den fertigen Begriffen der Scholastik entgegen, und wie diese schon gleichsam zu geistigen Einzelwesen ausgeprägt waren, so suchten die Laien sie sinnlich vorstellbar zu machen. Man liebte Fabeln, Gleichnisse, Beispiele in der Rede, man liebte Personificationen mit sorgsam gewählten Attributen in der Malerei, und hier wie dort begegnet uns eine Freude am Allegorischen, das in seiner Lehrhaftigkeit mehr zum Verstand als zum Gemüthe spricht, und so lange ein Zwitterwesen bleibt bis das geistige Innere eine unmittelbar sprechende und ansprechende Gestalt in der personificirenden Idealbildung gewinnt, die wir an den griechischen Göttern und an manchen Schöpfungen neuerer Künstler bewundern. Ich verweise auf die Erörterung in meiner Aesthetik, I, 416—432. (415—482, 2. Aufl.)

Wir gedachten schon des Romans von der Rose, wir betrachteten Dante's göttliche Komödie, und bemerken hier weiter wie gerade jetzt, wo die Geistlichkeit und die Ritter nicht mehr die Culturträger waren, die Schulmeister, die halbgelehrten Laien sich gestellen ihre Lebensansicht zur Mahnung wie zur Ergötzung des Volks in poetischer Einkleidung vorzutragen und sich zur Allegorie wandten. Die Handlung trat zurück, das Lehrhafte stand im Vordergrund. Die Tochter von Zion ist die Seele die zu Gott sich sehnt, und der Verstand wie der Glaube, die Liebe wie das Gebet werden personificirt um zu ihr zu treten und für die himmlische Hochzeit gute Rathschläge zu geben. Hadamar von Laber schildert die Leiden und Freuden der Liebe in einem Gleichnisse der Jagd; hier begegnen uns manche liebenswürdige Züge, hier findet die Seele den Widerschein der Stimmungen in der Natur, und doch wird es bald lächerlich oder barock, wenn das Herz der Hund sein soll, der den Jäger bald auf die Fährte bringt, bald ihm entläuft und mit den wölfischen Merkern sich zerbeißt. Da streiten sich die Minne und der Pfennig um ihre Vorzüge und das Geld weiß darzuthun daß und warum es die Welt regiert. Da treten im Buch der Malbe die verschiedenen Künste und Wissenschaften vor Kaiser Karl IV., jede beschreibt sich selbst und ihre Werke, nur nicht so genial wie in Schiller's Huldigung der Künste; der Kaiser weiß nicht welcher er den Preis geben soll, sondern schickt sie im Geleit der ritterlichen Sitte in das Land der Natur, wo sie sammt den Tugenden von der Theologie auf Gott hingewiesen werden, der alles mit Wissenschaft, Kunst und Tugend vollendet.

Ein lateinisches Werk aus dem Ende des 13. Jahrhunderts von Cessoles in der Picardie ist fast in alle Sprachen übersetzt; es beabsichtigt das Schachspiel, das den Mönchen verboten war, durch moralisirende Deutung zu empfehlen; es nimmt seine Figuren zum Ausgangspunkt um die verschiedenen Stände zu schildern und im Spiel selber das Getriebe der Welt darzustellen, neben Anekdoten und Scenen der Geschichte allerlei gute Lehren und Sittensprüche einzuflechten. — François de Rues läßt in seinem Roman vom Maulesel (de Fauvel) diesen mit allen Sünden und Lastern sich berühren; die Laster treten auf, Dame Habſucht, Schmeichelei, Eitelkeit u. ſ. w. Der Held kommt zu Ehren, betrügt und wird betrogen, und heirathet am Ende Fräulein Scheinehre, die unechte Tochter Fortuna's. — Am Dichterhofe zu Barcelona war Iñigo Lopez de Mendoza, Marques de Santillana als Schriftſteller und Mäcen für die Literatur thätig; er verfaßte den Günſtlingsſpiegel mit ſteifer Gelehrſamkeit; von ſeinem Freund Juan de Mena haben wir eine moraliſirende Allegorie, die für das anziehendſte Denkmal der caſtilianiſchen Poeſie im 15. Jahrhundert gilt. — Der Italiener Jazio degli Uberti ließ die Theile der Welt in ſeinem Dettamondo als Perſonen auftreten, und Federigo Prezzi ſchilderte in ſeinem Quadriregio die vier Reiche der Liebe, des Satans, der Tugenden und Laſter; die Logik der Eintheilung und Gliederung iſt ebenſo unklar als das Einzelne froſtig. — Ich erwähne dieſe Werke um zu zeigen wieweit der Geſchmack oder die Geſchmackloſigkeit der Scholaſtik ſich an die Stelle der romantiſchen Poeſie zu drängen ſuchte; es war nothwendig daß ein naturfriſcher Trieb vom Volk aus und die Wiedererweckung des Alterthums durch die Wiſſenſchaft eine neue Periode der Kunſt heraufführten.

Indeß vergnügte die adeliche Geſellſchaft ſich immer noch an den Ritterbüchern, und die Sammelwerke, deren ich ſogleich bei der Darſtellung der epiſchen Poeſie als ihrer Ausläufer nach Art der Zykliker gedachte, entſtanden meiſt in dieſer Zeit. Und dann trat deren nüchternem und verſtändigem Weſen gemäß die Proſa an die Stelle des Verſes; ließ ſich doch der Stoff ſo bequemer mittheilen, und war der feinere Geſchmack für die echte poetiſche Kunſtform in jenen Geſchlechtern doch erloſchen. Der gewaltthätige rohe Sinn in den Tagen des Fauſtrechts griff nach den wilden und zugleich das Gemüth ergreifenden Vaſallenkämpfen der Karlſage, und ſo wurden von den Niederlanden her die Haimonskinder ein Lieblingsbuch aller Stände. Der Sieg des Gelehrtenadels über den bewaffneten, der geiſtigen Gewandtheit über die Körperſtärke findet in Malagis und Spiel ſeine Helden. Die Fürſtin von Lothringen überträgt den Roman von Lother und Maller aus dem Lateiniſchen ins Franzöſiſche, und ihre Tochter, die Gräfin Eliſabeth von Naſſau, danach ins Deutſche. Octavian und Fortunat, Griſeldis und Meluſine werden erzählt. Wie die feudalen Verhältniſſe ſich auflöſen, Thrannen in den italieniſchen Städten emporkommen oder geiſtvolle Männer ſich an den Fürſtenhöfen oder in der Literatur hervorthun und zu hohen Ehren gelangen, so wird nun auch im Roman über die Schranken des gesellschaftlichen Ranges hinweggesprungen und eine Mischung der Stände vollzogen. Die fabelhafte Geschichte von der Thronbesteigung Hugo Capet's in Frankreich macht ihn zum Fleischersohn, und schildert wie er durch Stärke und Klugheit die Krone verdient und seine zehn natürlichen Söhne zu Ansehen bringt; gerade in den Kindern der Liebe, die Fürsten und Ritter mit den Töchtern des Volks erzeugten, sah man die frische Naturkraft, das sinnliche Feuer, und zugleich den Anreiz nach hohen Dingen zu trachten. Ein bairischer Fürst liebte die schöne Agnes Bernauerin von Augsburg, und rächte ihren tragischen Tod durch langjährigen Krieg; und die Abenteuer des ungarischen Königs Sigismund mit der Bojarin Elisabeth Morssinai, die dem Türkensieger Johann Hunyad den Ursprung gaben, gingen in den Roman ein; der Beiname Corvinus, den dessen Sohn Matthias als König führt, wird daher abgeleitet, daß der Ring den Sigismund zur Wiedererkennung der Geliebten und des Kindes ihr gegeben, von einem Raben geraubt, doch glücklich wieder gewonnen worden sei.

Die Wunder der Ferne, die man früher in die Dichtungen von Alexander oder vom Herzog Ernst verflochten, wurden nun durch Reisebeschreibungen ersetzt. Der Venetianer Marco Polo zog mit seinem Vater und Oheim zum Tartarenchan und nach China, und beschrieb was er selbst gesehen und was ihm berichtet worden, indem er beides mit Kritik sonderte; so klärte er zuerst Europa über das innere Asien auf, und den Gebrauch des Schießpulvers wie des Compasses bringt man mit seinen Mittheilungen in Verbindung. Mehr auf die Unterhaltung der Leser berechnete der Engländer Maundeville die Erzählung seiner Reiseabenteuer in Asien und Afrika, indem er auch das Fabelhafte nicht verschmähte, wenn es recht ergötzlich war.

Das Ritterthum lebte noch im Glanze des Hofadels fort, während das Fußvolk und das Schießpulver bereits die Schlachten entschied, und der Staat anfing durch die Polizei und die Rechtspflege der Unschuld den Schutz und die Hülfe zu gewähren, den zu leisten der Ritterschlag verpflichtet hatte. In jenen vornehmen Kreisen spielte nun die Einbildungskraft in einer Nachblüte der bretonischen Dichtungen und brachte die Amadisromane hervor, eine Mischung von überwuchernder Phantasterei und nüchterner Verständigkeit. Die Einleitung erinnert ganz an die Sagen aus der Tafelrunde. Amadis ist ein Kind der Liebe des Königs

Perion von Gallien und der Prinzessin Elise von Britannien. Er wird ins Meer ausgesetzt, aber von einem schottischen Ritter aufgefischt und unter dem Namen des Kindes der See erzogen. Dann kommt er an den Hof des schottischen Königs und verliebt sich in die englische Königstochter Oriana. Seine Aeltern erkennen ihn vermittels eines Ringes, und in einer Reihe von Abenteuern mit Zauberern, Feen und Riesen treibt sich sowol er als sein Bruder Galaor herum. Amadis ist der liebestreue, Galaor der liebesleichtsinnige Held, dieser Gegensatz zieht sich durch das Werk, aber ohne traditionelle Grundlage erging sich die Phantasie in willkürlichen Erfindungen, und die Modelektüre verlangte nach immer neuen derartigen Ergötzungen müßiger Stunden; so entstand eine ganze Reihe solcher Bücher mit immer andern Abenteuern, immer andern Namen, während im Grunde die Befreiung von Damen das immerwiederkehrende Thema bildet: von Riesen geraubt, von fremden Königen entführt, von Zauberern entrückt und mit Blendwerk umgeben müssen sie durch Muth und List wie durch magische Künste und wunderkräftige Waffen wieder heimgeholt und zum Liebesbund gewonnen werden. Dabei soll das Benehmen der Helden und Heldinnen ein Beispiel feiner Sitte sein, und manchmal deuten die Dichter an daß man in ihren Gestalten personificirte Begriffe sehen und das Ganze allegorisch auslegen solle. Das ging bis in den Anfang des 17. Jahrhunderts hinein, erst der Don Quixote von Cervantes machte diesem Geschmack ein Ende, während gleichzeitig noch der Franzose Gilbert Saunier in seinem Roman ein Sammelwerk verfaßte das die beliebtesten Geschichten alle in einem Auszuge vereint. Und wie unser Kaiser Max selber der letzte Ritter heißt, so schließt er die allegorisirende Ritterdichtung selber ab mit dem Weißkönig und dem Theuerdank; Max Treltzsauerwein führte das erste Werk nach seinen Entwürfen aus, am andern half der Geheimschreiber Melchior Pfinzing. Jenes erzählt die Geschichte Friedrich's III. und Maximilian's noch nicht so romanhaft als der Theuerdank (der auf Abenteuer Denkende), in welchem der „Kleingroße" Kaiser sein eigner Homer geworden. Im Anschluß an die Brautfahrtgedichte des Mittelalters schildert er uns seine Jugendschicksale, seine Werbung um Ehrenreich, König Ruhmreich's Tochter, Maria von Burgund, und die Heimführung derselben; die Abenteuer die er auf seinen Fahrten, auf seinen Gems- und Bärenjagden erlebt, sind eingeflochten, weniger erfahren wir von der Weltlage und ihrem Umschwung. Drei allegorische Figuren, Fürwitzig, Unfallo und Neidelhart, repräsentiren die Unbesonnenheit der Jugend, die gefährlichen Zufälle, die Tücke der Widersacher, jene Mächte die dem Gelingen des Unternehmens im Wege stehen, die aber überwunden werden. In drei Engpässen hat er sie zu bekämpfen; Fürwittig z. B. reizt ihn seine Schnabelschuhe zwischen den umlaufenden Granit einer Poliermühle zu halten, wodurch mit dem Schuh auch beinahe der Fuß und der ganze Theuerdank zerquetscht worden wäre! Am Ende wird strenge Justiz geübt, die Gegner werden als Verbrecher hingerichtet, geköpft, gehängt, von der Mauer gestürzt. Die trockene Reimerei bewegt sich mehr im Ton der handwerklichen Meistersänger als der Romandichtung. Aber sie erschien unter den Erstlingen der Prachtwerke deutscher Buchdruckerkunst, und ward dadurch ein berühmtes Denkmal von dem Erfindungsgeist und der Fertigkeit des Bürgerthums; sie erschien zu Augsburg in demselben Jahre wo Luther in Wittenberg seine 95 Sätze anschlug, die der Markstein einer neuen Zeit geworden.

Gegenüber den phantastischen Träumen und Wundern der Ritterromane machte sich längst schon der Sinn für Natur- und Lebenswahrheit in kleinen Erzählungen geltend, die in Prosa klar und einfach ein anziehendes Ereigniß schilderten und auf die Charakterzeichnung, auf die verständige Motivirung und die psychologische Entwicklung den Nachdruck legten. Man nannte sie Novellen, Neuigkeiten, und wenn auch die gereimten Schwänke und Sagen des Mittelalters oder die Ueberlieferungen des Orients gar häufig den Stoff boten, so ward derselbe doch in die Sitten und Anschauungen der Gegenwart versetzt und so das Alte neugeboren. In der Kunst des Erzählens brach auch hier der formale Schönheitssinn der Italiener die Bahn, und er that es mit Hülfe des classischen Alterthums nach dem Vorbilde seiner maßvoll klaren plastischen Darstellungsweise.

Giovanni Boccaccio (1313—75) war das Kind der Liebe eines florentiner Kaufmanns und einer Pariserin. Vom Kaufmannsstand und von der Rechtsgelehrsamkeit zog ihn sein Geist zur schönen Literatur des Alterthums, und von den römischen Dichtern und Geschichtschreibern wandte er sich zuerst im Abendlande zu den Griechen, zu Homer und Platon. Er schrieb Geschichten berühmter Männer und Frauen der Vorzeit, ja über

Geographie und Mythologie, und war ähnlich wie Petrarca rastlos für die Wiedererweckung der vorzüglichsten Schriftwerke und für ihre Erklärung thätig. Nicht minder aber war er für die Größe Dante's begeistert; er bestieg den Lehrstuhl den Florenz auf sein Betreiben für die Auslegung der göttlichen Komödie gründete. Außerdem ward auch er um seiner Geistesgewandtheit und vielseitigen Bildung willen oft mit Staatsgeschäften betraut. Glückliche Jugendtage verlebte er in Neapel, wo er sich der Liebe von Maria, einer natürlichen Tochter König Robert's, erfreute. Der Roman Fiametta feiert unter diesem Namen seine Geliebte. Er ist ein ganz subjectives Büchlein, ein Seelengemälde, ein Vorläufer von Goethe's Werther, aneinander gereihte Ergüsse eines weiblichen Gemüths, das sein Glück und Leid der Liebe in Sehnsucht und Erinnerung mit glühenden Farben schildert. Boccaccio's andere Jugendwerke tragen das Doppelgesicht des Jahrhunderts, die Elemente zweier Weltalter liegen unverschmolzen nebeneinander. Er wendet sich in der Theseide, im Filostrato zum Alterthum, aber er behält noch das ritterliche Costüm, und die Liebe von Palemon und Arcitas zu Theseus' Schwester Emilie bildet dort, die Liebe von Troilus und Cressida bildet hier den eigentlichen Mittelpunkt; die romantischen Gefühle überwiegen die Handlung. Einen Gegensatz zu diesen Gedichten, in denen Boccaccio die achtzeilige Stanze zur classischen Form des italienischen Epos stempelte, bildet ein Ritterroman in Prosa, Filicopo, wo die lustigen Abenteuer im gewichtigen Prosastil der alten Geschichtschreiber, wie des Libius, erzählt werden, und Mars und Venus nicht bloß thätig erscheinen, sondern der Papst selbst der Statthalter Juno's heißt. In der Hirtendichtung Ameto treten sieben Frauen auf, erzählen ihre erste Liebe und singen jede eine Hymne an eine Göttin des Alterthums; man gewahrt deutlich die Freundinnen des Dichters in diesen Gestalten, wirkliche Erlebnisse in ihren Berichten, und doch sollen die Frauen am Ende Allegorien der Tugenden sein; die Poesie, sagt der Dichter selbst, sei eine irdische Hülle und körperliche Einkleidung der unsichtbaren Dinge, der göttlichen Kräfte, ja eine Art von Theologie.

Classisch endlich durch die völlige Durchdringung von Form und Inhalt, durch die Gestaltung anmuthiger Bilder des wirklichen Lebens in einer kunstvollen Prosa ward Boccaccio im Decameron; die Sättigung mit Realität, die wir in seinen Novellen bewundern, quillt aus der heitern Lust am Menschlichen und

Natürlichen. Sieben Mädchen und drei Männer, alle jung, schön und geistreich, sind vor der Pest in Florenz auf ein Landgut geflüchtet, und wie das farbenhelle Gemälde ihres glücklichen Behagens sich von dem dunkeln Hintergrunde der entsetzlichen Krankheit und des Unglücks in ihrem Gefolge lieblich abhebt, so trösten sie sich selbst über die Noth des Lebens durch die Betrachtung all des Reizenden und Herrlichen das es sonst bietet, indem sie an zehn Abenden je zehn Geschichten erzählen. Das Edle, Zarte, Rührende wechselt mit dem Muthwilligen und sinnlich Ausgelassenen; großartige Züge und feine Sitten contrastiren mit den Schwächen und Gebrechen der Sterblichen, die bald mit scherzender Laune, bald mit satirischem Spott behandelt werden; namentlich schwingt der Dichter seine Geisel gegen die Ausschweifungen der Geistlichkeit. Ohne Ermüden folgt man den mannichfachen Tönen die er anschlägt, jede Erzählung hat ihren Werth für sich, und wenn die eine eine uralte Ueberlieferung der Gegenwart aneignet, so ist die andere der Geschichte der eigenen Zeit, des eigenen Landes entlehnt, die dritte aus einem französischen Fabelbuch genommen; alle aber sind im Geiste des Dichters neu geschaffen und bieten zusammen ein reiches Bild seiner Zeit und des menschlichen Fühlens und Treibens überhaupt; alle Stände und Berufskreise, alle Geschlechter und Lebensalter sind mit ihren Tugenden und Lastern, Freuden und Leiden von einem Herzenskündiger geschildert, der wie Horaz lachend die Wahrheit sagt und die Menschen weiser und besser machen will, indem er sie ihre Thorheiten und Gebrechen selber zu belachen zwingt. — Die Nachfolger Boccaccio's haben ihn nicht erreicht, geschweige übertroffen. Sacchetti, Ser Giovanni, dann später der Erzbischof Bandello, bewegten sich mit Vorliebe im Gebiete des Schlüpfrigen und zeigten uns einen Verfall der Sitten ins Ueppige und Gemeine, der die Reformation und ihre sittliche Strenge nothwendig machte.

Noch etwas früher als Boccaccio in Italien begründete Don Juan Manuel den klaren Stil der Novellenprosa in Spanien durch seinen Grafen Lucanor. Dieser ist ein Fürst der sich in verschiedenen Lagen von seinem Freunde und Minister Patronio Rath erbittet; die Belehrung erfolgt durch kleine sinnreiche und gefällig erzählte Geschichten, deren Moral ein versificirter Spruch zusammenfaßt, deren Stoff dem Sagenstock entstammt den die Verbindung des Orients und Occidents seit den Kreuzzügen zum

Gemeingut gemacht. Lustiger und ausgelassener ist der schalkhafte Erzpriester von Hita, Juan Ruiz, ein Vorläufer von Rabelais in grotesker Komik. In einem Werk von der Liebe sammelte er ernste Erzählungen und heitere Schwänke, Volkslieder und Reflexionen; alles in bunter Mischung der poetischen Formen. Der Dichter erzählt seine Liebschaften mit verschiedenen Damen, er lehrt durch glückliche und unglückliche Erfolge die Kunst zu lieben, schließt aber damit daß doch nur die Liebe zur heiligen Jungfrau dauernd beselige. Der Priester berichtet uns seine Abenteuer mit einer Nonne, mit einer Maurin, und zeigt überall einen unverwüstlich heitern Muth und hellen Blick ins Leben; ein Prachtstück lustig behandelter Allegorie ist die Episode vom Kampf und Sieg des Prinzen Carneval über Dame Fasten, einem nordfranzösischen Fabliau nachgedichtet. Ueberhaupt zeigt sich bei ihm schon der Humor, der später zu so herrlicher Blüte kam, — ähnlich wie bei dem Engländer Chaucer.

In England war während des 12. und 13. Jahrhunderts das Angelsächsische die Sprache des Volks, das Französische die des Hofs und Adels gewesen; die Nothwendigkeit des gegenseitigen Verständnisses trieb zu einem Mischdialekt, und mit der Verschmelzung der beiden Elemente zur englischen Nation vollzog sich nun auch die Bildung einer Sprache, die dem Grundstock der Worte nach niederdeutsch von den Normannen aber Formen, Wendungen und einzelne Bezeichnungen aufnahm. Als der gelehrte Wikles sich reformatorisch an das Volk wandte, da gab er dieser sich eben vollziehenden neuen Ausdrucksweise das erste Gepräge der Schriftsprache durch seine Bibelübersetzung. Doch während die Minstrels in ihren Balladen den englischen Volksgesang ausbildeten, dichtete Gower noch lateinisch und französisch, bis er endlich in seiner Liebesbeichte auch ein moralisch allegorisches Gedicht mit eingelegten Erzählungen in der neuen Weise versuchte, die aber bei ihm so ungefüge blieb als der Inhalt langweilig war. Der Begründer der englischen Nationalliteratur ward sein Zeitgenosse Chaucer (1328—1400). Ein wechselvolles Leben, das ihn vom Königshof in den Tower, von London nach Italien geführt, brachte ihn mit Boccaccio und Petrarca in persönliche Berührung und erwarb ihm zur Veredlung seines Geschmacks, die er bei diesen fand, eine Fülle von Anschauungen, eine allseitige Menschenkenntniß. Er übersetzte den französischen Roman von der Rose, er eignete jene antik-romantischen epischen Dichtungen Boccaccio's dem Englischen an, aber dann schuf er sein eigenthümliches Werk in den Canterburygeschichten. Auch hier erkennt man das Vorbild des Decameron; um eine Wallfahrt nach Canterbury zum Grab des heiligen Thomas Becket zu machen haben sich 29 Personen beiderlei Geschlechts in einem Wirthshaus der londoner Vorstadt Southwark zusammengefunden, der lustige Wirth schließt sich als der dreißigste an und schlägt vor daß jeder auf der Hin- und Herreise eine Geschichte erzähle; wer es am besten gemacht solle zechfrei ausgehen. Während Boccaccio's Gesellschaft aber durch Sitte und Bildung gleich ist und ihre Erzählungen daher den gleichen Ton haben, führt Chaucer den Mönch und Ritter neben dem Büttel und Müller ein, den Gelehrten neben dem Dichter, die Nonne neben der Weltdame und dem Bürgerweib, den Koch und den Bauer neben dem Ab= laßkrämer, und weiß sie prächtig zu schildern und fortwährend in den Gesprächen zu charakterisiren, welche die Geschichten umrah= men; und diese selbst sind nun mannichfachster Art, wie sie eben wieder den verschiedenen Ständen und Persönlichkeiten angemessen erscheinen, pathetisch und derbkomisch, meist in fünffüßigen ge= reimten Jamben, aber auch in kunstvollen Strophen, oder in einer langathmigen Prosa und einem Bänkelsängerton, wodurch er dort die scholastische Darstellungsweise, hier die verfallende Ritterdich= tung parodirt; wir hören die Priesterlegende neben dem Volks= schwank, und gewinnen einen bunten Auszug des mittelalterlichen englischen Lebens, in welchem alle Stilgattungen sich geltend machen dürfen. Wie die Italiener nach Petrarca's und Boccaccio's Vorgang auf Weichheit und Wohlklang der Sprache und auf zierliche feine Redewendung zum Ausdruck der Gedanken und der Sitte bedacht waren, so gewann die englische Literatur sogleich durch Chaucer ihre Richtung auf praktische Weltkenntniß, auf in= dividuelle Charakterzeichnung und Mannichfaltigkeit der Darstel= lungsweise; unter seinen Erzählungen tragen die den Preis davon welche in der Naivetät des Volkstons auch eine saftige Zote nicht scheuen und den englischen Humor zunächst nach seiner Kraft im Komischen entfalten.

In Schottland fand das Nationalgefühl seine Sprache durch ein episches Gedicht in welchem Barbour von Aberdeen (1316 —95) die Befreiung seines Vaterlandes von englischer Ober= herrschaft durch König Robert Bruce erzählte, und durch den Preis den der blinde Minstrel Harry den Thaten des Ritters

Wallace zollte. Später besang der Mönch William Dunbar in einer Allegorie von der Distel und der Rose die Verbindung der Wappen Schottlands und Englands zur Feier der Hochzeit Jakob's IV. mit einer englischen Prinzessin; es war das Symbol daß nun auch der Unterschied schottischer und englischer Poesie sich ausglich und die Dichter alle in London ihren Mittelpunkt fanden.

Das religiöse Drama, die Maskenspiele und der Fasnachtschwank.

Wir haben bereits gesehen wie das mittelalterliche Drama von der Darstellung der Passion ausging und durch biblische Stoffe den großen allgemeingültigen Inhalt und die religiöse Weihe empfing, wie in den allegorischen Moralitäten der Schwerpunkt in das Sittliche gelegt ward und wie in einzelnen Figuren dieser ernsten Stücke sowie in selbständigen kleinen Bildern das wirkliche Leben auch nach seiner lächerlichen Seite in den Kreis der Darstellung gezogen, die Naturwahrheit als ein drittes Element der Kunstgattung gewonnen ward. Das aufstrebende Bürgerthum arbeitete auf der gegebenen Grundlage weiter. Für Frankreich gab Paris den Ton an; hier bildeten sich drei Genossenschaften, hier finden wir die erste stehende Bühne seit dem Alterthum. Pilger, die von Jerusalem, Rom und Sanct Jakob de Compostella heimgekehrt, blieben als Gesellschaft zusammen und führten die Leidensgeschichte Jesu zu Saint Maure bei Vincennes auf; Karl VI. privilegirte sie 1402, und sie hießen nun die Brüderschaft der Passion, und richteten für ihre Spiele das Hôtel de la Trinité ein, das von deutschen Edelleuten zur Beherbergung von Pilgern gegründet war. Zunftmäßig blieben sie bei ihren Misterien stehen, hielten aber auch darauf daß nun sonst niemand solche aufführte. Der Dialog erweiterte sich, die Charakterzeichnung ward individueller, das Ganze immer mehr in die Gegenwart verpflanzt, ähnlich wie in der Malerei das Auge für Naturwahrheit aufgethan ward. Eine andere Zunft nun, die der Clercs, der Gerichts- und Advocatenschreiber, hatte das Vorrecht öffentliche Ceremonien zu leiten; sie hieß la Bazoche, was man von der Gerichtshalle, der Basilika, ableiten will. Sie wandte sich nun, da sie keine biblisch geschichtlichen Stoffe behandeln durfte, zu den Moralitäten, und stellte lebendige Menschen unter die allegorischen Figuren der Tugenden und Laster, wobei sie es sich angelegen sein ließ die verschiedenen Stände, Berufskreise, Lebensalter zu charakterisiren und die Trockenheit der Anlage durch lustige Episoden, durch witzige Gespräche annehmlich zu machen. Sehr beliebt war der christliche Ritter unter den Anfechtungen der Welt, des Fleisches und des Teufels, die er nach dem Rath seines guten Engels mit Gottes Gnade bestand, oder die Verdammung der Gelage und das Lob der Mäßigkeit zum Besten des menschlichen Leibes. Daß das Parlament 1476 ihre Aufführungen verbot, zeugt für mancherlei satirische und tolle Ausschreitungen; die Darstellungen wurden bald wieder erlaubt, aber unter Censur gestellt, und da verschollen sie. Neben diesen Genossenschaften that sich ein Liebhabertheater aus jungen Leuten vornehmer Familien zusammen; sie nannten sich Enfans sans souci, und spielten auf dem Markt des Innocents allerhand possenhafte und ergötzliche Stücke. Die Passionsbrüderschaft verband sich mit ihnen und ließ sie nach einem ernsten biblischen Stück das Publikum mit ihren Späßen erheitern, wie in Athen auf die Tragödie das Satyrdrama folgte. Leider hatte in der folgenden Periode die Wiedererweckung der Antike für Frankreich nicht den Erfolg daß das volksthümliche Schauspiel nun künstlerisch durchgebildet ward wie in Spanien, sondern eine höfische Classicität hat es verdrängt, und nur im Puppenspiel lebte es fort, zum Theil als Parodie der vornehmen Bühne.

Ganz ähnlich haben wir wie die Fahnengenossenschaft in Rom, die Geiselbrüderschaft in Treviso sich dem Schauspiel zuwenden; Vorstellung, Fest, Historie, Beispiel, Misterium sind seine wechselnden Namen. Zu den Passions- und Osterspielen kommen Scenen aus dem Leben der Heiligen, welche Schuld und Sühne, Buße und Bekehrung darstellen, und Allegorien welche die Seele im Kampf zwischen dem Guten und Bösen, bestürmt von den Lockungen der Sinnlichkeit, vertheidigt von den christlichen Tugenden, zeigen, oder den Fortgang vom blos genießenden zum sittlich thätigen und selig beschaulichen Leben schildern. Oder man stellte das Jüngste Gericht dar, und ließ die Vertreter der Geistesrichtungen, die Uebertreter der besondern Gebote, die in der Uebung besonderer Tugenden Bewährten unter historischen Personen der

Reihe nach erscheinen, ihre Sache führen, ihr Urtheil empfangen. Da finden wir nun früh den formalen Schönheitssinn der Italiener wieder, der an wohlgegliederter Rede in kunstvoll gebauten Stanzen und Terzinen seine Freude hat, und in vollströmendem wohllautendem Erguß seiner Gefühle und Betrachtungen sich ergeht, dagegen das Wortgefecht wie den von der Energie des Willens bedingten raschen Gang der Handlung ausschließt, was doch das eigentlich Dramatische kennzeichnet. Dafür ist die Musikbegleitung reich, und es wird schon viel auf Schaugepränge gehalten; Flugmaschinen, Tänze, glänzende Decorationen kündten bereits im Keime die Prunkoper an, und der classische Schulgeschmack lagert sich über das Volksthümliche, daß es sich im ernsten Schauspiel nicht frei entfalten kann. Die Gelehrten ahmten früh das antike Drama, den Seneca nach, und Albertus Mussatus dichtete schon im 13. Jahrhundert nicht blos eine Achilleis, sondern auch in seiner Eccerinis eine Lesetragödie vom Tod des Tyrannen Ezzelino. Viel wichtiger aber ist uns daß die altitalische Posse sich unter dem Volk erhalten hat und jetzt wieder in reicheter Ausbildung in dem Lustspiel mit stehenden Charaktermasken hervortritt; es heißt comedia dell' arte, — ich glaube nicht aus Ironie, sondern weil nur der Entwurf im allgemeinen feststand, der Kunst des Darstellers aber die Erfindung des Dialoges und die Durchführung der Rolle überlassen blieb. In solchen Stegreifkomödien hat das Improvisationstalent der Italiener sich bewundernswerth geäußert. Verschiedene Städte haben hervorstechende Typen ihres Volkslebens in diese Maskenschwänke geliefert, die sich auch dadurch als ein Nationalgut bewähren. Der alte römische Schaltsnarr Sannio mit seinem rußschwarzen Gesicht und seinem Gewand aus hundert Flicklappen ist der Arlechino geworden, der die schwarze Larve vornimmt, den hölzernen Säbel schwingt und ein ebenso unverschämtes Maul hat wie sein antiker Ahnherr; gleich den Sklaven der alten Komödie unterstützt er mit verschmitzten Anschlägen die lustigen oder ausschweifenden Kinder gegen die gestrengen Aeltern; Bergamo hat ihn vornehmlich ausgestattet. Der langhaarige weißgekleidete buckelige Pulcinell setzt den römischen Maccus fort; er ist der Spaßmacher aus Apulien, und Neapel bildet seine Rolle vornehmlich zu jener ergötzlichen Mischung von Dummdreistigkeit und Pfiffigkeit aus, die in die Komik eingeht welche sich andere mit ihr machen wollen. Die Colombina ist die Geliebte des Arlechino. Bologna, die berühmte Juristenschule, schafft eine Parodie der echten Wissenschaft, den Typus des pedantischen Gelehrten, des rechtverdrehenden Wortmachers im Docter Gratiano; Venedig steuert die Figur des reichen Kaufherrn bei, den Pantalon in rothen Hosen und schwarzem Mantel, den gutmüthigen Papa. Rom liefert ein paar Stutzer, den Don Pasquale, und Gelsomino, Neapel später nach spanischem Muster den großsprecherischen Soldaten, Ferrara den listigen Brighella, den Tellerlecker und Gelegenheitsmacher; einfältige Bediente, ein marktschreierischer Quacksalber, beschränkte ungehobelte Bauern aus Calabrien kamen hinzu, ein Stotterer, Tartaglia, durfte nicht fehlen, der Gegensatz der zungenfertigen Kameraden. Solche Figuren wurden gleich denen des Schachspiels in immer neuen Combinationen vorgeführt; irgendeine Geschichte des Tags oder irgendein alter Schwank ward durch sie dargestellt; die stehenden Witze wollte das nachwachsende Geschlecht auch wieder hören, durch neue Spätze mußte das Publikum überrascht werden. Das französische Hoftheater hat bekanntlich die italienischen Masken ins Anständige modificirt, verzierlicht, ihnen aber auch den Volkshumor genommen. „In solcher Verfeinerung", sagt Rosenkranz, „ist es zum theatralischen Carneval der ganzen Welt geworden, wenn auch oft nur in der Form der stummen Pantomime, weil diese die Gefahr der gesprochenen Zote wegnimmt; denn in welchem Grade die sogenannte gebildete Welt die mimische Zote verträgt, zeigt sie in ihrer Bewunderung des dermaligen Ballets, das zur mimischen Prostitution heruntergesunken ist."

Auch in Deutschland kamen die herkömmlichen Passions- und Osterspiele aus den Kirchen auf die öffentlichen Plätze, aus den Händen der Geistlichen in die der Bürger, welche natürlich nicht in fremder Sprache reden wollten, und mehr und mehr den Gesang durch das lebhaft bewegte Gespräch zurückdrängten; in einzelne choralartige Lieder stimmten auch die Zuschauer mit ein. Wie die lateinischen Texte die Grundlage bildeten, so nahmen Geistliche sich der Leitung des Ganzen an, aber die Stimmung des Volks, das sich gegen den Verfall der Kirche auflehnte, brach in satirischen Ausfällen hervor, und sie wollte nicht blos durch das Tragische gerührt, sondern auch durch das Komische ergötzt sein; der Salbenkrämer ward zum schelmischen Marktjuden, und wenn Christus bei der Höllenfahrt die Patriarchen zu sich in den Himmel holte, so trösteten sich die Teufel daß nun ihr Reich durch geile Pfaffen bald ungeheuren Zuwachs erhalten werde. Die

Das religiöse Drama, die Mastenspiele ꝛc.

Aufführung geschah an Feiertagen, die Darsteller zogen auf die Bühne, der Ausschreier ordnete und benannte sie dort statt des Theaterzettels, und die Einzelnen traten hervor wie die Handlung es verlangte. Zwischen die neutestamentlichen Scenen legte man entsprechende alttestamentliche in Form von lebenden Bildern oder auch in voller Handlung und Unterredung ein. Den Schluß machte eine Rede jenes Ausschreiers, die mit dem züchtig Frommen das Lustige und Lächerliche mischte. Von Land zu Land, von Geschlecht zu Geschlecht pflanzten die Stücke sich fort, die darum in allem Wesentlichen übereinstimmten. Auch die Weihnacht und die Marienfeste, der Fronleichnamstag sollten nun ihre Bühnenspiele haben, und man nahm neben dem Leben Jesu und seiner Mutter die Stoffe aus der Legende, oder aus der heiligen Geschichte, die man in Zerbst und anderwärts von der Schöpfung bis zum Jüngsten Gericht zur Darstellung brachte, indem die verschiedenen Zünfte die einzelnen Abschnitte an verschiedenen Tagen vortrugen. Die Schrecken des großen Sterbens riefen die Todtentänze hervor, in denen Freund Hein zu Menschen aller Art herantrat und im Wechselgespräch sie nach und nach in den Reigen aufnahm, der mit grellem Pfeifenklang und tollen Sprüngen über die Bühne zog. Ein Spiel von den klugen und thörichten Jungfrauen war auch durch seine Verwandlschaft mit der Allegorie dem Zeitgeschmack besonders werth: wir wissen daß seine Aufführung zu Eisenach im Jahre 1322 den Landgrafen Friedrich mit der gebissenen Wange so furchtbar erschütterte daß er an der Gemüthsbewegung erkrankte und starb; daß alle Heiligen und selbst Maria vergeblich Fürbitte für die thörichten Jungfrauen einlegten, war ihm so peinvoll erschienen. Ein Geistlicher, Theoderich Scheruberg, machte die Fabel von der Päpstin Johanna im Spiel von Frau Jutten zur Waffe gegen Rom.

Die langen strengen Fasten versagten dem Volk die althergewöhnliche Frühlingsfeier bei dessen Anfange; Mummereien, Ueber und lärmende Spiele, die den Jahreswechsel bezeichneten, wurden nun vor den Beginn der Fasten gelegt, wo überhaupt die weltliche Freude in Tanz und Schmaus sich noch einmal austoben wollte; die Fastnacht hat nicht vom Fasten, sondern gerade von Schwärmen (fasen, faseln) den Namen. Es ward Vollssitte daß junge Bursche vermummt herumzogen und was sich im Lauf des Jahres Anstößiges oder Lächerliches begeben hatte mit allerhand derben Späßen in Geberden und Worten aufführten. Gewöhnlich geschah es innerhalb der Häuser, man rückte ein paar Bänke aneinander und die Bühne war fertig. Diese parodistische lecke Gelegenheitsdichtung aus dem Stegreif ist in Nürnberg durch Hans Rosenblut den Schnepperer und Hans Folz auch in die Literatur eingeführt worden. Aber noch ist alles roh, zotenhaft, grotesk; man findet keine Charakterentwickelung, keine planvolle Composition, keine Intrigue, wohl aber lecke Sittenschilderung und lebendige Rede und Gegenrede, Anklage und Vertheidigung. Die Proceßform ist überhaupt im Drama damals so häufig; die Rechtspflege trat an die Stelle der brutalen Gewalt, die Parteien führten ihre Sache vor dem Richter, und zu der ernsten Frage nach Schuld und Sühne, die auch in der Religion die Menschheit bewegte, kam die komisch leicht auszubeutende Weise wie jemand sich selbst im Netze fing das er andern gestellt, sich in die eigenen Schlingen verwickelte und in den Ausflüchten sich selber verrieth. Die Geschichte der Susanne wie das Urtheil des Paris, der Streit des Pfennigs und der Liebe wie der Kampf des Sommers und Winters, Ehestandsscale im Zant von Mann und Frau wie Jahrmarktscenen zwischen Käufern und Verkäufern erschienen in der Form des Rechtshandels; Shakespeare's Kaufmann von Venedig und der Zerbrochene Krug von Kleist haben später sie künstlerisch vollendet.

Auch in England gewannen die Mirakelspiele und Moralitäten in den Händen des Bürgerthums ein volksmäßig weltliches Gepräge. Werke wie sie in Chester, Wakefield und Coventry durch die Zünfte und Innungen aufgeführt wurden, sind aus dem 14. Jahrhundert erhalten; ursprünglich von Mönchen verfaßt wurden sie doch mehr und mehr umgearbeitet und zur Belustigung der Zuschauer mit drastischer Naturwahrheit ausgestattet. Der dramatische Geist zeigt sich früh in dem Sinn der Handlung, der die englische Poesie auszeichnet, und früh strebte man nach einem Gesammtbilde der Welt von der Schöpfung bis zum Jüngsten Gericht in der Darstellung der Ereignisse des Alten und Neuen Testaments; das Erhabene mischte sich mit dem Lächerlichen, das Heilige mit dem Profanen, das Biblische mit den Beziehungen auf die Gegenwart. Das geschah zur Belehrung und Ergötzung der Menge; aber mit Ulrici finden wir einen tiefern ideellen Bezug in dieser Mischung. Die großen Thaten Gottes sind keine Vergangenheit, die heilige Geschichte erschien als das immerdar Gegenwärtige, das eigene Leben ward ihr eingegliedert; der Kampf zwischen dem Reiche des Lichts und der Finsterniß wird alle Tage gekämpft, die Anfechtungen des Teufels verschonen niemand. Aber das Böse ist das Verkehrte und Widersinnige, sich selbst Zerstörende, und so erscheinen der Teufel und seine Gesellen, Herodes und die Schergen der widerrechtlichen Gewalt als entsetzliche Hanswürste, als kolossale Narren, als dumme und vor Gott ohnmächtige, in ihrem Gebaren lächerliche Fratzen. Auch in den Moralitäten fiel dem Laster die Rolle zu durch thörichtes Gebaren wie durch den Hohn und die Fopperei, die es gegen die Mitspielenden zum besten gab, das Volk zu belustigen; es trug ein buntes Kleid und die Peitsche in der Hand. Immer mehr suchte man die allegorischen Figuren der Tugenden und Sünden zu individualisiren, die Scheinheiligkeit, den Stolz, den Geiz in Charaktermasken zu veranschaulichen, die schon den typischen persönlichen Charakteren nahe kommen wie sie das spätere Lustspiel in Handlung setzt. Weit verbreitet und vielfach nachgebildet war das Schauspiel von Jedermann. Gott klagt über die Schlechtigkeit der Welt trotz all seiner Gnade, und sendet den Tod aus um Jedermann zur Rechenschaft vor seinen Thron zu laden. Vergebens bittet Jedermann um Frist, vergebens sucht er Hülfe; Reichthum, Verwandtschaft, Kameradschaft verlassen ihn. Nur Gutthat möchte mit ihm gehen, wenn sie sich nicht zu schwach fühlte, da man sie verhungern ließ. Sie empfiehlt Jedermann ihrer Schwester Erkenntniß, die ihn belehrt, tröstet und zur Beichte führt. Da wird Gutthat wieder kräftig, und während Schönheit, Kraft, Verstand ihn verlassen, begleitet sie ihn zum Tode, und dieser führt ihn nun nicht in die Hölle, sondern zu Gott, der ihn liebevoll aufnimmt.

Prosa: Geschichtschreibung und mystische Philosophie.

Der Realismus des Bürgerthums führte zur Grundlegung der Prosa, während in der phantasievollen Jugendzeit der neuern Völker, die das Ritterthum repräsentirt, die poetische Form sich jedem Stoff anschmiegte, und so das Lehrgedicht wie die Reimchronik beliebt war, oder von Gelehrten wissenschaftliche Kenntnisse so gut wie Tagesbegebenheiten prosaisch in lateinischer Sprache aufgezeichnet wurden. Die Städte welche in den Kämpfen der Geschlechter und Zünfte im Innern sich eine freie Verfassung errungen hatten, zu Macht und Reichthum kamen und ihre Unabhängigkeit gegen außen behaupteten, wollten die Kunde davon auch den Enkeln überliefert wissen und die Darstellung selber lesen; es entstanden nun in allen deutschen Ländern die Chroniken in der heimischen Sprache; erst unsere Zeit lernt sie recht würdigen und verwerthen, je mehr sie einsieht, daß die Entwickelung von Kunst und Gewerbe, von Bildung und Sitte für die Menschheit mehr bedeutet als jene Kriege die nicht um einer Idee willen geführt werden und nun zerstören was dort gebaut worden ist. Wir beriefen uns wiederholt auf das treffliche Buch des limburger Stadtschreibers Johannes; Strasburg, Zürich, Köln, Nürnberg, auch bairische und thüringische Städte erhielten ähnliche Arbeiten. Sie vergleichen sich dem Volks- und Meistergesang, sie zeigen weniger die Individualität oder besondere Kunst der Verfasser als den gesunden kräftigen Sinn der Gemeinde. Die Aufzeichnung der Stadtrechte schließt sich an, und knüpft sich an den Sachsen- und Schwabenspiegel, die für Nord- und Süddeutschland die volksthümlichen Ordnungen des Rechts festgestellt hatten.

Das höfisch französische Ritterthum fand seine Blüte in den Kriegen mit England und einen meisterhaften Schilderer in Froissart, der die theatralischen Sitten wie die echte Hochherzigkeit, das waghalsige Spiel mit Gefahren wie die gefälligen Umgangsformen mit gleich hingebender Bewunderung und gleich anziehender treuherziger Anschaulichkeit darstellt. Die Kämpfe von Florenz, welche der Stadt die Freiheit errangen und ausbildeten, sie an die Spitze Italiens brachten und ihr die Blutlaufe gaben für das Führerthum im Reiche des Geistes und der Kunst, diese Kämpfe riefen auch zwei Geschichtschreiber hervor die sich den beiden großen Dichtern als würdige Genossen zur Seite stellen, Dino Compagni und Johann Villani. Dem erstern hat neuerdings Karl Hillebrand ein gründliches Buch gewidmet; Schlosser urtheilte bereits: „Dino Compagni strebt nicht nach liebenswürdiger Breite und unterhaltenden Anekdoten; er ist wahr, ernst und tief wie Thukydides, und seine Geschichte streng wie das Weltgericht." Das läßt ihm Dante die Hand reichen. Er erzählt wie die großen Alten ohne sie nachzuahmen was er selber gesehen, woran er selber Antheil genommen. Die natürliche Kraft seiner Sprache, die originelle Eleganz des naiven Ausdrucks wird auch neuerdings von den Italienern bewundert, welche früher die feinere Glätte, die gefeiltere fließendere Wohlredenheit Villani's und Petrarca's bevorzugten.

Der Anblick von Rom und das Vorbild seiner classischen Schriftsteller erweckten Villani das allmähliche Wachsthum seiner Vaterstadt Florenz dem Volk so anmuthig darzustellen wie Titus Livius in Bezug auf Rom gethan, und gleich diesem die Sagen, Ortslegenden und Anekdoten der umliegenden Orte einzuflechten oder zur Vorhalle der hellern Zeiten zu machen, die er nun mit pragmatischem Geiste und in politisch demokratischem Sinne behandelt.

Deutschland muß am Ende des Mittelalters die Palme der Geschichtschreibung den Romanen überlassen; dafür vertiefte sich das vom Christenthum genährte selbstkräftige germanische Gemüth in das innerste Wesen und den tiefsten Grund der Dinge, und Prediger, wie der Franciscaner Berthold von Regensburg, zogen reisend einher, und erschütterten, erhoben und erquickten die Herzen des Volks mit der evangelischen Wahrheit; Prediger aus dem Kreis der Gottesfreunde sind dadurch die Erzväter unserer Philosophie geworden, daß sie gegenüber dem Verfall der Kirche und den herkömmlichen Satzungen das Erleben des Ewigen in der eigenen Seele, die Versenkung des eigenen Denkens und Wollens in Gott aussprachen. Diese Mystik sondert nicht nach Art der verständigen Betrachtung, die Ideen sind ihr eine Angelegenheit des Herzens, und im Irdischen sieht sie nicht blos ein Gleichniß des Himmlischen, sondern eine Offenbarung Gottes. Bernhard von Clairvaux und die Victoriner hatten die Autorität der Kirchenlehre bestehen lassen und den Inhalt durch das fromme Gefühl der Seele angeeignet, sie hatten vornehmlich die verschiedenen Zustände unterschieden und beschrieben, durch welche stufenweise das Gemüth zu Gott sich erhebt. Die deutsche Mystik vertieft sich selbständig in das ewige Wesen, sie webt in der Innerlichkeit des eigenen Bewußtseins, und ihre Liebe zu Gott ist Gottes eigene Lebensvollendung.

Meister Eckhart, der am Anfang des 14. Jahrhunderts am Rhein wirkte, ist der Denkgewaltigste unter ihnen, und nachdem seine Predigten, Sprüche und Abhandlungen nun in Franz Pfeiffer's vorzüglicher Ausgabe vollständiger als seither vorliegen, berichtigt sich manches in den frühern Darstellungen, auch in meiner eigenen liebevoll eingehenden Charakteristik dieser ganzen Richtung, wie ich sie in der Philosophischen Weltanschauung der Reformationszeit gegeben habe. »Denn Gott weiß sich bei Eckhart nicht nur im Menschen, wie bei Hegel, sondern er heißt eine lebende Vernünftigkeit, die sich selber versteht, sein Gebären ist zugleich ein Inbleiben, er ist das Eine das in ihm selber quellend ist; Eckhart nimmt vom

Pantheismus die Wahrheit desselben auf, die Erkenntniß daß Gott in allen Dingen gegenwärtig, daß außer ihm kein Wesen besteht, sondern alles in ihm und durch ihn; aber er berichtigt und ergänzt dies damit daß Gott auch in sich selbst über den Dingen lebt, ja er nennt ihn das ewige Ich: „Niemand mag das Wort Ich eigentlich sprechen als der Vater", weil er allein durch sich selber und der wahrhaft Seiende ist, der allem andern erst das Sein verleiht; „die Freude des Herrn das ist der Herr selber, er lebet selber in ihm selber". Er ist das In sich eine reine Wesen, will die Seele zu ihm, dem höchsten Gute gelangen und selig werden, so muß sie sich aus der Zerstreutheit sammeln, sie muß schweigen und Gott in sich reden lassen, sie muß sich nicht selber suchen, sondern die Selbstsucht überwinden und ihm sich hingeben; dann geht er in sie ein und lebt in ihr, sie in ihm. Das ist nicht die Vernichtung der Persönlichkeit in einem Abgrunde des selbstlosen Seins, sondern die Erfüllung des Geistes und Willens mit dem Gehalte der Ewigkeit, der Liebesbund des Schöpfers und Geschöpfs, der beide vollendet in seliger Harmonie.

Gott sieht und bekennt sich in allen Dingen, wo er ist da muß er wirken und sich selber bekennen; des Vaters Anblick seiner eigenen Natur, ihr Widerblick das ist der Sohn. Gott ist ein Wort das sich selber spricht immerdar, ein Wesen das alle Wesen in ihm hat; er fließt aus in alle Creatur und bleibet doch in sich, wie die Seele in allen Gliedern des Leibes und doch bei sich selbst ist; Gott ist ein Innenstehen in sich selbst und zugleich der Boden und Reif aller Dinge, er gibt der Seele Leben wie sie dem Leibe Wesen gibt. Er hat in all seinem Wirken gar ein selig Ende, nämlich sich selbst, und daß die Seele mit all ihren Kräften zu ihm sich zurückbringe; sie trägt an sich eine Urkunde göttlicher Natur, und findet nicht Ruhe bis sie wieder zu ihrem Ursprunge gelangt. Gott aber steht vor der Thür des Herzens und wartet daß wir ihm aufthun, da geht er sogleich ein, denn er hat uns nicht minder nöthig als wir ihn. Sein Ausgang ist sein Eingang, er vollendet sich selbst, wenn das von ihm Ausgeflossene sich wieder zu ihm zurückwendet, dann findet er den Widerschein seines eigenen Wesens in der Creatur, und ruht in ihr und sie in ihm; ihr gegenseitiges Lieben ist der heilige Geist.

Darum hat Gott die Welt geschaffen daß er in der Seele geboren werde. Wer ihm seinen Willen ergibt dem gibt Gott auch den seinigen wieder, und wenn unser Wille eins ist mit Gott, dann wird der ewige Sohn in uns geboren, und wo das in gottminnender Seele geschieht, da ist der Mensch Gott und Mensch zugleich, denn wie der ewige Sohn aus dem Herzen des Vaters quillt, so quillt er in einer gottinnigen Seele; Gott gebiert sich in uns, wenn wir in ihm geboren werden. Eine Frau sprach zu Christo: Selig ist der Leib der dich trug! Da antwortete Christus: Selig sind die das Wort hören und es behalten! Es ist Gott werther daß er geistig geboren werde von einer jeden Jungfrau oder guten Seele, denn daß er leiblich in Maria's Schoße lag. In jeglichem guten Gedanken und gutem Werk werden wir allezeit neugeboren in Gott, und Güte ist daß Gott ausschmilzt und sich allen Wesen gemein machet; wer ihm benehmen könnte daß er die Seele liebt, der nähme ihm sein eigen Wesen; in der Liebe blühet der heilige Geist auf, in der Liebe darin Gott sich selbst liebt liebt er alle Geschöpfe. Wer von der Liebe gefangen wird der hat das allerstärkste Band und doch eine süße Bürde, und wer die auf sich nimmt der kommt dem Heil damit näher als mit allen äußern Uebungen und Kasteiungen, denn er ist Gott zu eigen und von aller Aeußerlichkeit frei geworden, denn wer alles in Liebe thut der ist der Sohn. Die aber meinen durch Fasten und Pönitenzen die geistige Armuth und Gelassenheit zu erlangen, daß Gott erbarm, sie sind innerlich Esel. Wer kommen will in Gottes Grund als in sein Größtes der muß zuerst kommen in seinen eigenen Grund, in sein Kleinstes; denn niemand mag Gott erkennen, er erkenne denn sich selbst. Der Kern des ewigen Lebens liegt im Verständniß, und Vernünftigkeit ist das Haupt der Seele, das eingedruckte Bild und der Funke göttlicher Natur, ein göttliches Licht. So hat der Mensch ein Morgen- und Abendlicht: in diesem sieht er die Dinge nach ihrer Besonderheit, im Morgenlicht sieht er alles in Gott. Erkennst du eine Blume nach ihrem Wesen, so ist sie edler denn die ganze Welt. Denn Gott ist das eine Wesen in allem, alles lebt in ihm und durch ihn, und wenn du ihn in allem findest, so ist das ein Zeichen daß er dich geboren hat als seinen Sohn. Die Vernunft blickt durch alle Hüllen und bringt in das Wesen und macht sich eins mit ihm. Verständniß und Liebe wirken zusammen: was möchtest du lieben was du nicht erkennst, und was hülfe das Wissen, wenn du nicht liebend eins würdest mit dem ewigen Wesen? Was der Mensch mit großer Arbeit erstreiten muß das wird ihm eine Herzensfreude und damit wird es fruchtbar. Wo Gott in allem erkannt und geliebt wird, da stellt sich unaufhörlich das Geheimniß der Dreieinigkeit dar, indem der Mensch als Sohn zum Vater zurückgekehrt ist und in ihm lebt; was er thut das thut er in Gott und Gott in ihm. Das Auge mit dem ich Gott sehe ist das Auge mit dem er mich sieht, sein Auge und mein Auge ist eins.

Daß der Mensch, der von Gott ausgegangen, wieder in ihn eingehe und eins werde mit ihm, dabei aber doch für sich bestehen bleibe, das drückt Ruysbroek so aus daß er in der Umarmung Gottes vernichtet wird, und doch immer wieder auflebt, indem die Uebung der Liebe zwischen Gott und uns wie Blitze hin- und hergeht. Wir geben die Selbstsucht auf, da finden wir uns in unserm ewigen Wesen in Gott, „denn wir haben ein ewiges Innebleiben in ihm; der Geist wird die Wahrheit selber die er begreift, wir werden das Licht damit wir sehen und was wir sehen". — Der Mensch, lehrt Thomas von Kempen, muß von der Welt abscheiden und der Eigensucht absterben, dann fängt er an in Gott zu leben. Kein anderer Weg zum Licht als der Weg des Kreuzes. Die Ruhe wohnt nicht im Vielen, welches zerstreut, sondern im Einen, welches einigt. Gib alles hin und du wirst alles finden, denn du wirst Gott finden, wirst in seiner Liebe leben, und Frohes und Trauriges, Süßes und Bitteres mit gleichem Danke hinnehmen. Ergib deinen Willen in Gottes Willen, so hast du Frieden, und jede Creatur ist dir ein Spiegel des Lebens, der dir Gottes Güte vor Augen stellt. Die verwirklichte Liebe, wie sie Gottheit und Menschheit eint, ist Christus; die Nachfolge, die Nachbildung Christi darum das höchste Gebot für uns und der Weg zur Seligkeit, die darin besteht daß Gott in uns eins und alles ist.

War Thomas Mönch wie Fiesole, wie dieser nur auf das Eine was noth thut in der Stille der Seele gerichtet, der Welt aber ein Fremdling, so war Suso ritterlichen Geschlechts, und voll heiterer Anmuth, wie Gentile da Fabriano, empfänglich für alles Schöne in Bild und Ton, ein Freund der Natur, deren Auferstehungsfest im Frühling er mit geistigen Maien schmückt. Ich hatte ein minniglich Herz mein Leben lang, sagt er selbst, und wie ein Minnesänger freut er sich an Sternen und Blumen, denn jegliches leitet ihn empor zu Gott aus dem es gekommen, und dessen Herrlichkeit es abspiegelt. Wir meinen einen unserer persischen Freunde aus dem Kreise der mystischen Dichter zu vernehmen, wenn er Gott sagen läßt: „Ich will sie (die Geschöpfe) also inniglich durchküssen und also minniglich umfahen, daß Ich sie und sie Ich und wir allesammt ein einiges Eins ewiglich bleiben sollen." Das ewige Wesen ist aller Dinge Grund und Ziel, und in und über allen, ein Kreis dessen Mittelpunkt allenthalben und dessen Umfang nirgends ist, seiner selbst und aller derer die es mitgenießen wollen eine wonnegebärende Seligkeit. Wie alles von Gott ausgeht muß es wieder in ihn eingehen, wie er sich im Sohn entgießt, so ist der heilige Geist die wiederbiegige Liebe Gottes. Christus ist seiner selbst entworden und in die Gottheit eingeflossen, so sollen auch wir von der Weltlust uns bekehren und ihn in uns walten lassen. Dann wird es stille im Gemüth, und wie der Geist seine Natürlichkeit aufgibt, bringt er, durch den Sohn gefreit, in die ewige Gottheit; seine wahre Geburt ist die Wiedergeburt, durch die er mit seinem Urquell sich eins weiß und mit ihm dasselbe will und wirkt.

Ein Laie, Nikolaus von Basel, der Gottesfreunde Mittelpunkt, war es der auch den Prediger Tauler in Strasburg aufmerksam machte wie er allzu äußerlich rede, weil er selbst noch nicht mit Gott eins geworden. Von da an aber redete Tauler voll hoher Gesinnung und tiefen Gemüths wie ein Prophet des neuen Bundes, indem er in allen Begebnissen des Lebens auf die Gegenwart Gottes hinwies, Leid und Freude ruhig hinnehmen lehrte, aber vor der selbstgemachten Myrrhe, vor den härenen Hemden und Stachelgürteln warnte, die den Frieden nicht bringen; der wird uns durch Gottergebenheit und Nächstenliebe. In sich einförmig wirkt das ewige Wesen alles Mannichfaltige; in dem Wort, darin Gott sich selber ausspricht, hat er alle Creatur gesprochen; alle Dinge sind sein Sichergießen, aber alle Ausgänge um des Wiedereingangs willen. Der tiefe Grund der Seele ist Gott selbst, darum zieht es sie in das Allerinnerste, und sie hat nun Ruhe und Seligkeit in ihm. Der Mensch gewinnt sich selbst in Gott, indem er seine Endlichkeit und Eigensucht zum Opfer bringt; daß und wie dies geschehen soll bildet das Thema aller Predigten Tauler's, und dadurch vertritt er besonders die ethische Seite der Mystik. Wenn die Seele sich selbst im Auge hat, sieht sie Gott nicht; wenn sie sich selber entwird und alle Dinge verläßt, so findet sie sich wieder in Gott, wenn sie ihn erkennt, dann schaut sie sich selber und alle Dinge in ihm. Die Seele muß in sich, dem Tempel Gottes, die Wechseltische umstoßen, und allein den Herrn wohnen lassen, sie muß rein und lauter sein, dann schaut sie Gott in sich; der Liebe, die seines Lohnes begehrt, gibt Gott sich selber zum Lohn. Alle Creaturen sind sein Gespür oder Fußtapf, aber sie wissen es nicht, die Seele aber weiß es, darum wird Gott in ihr geboren, von ihr erkannt, in ihr offenbar. Wer die Dinge nimmt nach der Ordnung wie sie Gott geordnet hat der findet ihn in allen Dingen, und so er Gott findet, vergißt er die Dinge und hänget ihm allein an. So hat er den Frieden, so ergibt er seinen Willen in' Gottes Willen, und da wirkt nun Gott in ihm und durch ihn, und wie der Geist verschmilzt in Gottes Geist, so wird er erneut also daß fortan Gott in dem Menschen lebt. Der Wille der sich Gott gefangen gibt geht ein in die ewige Freiheit, hier sind alle Wunden geheilt, hier ist die Seligkeit. Das Einswerden mit Gott in Erkenntniß und Liebe ist der Wiedereingang der Welt in ihren Ursprung, ist die ewige Geburt des Worts in der Seele. Daß diese Geburt außer mir geschehe, was hilft mir das? Daran liegt alles daß sie in mir geschehe. Sie geschah vorbildlich und urbildlich in Christus; darum so wir ihn anziehen, geht die Weisheit und Liebe des Vaters in uns ein, und sind wir durch ihn eins geworden mit Gott. Sein Reich das ist er selbst mit allem seinem Reichthum; er will in allen seinen Werken sich selber und daß die Seele mit allen ihren Kräften in ihm sich wiederfinde und selig sei.

Ein Laie, Rulman Merswin, schrieb das Buch von den neun Felsen, den Stufen der Reinigung, auf welchen die Gottesfreunde emporklimmen um sich vor der Flut der Sünden und vor dem Netze des Bösen zu retten. Was die Heilige Schrift von Christo spricht das gilt ihm von jedem Menschen der in seinem Gemüth mit Gott sich einiget; dadurch will er dasselbe was Gott will, und ist über die Sünde und das äußere Gesetz erhaben. Meiner Natur, betet Rulman einmal in den Anfechtungen der Krankheit, ist dies Leiden gar widerwärtig, darum so bitte ich dich, mein Gott, daß du dich nicht an sie kehrest und nicht thuest was sie begehret; vollbring du deinen allerliebsten Willen, es thue ihr wohl oder weh.

Was alle diese Männer in ihren Predigten wiederholt verkündigt das faßte ein Priester und Custos im Deutschordenshause zu Frankfurt am Main in einem Büchlein zusammen, das von Luther unter dem Namen einer deutschen Theologie herausgegeben worden ist; der Reformator fand daß man nächst der Bibel und Sanct Augustin hier am besten lerne was Gott, Christus, Mensch und alle Dinge seien, und wünschte daß solcher Büchlein mehrere herauskämen, dann würden wir finden daß die deutschen Theologen die besten seien. Vom sittlichen Leben aus entwickelt es die ewigen Wahrheiten in einer klaren Fassung, die zugleich das fromme Gefühl und die

Vernunft befriedigt, sodaß es uns der rechte Ausdruck der religiösen Philosophie in einem Weltalter des Gemüths heißen darf.

Das Vollkommene ist das unendliche Wesen das alles in sich begreift; das Endliche hat aus ihm seinen Ursprung wie der Schein aus dem Sonnenlicht, das Vollkommene kommt in die Seele und nimmt sie in sich auf, wenn es empfunden und erkannt wird. Wenn Endliches am Endlichen hanget, bleibt ihm das Unendliche fremd. Erkennt die Creatur sich in dem unwandelbaren Gut, lebt und handelt sie in dieser Erkenntnißweise, so ist sie selber gut und eins mit ihm; wendet sie sich von ihm ab, sucht sie das Ihre außer ihm, so ist sie böse. Die Selbstsucht ist der Sündenfall; er wird wieder aufgehoben, wenn Gott in Liebe sich dem Menschen erschließt, der Mensch in Liebe und Erkenntniß Gott sich hingibt. Gott ist das ewige Wesen aller Dinge, eins ist alles und alles eins in ihm; er offenbart sich in der Schöpfung, und wie er in ihm selber Licht und Liebe ist, so haben auch wir das Selbstbewußtsein, das Auge der Seele, und die Kraft das Ewige zu schauen in der Vernunft, die Kraft es zu ergreifen in dem Willen. Wer nun wie vermöge seines Seins, so auch vermöge seines Wissens und seiner Liebe in Gott lebt der will allen Dingen wohl, der ist gut und selig und trägt den Himmel in sich. Dem Wesen nach kann niemand von Gott sich ablösen, wer sich aber mit seinem Bewußtsein und Willen von ihm abwendet und eigensüchtig in sein Ich eingeht der wird böse und ist in der Hölle oder sich selber seine Hölle. Gott beruft ihn immerdar, und hält ihm vornehmlich sein Bild in Jesu vor, in welchem der vollkommene Gehorsam, die Einheit mit dem Vater hergestellt ist, sodaß Gott Mensch und der Mensch Gott geworden. Und so viel vom Leben Christi in dem Menschen ist, so viel lebet Gott selbst in ihm. Dazu muß der Mensch sich Gott dahingeben rein und ganz, sodaß der geschaffene Wille einfließe und zerschmelze mit dem ewigen und der ewige Wille allein daselbst wolle, thue und lasse. So wird der neue Mensch in Gott geboren; er trägt das Gesetz in sich und thut das Rechte, durch Christi Geist im Gehorsam frei. Diese Einigung mit Gott ist das Paradies, der selbstsüchtige Eigenwille aber die Hölle. Das Allerbeste und Lustigste in den Creaturen ist Vernunft und Wille; wo das eine da ist auch das andere, oder wie wir sagen: Selbstbewußtsein und Freiheit bedingen einander, und damit sie wirklich werden muß auch die Möglichkeit des Bösen vorhanden sein. Wäre nicht Vernunft und Wille in den Creaturen, wahrlich Gott bliebe unerkannt und ungeliebt. Wer nun der Selbstsucht entsagt daß er sich in Gott finde, dem sind seine Sünden vergeben, und er steigt aus der Hölle in den Himmel. Nun ist der Wille in seinem Adel und in seiner Freiheit, und es gelingt ihm sein eigen Werk, denn er thut was auch der Rathschluß der Vorsehung ist, das Rechte. Dies freie geistige Leben der Liebe ist das wahre Sein, da hat und sieht und will man Gott in allen Dingen, da sind alle Willen Ein vollkommener Wille, da erkennt und liebt ein jeglicher alles in Einem und Eines in allem, und ist er göttlich oder vergottet, mit dem ewigen Licht durchleuchtet und durchglastet, entzündet und beseligt in der ewigen Liebe.

www.ingramcontent.com/pod-product-compliance
Lightning Source LLC
Chambersburg PA
CBHW031940290426
44108CB00011B/619